일제강점기 종교 정책

일 제 침 탈 사 연 구 총 서

문화

41

동북아역사재단 일제침탈사 편찬위원회 기획

성주현 · 고병철 지음

동북아역사재단
NORTHEAST ASIAN HISTORY FOUNDATION

| 발간사 |

일본이 한국을 침탈한 지 100년이 지나고 한국이 일본의 지배로부터 벗어난 지 70년이 넘었건만, 식민 지배에 대한 청산은 이루어지지 못하고 있다. 일본의 독도영유권 주장은 도를 넘어섰다. 일본은 일본군'위안부', 강제동원 등 인적 수탈의 강제성도 인정하지 않고 있다. 일본군'위안부'와 강제동원의 피해를 해결하는 방안을 놓고 한·일 간의 갈등은 최고조에 이르고 있다. 역사문제를 벗어나 무역분쟁, 안보위기 등 현실문제가 위기국면을 맞고 있다.

한·일 간의 갈등은 식민 지배의 역사를 어떻게 볼 것인가 하는 역사인식에서 기인한다. 역사는 현재와 과거의 대화이며 이를 기반으로 미래로 나아갈 수 있다. 과거 침략의 역사를 미화하면서 평화로운 미래를 말하는 것은 불가능하다. 식민 지배와 전쟁발발의 책임을 인정하지 않고 반성하지 않으면 다시 군국주의가 부활할 수 있고 전쟁이 일어날 위험성도 배제할 수 없다. 미래지향적 한일관계를 형성하고 나아가 동아시아의 평화와 번영의 기틀을 조성하기 위해 일본은 식민 지배의 책임을 인정하고 그 청산을 위해 노력해야 할 것이다.

식민 지배의 역사를 청산하기 위해서는 식민 지배는 어떻게 이루어졌는지 그 실상을 명확하게 규명하는 일이 긴요하다. 그동안 일본제국주의에 맞서 조국의 독립을 위해 헌신한 독립운동가들의 활동을 찾아내고

역사적으로 평가하는 일에는 상당한 성과를 거두었다. 반면 일제 식민침탈의 구체적인 실상을 규명하는 일에는 충분한 노력을 기울이지 못했다. 제국주의가 식민지를 침탈했다는 것은 너무나 당연한 사실로 여겨졌기 때문에, 굳이 식민 지배에서 비롯된 수탈과 억압, 인권유린을 낱낱이 확인할 필요가 없었는지도 모른다. 그러는 사이 일본은 식민 지배가 오히려 한국에 은혜를 베푼 것이라고 미화하고, 참혹한 인권유린을 부인하는 역사부정의 인식을 보이는 데까지 이르고 있다. 일제의 통치와 침탈, 그리고 그 피해를 종합적으로 조사하고 편찬할 필요성이 여기에 있다.

일제침탈사를 체계적으로 정리하는 일은 개인이 감당하기 어렵다. 이에 우리 재단은 한국학계의 힘을 모아 일제침탈사 편찬위원회를 꾸렸다. 편찬위원회가 중심이 되어 일제의 식민지 침탈사를 정치·경제·사회·문화 모든 방면에 걸쳐 체계적으로 집대성하기로 했다. 일제 식민침탈의 실체를 파악하기 위해 2020년부터 세 가지 방면으로 사업을 추진하고 있다. 하나는 일제침탈의 실상을 구체적이고 생생한 자료를 통해서 제공하는 일로서 〈일제침탈사 자료총서〉로 편찬한다. 다른 하나는 이들 자료들을 바탕으로 연구한 결과물을 〈일제침탈사 연구총서〉로 간행한다. 그리고 연구의 결과를 대중들이 이해하기 쉽게 〈일제침탈사 교양총서〉를 바로알기 시리즈로 간행한다. 자료총서 100권, 연구총서 50권,

교양총서 70권을 기본 목표로 삼아 진행하고 있다.

〈일제침탈사 연구총서〉는 일제침탈의 실태를 정치·경제·사회·문화 분야로 대별한 뒤 50여 개 세부 주제로 구성했다. 국내외 학계 전문가들이 현재까지 축적된 연구 성과를 반영하면서 풍부한 자료를 활용하여 집필했다. 연구자뿐만 아니라 교육 현장에서도 활용되고 일반 독자들도 이해할 수 있도록 집필하기 위해 노력했다. 연구총서 시리즈가 일제침탈의 역사적 실상을 규명하고 은폐된 역사적 사실을 기억하고 왜곡된 과거사에 대한 인식을 바로 잡음으로써 역사인식의 차이로 인한 논란과 갈등을 극복하는데 기여하는 디딤돌이 되기를 바란다.

2021년
동북아역사재단 이사장

| 편찬사 |

1945년 한국이 일제 지배로부터 해방된 지 76년의 세월이 지났다. 그럼에도 불구하고 일본 사회 일각에서는 여전히 일제의 한국 지배를 합리화하고 미화하는 주장이 나오고 있으며, 최근에는 한국 사회 일각에서도 일제 지배를 왜곡하고 옹호하는 주장이 나오고 있다. 이는 한국과 일본 사회, 한일 관계와 동아시아 국제관계의 미래를 위해서도 결코 바람직하지 않은 일이다.

이에 동북아역사재단은 일제의 한국 침략과 식민 지배에 대한 학계의 연구 성과를 총정리한 〈일제침탈사 연구총서〉를 발간하기로 하였다. 이에 따라 2019년 9월 학계의 전문가를 중심으로 편찬위원회를 구성하였으며, 편찬위원회는 학계의 연구 성과를 토대로 정치·경제·사회·문화 부문에서 일제의 침탈이 어떻게 이루어졌는지 정리하여 연구총서 50권을 발간하기로 하였다.

주지하듯이 1905년 일제는 러일전쟁에서 승리한 뒤, 한국에 군대를 주둔시키면서 한국의 외교권을 빼앗고 통감부를 두어 내정에 간섭하였다. 1910년 일제는 군사력으로 한국 정부를 강압하여 마침내 한국을 강제 병합하였다. 이후 35년간 한국은 일제의 식민 통치를 받았다.

일제는 한국의 영토와 주권을 침탈하였을 뿐만 아니라, 군사력과 경찰력으로 한국을 지배하면서, 정치·경제·사회·문화의 모든 부문에서 한국인의 권리와 자유, 기회와 이익을 박탈하거나 제한하였다. 정치적으로는 군사력과 경찰력, 각종 악법을 동원하여 독립운동을 탄압하고, 한국인의 정치활동을 억압하고 참정권을 박탈하였으며, 집회와 결사의 자유를 억압하였다. 경제적으로는 일본자본이 경제의 주도권을 장악하고, 일본인 위주의 경제정책을 수행했으며, 식량과 공업원료, 지하자원 등을 헐값으로 빼앗아 갔고, 농민과 노동자 등 대다수 한국인의 경제생활을 어렵게 하였다. 사회적으로는 한국인들을 차별적으로 대우하고, 한국인의 교육의 기회를 제한하고, 한국인으로서의 정체성을 박탈하여 결국은 일본의 2등 국민으로 만들고자 하였다. 문화적으로는 표현과 창작의 자유, 종교와 사상의 자유를 억압하고, 한글 대신 일본어를 주로 가르치고, 언론과 대중문화를 통제하였다. 중일전쟁, 아시아태평양전쟁을 도발한 뒤에는 인적·물적 자원을 전쟁에 강제동원하고, 많은 이들을 전장에 징집하여 생명까지 희생시켰다.

〈일제침탈사 연구총서〉는 침탈, 억압, 차별, 동화, 수탈, 통제, 동원 등의 단어로 요약되는 일제의 침략과 식민 지배의 실상과 그 기제를 명확히 밝히고자 하였다. 이를 통해 일제의 강제 병합을 정당화하거나 식민 지배를 미화하는 논리들을 비판 극복하고, 더 나아가 일제 식민 지배의 특성이 무엇이었는지, 식민 통치의 부정적 유산이 해방 이후에 어떤 영향을 미쳤는지를 밝히고자 하였다.

편찬위원회는 연구총서와 함께 침탈사와 관련된 중요한 주제들에 관하여 각종 법령과 신문·잡지 기사 등 자료들을 정리하여 〈일제침탈사 자료총서〉도 발간하기로 하였다. 아울러 일반인과 학생들이 보다 쉽게 읽을 수 있는 〈일제침탈사 교양총서〉를 바로알기 시리즈로 발간하기로 하였다.

일제의 한국 침략과 식민 지배의 역사는 광복 후 서둘러 정리해냈어야 했지만, 학계의 연구가 미흡하여 엄두를 내기 어려웠다. 이제 학계의 연구가 어느 정도 축적되어 광복 80주년을 맞기 전에 이와 같은 작업을 할 수 있게 된 것을 다행으로 생각한다. 한일 양국 국민이 과거사에 대한 올바른 역사인식을 갖고 성찰을 통해 미래를 향해 함께 나아갈 수 있기를 기대하면서 삼가 이 책들을 펴낸다.

2021년

동북아역사재단 일제침탈사편찬위원회

차례

머리말

일제는 조선을 식민지로 강점하는 데 종교를 적극적으로 활용하였다. 일찍이 1894년 청일전쟁 당시부터 일본종교를 조선에 진출시키는가 하면, 조선종교를 친일화하기 위해 회유와 포섭을 시작하였다. 1905년 을사늑약, 1907년 정미7조약으로 조선을 속국화한 일제는 조선의 종교계가 일본의 조선 침략과 지배를 지지하게 하려고 모든 수단을 동원하였다. 일제는 초기에 조선에서 일본종교를 포교하도록 권장하였으나 무분별하게 포교가 전개되자 이를 통제할 필요성을 느끼게 되었다. 한편 외국 선교사에게는 정교분리를 내세워 우대하는 듯한 기만정책을 보여주었다. 그리고 불교, 기독교, 유교에 대해서는 귀족, 양반, 유생, 종교가를 파견하여 회유하는 한편, 천도교 등 민족종교와 무속에 대해서는 가혹하게 탄압하였다. 일제의 종교 정책은 회유와 탄압을 반복하면서 일제에 협조적인가 아닌가, 이용 가치가 있는가 아닌가에 따라 자의적으로 적용되었다.[1]

1910년 8월 29일 조선을 강제 병합한 일제의 식민 지배는 조선인을 '이상적인 일본인'으로 만들려는 목표를 설정하였다.[2] 이 목표를 달성하기 위해 종교 영역에서는 정교분리와 종교의 자유를 내세워 교파신도, 불교, 기독교 등 3개 종교만 제도권에 두고 종교로 공인하였다. 유교는 종교 아닌 것으로 만들고, 민족종교는 탄압과 해산 대상으로 인식하였다. 일본의 정신이라고 할 수 있는 신사(神社)는 전국적으로 보급과 확산을 추진하였다. 이러한 종교 정책은 근대 종교의 모델 설정과 '문화적

1 유준기, 2003, 「1910년대 일제의 종교침략과 그 대응」, 『건대사학』 10, 218-219쪽.

2 일제의 식민 지배의 목표는 강점 이후 공포한 「교육칙어」와 「조선교육령」에 잘 드러난다. 「교육칙어」와 「조선교육령」에 따르면 "조선인을 일본의 신민으로 육성"하고자 하였다.

차원의 신도 국교화'[3]로 요약할 수 있다.

통감부와 조선총독부의 종교 정책 하에서 조선 사회에는 일본을 포함한 외국에서 교파신도, 기독교 관련 단체들이 유입되거나 교파신도, 불교, 기독교를 근대 종교의 모델로 삼은 새로운 종교단체들이 등장하였다. 이러한 상황은 1923년 12월 동아일보 기사 「조선은 종교 부자」에서 확인할 수 있다. 당시 조선인이 종교에 몰두한 상황을 비판한 이 기사는 "인류 세계가 진화하고 있는데, 조선인은 오직 종교로써 세계를 지배하려고 둘이 모여도, 셋이 모여도 종교를 만든다. 그래서 최근 10년 동안 10개 이상이 생겼고, 10년을 더 지나면 20여 개가 더 생겨 종교부(宗教富)가 될 것이고, 이 종교를 각 주(洲)로 수출하면 육대주의 지배가 식은 죽 먹기보다 쉬울 것이다. 그렇지만 지금부터라도 합자회사 식의 교(教)를 만들지 말아야 한다. 조선은 종교의 부자라는 말은 곧 영혼 부패의 광고일 뿐이다"[4]라고 하여, 종교 비판의 논지(point of an argument)를 세운다.

이 기사는 당시 종교단체의 증가 현상에 대한 비판적 인식을 보여주고 있지만, 그만큼 조선 사회에 종교가 다양해졌다는 점을 시사한다. 당시 종교가 다양해진 현상의 이면에는 정교분리나 종교의 자유 담론이 있었지만, 당시 종교 설립의 자유가 제도적으로 보장된 것은 아니나. 조선총독부가 일제강점기 내내 교파신도, 불교, 기독교만을 종교로 공인하는 정책을 유지하면서 공인의 범위를 벗어나면 종교로 인정하지 않는다

---

3 여기서 '문화적 차원의 신도 국교화'라는 표현은 조선총독부가 정교분리와 종교의 자유를 내세우면서도 신사참배, 궁성요배, 교육칙어, 황국신민서사, 조선신궁과 부여신궁, 신궁대마(神宮大麻)를 포함한 신붕(神棚, 가미다나), 각종 신도 관련 의례 등을 통해 신도를 문화적으로 정점에 두려는 시도를 의미한다.

4 「朝鮮은 宗教富者」, 『동아일보』, 1923.12.18.

는 이면의 논리도 지속되었기 때문이다.

일제강점기의 종교 정책을 연구할 때 중심 주제 가운데 하나는 종교 법규[5] 부분이다. 종교 정책의 주요 근거가 종교 법규이기 때문이다. 또한 종교 정책에 대한 종교계 반응도 빠뜨릴 수 없는 연구 주제이다. 종교 법규나 종교 정책이 종교계의 호응이나 거부 등 여러 반응에 따라 만들어지거나 바뀌는 경우가 적지 않기 때문이다. 이 두 지점을 고려하면 일제강점기의 종교 정책 연구는 종교 법규나 종교계의 대응과 함께 다루어야 한다.

이에 이 책은 통감부와 조선총독부 시기의 종교 법규, 종교 정책, 종교계 대응을 연관시키고, 이를 통해 일제강점기의 종교 지형을 이해하고자 한다. 종교 법규와 종교 정책에 대해서는 종교별로 역사적 흐름에 따라 검토하고, 종교계 반응으로는 종교 정책의 시행 과정에서 발생한 주요 사건들을 살펴보고자 한다.

조선총독부는 1915년 「포교규칙」에서 공인종교 외에 '종교유사단체'라는 용어를 명시한다. 이 때문에 우리는 신종교단체들이 일제강점기에 '유사종교'의 대우를 받았다고 오인하기 쉽다. 그렇지만 실제로 신종교단체들이 「포교규칙」의 '종교유사단체'로 대우를 받은 사례는 거의 보

---

5 법령과 법규라는 용어는 명령, '국민의 권리 · 의무' 규정, 단순 행정사무의 분배나 훈령 · 고시처럼 특별 권력관계에 입각한 행정규칙[행정명령] 등의 포함 여부에 따라 자의적으로 규정할 수 있다. 그렇지만 이 연구에서는 '법령'이 법률과 명령에 국한된 것으로 오인될 수 있어, 국가 기관에서 공포해 법적 효력을 가진 법률, 규칙, 명령 등을 포괄하는 의미로 '법규(法規)'라는 용어를 사용한다. 그에 따라 종교 법규는 종교에 법적 효력을 미치는 법률, 규칙, 명령 등을 총칭하며, 법률에 따른 시행령과 시행규칙, 훈령(訓令)뿐 아니라 고시(告示) 등도 포괄한다. 다만, 원자료에 '법령'이라는 용어가 있을 때는 맥락에 따라 '종교 법령'이라는 표현을 사용한다. 한편, 이 책에서는 종교 법규와 종교 관련 법규를 구분하고, 종교 법규를 '종교를 직접 대상으로 삼은 법규'로, 종교 관련 법규를 '종교에 간접 적용되는 법규' 또는 '종교와 관련된 법규'를 의미하는 표현으로 사용한다.

이지 않는다. 무속은 일제강점기 내내 '비과학적 미신'으로 간주해 사회적 지탄 대상이 되었다. 그렇지만 일제강점기에 신종교나 무속이 '종교가 아닌 것'으로 존재했다고 볼 근거는 없다. 이 책도 이러한 맥락에서 양자를 연구 범위에 포함한다.

이 책은 일제의 종교 정책에서 일제강점기의 종교 법규, 종교 정책, 종교계의 대응에 관해 통시적 관점과 공시적 관점에서 조망하였다. 통시적 관점이란 종교 법규, 종교 정책, 종교계 대응의 역사적 변화에 주목한다는 의미이다. 공시적 관점이란 같은 시기에 종교 법규, 종교 정책, 종교계 대응이 어떤 관계를 맺고 있는지에 주목한다는 의미이다. 이 연구에서 통시적 관점과 공시적 관점을 모두 활용하는 이유는 일제강점기의 종교법규, 종교 정책, 종교계의 대응을 종합적으로 동시에 유기적으로 조망하기 위해서이다.

이에 이 책은 연구 목적에 따라 일제강점기의 종교법규, 종교 정책, 종교계의 대응 방식에 관한 문헌조사 연구를 진행하고자 한다. 조사 대상 문헌은 크게 두 종류이다. 하나는 『조선총독부관보』를 포함하여 통감부 지방부, 탁지부 사세국 세무과, 내무부 지방국 지방과, 학무국 종교과, 학무국 사회과, 학무국 사회교육과, 학무국 연성과, 총독관방 외사과, 경찰청 경무국 등 종무행정 관련 조직에서 제작한 종교 관련 제반 서류, 『동아일보』나 『매일신보』 등의 신문류, 독립운동 관련 판결문, 그리고 종교계에서 발간한 자료 등 일차 자료이다. 다른 하나는 일제강점기의 종교 법규, 종교 정책, 종교계의 대응 방식에 관한 이차적인 연구 성과이다. 이외에 본 연구에 필요한 경우 일본에서 발간된 자료들도 포함하였다.

일제강점기의 종교 정책에 관한 선행연구들은 크게 다섯 가지로 분류할 수 있다. 첫째는 일제의 종교 정책에 대한 분석과 영향, 둘째는 종교와 관련 법규 분석, 셋째는 종교 정책에 대한 종교별 대응, 넷째는 신사를 포함하여 일본에서 유입된 종교와 식민성에 대한 분석, 다섯째는 종교의 친일에 대한 분석이다.

먼저 일제의 종교 정책 일반에 관한 연구는 일제의 종교 정책에 관한 본질적인 접근을 시도하고 있으며 식민통치의 수단으로 종교를 활용하였음을 밝혀내었다.[6] 둘째는 종교와 관련된 법규에 관한 연구로, 「포교규칙」[7]을 비롯하여 「사찰령」[8] 등 종교를 규제하는 법규에 대한 분석이다. 이들 연구는 종교 관련 법규가 각 종교의 탄압과 종교에 미치는 영향을 주로 분석하고 있다. 셋째는 종교 정책에 대한 종교별 대응에 관한 연구로, 이들 연구는 일제의 종교 정책과 관련하여 기독교, 불교, 민족종

---

6 이과 관련된 연구는 장병길, 1985, 「조선총독부의 종교 정책」, 『정신문화연구』 25, 한국학중앙연구원; 박승길, 1992, 「일제 무단 통치 시대의 종교 정책과 그 영향」, 『사회와 역사』 35, 한국사회사학회; 이원범, 1997, 「근대일본의 천황제 국가와 종교 정책」, 『일본어문학』 4, 일본어문학학회; 성주현, 2013, 「일제의 종교 정책과 종교규제법령」, 『식민지시기 종교와 민족운동』, 선인; 원영상, 2014, 「근대일본과 조선총독부의 종교 정책에 관한 연구」, 『일본불교문화연구』 11, 한국일본불교문화학회; 김승태, 2017, 「무단통치기 조선총독부의 종교 정책과 한국종교계의 동향」, 『한국기독교와 역사』 47, 한국기독교역사연구회 등이 있다.

7 안유림, 2008, 「일제의 기독교 통제정책과 포교규칙」, 『한국기독교와 역사』 29, 한국기독교역사연구소; 안유림, 2013, 「일제하 기독교 통제법령과 조선기독교」, 이화여자대학교 대학원 박사학위논문; 윤선자, 1998, 「1915년 포교규칙 공포 이후 종교기관 설립 현황」, 『한국기독교와 역사』 8, 한국기독교역사연구소; 안유림, 2018, 『일본제국의 법과 조선기독교』, 경인문화사 등이 있다.

8 서경수, 1982, 「일제의 불교정책: 사찰령을 중심으로」, 『불교학보』 19, 동국대학교 불교문화연구원; 정동하, 1988, 「일제식민지하에 있어서 한국불교: 사찰령을 중심으로」, 한국정신문화연구원 대학원 석사학위논문; 김순석, 2002, 「조선총독부의 사찰령과 공포와 30본사 체제의 성립」, 『한국사상사학』 18, 한국사상사학회; 한동민, 2006, 「'사찰령' 체제하의 본산제도 연구」, 중앙대학교 대학원 박사학위논문; 김광식, 2006, 「사찰령의 불교계 수용과 대응」, 『한국선학』 15, 한국선학회 등이 있다.

교 등의 대응을 구체적으로 분석하고 있다.[9] 넷째는 일본종교에 대한 연

9 박상혁, 2011, 「일제의 종교 정책과 대구대목구의 대응에 대한 고찰: 드망즈 주교를 중심으로」, 대구가톨릭대학교 대학원 석사학위논문; 문지현, 2009, 「전시체제기(1937~45) 일제의 신종교 정책과 신종교단체 검거 사건 연구」, 이화여자대학교 대학원 석사학위논문; 김승태, 2006a, 「일제의 식민지 종교 정책과 한국기독교계의 대응: 1931~1945」, 한국학중앙연구원 한국학대학원 박사학위논문; 오홍환, 1997, 「일제의 종교 정책에 대한 한국교회의 대응연구; 일제말 선교사와 한국성결교회를 중심으로」, 서울신학대학교 신학대학원 석사학위논문; 윤선자, 1997, 「조선총독부의 종교 정책과 천주교회의 대응」, 국민대학교 대학원 박사학위논문; 양권순, 1995, 「일제의 종교침략정책과 한국기독교의 대응」, 침례신학대학교 신학대학원 석사학위논문; 김홍조, 1990, 「일제 전시체제하의 종교 정책과 조선기독교의 대응」, 한신대학교 대학원 석사학위논문; 원광호, 1986, 「일제의 종교 정책과 한국기독교」, 연세대학교 교육대학원 석사학위논문; 제점숙, 2018, 「1911년 조선총독부의 종교 정책과 조선 내 종교계 동향: 조선총독부, 『사사종교(社寺宗教)』 자료를 중심으로」, 『일본연구』 29, 고려대학교 글로벌일본연구원; 장혜진, 2017, 「한국통감부시기의 '종교 선포에 관한 규칙'에 대한 일고찰」, 『원불교사상과 종교문화』 71, 원광대학교 원불교사상연구원; 김철수, 2016, 「일제하 식민권력의 종교 정책과 普天教의 운명」, 『선도문화』 20, 국학연구원; 김봉곤, 2016, 「일제의 종교 정책과 유교: 전남의 유도창명회(儒道彰明会)와 관련하여」, 『한국종교』 40, 원광대학교 종교문제연구소; 박광수·조성환, 2016, 「근대 일본의 '종교' 개념과 종교의 도구화: 일제시대의 종교 정책과 신종교지형을 중심으로」, 『신종교연구』 34, 한국신종교학회; 김동환, 2015, 「일제의 종교 정책과 대종교: 탄압과 쇠망의 연관성을 중심으로」, 『한국종교』 38, 원광대학교 종교문제연구소; 강효숙, 2015, 「일제의 종교탄압: 통감부 시기까지의 동학, 천도교를 중심으로」, 『한국종교』 38, 원광대학교 종교문제연구소; 이용범, 2015, 「일제의 무속규제정책과 무속의 변화: 『매일신보』와 『동아일보』 기사를 중심으로」, 『역사민속학』 49, 민속원; 박일영, 2015, 「일제 강점기의 종교 정책과 샤머니즘」, 『한국무속학』 31, 한국무속학회; 강구원, 2014, 「일제 식민치하의 종교 정책이 한국교회에 미친 영향」, 『고려신학저널』 29, 고려신학교 출판부; 김철수, 2014, 「1910~1925년 식민권력의 형성과 민족종교의 성쇠: 『보천교일반』(1926)을 중심으로」, 『종교연구』 74, 한국종교학회; 문지현, 2013, 「전시체제기 조선총독부의 신종교에 대한정책과 신종교단체」, 『한국근현대사연구』 67, 한국근현대사학회; 윤선자, 2000, 「일제의 종교 정책과 신종교」, 『한국근현대사연구』 13, 한국근현대사학회; 신순철, 1994, 「일본의 식민지 종교 정책과 불법연구회의 대응」, 『원불교사상과 종교문화』 17·18, 원광대학교 원불교사상연구원 등이 있다.

구로,[10] 이들 연구는 일제강점기 전후 일본종교가 식민지 조선에서 한 포교활동과 교세 확장, 그리고 식민성을 심도 있게 분석하고 있다. 다섯째는 종교의 친일활동에 대한 연구로,[11] 이들 연구는 주로 전시체제기가 형성되면서 기독교, 불교, 천도교 등 종교가 일제 지배정책에 협력해가는 과정과 논리를 분석하고 있다.

개별 종교 법규나 정책을 분석한 연구 성과는 종교 정책 자체보다는[12] 종교 법규나 종교 정책 일부를 개별 종교와 연관시키는 데 관심을 둔 사례가 많았다. 대표적인 연구 주제는 사찰령, 신사참배, 주지의 권한, 종교

---

10 방경희, 2019, 「전시기 일본의 종교통제정책에 관한 연구: 일본기독교단을 중심으로」, 숙명여자대학교 대학원 석사학위논문; 文慧珍, 2018, 「『朝鮮總督府の統計年譜』による朝鮮への新社神道の流入様想」, 『동방문화와 사상』 4, 동방문화대학원대학교 동양학연구소; 제점숙, 2018, 「한국통감부기 조선내 일본 불교계의 동향: 『종교에 관한 잡건철』 사료를 중심으로」, 『원불교사상과 종교문화』 76, 원광대학교 원불교사상연구원; 문혜진, 2018, 「식민지 조선으로의 신사신도(神社神道)의 유입에 관한 일고찰」, 『정신문화연구』 151, 한국학중앙연구원; 정시구, 2016, 「日本帝國の神道國教化と日帝強占期の韓國宗教統制政策」, 『한국행정사학지』 39, 한국행정사학회; 성주현, 2005, 「1910년대 식민지 조선의 일본조합교회 동향」, 『한국독립운동사연구』 24, 독립기념관 한국독립운동사연구소; 성주현, 2004, 「1910년대 일본불교의 조선포교활동」, 『문명연지』 5-2, 한국문명학회; 김귀한, 2007, 「한말 일제초 일본 조동종의 조선포교활동과 불교계의 대응」, 부산대학교 대학원 석사학위논문 등이 있다.

11 김승태, 2002, 「전시체제하 조선총독부의 종교 정책과 기독교계의 부일 협력 활동, 1937~1945」, 『한국기독교역사연구 소식』 54, 한국기독교역사연구소; 유준기, 2001, 「1910년대 전후 일제의 유림 친일화정책과 유림계의 대응」, 『한국사연구』 114, 한국사연구회; 정용서, 2011, 「일제 말 천도교 세력의 친일활동과 논리」, 『한국근현대사연구』 58, 한국근현대사학회; 오경후, 2015, 「일제 식민정책과 조선불교의 일본화에 대한 재검토」, 『역사민속학』 49, 한국역사민속학회; 류미나, 2019, 「조선의 황도유학 전개과정과 일본제국주의의 확장」, 『한일관계사연구』 63, 한일관계사학회; 류승주, 2008, 「일제의 불교정책과 친일불교의 양상」, 『불교학보』 48, 동국대학교 불교문화연구원 등이 있다.

12 김익한, 2001, 「1910년 전후 山県, 伊藤系의 대한정책 기조와 종교 정책」, 『한국사연구』 114; 韓晳曦, 1988, 『日本の朝鮮支配と宗教政策』, 東京: 未来社 등.

법인, 종립학교의 종교교육, 정교분리와 종교의 자유[13] 등이다. 다음으로 종교 법규와 정책에 대한 개별 종교나 종교계의 대응을 연구하는 것으로 '종립학교의 종교교육, 국가주의에 대한 대응, 종교의 자유' 등의 연구 성과이다.[14] 그 외에 '종교와 민족주의, 민족운동, 친일 문제' 등도 연구 주제이다.[15] 종교와 민족주의 관련 주제는 역사학계의 관심사이기도 하다.

세 가지 흐름 외에, 통감부나 조선총독부의 종교 정책을 일본의 정책

---

13 김순석, 2010, 「일제의 불교정책과 본사 주지의 권한 연구」, 『일본학』 31; 류성민, 2012, 「근대 이후 한국 사회변동과 개신교 학교의 '종교교육': 종교의 자유와 정교분리 문제를 중심으로」, 『원불교사상과 종교문화』 51; 안유림, 2009, 「조선총독부의 기독교 단체 법인화(法人化) 정책: 1920년대 선교회·교회 재단법인 설립을 중심으로」, 『한국기독교와 역사』 31; 윤선자, 1997, 「일본 군국주의 종교 정책과 조선 천주교회의 신사참배」, 『한국사연구』 98; 이진구, 2005, 「일제의 종교/교육 정책과 종교자유의 문제-기독교학교를 중심으로」, 『종교연구』 38; 이진구, 2010, 「일제하 신사참배 논쟁과 기독교-신사비종교론과 신사종교론을 중심으로」, 『일본학』 31 등. 관련된 주요 박사논문은 다음과 같다. 한동민, 2006, 앞의 글; 김덕순, 2011, 『신사참배 문제가 한국교회에 미친 영향에 관한 연구: 경안노회 사례를 중심으로』, 칼빈대학교 박사논문 등.

14 이성전, 1994, 「선교사와 일제하 조선의 교육」, 『한국기독교와 역사』 3; 윤은순, 2009, 「1920~30년대 기독교 절제운동의 논리와 양상-금주금연운동을 중심으로」, 『한국민족운동사연구』 59 등. 관련 주요 박사논문은 다음과 같다. 박용권, 2007, 「1930년대 조선예수교장로회 연구: 국가주의에 대한 대응을 중심으로」, 장로회신학대학교 박사논문; 박태영, 2014, 「구한말과 일제식민통치 시대의 북미 선교사들의 정교분리 연구」, 숭실대학교 박사논문; 이진구, 1996, 「종교자유에 대한 한국 개신교의 이해에 관한 연구: 일제시대를 중심으로」, 서울대학교 박사학위논문 등.

15 성주현, 2013, 『식민지시기 종교와 민족운동』, 선인; 성주현, 2001, 「1920년대 초 태을교인의 민족운동」, 『한국민족운동사연구』 29; 류성민, 1999, 「일제강점기의 한국 종교와 민족주의-일제의 식민지 종교 정책에 대한 한국 종교들의 대응을 중심으로」, 『한국종교』 24; 노치준, 1995, 「근대 한국의 종교와 민족주의의 문제: 외래 종교인 그리스도교를 중심으로」, 『인문과학연구』 1; 강돈구·고병철, 2002, 「대종교의 종교 민족주의」, 『고조선단군학』 6; 정용서, 2011, 「1930년대 천도교세력의 정치운동론과 시중회 참여」, 『한국민족운동사연구』 68; 황묘희, 2010, 「동학이단교파 제우교의 성립과 친일활동」, 『동학학보』 20 등.

과 연관시킨 연구들도 중요하다. 예를 들어, 신도국교화 정책이나 국체명징운동 등을 통해 조선총독부와 일본 국내의 종교 정책이 여러 관계를 맺고 있다고 지적한 연구도 있다.[16] 그 외에 통감부와 조선총독부의 기독교 법제를 다루기 위해 메이지 시기 일본의 개신교 정책과 법제를 검토한 연구도 보인다.[17] 이처럼 통감부나 조선총독부의 종교 정책이나 종교 법제를 일본의 상황과 연결하는 연구가 활성화될 필요가 있다. 통감부가 일본의 외교기관이었다거나 조선총독부가 주요 법규를 제정·시행하거나 주요 정책이나 제도를 결정할 때 대체로 일본 정부의 태도를 반영하거나 승인을 거쳐야 했다는 점을 고려하면 통감부나 조선총독부와 일본 정부의 연결성이 높기 때문이다.

본 연구는 크게 네 가지로 구분할 수 있다. 첫째는 일제의 종교 법규와 종교 정책이다. 일제의 종교 정책을 분석하면서 무엇보다 중요한 것은 일본이 '종교'를 어떻게 인식하였느냐 하는 점이다. 이를 토대로 일제는 종교의 법규와 정책을 올바르게 밝혀낼 수 있기 때문이다.

조선을 강점한 일제는 조선을 식민통치하는 동안 식민법규를 제정·공포하였는데, 종교 분야에서도 통제와 회유, 탄압을 목적으로 각종 법규를 만들었다. 종교와 연관성을 고려할 때 통감부나 조선총독부가 제정·시행한 각종 법규는 종교와 직접 연관된 법규와 종교에 직·간접적 영향을 미친 법규로 구분될 수 있다.[18] 이 가운데 종교 법규는 통감부나 조선

---

16 원영상, 2014, 「근대일본과 조선총독부의 종교 정책 관계에 대한 연구」, 『일본불교문화연구』 11, 31-32쪽.

17 안유림, 2018, 앞의 책, 29-103쪽.

18 특정 종교를 대상으로 삼은 법규를 '종교 법교', 종교에 간접적으로 영향을 미치는 법규를 '종교 관련 법규'로 표현한다. 맥락에 따라 종교 법규와 종교 관련 법규 전체

총독부에 종무행정 조직을 설치하고 이 조직이 종교 정책을 수립할 수 있는 법적·제도적 근거가 되어, 종교 정책과 밀접한 연관성을 지닌다. 종교 법규는 법적·제도적 종교 범주인 '공인종교'에 적용된다. 관련 사례로는 「종교 선포에 관한 규칙」(1906), 「각 지방 사찰의 소유재산 보호에 관한 건」(1908), 「사찰령」(1911), 「사찰령시행규칙」(1911), 「사찰 보물 목록첩 조제(調製) 건」(1911), 「사찰 주지 취직인가에 따른 취급 방법 건」(1911), 「조선사찰 재산관리에 관한 건」(1915), 「신사사원규칙」(1915), 「축제일 당일 사립종교학교 거식(挙式) 예배에 관한 건」(1915), 「사립학교 성서교수(聖書教授)에 관한 건」(1915), 「포교규칙」(1915), 「포교규칙 중개정」(1920), 「신사규칙」(1936), 「사원규칙」(1936) 등을 들 수 있다.

이외에도 종교에 간접적 영향을 미친 일반 법규는 종교 법규보다 종류가 다양하다. 주요 법규로는 「보안법」(1907), 「사립학교령」(1908), 「집회 취체령(取締令)」(1910), 「범죄즉결례(犯罪即決例)」(1910), 「범죄즉결례 시행수속」(1910), 「조선교육령」(1911, 1922, 1938, 1943), 「사립학교규칙」(1911),[19] 「보통학교규칙」(1911), 「경찰범처벌규칙」(1912), 「조선민사령」(1912), 「조선형사령」(1912), 「정치에 관한 범죄처벌 건」(1919), 「치안유지를 위한 죄칙(罪則)에 관한 건」(1923), 「치안유지법」(1925), 「국가총동원 준비 건」(1937), 「국가총동원법을 조선, 대만과 사할린[樺太]에 시행하는 건」(1938), 「조선인 씨명(氏名)에 관한 건」(1940), 「국방보안법」(1941), 「국방보안법 시행령」(1941) 등을 들 수 있다.

를 가리킬 때는 '종교 관련 법규'로 표현한다.

19 「사립학교규칙」(1911)은 여러 차례 개정되었지만, 특히 종교교육과 관련해 주목할 만한 개정은 1915년에 이루어진 바 있다.

일제는 이를 토대로 식민성 종교 정책을 적극적으로 추진하였다. 일제의 종교 정책과 관련하여 중요한 것은 종무행정 조직과 그 변화, 그리고 종교 단속을 담당한 경찰 조직과 그 변화이다. 통감부 시기에는 경성에 통감부, 각 지방에 이사청을 두어 종무행정을 취급하고, 동시에 경찰 조직이 종교 단속 업무를 취급한다. 통감부에서는 주로 지방부, 이사청에서는 주로 지방계, 경찰 조직에서는 주로 행정경찰계가 종교 상황을 다룬다. 조선총독부 시기에는 내무부 지방국 지방과(地方課), 경무총감부 고등경찰과 기밀계(機密係), 각 도의 내무부 학무계(學務界)에서 종무행정을 담당한다.[20] 그리고 조직 개편에 따라 달라지지만, 1919년 3·1운동 이후에는 조선총독부에 학무국과 경무국 등이 신설되어 종무행정을 맡게 된다.

둘째는 종교의 분열과 일제 협력이다. 일제는 종교를 정치와 교육으로부터 분리하였을 뿐만 아니라 종교를 분열시키는 데도 적극적으로 관여하였다. 무엇보다도 먼저 일제 지배정책에 협력하는 승려들을 중심으로 30본산 제도를 만들어서 전통적인 조선 불교를 한용운과 백용성을 중심으로 한 항일불교로부터 분열시키고자 하였다. 나아가 일본 불교 조동종과 조선 불교를 통합하려는 움직임을 적극적으로 추진하였다. 기독교는 선교사 중심의 서구기독교로부터 분열시키기 위해 회중교회를 중심으로 한 조선 선교사 중심의 기독교를 적극적으로 육성하고자 하

---

20 「조선총독부 사무 분장 규정」(1910.10.01. 훈령 제2호), 「조선총독부 지방관 관제 제12조 제2항에 의한 도사무분장규정」(1910.10.01. 훈령 제3호), 「조선총독부 경무총감부 사무분장 규정」(1910.10.01. 훈령 제4호) 등에 따르면, 조선총독부의 내무부 지방국 지방과와 각 도의 내무부 학무계에는 '종교와 향사(宗教及享祀)에 관한 사항', 경무총감부 고등경찰과 기밀계에는 사찰(査察), 집회·다중운동(多衆運動)·결사(結社), 외국인, 암호(暗号)와 함께, '종교취체(宗教取締)에 관한 사항'이 종교 행정 업무이다.

였다. 이러한 기독교의 분열 공작은 성공하지는 못하였지만, 식민지 기독교의 활동에 적지 않은 영향을 주었다. 나아가 전시체제기에는 신사참배를 둘러싸고 기독교의 친일화를 도모하였다. 유교는 성균관을 폐지하고 경학원을 조직함으로써 분열을 도모하였으며, 이를 기반으로 친일유교에 이어 황도유학으로 발전시켜 나갔다. 천도교는 일찍이 구한말부터 친일화를 도모한 결과 천도교와 시천교로 분열되었으며, 3·1운동 이후 1920년대에는 삼성무극교, 제우교 등을 조직하는 데 직·간접적으로 지원하였다. 이어 천도교는 신·구 양파로 분열을 거듭하는 한편 전시체제기에는 일제에 적극적으로 협력하는 종교가 되었다. 여기서는 일제가 종교분열에 얼마나 관여하고 개입하였는지를 밝혀내는 한편 적극적으로 일제에 협력하였던 종교의 친일화를 분석해보고자 한다.

셋째는 일제의 종교탄압이다. 일제는 앞서 종교의 친일화를 적극적으로 도모하는 한편 식민 지배 정책을 거부하거나 저항하는 경우 이를 탄압하였다. 그 과정을 불교, 기독교, 천도교와 대종교 등 민족종교, 그리고 무속에 대한 탄압을 중심으로 심층적으로 살펴보고자 한다.

끝으로 일본에서 유입된 종교에 대한 분석이다. 일제는 동학농민혁명과 청일전쟁을 거치면서 출병한 군인을 위무한다는 명분으로 일본 불교와 일본 기독교를 조선에 포교하도록 주선하였다. 그 연장선상에서 신도의 포교도 적극적으로 지원하였다. 더욱이 조선이 일제의 식민지가 된 것에 종교적인 의미를 부여하는 한편 이를 토대로 식민성을 적극적으로 활용하고자 하였다. 이에 일본종교의 본질과 침략성을 살펴보고자 한다.

제1장
일제의 종교 법규와 종교 정책

1. 일본의 종교 인식

1) 종교 개념과 인식의 폭력성

일반적으로 개신교·천주교·불교 등을 '종교'라고 표현한다. 이 표현에 '지시대상(referent)-개념(concept)-기호(symbol)'의 관계를 적용하면,[1] 개신교·천주교·불교 등은 지시대상, 종교는 기호이며, 양자는 '지시대상의 유사성[내포]과 그 범위[외연]로 구성된 개념'을 통해 연결된다. 이는 종교라는 기호가 지시대상의 유사성을 추출하고 그 범위를 한정하는 인식 범주(category of cognition)로 작용하며 개념의 내포와 외연을 통해 개신교·천주교·불교 등의 지시대상을 떠올리게 만든다는 의미이다. 물론 개신교·천주교·불교 등은 다시 여러 교단·종단을 묶는 기호로 작용한다는 점에서 변동 가능한 잠정적 지시대상이다.[2]

---

1 개념(concept)은 지시대상(referent)의 유사성을 전제로 적용 범위(range)를 결정해 언어로 표현하면서 지시대상과 기호(symbol)를 매개한다(김태수, 2000, 『분류의 이해』, 문헌정보처리연구회, 9-11쪽). 개념에 전제된 유사성을 내포(內包, intention), 그 적용 범위를 외연(外延, extension)이라고 하고, 지시대상의 유사성을 추출하는 것을 범주화(categorization), 기호로 규정하는 것을 개념적 정의(conceptual definition)라고 한다(김태수, 같은 책, 15-16쪽, 27쪽). 그리고 특정 학문영역에서 특수지시(special reference)로 연결되는 요소를 용어(term), 이 용어들의 집합을 전문용어(terminology)라고 한다. 그에 비해 일반적인 지시지능을 지닌 요소를 단어(word)라고 하고, 이 단어들의 집합을 어휘(vocabulary)라고 한다(김태수, 같은 책, 13쪽).

2 종교는 추상화된 범주이고, 개신교, 천주교, 불교는 자명한 지시대상이라는 인식은 오해이다. 개신교, 천주교, 불교 등은 세계종교라는 추상 수준이 아니라 종교라는 추상적 수준에서 볼 때 잠정적으로 지시대상이 될 수 있을 뿐이다. 여러 교단·종단에 대비할 때 개신교, 천주교, 불교 등은 구체적인 개별적 사실로서의 지시대상이 아니라 추상화된 범주이자 재구성된 범주이다.

종교라는 기호를 사용할 때는 그 기호의 개념이 본래적인 것이 아니라 연구자에 의한 인위적인 작업의 결과물이라는 점을 고려해야 한다. 지시대상에서 추출한 유사성과 그로 인해 설정된 범위가 본래적이거나 보편적일 수 없는, 즉 자의적인 결과물이기 때문이다. 실제로 종교 범위가 국가별 상황에 따라 다르거나 동일 국가 안에서도 달라졌던 역사를 떠올리면, 종교 개념에 전제된 유사성과 범위가 특정 상황에서 규정되고 그 역사적 상황을 구성하는 변수들이 바뀌면 다르게 규정되는 것을 알 수 있다.

그렇다면 일본에서 종교 개념과 범주는 어떻게 형성되고 변화되었는가? 이 물음과 관련해, 2000년대 전후부터 일본에서 종교 개념에 주목하는 연구자들이 나타나고 있다. 이들은 대상에 대한 인식이 인간이 귀속된 언어체계와 특정의 역사적·사회적인 인식 양식인 담론의 영향을 받는다는, 특히 언어적 전환(linguistic turn)인 담론(discourse)의 산물이라는 포스트구조주의의 인식론적 관점을 공유하고 있다. 이 관점에 따르면, 일본에서 종교는 자명한 존재가 아니라 근대 서양에서 탄생한 역사적 인식 양식에 불과하다.[3]

이소마에 준이치(磯前順一)에 따르면, 이처럼 일본에서 포스트구조주의 인식론에 따라 일본 근대화 과정에서 형성된 종교 개념과 종교학을 다룬 연구 성과로는 이소마에 준이치의 「종교학적 담론의 위상－아

3 이소마에 준이치, 제점숙 역, 2016, 『근대 일본의 종교 담론과 계보』, 논형(『近代日本宗教言説とその系譜-宗教, 國家, 神道』, 2003), 45쪽. 이 책은 'Jun'ichi Isomae, 2013, *Religious Discourse in Modern Japan: Religion, State, and Shinto*, trans. by Galen Amstutz and Lynne E. Riggs. Leiden: Brill'로 번역 출판된 바 있다(이소마에 준이치, 같은 책, 61-62쪽).

네사키 마사하루론」(1995), 야마구치 테루오미(山口輝臣)의 「종교를 논하는 법」(1996), 『메이지 국가와 종교』(1999), 세키 가즈토시(関一敏)의 「일본근대와 종교」(1997), 시마조노 스스무(島薗進)의 「일본의 '종교' 개념의 형성」(1998)과 「'종교'와 'Religion'」(2001), 하야시 마코토(林淳)·이소마에 준이치가 엮은 「특집 근대일본과 종교학」(2008) 등이 있다.[4] 그 외에 2012년 호시노 세이지(星野 靖二)의 『근대일본의 종교개념』에도 '종교가 보편적·비역사적이라는 인식' 자체가 역사적 구성물이고, 근대 일본에서도 종교 개념이 문명과 학문, 혹은 도덕 등과 협상과 대립을 거쳐 초월성과의 관계 속에서 스스로의 독자성을 조립해낸다는 관점이 보인다.[5]

이 가운데 시마조노 스스무(島薗 進)가 대표연구자로 1998년부터 2000년까지 수행한 공동연구(『근대적 '종교' 개념과 종교학의 형성과 전개–일본 중심의 비교연구』)도 포스트구조주의의 인식론에 따른 결과물이다. 여기에는 서양에서 종교 개념의 윤곽이 특정한 사고 환경에서 만들어졌듯이, 세계 각지의 종교 개념과 그에 의존한 종교학이 시대적 제약 속에서 성립했다는 견해가 담겨 있다. 이 연구는 메이지 시대 이후에

---

4 이소마에 준이치, 위의 책, 61-62쪽. 이소마에 준이치가 제시한 주요 자료는 다음과 같다. 磯前順一, 1995,「宗教學的言説の位相-姉崎正治について」,『現代思想』23-10; 山口輝臣, 1996,「宗教の語り方」,『年報·近代日本研究』18; 山口輝臣, 1999,『明治國家と宗教』, 東京大學出版会; 関一敏, 1997,「日本近代と宗教」,『春秋』393; 島薗 進, 1998, 앞의 책; 島薗 進, 2001,「'宗教''Religion'」,『季刊悠久』87; 林淳·磯前順一, 2008,「特輯 近代日本と宗教學」,『季刊日本思想史』72.

5 星野 靖二, 2012, 『近代日本の宗教概念-宗教者の言葉と近代』, 有志舎. 한편, 같은 시기에 'Jason Ānanda Josephson, 2012, *The Invention of Religion in Japan*, University of Chicago Press.'에서도 일본의 종교 개념에 대한 구성주의적 접근을 확인할 수 있다. 제이슨 조셉슨의 연구는 서구학계의 흥미를 끈다(Philip Swift, 2013, The Invention of Religion in Japan by Jason A. Josephson, *Journal of the International Research Center for Japanese Studies* 25, pp. 188-190).

'religion'의 번역어로 슈우쿄(しゅうきょう, 宗教)라는 용어가 보급된 후 종교제도의 전개와 종교학의 형성 과정에서 무엇이 '종교'이고 무엇이 '종교'가 아닌지에 대한 혼란이 발생했다는 점과 함께, 일본적 종교 개념의 특징을 물을 수 있는 단서를 '종교'와 그 인접어들[제사·치교(治教)·국가신도 등]의 연관성을 묻는 것에서 찾는다.[6]

또한 시마조노 스스무의 1998년 연구(「일본에서 종교 개념의 형성-이노우에 데츠지로우의 그리스도교 비판을 둘러싸고」)에 따르면, 세계 각국의 종교 개념은 이질적이다. 일본에서는 메이지유신 전후에 religion이 종교로 번역되고 1873년(명치6)경에 낙착(落着)된다. 다만, 신사신도는 종교가 아닌 제사(祭祀)로 규정되어 국가 권위의 정신적 기반으로 설정된다. 신도와 유교는 종교 개념에 들어가지만, 미신 영역과 교육칙어가 대표하는 교육·도덕·국체(國体) 영역은 종교 개념의 밖에 위치하게 된다. 특히 교육칙어가 대표하는 영역은 종교 영역보다 상위에서 현세의 질서를 성화하는 초종교(超宗教) 개념으로 전개된다.[7]

---

6 연구비 사이트(https://kaken.nii.ac.jp/ja/grant/KAKENHI-PROJECT-10410009). 시마조노 스스무(島薗 進)의 종교 개념과 관련한 1998년 연구는 1998년부터 2000년까지 공동연구로 수행한 『근대적 '종교' 개념과 종교학의 형성과 전개-일본 중심의 비교연구(近代的'宗教'概念と宗教學の形成と展開-日本を中心とした比較研究)』에 포함된 결과물이다. 이 과제의 연구자는 시마조노 스스무(연구책임자), 후지이 다케시(藤井 健志), 세키 가즈토시(関 一敏), 츠루오카 요시오(鶴岡 賀雄), 후카사와 히데타카(深沢 英隆), 이시이 켄지(石井 研士) 등 6명이었다.

7 島薗 進, 1998, 앞의 책, pp. 61-62, 73-74. "山我哲雄·長田俊樹 編, 1998, 『日本人はキリスト教をどのように受容したか: 國際日本文化研究センター共同研究報告』, 國際日本文化研究センター"의 참여 연구자는 야마오리 테츠오(山折 哲雄), 오사다 토시키(長田 俊樹), 코메이 리키야(米井 力也), 카와무라 쿠니미츠(川村 邦光), 시마조노 스스무(島薗 進), 이케가미 요시마사(池上 良正), 이노우에 쇼이치(井上 章一), 코타니 하루오(小谷 晴勇), 타다이오리(多田 伊織), 시마다 히로미(島田 裕巳), 미야자키 켄타로우(宮崎 賢太郎), 카미야

그렇지만 이러한 연구의 흐름에도 불구하고, 종교 개념의 자의성을 넘어 누군가 종교 개념의 보편성을 전제해 지시대상을 설정할 때 '인식의 폭력성' 문제가 발생하게 된다는 지점에 대한 강조는 이루어지지 않고 있다. 인식의 폭력성은, 예를 들어, 누군가가 유일신(God)에 대한 믿음을 종교 개념의 내포로 설정해 지시대상의 범위를 설정할 수 있지만, 이러한 종교 개념이 공인되거나 상식이 되는 순간에 발생한다. 공인되거나 상식이 된 종교 개념의 내포와 무관해 보이는 지시대상은 종교 개념에서 배제되기 때문이다. 게다가 종교 개념의 자의성으로 인한 인식의 폭력성은 폭력적인 실천으로 이어질 수 있다. 사회적으로는 '사이비종교' 또는 '유사종교'라는 낙인을 찍어 비난하는 현상으로, 정책적으로는 특정 종교를 조장하는 현상으로 이어질 수 있기 때문이다.

이처럼 일제강점기의 종교 법규와 종교 정책을 파악할 때 종교 개념의 자의성과 강요로 인한 폭력성 부분은 당시 종교 개념의 그 형성 과정, 활용 과정, 변화 과정 등을 고찰해야 한다는 문제 제기로 이어진다.[8] 종교 법규나 정책에는 당대의 종교 개념이 반영되어 있기 때문이다. 이러한 문제 제기는 본래적으로 고정된 것이 아닌 종교 개념이 당대의 법규와 정책에 반영되고 강요되면서 어떤 폭력성이 있었는지를 드러낸다.

타케히로(紙谷 威広), 다나카 마사카즈(田中 雅一) 등 13명이다.

8 종교라는 용어 외에 기독교, 개신교, 천주교, 불교, 유교, 신종교, 민족종교 등에 대해서도 용어의 형성과 변화 과정에 천착해 그 전제된 유사성, 인식의 범위와 방향성에도 주목해야 한다. 또한 연구자 자신의 분석 용어와 관련해서도 어떤 인식의 범위와 방향성이 담겼는지를 끊임없이 성찰해야 한다.

2) 종교 개념과 범주 논의

근대 일본에서 종교 개념의 자의성에 대해서는 이미 앞서 언급한 연구자들이 상당 부분 연구했다. 이 가운데 비교적 최근의 연구인 이소마에 준이치의 『근대 일본의 종교 담론과 계보』(2003)에서 근대 일본의 종교 개념이 형성되고 변화되는 흐름을 제시하고 있다. 이에 따르면, 일본에서 종교 개념은 각각 '종교라는 번역어가 확립되고[막부 말부터 1877년[명치10]], 서양문명을 체현하고[기독교 묵허(黙許)에서 교부성 정책 폐지], 비합리적·사적 영역으로 제한되고[국체도덕기(國体道徳期)], 종교학이 출현해 종교 개념의 정착이 완성되는[1898년 이후[명치30년대]] 네 시기의 과정'을 거쳤다.[9]

근대 일본의 종교 개념에 대한 이소마에 준이치의 연구를 구체적으로 보면, 첫 번째 시기는 종교라는 번역어가 확립된 막부 말기부터 메이지 10년(1877)까지이다. 이 시기에는 『만국공법(万國公法)』[10]에 따라 국가 주권의 상호 존중이 명시되지만, '문명국 – 야만국 – 미개국'의 구도 속에서 문명국에만 국가 주권이 존중되고, 미개국은 국가 주권이 없어 식민지 대상이 되며, 중간 형태인 야만국은 반문명화의 상태로 간주되어 제한된 형태의 주권만 인정되었다. 이러한 구도에서 일본은 중국이나

---

9 이소마에 준이치, 2016, 앞의 책, 81-130쪽.

10 『만국공법』은 미국 법학자 휘튼(Henry Wheaton 惠頓, 1785~1848)의 *Elements of international law with a Sketch of the History of the Science*(1836)를 중국의 미국인 선교사 마틴(William A. P. Martin, 丁韙良, 1827~1916)이 1864년에 청국 동문관(同文館)에서 한역(漢訳)해 출판(총 12장 231절)한 것으로, 중국에서 국제법을 인식하는 기본서적이 된다. 그로부터 4년 후인 1868년에 일본어로 번역된다(『한국민족문화대백과사전』 만국공법 항목).

터키처럼 '야만국'으로 간주되어, 1857년 미일수호통상조약을 시작으로 여러 불평등조약을 체결하게 되고, 야만국 범주의 신속한 탈피와 문명국 인정이라는 과제를 갖게 되었다.

당시 문명국 인정이라는 과제는 서양식 사법제도를 갖추고 당시 '기독교'로 대표되는 서양적 문화양식과 가치체계를 수용하는 것을 의미한다. 이와 관련해, 1857년 미일수호통상조약에서 '릴리전(religion)'의 번역어로 '종교'가 아니라 '종법(宗法)'이라는 용어가 채택되고, 그 외에 '종지(宗旨)'라는 용어도 등장하였다. 다만, "미국인이 예배당을 건설하는 것을 인정하고 미국인의 종법을 방해하면 안 된다"라는 용례를 보면, 당시 종법은 개인 단위가 아니라 국가 단위에서 '종교의 자유'를 의미하였다. 이 번역어들은 일본에서 '종지나 종문(宗門)' 등 프랙티스(practice, 비언어적 습관행위) 중심의 계통이 '교법(教法)이나 성도(聖道)'처럼 경전이나 교의를 따른 빌리프(belief, 개념화된 신념체계) 중심의 계통보다 우세했던 상황을 보여준다.[11]

일본 정부는 신앙의 자유를 방해하는 한 문명국 인정이 불가능하다는 외교적 판단에 따라 1873년(명치6) 태정관포고(太政官布告 第68号, 2月 24日)로 기독교 금제가 포함된 종래의 방(旧榜; 高札)을 철거하였다.[12]

---

11 이소마에 준이치에 따르면, 일본의 종교인류학자인 세키 가즈토시(関一敏)도 서양의 종교 개념에 프랙티스(practice)에 대한 빌리프(belief)의 우월성이 있고, 이러한 빌리프의 우월성이 신사신도를 비롯한 일본 민간신앙과 민속신앙을 비종교적인 것으로 억압하는 기능을 했다고 본다(이소마에 준이치, 2016, 앞의 책, 62쪽). 다만, 종지가 가르침 위주이고, 종문이 조직 위주라는 점을 고려할 때 종지나 종문이 실천체계의 의미가 강한 번역어라고 볼 수 없다는 주장도 가능하다. 그렇지만 불교에서 종지가 비언어적 깨달음의 표현이고, 종문이 실천을 위한 조직이라는 점을 고려하면 종지나 종문이 실천체계의 의미가 강하다고 할 수 있다.

12 太政官修史館 編, 1883, 『明治史要』 巻1-12, 東京: 博聞社, pp. 327-328.

그럼에도 종교라는 번역어는 1869년 북독일연방과 체결한 통상조약, 정토진종 본원사파(浄土真宗 本願寺派)의 시마지 모쿠라이(島地黙雷, 1838~1911)가 제출한 1872년 '3조교칙비판건백서(三条教則批判建白書)' 등에서 여전히 종법이나 종지와 유사한 의미로 사용되었다.[13]

그렇지만 이 상황은 1874년 4월부터 약 1년 6개월 동안 발간된 『명육잡지(明六雑誌)』[14]의 동인들, 즉 모리 아리노리(森 有礼), 후쿠자와 유키치(福沢 諭吉) 등이 종교라는 번역어를 활용하면서 바뀌기 시작하였다. 릴리전의 번역어가 지식인들 사이에서 빌리프 계통의 '종교'로 통일된 것은 '종교적인 것'에 대한 지식인들의 이해가 기독교 수용을 계기로 의례적인 것에서 교의(教義)적인 것으로 이행되었음을 의미한다. 이에 대해 일본에서는 종래 프랙티스 중심의 종지 개념이 의례적 요소를 배제한 빌리프 중심의 종교 개념으로 바뀌기 시작했다고 이해하고 있다.[15]

두 번째 시기는 기독교의 암묵적 허용(黙許)에서 신도국교화를 추진한 교부성(教部省) 정책의 폐지까지이다. 불교는 종교가 릴리전의 번역어

---

13 이소미에 준이치, 2016, 앞의 책, 86쪽. 실제로 1869년 9월에 체결된 「日本独逸条約書」 제4조에는 "독일국 인민은 그 자국의 종교와 자유(宗教と自由)"라는 표현이 들어 있다.

14 『명육잡지(明六雑誌)』는 일본 최초의 근대적 계몽학술단체인 명육사(明六社)의 기관지로, 1874년(명치7) 4월부터 1875년(명치8) 11월까지 전체 43호가 발간된다. 관련 인물들은 1873년 7월에 미국에서 귀국한 모리 아리노리(森 有礼, 1847~1889.2), 후쿠자와 유키치(福沢 諭吉, 1835~1901.2), 가토 히로유키(加藤弘之, 1836~1916.2), 나카무라 마사나오(中村 正直, 1832~1891.6), 니시 아마네(西 周, 1829~1897.1), 니시무리 시게키(西村 茂樹, 1828~1902.8), 츠다 마미치(津田 真道, 1829~1903.9), 미츠쿠리 슈헤이(箕作 秋坪, 1826~1886.12), 스기 코지(杉 亨二, 1828~1917.12), 미츠쿠리 린쇼(箕作 麟祥, 1846~1897.11) 등이다(戸沢行夫, 1991, 『明六社の人びと』, 築地書館 참조; 위키(https://ja.wikipedia.org, 明六社; 明六雑誌).

15 이소마에 준이치, 2016, 앞의 책, 82-92쪽.

로 정착되기 전까지 종교를 '종파(宗)의 가르침(教)'이라는 의미로 사용하면서도 '불교라는 통일된 자기 정체성'을 갖지 않았지만, 기독교 묵허나 신불분리령(神佛分離令) 등의 정책으로 신도·불교·기독교의 경합 상황이 만들어지면서 신도의 각 종파와 함께 '통일된 자기 정체성'을 인식하게 되었다. 이 과정에서 불교는 종교라는 단어를 종래의 종파별 독립 상태를 극복하는 용어로 사용하였다. 동시에 신도는 불교와 분리되어 국체 이데올로기를 근간으로 독자적 의미를 형성하기 시작하였다.

그에 비해 기독교는 윤리 규범이나 인격신의 빌리프적 성격을 내세워 릴리전의 번역어인 종교에서 압도적 우위를 차지하였다. 특히 1880년(명치13)부터 발행된 기독교계 『육합잡지(六合雜誌)』[16]는 기독교를 서양문명의 출현과 연관시키면서 기독교가 '문명의 정신이 된다는 확신'을 내세웠다.

빌리프적 성격의 종교 개념의 정착 과정에서는 여러 현상이 나타난다. 기독교 외의 다른 여러 종교는 자신들이 기독교에 못지않게 얼마나 명확한 교의체계를 가지고 문명화에 도움이 되는가를 경쟁적으로 주장하게 되었다. 불교에는 교리 정비, 현세 이익적 신앙 비판, 장례불교 관련 의례 중심의 모습 탈피, 신란(親鸞)이나 니치렌(日蓮) 등 각 종파 교조에 대한 윤리적 인격자 차원의 칭송 현상 등이 발생하였다. 그에 비해 근세에 서민의 종교 생활 일부였던 신심이나 신앙은 빌리프적 종교와

---

16 『육합잡지(六合雜誌)』는 기독교계 정기 간행물로, 1880년(명치14)부터 발행되어 1921년(대정10) 2월에 제41권 제2호로 종간된다. 초기 관련 인물들은 고자키 히로미치(小崎 弘道, 1856~1938.2), 이부카 카지노스케(井深 梶之助, 1854~1940.6), 다무라 나오미(田村 直臣, 1858~1934.1), 우에무라 마사히사(植村 正久, 1858~1925.1) 등의 도쿄청년회(東京青年会, 후의 東京YMCA)이다(https://ja.wikipedia.org, 六合雜誌, りくごうざっし).

대비되어 '음사사교(淫祠邪教)'로 배제되었다. 이와 관련해, 1872년(명치5)에 기도 중심의 슈겐슈(修験宗)가 폐지되고, 1873년에 이치고(市子), 아즈사미코(梓巫), 요우리키토우(憑祈祷) 등의 금지령이 나온 바 있다.[17] 이 단계에서 프랙티스적인 것은 빌리프의 하위에 위치하고 그 일부는 반문명적인 것으로 사회에서 배제되어 갔다.

일본 정부는 1872년(명치5)부터 종래 신기성(神祇省, 1871~1872) 대신 교부성(教部省)을 설치해 약 5년 동안 기독교에 맞서 천황제 이데올로기를 보급하였다. 그렇지만 1877년(명치10)에 교부성을 폐지하고 그 사무를 내무성(内務省)으로 이관한 후, 교도직을 1884년(명치17)까지 유지하는 변화를 주었다. 그 과정에서 윤리적·종교적인 것이 하나로 묶여 있었던 근세적 '교(教)' 담론이 종교와 윤리적인 것을 분리하는 담론으로 바뀌고, 종교는 '국민통합에 득이 되는가' 정도로 평가되었다. 이에 따라, 기독교 중심의 현세 비판적 교의는 종래의 민간신앙이나 폐습으로 칼날을 향할 때 문명개화라는 계몽의 힘으로 평가되었지만, 국가권력과 천황제로 향할 때는 배제되었다. 불교는 출세간적 성격에서 벗어나 내셔널리즘과 서양적 가치 규범과의 연결을 추구하게 되고, 곤코교(金光教)나 덴리교(天理教) 등도 탈주술화(脱呪術化)[18]를 꾀하는 한편, 점차 국가권력에

---

17 이치고(市子, いちこ)와 아즈사미코(梓巫, あずさみこ)는 일종의 무녀(巫女, みこ)에 해당한다. 한편, 슈겐도(修験道) 전문가인 미야케 히토시(宮家 準)의 연구(宮家 準, 1999, 『修験道儀礼の研究』, 春秋社, '第5章 修験道の巫術と憑祈祷')에 따르면, 요우리키토우(憑祈祷, ようりきとう)는 슈겐도에서 신탁(託宣)을 활용한 기도 의례를 말한다.

18 탈주술화는 서구 근대화에 대한 막스 베버(Max Weber, 1864~1920)의 합리화론에서 '유일신(=의미의 절대 기준)의 사망과 그로 인한 가치다신교'를 설명하는 용어이다. 베버는 서구 문명에 대한 니체의 선언('신은 죽었다')을 근대 진단의 출발점으로 삼고, 이를 기독교적 유일신에 기초한 서구 세계상('절대 진리·권위·의미')의 와해, 즉 인간과 세계의 존재 의미를 정당화할 초월적·절대적 기준이 사라져 모든 존

대한 비판적 태도에서 벗어나는 경향을 보였다.

세 번째 시기는 종교가 비합리적·사적 영역으로 제한되던 국체도덕기(國体道徳期)이다. 이 시기에는 진화론의 수용 이후 메이지 10년대(1877~1886) 후반의 '과학 vs 종교의 대립', 메이지 20년대(1887~1896) 초반의 '국가와 종교의 대립' 현상으로 종교 관념에 변화가 생겼다. 먼저, 과학과 종교의 대립 이면에 있던 진화론이 1877년(명치10) 도쿄대학에서 모스(Edward Sylverster Morse) 강의를 시작으로 본격적으로 소개되면서 서양문명과 종교를 각각 자연과학적 합리성과 비합리성에 분리·배치하고, 종교와 윤리가 다른 것이라고 인식해 종교를 윤리의 하위에 배치하는 현상이 발생하였다. 이로 인해 서양문명을 배경으로 민간신앙을 억압하던 기독교는 서양의 합리성과 다른 몽매한 것으로 인식되었다. 이러한 변화에 대해 자유신학은 종교가 합리적이고 그 본질이 윤리 또는 철학적 교리에 있다고 본 반면, 복음주의는 종교가 비합리적이라 합리적 평가 대상이 아니라고 보았다. 불교와 관련해서는 기독교보다 헤겔 철학과 같은 서양철학에 부합한다는 주장이 나오기도 하였다.[19]

재의 의미가 상실된 상태로 본다. 동시에 절대기준의 상실로 인한 '의미의 공황상태'는 '근대 인간'에게 '궁극적 의미·가치에서 해방되어 각자 의미와 가치의 기준이 될 것을 요구'하는 다신교('인격적 신들이 아닌 비인격적 가치의 다양한 모습') 시대의 도래와 유사하다. 따라서 '탈주술화'는 '유일신으로부터 가치의 다신교로 대체되는 현상'으로, 각 가치영역에서 진(真: 인지적·기술적), 선(善: 도덕적·실천적), 미(美: 심미적·표현적)와 관련된 합리성의 개발을 요청한다('탈주술화' 항목, 『문학비평용어사전』, 2006). 특히 베버는 주술을 구원 수단으로 여기는 것에서 벗어나는 '탈주술화'를 프로테스탄트와 가톨릭의 차이로 보고, '예정설'이 일으킨 개인의 내적 고립감과 신과의 직접적 대면 관계 설정에 주목하고, 신과 인간의 매개 행위(고해성사·성례·교회제도 등)의 폐기를 탈주술화의 완결로 본다(강성화, 2006, 『베버 「프로테스탄티즘의 윤리와 자본주의 정신」(해제)』, 서울대학교 철학사상연구소).

19 이소마에 준이치에 따르면, 자유신학 동향은 신앙인들이 당시 지적 흐름에 부응해

다음으로, 국가와 종교의 대립은 진화론이 전제된 '윤리와 종교의 분리'를 국가와 종교의 구도 및 공사(公私) 영역에 대입해 종교 위에 국민교화의 체계를 수립한 결과를 초래하였다. 이 현상은 1891년 우치무라 간조(内村鑑三, 1861~1930.3)의 불경사건으로 표면화되었지만, 여기에 이르는 과정은 1880년대 초부터, 특히 1882년부터 지속된 신사비종교론(神社非宗教論)[20]에 입각한 국가신도체제의 토대 구축 시점부터 시작되었다. 이와 관련해, 일본 정부는 1882년(명치15)에 신관(神官)의 장례 관여를 금지하고, 1884년(명치17)부터 교도직 대신 관장제(官長制)를 시행해 내무성 허가를 받아야 종교단체의 공적 활동을 할 수 있도록 해 각 교단이 국가 이데올로기와 합의점을 스스로 강구하게 만들었다. 게다가 1889년(명치22) 「대일본제국헌법」과 1890년(명치23) 교육칙어(教育勅語)를 발표해 종래의 교(教)를 국가 의무인 '도덕'과 개인적 자유재량인 '종교'라는 공사(公私) 영역으로 새롭게 구분하였다.

특히 이 시기에는 기독교 묵허와 신불분리를 계기로 불교·기독교·신도의 대항관계를 논하는 장(場)으로 설정된 종교 개념에 대해 개별 종교의 병립을 기술하는 차원을 벗어나 종교라는 장(場) 자체에 내재한 고

종교를 합리적인 것으로 보면서 고등비평이라는 합리적·자유로운 해석을 주장해 종교 본질이라는 윤리 또는 철학적 교리를 드러내려는 동향, 복음주의 동향은 종교를 비합리적인 것으로 인정하고 종교 평가를 합리적으로 할 수 없다고 보는 동향을 말한다(이소마에 준이치, 2016, 앞의 책, 104-105쪽).

20 이소마에 준이치에 따르면, 신사비종교론은 천황제를 위해 신도를 기독교나 불교 등 여러 종교와 경합하지 않도록 방어하기 위해 고안된 것이다. 정부가 신도의 빌리프 측면의 부족함을 채우기 위해 신도국교기와 교부성기에 걸쳐 교의의 체계화와 통일을 도모했던 정책들이 실패하자, 종교라는 빌리프 중심의 개념이 신도라는 프랙티스적인 개념과 일치하지 않음을 역이용해 신사신도를 종교 개념의 테두리 밖에 두고자 조치했다(이소마에 준이치, 위의 책, 115-116쪽).

유의 본질(sui generis religion)이 설정되었다. 특히 진화론에 기초한 비교종교학은 각 종교의 차이보다 진화를 관통하는 공통성을 규명해 보편성으로 추출하는 경향이 있으며, 종교들의 체제가 다양해도 근본 원리에서 서로 일치한다는 관점을 보였다. 그렇지만 이러한 종교 본질의 모색은, 1891년 우치무라가 교육칙어의 봉대(奉戴)·봉독식(奉読式)에서 교육칙어에 대한 경례를 거부해 사회적 매장을 당한 사건이 보여주듯이, 종교가 도덕의 하위 영역이라는 사회제도적 국면을 극복하지 못하였다. 이 사건은 종교의 현세비판인 국가권력 비판을 보여주었지만, 동시에 도덕 영역을 관장한 국가가 최우선임을 드러낸 사례였다. 이후 어느 교단도 신교(信教)의 자유를 주장할 뿐, 국가가 존립 기반인 천황제의 근거를 현인신(現人神)이라는 종교적인 것에서 추구하는 것이 신교의 자유 이념에 저촉되는 모순에 침묵하게 되었다. 종교의 윤리화를 권장하던 개신교계 자유신학에서도 요코이 도키오(横井時雄)나 에비나 단조(海老名弾正) 같은 이들이 천황제국가를 칭송했고, 불교도 국체 이데올로기와의 일체성을 기준으로 우치무라 사건과 관련해 기독교를 지탄하는 태도를 보였다.

이처럼 메이지 10년대 후반부터 20년대에는 종교적인 것과 윤리적인 것이 '교' 안에 공존하던 종래 상황이 바뀌어 과학과 국가가 결부되었다. 그리고 천황제 이데올로기와 천황가 조상을 모시는 신사신도가 구현하는 윤리·도덕이 공적 영역과 합리적인 것이 되어, 학문 영역에서 '국민성'으로 자리를 잡게 되었다. 그동안 종교는 사적 영역과 비과학적 영역으로 편성되었다. 또한 이 시기에 종교 범주에 속한 것은 교(教), 즉 '불교, 기독교' 등의 명칭으로 정착되고, 도덕에 속한 것은 도(道)가 되고 후대에 황도(皇道)라는 용어도 등장하였다. 황도라는 용어는 나중이기는 해도 황도유학, 황도불교처럼 종교와 결합하여 사용되기도 하였다.

네 번째 시기는 종교학이 출현하고 종교 개념이 정착되어 종교 본질에 대한 이성적·합리적 정의와 그 가치기준에 편승해 각 종교가 평가를 받게 된 메이지 30년대(1898년 이후)이다. 여기에 이르는 과정을 보면, 메이지 20년대에 부상한 종교 이해는 도덕·제사와 종교의 분리 및 종교와 과학의 조화 논쟁으로 이어졌으며, 신사숭배 위헌성(違憲性) 논의의 기준이 되는 종교 개념의 본질이 재고되고 종교학 강좌가 시작되었다.

메이지 20년대에는 이노우에 엔료(井上円了, 1858~1919.6)나 기시모토 노부타(岸本能武太, 1865~1928)의 비교종교학이 있었다.[21] 그렇지만 메이지 30년대 이후 도쿄제국대학의 아네사키 마사하루(姉崎正治, 1873~1949)[22] 중심의 종교학은 종교를 도덕의 규범으로 파악한 자유신학 등에서 '종교의 합리적 해석'과 경전에 대한 '고등비판'을 계승하면서도, 각 종교의 차이를 넘는 본질을 우선시했다. 또한, '신과의 관계를 인심(人心)의 보편적 근저동기'로 재고하던 종교심리학적 방법을 통해 각

21 이노우에 엔료(井上円了, 1858~1919.6)는 진종오타니파(真宗大谷派) 소속으로 동경대학을 졸업한 근대 불교철학사이다. 기시모토 노부타(岸本能武太, 1865~1928)는 유니테리언 신앙자로서 하버드 유학 후 1894년 귀국한 이래 종교 비교연구를 수행하다가 1896년에 아네사키와 함께 비교종교학회를 창설한 인물이다(박규태, 2012, 「아네사키 마사하루와 종교학: 근대일본 지식인에게 있어 종교와 국가」, 『동아시아문화연구』 54, 122-123쪽).

22 이소마에 준이치에 따르면, 아네사키 마사하루(姉崎正治)는 일본의 근대 종교학 창시자로, 도쿄제국대학 철학과에서 '국체도덕론'을 내세운 이노우에 데쓰지로(井上哲次郎), 쾨버(Raphael Koeber)에게 배웠다. 1896년 졸업 후 1898년(명치31)에 '종교학서론'을 강의하다가 독일 유학을 거쳐 1905년(명치38)부터 도쿄제국대학 종교학 강좌 개설 시 조교수로 임명되는 등 일본종교학 이행기에 추진자 역할을 한다. 아네사키는 비교종교학에서 출발해, 점차 틸레(Cornelius Petrus Tiele)나 제임스(William James) 등의 영향을 받아 다른 체계를 모색하고, 1898년(명치31)에 종교학에 대한 명확한 체계를 세운다(이소마에 준이치, 2016, 앞의 책, 118-119쪽, 122쪽).

종교와 종파를 일률적으로 종교 현상의 출현으로 이해하였다. 그리고 종교에 대한 합리적 해석[자유신학]과 교단의 틀을 초월한 국민의식 확립[국민도덕론 또는 국체도덕론]의 융합을 시도해 국가에 종교를 통한 민심 장악의 가능성을 제시하였다. 이러한 국가 지향성의 종교학 담론은 천황 주권이 핵심인 일본에서 국가주의 경향을 띠게 되었다.

다만, 당시 종교학에서도 프랙티스적인 것이 여전히 미신적인 것으로 취급되면서 민중종교나 민간신앙을 종교 범주에서 극복 또는 배제해야 할 대상으로 인식하였다. 당시 종교학은 도덕으로 해결되지 않는 빌리프 범주에 속한 초월성이나 무한성이라는 종교의 고유성[비합리성]도 인정했지만, 무엇보다 종교의 합리성을 인정하였기 때문이다. 이러한 종교학 담론이 서양문화의 영향을 받은 일부 도시 지식인층에 한정되어 민중세계에 미친 영향력이 약했을지라도, 민중종교나 민간신앙은 종교학의 담론에서 합리성에 부적합하면 미신이나 사교로 억압받았던 것이다.

3) 종교 개념의 형성과 인식

지금까지 살펴봤듯이, 일본의 종교 개념은 메이지(1868~1912) 시기에 정착되었다. 그리고 정착 과정의 특징에서 릴리전의 번역어로 종래 프랙티스적 종법이나 종지보다 기독교적 빌리프(belief)가 중심인 종교(宗敎)가 채택되어 종교가 기독교와 연관된 서양문명이나 학문, 자연과학적 지식과 모순되지 않는다는 인식이 있었다는 점, 진화론의 확산을 배경으로 종교와 과학이 대립하면서 종교와 윤리·도덕 영역이 구분되고 윤리·도덕 영역이 국가의 공적 영역으로 자리를 잡았다는 점, 종교학의 개입으로 빌리프 중심의 종교 본질이 모색되어 국민통합이라는 국가주의에 부응하게 되었다는 점 등을 확인할 수 있다.

이 과정에서 일본에는 종교의 본질에서 신과 인간의 관계라는 요소를 우선시하는 범주화 현상[23]과 종교 범위가 교파신도·불교·기독교로 국한되는 현상이 발생하였다. 이에 따라 불교나 교파신도는 종교라는 자의식을 갖게 되고, 그 외의 신앙단체나 민간신앙은 모호한 위치에 놓이게 되었다. 게다가 종교가 비과학적·사적 영역으로 국가를 위해 존재한다는 인식과 함께, 일본 국체(國体)의 규범을 일탈하지 않는 한에서만 승인되면서 종교 개념은 정치적(political) 차원을 갖게 되고, 개별 종교들은 국가주의에 호응하게 되었다.

이처럼 메이지 시기에 형성된 종교 개념은 통감부와 조선총독부를 통해 정책적으로 조선에 유입되어 제도적 차원에서 정착하게 되었다. 이러한 맥락에서 일제강점기의 종교 인식과 지형을 파악하기 위해서는 일본의 종교 개념 형성 과정과 인식에 대해 역사적인 맥락에서 좀 더 사실관계를 파악할 필요가 있다. 일본에서 종교 개념이 형성되고 변화되는 과정은 개항과 유학생 파견, 메이지유신과 번역 등을 거쳐 제국주의 국가를 지향하는 과정과 연결되어 있다.

(1) 개항과 유학생 파견

1850년대에 일본은 미국·네덜란드·러시아·영국·프랑스 등 여러 국가와 조약을 체결해 개항하게 되었다.[24] 이 조약들은 개항지의 탄생 외에도 번역어의 탄생이라는 점에서 주목할 만하다. 예를 들어, 1858년

23 前島栄三郎, 1897, 『人世私見』, 水戸: 高木印刷所, pp. 60-86.

24 細川広世 編, 1883(明治16), 『日本帝國形勢総覧』, 東京, pp. 188-190.

7월(安政5年)에 미국과 체결한 수호통상조약(「日本國美利堅合衆國修好通商条約」) 제8조를 보면, 'Americans=西美利加人, the free exercise of their religion=自ち其國の宗法を念し, places of worship=礼拝堂, Japanese temple=日本人の堂宮, the practice of trampling on religious emblems=踏絵' 등의 번역어들이 나타났다.[25] 여기서 릴리전은 종교가 아니라 종법(宗法)으로 번역되었다.

1850년대 개항의 효과는 다양한 서양 서적들의 적극적 수용 현상으로 이어졌다. 이와 관련해, 이미 에도막부(江戸幕府, 1603~1867) 시기에 서양 서적들이 유통된 바 있지만,[26] 1841년에 요시다 지헤이(吉田 治兵衛)의 『화란(네덜란드) 번역서 목록』이나 1852년 『서양학자 역술 목록』[27] 등을 보면, 19세기 전반기까지 일본에 들어온 서양 서적들의 범위는 주로 의학 영역에 국한되었다. 그렇지만 개항으로 인해 서양 서적들의 수용 범위는 의학 영역을 넘어 확대되었다.

또한 개항 이후, 에도막부 말기부터 일본인들의 서양 체험이 이루어졌다. 예를 들어, 에도막부는 1860년대 초에 네덜란드와 영국 등에 유학생을 파견하였다.[28] 이러한 유학생 파견 현상은 개항 이후에 서양의 학

---

25 外務省記録局, 1889, 『締盟各國条約彙纂』 第 1 編, 東京: 外務省記録局, pp. 754-755. 다만, 후미에(踏絵)는 당시에 성화 밟기를 통한 천주교 신자 색출 방법으로, 서양어에 대한 번역어는 아니다.

26 에도막부(江戸幕府, 1603~1867) 시기에 네덜란드를 통해 서양 서적들을 받아들인 흔적이 난학(蘭學)이라는 이름으로 존재하듯이, 개항 이전에 이미 서양 서적들이 유통됐다.

27 吉田治兵衛, 1841(天保12), 『和蘭翻訳書目録』; 穂亭主人 編, 1852(嘉永5), 『西洋學家訳述目録』(古典籍資料).

28 「文久年間和蘭留學生一行の写真」(津田真道関係文書47-3).

술과 기술 도입이 시급하다는 에도막부의 인식과 함께 일본인이 서양의 다양한 개념을 적극적으로 수용하기 시작했다는 점을 보여준다. 메이지 시기에도 사절단과 시찰단의 관료, 유학생 등의 서양 체험 현상은 지속되었다. 이러한 서양 체험에서 획득한 입헌제 관련 정보와 지식은 메이지유신의 정치개혁론에서 적극적으로 활용되었다.[29]

(2) 메이지유신 이후 번역과 1870년대 종교 번역어

메이지 정부(1868~1912)는 1868년 이후 에도막부의 막번체제를 무너뜨리고 천황 중심의 왕정복고(王政復古)를 내세우고, 1871년에 폐번치현(廃藩置県)을 단행하는 등 중앙집권정책을 시도하면서 서구적 형태의 근대 국가를 지향하였다. 이른바 메이지유신(明治維新)이다. 이 시기에 후쿠자와 유키치(福沢諭吉)의 『서양사정』(1868)처럼,[30] 일본인이 서양의 상황을 이해하고 설명한 서적들도 발간되기 시작하였다.

특히 1870년대가 되면 메이지 정부가 번역사업을 주도하는 현상이 나타났다. 이와 관련해 당시 번역국(翻訳局)은 주로 프랑스 헌법을 포함한 각종 법률서의 번역에 관심을 보였는데, 그 관심의 범위에는 『서양개화사(西洋開化史)』 등의 서적도 포함되었다.[31] 이러한 흐름은 1880년대

---

29 방광석, 2017, 「메이지유신 시기의 서양 체험과 입헌제 수용」, 『역사와 담론』 84, 호서사학회, 287-313쪽. 다만, 유학생 파견이 막부와 정부의 부국강병책의 일환이었지만, 막부와 정부보다 큰 세계를 경험한 유학생의 일부가 귀국 후 관료가 되지 못한 경우 사회 비판자가 되기도 한다(김보림, 2016, 「메이지(明治) 유신기 일본의 유학생 파견 연구」, 『전북사학』 49, 전북사학회, 275-300쪽).

30 福沢諭吉 輯, 1868, 『(増補) 西洋事情』 1, 2, 3, 林芳兵衛等.

31 翻訳局 訳, 1875, 『仏蘭西法律書 憲法, 民法』 上巻, 印書局; 翻訳局 訳, 1875, 『仏蘭西法律書 訴訟法, 商法, 治罪法, 刑法』 下巻, 印書局; 翻訳局 訳述, 1875, 『西洋開化

에도 이어져, 문부성(文部省)이 『Chamber's Information for the People』(1835) 번역을 주도하고 1883년에 『백과전서(百科全書)』를 번각해 1885년에 발간하기도 하였다.[32]

이 과정에서 릴리전(religion)이라는 용어는 점차 '종교'라는 번역어로 정착되었다. 다만, 1860년대까지 릴리전을 종교로 번역한 사례가 거의 보이지 않는다는 점을 고려하면, 당시까지 종교가 릴리전의 번역어로 공유된 것은 아니었다. 이와 관련해, 1867년경 영일(英和)대역(対訳) 사전을 보면, 릴리전의 번역어는 '종지/신교(宗旨/神教)'였다.[33]

한편, 1868년 메이지유신 직후인 1869년 일역 영어사전에 실린 용어들을 보면, '릴리전'의 번역어는 '종지(宗旨)·신교(神教)', '종교인(Religionist)'의 번역어는 '신심에 빠진 사람(信心ニ迷ヒカタマル人)', '종교적(Religious)'은 '종지의(宗旨ノ)·신을 믿는(神信心ナル)', '종교적으로(Religiously)'는 '신심에 세밀하게(信心ニ細密ニ)', '종교성(Religiousness)'은 '신심이 있는 상태(信心ナル)' 정도의 의미를 지니고 있었다.[34] 이 자료는 흥미롭게도 종래 교(教, 가르침)의 본질과 신(神)에 대한 인간의 믿음이라는 본질이 혼재되어 있음을 보여준다.

史』, 東京: 印書局.

32 ウィルレム チャンブル, ロベルト チャンブル 編, 1885(明治17.10), 文部省 摘訳, 『百科全書』.下巻, 東京: 丸善商社, pp. 185-331.

33 蔵田屋清右衛門, 1869, 『英和対訳袖珍辞書』, 東京: p. 339. 다른 번역어를 보면, 크라이스트(Christ)와 크리스채너티(Christianity)는 각각 '西教ノ神'과 '西教'를 번역어로 채택하고 있다(위의 책, p. 63).

34 高橋新吉, 前田献吉, 前田正名 編, 1869, 『和訳英辞書』, American presbyterian mission press, p. 487. 한편, Christ는 西教ノ祖, Christendom은 西教ノ國, Christian은 西教ヲ信スル人, Christianity는 西教 등으로 번역되어 있다(위의 책, p. 91).

비록 1869년의 「일본독일조약서(日本独逸条約書)」에 "종교(宗教)"라는 표현이 있었을지라도,[35] 1870년대가 되면 정교일치(政教一致)라는 표현이나[36] 정교(政教)라는 표현[37]이 나타나고, 릴리전이 '종교'라는 용어로 번역되는 사례가 증가하였다. 예를 들어, 1874년 법률 번역서에는 종교가 번역어로 사용되었다.[38] 그리고 1875년 분쇼오도우(市岡正一)의 『일본사정』에서는 일본인이 종래 신교(神教), 유교(儒教), 불교(佛教)를 숭신(崇信)했다고 보면서 이를 "종교 삼종(宗教 三種)"으로 묶은 바 있다.[39]

1870년대 자료를 보면, 1858년 7월 미국과 체결한 수호통상조약 제8조에도 "the free exercise of their religion(自ち其國の宗法を念し)"이라는 표현이 있듯이, 메이지 정부는 '종교를 믿을 자유'에 대해 인지했던 것으로 보인다. 이와 관련해, 1871년 번역 자료에는 "교법의 자유"라는 표현,[40] 1874년 번역 자료에는 "신앙(信仰)의 자유"나 "봉교(奉教)의 자유"라는 표현이 등장하였다. 다만, 여기서 신앙의 자유는 일반적인 의미와

---

35 「日本独逸条約書」(1869.9.13)의 제4조.

36 林正明 訳述, 1873, 『万國政談』 巻之2, 求知堂, pp. 32-34.

37 黒田行元, 1874, 『民法大意』 下, 求知堂. 한편, 文部省, 1872, 『國法汎論 巻之一～巻之四』, pp. 67-82(巻之二)에 따르면, 신자들을 가리키는 '승도(僧徒)'라는 용어는 '기독교의 승도(基督教ノ僧徒)'처럼 다른 종교에도 사용된다.

38 村田保 訳, 1874, 『英國刑律せき要』 上 巻一 五十八条, 村上勘兵衛, pp. 12-14('宗教犯罪').

39 市岡正一, 1875, 『日本事情. 巻之1』, 東京: 文昌堂, pp. 15-19.

40 Andrew White Young(伊熊氏), 何礼之 訳述, 1871(明治 辛未), 『米國律例: 一名 通法撮要』, 大阪: 敦賀屋為七等, p. 1, pp. 6-7; John Stuart Mill(弥爾), 中村敬太郎 訳, 1872, 『自由之理. 第2冊上』, 静岡: 木平謙一郎, p. 4(教法, 教会). 1871년 『통법촬요』를 보면, '교법의 자유(教法ノ自由, p. 1)', 종문(宗門)을 세워 정부가 그것을 보호해 인민의 타종(他宗) 귀의를 허가하지 않는 것을 '정교일치 법(政教一致ノ法)'이라고 한다는 내용(pp. 6-7)이 있다.

달리, 국가와 관련된 "신도(神道)를 신앙할 자유권"을 의미하였다.[41]

(3) 1880년대 이후 종교 개념: 특정 개별 종교단체들

1880년대 이후에는 종교가 릴리전(religion)의 번역어로 공유되기 시작하였다. 이와 관련해, 1885년 『백과전서』에 "서양종파(西洋宗派), 이슬람교(回教), 힌두교(印度教), 불교(佛教), 귀신지(鬼神誌)" 등의 용어들이 보인다.[42] 그리고 1887년 나카야마 세이지(中山整爾, 1868~1926)가 발간한 『일본종교유지확론』에 "일본종교(日本宗教)"라는 표현이 보인다. 이 책에서는 당시 일본 불교의 11개 종파인 삼론종·법상종·천태종·진언종·융통염불종(融通念佛宗)·정토종·진종·임제종·조동종·일련종·시종(時宗)을 일본종교로 묶고, 불교와 야소교(耶蘇教)를 '동방종교와 서방종교(西方宗教; 西教)'로 대비하고 있다.[43]

이러한 여러 자료는 일본에서 1889년 「대일본제국헌법」(시행: 1890.11.29) 공포 이전에 릴리전과 관련된 여러 번역어가 유통되다가[44] 1880년대에 종교라는 번역어로 정착되는 과정을 보여준다.[45] 종교의 자

---

41 Johann Kaspar Bluntschli(ヨハン・カスパルト・ブルンチュリー), 加藤弘之 訳, 1874, 『國法汎論』 巻9上, 文部省, pp. 1-30.

42 ウィルレム チャンブル, ロベルト チャンブル 編, 1885(明治17.10), 앞의 책, pp. 185-331. 귀신지(鬼神誌)는 자료상 '北欧鬼神誌'라는 표기로 유럽 북부의 다신(衆神) 신앙 사례들을 묶은 것이다.

43 中山整爾, 1887, 『日本宗教維持確論』, 東京: 九春堂, pp. 149-150(日本宗教の種類), pp. 190-209(日本宗教と西教の比較).

44 長沼 美香子, 2017, 『訳された近代-文部省『百科全書』の翻訳學』, 東京: 法政大學出版局(第五章 「宗教」という近代-靖國体制の鋳型 참조).

45 1890년 자료인 『각국종교부』에 '서양종파(西洋宗派), 이슬람교(回教), 힌두교(印度教), 불교(仏教), 귀신지(鬼神誌)' 등의 용어들도 있고, 무엇보다 '종교'가 책 제목에

유와 관련된 여러 표현은 1889년 2월에 공포된 「대일본제국헌법」 제28조에 "일본 신민은 안녕질서를 방해하지 않고, 신민으로서의 의무에 위배하지 않는 범위에서 신교의 자유(信教の自由)를 가진다"는 내용이 명시되면서[46] '신교의 자유'로 자리를 잡게 되었다.

특히 「대일본제국헌법」 제28조, 신앙의 자유 관련 조문에 대해서는 윤리적인 것과 종교적인 것이 혼연(渾然)했던 전통적인 교(教)의 관념을 '윤리라는 공적 영역'과 '종교라는 사적 영역'으로 구분해 공적 영역에 배치되지 않는 한에서만 사적 영역을 인정한다는 의미로 이해되었다. 여기서 공적 영역은 '안녕질서와 신민의 의무'를, 사적 영역은 '신교의 자유'를 말한다. 그리고 신교의 자유는 천부인권설에 따른 종교의 자유와 근본적으로 다른 것으로, 신도(神道)와 다른 종교를 신앙할 자유를 주는 일종의 종교적 관용(tolerance)에 해당한다.[47]

(4) 1890년대 종교 개념과 범주화: 신사신도 제외

릴리전의 번역어인 종교 개념의 변화를 보면, 1875년 분쇼오도우(市岡正一)의 『일본사정』에서 확인할 수 있듯이, 1870년대까지는 종교라는 용어가 윤리 영역과 크게 구분되지 않은 채 여러 종류의 교(教)를 묶어 표현하는 상위 범주로 활용되었다. 종교가 '교(教)들의 집합체'였던 셈이다. 그리고 1887년 『일본종교유지확론』의 '일본종교(日本宗教)'라는 용어에서 확인할 수 있듯이, 1880년대 이후 종파(宗派)와 함께 여러 개

들어 있다(今村金治郎 編, 1890, 『百科全書 各國宗教部』, 東京: 鴻盟社, pp. 1-73).

46 稲垣豊之助, 1889, 『大日本帝國憲法』, 東京: 東京新報社, p. 7. 제28조 日本臣民ハ安寧秩序ヲ妨ケス及臣民タルノ義務ニ背カサル限ニ於テ信教ノ自由ヲ有ス.

47 이소마에 준이치, 2016, 앞의 책, 107-108쪽, 111쪽.

별 종교들을 포괄하는 개념으로 사용되지만, 윤리 영역과 구분되기 시작하였다.

그렇지만 1890년대 전후부터 종교라는 용어는 여러 개별 종교단체들이 아니라 '특정한 개별 종교단체들'을 지칭하는 개념으로 고착되었다. 여기서 '특정한 개별 종교단체들'은 교파신도(教派神道)·불교·기독교만을 가리키는 범주였다. 이와 관련해, 1889년「대일본제국헌법」 제28조에 명시된 '신교'의 범위는 교파신도(教派神道)·불교·기독교에 한정되었다. 이는 종교 본질의 핵심을 신과 인간의 관계로 인식한 결과이기도 하다.

1889년「대일본제국헌법」 이후에도 종교 범위를 교파신도·불교·기독교로 국한하는 정책은 지속되었다. 이와 관련해, 1908년(명치41)의 요코하마 매년 통계 자료에 있는 도표를 보면 릴리전(religion) 하위에 "Shintoism, Buddhism, Christianity"만 배치되어 있다. 이 도표에서 1902년부터 1906년 사이의 통계 자료를 보면, 신도 관련 내용은 "No. of Denominations, No. of Institutes", 불교 관련 내용은 "No. of Denominations, No. of Temples, No. of Priests", 기독교 관련 내용은 "No. of Denominations, No. of Churches & Preaching Stations, No. of Missionaries(Japanese, Foreigners, Total)"로 구성되어,[48] 종교의 범위를 교파신도·불교·기독교로 국한하는 정책이 지속되었음을 확인할 수 있다.

이처럼 메이지 시기에 종교 범주가 '교들의 집합체'에서 '교파신도·불교·기독교' 세 개만을 지시하는 범주로 확정되는 과정은 다음과

48 *Summary of the Yokohama city annual statistics* no. 3, Published by the Yokohama city office, 1908, p. 15(Part V Religion and Charities).

같다. 우선, 기독교 금지령이 해제되면서 선교사들 중심의 선교가 확산되었다. 둘째, 폐불훼석 등으로 인해 전국적으로 신불 분리 현상 속에서 불교가 독자적인 포교를 전개하였다. 셋째, 신도 사이에 내분이 발생해 1876년 10월 이후 구로즈미교와 슈세이파(修成派)를 시작으로 신도가 분리되었다. 이어, 1882년(명치15) 1월 이후 내무성의 신관교도직(神官教導職)의 겸임과 장의(葬儀) 금지라는 제교분리(祭教分離) 조치에 동의하지 않는 신관들이 독립하면서 1882년 5월에 신궁교(神宮教; 神道神宮派, 1899년 神宮奉斎会로 개조)를 포함한 6개 파가 독립하게 되었다.[49]

특히 1882년의 제교분리 조치와 그로 인한 교파신도의 성립 과정은 신사비종교론이 제도적 힘을 발휘하던 과정이기도 하였다.[50] 신사비종교론에 입각해 종래의 신도가 신사신도(神社神道, 국가신도)와 교파신도(教派神道)로 구분되었다는 의미이다. 분리 이후 교파신도는 기독교·불교와 유사하게 '종교'의 대우를 받게 되었다. 이로 인해 일본에서 종교 범주는 신사신도를 제외한 '교파신도·불교·기독교'를 가리키게 되었다.

한편, 1890년「대일본제국헌법」시행 이후 신사신도는 종교 영역과 무관한 신민의 의무가 되었고, 천황을 신도의 현인신(現人神)이자 신앙의 대상으로 여겼다. 이와 관련해, 미야지 다케오(宮地猛男)는 1914년에 현인신을 신도의 이상(神道の理想)으로 설명한 바 있다.[51] 이러한 현인신

---

49 村岡典嗣, 박규태 역, 1998,『일본신도사』, 예문서원, 297-302쪽.

50 明治教育社編輯部 編, 1916,『文検受験用國民道徳要領』, 東京: 大同館書店, pp. 227-230(第五節 神道は宗教なりや); 佐藤範雄, 1927,『佐藤範雄先生金光教々學講演』, 岡山市: 中國民報社印刷部, pp. 45-46; 이희복, 2000,「日本 神道의 이해」,『일본사상』2, 한국일본사상사학회, 84-85쪽.

51 宮地猛男, 1914,『神道精義: 敬神崇祖』, 東京: 永楽堂書店, pp. 144-148.

담론은 1930년대를 거쳐 1940년대에도 패망 전까지 활발하게 유통되었다. 예를 들어, 사카모토 세이마(坂本清馬, 1885~1975)는 『대일본황국천황헌법론』(1935)에서 천황을 '신성(神聖)해서 침범할 수 없는 현인신'으로 설명하였다.[52] 또한, 1940년대에도 일본의 국체를 현인신 신앙으로 설명하거나 계속해서 천황을 현인신으로 인식하는 현상이 나타났다.[53]

게다가 1930년대부터는 천황 신앙을 둘러싸고 '초종교(超宗教)'라는 용어도 확산되었다. 초종교 담론의 주요 화자는 엔도우 토모시로우(遠藤友四郎, 1881~1962)인데, 이 용어에는 천황 신앙이 종교의 상위에서 현세의 질서를 성화한다는 인식이 담겨 있었다.[54] 초종교라는 용어는 천황 신앙이 종교가 아니라는 인식의 극단적 표출이었던 셈이다.

한편, 1882년 제교분리 이후에 신도가 분리되고 교파신도·불교·기독교만을 종교로 공인해 인가와 통제를 가하는 과정은 종교가 친정부적 성향을 띨 수밖에 없는 구조가 성립됐음을 의미한다. 이러한 친정부적 성향은 일본이 1890년대부터 다른 국가를 침략하는 근대 제국주의의 길을 걷기 시작했다는 점을 고려하면 결과적으로 일본의 교파신도·불교·기독교가 제국주의에 동조했음을 의미한다. 실제로 교파신도·불교·기독교가 제국주의에 동조한 현상은 1904년 러일전쟁 발발 시에 동경에서 신도인·불교인·기독교인, 종교학자와 외국인 등 1,500명이 모

---

52 坂本清馬, 1935, 『大日本皇國天皇憲法論』, 高知: 昭和神聖会高知支部, pp. 49-53.

53 下中弥三郎, 1941, 『総力戦教育』, 昭和図書, pp. 39-47(皇國國体と現人神信仰); 山崎又次郎, 1943, 『新体制の基礎帝國憲法論』, 東京: 清水書店, pp. 200-202(現人神としての天皇).

54 遠藤友四郎, 1931, 『世界の救世主日本』, 東京: 錦旗会本部, pp. 39-57(超宗教乃至非宗教の民族生命 = 固有の日本精神); 遠藤友四郎, 1931, 『天皇信仰: 超宗教國体論』, 東京: 先進社, pp. 211-241(第六篇 我が超宗教乃至非宗教の民族生命).

여 개최한 '일본종교가대회' 사례에서 확인할 수 있다. 당시 이 대회에서는 신도·불교·기독교만 종교 범주에 포함되었다는 점을 드러내기도 했지만, 당시의 종교가들이 협동해 자국 독립의 기초 확립을 위한 '국민적 정신의 통일'을 위해 노력해야 한다는 건의안이 채택되었다.[55] 이 건의안은 당시 신도·불교·기독교가 일본 국민의 정신적 통일을 지향했고, 결과적으로 천황 중심의 민족의식을 높이는 도구로 활용되었다는 점을 시사한다.

동시에 1882년 제교분리 이후의 과정은 종교 인식의 변화를 시사한다. 제교분리 자체부터 종교가 '국가의 종사'가 아니라는 인식을 담고 있었다. 또한, 신사신도와 종교의 분리와 교파신도·불교·기독교에 한정된 종교 범주는 '신앙 대상으로서 신과 인간의 관계'가 종교의 본질이라는 인식을 담고 있었다. 이 두 가지 인식은 윤리·도덕을 상징하는 신사신도와 신과 인간의 관계를 전제하는 종교의 관계가 공사(公私)의 관계이면서 상하의 관계를 갖는다는 인식으로 귀결되었다.

2. 일본의 종교 관련 법규와 정책

1945년 패전 이후 일본은 1946년부터 「헌법」 제20조 및 제89조의 두 가지 조문[56]에 종교의 자유 보장과 정교분리의 원칙을 반영해 종교

---

55 大日本宗教家大会事務所 編, 1904, 『宗教家大会彙報: 時局に対する宗教家の態度』, 東京: 金港堂, pp. 128-129.

56 「일본국헌법」 제20조는 ① 종교의 자유(信教の自由) 보장과 종교단체에 대한 국가의 특권 부여 금지, ② 종교행위·축전(祝典)·의식 또는 행사 참가 강요 금지, ③ 국가·

정책의 토대로 삼고 있다. 이러한 종교 정책의 토대는 1945년 패전[57] 이전의 종교 법규와 정책을 극복하는 차원에서 수립되었다는 점에서 그 이전의 법규와 정책에 주목하게 한다.

일본의 종교 정책은 크게 1882년 이전과 이후, 그리고 1900년 이후로 구분될 수 있다. 1882년 이전까지는 1868년부터 신사행정 중심의 정교일치에 입각한 신도국교화정책[58]이 추진되었던 시기이다. 이는 1868년 3월의 제정일치 표명, 1870년 1월의 대교선포 조(大教宣布の詔)를 통한 제정일치 표명 조치 등에서 확인할 수 있다. 1882년 1월 이후에는 내무성이 취한 제교분리 조치 이후 제정분리에 입각한 신도내면화정책이 추진되고, 1889년의 「대일본제국헌법」을 통해 신도와 종교의 위계 및 종교의 범주를 확정했다. 당시 종교 범주는 제국의회에 제출된 '종교법안'에서 확인할 수 있다. 1900년 이후는 신사행정과 종무행정을 분리시켜 관리한 시기이다. 이와 관련된 세부 진행 과정을 살펴보면 다음과 같다.[59]

지자체·공공단체의 '특정 종교를 위한 교육'과 종교적 활동 금지(다만 사회적 의례 또는 습속적 행위 범위 내 가능) 등이다. 제89조는 공금(公金)과 공공재산을 ① 종교활동을 하는 조직·단체의 사용과 편익·유지에(제20조 3항 규정 제외), ② 국가·지자체·공공단체의 감독이 미치지 않는 자선·교육·박애(博愛) 사업에 쓸 수 없다는 내용이다.

57 일본에서는 1945년 패전을 종전(終戦)이라고 표현한다.

58 '신도국교화정책(神道國教政策)'이라는 표현은 일제강점기에 일본에서 명치유신 시기의 배불훼석(明治維新の排仏毀釈)과 함께 사용된 용어이며, 대교원의 와해와 함께 방기(放棄)된 정책으로 규정된다(鶴藤幾太, 1943, 『宗教日本』, 東京: 教育研究会, pp. 59-63).

59 文化庁 編, 1978(昭和53年6月15日), 『文化行政の歩み-文化庁創設10周年にあたって』, pp. 44-49; 文化庁(www.bunka.go.jp, archive>pdf).

1) 1882년 이전의 신도국교화정책과 조치: 신사행정 중심

일본 정부는 1867년 12월의 왕정복고 대호령(王政復古の大号令)으로 천황이 국가통치권을 소유한 후 3직(三職, 慶応3.12.9)이라는 직제를, 이어 1868년(慶応4) 1월에 7과(七科)를 설치하였다. 그리고 동년 2월에 국(局) 단위로 바꿔 3직8국(三職八局) 체제를 갖춘 후, 3월에 신기관(神祇官) 재흥 방침을 밝히면서 제정일치의 제도 부활을 공포하고, 5개 조 어서문(五箇条ノ御誓文)[60]의 국시(國是)를 발표하였다. 이어, 윤4월 이후 정체서(政体書, 慶応4.閏4.21)에 따라 태정관(太政官) 아래 8관제(八官制)를 설치하고,[61] 제정일치(祭政一致)[62] 등을 공표하였다.

이 과정에서 1868년 3월에는 기독교와 관련된 절지단사종문 금지(切支丹邪宗門 禁止)의 고찰을 통한 금지령을 유지하였고, 윤4월에 나가사키(長崎) 포상촌(浦上村)의 기독교인 약 4천여 명을 유배시키는 등 기독교 금지 정책을 지속하였다. 또한 동년 3월에 불교와 관련해 신불분리령(神佛分離令; 神佛判然の令)[63]을 내리고 윤4월에 승려의 환속을 조장해 종래 신불

---

60 어서문의 내용은 "①広ク会議ヲ興シ万機公論ニ決スベシ. ②上下心ヲ一ニシテ盛ニ経綸ヲ行フベシ. ③官武一途庶民ニ至ル迄各其志ヲ遂ケ人心ヲシテ倦マサラシメン事ヲ要ス. ④旧来ノ陋習ヲ破リ天地ノ公道ニ基クベシ. ⑤智識ヲ世界ニ求メ大ニ皇基ヲ振起スベシ."이다.

61 大蔵省記録局 編, 1879, 『官令沿革表』, 大蔵省記録局, pp. 1-2(官制). 자료에 따라 1868년(慶応4) 1월의 3직8과는 3직7과(七科: 神祇·内國·外國·軍防·会計·刑法事務科 및 制度寮)로 표기되기도 한다.

62 佐村八郎, 1895, 『明治聖勅集』, 東京: 六合館, pp. 7-27; 藤井甚太郎, 1922, 『日本憲法制定史』, 東京: 國史講習会, pp. 52-56(政体書と徴土貢士の制).

63 國立公文書館(http://www.archives.go.jp/ayumi/kobetsu/m01_1868_03.html); 『太政類典·第一編·慶応三年～明治四年·第百二十二巻·教法·神社』. 신명(神名)에 불교 용

습합(神佛習合)에 대한 단절을 시도하였다. 당시 신불판연의 영은 전국에 배불훼석운동(排佛毁釈の運動)을 발생시켜 불교계가 타격을 입게 되었다.

이러한 일련의 과정은 일본 고대 천황제와 신기제의 부활을 통해 신도국교화를 지향한 조치였다. 고대 일본의 회귀를 이상으로 보고 제정일치에 입각한 신도국교화정책을 주도한 측은 히라타 아츠타네(平田篤胤, 1776~1843) 학설을 계승한 히라타파 국학자(國學者)들이었다.[64] 그리고 신도국교화를 담당한 정부 조직은 3직8과에서 신사행정을 담당하던 신기사무과와 이를 계승한 3직8국의 신기사무국이었다. 또한 태정관과 8관제에서 신도국교화를 담당한 기관은 태정관 하위에 설치된 다른 행정제관(行政諸官)과 동렬에 있었던 신기관(1868. 윤4~)[65]이었다. 당시 일본 정부가 고대 율령제에서 조정의 제사와 신사를 관장하던 신기관을 부활시켰다는 것은 '고대 일본'을 이상세계로 만들려는 의도를 보여준다.

1869년(명치2) 3월에는 행정관(行政官)에 교도취조국(教導取調局)을 설치하면서 제도적·정책적으로 '제정일치의 황도부흥(祭政一致の皇道復興)'을 지향하였다. 그리고 동년 6월에 태정관 중에 민부·대장·병부·형부·궁내·외무의 6성(六省)을 설치한 후 7월에 2관6성(二官六省, 1869. 7~) 조직에서 신기관(神祇官)을 태정관의 상위에 위치시켜 모든 행정을

어를 사용하는 신사의 책을 올리고 불상을 신체(神体)로 하는 신사는 불상을 제거하고, 본지불(本地仏), 악구(鰐口), 범종(梵鐘)의 분리 등을 명령한 내용이다(1868年 3月 28日, 太政官布告, 「神号々仏語ヲ用ヒ或ハ仏像ヲ神体ト為シ鰐口梵鐘等装置セシ神社改正処分·三条」).

64 村岡典嗣, 1998, 앞의 책, 297-298쪽(村岡典嗣, 1956, 『神道史』, 創文社); 이태승, 2015, 「일본 메이지시대 신도와 불교의 갈등」, 『일본불교문화연구』 12, 50-54쪽.

65 明法寮 編, 1873, 『憲法類編』 第 4, 京都: 村上勘兵衛[ほか], p. 29; 山田沢馬 編, 1880, 『官令類輯』 第1号, 東京: 明報社, p. 36.

통괄(統括)하게 만들고, 신도 중심의 국민교화를 목적으로 선교사(宣教使, 1869.7~1872.4) 직제를 설치해 신기관의 수장인 신기백(神祇伯)에게 선교사의 장관을 겸임하게 하였다.[66] 당시 신기관을 종래 행정기구를 총괄하던 태정관보다 상위에 둔 것은 신도를 정점으로 하는 제정일치, 즉 제정일치에 입각한 신도국교화정책의 추진을 의미한 것이었다.

1870년 1월에는 대교선포의 조(大教宣布の詔)를 통해 종래 1868년 3월의 제정일치 방침을 명문화해 제정일치에 입각한 신도국교화를 대외적으로 표명하였다. 이 과정을 보면, 1870년 1월에는 대교선포의 조를 내려 천황을 신격화(神格化)하고, 신도를 국교(國教)로 하는 제정일치 국가를 선언하였다. 이와 관련해, 대교선포에는 '숭경신명(崇敬神明), 제정일치(祭政一致), 신기관(神祇官), 유신으로 치교를 밝혀 신도를 선양할 것(維新宣明治教以宣揚惟神之大道也), 선교사포교(宣教使布教)' 등이 명시되었다. 그리고 이와 관련해, 동년 1월에 '선교사심득서(宣教使心得書)'를 내고, 3월부터 부번현(府藩県)에서 선교사 업무 수행자를 뽑고, 10월부터 관사(官社) 이하 신사의 위계와 제사 비용을 정하고 신관(神官) 직제 등을 조사해 신사제도를 정비하기 시작하였다.[67]

대교선포 이후에는 1871년 5월에 태정관포고(太政官布告)로 「신궁 이하 신사의 세습신직을 폐지하고 정선해 보임하는 건(神宮以下神社の世襲神職を廃し精選補任の件)」을 통해 '신사 의례가 국가의 종사(神社ノ儀ハ國家ノ宗祀)'로 1인 1가(家)의 사유(私有)가 아니라는 점과 일본이 '제정일치의 정체(祭政一致ノ御政体)'를 가진다는 점을 공포하였다. 이에 따라 이세

66 神崎一作, 1934, 『神道六十年史要』, 東京: 宣揚社, pp. 50-51; 明法寮 編, 1873, 『憲法類編』 第二, 司法省明法寮, pp. 23-34.

67 佐村八郎, 1895, 앞의 책, pp. 42-46.

신궁(伊勢両宮)의 세습신관(世襲神官)을 시작으로 신관의 세습을 금지하고 국가가 신관을 임명하였다. 또한 같은 달에 「관사이하정액과 신관직원규칙(官社以下定額及神官職員規則)」을 공포해 관사(官社: 官·國弊社)와 제사(諸社:府·藩·県·鄉社)를 중심으로 사격(社格)을 분류하고 그 규모에 따라 신관의 직제를 나누어 인원을 배치하였다.[68] 이는 당시의 신사비종교론을 수용해서 신사 의례를 국가의 종사(國家の宗祀)로 선포해 신도국교화 추진에 대한 국가 차원의 자기 정당화를 시도하면서 신사 의례의 관리 주체를 세습신관이 아니라 국가가 임명하는 신관으로 만든 조치였다.

이 가운데 1871년 5월의 「관사이하정액과 신관직원규칙」은 『연희식(延喜式)』[69]을 근거로 신사를 등급화한 것으로 근대 사격제도(社格制度)의 시발점이 되었다. 이에 따르면, 사격은 총 97개의 관사(官社: 관폐대사 29사, 관폐중사 6사, 관폐소사 0, 국폐대사 0, 국폐중사 45사, 국폐소사 17사)와 제사(諸社: 府社, 藩社, 県社, 府藩県崇敬の○, 鄉社, 鄉邑産土神)로 구분되었다. 신사의 관리 주체를 보면, 관사는 신기관, 제사는 지방관이었다. 신궁(神宮)에는 제주(祭主, 1)·대궁사(大宮司, 1)·소궁사(小宮司, 1)·황태신궁녜의(皇太神宮禰宜, 5)·풍수태신궁녜의(豊受太神宮禰宜, 5)·양궁권녜의(両宮 権禰宜, 각 5인)·양궁주전(両宮 主典, 각 8인)·양궁권주전(両宮 權主典)·궁장(宮掌), 관폐국폐대사에는 대궁사(1)·소궁사(1)·녜의(3)·권녜의(5)·주

68 外史局 編纂, 1871, 『明治四年 布告全書 五 明治辛未』, 山中市兵衛 ほか, pp. 21-32(明治四年 五月十四日 太政官布告 第二百三十四); 國体論資料(https://kokutairon.wordpress.com).

69 연희식(延喜式, えんぎしき)은 헤이안 시대(平安時代) 중기인 908년(연희5)에 천황의 명으로 편찬을 시작해 927년(延長5)에 전체 50권(約3300条)으로 완성한 격식(格式; 律令の施行細則)으로, 제10권까지가 신기관(神祇官) 관계의 식, 즉 신기식(神祇式) 관련 내용이다.

전을, 관폐국폐중사에는 궁사(1)·권궁사(1)·녜의(2)·권녜의(3)·주전, 관폐국폐소사에는 궁사(1)·권궁사(1)·녜의(2)·권녜의라는 직원을 배치하였다. 그리고 부번현사(府藩県社)·향사(郷社)에는 신관(神官)·사장(祠掌)의 직원을 배치하였다.[70]

이러한 신사제도의 정비 과정에서 불교에 대해서는 종래의 제도적 이익을 축소하는 정책을 시행하였다. 이와 관련해, 1871년(명치4) 1월에는 사사령상지령(社寺領上知令)으로 사찰의 영지(領地)를 몰수하였다. 4월에는 종문인별장(宗門人別帳)·사청제도(寺請制度)[71]를 폐지하고, 10월에는 임제종 계통의 보화종(普化宗)을 폐지하였다. 이러한 통제 조치는 당시 일본 정부가 그리스도교(切支丹)뿐만 아니라 불교도 제정일치에 입각한 신도국교화에 걸림돌이 된다고 인식했음을 보여준다.

1871년(명치4)에는 7월의 폐불훼석(廃佛毀釈) 단행으로 인한 사회적 여파와 천황을 종교적·정치적 정점으로 삼으려는 정부 내 움직임으로 인해,[72] 9월에 관제를 태정관과 3원제(三院制, 1871.9~)로 개정해 종래 신기관을 폐지하고 신기성(神祇省, 1871.9~1872.4)을 설치하였다. 당시 신기성은 신전제사(神殿祭祀)와 선교사(宣教使)의 선교(宣教)를 담당하였다. 선교사 제도를 통해 신도국교화를 추진하면서 불교와 기독교를 억압한

---

70 外史局 編纂, 1871, 앞의 책, pp. 22-31.

71 종문인별장(宗門人別帳, 또는 宗門人別改, 또는 宗旨人別改帳)은 에도 시대에 그리스도교 금제를 철저히 할 목적으로 각 촌 사람들이 특정 사원에 소속된 단도(檀徒)임을 증명하는 장부(帳面)이다. 종문개장(宗門改帳)과 인별개장(人別改帳)을 통합한 일종의 조사 장부로, 오늘날 호적원부(戸籍原簿)와 조세대장(租税台帳)에 해당한다. 사청제도(寺請制度)는 도쿠가와 막부가 모든 사람이 강제로 어느 사원의 단가(寺院の檀家)가 되어 사원에서 사청증명서(寺請証文)라는 신분증을 받도록 만든 제도이다.

72 이태승, 2015,「일본 메이지시대 신도와 불교의 갈등」,『일본불교문화연구』12, 55-56쪽.

역할을 담당한 주체는 대개 히라타 신도 중심의 고카쿠(國學) 신도파로, 당시 지방의 신관들도 이들에게 동조하였다.[73]

그렇지만 선교사 제도를 통한 신도가(神道家)의 국민교화활동 성과가 미흡하고 폐불훼석의 여파에서 벗어나던 불교 측이 국민교화활동 참여를 요구함에 따라[74] 1872년 3월에 신기성과 대장성의 호적료 사사과(社寺課)를 폐지하고 4월에 신기성을 대신해 교부성(教部省, 1872.4~1877)을 설치하였다. 또한 선교사 제도도 폐지하고 그 후속으로 신관(神官)·승려로 구성된 교도직(教導職, 1872·1884) 제도를 설치하였다. 교부성은 교도직의 국민교화활동을 관할하면서 이를 위한 삼조교칙(三か条の教則)[75]을 공포하였다. 또한 종래 신기성이 맡던 궁중(宮中)제사 사무를 분리해 궁내성 식부료(宮内省 式部寮)로 이관하고, 신도(神道)·불도(佛道: 불교)의 각 교종파에 관장을 설치하였다. 이어 11월에 대교원(大教院, 1872.11~1875.5)을 설치하고 사사(社寺)를 소교원(小教院)으로 편입시켜 삼조교칙에 따라 포교를 수행하도록 하였다.[76]

1872년 4월의 신기성과 선교사 제도를 대체한 교부성과 교도직제도의 설치에는 몇몇 배경이 있다. 하나의 측면은 당시 고카쿠(國學) 신도가인 후쿠바 비세이(福羽美静, 1831~1907.8) 등이 주창한 "천황이 친제(親

---

73 村岡典嗣, 1998, 앞의 책, 298쪽.

74 이태승, 2015, 앞의 글, 56쪽.

75 삼조교칙은 교부성의 국민교화 기준으로, '경신애국·천리인도·황상봉대(① 敬神愛國ノ旨ヲ体スヘキ事, ② 天理人道ヲ明ニスヘキ事, ③ 皇上ヲ奉戴シ朝旨ヲ遵守セシムヘキ事)'를 통해 천황숭배(天皇崇拜)와 신사신앙(神社信仰)을 강조한다. 이에 대한 해설은 「십일겸제(十一兼題)」로 하달된다.

76 大野堯運 編, 1884, 『官令新誌·官報全誌類別目録』 第1篇 巻上, 東京: 報告堂, pp. 140-141. 한편, 식부료는 1877년(명치10)에 교부성을 폐지하고, 내무성에 사사국(社寺局)을 설치할 때 태정관 직속인 궁내성(宮内省)으로 이관된다.

祭)하는 새로운 시대의 제정일치 구현이라는 차원"[77]을 반영한 것이었다. 다른 측면은 불교를 배제한 국민교화활동, 즉 신도국교화정책의 추진이 어려워진 상황에서 불교의 대중적 기반과 교화능력을 취해 신불합동 포교체제의 국민교화를 시도한 것이었다. 이와 관련해 승려들은 교도직에 임명되어 신불합동의 국민교화를 하게 되었다.[78] 또 다른 측면은 서구화를 진행하는 과정에서 기독교에 대한 극단적인 금제 정책이나 선교사제도를 통한 기독교 방어가 불가능해지면서 기독교에 대응하기 위해 불교의 반동과 요구를 받아들였다는 것이다.[79]

1872년(명치5) 교부성의 설치 당시, 불교의 경우에는 임신호적(壬申戸籍)에 따라 승려가 신분(身分)이 아니라 직업(職業)이 되었다. 동년 4월에는 승려에게 육식·대처·축발(肉食·妻帯·蓄髪)의 자유를 허가하였다.[80] 또한 불교 종파의 합병 정책을 추진하고 신도뿐만 아니라 불교에도 관장(管長)을 두게 해 말파(末派) 사원의 통제를 시도하였다. 그에 비해 1872년 9월에는 수험종(修験宗)을 폐지해 본산(本山)파와 당산(当山)파를 모두 종래처럼 각각 천태종과 진언종으로 귀입(帰入)하게 하고,[81] 1873년(명치6) 1월에 아즈사미코(梓巫)·이치고(市子)·빙기도(憑祈祷)·기추네 사게(狐下げ) 등을 금지하였다.[82]

---

77 후쿠바 비세이의 주장은 '福羽美静, 1892,『國民の本義』, 東京: 博文館, pp. 35-36.'에도 담겨 있다.

78 外史 編纂, 1874,『明治七年 太政官布告書 太政官達書』三, 北畠茂兵衛 ほか, pp. 5-6(「第三十八号 神官教導職及僧侶ノ礼服ヲ定ム」).

79 村岡典嗣, 1998, 앞의 책, 298-299쪽.

80 文化庁 編, 2017(平成29),『宗教年鑑(平成28年版)』, 文化庁文化部宗務課, p. 15.

81 「修験宗廃止ノ事」(壬申 9月 15日 第273号 御布告), [司法省]明法寮 編, 1873,『憲法類編』第十五, [京都]: 司法省明法寮, pp. 30-31.

82 시자(市子, いちこ)와 재무(梓巫, あずさみこ)는 일종의 무녀(巫女, みこ)이고, 빙기도(憑

기독교에 대해서는 1873년(명치6) 2월에 기독교 금제(切支丹禁制)의 고찰(高札: 방)을 폐지하였다. 당시 고찰의 폐지는 국제법 미준수에 대한 영국 공사 등 서구의 반발로 이루어졌지만, 에도시대 이래의 기독교 금제 정책의 종지부를 찍은 기독교 활동의 묵인(黙認)을 의미한 것이었다.[83] 이에 따라 동년 3월에 포상촌(浦上村) 그리스도교인들이 석방되었다.[84]

그렇지만 1875년 2월에 불교 진종(真宗) 각파가 대교원을 탈퇴한 후, 4월에 태정관이 교부성에 신불합동포교의 폐지 의사를 전달하였다. 1875년 불교의 대교원 탈퇴 조치는 이미 1873년 10월에 당시 신도 중심의 국민교화활동 또는 신도의 지배에서 탈피하고자 진종 관장이 신청한 대교원 탈퇴의 연장선에 있었다. 불교계의 의도는 1875년에 실제로 대교원을 탈퇴해 독자적인 포교를 인정받는 것으로 실현되었다. 당시 정부는, 비록 신도 측 각파의 연합단체인 신도사무국(神道事務局)을 허가하거나 신사제식을 부현(府県)에 전달하는 등 신도 내부의 통일에 관심을 기울였지만, 동년 5월에 대교원을 해산하고, 11월에 신교자유(信教自由) 방침을 전달하였다. 이어, 1876년 1월에 교부성직제와 사무장정을 제정해 교부성이 신불 각 종파 관련 사무를 관리하고, 신관과 교도직을 총괄하게 하였다. 이 과정에서 고가쿠 신도로 통일된 신도 각파에 독립 움직임이 생겨 10월에 신도흑주파(神道黒住派)와 신도수성파(神道修成派)가 별파허가(別派許可)를 받게 되었다.[85]

祈祷, ようりきとう)는 수험도에서 신탁(託宣)을 활용한 기도 의례를 말한다.

83 「布告三十日間掲示及従来ノ高札面除却」(二月廿四日, 六年, 第六十八号), 『太政類典 · 第二編 · 明治四年～明治十年 · 第一巻 · 制度一 · 詔勅』(國立公文書館).

84 梅田義彦, 2009, 『日本宗教制度史「近代篇」』, 東京: 日本図書センター, pp. 637-638; 山本秀煌, 1922, 『近世日本基督教史』, 東京: 洛陽堂, pp. 513-539.

85 神崎一作, 1934, 앞의 책, pp. 66-90.

1876년 10월의 신도흑주파·신도수성파 별파허가는 신도가 신사신도와 교파신도로 분리되는 움직임의 표현이었다.[86] 이후 1877년(명치10) 1월에는 교부성이 폐지되어 담당 업무의 일부가 내무성 사사국(内務省 社寺局, 1877.1~1900)으로 이관되었다. 그리고 1878년 9월에 내무성이 「사사취급개칙(社寺取扱概則)」을 제정해, 11월에 부현사 이하 사관·사장의 등급을 폐지하고 그들의 신분을 모두 주지와 같게 취급하는 등 제도를 정비하였다.[87]

1877년의 교부성 폐지 조치는 1872년 4월부터 지속된 교도직제도를 통한 신불합동 포교의 종결을 의미한 것이었다. 이는 종파의 신앙과 무관한 교화활동과 신도의 지배에 대한 불교계의 반발을 수용한 것이었지만, 그동안 교부성이 진행하던 국민교화활동이 갖던 의의가 학교 교육제도의 확충으로 희박해진 상황을 반영한 것이기도 하였다.[88] 정부는 1880년 4월의 대교원 신전 천궁식 당시에 출운파(出雲派)와 신궁파(神宮派) 간에 오쿠니 누시노카미(大國主神)를 주신으로 하는 것에 대한 의견 대립을 봉합한 후 황태자(仁親王, 1812~1886)를 신도 총재로 추대해 신궁 교도직을 격려하는 모습도 보였다.[89]

이상의 과정을 보면, 1882년 이전의 신도국교화정책에서는 제정일치에 입각해 천황을 정점에 둔 신도의 형태로 국민교화활동을 진

---

86 村岡典嗣, 1998, 앞의 책, 299-300쪽; 이태승, 2015, 앞의 글, 63-69쪽.

87 文化庁文化部宗務課, 2014, 『宗務時報』 116, 文化庁, p. 9.

88 内務省社寺局, 1885, 『社寺法規』 第2編, 東京; 内務省社寺局, p. 43, pp. 287-289.

89 村岡典嗣, 1998, 앞의 책, 301쪽. 오쿠니 누시노카미(大國主神)는 일본 신화에 등장하는 신으로 구니츠카미(國津神, 地神)의 주재신으로 여겨지며, 이즈모타이샤(出雲大社)와 오미와진자(大神神社)의 제신(祭神)이다. 인친왕은 황태자, 즉 아리스가와노미야타카히토 황태자(有栖川宮幟 仁親王)를 말한다.

행하였다. 이와 관련해, 1868년 이후 신사행정 기관인 신기관의 격은 1869년부터 최상위가 되었다가 1871년부터 다른 중앙정부조직과 동렬에 위치하는 등의 변화가 발생하였다. 다만, 이 변화가 신사행정의 약화를 의미한 것은 아니었다. 예를 들어, 1871년 9월에 신기관을 신기성으로 재편해 태정관 아래에 둔 경우에도 당시 태정대신이 신기백(神祇伯)을 겸임하면서 제정일치에 입각한 신도국교화는 지속되었다. 즉 국가가 직접 신도를 관리한다는 면에서 신사행정의 위상 자체가 약화된 것은 아니었던 셈이다.

동시에 정부는 신도국교화정책의 실현을 위해 종래의 신도에서 불교색채를 제거하고, 기독교를 계속해서 금지하고, 수험도와 무녀 등의 활동도 금지시키는 정책을 진행하였다. 그러나 대외적인 국가 관계를 고려해 기독교를 묵인하고, 불교계의 불만 제기와 함께 신도의 독자적인 국민교화활동이 어려워지자 불교와 협력 체제를 갖추기도 하였다. 그렇지만 신도 우위의 구조와 종파의 신앙과 무관한 신불합동포교에 대해 불교계가 불만을 표출하자 신불 분리가 이루어지고, 신도계 내부에서 독립 움직임이 시작되었다.

2) 1882년 이후의 제교분리와 조치: 신사행정 중심

특히 내무성 당시인 1882년 1월에는 신관의 교도직 겸임과 장의(葬儀) 관여에 대한 금지, 즉 제교분리(祭教分離) 조치가 진행되면서[90] 종래

90 阪根正夫 編, 1883,『本邦現行法令掲要』上巻 甲, 東京: 江島万笈閣, 上巻第一編. '神官葬儀ニ関スヘカラサル事'(明治十五年一月廿四日. 内務省達 乙第七号). "自今神官ハ教導職ノ兼補ヲ廃シ葬儀ニ関係セザルモノトス此旨相達候事. 但府県社以下神官ハ当分従前ノ通."

의 상황에 변화가 발생하였다. 우선, 제교분리 조치로 인해 제정일치에 입각한 신도국교화정책은 대외적으로 종결되었다. 그 이후에는 제교분리에 입각해 신도(神道)와 종교(宗教)의 구분과 위계 설정, 신사신도(神社神道)와 교파신도(教派神道)의 분리, 종교 공인주의(公認主義) 정책과 종교 범주 설정 등의 변화가 발생하였다. 이 과정에서 신도가 종교가 아닌 도덕·윤리 차원에서 국민의 의무가 되고, 신사신도와 구분된 교파신도는 불교·기독교와 함께 종교 공인주의 정책의 대상이 되었다. 이와 관련해 신사신도·교파신도·불교·기독교에는 다른 법규들이 적용되었다. 그리고 종교 내 교파신도·불교와 기독교 사이의 차별적 현상과 함께, 수험도나 무속 등을 종교 영역과 구별하는 현상 등이 나타났다.

1882년의 제교분리는 신사행정과 구별된 종교행정의 등장을 예고한 조치였다. 다만, 1882년 이후에도 신사행정과 종교행정은 '신사신도를 정점으로 하는 종교 지형의 형성'이라는 공유된 맥락에서 이루어졌다. 이 맥락을 고려하면, 1882년 이후의 제교분리에 입각한 정책들은, 비록 이 정책들이 종래 대외적인 신도국교화정책의 종결을 의미했을지라도, 새로운 방식의 신도국교화정책이었다고 할 수 있다. 제교분리 이후에도 신도국교화정책이 실질적으로 지속되었지만 '제교분리에 입각한 신도국교화'라는 표현이 모순된다는 점에서, 그리고 여전히 신도를 '최상위의 길'로 믿게 한다는 점에서 '신도내면화정책'이었다고 규정할 수 있다. 그리고 이 정책들을 관통하는 부분은 '신사신도 – 종교(교파신도·불교·기독교)-비종교' 사이의 위계 설정이었다.

구체적으로, 1882년(명치15) 1월 내무성의 제교분리 조치로 종래 교도직을 겸임하던 신관(神官: 府県社 이상)들에게는 교도직 겸임(神官の教導職兼補)과 장의(葬儀)에 관여하는 일이 금지되었다. 이러한 '신도 교화 정책의 파기' 조치는 교법(教法) 또는 포교 성격의 교도를 포기하지 않은 신관들의 독립 현상으로 이어졌다. 실제로 1882년 5월에 신궁교(神宮教; 神道神宮派, 1899년 神宮奉斎会로 개조), 대사교(大社教), 부상교(扶桑教), 실행교(実行教), 신도대성교(神道大成教), 신습교(神習教) 등 6개 파가 독립하고, 이어 어악교(御嶽教)의 독립이 이루어졌다.[91]

1884년(명치17) 8월에는 태정관 포달(布達)로 신불교도직(神佛教導職) 폐지 조치가 이루어지고, 신도각파(神道各派)와 불도각종(佛道各宗)에 1인의 관장과 교규(教規, 신도), 종제(宗制, 불교) 등을 정해 '내무경 인가'를 받도록 하면서 사원의 주지 임면(住職の任免)과 교사의 등급 진퇴(教師の等級の進退)를 각 관장에게 위임하였다. 각 관장 신분은 칙임관(勅任官)으로, 종전 교도직이었던 사람의 신분은 '재직 시의 등급'에 준해 대우하였다.[92] 이러한 신불교도직 폐지에 따른 '신도각파와 불도각종'의 관장의 위임 사항은 제교분리에 입각한 종교행정의 시작을 의미한다. 그리고 1882년 제교분리 이후 교파신도들이 조직되고 1884년에 교도직이 폐지되면서 당초의 개국(開局) 이유를 잃어버린 종래의 신도사무국(神道事務局)은 각 파에 속하지 않은 교도직들과 함께 1884년 10월에 신도본국(神道本局)으로 개칭해 교파신도의 일파가 되었다. 게다가 이후에는 여기에서 계교(禊教), 신리교(神理教), 금광교(金光教), 천리교(天理教) 등이 독립하는 등 교파신도들이 계속해서 등장하게 되었다.[93]

---

91 村岡典嗣, 1998, 앞의 책, 297-302쪽.

92 「神仏教導職廃止」(太政官 布達 第19号, 明治17.8.11); 「旧教導職身分取扱ノ儀」(太政官 達 第69号, 明治17.8.11); 「第六拾七号及六拾八号ノ儀」(太政官 達 第70号, 明治17.8.11), 『官報』, 1884年 8月 11日.

93 村岡典嗣, 1998, 앞의 책, 301쪽; 「神道御嶽教所属神理教会ノ分離独立ヲ許可セリ」

1885년부터 종래의 태정관제를 대신해 내각총리대신 중심의 내각제(内閣制)가 시작되었다. 그리고 '천황, 국민(臣民)의 권리의무, 제국회의, 국무대신과 추밀고문(枢密顧問), 사법(司法), 회계' 등을 규정한 1889년 12월의 「대일본제국헌법」으로 확정되어 패전까지 이어졌다.[94]

1889년의 「대일본제국헌법」은 제교분리나 정교분리 등의 표현을 담고 있지 않았지만, 사실상 1882년의 제교분리를 법적으로 공식화한 것으로, 종래 제정일치에 입각한 신도국교화정책을 제교분리에 입각한 신도내면화정책으로 구현한 조치였다. 이와 관련해, 당시 「대일본제국헌법」에서는 천황을 신성해 거역할 수 없는 존재(제3조)로 규정하였다. 동시에 제교분리에 입각한 종교 정책의 근거로, 제28조에 '신교의 자유(信教の自由) 보장과 그에 대한 제한 조치'를 규정하였다. 이는 '안녕질서'뿐만 아니라 '신민의 의무(臣民タルノ義務)'라는 전제를 충족할 때 신교의 자유를 보장한다는 의미였다. 이러한 전제는 '신민의 의무'에서 핵심인 신사숭경(神社崇敬)이 종교의 자유와 별개라는 인식을 넘어 종교의 자유보다 상위에 있음을 시사한다. 그렇지만 신도와 종교에 대해 상하 위계

(内務省 告示 第127号, 明治27.10.20); 「神道禊派ノ分離独立ヲ許可ス」(内務省 告示 第129号, 明治27.10.20); 「神道禊派管長認可」(内務省 告示 第130号, 明治27.10.20), 『官報』, 1894年 10月 20日. 1894년 10월에는 신도어악교(神道御嶽教) 소속 신리교회(神理教会)와 신도계파(神道禊派)의 분리독립이 허가를 받는다. 신도 각 파의 공인은 1908년(명치41)의 천리교(天理教) 공인을 마지막으로 더 이상 이루어지지 않는다.

94 梅田義彦, 2009, 앞의 책, pp. 633-650. 1889년 「대일본제국헌법」을 기점으로 확정된 '내각(내각총리대신 및 9성, 행정)-재판소(大審院~区裁判所, 사법)-제국회의(貴族院·衆議院, 입법)-궁중(宮中: 内大臣·宮内大臣, 宮内省·内大臣府)-자문(諮詢: 枢密院)-회계검사(会計検査院)'의 관제 구조가 큰 변화 없이 패전까지 지속된다. 이와 관련해, 1889년에 공포된 「内閣官制」(明治22年 12月 24日, 勅令 第135号)는 1947년(昭和22.5.3)에 폐지된다.

를 설정한 조치는 오히려 종교의 자유 보장으로 인한 신사숭경 행위의 침해 가능성을 염려했다는 방증이기도 하다. 이와 관련해, 이후 신사숭경의 다른 표현인 '신사숭배' 부분은 각 종교의 신앙과 종종 마찰을 일으키는 요인이 되었다.

1889년의 「대일본제국헌법」 제정과 관련해 흥미로운 부분은 2가지이다. 하나는 「대일본제국헌법」 제정 직전에 「형법(刑法)」에서 '종교에 관한 죄(宗教ニ関スル罪)'가 논의되었다는 부분이다. 당시 「형법」 관련 논의에서 종교에 관한 죄는 예배소에 대한 불경죄와 설교·예배 방해죄(제263-265조)에 해당하는 '종교 멸시[蔑如] 죄'와 '송장[死屍] 훼기(毀棄) 및 무덤[墳墓] 발굴 죄'를 말한다.[95] 이러한 종교에 관한 죄는 1880년의 「형법치죄법(刑法治罪法)」에서 볼 수 없었던 현상으로,[96] 「대일본제국헌법」 제28조와 연관되어 있었다.

다른 하나는 1890년 11월의 「대일본제국헌법」 시행 이후에도 신사행정과 종교행정의 주체를 분리하지 않고 내무성 사사국(内務省 社寺局)이 계속 담당했다는 점이다. 이는 1882년의 제교분리 조치 이후에도 '신사 의례는 국가의 종사(國家の宗祀)'라는 방침에 따라 신사행정과 종교행정의 주체가 분리되지 않은 현상과 유사하다. 다만, 현실적으로는 교파신도, 불교, 기독교가 신사신도와 구분되어 종교 영역에 배치되는 현상

---

95 江木衷, 1888, 『刑法(本邦)(各論ノ部)』, 東京: 東京法學校, pp. 190-194(宗教ニ関スル罪); 江木衷 講述, 菊池武夫 編輯, 1893, 『日本刑法(各論之部)』, 東京: 東京法學校. pp. 242-246(第七章 宗教ニ関スル罪).

96 『刑法治罪法』, 東京: 博聞社, 1880. 당시 『형법치죄법』에는 황실(第一章 皇室ニ対スル罪), 국사(第二章 國事ニ関スル罪), 풍속(第六章 風俗ヲ害スル罪), 사체나 묘지(第七章 死屍ヲ毀棄シ及ヒ墳墓ヲ発掘スル罪)에 관한 죄는 명시되어 있지만, 종교에 관한 죄는 별도로 명시되지 않는다.

이 나타났다. 예를 들어, 교파신도의 경우에는 1895년에 신도동지회(神道同志会, 教派神道連合会 전신)라는 연합체를 결성해 1899년에 신도간담회(神道懇話会)로 개편하는 등 연합 조직을 통해 종교단체로 생존을 도모하게 되었다.[97]

한편, 일본 정부는 1889년(명치22)의 「대일본제국헌법」 제정으로부터 10년 후인 1899년(명치32) 12월에 '종교법안(총53조)'을 제국회의에 제출해 종교단체에 대한 법적 통제 움직임을 보였다. 이 종교법안은 제1장 총칙(제1조~제15조), 제2장 교회와 절(教会及寺, 제16조~제27조), 제3장 교파와 종파(제28조~제32조), 제4장 교사(教師, 제33조~제39조), 제5장 벌칙(제40조~제46조), 그리고 부칙(제47조~제53조)으로 구성되어 있었는데, 1899년 이후 종교 전반에 대한 일본 정부의 정책을 보여준다.

1899년 12월 '종교법안(총53조)'의 핵심은 종교 법인화 정책, 즉 종교를 법인화해서 통제하는 정책이었다. 구체적으로, 일본 정부는 종교를 선포하거나 종교상의 의식을 집행하는 것을 목적으로 하는 사단 또는 재단을 법인(法人)으로 만들어 통제하려고 하였다(제1조). 통제 방식은 관례상 허가받은 곳이 아닌 데에서 이루어지는 종교상의 사항에 관한 대중모임(公衆会同)에 대해 사전에 신고할 것(제8조), 안녕질서를 방해

97 일본종교연맹(http://jaoro.or.jp/cooperate/kyo_ha)에 따르면, 1895년(명치28)에 8개 파(出雲大社教, 御嶽教, 黒住教, 実行教, 神宮教, 神習教, 神道大成教, 扶桑教)가 결성한 신도동지회(神道同志会, 教派神道連合会 전신)는 1899년(명치32)에 3개 파(神道本局, 神理教, 禊教)가 가맹과 함께 신도간담회(神道懇話会)로 개칭한다. 이어, 1912년(명치45)에 3개 파(金光教, 神道修成派, 天理教)가 가맹해 13파의 형태가 되어 신도각교파연합회(神道各教派連合会)로 개칭한다. 이어, 1934년(소화9)에 교파신도연합회(教派神道連合会)로 개명하고, 패전 이후 가입과 탈퇴를 거쳐 현재 12개 파(出雲大社教, 大本, 御嶽教, 黒住教, 金光教, 実行教, 神習教, 神道修成派, 神道大教, 神理教, 扶桑教, 禊教)가 가맹되어 있다.

한다고 판단되면 교사(教師) 자격을 정지 또는 금지(제36조), 교사(教師)의 정치상 의견 발표와 기타 정치운동을 금지(제37조) 등이었다. 그리고 이러한 통제 조치를 위반할 경우를 대비해 벌칙 조항들(제40조~제46조)을 두고 있었다.[98]

흥미로운 부분은 1899년 12월의 '종교법안'에 담긴 종교 인식이었다. 당시 종교법안의 제출 이유에 따르면, 종교가 인심(人心)을 지배하고 국가의 질서와 풍교(風教)와 지대한 관계를 갖고 있다는 점, 그리고 현행 제도가 신도와 불교에 관해서만 규정되어 일반 종교에 대해 완전한 제도를 만들 필요가 있다는 점이 지적되었다.[99] 특히, 종교를 인심(人心)에 영향을 미치는 것으로 보는 태도는 이후에도 지속적으로 나타났다.[100] 이러한 종교 인식은 일본이 메이지유신 이래 끊임없이 종교 관련 법규들을 만들어내는 배경이 된 것으로 보인다.

3) 1900년 이후의 신사행정과 종교행정 분리

일본에서 신사행정과 종교행정의 분리는 「대일본제국헌법」이 시행된 지 약 10년 후인 1900년(명치33) 4월, 「치안경찰법」의 공포 직후,[101]

---

98 宗教制度研究会 編, 1934, 『宗教法案資料』, 東京: 宗教制度研究会, pp. 3-8.

99 渡辺兵吉 編, 1900, 『宗教法案雑纂』, 東京: 六合館, pp. 19-20('宗教法案理由書').

100 呉文聡, 1904, 『統計講話』, 大分県: 大分県知事官房, p. 63.

101 「治安警察法」(法律 第36号, 明治33.3.9), 『官報』, 1900年 3月 10日. 「치안경찰법」은 정사(政事) 결사(結社)의 주간자(主幹者)에게 미리 신고할 것(제1조), 정사에 관한 집회 개최에 대한 발기인의 사전 신고제(제2조) 등 정치적 집회를 제한한다. 이와 관련해 일본인이 아니면 정치 결사에 가입하거나 발기인이 될 수 없도록 하고(제6조), 안녕질서 유지를 위해 경찰관이 야외 집회 또는 대중운동 혹은 군중을 제한, 금지 혹은

내무성 사사국을 신사국(神社局)과 종교국(宗教局)으로 분리하면서 시작되었다. 당시 신사국은 국가신도 관련 업무를, 종교국이 교파신도·불교·기독교 관련 업무를 맡았다. 이러한 분리 조치는 종래부터 지속된 신사비종교론의 제도적 실천이기도 하였다. 다만, 이러한 분리 조치가 신사신도 영역과 종교 영역의 대등한 취급을 의미했던 것은 아니다. 신사신도가 종교 영역과 다른 국가의 종사(國家の宗祀)이고 그 숭경이 국민의 도덕(國民の道徳)이자 의무라는 정부의 견해는 지속되었기 때문이다.

흥미로운 부분은 내무성 사사국의 신사국과 종교국 분리 직전인 1899년 7월에 기독교의 활동을 공식 인정하는 조치를 단행했다는 점이다. 이에 대한 근거는 1899년(명치32) 7월의 「종교선포에 관한 신고방법」(내무성령 제41호)이었다.[102] 기독교의 묵인(黙認)정책이 공인(公認)정책으로 전환되어 전도활동이 가능해졌던 것이다. 그렇지만 그 직후인 1899년 8월에는 「일반 교육으로 종교 외에 특립하게 하는 건」을 공포해 사립학교의 교육 과정 내 종교교육 및 종교적 의식 등을 금지하였다.[103] 이는 학교 교육의 보급 확대를 통해 신도내면화정책을 추진하는 과정에서 취한 조치로, 미션스쿨(ミッツョンスクール)을 전도 수단으로 삼던 기독교에 특히 타격을 주게 되었다.

1900년 전후의 기독교에 대한 일본 정부의 경계는 1900년대 이후의

해산할 수 있게 한다(제8조).

102 「宗教宣布ニ関スル届出方」(内務省 省令 第41号, 明治32.6.27, 시행 明治32.8.4), 『官報』, 1899年 7月 27日. 이 규정은 「神仏道以外の宣教宣布並堂宇会堂に関する規定」으로도 알려져 있다.

103 「一般ノ教育ヲシテ宗教外ニ特立セシムルノ件」(文部省 訓令 第12号), 『官報』, 1899年 8月 3日.

종교 분류 체계에서도 확인할 수 있다. 이와 관련해, 내무성은 1905년 7월부터 『관보』에 '신불도 이외의 종교(神佛道以外ノ宗教)'에 속한 신도수(1903년 2월 말일 자)를 발표하기 시작해 1912년까지 매년 통계 자료를 발표하였다. 여기서 '신불교 이외의 종교'는 기독교 교파들을 의미하였다.[104] 그리고 1913년 10월부터는 문부성(文部省)이 발표 주체가 되어 매년 '신불도 이외의 종교'에 관한 '회당(会堂)·강의소(講義所)·신도(信徒)·선포자수(宣布者数)'를 발표하였다.[105] 이러한 '신불도 이외의 종교'라는 표현은 그 이후 1940년대까지 정부 통계 자료에서 사용되었다.[106]

이러한 조치들은 일본 정부가 국가신도와 종교 영역을 분리한 이후에 교파신도와 불교를 일본종교의 핵심으로 인식했다는 점을 시사하고 있다. 즉 기독교를 공인한 후에도 기독교가 일본종교의 핵심이 아니라고 인식했던 셈이다. 이와 관련해, 1911년에 당시 무정부주의자였던 고토쿠 슈스이(幸徳秋水, 1871~1911.1)를 대역사건(大逆事件)으로 처형하면서도 그 유작인 『기독말살론(基督抹殺論)』(1911)의 간행을 인정하기도 하였다.[107]

---

104 「神仏道以外ノ宗教ニ属スル信徒数)(三十六年十二月末日現在, 内務省)」, 『官報』, 1905年 7月 15日. 이 자료에 따르면, '신불도 이외의 종교' 범위에는 '천주공교(天主公教), 하리스트정교(ハリストス正教), 일본기독교회(日本基督教会), 조합기독교회(組合基督教会), 일본성공회(日本聖公会), 침례교회(浸礼教会), 미이감독교회(美以監督教会), 남미이교회(南美以教会), 일본미이교회(日本美以教会), 미보교회(美普教会), 포미교회(布美教会), 복음교회(福音教会), 복음노첩(福音路帖), 동맹협회(同盟協会), 동포교회(同胞教会), 보급복음교회(普及福音教会), 우주교회(宇宙教会), 크리스찬(クリスチアン), 구세군(救世軍), 무소속(無所属), 기타교파(其他ノ教派)' 등 21개 항목이 있다.

105 「神仏道以外ノ宗教ニ属スル会堂´講義所´信徒´宣布者数大正元年十二月末日現在(文部省)」, 『官報』, 1913年 10月 27日.

106 愛知県[編], 1943, 『愛知県統計書. 昭和16年』 第1編, 愛知県, p. 41.

107 幸徳秋水, 1911, 『基督抹殺論』, 東京: 丙午出版社, pp. 1-148.

1900년(명치33) 4월에 이루어진 신사행정과 종교행정의 분리 조치는 패전까지 지속되었다. 이 가운데 신사행정을 담당하던 내무성 신사국은 1902년(명치35) 2월에 「관국폐사직제(官國弊社職制)」,[108] 1906년 4월에 「관국폐사의 경비에 관한 건」과 「부현사 이하 신사의 신찬폐백료 공진에 관한 건」 등을 공포하는 등 계속해서 관사(官社: 官·國幣社)와 제사(諸社: 府·藩·県·鄕社)의 분류를 통한 근대 사격(社格)제도를 갖추어 갔다. 그러다가 1940년(소화15) 11월에 내무성의 외국(外局)인 신기원(神祇院)으로 독립 편성되었다.[109]

그에 비해 종교행정은 1900년 4월의 신사행정과 종교행정의 분리 조치 이후 내무성 종교국이 담당하다가 1913년(대정2) 6월에 문부성(文部省) 종교국(宗教局)으로 이관되었다. 문부성에서 종교국이 교화국(1942.11)·교학국(1943.11)으로 재편되었지만, 문부성이 계속해서 종교행정을 관할하였다.

문부성의 종교행정과 관련해 주목할 법규는 1939년(소화14)에 제정해 1940년(소화15) 4월부터 시행된 「종교단체법」이다. 「종교단체법」은 1877년 내무성 사사국 설치 이후, 1882년 제교분리를 거쳐, 1900년의 신사행정과 종교행정의 분리 이후에도 종교별로 지속된 여러 법규의 단일화라는 의미를 지니고 있었기 때문이다. 또한 종교 통제정책과 관련해서 '여러 종교단체에 대한 통제의 단일화와 이를 위한 정비 조치'라는 의미도 지니고 있었다.

---

108 中央法律學館 編, 1910, 『社寺宗教法規全集』, 東京: 中央法律學館, pp. 13-16.

109 내무성의 신사국에서 신기원(神祇院)으로 이어진 신사 관리 체제는 1946년 2월에 신기원이 폐지되고, 종교법인 신사본청(宗教法人 神社本庁)이 설립되어 전국 신사를 관리하게 되면서 종결된다.

이러한 「종교단체법」의 전사는, 앞서 언급했듯이, 1899년(명치32) 12월의 제14회 제국의회에 총 53조의 '종교법안'이 제출되어 부결된 데에서 시작되었다. 이어 1927년(소화2) 1월 제52회 제국의회에 총 103조의 '종교법안', 그리고 1929년(소화4) 2월의 제56회 제국의회에 총 99조의 '종교단체법안'이 제출되지만 모두 부결되어 폐기되었다.[110] 그러다가 히라누마[平沼] 내각이 중일전쟁의 장기화와 전시체제 상황에서 1939년 1월에 제74회 제국의회에 제출한 총 37조의 종교단체법안이 귀족원(2월 18일)과 중의원(3월 23일)을 통과해 4월 8일에 법률 제77호로 공포되면서, 1940년(소화15) 4월부터 「종교단체법」이 시행되었다.[111]

이러한 「종교단체법」의 역사는 1899년 이후 일본의 종교 정책을 보여주고 있다. 예를 들어, 1927년(소화2) 1월의 '종교법안(총 103조)'을 보면, 법안은 제1장 총칙(제1조~제29조), 제2장 교파·종파(제30조~제52조), 제3장 교단(教团, 제53조~제58조), 제4장 사원(寺院, 제59조~제89조), 제5장 교회(제90조~제104조), 제6장 벌칙(제105조~제112조), 그리고 부칙(제113조~제130조)으로 구성되었다. 그 내용을 보면, 문부대신은 종교심의회(宗教審議会)의 자문을 받아 '종교를 지정'하고자 하였다(제1조, 제2조). 그리고 종교의 교의(教義) 선포, 의식의 집행 또는 종교상 행사들이 안녕질서를 방해하고 풍속을 무너뜨리거나 신민의 의무에 배치된다

110 宗教制度研究会 編, 1934, 앞의 책, pp. 1-198.

111 「宗教団体法」(法律 第77号, 昭和14年4月7日), 『官報』, 1939年 4月 8日; 「宗教団体法施行期日」 (勅令 第855号, 昭和14.12.22), 「宗教団体法施行令」(勅令 第856号, 昭和14.12.22), 『官報』, 1939年 12月 23日; 「宗教団体法施行規則」(省令 文部省 第1号, 昭和15.1.10), 『官報』, 1940年 1月 10日; 「宗教団体法' 同法施行令及同法施行規則施行ニ関シ取扱方ノ件」(訓令 文部省 第4号, 昭和15.3.8), 『官報』, 1940年 3月 8日. 「종교단체법」의 시행일은 소화 15년 4월 1일이다(칙령 제855호).

고 인정되는 경우에 감독관청이 그것을 제한하거나 금지하고자 하였다(제3조). 이와 관련해 교파·종파·교단의 감독권은 문부대신에게, 사원·교회 감독과 기타 종교에 관한 감독권은 지방장관(제1차)과 문부대신(제2차)에게 주었다(제9조). 또한 종교 교사가 제3조의 내용에 해당할 때 그의 업무를 정지시킬 수 있는 권한을 문부대신에게 부여하였다(제19조). 이 법안은 특히 지조(地租)·등록세·소득세 부과 면제(제4조~제5조)를 앞부분에 배치해, 1899년 12월의 '종교법안(총 53조)'과 차이를 보였다.[112]

다음으로, 1929년(소화4) 2월의 '종교단체법안(총 99조)'은 제1장 총칙(제1조~제23조), 제2장 교파·종파(제24조~제37조), 제3장 교단(제38조~제44조), 제4장 사원(제45조~제68조), 제5장 교회(제69조~제81조), 제6장 벌칙(제82조~제88조), 그리고 부칙(제89조~제99조)으로 구성되어 있어, 1927년 체제와 유사하였다. 그 내용을 보면, 종교단체의 범위에 교파·종파·교단뿐만 아니라 사원·교회까지 포함시켰다(제1조, 제2조). 그리고 1927년 1월의 "종교법안"처럼 통제 내용에 앞서 "종교단체에 소득세를 부과하지 않는다"는 조항을 제3조에 포함했다. 그렇지만 종교의 교의 선포, 의식의 집행 또는 종교상의 행사가 안녕질서를 방해하고 풍속을 무너뜨리거나 신민의 의무에 배치된다고 인정될 때 감독관청이 제한하거나 금지할 수 있고 심지어 해산을 명할 수 있도록 하였다(제10조).[113]

이러한 법안들과 비교해, 1939년의 「종교단체법」은 각 장의 구별 없이 본문 28개 조와 부칙(제29조~제37조)으로 구성되었다. 본문은 종교단체 범위와 법인(제1조~제2조), 종교단체 설립 관련 내용(제3조~제12조),

112 宗教制度研究会 編, 1934, 앞의 책, pp. 3-8, pp. 109-125.

113 위의 책, pp. 163-179.

종교단체 등기 관련 내용(제13조~제15조), 종교단체와 교사에 대한 규제·감독 관련 내용(제16조~제20조), 세금 특혜 부분(제21조~제22조), 종교결사 관련 내용(제23조~제25조), 벌칙 관련 내용(제26조~제28조)으로 구성되었다.[114]

이 법의 주요 내용을 보면, 종교단체를 신도교파(神道教派)·불교 종파·'기독교 기타 종교교단' 및 사원과 교회'로 범위화해(제1조), 사원을 법인(法人)으로 '하고' 교파·종파·교단 및 교회를 법인(法人)으로 '할 수 있게' 하여(제2조) 법인화를 유도하였다. 법인화 유도책은 특히 '소득세·법인세·지조(地租; 토지세)·지방세' 면제(제22조)였다. 그렇지만 종교단체의 법인화를 유도하면서도 주무대신(主務大臣; 문부대신)이나 지방장관에게 인가 취소권을 주어 해산 조치가 가능하게 하였다. 또한 교파(신도)·종파(불교)·교단(기독교)의 설립자가 각각 교규·종제·교단규칙(教規·宗制·教団規則)을 갖추어 주무대신의 인가를 받게 만들어(제3조) 종교단체 내규와 함께 교리까지 국가가 통제할 수 있게 하였다.

또한 「종교단체법」에서는 "교파(신도)·종파(불교)·교단(기독교)이 주무대신 인가를 받아 합병(合併)이나 해산(解散)할 수 있다는 내용과 설립 인가가 취소되면 해산한다"는 내용을 명시해(제5조) 당시의 종교단체들 사이에 통폐합을 유도하였다. 실제로 「종교단체법」의 적용 과정에서 교파신도 13개 파에 대해서는 그대로 인가했지만, 불교와 기독교에 대해서는 통폐합이 이루어졌다. 이와 관련해, 불교는 「종교단체법」 이전까지 공인된 69개 종파(宗派: 13宗 56派)가 일련종·본문종·현본법화종을 일

114 「宗教団体法」(法律 第77号, 昭和14.4.7), 『官報』, 1939年 4月 8日.

련종으로 통합해 법인 인가를 받도록 하는 방식을 통해[115] 28개 종파(宗派: 16宗 12派)로 축소되었다. 기독교는 1941년에, 비록 로마 가톨릭의 일본천주공교교단(日本天主公教教団)이 그대로 지속되었지만, 개신교계 교파들이 일본기독교단(日本基督教団)으로 통합되어, 기독교에서 2곳만이 종교단체 인가를 받게 되었다.[116]

「종교단체법」에서 종교결사(宗教結社)를 명시한 부분은 이른바 '비공인의 유사종교(非公認の類似宗教)'에게 종교결사의 길을 개방한 것처럼 보여 다소 특이한 부분이었다(제23조, 제24조). 그에 따르면, 종교결사를 "종교단체가 아니면서도 종교의 교의(教義)를 선포하고 의식을 집행하는 결사(結社)"로 규정하고, 이 결사를 조직할 때 대표자가 규칙을 14일 이내에 지방장관에게 신고하게 하고(제23조), 그 결사에 속한 포교자의 이름·주소도 지체 없이 지방장관에게 신고해야 했다(제24조). 그렇지만 실제로 일본 정부가 종교결사로 인정한 사례들은 거의 찾아보기 어렵다.

4) 종교 정책의 수행 주체

일본에서 종교 정책을 담당한 조직의 역사는 각각 1877년, 1900년, 그리고 1913년을 기점으로 변화를 보였다. 우선, 1877년 이전의 경우,

115 「宗教団体法ニ依リ日蓮宗等合併ニ因リ宗派設立」(文部省 告示 第449号, 昭和16.4.7), 『官報』, 1941年 4月 7日.

116 文化庁 編, 2017(平成29), 앞의 책, p. 5, pp. 7-8, p. 20. 이에 따르면, 일본기독교단은 개신교의 일본 선교 초기부터 있던 초교파주의적인 합동교회의 성격을 가진 교단으로, 「종교단체법」 당시의 통합에는 일본성공회(日本聖公会) 일부와 제칠일안식일예수재림(ブンスデー・アドベンチスト)을 제외한 교파들이 참여했고, 참여하지 않는 교회도 있었다.

1869년(명치2)의 2관 6성제(神祇·太政官, 民部·大蔵·兵部·宮内·外務·刑部省) 시행 후, 1870년(명치3)부터 민부성, 1871년(명치4)부터 대장성·신기성을 거쳐, 1872년(명치5)부터 교부성에서 신사행정을 담당하였다.[117] 1877년(명치10) 1월에는 교부성을 폐지하고 내무성에 2과(課: 神社·寺院)로 구성된 사사국(社寺局)를 신설하면서 호적료에 신사·사찰·승려·신관 등의 수를 파악하는 업무를 배정하였다.[118]

1877년의 사사국 설치와 담당 과(課)의 분리는 일본 정부가 신도만이 아니라 불교를 행정 대상으로 삼되 신사행정과 종무행정을 분리하기 시작했다는 것을 의미한다. 한편, 내무성 사사국에는 신도와 불교를 제외한 '기타 종교' 관련 업무가 보이지 않는다.[119] '기타 종교(其他 宗教)' 관련 업무는 1890년 6월 내무성이 9국(局: 총무·県治·警保·토목·위생·지리·社寺·도서·회계) 체제로 개편해 과(課) 단위 조직을 없앨 때 사사국의 2과(課: 신사·사원) 업무가 단일화되면서[120] 사사국 업무에 추가되었다. 이는 일본 정부가 1890년부터 국가 행정에서 '신도와 불교 이외의 다른 종교'에 주목했다는 점을 의미한다.

이어, 1900년에 국(局) 차원에서 신사국과 종교국이 분리되면서 신사행정과 종무행정에 대해서도 다시 분리가 이루어졌다. 그리고 1913년에는 내무성의 종교국이 문부성으로 이관되면서 신사행정과 종무행정

---

117 鈴木庫之助 編輯, 1936,『宗教法令抜萃』, 名古屋: 愛知県神道一致会, pp. 1-3.

118 内閣法制局, 1903,『法規提要 (明治20年編 下巻)』, 東京: 法制局, pp. 106-110; 荒木良仙 著, 1921(大正10),『仏教制度之研究』, 東京: 仏教制度之研究発行所, p. 121; 西村隼太郎 編, 1877,『官員録. 明治10年4月』, 東京: 西村組出版局, p. 24; 小川陽治郎 編, 1879(明12.2),『官省分画官民必携』, 東京: 竹原鼎, pp. 11-12.

119 内務省, 1878,『内務卿年報. 第3回 附録4冊 略之』, 東京: 内務省, pp. 28-30.

120 内務省地理局, 1891(明24.4),『地理局例規』, 東京: 内務省地理局, pp. 1-4.

이 성(省) 차원에서 분리되었다. 이러한 성 차원의 신사행정과 종무행정의 분리는 1945년 패전 시까지 지속되었다.

이상에서 언급한 1868년부터 패전까지 일본 정부의 신사와 종무행정 담당 조직은 〈표 1〉과 같다. 이 변화는 1877년, 1900년과 1913년의 변화를 기점으로 이해할 수 있다.[121]

특히 1877년 사사국 설치 이후, 중앙의 내무성, 지방의 부현청(府県庁), 중앙과 지방의 경찰 조직 등 '3자 구도'의 종무행정이 본격화되었다. 지방의 경우, 1886년 「지방관관제」를 보면, 부현청에 종무행정 업무가 보이지 않지만,[122] 이미 1875년 동경부(東京府)의 분과(分課)에 사사(社寺)가 포함되어 있었다.[123] 또한, 1886년에, 중앙의 경시청처럼, 각 부현(府県)의 경찰이 교회·강사·설교·예배·묘지와 화장 등의 사무를 맡은 상황에서[124] 1889년 12월에 지방의 모든 경찰 사무가 「지방관관제」에 포함되었다.[125] 그리고 1890년 10월 부현에 내무부를 설치해 '사사' 관련

---

121 梅田義彦, 1971, 『日本宗教法制史』 第4巻 近代篇, 東京: 東宣出版, pp. 21-22; 内閣法制局, 1903, 앞의 책, pp. 1-491; 고병철, 2019, 『일제하 종교 법규와 성책, 그리고 대응』, 박문사, 242-244쪽(〈표 4〉 '일본 종무행정기관과 담당 종교 업무의 변천과정' 참조).

122 「地方官官制」(勅令 第54号, 明治19.7.12), 『官報』, 1886年 7月 20日. 제30조~제31조에 따르면, 부현(府県) 지사(知事)는 내무대신의 지휘감독을 받고(제1조~제2조), 부현청(府県庁)은 제1부와 제2부로 구성된다. 당시 「稟請ヲ要セル処分ノ後報告スヘキ条件」(内務省令 第1号, 明治19.3)에 사사(社寺) 관련 내용이 있다는 점에서 제1부에 '⑥他部ノ主掌에ニ属セサル事項'을 근거로 종무행정을 맡았을 가능성이 있다(제24조).

123 井上道甫 編, 1875, 『東京一覧』 上, 東京: 須原屋茂兵衛, p. 1; 前田利成 編, 1877, 『警察便法』 甲, 東京: 江島本舗, pp. 20-23.

124 「警視庁官制」(勅令 第42号, 明治19.5.4), 『官報』, 1886年 5月 5日; 警視庁, 1889, 『警視提要. 明治19年』, 東京: 警視庁, pp. 37-50; 内閣法制局, 1903, 앞의 책, pp. 469-487.

125 「地方官官制中追加」(勅令 第136号, 明治22.12.25), 『官報』, 1889年 12月 26日.

〈표 1〉 신사행정과 종교행정 담당 기관의 변화

종교단체 / 행정기관				신사	교파신도	불교	그리스도교	그 외 교단	「비고」
3직7과 (1868.1)	신기사무과		명치1.1~1.2	○					- 3직(職): 총재(總裁)·의정(議定)·참여(參与)
3직8국 (1868.2)	신기사무국		동 1.2~1.윤4	○					※8국(局): 총재·신기·내국·외국·군방·회계·형법사무
3직7관 (1868.윤4)	신기관		동 1.윤4~4.8	○					※8관(官): 의정관/ 행정·신기·회계·군무·외국·민부관/ 형법관
2관6성 (1869.7)	민부성	사사괘	동 3.7~3.윤10	○	○	○			-1869.8. 민부·대장성 합병(~1870.7. 분리)
		사원료	동 3.윤10~4.7		○	○			
3원 (1871.7)	대장성	효적료 사사과	동 4.7~5.3	○	○	○			- 3원제(院制): 정원·좌원·우원
	신기성		동 4.8~5.3	○					-1871.7. 민부성 폐지
(1872.5~)	교부성		동 5.3~10.1	○	○	○		○	-1872.3. 제사사전의 식부료(式部寮) 이관 -1873.11. 내무성 신설 -1874.2. 내무성 소속 동경경시청 설치(~1877.1)
(1877.1~) 내각 조직 (1885. 12~) ※ 태정대신·좌우대신·참의·각성경직제 폐지	내무성	사사국 (신사과·사원과)	동 10.1~24.7	○	○	○			-1877.1. 내무성 경보국 설치(~1881.1) -1881.1. 경시청 부활(~1945) -1885.12.22. 내각제 -1889.12.「헌법」 제정
		사사국	동 24.7~33.4	○	○	○	○	○	
		신사국	동 33.4(1900)~소화 15.11(1940)	○					※ 1905년 통감부 설치 ※ 1910년 조선총독부 설치
		종교국	동 33.4(1900)~대정 2.6(1913)		○	○	○	○	

(1913.6~)	문부성	종교국	대정2.6~ 소화 17.11(1942)		○	○	○	○	※ 신사행정: 내무성 신사국 담당
(1940.11~)	내무성	신기원	소화 15.11~21.2	○					※ 1945년 패전 직후까지 지속
(1942.11~)	문부성	교화국 종교과	동 17.11~18.11		○	○	○	○	
		교학국 종교과	동 18.11~20.10		○	○	○	○	※ 1945년 패전 직후까지 지속
		사회교육국 종교과	동 20.10~21.3		○	○	○	○	

사무를 배정하면서부터[126] 부현청의 종무행정이 공식적으로 시작되었다. 다만, 1926년 6월부터는 지방의 각 부현 조직(지사관방과 3部: 내무·학무·경찰)에서 내무부가 아닌 학무부(學務部)가 종무행정을 담당하게 되었다.[127]

경찰 조직의 경우, 1874년 2월 내무성 소속 동경경시청(東京警視庁)에서 근대경찰 행정이 시작되어, 1877년 1월의 내무성 경보국(警保局)을 거쳐, 1881년 1월에 경시청(警視庁)이 부활하였다. 그리고 1870년대 동경경시청 시기에는 종교 관련 업무가 보이지 않지만, 1877년 10월에는 경시국(警視局)에서 취한 교도직(教導職)의 기양의례[祈禳儀] 금지 조치 사례가 있어,[128] 경찰 조직도 종무행정에 관여했다고 할 수 있다.

---

126 天野久之丞 編, 1891(明24.11), 『文武官民必携』 大阪: 赤川孫兵衛, pp. 48-58. 「地方官官制」(勅令 第225号, 明治23.10.10) 제23조 참조.

127 「地方官官制改正」(勅令 第147号, 大正15.6.3), 『官報』, 1926年 6月 4日; 文部省宗教局 編纂, 1942, 『宗教関係法規集』, 内閣印刷局, pp. 3-4.

128 青木浩蔵 編, 1878, 『訓解官令類聚』 沿革附 第1号, 東京: 右文社, p. 11; 内務省警視局, 1879(明12.2), 『警視類聚規則』, 東京: 警視局, pp. 1-10; 警視庁, 1893, 『警視庁権限類抄』, 東京: 警視庁, pp. 1-2; 内閣法制局, 1903, 앞의 책, pp. 439-455; 後藤狂夫

1881년에 중앙의 경시청(警視庁)이 부활하면서 제1국(局)에 종무행정을 배정하고,[129] 동경부청(東京府庁)은 서무과에 사사괘(社寺掛)를 설치하였다.[130] 경찰 조직이 종무행정에 관여했다는 것은 1886년의 경시청 제1국의 행정경찰 사무에 '교회·강사(講社)·설교·예배, 제전(祭典)·장의(葬儀)·풍속, 묘지·화장장' 등에 관한 업무를 포함했다는 점에서 확인할 수 있다.[131]

다만, 1889년 12월 「대일본제국헌법」 제정 이후, 1890년대부터 경시청에서 공식적으로 종교 관련 업무는 사라졌다. 이 부분은 1891년의 「경시청관제」에서 확인할 수 있다. 다만, 경시청 업무에 풍속이나 집회 등에 관한 사항은 지속해서 포함되었다.[132] 그리고 풍속 등에 관한 사항은 1900년 사사국의 신사국·종교국 분리 조치 이후인 1906년의 자료, 그리고 내무성 종교국을 문부성 종교국으로 이전한 시기인 1913년의 자료에서 확인할 수 있다.[133] 이는 경찰 조직이 공인종교에 대해 간접적인, 공인종교가 아닌 신앙단체에 대해 직접적인 통제력을 가졌다는 것을 의미한다. 이러한 상황에서 조선에 1905년 통감부, 1910년에 조선총독부가 설치되었다.

이러한 일본의 종교 관련 법규 제정과 행정 체계 수립은 통감부와 조

編, 1906, 『各國警察制度』, 東京: 警察協会, pp. 4-5.

129 警視庁, 1882(明15.11), 『警吏須知』, 東京: 警視庁, pp. 5-8.

130 佐藤穎吉 編, 1881(明14.3), 『東京独案内: 図入』, pp. 1-2.

131 「警視庁官制」(勅令 第42号, 明治19.5.4), 『官報』 850号. 大蔵省印刷局, 1886.5.5.

132 警視庁巡査教習所, 1891, 『警務要領: 教科用. 続編 明治24年刊行』, 東京: 警視庁巡査教習所, pp. 5-7.

133 内務省総務局, 1910, 『法規類抄』 明治43年刊 上, 東京: 内務省総務局, pp. 170-171; 「警視庁官制改正」(勅令 第149号, 大正2.6.13), 『官報』, 1913年 6月 13日.

선총독부를 통해 제도적 차원에서 조선에 이식되는 과정을 거쳤다. 신도·기독교·불교만을 아우르는 일본의 종교 범주도 마찬가지로 통감부와 조선총독부를 통해 조선에 이식되었다.

3. 통감부의 종교 정책

일본 정부는 러일전쟁(1904.2~1905.9) 개시와 함께 대한제국과 「한일의정서」(1904.2. 6개 조)를, 러일전쟁 기간에 「[제1차]한일협약」(1904.8. 3개 조)을, 그리고 러일전쟁 직후에 「포츠머스조약」(1905.9)을 거쳐 「[제2차]한일협약」(1905.11.17. 5개 조)을 체결하였다. 이 가운데 1904년 2월의 「한일의정서」를 통해서는 대한제국의 시정 개선에 대한 일본 정부의 충고권을(제1조), 동년 8월의 「제1차 한일협약」을 통해서는 '고문' 임명권을 획득하였다. 그리고 '을사보호조약'으로 알려진 1905년 11월의 「제2차 한일협약」을 통해 일본 정부가 외무성을 거쳐 한국의 외국 관계와 사무를 감리 지휘하고, 일본의 외교대표자와 영사가 외국으로부터 한국인과 그 이익을 보호하고, 이를 위해 일본 정부의 대표자인 통감이 경성에 주재해 외교에 관한 사항을 관리하게 하였다. 이른바 '보호' 정치의 시작이다.

실제로 일본 정부는 「제2차 한일협약」을 토대로 1905년 11월 22일부로 대한제국의 경성에 통감부(1906.2~1910.8)를, 경성·인천·부산·원산·진남포·목포·마산과 기타 수요지(須要地)에 이사청을 설치하였다. 통감부와 이사청은 1906년 1월에 각각 우편과 철도에 관련된 부령(府

令) 제1호 · 제2호 · 제3호를 공포한 바 있지만,[134] 1906년 2월에 공문식(公文式)을 공포해서 통감부령(統監府令)과 이사청령(理事庁令)의 형태를 결정하였다.[135] 이 공문식은 대한제국 내 일본 정부가 실질적으로 업무를 개시했다는 것을 의미한다. 당시 통감은 재한 일본인과 관헌을 관장하고, 각성대신(各省大臣)에 속한 사항 가운데 한국에 관한 법규 시행을 담당하는 존재였다.[136]

1) 종교 법규와 정책

통감부는 업무 개시 시점으로부터 약 9개월 만인 1906년 11월에 「종교 선포에 관한 규칙」(통감부령 제45호)을 공포하고 동년 12월부터 시행해 종교 관련 업무를 시작하였다. 이 법규의 핵심 내용은 본문 6개 조와 부칙 2개 조로, 통감 인가 사항(3건)과 이사관 인가 사항(1건) 등이었다.

구체적으로 이 법규의 적용 범위를 보면, '일본의 신도(神道), 불교, 기타 종교에 속하는 교종파(教宗派)와 일본인 포교자'(제1조, 제2조)로 한정되었다. 여기서 기타 종교는 기독교를, 신도는 1882년 '신관의 교도직

---

134 「郵便法郵便為替法等施行ニ関シ逓信省令及告示ニ依ルノ件」(統監府令 第1号, 明治39.1.11); 「鉄道書記補通信手試験規則ヲ統監府通信官署ニ準用ノ件」(統監府令 第2号, 明治39.1.11); 「郵便電信電話官署現金受払規則等ヲ統監府通信官署ニ準用ノ件」(統監府令 第3号, 明治39.1.11), 『官報』, 1906年 1月 11日.

135 「統監府令公文式」(統監府 府令 第4号, 明治39.1.19), 「理事庁令公文式」(統監府 府令 第5号, 明治39.1.19), 『官報』, 1906年 2月 12日.

136 「内國官憲의 管掌에 属하는 事項에 대한 統監의 職権에 관한 件」(법률 제57호, 제정 1906.6.26); 「韓國에 있어서의 内國官憲의 管掌事項을 統監의 職権에 属하게 하는 件」(칙령 제167호, 제정 1906.6.26), 송병기 편, 1972, 『통감부법령자료집』 상, 대한민국국회도서관, 102쪽.

금지 조치' 이후 신도(神道)에서 독립한 교파신도를 의미하였다.[137] 따라서 당시 통감부의 종무행정 범위는 일본 정부가 공인한 3종류, 즉 신도, 불교, 기독교에 한정된다. 이 법규의 주요 내용은 〈표 2〉와 같다.[138]

이 법규는 1906년 11월 이전까지 일본의 종교 선포 관련 법규들을 취합한 결과물이었다.[139] 예를 들어, 1899년 6월의 「종교 선포에 관한 신고방법」(6개 조)을 보면, 종교 선포 종사자는 "이력서를 포함해서 종교 명칭과 포교 방법"을 관할 지방장관에게 신고해야 하고(제1조), 종교용 시설을 설립하려면 "설립 이유, 설립 완료 기한, 명칭·소재지·부지·건물 관련 사항(도면 첨가), 종교 명칭, 관리·유지 방법, 담당포교자의 자격과 선정 방법"을 제출해 관할 지방장관의 허가를 받아야 하며(제2조), "신불도(神佛道) 포교자와 그 사원·불도교회소(佛道教会所) 등의 설립·이전·폐지에 관해서는 모두 종전(従前)의 규정에 의한"(제5조)다는 내용이 있었다.[140] 이 내용은 「종교에 관한 규칙」의 제2조·제3조로 이어졌다.

또한, 1900년 8월 「종교 선포 또는 종교상 의식집행을 목적으로 하는 법인의 설립 등에 관한 규정」(4개 조)의 내용도 법인 설립에 필요한

---

137 村岡典嗣, 1998, 앞의 책, 301쪽; 「神職ト教導職兼補ノ件」(府島県 甲 第41号, 明治15.2.23), 広島県神職管理所 編, 1914, 『現行神社法令』, 広島: 広島県神職管理所, p. 57.

138 「宗教ノ宣布二関スル規則」(통감부령 제45호, 제정 1906.11.17, 시행 1906.12.1), 송병기 편, 1972, 『통감부법령자료집』 상, 대한민국국회도서관, 234-235쪽; 고병철, 2019, 앞의 책, 63쪽.

139 이와 관련된 일본 법규는 1899년 6월의 「宗教宣布ニ関スル届出方」, 1900년 8월의 「宗教ノ宣布又ハ宗教上ノ儀式執行ヲ目的トスル法人ノ設立等ニ関スル規程」, 1901년 6월의 「清國若クハ韓國ニ於テ布教ニ従事スル僧侶取締ニ関スル件」, 1906년 5월의 「清國及ビ韓國ニ於ケル布教取締ノ件」 등이다.

140 「宗教宣布ニ関スル届出方」(明治32.6.27. 内務省令 第41号, 시행 明治32.8.4), 内務省総務局文書課, 1900, 『(訂正増補) 法規類抄』 下, 東京: 内務省総務局文書課, pp. 368-369.

사항들(제1조) 일부가 「종교 선포에 관한 규칙」의 제2조와 제3조로 이어졌다.[141] 그리고 1906년 5월의 「청국과 한국에 대한 포교취체 건」도 각 교종파가 청국과 한국에 포교자를 파견할 때 '포교자 자격, 포교 방법과 감독'에 관해 해당 교종파의 교규(教規) · 종제(宗制)로 정해 내무대신 '인가(認可)'를 받도록 한 부분은[142] 「종교 선포에 관한 규칙」 제1조, 제2조, 제6조 등으로 이어졌다.

1906년 11월의 「종교 선포에 관한 규칙」은 대한제국에 진출한 일본 종교들을 관리하려는 목적이 있는데, 이러한 목적은 일본 정부가 자국 종교의 해외 포교를 관리하던 정책의 연장선에 있던 것이었다. 이와 관련해, 일본 내무성 종교국은 1901년 6월 불교의 각 관장(館長)에게 해외 포교자를 관리하라는 통첩을 보내 관할 승려가 청국과 한국에서 포교할 때 목적과 신원(身元) 등에 관한 증명서를 휴대하게 했다. 이는 일본의 부랑자들이 승려로 사칭(詐称)하고 포교를 빙자하여 청국과 한국에 종종 들어가 그 폐해가 적지 않다는 판단에 따른 조치였다. 이어, 통감부 설치 이후 1906년 5월에 「청국과 한국에 대한 포교취체 건」을 공포하여 일본 종교의 해외 포교를 관리 · 통제하기 시작하였다.[143]

이처럼 「종교 선포에 관한 규칙」이 일본 정부의 해외 포교 관리 정책의 연장선에 있고, 적용 범위가 당시 재한 일본인의 종교 활동에 국한

141 「宗教ノ宣布又ハ宗教上ノ儀式執行ヲ目的トスル法人ノ設立等ニ関スル規程」(内務省令第39号, 明治33.8.1), 内務省総務局文書課, 1900, 위의 책, pp. 369-370.

142 黒住教本庁 編, 1910(明治43.3), 『黒住教教規教則説明 並宗教法令抄』, 岡山市: 黒住教本庁, pp. 64-67.

143 위의 책, pp. 64-65.

〈표 2〉 1906년 11월 「종교 선포에 관한 규칙」의 주요 내용

조항	「종교 선포에 관한 규칙」 의 주요 내용	비고
제1조	일본종교(神道, 佛道, 기타 종교에 속하는 教宗派)가 한국에서 포교할 때는 종단 차원에서 한국의 관리자를 지정하고(이력서 첨가), 포교 방법과 포교자의 감독 방법을 제출하여 통감 인가를 받아야 함.	(통감 인가)
제2조	제1조에 속하지 않은 일본인(제국신민 포교자)이 종교의 선포에 종사하려면 '종교 명칭, 포교 방법, 이력서'를 소관 이사청의 이사관을 경유하여 통감 인가를 받아야 함.	(이사관 경유, 통감 인가)
제3조	종교 시설(寺院, 堂宇, 會堂, 說教所, 講義所의 類)을 설립할 때는 '[시설] 명칭과 소재지, 종교 명칭, 관리·유지 방법'을 갖추어 시설 소재지를 관할하는 이사관의 인가를 받아야 함.	(이사관 인가)
제4조	일본의 종교단체나 포교자는 한국 사원의 관리 위촉(委囑)에 응할 때 필요한 서류를 갖춰 소관 이사관을 경유하여 통감 인가를 받아야 함.	(통감 인가)
제5조	제1~4조의 인가사항을 변경할 때는 인가를 갱신해야 함.	(인가 갱신)
제6조	제1조의 일본종교단체나 제2조의 포교자는 소속 포교자의 이름과 자격을 소관 이사관에게 제출해야 하고 포교자의 변경이 있을 때도 소관 이사관에게 제출해야 함.	(이사관 제출)
제7조	이 규칙은 1906년 12월 1일부터 시행함.	「부칙」
제8조	이미 포교에 종사하거나 종교시설을 갖춘 경우(제3조)나 한국 사원의 관리 위촉을 받은 경우(제4조)는 이 규칙 시행 후 3개월 이내에 해당 인가사항을 제출해야 함.	(기존 사례 적용)

된다는 점을 고려하면,[144] 조선의 종교와 직접적으로 연관된 것은 아니었다. 그럼에도 「종교 선포에 관한 규칙」은 조선총독부 시기인 1915년 10월의 「포교규칙」에 이르기까지 약 9년 동안 지속되면서 조선에서 신도교파, 불교 종파, 기독교 교파만이 '종교'라는 인식을 퍼뜨리는 계기로 작용하였다. 이는 1905년에 동학이 천도교로 재출발하고, 1909년에 대

144 統監府 総務部 編, 1907.7, 『韓國事情要覧』 第2輯, 京城: 京城日報社, pp. 59-60(各教宗派布教管理者表); 青柳南冥 著, 1911(明治44.4), 『朝鮮宗教史』, 京城: 朝鮮研究会, pp. 121-149(大谷派本願寺, 本派本願寺, 浄土宗, 日蓮宗, 曹洞宗, 真言宗, 臨済宗).

종교가 중광을 선포했지만, 이들이 통감부 중심의 제도적 차원에서 종교로 인식되지 않았다는 점에서 확인할 수 있다.

1906년 11월의 「종교 선포에 관한 규칙」 이후, 일본 정부는 대한제국이 1907년 5월의 헤이그 세계평화회의에 밀사를 보낸 사건을 구실로 고종황제의 강제 양위를 추진한 후, 7월에 「정미7조약([제3차] 한일협약)」을 체결해 대한제국의 시정 개선에 관해 '통감 지휘'를 받게 하였다.[145] 이 지휘는 통감이 임명한 대한제국의 각부 차관이 실권을 장악하는 방식으로 이루어져, 일반적으로 '차관정치'로 명명되고 있다.

1907년 7월의 「정미7조약」 이후 일본 정부는 제도적 차원의 폭력성을 강화하기 시작하였다. 사실상 당시 대한제국이 대만이나 관동주(關東州) 등과 달리 일본의 특별 통치지역인 '외지(外地)'가 아니었기 때문에 통감부의 관할 법규는 원칙적으로 재한 일본인에게만 적용되어야 했다. 그렇지만 통감부 법규의 일부는 1907년 이후 차관 정치로 대한제국의 내정을 장악하면서부터 통감부 법규의 적용을 선언하는 대한제국의 고시(告示) 형태로 대한제국에 적용되기 시작하였다.[146]

1907년 7월의 차관 정치는 통감부가 대한제국의 종교에 대한 정보 장악력을 갖추게 되었다는 것을 의미한다. 이와 관련해, 통감부는 1907년 10월에 종래 '지방과'를 '지방부'로 확대하면서 지방부가 종무

---

145 이달순, 1994, 「(제3장) 일본의 한국통치(1910~1919)-독립외교자료의 진실성 해부」, 『한국정치외교사논총』 10-1, 109-114쪽.

146 통감부 설치 이후 1910년 병합까지 한국인에게 적용된 통감부 법규는 총 315건이다. 통감부는 주로 통감부령과 통감부 고시 형태로 한국 법령의 적용을 선언한다. 통감부 법규와 대한제국 법규가 고시(告示) 형태로 서로 적용된 것은 속지주의 특성이자 법을 통한 일본의 한국 침탈과 지배를 나타낸다(정긍식, 1995, 『통감부법령 체계분석』, 한국법제연구원, 70-72쪽).

행정을 담당하게 하였다. 종래 종교 업무 자체가 달라진 것은 아니지만, 지방부 신설 이전인 1907년 7월의 「정미7조약」 이후 일본인이 궁내부·내부·학부·탁지부의 차관과 대한제국의 내부(內部) 소속 경무국장 등에 임명되어 종무행정을 포함해 대한제국의 주요 업무를 장악했다는 점, 지방부 신설 직후인 동년 10월 29일에도 「정미7조약」 제5조에 따라 일본인이 한국 경찰관에 임명되어 재한 일본인에 대한 경찰 사무를 집행한다는 「한일협정서」가 체결되었다는 점 등을 고려하면,[147] 다른 부분과 마찬가지로 대한제국의 종교에 대한 통감부의 정보 장악력은 높아졌다고 할 수 있다.

다만, 1906년부터 대한제국 정부가 시작해 1910년에 마무리된 '구관(旧慣)·제도(制度) 조사'에 종교 관련 부분이 잘 드러나지 않는다는 점을 고려하면,[148] 당시 통감부가 대한제국에 대한 우선순위를 종교 상황에 두었다고 볼 수는 없다. 그렇다고 통감부가 재한 일본종교와 비교해 대한제국의 종교 상황에 관심을 기울이지 않았던 것은 아니다. 선행연구에 따르면, 통감부는 천도교 등의 신종교를 일반 사회단체로 보고 「보안법」과 「집회취체에 관한 건」을 적용한 바 있다.[149] 이러한 법적 조치는

---

147 『純宗實錄』 1巻, 即位年(1907 丁未, 隆熙 1年) 10月 29日. 내각 총리대신 이완용(李完用)과 통감 伊藤博文이 서명한다. 그 후, 「在韓國外國人民ニ対スル警察事務協定」(統監府 告示 第30号, 明治42.4.10), 『官報』 7746号, 大蔵省印刷局. 1909.4.24에 따르면, 1909년 3월 15일에 한국 정부와 통감부는 재한국 외국인민에 대한 경찰 사무에 관해 협정을 맺는다(内閣 고시 제12호).

148 朝鮮總督府中枢院 編, 1938, 『朝鮮旧慣制度調査事業概要』, 朝鮮總督府中枢院, pp. 4-20.

149 강효숙, 2015, 「통감부 시기까지의 동학, 천도교를 중심으로」, 『한국종교』 38, 원광대학교 종교문제연구소, 84-85쪽.

통감부가 대한제국의 이름으로 진행되었고, 이에 대해 천도교 등 신종교의 반발은 크지 않았다. 또한 통감부는 1910년 5월 조선인의 직업별 호수 조사 자료를 통해 유교에 대한 정보를 파악한 바 있다. 그 정보에는 양반 전체의 호수(54,217호)와 유생 전체의 호수(19,075호), 양반 호수가 많은 지역(충남·경북)과 유생 호수가 많은 지역(경북·전남), 전국 44개 사원(祠院: 서원과 사당)의 명칭과 소재지 등이 담겼다. 이러한 유교 관련 정보는 향후 조선총독부의 유교 정책으로 이어지게 되었다.[150]

2) 종교 정책의 수행 주체

통감부는 1906년 11월 「종교 선포에 관한 규칙」 제정 후, 1907년 4월에 조직을 개편해 외무부를 추가한 4부(部) 체제를 만들고 총무부에 지방과(地方課)를 신설해 종교 업무를 담당하게 하였다.[151] 당시 이사청에서는 '지방계(地方係)'가 종무행정을 담당하였다.[152] 이는 1906년 이전 상황과 달리,[153] 1907년 4월부터 통감부와 이사청이 종교 업무 담당 부서를 통한 종무행정을 공식적으로 시작했다는 것을 의미한다.

---

150 朝鮮總督府 編, 1935, 『朝鮮の犯罪と環境(朝鮮總督府 調査資料 第23輯)』, 朝鮮總督府 総督官房 総務課, pp. 84-91.

151 「統監府事務分掌規程」(統監府訓令 第10号, 명치40.4.27), 『官報』, 1907年 5月 7日.

152 「釜山理事庁 処務規程」(訓令 第2号), 『釜山理事庁 法規類集』, 釜山理事庁, 1909.9.10, pp. 1-3.

153 1906년 7월에 총무부(총무장관, 7과)·농상공무부(농상공무총장, 5과)·경무부(경무총장, 4과)의 3부(部) 체제와 이사청, 법무원 등의 5개 관서를 시작으로 조직을 갖추기 시작한다. 당시에는 「종교 선포에 관한 규칙」의 공포 이전이므로 별도의 종무행정을 맡은 부서는 보이지 않는다.

통감부는 경찰 조직을 통한 대한제국의 종교 통제도 시도하였다. 특히 경찰 조직을 통한 종교 통제는 1907년 10월 이후에 강화되었다. 그 배경은 1907년 7월의 헤이그 특사사건과 고종의 강제 퇴위 직후의 「정미7조약」에 따른 대한제국 행정과 정책 수립에 대한 관여이다. 구체적으로, 앞서 언급했듯이, 1907년 10월의 관제 개정 직후에 「정미7조약」 제5조에 따라, 한국 경찰관으로 임명된 일본인이 일본 관헌의 지휘 감독을 받아 재한 일본인에 대한 경찰 사무를 집행해야 한다는 내용의 「한일협정서」가 체결되었다.[154] 이는 대한제국의 내부(內部) 소속 경무국장인 일본인이 '통감의 지휘를 받아' 재한 일본인 관련 경찰 사무를 맡는다는 것을, 동시에 경무국이 대한제국의 치안을 담당하기 시작했다는 것을 의미한다.

이 상황에서 주목할 법규는 1908년 10월 1일부터 시행된 「경찰범처벌령」(통감부령 제44호)이다. 이 법규는 4개 조항으로 구성되었는데, 여기에는 4가지 위반 행위에 대해 구류(拘留, 제1조), 47가지 위반 행위에 대해 구류나 과료(科料, 제2조), 28가지 위반 행위에 대해 과료(제3조) 처벌이 포함되었다. 그리고 이러한 위반행위를 부추기거나(教唆) 돕는(幇助) 자는 각 본조에 비추어 처벌하되, 정상(情状) 참작을 통해 형(刑)의 면제가 가능하다는 내용도 있었다(제4조).[155]

주목할 부분은 당시 이러한 명칭의 법규들이 일본, 대한제국, 관동도독부에서 거의 동시에 시행되었는데, 그 적용 범위와 처벌 수위에 차이를 보였다는 점이다.[156] 특히 일본과 대한제국에서 각각 시행된 「경찰범

154 『純宗實錄』 1巻, 即位年(1907 丁未, 隆熙 1年) 10月 29日; 「在韓國外國人民ニ対スル警察事務協定」(統監府 告示 第30号, 明治42.4.10), 『官報』. 1909年 4月 24日.

155 「警察犯処罰令」(統監府令 第44号, 明治41.10.1), 『官報』, 1908年 10月 06日.

156 「警察犯処罰令」(内務省令 第16号, 明治41.10.1), 『官報』, 1908年 9月 29日; 「警察犯処

처벌령」의 내용을 대조해보면, 일본은 위반자에 대한 구류와 과료의 상한선이 있었지만, 대한제국은 상한선이 없었다(제1조~제3조).[157] 또한 제2조와 제3조의 적용 범위를 보면, 일본은 각각 37가지와 17가지였지만, 대한제국은 각각 47가지와 28가지로 확대되었다.

다만, 일본과 대한제국의 「경찰범 처벌령」에서 종교적 행위 관련 내용은 유사했다. 이와 관련된 내용이 일본의 「경찰범 처벌령」 제2조 9호 "제사(祭事)·축의(祝儀) 또는 그 행렬에 대해 악희(惡戱) 또는 방해하는 자", 제2조 17호 "헛되이 길흉화복을 말하거나 기도·부주(符呪) 등을 하거나 수찰(守札)을 주어 사람을 혹(惑)하게 하는 자", 제2조 18호 "병자에게 금압(禁压)·기도·부주(符呪) 등을 하거나 신부(神符)·신수(神水) 등을 주어 의료를 방해하는 자", 제2조 33호 "신사(神祠)·불당(佛堂) 예배소·묘소·비표(碑表)·형상(形像)과 기타 그런 유의 사물을 오독(汚瀆)하는 자" 등인데, 같은 내용이 대한제국의 「경찰범 처벌령」 제2조 14호·24호·25호·40호에 각각 들어 있었다. 이는 통감부의 종교 정책이 일본의 종교 정책을 반영했다는 점과 함께, 동일 내용을 위반해도 조선인에 대한 처벌 수위가 높았다는 것을 의미한다.

이러한 경찰력을 통한 통제는 소네 아라스케(曾禰荒助) 통감(1909.6~1910.5) 부임 직후인 1909년 11월 「한국에 있어서의 범죄즉결령(犯罪即

罰令」(関東都督府令 第58号. 明治41.10.13), 『官報』, 1908年 10月 14日.

157 일본과 대한제국의 「경찰범 처벌령」을 대조하면, 제1조 위반자에게 일본은 '30일 이하의 구류' 처분을, 대한제국은 기한이 명시되지 않은 '구류' 처분을 내린다. 또한 제2조 위반자에게 일본은 '30일 이하의 구류 또는 20원(圓) 이하의 과료' 처분을, 대한제국은 기한이나 상한액이 명시되지 않은 '구류 또는 과료' 처분을 내린다. 그리고 제3조 위반자에게 일본은 '20원(圓) 이하의 과료' 처분을, 대한제국은 상한액이 명시되지 않은 '과료' 처분을 내린다.

決令)」(칙령 제240호)을 통해 강화되었다. 이 법규에 통감부의 경시(警視)나 경부(警部)로서 한국의 경찰서장 분서장(分署長) 직무나 그 대리를 맡은 자가 경찰서나 분서(分署) 관할구역에서 "구류나 과료 형에 처할 죄, 한국 법규에 의해 태형(笞刑), 구류 또는 30원 이하의 벌금형에 처할 죄"에 대해 "정식 재판 없이" 피고인의 진술과 증빙만으로 즉결(即決)한다는 내용(제1조, 제2조)이 포함되었기 때문이다.[158] 이 법규는 조선총독부 시기에도 데라우치 마사다케(寺内正毅) 총독 부임 직후인 1910년 12월의 「범죄즉결례」(제령 제10호)로 이어졌다.[159]

게다가 1910년 6월 말 「한국경찰사무위탁에 관한 각서」 체결로 대한제국의 종교 상황에 대한 통감부의 개입 소지가 확대되었다. 대한제국 시기까지 「보안법」이나 「경찰범 처벌령」 등에 따른 경찰의 종교 통제 업무 전체가 통감부의 지휘 범위에 들어갔기 때문이다. 이와 관련해, 통감부는 1910년 7월에 경찰 관련 규정 중 이사관(理事官) 소속 직무를 통감부 경무부장(경성은 경무총장)에게,[160] 이사청의 경찰사무를 경무총감부 또는 각 도의 경무부에 인계하였다.[161] 그리고 경무총감부(총장관방과 3課: 기밀·경부·보안)에서는 기밀과의 고등경찰계와 보안과(保安課)의 행정경찰계가 종무행정 관련 업무를 담당하였고, 이 가운데 '종교와 풍속 취체'

---

158 「韓國에 있어서의 犯罪即決令」(칙령 제240호, 제정 1909.10.16. 시행 1909.11.1), 송병기 편, 『통감부법령자료집』 하, 대한민국국회도서관, 1972, 107-108쪽.

159 「犯罪即決例」(제령 제10호, 明治43.12.15. 시행 明治44.1.1), 『조선총독부관보』, 1910年 12月 30日; 「犯罪即決例 施行手続」(훈령 제72호, 明治43.12.30), 『조선총독부관보』, 1910年 12月 30日.

160 「警察ニ関スル規程中理事官ニ属シタル職務」(統監府令 第38号, 明治43.7.13), 『官報』, 1910年 7月 19日.

161 「理事庁ニ於ケル警察事務」(統監府 訓令 第13号, 明治43.7.13), 『官報』, 1910年 7月 19日.

에 관한 업무는 행정경찰계에 배정되었다.[162]

이러한 상황을 보면, 통감부는 지방부와 지방계에서 종무행정을 진행했고, 1910년 7월부터 경무총감부 보안과(保安課)의 행정경찰계를 통해 본격적으로 종교·풍속을 단속하기 시작했다고 할 수 있다. 당시 기밀과(機密課)의 고등경찰계도 집회와 출판물 단속을 통해 직·간접적으로 종교 통제에 관여하였다. 이후 경찰 조직은 여러 번 바뀌지만, 집회·결사나 풍속에 관한 사항 등을 통해 종교 통제를 지속하였다. 이와 관련해, 1907년부터 1910년까지 통감부의 종무행정 부서와 사무의 변화를 정리하면 〈표 3〉과 같다.[163]

통감부 시기의 종교 법규와 정책에서 고려할 부분은 두 가지이다. 하나는, 「종교 선포에 관한 규칙」이 대한제국의 종교가 아니라 재한 일본종교를 대상으로 삼았기 때문에 그것을 근거로 한 종무행정도 주로 '재한 일본종교'에 한정되었다는 점이다. 실제로 통감부가 관리한 재한 일본종교는, 그 종류와 수치가 자료에 따라 다소 차이를 보였지만, 대부분은 불교 종파에 국한되었다.[164] 이는 통감이 조선의 공식적인 정책 입안자가 아니었다는 점에서 당연한 귀결이다. 물론, 앞서 언급한 「보안법」과 「집회취체에 관한 건」의 천도교 적용 사례나 유교 관련 자료 조사의 경우에서 확인할 수 있듯이, 통감부가 조선의 종교 상황에 관심을 기울이지 않았던 것은 아니다.

---

162 「統監府警務総監部分課規程」(統監府 訓令 第14号, 明治43.7.9); 「統監府警務総監部分課規程」(統監府 訓令 第14号, 明治43.7.13), 『官報』, 1910年 7月 19日.

163 고병철, 2019, 앞의 책, 264-265쪽.

164 統監府 総務部 編, 1907.7, 앞의 책, pp. 59-60(各教宗派布教管理者表); 青柳南冥 著, 1911, 앞의 책, pp. 121-149(大谷派本願寺, 本派本願寺, 浄土宗, 日蓮宗, 曹洞宗, 真言宗, 臨済宗).

다른 하나는, 법규를 통한 서양의 기독교 중심 종교 개념과 범주를 변형한 일본형 종교 개념과 범주[165]의 제도적 강요가 시작되었다는 점이다. 다만, 일본형 종교 개념과 범주에 기인한 종교의 자유는 신도·불교·기독교에만 허용되는 기형적 형태가 되었다. 이는 향후 제도적 폭력성 문제를 야기하게 된다. 특정 신앙단체만을 종교로 공인하는 제도는, 개인을 중시하면서 종교의 형성과 선택의 자유를 개인의 권리 차원으로 접근하는 근대적 관점에서 볼 때, 종교로 인한 차별과 종교의 자유 침해로 직결될 수밖에 없었기 때문이다.

4. 조선총독부의 종교 정책과 법규

1910년 8월 22일 자에 「한일합병조약」이 체결되고, 동년 10월부터 조선총독부가 '총독, 정무총감, 관방과 5부(部: 총무·내무·탁지·농상공·사법)'로 구성된 조직을 갖추어 업무를 개시하였다.[166] 그리고 초대 총독으로 제3대 통감이었던 육군대장 출신의 데라우치 마사다케(寺内正毅)가 임명되었고, 1910년 9월의 칙령 제343호에 따라 헌병이 치안유시 경찰과 군사 경찰 업무를 담당하는 헌병경찰제도가 운영되었다.[167] 이른바 '헌병' 정치 또는 '무단(武断)' 정치의 시작이다.

---

165 여기서 '일본형 종교 개념과 범주'는 종교 범주에 포괄하는 대상의 재편을 의미하며 서구적 종교 개념과 범주보다 정의나 구성 요소에서 뚜렷하게 차별성을 지닌다는 것을 의미하지 않는다.

166 「朝鮮總督府官制」(勅令 第354号, 明治43.9.29), 『官報』, 1910.9.30.

167 「朝鮮駐箚憲兵条例」(勅令 제343호, 明治43.9.10), 『조선총독부관보』, 1910.9.16.

〈표 3〉 통감부 종무행정 기구의 변화

연도	부서	사무	비고
1907.4	총무부 지방과	종교와 교육에 관한 사항 ※ 이사청 지방계(地方係): 종교에 관한 사항 ※ 경무부 보안과: 고등·행정·사법경찰과 재판·감옥에 관한 사항	-1906.7: 3부(部: 총무·농상공무·경무) 체제 ※ 1906.11 「종교 선포에 관한 규칙」(통감부령 제45호) -1907.4: 4부(部: 총무·외무·농상공무·경무) 체제 ※ 1907년 8월 이후 차관정치 진행
1907.10	지방부	종교와 교육에 관한 사항	-통감관방과 3부(部: 외무·감사·지방) 체제 ※ 1908.10: 「경찰범 처벌령」(통감부령 제44호)
1910.7	지방부	종교와 교육에 관한 사항	
	경무총감부 보안과 행정경찰계	종교와 풍속 취체에 관한 사항	※기밀과 고등경찰계: 집회·결사·신문지·잡지·출판물·저작물 취체, 고등경찰상(高等警察上) 사찰(査察) 등

조선총독부는 '조선'에 관한 통치권 행사 조직이었기 때문에 그 역할은 '대한제국의 외교'에 한정된 통감부의 경우와 차이가 있었다. 이러한 차이는 정책의 차이로 이어지는데, 조선총독부는 통감부와 비교해 조선인을 천황 중심의 제국신민으로 만들어내는 목표를 설정하고, 그에 따른 조선의 질서 유지, 부원(富源)의 개발, 조선인의 감화 등을 정책적 급무로 인식하였다.[168] 이 가운데 조선인 감화는 재조선 일본인과 차별해 조선인을 '일본에 충량한 국민'으로 만들려는 목표를 담은 1911년 8월의 「제1차 조선교육령」 등에서 확인할 수 있다.

또한 이러한 초기의 정책적 지향성은 1919년 3·1운동 이후에도 지속되었다. 3·1운동의 여파로 종래의 강압적 정책에 대한 완화 움직임이

---

168 朝鮮總督府, 1912, 『朝鮮總督府施政年報(明治43年)』, 京城: 朝鮮總督府, pp. 16-17, p. 19.

있었고, 3·1운동 이후에 '일시동인(一視同仁), 내선융화(内鮮融和), 내선일체(内鮮一体), 황민화(皇民化)' 등의 용어들이 남발되었지만, 이 용어들을 관통하는 맥락은 '조선인의 일본인화'였다. 게다가 조선총독부는 조선인을 일본인조차 도달하기 어려운 '이상적 일본인'으로 만들려는, 즉 '조선인의 이상적 일본인화'를 추구하였다.

조선총독부의 종교 정책은, 다른 부분처럼, 이러한 정책적 지향 안에서 이루어졌다. 즉 조선총독부의 종교 정책은 1919년 이전 '조선인의 일본인화', 1919년 이후 '조선인의 이상적 일본인화'라는 지향 안에서 이루어졌다. 비록 1919년 3·1운동 이전과 이후의 종교 정책에서 제도적 통제에 강약이 있었지만, 이를 관통하는 부분은 '종교를 통한 조선인의 일본인화'였다.

조선총독부는 중앙·지방·경찰 조직의 3자 구도로 입각해 종교 정책을 추진하였다. 이 구도는 1910년 7월 이후 '중앙조직(통감부)·지방조직(이사청), 그리고 중앙과 지방에 걸친 경찰 조직'을 활용한 통감부 시기의 종무행정 구도를 계승하고, 결과적으로 일본의 종무행정 구도를 반영한 것이었다.

조선총독부는 조선 통치를 위한 정책 입안자라는 위치에서 통감부보다 강력한 종교 정책을 추진하였다. 예를 들어, 경찰 조직의 경우, 1910년 7월 당시의 통감부가 경무총감부(警務総監部)의 '보안과 행정경찰계'에 '종교와 풍속 통제' 업무를 배정했다면,[169] 동년 10월 당시의 조선총독부는 경무총감부의 '보안과 행정경찰계'에 '풍속 통제' 업무를 배

169 「警務総監部令及警務部令公文式」(統監府 府令 第36号, 明治17.8.11), 『官報』 1910年 7月 18日; 「統監府警務総監部分課規程」(統監府 訓令 第14号), 『官報』, 1910年 7月 19日.

정하고, '종교 통제' 업무를 '고등경찰과 기밀계'에 배정하였다.[170]

1) 종교 법규와 정책

조선총독부의 종교 법규에 대해서는 시기별, 종류별 등 여러 측면에서 분류할 수 있지만, 종교별로 보면 크게 재조선 일본종교와 조선종교에 관한 법규로 구분할 수 있다. 조선종교는 다시 불교, 기독교, 신종교와 무속, 유교 등에 관한 법규로 구분할 수 있다. 좀 더 구체적으로 보면 다음과 같다.

첫째, 재조선 일본종교 관련 법규로는 「종교 선포에 관한 규칙」(1906.11. 통감부령 제45호), 「포교규칙」(1915.8. 부령 제83호), 「신사·사원규칙(神社寺院規則)」(1915.8. 부령 제82호), 「신사(神祠)에 관한 건」(1917.3. 부령 제21호), 「신사규칙」(1936.8. 부령 제76호)과 「사원규칙」(1936.8. 부령 제80호) 등이 있다. 「신사규칙」과 「사원규칙」은 종래 「신사·사원규칙」을 분리한 것이다.

이 가운데 「종교 선포에 관한 규칙」은 통감부가 공포했지만, 조선총독부가 1915년 10월의 「포교규칙」에 이르기까지 약 9년 동안 운영해[171] 1911년 3월 임제종 묘심사파(妙心寺派) 조선포교관리자 변경 건, 1911년 9월 일본기독교회 포교관리자의 선임 건 등처럼[172] 일본종교의

---

170 「朝鮮總督府警務総監部事務分掌規程」(統監府 訓令 第14号, 明治43.7.13), 『官報』, 1910年 10月 10日.

171 「포교규칙」 제16조에 「종교 선포에 관한 규칙」을 폐지한다는 내용이 있다.

172 「布教管理者認可」, 『조선총독부관보』, 1910.9.21; 「布教管理者認可」, 『조선총독부관보』, 1911.9.14.

조선 포교를 규제하는 법적 근거로 삼은 법규였다. 그 적용 범위는 일본 종교뿐 아니라 조선의 불교와 기독교를 포괄했던 「포교규칙」과 차이가 있었다. 그에 비해 「신사규칙」과 「사원규칙」의 적용 범위는 재조선 일본의 신사신도와 불교에 한정되었다.

이 법규들은 조선총독부의 재조선 일본종교에 대한 관리 정책, 1915년 이후 신사(神社, 神社神道)나 그보다 규모가 작은 신사(神祠)에 대한 관리 정책의 근거가 되었다. 재조선 일본종교들에 대한 관리 정책의 경우, 우선 일본 불교에 대해서는 1915년의 「신사·사원규칙」처럼 신사 관리와 함께 처리하다가 1936년에 「사원규칙」에 따라 별도 관리 대상으로 설정하였다. 이는 전시체제하에서 재조선 일본 불교를 별도로 관리하려던 조치였는데, 이 조치의 효과는 일본 불교와 조선 불교의 연계 또는 조선 불교의 일본화 시도로 나타나기도 하였다. 이와 관련해, 1938년에 강원도 춘천에서 불교의 각 종파 승려가 '내선일체'와 '총후보국(銃後報國)'을 내세우며 진언종별원인 봉선사(鳳禅寺)에서 춘천불교원회를 결성한 사례가 있었다.[173]

일본의 기독교에 대해서는 여러 외교적 문제를 피하고자 관리 대상으로 삼는 경향을 보였다. 그렇지만 중일전쟁 이후에는 일본의 기독교를 활용해 조선의 기독교를 병합시키는 정책을 추진하였다. 일본의 기독교도, 1938년에 일본동맹 측이 조선여자기독청년연맹회과 병합을 주도하고,[174] 일본감리교회가 조선감리교회와 통합을 주도했듯이,[175] 조선총독

173 「春川仏教의 聯合会 結成」, 『동아일보』, 1938.5.14, 2면; 「仏教報國의 旗幟下에 内鮮各派 聯合会, 春川에서 結成式 挙行」, 『毎日申報』, 1938.5.14, 2면.

174 「女子基青 合作, 名称은 日本同盟朝鮮聯合会로」, 『동아일보』, 1938.7.16, 2면.

175 「메도디스트와 監理会 合同, 監理教会 総会에서」, 『동아일보』, 1938.10.7, 2면.

부의 정책에 순응하는 모습을 보였다.

한편, 신사(神社)·신사(神祠)의 관리 정책은 국가 신도의 확산을 지향하는 정책의 일환이었다. 즉 1915년의 신사(神社)와 1917년의 신사(神祠) 관련 법규는 일본의 신도국교화 또는 신도내면화, 즉 천황 중심의 제국주의 이데올로기를 실천할 공간에 대한 정책이었다. 이러한 정책적 관심은 신사와 불교 사원을 별개로 관리하기 위해 1936년 8월에 종래 「신사·사원규칙」을 「신사규칙」과 「사원규칙」으로 분리했다는 점을 고려하면, 전시기에 강하게 드러났다고 할 수 있다.

특히 신사신도의 확산 방식은 1925년의 조선신궁과 1939년의 부여 신궁 설립 계획을 포함한 신사(神社)·신사(神祠)의 설치와 참배 강요로 나타났다. 교육칙어, 황국신민서사, 동방요배, 궁성요배, 신궁대마(神宮大麻)를 포함한 신붕(神棚)의 확산 등도 국가신도의 보급 방식이었다. 이러한 정책의 지향점은, 부여 신궁의 건립 이유가 일본이 삼한(三韓)이나 백제 등과 '진정으로 골육(骨肉)의 관계'였다는 점을 부각시켜 내선일체를 구현하는 데에 있었듯이,[176] '조선인의 이상적 일본인화'에 있었다.

둘째, 조선의 불교와 기독교 관련 법규로는 「사찰령」(1911.6. 제령 제7호), 「포교규칙」(1915.8. 부령 제83호)이 있었다. 조선의 종교에 한정한다면, 「사찰령」의 적용 범위는 불교였고, 「포교규칙」의 적용 범위는 조선의 기독교와 불교였다. 다만 「포교규칙」의 적용 범위에 재조선 일본종교인 '교파신도·불교·기독교'도 포함되면서 종래의 「종교 선포에 관한 규칙」(1906.11)은 「포교규칙」 시행과 함께 폐지되었다.

이 법규들의 존재는 조선총독부의 정책적 관심이, 이미 통감부가 유교

176 「扶余官幣社 御創立과 総督府 当局 談」, 『동아일보』, 1939.3.9, 1면.

재산의 통제를 위해 1910년 4월에 「향교재산 관리규정」을 공포했듯이, 조선에서 전통과 재산을 보유한 조직에서 시작되었다는 점, 아울러, 1915년부터 종교단체에 대한 법적 통제를 시작했다는 점을 보여준다. 즉 1911년 「사찰령」의 목적은 불교 재산의 통제, 1915년 「포교규칙」의 목적은 종교단체에 대한 법적 통제에 있었다. 「사찰령」이나 「포교규칙」은 패전 시까지 이어졌다. 이로 인해 조선 불교는 「포교규칙」뿐만 아니라 1911년 6월의 「사찰령」이 적용되어 이중적 통제를 받게 되었다.

이상의 법규들은 조선총독부의 종교 정책에서 핵심적 근거가 되었다. 이 법규들 외에 직접적으로 종교 영역과 신사신도 영역을 대상으로 삼은 다른 법규들의 제정 사례가 없었다는 의미이다. 이상의 법규들을 정리하면 〈표 4〉와 같다.[177]

한편, 조선의 기독교나 불교는 「조선교육령」(1911.8), 「사립학교규칙」(1911.10), 「법인 설립과 감독에 관한 규정」(1912.3. 부령 제71호), 「조선민사령」(1912.4), 「(개정) 사립학교규칙」(1915.3. 부령 제24호), 「축제일 당일 사립종교학교 거식 예배(挙式礼拝)에 관한 건」(1915.7. 관통첩 제209호) 등의 법규를 통해서도 통제를 받았다. 특히 기독교는 다른 종교에 비해 학교 교육을 통한 선교활동과 법인화에 관심이 강했기에 이러한 법규들의 주요 제재 대상이 되었다. 이상의 법규들을 정리하면 〈표 5〉와 같다.[178]

조선총독부는 조선의 불교와 기독교에 대한 정책을 '일본화와 관리·통제' 차원에서 추진하였다. 조선의 기독교에 대해서는 여러 외교 관계

177 고병철, 2019, 앞의 책, 60-61쪽(일부 내용 수정).

178 고병철, 2019, 위의 책, 60-61쪽(일부 내용 수정).

를 고려해 관리 대상으로 삼다가, 중일전쟁 이후 해산을 종용하거나 일본 기독교와 결합하는 정책을 추진하였다. 이를 통해 '조선 기독교의 무력화와 종속화'를 유도하였다. 그에 비해 조선의 불교에 대해서는 「사찰령」에 따른 본말사제도를 운영해 사찰 재산의 통제와 사법(寺法)을 통한 의례의 변용 등 넓은 범위의 통제를 가해 '조선 불교의 일본 불교화'를 유도하였다.

셋째, 조선의 신종교와 무속 관련 법규이다. 조선총독부는 기본적으로 신종교단체나 무속만을 직접적인 대상으로 삼는 법규를 제정하지 않았다. 이는 조선총독부가, 「종교 선포에 관한 규칙」(1906.11)에 이어 「포교규칙」(1915.8)에서 확인할 수 있듯이, 종교 범위를 교파신도·불교·기독교에 한정하면서 그 외의 단체들을 종교로 인식하지 않았기 때문이다. 물론 이 종교 범주는 통감부나 조선총독부가 자체적으로 생산해 유포한 것이 아니라 일본에서 도입한 결과물이었다.

다만, 조선총독부는 신종교단체에 대해 「포교규칙」에 유사종교단체로 인정할 수 있는 여지를 남겼다. 그 근거는 "총독은 종교유사단체로 인정한 단체에 본령을 준용할 수 있고 이 경우에 고시(告示)해야 한다"는 이 규칙 제15조의 내용이었다. 그렇지만 실제로 신종교단체를 종교유사단체로 인정하고 그에 관해 행정 처리를 했던 사례는 찾아보기 어렵다.

조선총독부는 신종교단체나 무속단체에 대해 직접적인 적용 법규 없이, 일반 결사체의 경우처럼, 범죄나 치안 유지 등과 관련된 법규를 적용하였다. 일반 결사체에 대한 법규를 신종교나 무속에 적용하는 조치는 통감부 시기의 기조와 마찬가지였지만,[179] 관련 법규는 「범죄즉결례」

179 통감부 시기에는 「보안규칙」(통감부령 제10호, 1906.4), 「보안법」(1907.7), 「경찰범

〈표 4〉 공인종교 관련 주요 법규

주요 법규	일본				조선			비고
	신도	불교	기독교	신사	불교	기독교	기타	
※「종교 선포에 관한 규칙」(통감부령 45호, 1906.11.17) 지속	○	○	○					1915년 10월 「포교규칙」 대체
「사찰령」(制令 7호, 1911.6.3)					○			시행 1911.9.1. 폐지 1962.1.20.
「포교규칙」(부령 83호, 1915.8.16)					○	○	○	시행 1915.10.1. 폐지 1962.1.20.
「신사원규칙」(부령 82호, 1915.8.16)		○		○				
「신사에 관한 건」(부령 21호, 1917.3.22) 「신사규칙」(부령 76호, 1936.8.11)				○				
「사원규칙」(부령 80호, 1936.8.11)		○						폐지 1962.1.20.

〈표 5〉 종교 교육과 법인화 관련 주요 법규

	1910년 8월 22일 이전	1919년 3월 1일 이전	1945년 8월 15일 이전
교육	「사립학교령」(칙령 62호, 1908.8.26, 시행 同 10.1)	「조선교육령」(칙령 229호, 1911.8.23, 시행 同 11.1); 「사립학교규칙」(부령 114호, 1911.10.20); 「동 개정」(부령 24호, 1915.3.24. 시행 同 4.1) 「축제일 당일 사립종교학교」(관통첩 209호, 1915.7.1)	
법인		「법인 설립과 감독에 관한 규정」(부령 71호, 1912.3.30) ※ 1912년 3월의 「조선민사령」(제령 7호)과 「조선형사령」(제령 11호)은 '치안' 참조	

(1910.12. 제령 제10호), 「조선태형령」(1912.3. 제령 제13호)과 「경찰범처벌규칙」(1912.3. 부령 제40호) 등이었다. 그리고 1919년 3·1운동 이후에

처벌령」(통감부령 제44호, 1908.10), 「한국에 있어서의 범죄즉결령」(칙령 제240호, 1909.10), 「정치에 관한 옥외 대중집회(多衆集会)를 금(禁)하는 건」(통감부 경무총감부령 제3호, 1910.8) 등이 적용된다.

제정한 「정치에 관한 범죄처벌 건」(1919.4. 제령 제7호), 「치안유지를 위한 벌칙에 관한 건」(1923.9. 칙령 제403호), 「치안유지법」(1925.4. 법률 제46호), 「(개정) 치안유지법」(1941.3. 법률 제54호), 「조선사상범 예방 구금령」(1941.2. 제령 제8호) 등도 신종교단체나 무속단체에 적용된 법규였다. 다만, 이러한 법규의 적용 범위에는 공인종교도 포함되었다. 이상의 법규들을 정리하면 〈표 6〉과 같다.[180]

조선총독부는 조선의 신종교와 무속을 주로 '무력화'하는 정책을 추진하였다. 신종교에 대해서는 '종교유사단체'로 인정할 여지를 남기면서도 일반 단체의 수준보다 낮다고 인식해 범죄 단체화하면서 해산을 종용하는 정책을 시행하였다. 무속도 이러한 정책 방향에서 벗어나지 않았다. 이와 관련해, 조선총독부의 구관조사(旧慣調査) 사례를 보면, 조사 범위에 묘사(廟祠-사당)와 사찰·당우(堂宇), 종교(불교·유교)뿐만 아니라 미신, 무복(巫卜)과 술객(術客) 등이 포함되었고, 이들에 대해서는 낮은 수준의 문화로 인식한 바 있다.[181] 이는 조선총독부가 신종교와 무속을 '교화' 대상으로 인식했다는 것을 의미한다.

넷째, 조선의 유교 관련 법규는, 통감부 시기에 이어,[182] 적지 않은 편

180 고병철, 2019, 앞의 책, 140쪽(일부 내용 수정).

181 朝鮮總督府中枢院 編, 1938, 앞의 책, pp. 118-131.

182 통감부 시기의 유교 관련 법규로는 「향사이정(享祀釐正)에 관한 건」(칙령 제50호, 1908.7), 「서당 관리에 관한 건」(1908.8), 「성균관관제 개정 건」(칙령 제76호, 1908.10), 「성균관학칙」(학부대신 인가, 1908.11), 「여제단 성황당 등 제사를 폐지하고 사직단제사는 구집행에 의하는 건(厲祭壇城隍堂等祭祀ヲ廃シ社稷壇祭祀ハ依旧執行セシムル件)」(내부 훈령 地電発 64호, 1909.2), 「향교재산 관리규정」(학부령 제2호, 1910.4) 등이 있다. 통감부가 1910년 4월에 공포한 「향교재산 관리규정」(학부령 제2호)이 1920년 6월의 「향교재산 관리규칙」 공포 전까지 영향을 미치듯이 통감부 시기의 법규들이 조선총독부 시기까지 영향을 미친 경우들도 있다.

〈표 6〉 신종교 및 무속 관련 주요 법규

	1910년 8월 22일 이전	1919년 3월 1일 이전	1945년 8월 15일 이전
치안	「보안규칙」(통감부령 10호, 1906.4.17) 「보안법」(법률 2호, 1907.7.27) 「경찰범 처벌령」(통감부령 44호, 1908.10.1) 「한국에 있어서의 범죄즉결령」(칙령 240호, 1909.10.16)	「정치에 관한 옥외다중집회를 금하는 건」(統監府 警務總監部令 3호, 1910.8.23) 「통감부 경무총감부령 3호(政治에 관한 集會 或은 屋外多衆集合의 禁止)」(내각고시 98호, 1910.8.24) 「범죄즉결례」(제령 10호, 1910.12.15); 「동 시행수속」(훈령 72호, 1910.12.30); 「동 개정」(제령 12호, 시행 1912.3.18) 「경찰범 처벌규칙」(부령 40호,1912.3.25) 「조선민사령」(제령 7호, 1912.3.18. 시행 同 4.1) 「조선형사령」(제령 11호, 1912.3.18. 시행 同 4.1) 「조선태형령」(제령 13호, 1912.3.28)	「정치에 관한 범죄 처벌 건」(제령 7호, 1919.4.15) 「치안유지를 위한 벌칙에 관한 건」(칙령 403호, 1923.9.7) 「치안유지법」(법률 46호, 1925.4.21); 「동 개정」(법률 54호, 1941.3.8) 「조선사상범 예방구금령」(제령 8호, 1941.2.12)

이다. 이와 관련해, 1919년 3·1운동 이전에는「사직단제(社稷壇祭) 폐지 건」 및「사직단제 폐지에 관한 건」(1911.1),「경학원 규정」(1911.6. 부령 제73호),「문묘직원(直員)에 관한 건」(1911.10. 부령 제127호),「묘지 화장장 매장과 화장 취체규칙」(1912.6. 부령 제123호) 등을 제정하였다. 그리고 1919년 3·1운동 이후에는「향교재산 관리규칙」(1920.6. 부령 제91호),「장의(掌議)에 관한 규정」(1920.9. 이후),「지방문묘직원(職員)에 관한 건」(1923.4. 부령 제68호),「명륜학원 규정」(1930.2. 부령 제13호),「의례준칙 제정에 관한 건」(1934.11. 관통첩 제39호),「명륜전문학원 규정」(1939.2. 부령 제13호) 등을 제정하였다.

이러한 유교 관련 법규들의 흐름을 보면, 조선총독부는 유교에 대해 종교 영역과 무관한 것으로 취급하는 경향을 보였다. 이러한 유교 관련 정책은 1919년 3·1운동 이전과 이후, 그리고 1931년 만주사변 이후에 다소 달라진 모습을 보였다. 예를 들어, 1912년 6월에「묘지규칙」

에 따라 사설 묘지를 인정하지 않아 시제(時祭) 등을 중시하던 유교계에 충격을 가하는 등 초기에는 유교계에 대한 통제를 시도하였다. 그렇지만 1919년 3·1운동 이후 9월부터는 「묘지규칙」을 개정해 사설공동묘지제도를 인정하고,[183] 1920년 9월부터는 향교에 여러 장의를 두어 전국적으로 유림의 참여를 유도하는 등 협조를 유도하였다. 또한 종래 성균관의 교육 기능에 대해서도 경학원의 설치 당시부터 인정하지 않다가 1930년부터 명륜학원을 설치해 부분적으로 인정하기 시작하였다. 이어, 만주사변 이후에는 1934년 11월에 「의례준칙」을 발표하고 전시체제와 관련해 '생활 개선'과 '보국' 차원에서 유교계의 참여를 유도하였다. 이러한 정책과 관련된 법규들을 정리하면 〈표 7〉과 같다.[184]

조선총독부는 조선의 유교에 대해 주로 '관리·지원과 교화의 주체화'를 유도하였다. 이와 관련해, 이미 한일병합 직후 여러 유림이 작위(爵位)를 받았듯이, 유교는 다른 종교에 비해 한일 병합 초기에 협조적인 태도를 보인 바 있다. 이어, 조선총독부는 1911년 「경학원 규정」을 제정해 중앙의 경학원에 대제학·부제학·제주(祭酒)·사상·직원(直員)과 강사(講師)를, 각 향교의 문묘에 직원(直員)을 두고, 향교재산을 부윤·군수에게 관리하게 하면서 향교재산 수입을 공립보통학교의 비용에 투입하는 방식으로 유교를 관리하였다.

그렇지만 1919년 3·1운동 이후에는 사설묘지의 인정, 향교 시설이나 유림 관련 활동에 향교재산 수입 활용, 장의(掌議)제도 운영, 유림 단

---

183 「墓地, 火葬場, 埋葬及火葬取締規則」(朝鮮總督府 府令 第123号, 明治25.6.20), 『朝鮮總督府官報』 544号, 1912.6.20; 「墓地, 火葬場, 埋葬及火葬取締規則中改正」(府令 第152号, 大正8.9.30. 시행 大正8.10.15), 『朝鮮總督府官報』 2142号, 1919.9.30.

184 고병철, 2019, 앞의 책, 167쪽(일부 내용 수정).

〈표 7〉 유교 관련 주요 법규

	1910년 8월 22일 이전	1919년 3월 1일 이전	1945년 8월 15일 이전
유교	「서당관리에 관한 건」(학부 훈령 3호, 1908.8.28) 「향사이정에 관한 건」(칙령 50호, 제정·시행 1910.7.23) 「향교재산 관리규정」(학부령 2호, 1910.4.23)	「성균관관제개정건」(칙령 76호, 1910.10.29) 「성균관학칙」(학부대신 인가 1910.11.20) 「사직단제폐지건」(총훈 2호, 1911.1) 「사직단제폐지에 관한 건」(참비발 76호, 1911.1) 「여제단 성황당 등 제사를 폐지하고 사직단제사는 구집행에 의하게 하는 건」(내부 훈령 지전발 64호, 1911.2) 「경학원규정」(부령 73호, 1911.6.15) 「문묘직원에 관한 건」(부령 127호, 1911.10.28) 「묘지 화장장 매장 급 화장취체규칙」(부령 123호, 1912.6.20); 「同 시행세칙」(경무총감부령 5호, 1912.11.19); 「묘지 화장장관리에 관한 취급규정」(경무총감부 훈령 甲 35호, 1913.8.18)	「향교재산관리규칙」(부령 91호, 1920.6.29) 「장의에 관한 규정」(강원도령 16호, 1920.9.14) 「방문묘직원에 관한 건」(부령 68호, 1923.4.21) 「명륜전문학원규정」(부령 13호, 1929.2.18. 同 4.1); 「명륜학원규정」(부령 13호, 1930.2.26) 「의례준칙제정에 관한 건」(관통첩 39호, 1934.11.10)

체의 지원 등을 통해 유림의 적극적인 협조를 요청하였다. 이는 유림과 향교를 각각 '사회교화'의 인력과 시설로 활용하는 정책이었다. 이어, 1930년에는 경학원에 명륜학원을 두어 사회교화를 위한 인력을 양성하고, 1934년에 「의례준칙」을 확산시키고, 1939년에 조선유도연합회를 만드는 등 유림을 사회교화에 적극적으로 활용하는 정책을 추진하였다.

지금까지의 내용을 보면, 조선총독부는 '조선인의 일본인화'라는 지향 안에서 종교 정책을 추진하였다. 그리고 정책의 핵심은 종교와 종교 아닌 것을 구분하면서 교파신도·불교·기독교만을 종교로 공인하고, 신종교나 무속을 종교가 아닌 것에 배치했다는 것, 그리고 유교를 종교와 종교 아닌 것의 구도에서 제외해 사회교화단체로 취급했다는 것이다. 그리고 그 결과는 조선에서 신종교와 무속을 종교 범주에서 배제하고 일본형 종교 개념과 범주를 이식하는 것으로 나타났다. 게다가 이러한 일본형 종교 개념과 범주는 해방 이후에도 잔존물로 작동하였다. 물론 이상의 법규들과 정책들은 다른 부분처럼 '조선인의 일본인화'라는 조선총독부의 정책적 지향 안에서 이루어졌다.

2) 종교 정책의 수행 주체

이상의 법규들에 따른 조선총독부의 종교 정책은 1910년 9월의 관방과 5부(部: 총무·내무·탁지·농상공·사법) 체제 이후 1919년 8월 이전까지 내무부가 담당하였다. 초기에는 내무부의 '지방국 지방과'(1910.10)가 종교·향사(享祀) 업무를 맡고,[185] 1912년 3월부터는 관방과 4부(部: 내무·탁지·농상공·사법) 체제에서 내무부의 '지방국 제1과'가 신사·사원과 종교·향사 업무, '학무국 학무과'가 경학원 업무를 맡았다. 당시 경찰조직인 '경무총감부'에서는 고등경찰과 기밀계가 종교 단속 업무, 보안과 행정경찰계가 폭도나 풍속 단속 업무, 위생과 보건계가 묘지·매화장 업무를 담당하였다.

그렇지만 1919년 3·1운동 이후, 조선총독부는 동년 8월에 총독관방과 6국(局: 내무·재무·식산·법무·학무·경무) 체제를 갖추면서 내무국과 학

185 1940년 12월 조선총독부 자료를 보면, 향사의 범주에는 전(殿), 능(陵), 사우와 서원이 포함된다(朝鮮總督府學務局社会教育課, 1940, 『朝鮮に於ける宗教及享祀要覧: 昭和十四年十二月末調』, 京城: 朝鮮總督府學務局社会教育課, pp. 103-107). 향사가 전(殿)과 능(陵), 사우(祠宇)와 서원(書院) 등에서 제사(祭祀)하는 것을 의미한다면, 유교의 제사도 종무행정의 대상이었을 것으로 보인다.

무국을 독립 설치하는데, 이때부터 학무국이 종무행정을 담당하였다. 구체적으로, 학무국의 종교과(宗教課)에서 신사·사원과 종교·향사 업무, 학무과에서 경학원 업무, 그리고 경무총감부를 대체한 경무국 위생과가 묘지·매화장 업무를 맡았다.[186] 그리고 동년 12월부터 내무국의 제1과에 향교재산 관리 업무까지 추가 배정되었다.[187]

1919년 8월 학무국의 종교과 설치는 일본에서 1913년부터 종교 정책의 담당 조직을 내무성에서 문부성으로 이관했다는 점을 고려할 때 늦은 조치였다. 이는 일본과 조선에서 종교에 대한 정책이 차별적으로 이루어졌다는 점을 의미한다. 조선에서는 1919년 8월 이후 계속해서 학무국이 종교 정책을 담당하였다. 비록 담당 조직이 학무과·종교과·고적조사과·사회과·사회교육과·연성과·교무과 등으로 바뀌지만, 이는 학무국 안에서 이루어진 변동이었다.

그에 비해 신사 정책은 1925년 1월부터 내무국이 담당하였다. 종래 학무국 종교과의 업무였던 '신사와 사원에 관한 사항'에서 '신사' 부분을 내

186 「朝鮮總督府事務分掌規程中改正」(訓令 第30号, 大正8.8.20), 『官報』, 1919年 9月 1日.

187 「朝鮮總督府事務分掌規程中改正」(朝鮮總督府 訓令 第54号, 大正8.12.29), 『官報』, 1920年 1月 13日. 한편, 조선총독부가 유교를 종교 범주에서 배제한 맥락을 고려할 때 종래 성균관을 개칭한 경학원 업무를 학무과에서 맡게 하면서도 향사(享祀) 업무를 종교과에 배정한 것에 대해서는 오해의 소지가 있다. 그렇지만 여기서 향사는 민간의 유교 제사를 의미하는 것이 아니라 국비(國費)로 전폐공찬(奠幣供饌)을 지원하는 경우를 말한다. 이와 관련해, 1929년 자료에 따르면, 향사의 범위는 고려 이전의 역대 왕(歷朝始祖及歷代王者) 가운데 특히 공덕이 있어 국비(國費)로 전폐공찬(奠幣供饌)을 하는 혼전(魂殿) 8개소와 능침(陵寢) 6개소, 이외에 선현(先賢)을 추모해 후진을 장려(獎励)하는 풍화(風化)상 시설로 향사를 공인한 사원(祠院) 44개소이다(朝鮮總督府, 1929, 『朝鮮に於ける施設の一斑』, 朝鮮總督府, p. 21). 이러한 지원 업무는 유림의 반발을 무마하면서 호응을 유도하기 위한 정책적 의도가 있겠지만, 유교를 민간 차원의 종교로 인정하는 것과 별개이다.

무국 사회과 사무로 이관하면서,[188] 내무국 사회과가 '향교재산 관리'와 '신사에 관한 사항'을 담당하게 된 것이다. 이 시점부터 조선총독부 내의 종무행정 부서는 학무국의 학무과와 종교과, 내무국의 사회과로 분리되었고, 묘지와 매화장에 관한 사항은 여전히 경무국 위생과에서 담당하였다.[189]

이러한 1925년 1월의 조치는 종무행정과 신사행정의 공식적 분리를 의미한다. 1925년 이후 내무국이 신사 업무를 담당하는 현상은 1940년까지 지속되었다. 그리고 1941년 11월부터는 내무국을 대체해 신설된 사정국(司政局), 1943년 12월부터는 사정국이 없어지면서 총독관방이 신사 업무를 담당하였다. 그렇지만 종무행정과 신사행정의 공식적 분리 상태는 지속되었다.

한편, 만주사변 이후, 1932년 2월에는 총독관방과 6국(局: 내무·재무·식산·법무·학무·경무) 1부(部: 산림부) 체제를 갖추면서 학무국에서 종교과(宗教課)를 없애고 사회과(社会課)를 두어 경학원·명륜학원, 향교재산 관리, 종교·향사, 사원 업무를 맡게 하고, 신사 업무를 내무국의 지방과에 배정하였다. 당시 종교과를 없애고 그 업무를 사회과에 배정한 것은 종무행정을 '사회교화'와 연결한 조치였다. 이어, 1936년 10월에는 학무국에 사회교육과를 설치해 종래 사회과의 종교 업무를 맡게 했는데, 이는 종교를 '사회교화의 대상이자 주체'로 인식한 조치였다. 1941년 11월에 학무국 연성과(錬成課)가 경학·종교 업무, 1945년 4월에 학무국 교무과(教務課)가 경학원·유림과 종교·향사 업무를 담당했던 것도 이러한 인식의 지속성을 시사한다. 조선총독부 조직의 변화에 따른 종무행정

188 「朝鮮總督府事務分掌規程中改正」(訓令 第1号, 大正14.1.10), 『官報』, 1925年 2月 12日.

189 「朝鮮總督府事務分掌規程中改正」(訓令 第13号, 大正15.4.24), 『官報』, 1926年 5月 31日.

부서의 변화는 〈표 8〉과 같다.[190]

한편, 지방은 1910년대 이후 계속해서 '내무부'에서 종무행정을 담당하였다. 비록, 1915년 5월부터 1921년 6월 이전까지 내무부 명칭이 변경되면서 종무행정 담당 조직도 변화된 것처럼 보이지만, 해당 부서가 갖는 '내무(內務)'라는 성격은 지속되었다.

구체적으로, 지방에서 1910년 10월부터 종교·향사 업무를 맡은 조직은 '내무부 학무계'였다. 이어, 1915년 5월부터 지방 조직이 제1·제2·제3부로 바뀌면서 1921년 6월까지 제1부가 종무행정을 담당하였다. 즉 1915년 5월부터 제1부의 학무계, 1919년 8월부터 제1부의 학무과가 종교·향사 업무를 맡았다. 한편, 1920년 1월부터는 제1부의 학무계 업무와 별도로 지방계가 향교재산 관리 업무를 담당하였다. 그렇지만 1921년 6월부터 지방 조직이 지사관방과 3부(部: 내무·재무·경찰) 체제로 바뀌면서 내무부 학무과에 사사(社寺)·종교·향사 업무, 내무부 지방계에 향교재산 업무가 배정된 후, 내무부가 계속해서 종교 업무를 담당하였다. 1938년 6월부터는 신사(神祠) 업무도 내무부에서 담당하였다.

지방 행정에서 보이는 특징은 내무부가 신사 업무와 종교 업무를 함께 담당했다는 부분이다. 앞서 언급한, 1920년 1월부터 향교재산 관리 업무를 맡은 지방과와 사사·종교·향사 업무를 맡은 학무과도 모두 내무부 소속이었다. 이러한 특징은 지방의 조직과 인력 규모가 조선총독부에 비해 크지 않았다는 데에서 비롯한 것이었다. 이는 조선총독부가 1925년 1월부터 신사 업무를 학무과에서 지방과로 이관시켰을 때에도 지방에서는 이러한 업무 분리 조치가 내무부 안에서 이루어졌다는 데에

190 고병철, 2019, 앞의 책, 277쪽.

〈표 8〉 조선총독부 조직과 종무행정 부서의 변화

연도	관방	총무	내무	재무	식산	법무	학무	경무	농림	후생	광공
1910.10	총독관방	총무부	내무부 (지방국 지방과, 학무국 학무과→ 1912.4: 지방국 제1과, 학무국 학무과 → 1915.5: 제1과, 학무국 학무과)	탁지부	농상공부	사법부					
1919.9	총독관방		내무국 ※1919.12: 제1과 → 1921.7: 사회과	재무국	식산국	법무국	학무국 (학무과, 종교과) ※고적조사과(1921.10~1924.12)	경무국 (위생과)			
1932.2	총독관방		내무국 ※1932.12: 지방과 ※1940.12: 제무관, 제무관보 각 1인	재무국	식산국	법무국	학무국 (사회과→ 1936.10: 사회교육과	경무국 (위생과)	산림부 ※7月: 농림국		
1941.11	총독관방		사정국 (지방과)	재무국	식산국	법무국	학무국 (1942.11: 연성과)	경무국 (위생과)	농림국	후생국	
1943.12	총독관방 제무관, 제무관보 각 1인 ※1945.4: 지방과			재무국	농상국	법무국	학무국 ※1945.4: 교무과	경무국 (위생과)			광공국

서도 확인할 수 있다. 지방 종무행정 기구의 변화와 그에 따른 종교 관련 업무의 변화를 정리하면 〈표 9〉와 같다.[191]

한편, 경찰 조직도 종교 관련 업무를 수행하였다. 예를 들어, 조선총

191 고병철, 2019, 위의 책, 284쪽(일부 내용 수정).

〈표 9〉 지방 종무행정 기구의 변화

<table>
<tr><th>연도</th><th colspan="2">부서</th><th>사무(~사항)</th><th>비고</th></tr>
<tr><td>1910.10</td><td colspan="2">내무부 학무계</td><td>종교·향사</td><td>-장관관방과 2부(部: 내무·재무) 체제</td></tr>
<tr><td>1915.5</td><td colspan="2">제1부 학무계</td><td>종교·향사</td><td>-장관관방과 2부(部: 제1·제2) 체제</td></tr>
<tr><td rowspan="2">1919.8</td><td colspan="2">제1부 학무과</td><td>종교·향사</td><td rowspan="2">-지사관방과 3부(部: 제1·제2·제3) 체제</td></tr>
<tr><td colspan="2">제3부 위생과</td><td>묘지·매화장</td></tr>
<tr><td rowspan="3">1920.1</td><td rowspan="2">제1부</td><td>지방계</td><td>향교재산 관리</td><td rowspan="3"></td></tr>
<tr><td>학무과</td><td>종교·향사</td></tr>
<tr><td colspan="2">제3부 위생과</td><td>묘지·매화장</td></tr>
<tr><td rowspan="3">1921.6</td><td rowspan="2">내무부</td><td>지방계</td><td>향교재산</td><td rowspan="3">-지사관방과 3부(部: 내무·재무·경찰) 체제
※「평안남도도사무분장」(훈령 제49호, 대정10.12.27)
※ 함경남도 내무부 학무과는 '사사·종교·향사·고적·명승 등에 관한 사항' 담당
※ 부의 경우, 3과(課: 서무·내무·재무) 중 내무과가 종무행정 담당:「부군사무분장규정」(咸함경남도 훈령 제38호, 대정10.12.24)
※ 지사관방과 4부(部: 내무·재무·경찰·산업):「강원도사무분장중개정」(강원도 훈령 제29호, 대정13.12.15)</td></tr>
<tr><td>학무과</td><td>사사(社寺)·종교·향사</td></tr>
<tr><td colspan="2">경찰부 위생과</td><td>묘지·매화장</td></tr>
<tr><td rowspan="3">1925.1</td><td rowspan="2">내무부</td><td>지방과</td><td>향교재산
신사</td><td rowspan="3">-지사관방과 4부(部: 내무·재무·경찰·산업) 체제
※ 사사(社寺) 사무를 신사와 사원으로 분리
※ 부에서는 내무과에서 향교재산과 사사·종교·향사 담당
-조선총독이 필요 시 산업부 설치 가능:「지방관관제중개정」(칙령 제75호, 소화5.4.12) 제22조 제2항
- 면에서 읍면으로 개정:「지방관관제중개정」(칙령 제234호, 소화5.11.29) 제25조
-경성부에 1과(서무) 3부(총무·재무·공영) 설치:「지방관관제중개정」(칙령 제366호, 소화11.9.25) 제21조의2</td></tr>
<tr><td>학무과</td><td>사원·종교·향사</td></tr>
<tr><td colspan="2">경찰부 위생과</td><td>묘지·매화장</td></tr>
<tr><td rowspan="2">1938.6</td><td colspan="2">내무부</td><td>신사(神社)·
신사(神祠)
사찰·종교·향사
향교재산</td><td rowspan="2">-지사관방과 3부(部: 내무·산업·경찰) 체제</td></tr>
<tr><td colspan="2">경찰부</td><td>(위생)</td></tr>
</table>

〈표 10〉 경찰 조직의 종무행정 기구 변화

<table>
<tr><th>연도</th><th colspan="2">부서</th><th>사무</th><th>비고</th></tr>
<tr><td rowspan="3">1910.10</td><td rowspan="3">경무</td><td>고등경찰과
기밀계</td><td>종교 취체에 관한 사항</td><td rowspan="3">-5과(課: 서무·고등경찰·경무·보안·위생) 체제
※ 조선총독부에서는 내무부, 지방에서는 1915년 5월을 기점으로 내무부 학무계에서 제1부 학무계에 종무행정 담당</td></tr>
<tr><td>보안과
행정경찰계</td><td>폭도나 풍속 등의 취체</td></tr>
<tr><td>위생과
보건계</td><td>묘지·매화장에 관한 사항</td></tr>
<tr><td rowspan="3">1917.3</td><td rowspan="3">총감부</td><td>고등경찰과</td><td>종교 취체에 관한 사항</td><td rowspan="3">-5과(課: 경무·고등경찰·보안·위생·회계) 체제
※ 계(係)를 없애고 과(課) 체제로만 조직
※ 1919년 8월 이후, 종무행정은 조선총독부의 내무국·학무국·경무국, 지방의 제1부(이후 내무부)·제3부(이후 경찰부)로 분산</td></tr>
<tr><td>보안과</td><td>폭도나 풍속 등의 취체</td></tr>
<tr><td>위생과</td><td>묘지·매화장에 관한 사항</td></tr>
</table>

독부의 조직 변화와 무관하게, 경무국 위생과는 1919년 8월 이후부터 묘지·매화장 업무를 담당하였다. 지방에서도 경찰부 위생과가 묘지·매화장 업무를 계속 담당하였다. 다만, 이러한 묘지·매화장 업무는 전시기인 1938년 6월부터 경찰부 업무에서 사라졌다. 종무행정 관련 경찰 조직과 그 변화에 따른 종무행정 관련 사무의 내용은 〈표 10〉과 같다.[192]

192 고병철, 2019, 위의 책, 292-293쪽(일부 내용 수정).

제2장
종교 분열과 일제 협력

1. 조선 불교의 일본 불교화

일제강점기를 관통하는 일본의 조선 정책은 조선인의 일본인화를 지향한다.[1] 종교 법규나 정책의 차원에서 이러한 지향은 조선의 종교들을 일본종교화하는 방향으로 나타난다. 그리고 조선종교들의 일본종교화는 조선에서 일본종교의 유입과 활동을 지원하는 방식, 조선의 불교를 직접 관리해 일본종교화하는 방식, 조선의 기독교를 상호 합동시키거나 일본 기독교와 합동시켜 일본종교화하는 방식 등으로 나타난다.

1) 일본 불교의 유입과 포교 관리

일본 불교의 유입을 보면, 일본 불교계는 1876년 2월 조일수호조약(朝日修好條約) 체결 다음 해인 1877년(명치10) 정토진종의 오타니파본원사(大谷派本願寺, 東本願寺)를 필두로 한국 포교를 시작한다. 이어, 일본 불교계의 한국 진출은 1880년대부터 늘어난다. 일본에서는 1900년에 기독교에 대한 방어책의 하나로 한국 포교가 중요하다는 인식도 나타난다.[2] 그리고 일본 불교계의 한국 진출은 러일전쟁(1904.2~1905.9) 이후 1906년 2월에 통감부가 설치되면서 보다 확대된다.[3]

---

1 조선인의 일본인화를 의미하는 동화주의는 일제의 조선 지배 기본정책으로 거론된다. 동화주의 정책에서는 조선인의 인식과 생활에 영향을 미치는 제도, 풍습, 종교 등을 조사해 일본인화 또는 체제 협력 방안을 강구한다(조성운, 2007, 「일제하 불교시찰단의 파견과 그 성격」, 『한국선학』 18, 한국선학회, 136쪽).

2 加藤文教, 1900, 『韓國開教論』, 福知山町(京都府): 福知山関活版所, pp. 20-23.

3 이에 대해 개항기 일본 불교 종파들을 제국주의의 첨병으로 인식해, 개항기 일본 불교 종파들의 한국 포교를 침략 모색기(1877~1895), 교세 확장기(1895~1906), 병합

구체적으로, 1881년(명치14)에는 일련종(日蓮宗)이 부산에 입정산묘각사(立正山妙覚寺)를, 1895년(명치28)에는 정토진종의 혼파본원사(本派本願寺)가 부산에 출장소를, 1898년(명치31)에는 정토종(浄土宗)이 경성에 임시포교소(仮布教所)를 설치한다. 그리고 통감부 설치 이후, 1906년(명치39)에는 진언종(真言宗)이 경성에 광운사(光雲寺)를, 1907년(명치40)에는 조동종(曹洞宗)이 경성에 일한사(日韓寺, 명치40)를 설치한다. 임제종(臨済宗) 묘심사파(妙心寺派)는 1909년(명치42)에 포교감리소(監理所)로 경성 임제사(臨済寺)를 두고, 조선 사찰인 평북 영변군 묘향산 보현사(普賢寺)와 평양 목단대 영명사(永明寺)에 교회소를 둔다. 아오야기 난메이(青柳南冥)가 작성한 기록을 토대로 1910년까지 일본 불교의 조선 개교 상황을 정리하면 〈표 1〉과 같다.[4]

획책기(1906~1911)로 구분하기도 한다(김순석, 1994, 「개항기 일본 불교 종파들의 한국 침투-일본 사찰과 별원 및 포교소 설치를 중심으로」, 『한국독립운동사연구』 8, 독립기념관 한국독립운동사연구소, 127-150쪽. 인식에 대해서는 같은 글, 127-128쪽), 그에 따르면, 제1기는 일본 불교 종파들이 한국에 포교사를 파견해 사찰, 별원(別院: 본사 외에 별도로 지은 사원 출장소)과 포교소(布教所; 開教院; 출장소; 教誨所; 설교소)를 설치해 한국의 언어와 정서 습득을 하는 시기이다. 제2기는 일련종 승려의 입성해금 건의를 큰 은혜처럼 선전하고 불교계 저명인사들을 일본시찰단으로 파견하는 등 불교계에 친일 분위기를 형성하고 전국적으로 교세를 확장해가는 시기이다. 제3기는 1906년 11월 「종교에 관한 규칙」이 발표되고 정치권과 결탁한 일본 승려의 사주(使嗾)를 받은 한국 불교 원종의 종정인 이회광이 조동종과 합병을 기도하는 시기이다.

4 青柳南冥, 1911, 『朝鮮宗教史』, 京城: 朝鮮研究会, pp. 121-149. 한편, 임제종이 경성에 임제사를 설치한 시기는 1909년(명치42)년 12월 24일이다(青柳南冥 編, 1913, 『新撰京城案内』, 京城: 朝鮮研究会, p. 267). 이 책의 집필자인 아오야기 난메이(青柳南冥, 1877~1932), 또는 아오야나기 고타로[青柳綱太郎, 아오야기 츠나타로우]는 당시 조선연구회 간사를 맡았던 인물이다(최혜주, 2000, 「아오야기(青柳綱太郎)의 来韓활동과 植民統治論」, 『국사관논총』 94, 195-221쪽).

〈표 1〉 1911년 당시 일본 불교의 조선 포교 상황

종파 명칭	최초 포교시설	1911년 조선 개교 상황
오타니파본원사	1877년 부산	별원 5개(부산, 원산, 인천, 경성, 목포) 출장소 19개, 포교소 23개
일련종	1881년 부산	사찰 11개(*사찰명 앞에 동일하게 '立正山'을 붙임)
혼파본원사	1895년 부산	출장소 15개, 포교장(布敎場) 5개
정토종	1898년 경성	개교원(開敎院) 1개, 사찰 6개, 개교소 7개, 출장소 2개, 교회소(敎會所) 5개
진언종	1906년 경성	사찰 1개, 교회소 2개
조동종	1907년 경성	사찰 5개, 포교소 4개
임제종	1909년 경성	사찰 1개, 교회소 2개 *교회소 위치: 평북 영변군 묘향산 보현사, 평양 목단대 영명사

일본 불교 종파의 조선 진출에 일본 정부가 지원하기도 한다. 이와 관련해, 오타니파본원사에서는 1877년(명치10) 외무경(外務卿) 데라시마 무네노리(寺島宗則, 1832~1893.6)가 내무경(內務卿) 오쿠보 도시미치(大久保利通, 1830~1878.5)를 개입시켜 오타니파본원사(大谷派本願寺, 동본원사)에 조선 개교(開教)를 권유한다. 그에 따라 오타니파본원사는 오쿠무라 엔신(奧村圓心)에게 명령해 동년 부산에 개교하게 한다. 이후 오타니파 본원사는 1880년 원산(명치13), 1884년 인천(명치17), 1890년 경성(명치23)에 별원(別院)을 설치한다.[5] 그리고 오쿠무라 엔신은 개화승 이동인 등과 교류하다가 갑신정변(1884.12)이 실패하면서 교토의 본산(本山)으로 귀국하지만 청일전쟁(1894.6~1895.4) 이후 재기한다.[6]

---

5 青柳南冥, 1911, 위의 책, p. 122.

6 윤기엽, 2012, 「개화기(開化期) 일본불교의 포교 양상과 추이」, 『원불교사상과 종교문화』 54, 원광대학교 원불교사상연구원, 260-263쪽. 한편, 오타니파본원사는 1877년 부산에 별원을 설치한 이후 개화승들과 접촉해 일본 유학을 알선하기도 한다. 이와 관련해, 1879년에 화계사 삼성암과 봉원사에 머물렀던 이동인(李東仁)이 일본에 건너갈 수 있도록 알선하고, 그 이후에 유점사승 묵담(默潭) 외 3명이 일본 교토로 유학간다(고영섭, 2015, 「일제강점기 재일 불교유학생들의 귀국 이후 동향-불교

1894년 6월의 청일전쟁 발발 직후 조선 포교를 시작한 정토진종 본원사파(本願寺派)는 일본군 포교와 관련이 있다. 구체적으로, 1894년 8월 본원사파가 조선에 파견한 후지시마 료온(藤島了穏)은 고종의 형인 궁내부대신 이재면(李載冕)을 만나 묘뇨(明如) 종주(宗主)의 편지와 비단 2권을 바치고 일본군대를 위문한다. 동년 11월 본원사파의 오즈 테츠넨(大洲鉄然)과 가토 에쇼(加藤恵証)가 재조선 일본군대와 일본인을 위문한다.[7]

한편, 청일전쟁 이후 일본 불교 종파들의 조선 포교가 확대되는 상황에서, 조선 사찰에 대한 관리는 공식적으로 내부(内部)가 담당한다. 이와 관련해, 1895년 3월「내부관제」에 따르면, 내부를 구성하던 대신관방(大臣官房)과 5개 국(州県局 · 土木局 · 版籍局 · 衛生局 · 会計局) 중에서 대신관방이 사당(祠堂)과 사찰 사무를 맡는다.[8]

이 시기에 주목할 부분은 1895년에 일련종 승려 사노 젠레이(佐野前励)의 건의 등을 계기로 이루어진 도성출입금령(都城出入禁令)의 해제 조치이다. 이와 관련해, 1895년 4월 노가 호리(堀日温), 시부다니(谷文英)와 함께 일련종 관장대리 자격인 포교사 사노 젠레이(佐野前励)가 조선에 입국해 승려의 입성해금을 담은 건백서를 4월 22일에 총리대신 김홍집 내각에 올리고, 그다음 날 총리대신(김홍집) · 내무대신(박영효)이 승려 입성

연구자를 중심으로」,『한국불교학』73, 한국불교학회, 297-299쪽).

7 위의 글, 264쪽.

8 『고종실록』33권(고종 32년 3월 26일, 1895년,「내부 관제를 반포하다」).「내부관제(内部官制)」(칙령 제53호)에 따르면, 내부대신은 지방행정, 경찰, 감옥, 토목, 위생, 지리, 사당과 사찰, 출판, 호적과 구휼에 관한 사무를 관리하며 지방관과 경무사를 감독한다(제1조). 그리고 대신관방에서 관제 통칙 외에 '1. 도서 출판에 관한 사항. 2. 사당과 사찰에 관한 사항. 3. 포상에 관한 사항'의 사무를 맡는다(제2조).

금지(僧徒 入城 旧禁) 완화를 건의해 고종의 허가를 받는다.[9]

1895년 4월의 도성출입금령 해제 조치는 일본 문명 및 일본 불교에 대한 조선 승려들의 우호적 인식으로, 그리고 일본 승려들이 인천(제물포)·부산·원산 등의 개항지를 통해 조선에 들어와 적극적으로 포교하는 현상으로 이어지게 된다.[10] 입승해금 건의에 대해 당시 사회적 지위가 떨어졌던 승려들의 지위를 향상시키기 위한 것이 아니라 일련종의 종지를 가지고 한국 불교계를 통일하려는 야심을 가진 것이라는 점도 지적되고 있다.[11] 결과적으로 일련종 승려가 도성출입금령 해제에 개입한 것에는 일본 불교의 조선 진출이라는 의도가 있었을 가능성을 배제하기 어렵다. 그럼에도 이 사건은 조선 불교계가 조선에 진출한 일본 불교에 대해 우호적인 인식을 갖게 만드는 계기가 된다.

조선은 청일전쟁 이후 1895년 8월의 을미사변(乙未事變)과 을미개혁, 단발령 등에 대한 반발로 발생한 을미의병 등에 직면한다. 그리고 일본과 러시아의 관계 속에서 1896년 2월의 아관파천을 단행한다. 이어, 1년 후인 1897년 2월에 경운궁(현 덕수궁) 환궁을 단행하고, 동년 10월에 원구단에서 황제즉위식을 갖고 대한제국(1897.10~1910.8)을 선포한다.[12]

대한제국 시기에 주목할 부분은 정토종이 조선 포교를 본격적으로

9 『고종실록』 33권(고종 32년, 음 3월 29일, 1895년, 승도들이 도성 안에 들어오는 것을 단속하는 금령을 해제하다); 윤기엽, 2012, 앞의 글, 263-268쪽.

10 고영섭, 2015, 앞의 글, 294-295쪽.

11 김순석, 1994, 앞의 글, 137쪽.

12 청일전쟁 직후 1895년 8월(양력 10월)에 조선왕후(명성황후)가 살해된 을미사변(乙未事變)이 발생하고, 1896년 2월에 고종이 러시아공사관으로 피신해 1년 만에 경운궁(현, 덕수궁)으로 환궁해 1897년 10월에 대한제국을 선포한다.

개시해 황실 및 조선 불교계와 호의적인 관계를 유지했다는 점이다. 구체적으로, 정토종은 1898년 12월에 경성에 포교사를 파견한 후 1899년 11월에 관장대리 호리오 간무(堀尾貫務)가 경성에 와서 고종황제에게 포교 의사를 전달한다. 그리고 1900년에 통역원을 두어 9월부터 한인 포교를 개시하고, 1901년 2월에 황제의 재가를 얻어 정토종교회에 황제와 황태자의 존패를 안치해 '대한제국과 황실의 안녕을 기원한다는 이미지'를 구축하고, 5월에 경성교회를 조직해 한국 정부 관료들을 임원으로 둔다. 그리고 1902년 1월(음력 1901.11) 원흥사(元興寺) 창건 당시 히로야츠가 강연을 할 정도의 위상을 보이고, 4월(음력)에는 한글로 제작된 『동양교보(東洋教報)』를 발간한다. 이른바 한인 포교를 위해 현지화 전략을 구사한다. 그리고 1903년까지 경성개교원과 개성학당 외에도 부산·인천·평양·마산에 교회소를 둔다.[13]

한편, 1900년대 초반에는 일본 불교계에서 한국 포교에 관한 관심이 확대된다. 이와 관련해, 진언종풍산파(真言宗豊山派)는 1902년 1월에 「개교규칙(開教規則)」을 발포해 한국을 포교 범위에 포함한다. 그 내용을 보면, 북해도·사할린(樺太)·조선·대만과 기타 필요 지역에 개교사(開教使)를 파견해 전도(伝道)에 종사하게 하면서 보조금을 교부하고, 사찰을 창건할 때 1회에 한해 상당한 보조금을 교부하고, 창건된 사찰을 총본산의

13 広安真随 著, 1903, 『浄土宗韓國開教誌』 第1輯, 東京: 浄土宗伝導会, pp. 1-94; 한동민, 2009, 「대한제국기 일본 浄土宗의 침투와 불교계의 대응」, 『한국독립운동사연구』 34, 독립기념관 한국독립운동연구소, 165-169쪽, 183-190쪽. 쓰루타니(鶴谷誠隆)는 1908년에 "鶴谷誠隆, 1908, 『朝鮮の宗教』, 東京: 宗教研究会"이라는 책을 발간한 인물이다.

직말(直末)로 삼아, 만 5년간 종비(宗費)를 면제한다는 등의 내용이다.[14]

당시 대한제국은 1901년 말에 소흥사(紹興寺, 1902년 이후 元興寺)를 창건하고 전국 사찰을 일원화해 관리하는 정책을 추진한다.[15] 주목할 점은 정부의 원흥사 창립 배경에 국가의 안녕과 황실의 기복을 위한 것 이외에도 정토종 포교에 따른 부작용과 조선 불교를 육성할 필요 등의 목적이 있었다는 지적이다.[16] 정부가 1902년에 궁내부(宮內府) 소속으로 사사관리서(寺社管理署, 1902~1904.1)를 설치하고 「국내사찰현행세칙(國內寺刹現行細則)」을 반포해 원흥사와 각 도 16개 수사찰(首寺刹)을 대법산(大法山)-중법산(中法山)의 체제로 연결한 조치가 일본 종파불교, 특히 정토종의 진출에 대한 대응과 견제 차원에서 이루어졌다는 것이다.[17]

대한제국은 1902년 4월부터 궁내부 소속 관리서가 사찰 사무를 맡

---

14 伊豆宥法 編, 1914, 『豊山派宗憲宗規』, 東京: 加持世界社, pp. 138-141. 이 규칙은 「전도규칙(伝道規則)」 제7조에 따른 것으로, 1912년 5월의 개정을 거쳐 1914년 5월에 재개정해 개교지에 개교사무소를 설치해 책임자로 개교사장(開教使長)을 두고, 그 권한을 정한다. '久保埜太運 編, 1920, 『豊山派法規類纂』 大正9年版, 東京: 新興社, pp. 182-184.'에 따르면, 1902년 규정 발포 당시부터 개교사 파견 범위에 조선이 포함되어 있지만, 당시는 '대한제국'이었다.

15 「主持諸任」, 『황성신문』, 1901.12.30; 「創寺說法」, 『황성신문』, 1902.1.6. 1901년 기사는 "近日에 有人이 紹興寺를 創設ᄒᆞ고 各道寺刹을 総轄ᄒᆞᄂᆞᆫᄃᆡ 該総寺長은 李根沢氏오 其外ᄂᆞᆫ 副寺長, 総務, 法主, 総摂 等 諸任이라더라"는 내용이다. 1902년 기사는 다음과 같다. "東門外映美亭에 紹興寺를 創設ᄒᆞ고 十三道寺刹을 統轄ᄒᆞᆷ은 本報에 已記ᄒᆞ얏거니와 今其寺名을 元興이라 改ᄒᆞ고 … 本月四日下午三時 該寺에서 說法講禅ᄒᆞᆷᄋᆡ … 泥峴 所住 日本 浄土宗의 大僧都 広安進修 等이 来到ᄒᆞ야 仏教의 真宗을 演義討論ᄒᆞᆷᄋᆡ 該寺僧 洪溟이 日僧 演義에 対ᄒᆞ야 說明答辞ᄒᆞ니 観光者 ㅣ 人山人海러라."

16 한동민, 2006, 앞의 글, 29쪽.

17 한동민, 2009, 앞의 글, 186-190쪽. 1902년 7월의 「국내사찰현행세칙」을 「사찰령」(36개조)이라고도 한다.

게 한다.[18] 그렇지만 러일전쟁(1904.2~1905.9) 직전인 1904년(광무8) 1월에 사사관리서와 대법산-중법산 제도가 폐지되고, 동년 2월에 사찰 사무가 내부(內部)로 이관된다.[19] 관리서의 폐지 이유에 대해서는 재원 확보를 둘러싼 관리서와 내장원(內藏院) 사이의 갈등, 관리서가 소속된 궁내부와 의정부 내각의 갈등 등이 지적되고 있지만,[20] 관리서의 폐지는 사실상 전국 사찰의 중앙관리 정책의 폐지를 의미한다. 이후 원흥사는 대법산 역할을 담당했던 위상을 지니고 있어, 그 활용에 대해 조선 불교계와 일본 불교계가 관심을 갖는 대상이 된다.[21]

러일전쟁 이후 을사조약(1905.11)에 따라 한국에 통감부가 설치되면서 일본 불교계의 조선 진출이 더 확대된다. 이와 관련해, 러일전쟁에 군대포교로 참여한 바 있는 정토진종 본원사파(本願寺派; 本派; 西本願寺)는 을사조약(1905.11) 직후인 1905년 12월에 「개교지총감규정(開教地総監規定)」을 발포해 대한제국·청·사할린(樺太)에 총감부(総監部)를 두기로 한다. 이어, 1906년 2월의 통감부 설치 이후인 9월 한국에 개교총감부를 설치하고 개교총감에 오타니 손호(大谷尊宝), 찬사장에 오우치(大内慧

---

18 『고종실록』 42권(고종 39년 4월 11일, 1902년, 「궁내부 소속 직원 중 수륜과를 수륜원으로 개칭하며 관리서 증치에 관한 안건(宮内府所属職員中水輪課以水輪院改称增置管理署件, 포달 제80호)을 반포하다」).

19 카미벳부 마사노부, 2011, 『近現代 韓日 宗教政策 比較研究-仏教教団의 変遷을 中心으로』, 지식과교양, 140-155쪽. 『고종실록』 45권(고종 42년 2월 26일, 1905년, 「내부 관제(칙령 제15호)를 비준하여 반포하다」)에 따르면, 1905년 2월 「내부관제」에 따라 내부가 사당·사직(社稷)·사찰 등의 사무를 맡는다.

20 한동민, 2006, 앞의 글, 29-37쪽(특히 35쪽).

21 한동민, 2006, 위의 글, 41-44쪽.

明), 서기에 에미츠(依光俊照)를 임명한다.[22]

조동종(曹洞宗)은 이미 1895년 을미사변 때 명성황후 시해사건에 가담해 본국으로 소환된 바 있는, 포교사 다케다 한시(武田範之, 1883~1911)를 러일전쟁 당시인 1904년 2월에 다시 한국포교사에 임명한다. 그리고 이토 히로부미(伊藤博文)의 고문 우치다 요헤이(内田良平)의 요청으로 다케다 한시(武田範之)를 1906년 12월에 한국에 재입국시켜 활동하게 한다.[23]

정토종의 경우는, 통감부가 설치된 1906년 2월에 개교사장으로 부임한 이노우에 겐신(井上玄真)과 이보담(李宝潭)·홍월초(洪月初) 등이 정토종교회 관음당에서 정토종 모임인 불교연구회(도총무 李宝潭)를 조직한다. 그리고 '신학문의 교육방침 연구'라는 명분으로 불교연구회와 학교 설립을 청원해 허가를 받고 6월경에 원흥사로 옮긴다. 그런데 1907년 3월에 이노우에(井上玄真)가 '한국 황실 봉축과 정토종 부속 명진학교 교사(明進學校 校舍) 사용'의 명분으로 내부대신[李址鎔]에게 원흥사 건물을 빌리는 청원을 하고, 이 청원이 거부되면서 원흥사는 불교연

---

22 윤기엽, 2012, 앞의 글, 277쪽. 한편, '朝日新聞写真班 撮影. 1906, 『ろせった丸満韓巡遊紀念写真帖』, 東京: 東京朝日新聞会社.'에는 본원사출장소(本願寺出張所)에서 바라본 경성 전경(京城全景)이 있어, 1906년 이전에 본원사출장소가 있었다는 점을 알 수 있다. 다만, 자료에 쪽 표시는 없다. 한편, 정토진종 본원사파(本願寺派; 本派 또는 西本願寺)는 1902~1903년경 한국에 입국한 겐(厳常圓)이 포교를 시작한 바 있다(한동민, 2009, 앞의 글, 196쪽). "大八木大行 編, 1908, 『本派法規類纂追加』, 大内村(京都府): 関次郎, pp. 23-25."에 따르면, 정토진종 본원사파는 1907년 5월에 「개교총감규정(開教総監規定)」을 마련해 청국·한국·미국(亜米利加)에 개교총감을 설치하기로 한다.

23 윤기엽, 2012, 위의 글, 279-280쪽. 다케다 한시(武田範之)는 일진회 회장이자 시천교(侍天教)의 이용구(李容九)에게 접근해 한국병합을 유도한 인물이다.

구회가 계속 사용하게 된다.[24]

1906년 9월 명진학교 광고에 따르면, 명진학교는 본부 임원뿐만 아니라 청암사, 백양사, 내장사, 송광사, 선암사, 용문사, 해인사, 화엄사 등 여러 사찰에서 후원금을 받아 재정을 충당한다.[25] 1907년 2월 기사를 보면, 일본에 유학생을 보내기 위해 학자금도 모집한다.[26] 그리고 1907년 4월 기사를 보면, 명진학교 교장·학감(學監)·찬성원(贊成員) 등 구성원과 불교연구회(都総務: 이보담)가 승려 교육을 위해 학부(學部)에 청원을 하고, 학부는 이에 응해 13도(道) 관찰부(觀察府)에 훈령(訓令)을 보내 승려 교육을 지지하기도 한다.[27]

---

24 윤기엽, 2012, 위의 글, 273-276쪽; 한동민, 2009, 앞의 글, 190-194쪽. 한편, 新纂浄土宗大辞典(http://jodoshuzensho.jp/daijiten)에 따르면, 이토 유우코우(伊藤祐晃)는 청일전쟁과 러일전쟁에 참여한 이력을 가진 인물이다. 호리오 간무(堀尾貫務)는 1899년 10월에 관장대리가 되어 조선 개교에 기초를 놓은 인물이라는 평가를 받는다. 한편 같은 글, 274쪽에서 1899년 마사노(野上運海)가 부교사 2명을 데리고 경성에서 종무소를 열었다는 내용이 있지만, 노가미 운카이(野上運海)는 1896년(明治 29) 9월에 정토종 관장(管長)에 취임한 인물이다. 한편, 新纂浄土宗大辞典의 'アジア開教' 항목에 따르면, 1898년 10월에는 호리오 간무(堀尾貫務), 오카모토 간교쿠(岡本貫玉), 이와이 치카이(岩井智海), 미치시게 신쿄우(道重信教) 등을 맞아 경찬식(慶讃式)을 진행하고, 한국개교감독(韓國開教監督)으로 1대 白石尭海, 2대 호리오 간무(堀尾貫務)를 임명하지만, 이들은 일본에서 감독 역할을 수행한다. 그리고 1900년에 3대 개교사장(開教使長)으로 임명된 히로야츠 신츠이(広安真随)부터는 한국에 건너가 실제 지휘를 하게 된다. 조선개교구(朝鮮開教区)에는 일본인 교화와 함께 조선인들의 교화를 개교방침(開教方針)으로 하고, 개교원의 경성교회(1901.5)와 개성교회소는 조선인 교화의 전형이기도 했다. 또한 사회복지사업의 전개도 조선개교구의 특색이었다.

25 「新校義讃」, 『대한매일신보』, 1906.9.20.

26 「在日本断指留學生學資義捐」, 『황성신문』, 1907.2.6.

27 「學訓各寺」, 『대한매일신보』, 1907.4.20. 당시 청원 내용은 청년교육이 긴급하므로 각 도군(道郡) 사찰에 지교(支校)를 설치해 일반 승려를 교육할 수 있도록 기존에 피탈(被奪)한 불량답토(仏粮畓土, 논)와 사암(寺菴) 부지를 명진학교에 부속시켜 달라

여기서 주목할 부분은 1906년의 불교연구회가 정토종 모임이었고, 정토종 측이 조선 불교계의 최초 근대적 학교라는 명진학교를 자신들의 학교로 인식했다는 점이다.[28] 실제로 1906년 4월 7일 자 광고자의 명의가 '정토종연구회 명진학교(浄土宗研究会 明進學校)'였다는 점을 보면, 연구회 명칭이 '정토종연구회'였고, 정토종연구회가 명진학교를 3월에 개학한 것으로 보인다.[29] 1906년 5월과 6월 기사에도 '연구회 명진학교'나 '연구회사무소 명진학교'라는 표현이 보인다.[30] 그렇지만 원흥사에 대한

는 것이다. 훈령 내용은 각 사찰 내에 학교 설립이 가능한 경우에는 학교를 설립해 교육하게 하고, 학교 설립이 불가능하면 나이 어린 승려가 교육을 받을 수 있도록 부근의 공사립학교(公私立學校)에 입학시키며, 각 사찰의 답토폐막(沓土弊瘼)에 대해서는 각 부군(府郡)에서 엄하게 금지하라는 것이다.

28 한동민, 2009, 앞의 글, 170쪽. 정토종은 황실, 한국 정부와 우호적인 관계를 맺으면서 현지화 노력을 기울여 근대불교사에 깊이 관여하게 된다. 즉 한양 도성 밖에 황실의 지원으로 건립된 원흥사(元興寺)와 전국적 승려들의 자발적 조직인 불교연구회(仏教研究会), 불교계 최초의 근대적 교육기관인 명진학교(明進學校) 설립에 영향력을 행사한다. 1911년경에는 포교소가 23개로 늘어난다(같은 글, 161-204쪽.).

29 「本会에서 普通科學校를 設立ᄒᆞ고」, 『대한매일신보』, 1906.4.7에 따르면, 정토종연구회 명진학교(浄土宗研究会 明進學校) 명의로 '본회에서 보통과학교(普通科學校)를 설립하고 경성과 지방의 젊은 승려(京鄕年少僧侶)를 모집해 3월 25일부터 개학하는데 원흥사(元興寺)를 포함해 31개 사찰이 보조금을 냈다는 광고'를 한다.

30 「僧進文明」, 『황성신문』, 1906.5.3에 따르면, 연구회 명진학교(研究会 明進學校) 도총무(都総務) 홍월초(洪月初)는 승려들이 불경을 암송하면서 허송세월을 보내니 근근히 자금을 모아 연구회(研究会)를 명동(明洞) 정토종 관음당(浄土宗教 觀音堂)에 설립하고 명진학교(明進學校)를 설치해 한 달 만에 학원(學員)이 100여 명에 이르렀기에 학부(學部)에 특별 승인(特為認許)을 해주고 교과서(教課書)를 다수 내어주기(撥下)를 청원한다. 그리고 「本会支院를 楊州水落山德寺와 聖寺와 光陵奉先寺와 三寺에 設始」, 『대한매일신보』, 1906.6.14에 따르면, 6월 13일 자에 동문외 연구회사무소 명진학교(東門外研究会事務所 明進學校) 명의로 연구회 지원(支院)을 3곳의 사찰에 설치하고 명진학교를 병설(並設)해 승려와 청년자제를 모집해 보통과 학과(普通科 學課)를 교육하고자 5일에 개학해 연습하게 한다는 광고를 낸다.

〈표 2〉 불교 종파 포교관리자와 단독 포교자 인가(1907)

	각 교종파 포교관리자			단독 포교자		
	교종파 명칭	주거지	인가연월일	교종파 명칭	주거지	인가연월일
1	진종오타니파	경성	명치40.2.9	선림제종묘심사파	평남 평양	명치39.12
2	진종본원사파	용산	명치40.2.18	조동종	경성	명치40.1.8
3	정토종	경성	명치40.2.22	임제종묘심사파	평북 영변군	명치40.5.1
4	조동종	부산	명치40.3.5			
5	법상종	경성	명치40.3.12			
6	신의진언종지산파	부산	명치40.3.12			
7	일련종	경성	명치40.3.12			
8	법화종	용산	명치40.5.2			
9	진언종고야파	경성	명치40.5.23			

1907년 3월의 이노우에(井上玄真) 청원은 불교연구회와 정토종 사이의 간극을 시사한다.

한국에 진출한 일본 불교 종파들은 1906년 3월 10일 남산 본원사 별원(本願寺 別院)에 사무소를 갖춘 경성불교각종연합회(京城佛教各宗聯合会) 설립 신고를 할 정도로 연대하는 모습도 보인다. 이 연합회 설립에 참여한 종파는 진종오타니파본원사, 정토종, 일련종이다.[31]

이러한 불교 종파들에 대해 통감부는 1906년 11월에 「종교 신포에 관한 규칙」을 시행해 공식적으로 관리하기 시작한다. 조선에 유입된 일본 불교 종파들도 「종교 선포에 관한 규칙」에 따라 인가 신청을 하게 되고, 통감부는 동년 12월부터 인가를 시작한다. 인가 시점은, 단독 포교자 인가를 제외하면 모두 1907년 초반이고, 5월까지 조선 포교 인가를 받

31 박광수·편용우·이부용·장혜진·최세경, 2016, 『국역 「종교에 관한 잡건철」 1906~1909』, 집문당, 29-30쪽.

〈표 3〉 일본인이 설립한 신사, 사원, 교무소 및 설교소, 포교사 추이(1907~1909)

연도	신사	사원	교무소(教)/설교소(說)/포교사(布)									비고
			신도			불교			기독교			
			教	說	布	教	說	布	教	說	布	
1907.12	16	48	2	4	6	21	42	67	0	6	6	
1908.12	18	59	7	3	18	37	46	102	2	12	12	
1909.12	27	72	9	13	34	31	55	118	4	10	10	

은 종파 수는 9개이다. 관련 내용은 〈표 2〉와 같다.[32]

통감부 자료에서, 1907년부터 1909년까지 일본인이 조선에 설립한 신사, 사원, 교무소 및 설교소, 포교사 추이를 보면, 전반적으로 그 수가 늘어간다. 그 가운데 불교의 포교 거점들이 신도와 기독교에 비해 월등히 많은 편이다. 자세한 내용은 〈표 3〉과 같다.[33]

〈표 3〉은 통감부 설치 이후, 일본 불교계의 한국 진출이 확대되는 현상을 보여준다. 이 시기 일본에서 불교계는 친정부적인 태도를 보인다. 예를 들어, 천황은 정토진종 서본원사파 관장인 오타니 고즈이(大谷光瑞, 1876~1948.10)에게 칙어를 내린 바 있는데, 그 내용은 1904년(명치37) 전쟁 당시에 종단의 봉공(奉公)이나 출정부대에 종군승려(従軍僧侶)를 파견해 사기를 고무한 것이 기쁘다는 것이다.[34] 1909년 5월 기사를 보면,

---

32 統監府 総務部 編, 1907.7, 앞의 책, pp. 59-60. 당시 교파 신도로는 금광교(金光教, 인천, 명치40.3.5)와 신리교(神理教, 경성, 명치40.4.19)가 인가를 받은 바 있다.

33 統監府, 1908, 『第1次 統監府統計年報』(종교 부분 없음); 統監府, 1909, 『第2次 統監府統計年報』, pp. 122-127(社寺及教会 부분 처음 등장); 統監府, 1910, 『第3次 統監府統計年報 3』(明治41年), pp. 168-173; 統監府, 1911, 『第4次 統監府統計年報 4』(明治42年), pp. 242-248. 조사 시점은 매년 12월 말이다.

34 柴田勇之助 編, 1907, 『明治詔勅全集』, 東京: 皇道館事務所, p. 63(「西本願寺派管長伯爵大谷光瑞師へ賜はりし勅語」).

일본 승려가 한국에 있는 자에게 불교를 진흥하는 것이 옳다는 평론이 보이기도 한다.[35]

조선 불교계는 대한제국 시기에 발생한 러일전쟁(1904.2~1905.9) 이후에도 일본 불교에 대해 계속해서 우호적인 인식을 보인다. 이는 통감부가 1906년 11월 「종교의 선교에 관한 규칙」을 시행한 이후, 조선의 일부 사찰들은 일본 사찰의 말사(末寺)가 되려는 이른바 관리청원(管理請願) 경향으로 이어진다. 이러한 경향은 한일병합(1910.8.29) 이후에도 증가해 1911년경에는 120여 개 사찰 이상이 관리청원을 신청하게 된다.[36] 이러한 관리청원은 '당시 일본 불교 종파의 우산 아래 보호를 받으려는 욕구'를 분출한 현상이다.

조선 사찰들의 관리청원의 배경으로는 1894년 이래 지방 유지들의 사유재산 침탈, 조선 정부와 지방 관청에 대한 불신, 1907년 의병전쟁에서 벌어진 일본군의 방화와 침탈 등이 지적된다. 이와 관련해, 의병과 일본군의 전투 상황에서 사찰이 입은 피해에 대해 일본군에 의한 방화가 주종을 이루었다고 한다.[37] 다만, 관리청원이 일방적으로 일본 군대나 헌병들의 보호를 받기 위해 취해진 조치가 아니라 의병과 일본 군대 양쪽으로부터 피해를 받던 상황에서 이루어진 것이라는 지적도 있다.[38]

한편, 조선 불교계는 1907년 3월에 불교연구회에서 통상회(通常会)

35 「불교진흥」, 『대한매일신보』, 1909.5.19.

36 고영섭, 2015, 앞의 글, 298-299쪽. 이 배경은 일본 불교에 대한 우호감과 진화론적 입장에서 일본 불교를 배우려는 것이다(같은 글, 298-299쪽).

37 한동민, 2006, 앞의 글, 18-26쪽.

38 김순석, 1994, 앞의 글, 141쪽. 김순석은 관리청원을 통해 사찰의 재산을 보호하고 왕조 정부로부터의 수탈에서 벗어나려 했다는 것에 대해 국운이 기울어 가던 상황에서 민족의식이 부족한 것이라고 평가한다(같은 글, 141쪽).

를 열고 국채보상(國債報償)에 대해 불교연구회에서 국내 각 사찰에 통지를 보내 일반 승려가 힘닿는 대로 출의(出義)하자고 총무 이보담(李宝潭)과 평의장 홍월초(洪月初)·유지 선사(禅師) 150여 명이 결의한다.[39] 또한, 동월에 종남산(終南山) 미타사(弥陀寺) 여승 취해(翠海) 등 40명이 의연금을 각출하여 기성회에 전하기도 한다.[40] 각 사찰에 학교를 설립해 승려를 교육하는 활동도 지속한다.[41]

1908년에는 조선 불교계의 중심단체가 불교연구회에서 '불교종무국(佛教宗務局)' 체제로 전환된다. 구체적으로, 1908년 3월에 이회광(李晦光)을 포함해 13도(道) 각 사찰 총대(総代) 자격을 지닌 총 65명이 경성 명진학교(明進學校; 僧侶學校)에서 회합해 발기인이 되어 불교종무국(佛教宗務局)을 조직하고 교육방침과 포교규정(布教規程)을 정하고 그 주무소(主務所)를 설립해 「불교종무국취지서」를 발표한다. 그 취지서에 따르면, '불교종무국'은 "각 도 사원의 총람기관(各道寺院之総攬機関)이자 전국 승려의 주력(全國僧侶之元動主力)"이다.[42]

---

39 「积家愛國」, 『대한매일신보』, 1907.3.7.

40 「僧尼出義」, 『대한매일신보』, 1907.3.14. 치해(致海)의 의연금은 자기 은사(隠師) 봉적의 망령(亡霊)을 위한 것이었다고 한다.

41 「积家新校」, 『대한매일신보』, 1908.7.4. 이 기사에 따르면 해인사는 해명학교(海明學校, 부교장 李晦光)를 설립했는데 2, 3개월 사이(二三朔之間)에 학생이 70명이고, 야학생(夜學生)이 20여 명이었다고 한다. 이러한 움직임은 1910년 3월 보석사의 진명학교(進明學校) 설립 추진에서도 확인할 수 있다(「本人等이 本寺에 仏教進明學校를 設立훔」, 『대한매일신보』, 1910.3.15. 全北錦山郡宝石寺進明學校 発起人 徐宝峰 朴徹虚 金大輪 鄭春山 告白).

42 「仏教宗務局趣旨書」, 『황성신문』, 1908.3.17; 「仏教宗務局趣旨書」, 『대한매일신보』, 1908.3.17. 「발기인 13도 각사총대 열명록(発起人十三道各寺総代列名録)」에 있는 65명의 명단은 "李晦光, 金一愚, 金抱応, 金大雲, 金玄庵, 徐振夏, 許夢草, 金南坡, 金石翁, 李晦明, 金愚雲, 尹鏡波, 金友雲, 全貫虛, 李春潭, 金禅隠, 徐鶴庵, 姜大蓮, 金一

이 단체는 전국 사원의 통일 경영(統一經營)과 불교의 진흥을 목적으로 일본인 승려를 고문으로 두고, 종무원 규칙에 대한 인가를 내부대신에게 신청한다.[43] 1909년 2월 기사에 따르면, 종무원 설립 청원에 대해 통감부 차원의 논의도 이루어진다.[44] 1909년 4월에는 이들 사이에서 불교를 한국 종교(韓國宗教)로 삼을 것을 정부에 청원하자는 논의까지 이루어진다.[45] 그렇지만 정부의 인가는 이루어지지 않는다.

이 단체와 관련해 특이한 부분은 '전국 사원의 통일 경영'을 지향했다는 점, 불교연구회 당시에 밀접한 연관이 있었던 일본 정토종의 관계를 멀리했다는 점 등이다. 전자에 대해서는 종래 불교연구회의 교육과 연구 지향에서 불교계의 통솔 지향으로 바뀐 측면, 후자에 대해서는 정토종의 영향력에서 탈피하고자 한 측면이 있었다는 점이 지적되고 있다.[46] 오히려 당시 불교종무국의 설립은 조동종의 영향을 받았다는 점

何, 尹錦隠, 陳震応, 李宝潭, 李棲雲, 朴慶菴, 李聾山, 竜雲庵, 呉字雲, 金愚堂, 金宝雲, 車鶴松, 楊懶虚, 金宝輪, 李南坡, 金喚愚, 金慧月, 崔徳庵, 孫一峯, 姜彦庵, 尹性海, 黄友松, 崔西庵, 韓雲潭, 李定谷, 洪景潭, 崔荷翁, 奉湖竜, 安月松, 崔霊峰, 劉楓山, 李亘虚, 朴慧明, 韓南和, 宋華月, 林懿竜, 金翠山, 張雷応, 劉性熏, 金玩潭, 房翠竜, 姜竜船, 趙明虚, 李金潭, 朴慧蓮, 韓桂雲, 李影済"이다.

43 「國内寺院統壱」, 「종무원설립계획」, 『대한매일신보』, 1908.10.22; 「寺院統一」, 『황성신문』, 1908.10.22; 「각 사찰까지 일인의 물건」, 『공립신보』, 1908.11.25. 이 기사들에 따르면, 내부대신은 1908년 10월의 각의(閣議)에 제출하고 참회의(参会議)에 부의했는데, 조만간 인가된다는 설이 있다.

44 「仏教統壱」, 『대한매일신보』, 1909.2.18.

45 「僧侶運動」, 『대한매일신보』, 1909.4.29. 이 기사에 따르면, 승려들이 최근에 동대뮨 밖 원흥사에 모여 "仏教로 韓國宗教를 삼아 政府에 請願承認훌 事件을 協議"한다. 그렇지만 이에 대해 요망한 행위라는 비판도 제시된다(「요망한중」, 『대한매일신보』, 1909.4.29).

46 한동민, 2006, 앞의 글, 50-51쪽. 그 외에 불교연구회 회장 겸 명진학교장이었던 이보담(李宝潭) 체제에서 이회광 체제의 성립으로 인적 구성이 변하면서 이회광이 조선 불교

이 지적되고 있다.[47]

다만, 원종(圓宗)이라는 명칭에 대해서는 1907년에 원종 종무원을 두었다는 후대의 기록이나,[48] 1908년에 원종이 창종되었다는 입장도 있지만,[49] 이 단체가 설립 당시부터 사용된 것으로 보이지는 않는다. 이와 관련해, 이능화는 "1908년(융희 2년 3월 6일)에 각도 사찰대표 승려 52인이 원흥사에서 총회를 열고 원종을 설립했다"고 기록하고 있지만,[50] 1908년 3월 당시의 「불교종무국취지서」에서도 단체 명칭은 불교종무국이다. 이 명칭은, 1908년 9월의 광고에서 '종무원(宗務院)'으로,[51]

계에 대해 조직적이고 강력한 통제와 변화를 시도했다는 점도 지적되고 있다(같은 글, 50쪽).

47 윤기엽, 2012, 앞의 글, 279-280쪽. 윤기엽에 따르면, 정토종 이노우에 겐신(井上玄真)의 영향을 받은 불교연구회(1906)가 2년 후 조동종 다케다 한시(武田範之)의 영향을 받은 원종종무원(1908)으로 교체된 사실은 통감정치기(1906~1910)의 한국 불교계가 '정토종과 조동종'의 포교세력에 좌우되었음을 말해준다. 특히 조동종의 다케다 한시(武田範之)는 원종종무원의 고문으로 활동하면서 종정 이회광을 설득해 한일병합(1910.8) 직후 조선 불교와 일본 조동종의 연합을 유도한다.

48 起瀍, 1924.6.1, 「在京城 各教会의 本部를 歷訪하고」, 『개벽』 제48호, 71-79쪽("隆熙元年에 처음 東大門 밧게 圓宗 宗務院을 두고").

49 『한국민족문화대백과사전』, 원종종무원 항목에 따르면, 승려대표자 52인이 1908년 3월 6일 원흥사에 모여 원종을 결성하였고, 1911년 6월에 총독부가 「사찰령」을 반포함에 따라 없어지게 되었다고 한다.

50 李能和, 1918, 『朝鮮仏教通史』 下, 新文館, 937쪽. 이 기록에서 불교연구회가 일본 정토종과의 연관성 속에서 창립되어 1906년(광무 10) 2월 19일에 학문 연구와 교육 개발을 목적으로 내부(内部) 허가를 받았으며 명진학교를 운영했다는 점(같은 책, 936쪽), 원종이 교무부·학무부·서무부·인사부·감사부·재무부 등의 부서를 운영했고 박한영이 고등강사로 있었다는 점과 원종 창립 후에도 묘향산 보현사를 임제종 묘심사파가 관리하는 등 관리청원이 지속되었다는 점(같은 책, 937쪽), 원종이 인가를 받기 위해 조동종과 체맹(締盟)했으며 이에 반대하는 임제종운동이 시작되었으나 「사찰령」이 반포되었다는 점(같은 책, 937-939쪽) 등을 알 수 있다.

51 「東大門外元興寺内의 仏教宗務院」, 『황성신문』, 1908.9.8; 「東大門外元興寺内에 仏

1909년 6월 기사에서 '불교종무원'(종정 이회광)으로 표기된다.[52] 그리고 '원종 종무원(圓宗 宗務院)'이라는 표현은 1910년 5월 이후에 기사에 나타나기 시작한다.[53] 이는 원종이 1908년에 조직되었다기보다 1910년 5월 이전까지 공식적으로 원종(圓宗)이라는 명칭을 사용하지 않았다는 것을 의미한다. 원종은 1910년 5월 각황사 설립 추진에 대한 인허가 청원 시점에서 공식적으로 사용된 것으로 보인다.[54]

조선 불교계는 1909년 12월 초에 원흥사에 150여 명이 모여 불교 진흥과 국내 사찰 확장 건을 협의하고, 동월 중순에 150여 명이 다시 모여 국내 사찰 확장을 위해 불교총합소(佛教総合所) 설치를 논의한다.[55] 이

教宗務院과 明進學校를 設立ᄒᆞ고」, 『대한매일신보』, 1908.9.8. 황성신문 기사는 동대문 밖 원흥사(東大門外元興寺) 내에 불교종무원(仏教宗務院)과 명진학교를 설립해 승려를 교육하는데 어떤 대신(大臣)의 가족이라는 사람이 건물 칸수(家屋間数)를 조사해갔으나, 이 건물(家屋)은 종무원(宗務院)에 긴절(緊切)한 관계가 있기에 혹시 공유물(共有物)로 오해해 집문서(家券)를 얻어 파는 경우라도 내외국인이 절대 이에 응하지 말라는 내용이다.

52 「保管志願」, 『황성신문』, 1909.6.29. 불교종무원 종정(仏教宗務院 宗正) 이회광이 원흥사(元興寺)의 보관지원서(保管志願書)를 내부(內部)에 제출(提呈)했다는 내용이다.

53 「宮家買入」, 『대한매일신보』, 1910.5.6; 「宗務院 設立 請願」, 『매일신보』, 1910.10.22. 5월 기사에 '불교원종종무원(仏教圓宗宗務院)'이 교당 건축을 위해 전동 동녕위궁(磚洞 東寧尉宮)을 매입했다는 내용, 10월 기사에 각황사 주무(主務) 이회광이 '원종종무원을 설립할 차로 규칙을 제정해 내무부에 청원하였다.'는 내용이 있다. 다만, 동년 5월 20일 자에는 '종무원'으로 표기된다(「李氏請願」, 『대한매일신보』, 1910.5.20).

54 「李氏와 覚皇寺僧」, 『매일신보』, 1910.10.15. 전동(磚洞)에 새로 건축한 각황사의 주무 이회광이 동경 종무원을 시찰하고 지난 10일에 귀국해 작일에 각황사 승도 일동이 연회를 열었다는 내용이다.

55 「僧侶協議」, 『대한매일신보』, 1909.12.15; 「僧侶協議」, 『황성신문』, 1909.12.15; 「寺刹拡張」, 『황성신문』, 1909.12.19. 12월 15일 자 기사들의 내용은 3일 전(三昨日)에 원흥사에서 승려 150여 명이 모여 총회를 열고 불교 진흥과 국내 각 사찰을 확장하는 건을 협의했다는 것이다. 12월 19일 자 기사는 "어제(日昨) 원흥사에서 승려

어, 1910년 2월에는 원흥사에 있던 종무원이 신규 사찰(이후 皇覚寺) 건립을 추진하면서 각 사찰이 그 경비를 지원한다. 그리고 동년 5월에 종무원 소속의 각황사 건축에 대한 인허를 내부에 청원한다.[56] 그리고 1910년 6월에는 종무원 인가를 위해 통감(統監)에게 청원하는 과정에서 일진회장 이용구(李容九)에게 신임 통감이 종무원 인가에 관심이 없어 청원해도 소용이 없으니 시천교(侍天教)와 통합하자는 제안을 받고 거절하기도 한다.[57]

이상의 내용을 보면, 일본 불교 종파들은 1876년 개항 이후에 조선 진출을 시도한다. 오타니파본원사·일련종·혼파본원사·정토종이 그에 해당한다. 당시 조선의 불교계는 1895년 4월의 도성출입금령 해제 조치 등이 계기가 되어 일본 불교 종파들의 조선 진출에 우호적인 인식을 보인다. 이러한 우호적인 인식은 1895년 8월의 을미사변(乙未事変)과 을미개혁 등에 따른 을미의병 등으로 손해를 입는 상황에서도 유지된다.

대한제국은 일본 불교 종파들의 조선 진출이 확산되고 그에 대해 우호적인 인식이 형성되는 상황에서 한국 불교에 1902년 궁내부 소속으로 사사관리서를 두어 전국 사찰의 일원적 관리 정책을 추진한다. 그러나 이 정책은 러일전쟁 직전인 1904년 1월에 사사관리서와 대법산-중법산 제도가 폐지되면서 사라진다. 그리고 러일전쟁 이후, 전국 사찰의

150여 명이 회동해 국내 사찰 확장 건, 구체적으로 한성(漢城) 내에 불교총합소(仏教総合所)를 설치하기 위해 문탁(文鐸)과 몇몇 사람들이 발기 중"이라는 내용이다.

56 「仏堂新建」, 『대한매일신보』, 1910.2.8; 「宗務院及仏教堂」, 『황성신문』, 1910.2.8; 「僧侶協議」, 『황성신문』, 1910.4.15; 「李氏請願」, 『대한매일신보』, 1910.5.20; 「절을 짓겠다고」, 『대한매일신보』, 1910.5.20; 「皇覚寺新建請願」, 『황성신문』, 1910.5.20. 5월 20일 자 기사에는 각황사가 아니라 '황각사(皇覚寺)'로 표기되어 있다.

57 「僧当唾面」, 『대한매일신보』, 1910.6.29.

일원적 관리를 위한 노력은 정부 차원이 아니라 불교계 차원의 추진으로 이어진다.

일본 불교 종파들의 조선 진출은 대한제국기에 발발한 러일전쟁(1904.2~1905.9) 이후, 특히 통감부 설치 이후에 확대되고, 진언종·조동종·임제종 등이 새롭게 한국에 진출한다. 그리고 한국의 불교계에서는 일본 불교 종파의 관리를 받으려는 관리청원(管理請願) 경향도 나타난다.

일본 불교 종파의 한국 포교 상황에 대해 통감부는 1906년 11월의 「종교 선포에 관한 규칙」을 시행해 관리하기 시작한다. 이는 일본 불교 종파들이 1906년 11월 이후부터 통감부의 인가 없이 한국 포교가 불가능해진 상황에 직면한 것으로, 통감부의 정책에 적극적으로 협조할 위치에 있게 되었음을 의미한다.

통감부 설치 이후, 한국 불교계는 1906년 2월에 일본 정토종과 관련된 불교연구회를 조직하고 동년 5월에 명진학교(明進學校)를 설립해 각 사찰로 승려 교육을 확산시킨다. 이어 1906년 11월 「종교 선포에 관한 규칙」의 시행 이후인 1908년 3월에는 각도 사찰의 대표자들이 모여 전국 사원의 통일 경영을 통한 불교의 진흥을 목적으로 '불교종무국'을 조직한다. 1908년 3월의 불교종무국은, 1906년 2월의 불교연구회과 비교해, 각도 사찰의 대표자들이 회합한 결과라는 점에서 자발적인 불교 진흥의 의지를 보여준다.

1910년 8월의 한일병합 이후에도 조선총독부는 1911년에 「사찰령」을 제정해 조선 불교계의 현실을 변화시킨다. 「사찰령」으로 인해 조선 불교계는 30본산 연합 조직체가 되어 관리를 받게 된다. 「사찰령」은 조선에 진출한 일본 불교 종파들에게도 영향을 미친다. 「사찰령」으로 인해 이제 일본 불교 종파들은 조선 불교계에 대해 물리적으로 연합이나 합

〈표 4〉 일본인이 설립한 신사, 사원, 교무소 및 설교소, 포교사 추이(1910~1913)

연도	신사	사원	회당(會), 교무소(教)·강의소(講), 설교소(說), 포교사(布)												총 신도 수(조선)
			신도				불교				기독교				
			會	教/講	說	布	會	教/講	說	布	會	教/講	說	布	
1910	31	91		22	9	26		40	73	95		10	8	14	
1911	56	105		10	6	26		10	43	51		6	2	8	신: 불: 기:
1912					18	70			117	189			16	20	신: 13,301(조 5,312) 불: 82,987(조 24,645) 기: 1,801(조 607)
1913			0	28	24	64	98	0	110	209	18	5	7	30	신: 12,594(조 4,795) 불: 74,698(조 9,997) 기: 2,775(조 1,128)
1914			10	26	31	74	87	1	124	224	21	7	1	34	신: 13,454(조 4,051) 불: 76,842(조 7,832) 기: 3,432(조 1,700)

※1914년: 신도 설교소 31개에 포덕소 1개 포함. 불교 설교소 124개에 포덕소 34개 포함.

병을 추진하는 일이 불가능해졌고, 교세 확장을 위한 개별적 포교활동만이 가능해졌기 때문이다.

「사찰령」 이후에도 일본 불교계의 조선 포교활동은 여러 종파별로 지속된다. 조선총독부에서 1910년부터 1914년 사이에 일본인이 설립한 신사, 사원, 교무소 및 설교소, 포교사 추이를 보면, 신도·불교·기독교 모두 증가 추세를 보인다. 이 가운데 불교는 교무소 또는 강의소, 설교소, 포교사 규모에서 가장 큰 위치를 차지한다. 자세한 내용은 〈표 4〉와 같다.[58]

58 朝鮮總督府 編, 1912, 『朝鮮總督府統計年報 明治43年度』, 朝鮮總督府, pp. 658-668; 朝鮮總督府 編, 1913, 『朝鮮總督府統計年報 明治44年度』, 朝鮮總督府, pp. 843-854; 朝鮮總督府 編, 1915, 『朝鮮總督府統計年報 大正2年度』, 朝鮮總督府, pp. 721-722; 朝鮮總督府 編, 1916, 『朝鮮總督府統計年報 大正3年度』, 朝鮮總督府, pp.

조선총독부는 1915년 8월에 종래 「종교 선포에 관한 규칙」을 폐지하면서 「신사사원규칙(神社寺院規則)」과 「포교규칙」을 공포해 10월부터 시행한다.[59] 「신사사원규칙」과 「포교규칙」을 조선에 진출한 일본 불교 종파에 적용한다. 그에 따라 1916년 1월부터 조선에 진출한 일본 불교 종파들이 「신사사원규칙」 제2조에 따라 총독에게 사원창립에 대한 허가를 신청하고 조선총독부는 『조선총독부관보』에 '사원창립허가(寺院創立許可)' 내용을 게시하게 된다. 또한 일본 불교계는 「포교규칙」 관련 규정을 만들어 조선 포교활동을 진행하게 된다. 예를 들어, 신의진언종지산파(新義真言宗智山派)는 1915년 12월에 「포교규칙」에 따른 「혼파조선포교관리법」을 제정한다. 주요 내용을 보면, 「포교규칙」에 따라 관리법을 정한다는 것(제1조), 「포교규칙」 제3조에 따라 조선포교관리자를 두고 포교관리사무소를 설치한다는 것(제2조) 등이다.[60]

『조선총독부관보』에 따르면, 일본 불교계는 1945년까지 총 955개소의 포교 거점을 보유하게 된다. 포교 거점의 종파별 비율은 진종계가 326개소로 34%, 진언종이 225개소로 23%, 조동종이 180개소로 19%, 정토종이 74개소로 8%, 일련종이 56개소로 6%였고, 그 외 종파들이

730-732. 조사 시점은 매년 12월 말이다.

59 「神社寺院規則」(朝鮮總督府 府令 第82号, 大正4.8.16, 시행 大正4.10.1), 「布教規則」(朝鮮總督府 府令 第83号, 大正4.8.16, 시행 大正4.10.1), 『官報』, 1915.8.20. 「신사사원규칙」은 신사 창립의 요건과 총독 허가(제1조), 사원 창립의 요건과 소속 종파관장의 승인 후 총독 허가(제2조) 등을 규정해 총 20개 조로 구성되어 있다. 「포교규칙」은 종교의 범위(제1조), 종교선포자 서류의 총독 신고(제2조), 교파신도와 일본불교 종파의 포교 관련 총독 인가(제3조) 등 총 15개 조로 구성되어 있다.

60 宮本隆範 編, 1916, 『新義真言宗智山派宗規類纂』, 東京: 智嶺新報社, pp. 136-137 (「本派朝鮮布教管理法」).

〈표 5〉 시기별 일본 불교계의 포교 거점 설치 추이와 지역별 집중도

	본원사파	오타니파	진언종	조동종	정토종	일련종	그 외	합계
~1915	49	42	39	28	43	18	10	**229**
1916~1920	22	7	18	23	10	10	11	**101**
1921~1925	17	3	32	12	3	3	6	**76**
1926~1930	17	5	40	11	3	2	13	**91**
1931~1935	22	17	52	26	6	7	29	**159**
1936~1940	30	33	30	40	7	9	40	**189**
1941~1945	15	17	14	40	2	7	15	**110**
합계	**172**	**124**	**225**	**180**	**74**	**56**	**124**	**955**
지역별 거점 수(개수)	함경도(36) 경상도(30) 전라도(22)	충청도(35) 전라도(24) 경상도(20)	경상도(43) 경성(40) 전라도(32)	경상도(51) 전라도(32) 함경도(21)	경성(13) 경상도(12) 함경도(10)	경상도(12) 함경도(10) 경성(7)	경성(33) 경상도(22) 전라도·함경도	

94개소로 10%였다. 10%에 해당하는 종파들과 포교 거점 수는 진종목변파 3개소, 진종불광사파 6개소, 진종산원파 13개소, 진종흥정파 8개소, 법화종 39개소, 임제종 26개소, 천태종 20개소, 화엄종 7개소, 황벽종 2개소를 말한다. 지역별로는 진종계 가운데 본원사파가 함경도, 오타니파가 충청도, 진언종·조동종·일련종이 경상도, 정토종이 경성에 가장 많은 포교 거점을 두었다.[61]

〈표 5〉의 통계 수치는, 종파별로 파악하는 수치와 정확히 일치한다고

61 김태훈, 2020, 『'조선총독부관보'로 보는 일본계 종교 유입의 전체도』, 『공존의 인간학』 4, 전주대학교 한국고전학연구소, 250-256쪽. 표는 251쪽의 '일본 불교계 시기별 포교 거점 설치 추이'와 253쪽의 '일본 불교계 지역별 신규 포교소 설립 분포'를 혼합해 재구성한 것이다. 다만, 포교 개시 시기는 아오야기 난메이(青柳南冥)의 『朝鮮宗教史』와 달라 생략하였다.

〈표 6〉 일본인의 설립 · 운영 거점 및 종교포교자 상황 추이(1919년 이후)

연도	신사(神社)/신사(神祠)		사원	(교)회당, 포교소, 강의소			종교포교자			비고
	社	祠		신도	불교	기독	신도	불교	기독	※교회당/포교소/강의소(이하 '기타')에서 '조선 사찰 수치' 제외
1915				58	195	47	93	231	86	※ 신사, 사원 수치 없음 ※ 포교소'로 통합 기록하고 있음 -조선: 사찰 1401+사원 44, 기타 5, 종교포교자 37 -기독: 교단별 수치가 없어 범위를 특정할 수 없음
1916	17	0	49	65	204	58	103	245	98	-조선: 사찰 1412+사원 44, 기타 5, 종교포교자 37 -기독(기타/포교자): 일본메소지스트교회(11/11), 일본기독교회(9/9), 일본조합기독교회(38/78)
1919	36	41	63	84	226	70	131	323	104	-조선: 사찰 1338, 기타 40, 종교포교자 54 -기독: 일본메소지스트교회, 일본기독교회, 일본조합기독교회
1922	38	59	73	102	263	5	181	369	17	-조선: 사찰 1261+사원 46, 기타 56, 종교포교자 65 -기독: 일본기독교회, 일본메소지스트교회, 일본조합기독교회
1928	47	152	93	167	330	35	149	274	56	-조선: 사찰 1360+사원 44, 기타 95, 종교포교자 97 -기독: 일본메소지스트교회, 일본기독교회, 일본조합기독교회
1932	51	199	112	218	419	6	410	557	17	-조선: 사찰 1344+사원 44, 기타 135, 종교포교자 137 -기독: 일본기독교회, 일본메소지스트교회, 일본조합기독교회
1938	58	89	125	301	602	47	613	789	98	-조선: 사찰 1335+사원 44, 기타 322, 종교포교자 319 -기독: 일본기독교회, 일본메소지스트교회, 일본조합기독교회, 키요메교회, 일본성교회
1942	63	120	138	327	719	97	694	666	97	-조선: 사찰 1326+사원 44, 기타 409, 종교포교자 419 -기독: 일본기독교단, 神の교회, 基督の교회, イエス교회, 일본일치기독교회, ナザレン교회

보기 어렵지만,[62] 일본 불교계의 포교 거점 설치 추이를 볼 수 있다는 점에서 의미가 있다. 〈표 5〉를 보면, 본 불교계의 조선 포교 거점 수는 대체로 1930년대에 증가세를 보인다.

실제로 조선총독부의 『조선총독부통계연보』를 중심으로 1910년대 말, 1920년대 말, 1930년대 말, 그리고 1940년대 초반 일본인이 설립한 포교 거점 및 종교포교자 상황 추이를 확인해보면, 전반적으로 증가 추세를 보인다. 그리고 기독교보다 신도와 불교가 더 높은 증가 추세를 보이고, 특히 1930년대 이후에 증가 추세가 강하게 나타난다. 자세한 내용은 〈표 6〉과 같다.[63]

또한 조선총독부의 『조선총독부통계연보』 자료에서 재조선 일본 불교의 현황 추이를 보면, 정토종 계열(정토진종, 정토종), 조동종, 진언종, 법화종 계열의 종파들이 1910년대부터 1940년대까지 꾸준히 교세를 확장한다. 1930년대에 임제종 계열과 황벽종이나 천태종 등의 활동이 보이지만 다른 종파에 비해 규모가 크지는 않다. 그리고 전반적으로 정토

62 예를 들어, 임제종은 1921년 당시 조선에 출장소 1개와 포교소 5개를 두고 있었다(江西蓼州 編, 1921, 『妙心寺派寺院録』, 花園村(京都府): 妙心寺派教務本所, pp. 205-206). 또한, 1912년 자료에 따르면, 오타니파본원사의 포교 거점은 총 54개소(별원 5, 출장소 19, 포교소 30)로 나타난다(福崎毅一, 1912, 『京仁通覧』, 大阪: 三交堂印刷所, pp. 160-161).

63 朝鮮總督府 編, 1917, 『朝鮮總督府統計年報 大正4年度』, 朝鮮總督府, pp. 787-788; 朝鮮總督府 編, 1918, 『朝鮮總督府統計年報 大正5年度』, 朝鮮總督府, pp. 849-851; 朝鮮總督府 編, 1920, 『朝鮮總督府統計年報 大正8年度』, 朝鮮總督府, pp. 493-498; 朝鮮總督府 編, 1923, 『朝鮮總督府統計年報 大正11年度 第7編』, 朝鮮總督府, pp. 67-77; 朝鮮總督府 編, 1930, 『朝鮮總督府統計年報 昭和３年』, 朝鮮總督府, pp. 688-693; 朝鮮總督府 編, 1934, 『朝鮮總督府統計年報 昭和７年』, 朝鮮總督府, pp. 714-719; 朝鮮總督府 編, 1940, 『朝鮮總督府統計年報 昭和13年』, 朝鮮總督府, pp. 253-300; 朝鮮總督府 編, 1944, 『朝鮮總督府統計年報 昭和17年』, 朝鮮總督府, pp. 197-243. 조사 시점은 매년 12월 말이다.

종 계열의 교세 규모가 가장 크고, 진언종 계열과 조동종이 그 뒤를 잇고 있다. 자세한 내용은 〈표 7〉과 같다.[64]

1939년 말 자료를 확인하면, 진종(6파), 일련종(5파), 정토종(1파), 진언종(8파), 조동종(1파), 임제종(2파), 황벽종(黄檗宗, 1파), 천태종(3파), 화엄종(1파) 등 '9종 28파'를 볼 수 있다. 그리고 1940년 당시, 일본 불교계는 진언종→진종→조동종→정토종에 이어, 일련종→임제종→천태종→황벽종 순으로 조선인 신자를 확보하였다.[65]

1940년대에 일본 불교 종파의 조선 포교는, 비록 통계수치가 다소 다르지만, 지속된다. 이와 관련해, 1940년 말에 조사된 교회당·포교소·강의소(講議所) 수를 보면, 신도(神道) 315개소, 불교 1,036개소(일본 불교 665, 조선 불교 373), 기독교 5,522개소이다. 포교자 수는 신도 668명, 불교 1,205명(일본 불교 840, 조선 불교 365), 기독교 4,828명이다. 신도 수는 신도 96,725명, 불교 537,864명(일본 불교 342,833, 조선 불교 195,031), 기독교 507,923명이다.[66] 1942년 말에 조사된 교회당·포교소·강의소 수를 보면, 신도 317개소, 불교 1,128개소(일본 불교 719, 조선 불교 419), 기독교 5,497개소이다. 포교자 수는 신도 694명, 불교 1,086명(일본 불교 666, 조선 불교 420), 기독교 4,304명이다. 신도 수는 신도 91,872명, 불

64 朝鮮總督府 編, 1920, 위의 책, pp. 493-498; 朝鮮總督府 編, 1930, 위의 책, pp. 688-693; 朝鮮總督府 編, 1940, 위의 책, pp. 253-300; 朝鮮總督府 編, 1944, 위의 책, pp. 197-243. 조사 시점은 매년 12월 말이다.

65 朝鮮總督府學務局社会教育課, 1940, 앞의 책, pp. 25-48.

66 朝鮮總督府 編, 1943,『朝鮮事情』昭和18年版, 京城: 朝鮮總督府, p. 10(附録).

〈표 7〉 불교 현황 추이(1910년 이후)

	1919			1928				1938				1942			
	사원	*시설	*포교	사원	*시설	*포교	신도	사원	*시설	*포교	신도	사원	*시설	*포교	신도
진종오타니파	2	42	56	5	48	44	29,763	6	84	84	48,363	7	111	103	55,299
진종본원사파	14	43	81	21	66	62	109,781	32	102	245	101,889	33	121	94	113,143
진종산원파	0	3	4	0	3	3	1,197	0	9	9	2,139	0	10	10	3,269
진종불광사파	0	3	4	0	3	3	763	1	5	9	851	1	5	9	1,961
진종흥정파	0	0	0	0	0	0	0	1	4	6	1,803	1	4	7	1,506
진종목변파	0	0	0	0	0	0	0	0	2	2	570	0	2	2	0
일련종	6	21	23	12	23	22	26,339	15	33	47	17,295	15	60	24	31,655
법화종	1	0	1	1	0	0	1,149	1		1	1,257	3	0	0	0
본문법화종	0	3	4	2	6	2	3,722	2	21	15	7,345	0	0	0	0
현본법화종	0	0	0	0	1	1	368	0	1	1	451	0	0	0	0
불수불시파	0	0	0	0	0	0	0	0	1	1	134	0	0	0	0
정토종	13	34	47	15	37	32	25,876	15	41	79	27,635	17	45	83	42,857
진언종	0	0	0	0	0	0	0	0	0	0	0	26	181	172	52,012
진언종각파연합	0	26	32	0	0	0	0	0	0	0	0	0	0	0	0
진언종제호파혜인부	0	2	2	0	0	0	0	0	0	0	0	0	0	0	0
(신의)지산파	3	12	8	3	23	20	5,526	6	32	22	10,527	0	0	0	0
(신의)풍산파	0	5	4	1	5	2	5,857	2	21	9	4,348	0	0	0	0
고의진언종	0	0	0	9	37	26	10,455	14	49	53	23,487	0	0	0	0

진언종 고야파	5	0	0		0	0	0	0	0	0	0	0	0	0	0
진언종 제호파	1	0	0	1	3	3	3,287	1	11	11	3,817	0	0	0	0
제호파 수험도	0	0	0	0	23	16	1,390	0	32	55	2,045	0	0	0	0
선통 사파	0	0	0	0	0	0	0	0	3	2	170	0	0	0	0
동사파	0	0	0	0	0	0	0	0	15	3	1,155	0	0	0	0
조동종	18	26	51	23	39	29	24,877	25	92	94	45,368	29	130	112	50,368
임제종	0	0	0	0	0	0	0	0	0	0	0	4	24	19	7,237
묘심사파	0	5	5		8	7	2,985	3	19	15	5,143	0	0	0	0
동복사파	0	1	1		2	0	1,463	0	5	3	1,270	0	0	0	0
황벽종	0	0	0	0	2	2	870	1	1	3	406	1	1	2	1,015
천태종	0	0	0	0	1	0	94	0	3	5	1,197	1	19	21	1,255
수험도	0	0	0	0	0	0	0	0	11	10	565	0	0	0	0
진성파	0	0	0	0	0	0	0	0	1	1	130	0	0	0	0
화엄종	0	0	0	0	0	0	0	0	4	4	380	0	6	8	710
조선 사찰	0	40	54	0	95	97	166,374	0	322	319	194,876	0	409	419	244,795
계	63	220	317	93	317	265	250,350	125	466	748	300,649	138	539	504	301,702

※ 1941년부터 불교의 통폐합에 따라 통합 명칭으로 표기됨: 1) 종래의 진언종 제호파(醍醐派), 진언종 제호파 수험도(修験道), 고의(古義)진언종, 신의(新義)진언종 지산파(智山派), 신의(新義)진언종 풍산파(豊山派) 등은 모두 '진언종' 표기. 2) 종래의 법화종(法華宗)과 본문(本門)법화종 등은 모두 '법화종' 표기. 3) 임제종묘심사파와 임제종동복사파 등은 '임제종' 표기.
*시설=교회당·포교소·강의소 / *포교=종교포교자.

교 607,182명(일본 불교 362,387, 조선 불교 244,795), 기독교 382,839명이다.[67]

이상의 통계수치는 일본 불교계가 조선인을 일본 불교신자로 유입하

67 朝鮮總督府 編, 1943, 『朝鮮事情. 昭和19年版』, 京城: 朝鮮總督府, p. 10(附録).

〈표 8〉 재조선 일본 불교와 조선인 신도 현황(1939년 12월 말)

종파명(9종 28파)		사원수	승니수		포교소수	포교자수	신도수 (전체/조선인)	
			승수	니수			전체	조선인
진종 6파	오타니파	6	94	5	94	83	59,764	11,581
	본원사파	33	178	4	108	251	101,645	2,148
	산원파	0	4	0	9	9	2,601	400
	불광사파	1	3	1	5	9	830	3
	흥정파	1	6	0	5	6	1,676	23
	목변파	0	1	1	2	2	322	0
	계	**41**	**286**	**11**	**223**	**360**	**166,838**	**14,155**
일련종 5파	일련종	15	53	0	33	45	17,633	73
	법화종	1	2	2	0	1	1,684	0
	본문법화종	2	9	1	22	15	6,859	1,056
	현본법화종	0	2	0	1	1	449	14
	부수부시파	0	1	1	1	1	137	0
	계	**18**	**67**	**4**	**57**	**63**	**26,762**	**1,143**
정토종		15	67	3	44	81	31,233	1,359
진언종 8파	신의진언종 지산파	6	23	1	35	23	11,594	942
	신의진언종 풍산파	2	13	4	21	10	4,790	2,386
	고의진언종	16	50	4	51	55	34,282	12,835
	제호파	1	11	4	11	11	3,590	64
	제호파 수험도	0	10	13	33	56	2,047	2
	천용사파	0	2	0	2	2	154	15
	동사파	0	4	1	16	3	1,073	299
	산계파	0	0	0	0	0	0	0
	계	**25**	**113**	**27**	**169**	**160**	**57,530**	**16,543**
조동종		26	90	2	99	97	42,694	3,743
임제종 2파	묘심사파	4	24	0	18	15	4,611	467
	동복사파	0	3	0	5	3	1,390	12
	계	**4**	**27**	**0**	**23**	**18**	**6,001**	**479**
황벽종		1	4	0	1	2	575	25

천태종 3파	천태종	1	8	4	3	5	1,208	70
	수험도	0	1	4	11	10	597	0
	진성파	0	1	0	1	1	140	0
	계	1	10	8	15	16	1,945	70
화엄종		0	1	3	5	5	590	0
총계		**131**	**665**	**58**	**636**	**802**	**334,168**	**37,517**

〈표 9〉 1930~1939년 일본 불교의 조선인 신도 추이

연도	1930	1931	1932	1933	1934	1935	1936	1937	1938	1939
조선인 신도 총수	7,156	6,836	7,601	8,276	9,594	14,704	13,949	15,429	15,304	37,517

면서 불교를 통한 조선인의 일본인화에 동참했다는 점을 시사한다. 특히 위의 통계수치는 1942년 말에 조선에 있던 일본 불교계가 기독교에 근접한 정도의 신도 수 규모를 가졌다는 것을 보여준다. 동시에 1940년대 초반에 조선의 불교계에서 일본 불교의 교세 규모가 조선 불교를 전반적으로 압도했음을 보여준다.

실제로 조선에서 일본 불교계는 점차 조선인 신자를 흡수하는 추세를 보인다. 특히 만주사변과 중일전쟁으로 인해 전시체제로 전환한 1930년대의 경우를 보면, 일본 불교의 조선인 신자 수는 점진적으로 늘다가, 1935년경과 1939년경에 급속한 증가세를 보인다. 이 내용은 〈표 9〉에서 확인할 수 있다.[68]

68 朝鮮總督府學務局社会教育課, 1940, 앞의 책, pp. 44-48; 文部省宗教局 編, 1926, 『宗教制度調査資料』 第17輯, 東京: 文部省宗教局, pp. 7-12.

중일전쟁 이후 특기할 만한 사항은 일본 정부가 1939년 4월에 공포해 1940년 4월부터 「종교단체법」을 시행하면서,[69] 일본의 불교 지형이 변했다는 점이다. 이와 관련해, 일본에서 「종교단체법」 시행 이전에 공인된 불교 종파는 13종 56파였지만, 「종교단체법」 시행 이후 28종파로 정리되었다. 28종파는 천태종, 진언종, 진언율종(真言律宗), 율종, 정토종, 정토종서산파(浄土宗西山派), 임제종, 임제종국태사파(臨済宗國泰寺派), 조동종, 황벽종, 진종본원사파, 진종오타니파, 진종고전파, 진종흥정파, 진종불광사파, 진종목변파, 진종출운로파, 진종산운파, 진종성조파, 진종삼문도파, 일련종, 일련정종, 법화종, 본화정종, 시종, 융통염불종, 법상종, 화엄종이다.[70] 이 지형을 보면, 불교 종파들의 통폐합은 종래 진언종 계열의 8개 파를 진언종으로 통합시키고, 임제종 계열의 14개 파를 임제종과 임제종국태사파로 정리하는 방식, 또는 진종의 경우처럼 종래의 10개 파를 그대로 유지하는 방식 등 여러 형태로 이루어졌다.

그렇지만 일본에서 불교 종파의 통폐합이 이루어졌음에도 종파불교라는 형태가 유지되어, 일본 불교 종파들은 계속해서 조선 포교를 진행하며 조선인을 신자로 만든다. 이러한 일본 종파불교의 영향으로, 조선불교는 31개 본산제로 인해 종파불교 형태가 불가능한 상황이었지만,

69 「宗教団体法」(法律 第77号, 昭和14.4.7), 『官報』, 1939年 4月 8日; 「宗教団体法施行期日」(勅令 第855号, 昭和14.12.22), 「宗教団体法施行令」(勅令 第856号, 昭和14.12.22), 『官報』, 1939年 12月 23日.

70 文化庁, 2013, 『宗教年鑑. 平成24年版』, 文化庁, pp. 7-18. 「종교단체법」 이전의 13종은 법상종(法相宗)·화엄종(華厳宗)·율종(律宗)·천태종(天台宗)·진언종(真言宗)·융통염불종(融通念仏宗)·정토종(浄土宗)·임제종(臨済宗)·진종(真宗)·조동종(曹洞宗)·일련종(日蓮宗)·시종(時宗)·황벽종(黄檗宗)이었다.

계속해서 종파불교 형태를 경험하게 된다.[71] 이러한 종파불교의 경험은 해방 이후에까지 한국 불교계에 영향을 미치게 된다.[72]

2) 31본산의 분산과 조합 형태의 관리

1910년 8월의 한일병합 당시에는 이학재(李學宰) 등이 일본인 관호(関戸)와 협동해 불교총관회(佛教総管会)를 조직해 승인을 받고자 내부(内部) 청원서를 제출하기도 한다.[73] 그리고 동년 9월에는 윤영택(尹栄宅) 등이 불교총관회에 대해 경무총감부(警務総監部)의 승인을 받기 위해 청원서를 제출하기도 한다.[74]

그에 비해, 종래의 불교종무원은 1910년부터 조직의 명칭을 원종으로 공식화하면서 일본 조동종과 병합을 추진하게 된다. 이는 불교계를 중앙집권적인 단일 종교로 만들려는 움직임의 연속선상에서 이해될 수 있다. 그렇지만 통감부는 원종이 조동종과 병합을 추진하기 전인 1910년 5월「형법」제408조에 따라 원종종무원 인가신청을 기각하고,[75]

---

71 민족불교연구소 편, 1993,『한국불교종단조직 실태조사보고서』, 민족문화, p. 248.

72 고병철, 2020,「한국 법화계 교단의 성립과 대한불교천태종」,『불교문예연구』15, 동방문화대학원대학교 불교문예연구소, 11-49쪽. 일본 법화계 교단들이 조선인에게 미친 영향은 해방 이후 법화계 교단의 성립으로 이어진다.

73 「又入仏堂」,『대한매일신보』, 1910.8.7. 이학재(李學宰)는 이미 1910년 4월경에 천조교(天照教)를 조직한 바 있고(「女佈教師雇聘」,『황성신문』, 1910.4.29), 1910년에 합방청원 운동을 전개한 인물이다(한국역대인물종합정보시스템, http://people.aks.ac.kr/index.aks).

74 「仏教請願」,『황성신문』, 1910.9.11;「발기자 조사」,『매일신보』, 1910.9.11.

75 한동민, 2006, 앞의 글, 53-55쪽. 조선총독부는 1911년 당시 원종종무원에 대해 '정치적 색채'를 가진 종교단체로 인식한다(같은 글, 54-55쪽).

원종은 한일병합 이후 1911년에 시행된 「사찰령」에 따라 해체된다.

구체적으로, 원종은 한일병합 직후에도 종래의 각황사(覚皇寺) 건립 추진을 지속한다. 그리고 1910년 10월경에 각황사 주무(主務)인 이회광 등이 일본 종무원 정황을 시찰하기 위해 일본을 방문한다.[76] 이 방문은 원종 인가를 위해 이회광(李晦光, 1862~1933)과 몇몇 대표들이 일본 조동종에 가서 보호청원서를 제출한 것을 의미한다. 이를 계기로 조동종 총무원 원장은 통감 이토 히로부미(伊藤博文, 1841~1909)에게 한국 불교 보호를 요청하는 서한을 보내기도 한다.[77]

당시 이회광의 일본 조동종 총무원 방문에는 그 제자이자 일본 유학승인 김영기(金永基, 1878~? 본명 金太垠)가 함께 참여한다. 그렇지만 1910년 10월 원종과 조동종 사이의 불평등 조약이 동년 12월에 외부에 알려지자, 그에 반대해 1911년 1월 한용운(1879~1944), 박한영(1870~1948), 오성월(1871~1943), 진진응 등이 전라도와 경상도를 중심

76 「宗務視察員 帰京」, 『매일신보』, 1910.10.13; 「覚皇寺 금仏 奉安」, 『매일신보』, 1910.10.16; 「覚皇寺 仏像奉安式」, 『매일신보』, 1910.10.27; 「金仏奉安式盛況」, 『매일신보』, 1910.10.28; 「覚皇寺 布教文」, 『매일신보』, 1910.10.29. 각황사 관련 기사들을 보면, 1910년 10월에 중부 전동(中部 磚洞) 각황사에서 강원도 금강산 건봉암(乾峰庵)에 안치했던 금불 일좌(一座)를 원흥사로 옮겼다가 다시 각황사로 옮겨 불상 봉안식을 하고, 불교 전포(伝布) 계획을 갖고 포교문을 발간한다. 각황사 불교 봉안식에는 전(前) 학무국장 윤치오와 본원사 승려 10명이 참여한다.

77 한동민, 2009, 앞의 글, 194쪽; 불교연구회의 원종종무원 이행 과정에 대해 이회광 체제의 성립, 조선 불교계에 대한 조직적이고 강력한 통제와 변화의 시도, 불교연구회가 일본 정토종의 영향력에서 탈피하고자 한 측면이 있다고 지적한다(같은 글, 194쪽). 또한, 1910년 5월경 통도사와 정토종 승려 사이미(最美光瑞) 사이에 '가말(加末: 정토종 말사 가입)' 논의가 알려져 당시 각황사(覚皇寺) 원장(院長) 강대련(姜大蓮)이 1910년 7월에 통도사의 젊은 승려들과 힘을 합해 일본인 승려를 축출한 사건에 대해서도 정토종에 대한 적극적인 반대를 의미한다고 지적한다(한동민, 같은 글, 194-195쪽).

으로 임제종(臨濟宗) 운동을 전개하게 된다.[78] 반대의 주요 논리는 종파를 팔고 조상을 바꾼다는 '매종역조(買宗易祖)'의 논리였다. 조선 불교는 태고 이래 임제의 선맥을 이어왔기에 선종 가운데 임제종 계통이며, 같은 선종이라도 일본의 조동종과 성격을 달리한다는 것이었다.[79]

한편, 이회광이 조동종 종무원을 방문하기 전에 조동종은 이미 1910년 9월에 한일병합에 대해 칙서를 발표하고 승려들을 모아 축하식을 진행했다.[80] 그리고 조동종은 조선 개교비(開教費)로 15,000원(圓)을 지출하기로 한 바 있다.[81] 이러한 조동종 측의 상황을 보면 한일병합 직후에 당시 한국 불교를 대표하는 원종의 대표가 찾아와 조동종과 연합을 시도하는 것에 대해[82] 서로를 인정한 동등한 연합 추진은 불가능했다고 볼 수 있다.

한편, 한일병합 이후에도 관리청원이 지속된다. 이와 관련해, 1910년

---

78 대한불교조계종 교육원 편, 『조계종사 - 근현대편』, 조계종출판사, 2005, 48-53쪽; 김환수, 2012, 「불교적 식민지화?: 1910년대 한국 원종(圓宗)과 일본 조동종(曹洞宗) 연합에 대한 새로운 해석의 가능성」, 『불교연구』 36, 한국불교연구원, 19-23쪽. 김환수는 당시 연합이 조동종 승려 다케다 한시(武田範之, 1863~1911)와 친일주의자 이회광 사이에 이루어진 반민족적, 매종(売宗)적 조약이 아니라, 이회광과 그 제자이자 일본유학승인 김영기가 조동종을 역으로 이용하고자 했고, 조동종 지도부가 이 의도를 알고 조약에 그다지 열정적이지 않았으며, 연합에 대해 다케다의 입장이 조동종 지도부의 입장과 일치하지 않았다고 지적한다. 그리고 1877년 이후 1910년까지 한국 승려들은 일본의 불교 종단들과 관계를 유지하면서 그 종단의 영향력의 유무를 판단해 영향력이 있는 종단으로 이동하는 등 자신의 필요에 따라 깊은 소속감 없이 이들 종단들을 이용했다고 한다(같은 글, 10쪽, 24-29쪽).

79 한동민, 2006, 앞의 글, 57-58쪽.

80 「仏教祈祷」, 『매일신보』, 1910.9.9.

81 「東京特電: 曹洞宗의 布教費」, 『매일신보』, 1910.11.13.

82 「旧韓仏教徒를 内地曹洞宗에 隷属하야난 事에 対하야, 金華山人介石生」, 『매일신보』, 1911.1.1.

11월에는 평북 영변군 묘향산 보현사 포교사인 일본인 대천(大川)이 조선 각 지방의 사원을 관리할 뜻으로 총독부에 인허(認許)를 청한다. 총독부는 내무부로 통지해 그 사실을 조사하라고 지시한다.[83]

그렇지만 조선총독부가 1911년 6월에 「사찰령(寺刹令)」과 7월에 「사찰령시행규칙(寺刹令施行細則)」을 제정하고, 동년 9월 1일 자로 시행하면서[84] 불교계에는 종래와 다른 상황이 전개된다. 사실상 이 법규에 따라 조선 불교에 대한 조선총독부의 독점적인 관리·통제가 시작되면서, 원종과 임제종 등 조선 불교계 내부의 독자적인 종단 건설의 노력과 일본 종파불교에 의한 조선 불교 지배가 부정되었기 때문이다.[85]

이 「사찰령」은 사실상 통감부 시기부터 축적된 정보와 일본의 관련 법규를 결합한 조치였다. 이와 관련해, 1907년 7월에는 이미 내부 지방국장(内部地方局長: 沢田)이 각 도 관찰사를 대신관방(大臣官房)에 모아 지방재산의 상황, 부군(府郡) 합병, 사환미(社還米), 그리고 사원 관리방법(寺院管理方法) 등에 대해 자문하는 회의를 며칠 동안 진행한 바 있다.[86] 그리고 1910년 10월 내무부 지방과(地方課)에서 각 사찰관리세칙을 제정 중이고, 탈고되는 대로 각 사찰에 한 부씩 배포할 계획이 알려진다.[87]

이어, 1911년 5월에 조선인이 경영하는 사원의 재산관리에 대해 부

---

83 「寺院管理 請認」, 『매일신보』, 1910.11.27.

84 「寺刹令」(制令 第7号, 明治 44.6.3), 『官報』, 1911.6.12; 「寺刹令施行期日」(朝鮮總督府 府令 第83号, 明治 44.7.8); 「寺刹令施行規則」(朝鮮總督府 府令 第84号, 明治 44.7.8), 『官報』. 1911.7.13.

85 한동민, 2006, 앞의 글, 60쪽.

86 「地方局長과 各觀察의 協議」, 『황성신문』, 1909.7.15; 「局長諮問」, 『대한매일신보』, 1909.7.15; 「観察会議案件」, 『황성신문』, 1909.7.18.

87 「寺刹管理規則」, 『매일신보』, 1910.10.22.

정한 행위로 사원의 재산을 매매하거나 양도해도 조선총독부가 취체할 근거가 없으므로 「사원재산관리규칙」을 통해 일본의 경우처럼 법인(法人)으로 재산을 관리할 것이라는 보도가 나온 바 있다.[88] 그렇지만 이러한 「사원재산관리규칙」은 동년 6월의 「사찰령」으로 귀결된다.

당시 「사찰령」의 핵심은 불교 사찰의 병합·이전·폐지와 재산에 대한 '허가제', 사찰의 주지 취직과 사법(寺法)에 대한 '인가제'이다. 즉 주지의 취직과 사법에 대해서는 '조건과 절차'만 갖추어 승인을 받도록 하고, 그 외에 대해서는 '조건과 절차'를 갖추어도 조선총독부가 특정 목적이나 적법성 여부에 비추어 승인하지 않을 수 있도록 한 것이다. 이는 일본 불교에 대해 사원 주직(住職)의 임명·변동, 부동산·보물과 그 이동에 대한 '신고제'를 채택한 것보다 강력한 규제였다.[89]

「사찰령」이 조선 불교의 상황에 미친 영향은 제도적 차원에서 크게 세 가지로 나타난다. 첫째, 조선 불교계와 조선에 진출한 일본 불교계의 관계가 제도적으로 단절되었다는 점이다. 「사찰령」 공포 이후, 조선총독부는 조선의 불교에 「사찰령」을 적용하고, 조선에 진출한 일본 불교 종파들에 1906년 11월 「종교 선포에 관한 규칙」을 적용한다. 즉 조선의 불교와 조선에 진출한 일본 불교 종파들에 대해 다른 제도로 통제한다. 그에 따라 종래의 불교계 상황과 달리, 조선에 진출한 일본 불교계와 조선 불교의 연합이나 병합 추진, 그리고 관리청원 추진 등이 불가능

88 「寺院財産管理規則」, 『매일신보』, 1911.5.25.

89 1915년 10월에 「포교규칙」과 동시에 시행된 「신사사원규칙」의 핵심은 신사와 사원의 설립·이전·폐지·합병에 대한 '허가제', 사원 주직(住職)의 임명·변동에 대한 '신고제', 부동산·보물과 그 이동에 대한 '신고제', 부동산·보물의 매각·양여·교환·저당이나 부채(負債)에 대한 '허가제'이다.

해진다. 즉 1910년 10월 전후에 발생한 원종과 조동종 간의 연합 움직임이 더는 발생하지 않게 되고, 일본 불교와 조선 불교 사찰의 본말사 관계 등도 해체된다.

이 부분을 보면, 「사찰령」은 조선총독부가, 통감부 시기와 달리, 제도적으로 조선 불교에 대한 일본 불교 종파의 독점을 허용하지 않고, 조선 불교를 직접 관리·통제하겠다는 의지를 표명한 것이다.[90] 다만, 「사찰령」으로 인해 일본 불교 종파들이 조선에 진출해 조선인을 신자로 만드는 데 제한을 받은 것은 아니다. 일본 불교 종파들은 해방 시기까지 여전히 조선인을 신자로 만들어간다. 이는 일본 불교 종파들이 친정부적 성향이 있는 상황에서 조선인을 신자로 만드는 것은 결국 일본 정부의 조선 동화정책에 기여한다는 것을 시사한다.

둘째, 일본 정부가 자국에서 독자적인 불교 종파들을 인정하는 것과 달리, 「사찰령」이 조선 불교계에 독자적인 종파들을 만들 수 없도록 만들었다는 점이다. 이와 관련해, 종래의 원종뿐만 아니라 원종과 조동종의 연합에 대한 비판으로 1911년 1월경부터 한용운·박한영 등이 대안으로 추진한 임제종도 인가받지 못하고 「사찰령」의 공포와 함께 1912년에 해체된다. 아울러, 「사찰령」에는 사찰 창립에 관한 규정을 포함하지 않는다.

셋째, 30개의 본사(本寺),[91] 1924년 이후에는 31개 본사를 두고 전국

90 카미벳부 마사노부, 2011, 앞의 책, 162-165쪽. 「사찰령」은 일본 불교 종파가 조선 불교 교단에 간섭하는 것을 실질적으로 불가능하게 만든 동시에 조선총독부가 조선 불교를 일원적으로 관리하는 정책의 근거가 되었다.

91 「사찰령시행규칙」 제2조에서 명시된 30개 사찰이 어떠한 자료에 준거하여 본사로 결정되었는지는 알 수 없지만, 사사관리서 체제의 대법산 원흥사와 중법산 16개 사

의 사찰을 각 본사에 포함해 '조선의 불교계를 31개의 거점으로 분산'시켰다는 점이다. 이러한 조치는 전국의 사찰을 대상으로 삼는다는 점에서 조선 시대에 전국의 사찰들이 국가적 차원의 승정체제(僧正体制)에 소속된 사찰들과 그렇지 않은 사찰들로 나뉘어 국가적 차원에서 전자에 대한 관리 정책을 전개했던 상황과 전적으로 다르다.[92] 또한 1894년 갑오

찰, 불교연구회의 27개 사찰, 원종종무원의 29大刹 등을 거쳐 사찰령 30본산체제로 확정되었다는 지적이 있다(한동민, 2006, 앞의 글, 73-76쪽).

92 손성필, 2018, 「조선시대 불교정책의 실제: 승정체제, 사찰, 승도에 대한 정책의 성격과 변천」, 『한국문화』 83, 서울대학교 규장각한국학연구원, 171-191쪽. 조선시대의 불교계가 국가의 억압적인 정책으로 쇠락한 것이 아니라 1553년(명종 8) 이후 승도를 부역에 동원한 조치로 종래의 '승도는 국역을 담당하지 않는 관례'와 '도첩이 없는 승도는 환속시킨다는 원칙'이 무력화된 이후 승도의 역부담 증가라는 현실적 이유로 급격히 쇠락했을 가능성을 제기한다(같은 글, 188-190쪽). 조선시대 태종이 1406년(태종 6) 승정체제에 속한 사찰들의 사원전과 사노비를 정비하고, 1407년(태종 7)에 11개 종(宗)을 7개로 감축한 바 있다. 이어, 세종은 1424년(세종 6)에 7개 종(宗)을 선종과 교종의 2종(宗)으로 통폐합하고 각 종에 18개씩의 소속 사찰을 배정하며, 승도 인원과 지급 사원전의 결수를 지정하고 선종과 교종의 도회소(都会所)로 각각 흥천사(興天寺)와 흥덕사(興徳寺)를 지정한다. 태종과 세종 당시의 조치는 철훼(撤毀: 건물 철거)한 것이 아니라 혁거(革去: 제도 폐지)로 불교 탄압이 아니라 고려 말 국가와 불교계가 강고하게 결속된 승정체제(僧正体制)를 개혁하기 위한 것이다. 이 선교양종에 36개 소속 사찰을 두고 각각 선종판사(禅宗判事)와 교정판사(教宗判事)가 이 체제를 통솔하는 승정체제는 연산군이 폐지하기까지 약 80년간 안정적으로 유지되고, 그에 따라 승과도 계속 시행되고 승직과 법계가 제수된다. 이 선교양종은 연산군 때 폐지된 후 중종 대 약 40년간 국가 승정체제의 폐지 상태가 지속되지만, 오히려 승도와 사찰에 대한 국가 통제력이 약화되어 승도의 증가 현상을 초래한다. 이후 1550년(명종 5)에 승도의 증가에 대한 대책 마련과 『경국대전』에 따른 제도라는 명분으로 선교양종을 복구해 승과·승직·도승·사원전 등을 포함한 승정체제를 부활시킨다. 이 승정체제는 16년간 유지되다가 1566년(명종21)에 폐지되어 사림세력이 정권을 장악한 선조 대까지 이어진다(손성필, 2018, 앞의 글, 174-177쪽, 178-179쪽). 그렇지만 임진왜란을 계기로 도총섭(都摠摂)을 수장으로 하는 승군(僧軍) 통솔체제가 구축되고, 비록 16세기 사림 세력의 지향으로 인해 법제에 규정된 선교양종이 부활되지는 않았지만, 법제에 없던 도총섭·총섭 등의 승직을 제수해 승

개혁 이후 수도 외곽의 수비 조직인 총융청(摠戎庁) 소속의 승군 군영인 치영(緇営)과 도총섭(都摠摂), 그리고 그에 기초한 주사(主寺)-속사(属寺)의 관계가 폐지된 상황과도 다르다.[93] 조선 불교계의 모든 사찰이 31개

군을 통솔하게 한다. 국가가 승직을 제수해 승도를 직접 통솔했다는 점에서 당시의 승군 통솔체제는 일종의 승정체제였다고 한다. 이 체제는 18세기 중엽의 균역법 시행으로 승도가 감소되고 지방관의 승군 차출 확대와 통제력 강화 등으로 인해 약화되지만, 사찰과 승도에 대한 국가적 개입과 활용은 지속된다(같은 글, 177-178쪽).

『태종실록』 11권 태종 6년 3월 27일(「선교 양종의 사찰수와 토지, 노비의 수를 제한하다」)에 따르면, 구도(旧都, 개경)의 각 사(寺)에 소속된 전민(田民: 논밭과 노비)을 신도(新都, 한양)의 오교양종(五教両宗) 가운데 전민이 없는 각사(各寺)에 옮겨 급여하고, 정(定)한 숫자 내로 하며, 그 나머지는 속공(属公, 관청 노비)할 것, 조계종(曹渓宗)·총지종(摠持宗)을 합해 70사(寺)를, 천태종(天台宗)·소자종(疏字宗)·법사종(法事宗)을 합해 43사(寺)를, 화엄종(華厳宗)·도문종(道文宗)을 합해 43사(寺)를, 자은종(慈恩宗)은 36사(寺)를, 중도종(中道宗)·신인종(神印宗)을 합해 30사(寺)를, 남산종(南山宗)·시흥종(始興宗)은 각각 10사(寺)를 남길 것 등이 결정된다.

『태종실록』 14권 태종 7년 12월 2일(「여러 고을의 복을 빌던 절을 명찰을 대신 지정하다」)에 따르면, 지난 해(1406년) 사사(寺社) 혁거(革去)의 결과로 망폐(亡廃)된 사원(寺院)을 대신해 대가람(大伽藍)에 승도들이 거주하게 하려고 명찰(名刹)로 여러 고을의 자복사(資福寺: 국가의 복을 기원하는 절)를 대신한다는 것이 결정된다. 당시 명찰이 속한 7종은 조계종(통도사 포함 24개), 천태종(엄정사 포함 17개), 화엄종(금장사 포함 11개), 자은종(관음사 포함 17개), 중신종(中神宗: 진구사 포함 8개), 총남종(摠南宗: 천신사 포함 8개), 시흥종(始興宗: 오봉사 포함 3개)이다.

『세종실록』 24권 세종 6년 4월 5일(「불교의 혁파에 관해 선·교 양종으로 나누고, 36개소의 절만을 남겨두자는 예조의 계」)에 따르면, 석씨(釈氏)의 도는 선교(禅教) 양종(両宗)뿐이었고 그 뒤에 7종으로 나누어 중외(中外: 서울과 지방)에 사사(寺社)를 세우고 각 종(宗)에 분속(分属)시켰지만 그 수효가 많아 중들이 사방으로 흩어져 절을 비워두어 점차 훼손되고 있다. 이에 3종(曹渓·天台·摠南)을 합쳐 선종(禅宗), 4종(華厳·慈恩·中神·始興)을 합쳐 교종(教宗)으로 하고, 중외(中外)에 중들이 우거할 36개 절만을 두어 양종에 각각 18개씩 분속시키고, 전지(田地)를 넉넉히 주고 정거승(定居僧)의 인원을 작정하고 공동체 규칙을 작성하게 한다. 이어 승록사(僧録司: 행사, 度牒 발급과 벼슬 임명, 僧科 실시 등 불교 관련 관아)를 혁파하고, 서울의 흥천사(興天寺)를 선종 도회소(禅宗都会所)로, 흥덕사(興徳寺)를 교종 도회소(教宗都会所)로 하고, 양종에 행수장무(行首掌務: 우두머리)를 둔다.

93 한동민, 2006, 앞의 글, 13-18쪽.

본사에 속해 전국적으로 본말사의 구도를 갖출 수밖에 없게 된 것이다. 그리고 조선총독부는 1940년대 이전까지 31개 본사의 연합체만을 인정해 각 본사의 개별성이 강조되는 조합 형태의 운영만 가능하게 한다.

또한 조선총독부는 사실상 주지 인사권을 장악해 조선 불교의 종속화를 유도하는 장치로 활용한다. 이와 관련해, 「사찰령시행규칙」의 특징 가운데 하나는, 1915년의 「신사사원규칙」에서 주지 임명이 총독 신고제인 것과 달리, 조선의 사찰에 대해 본산주지와 그 외 사찰(말사) 주지가 3년 임기로(제4조) 그 임명이 각각 총독과 지방장관의 인가 사항(제2조)이었다는 점이다.[94]

구체적으로, 조선총독부는 "사찰의 본말관계·승규·법식과 기타 필요한 사법(寺法)을 각 본사(本寺)에서 정해 총독의 인가를 받아야 한다"는 「사찰령」 제3조에 따라 조선 불교계를 본말관계(本末関係)로 묶는다. 또한 「사찰령시행규칙」 제2조에 "다음에 게시하는 사찰의 주지(住持)의 취임에 대해 총독의 인가를 받아야 한다"는 내용을 명시하고 30개 사찰을 지정한다. 그리고 1924년 11월 20일 자로 「사찰령시행규칙」 제2조에 화엄사를 추가해 이후 31개 사찰을 본사로 지정한다.[95] 「사찰령시행규칙」 제2조에 따른 31개 사찰을 지역별로 정리해보면 〈표 10〉과 같다.

조선의 불교계는 「사찰령」에 따라 31개 사찰 중심의 본말관계를 갖추게 되고, 1912년 제1회 '30본산주지회의'를 시작으로 30본사의 주지 모임을 공식화한다. 이 주지회의에서 조선 불교의 종명은 '조선불교선교

94 한동민, 2006, 위의 글, 65쪽.

95 「寺刹令施行規則中改正」(朝鮮總督府 府令 第69号, 大正13.11.20), 『官報』, 1924年 12月 15日.

〈표 10〉 31본사

지역	개수	31본사 (*조선총독의 주지 인가 대상 사찰)
경기도	4	봉은사(奉恩寺)·봉선사(奉先寺)·용주사(龍珠寺)·전등사(傳燈寺)
충청북도	1	법주사(法住寺)
충청남도	1	마곡사(麻谷寺)
경상북도	5	동화사(桐華寺)·은해사(銀海寺)·고운사(孤雲寺)·김룡사(金龍寺)·기림사(祇林寺)
경상남도	3	해인사(海印寺)·통도사(通度寺)·범어사(梵魚寺)
전라북도	2	위봉사(威鳳寺)·보석사(寶石寺)
전라남도	5	대흥사(大興寺)·백양사(白羊寺)·송광사(松廣寺)·선암사(仙巖寺), 화엄사(華嚴寺, 추가 지정일: 1924.11.20)
강원도	3	건봉사(乾鳳寺)·유점사(楡岾寺)·월정사(月精寺)
황해도	2	패엽사(貝葉寺)·성불사(成佛寺)
평안북도	1	보현사(普賢寺)
평안남도	2	영명사(永明寺)·법흥사(法興寺)
함경남도	2	석왕사(釋王寺)·귀주사(歸州寺)
계	**31**	

양종(朝鮮佛教禪教両宗)'으로 정해진다. 각 본산의 명칭 앞에는 '선교양종(朝鮮佛教)'의 표현이 붙는다. 용주사에는 '조선불교선교양종(禪教両宗) 본산', 마곡사에는 '호서(湖西) 선교양종 제1대본산', 전등사에는 '심도명승(沁都名勝) 제1선원(禅苑) 대본산', 봉은사에는 '선종 갑찰(甲刹) 대본산', 같은 책 제2권에 따르면, 보석사에는 '선교양종 대본산', 송광사에는 '조계 승찰(僧刹) 대본산', 제3권에 따르면, 해인사와 기림사(祇林寺), 고운사, 동화사에는 '선교양종 대본산', 통도사에는 '불찰(佛刹) 대본산', 범어사에는 '선찰(禅刹) 대본산'이라는 표시가 붙어 있다.[96] 30본산은 1924년에 구례 화엄사가 포함되면서 31본산이 된다.

96 『朝鮮諸寺本末寺法』 제1권, 1912.

결과적으로, 「사찰령」 이후 조선의 불교계는 하나의 종파 형태 또는 종파 없는 하나의 종교단체로 존재하게 된다.[97] 30개 본산이 조선불교선교양종으로 하나의 종교단체로 존재하게 되었다는 것이 실질적으로 중앙집권체제를 갖춘 종교단체가 되었다는 의미는 아니다. '단일 종교'로 보일 뿐이다. 종래에 1906년의 불교연구회나 1908년의 불교종무국이 자체적인 중앙집권체제를 지향한 바 있지만, 30본산 중심의 본말사 구도는 타의적인, 게다가 중앙집권체제가 아니라 일종의 연합조직체 성격이었기 때문이다.

3) 승려 유학과 시찰을 통한 일본 불교화

조선에 진출한 일본 불교 종파들은 조선 승려들의 일본 유학을 추진한다. 조선 승려들도 여기에 동참하고, 승려 유학생들은 일본에서 각종 불교 관련 활동이나 정보를 습득해 조선의 불교의 진로를 사유하게 된다.[98]

특히 1911년 이후 1940년대 전반까지 불교계의 도일 유학생은 대략 363명 또는 370여 명에 이른다. 1919년 3·1운동 이후 1920년대부터 1940년대까지도 도일 유학생의 수가 늘어난다.[99] 일본 유학의 배경으로

---

97 고병철, 2019, 『일제하 종교 법규와 정책, 그리고 대응』, 박문사, 89-96쪽.

98 「東京으로부터, 曹洞宗大學 儒學生 金晶海」, 『매일신보』, 1914.7.16; 「寄書: 宗教學生의 感想, 日本東京曹洞宗大學 儒學生 金晶海」, 『매일신보』, 1915.1.7. 1914년 기사는 일본에 유학하던 김정해(金晶海)가 일본 신문에서 매일 불교도의 대사업, 불교청년회의 조직, 불교의 대확장, 불교의 빈민구제, 불교 학생의 도중(途中) 포교 등의 기사들을 볼 수 있지만, 조선의 『매일신보』에는 수륙제의 남녀전(男女戰) 등 비루한 사실만 실린다는 점을 지적하고 있다.

99 고영섭, 2015, 앞의 글, 299-301쪽.

는 신지식의 수용과 인재 양성을 위한 불교계의 의식, 도성 출입 금지 해제 이후 확산된 일본 문명 및 일본 불교에 대한 조선 승려들의 우호적 인식과 호의, 조선 불교를 일본 불교에 흡수시키려는 일제의 교육정책 영향 등이 지적된다.[100]

이와 관련해, 1910년대 이전에는, 1879년 이동인(李東仁)이 오타니파본원사의 알선으로 일본에 건너가고 그 후에 유점사승 묵담(默潭) 외 3명이 일본 교토로 유학을 간 바 있다. 이어, 통도사 승려 김영기는 1904년경에 일본에 유학을 떠나 조동종 종립학교인 고마자와(駒沢)대학에서 일본어와 불교를 전공하고 졸업 후 니혼(日本)대학에서 법학을 전공해 1910년에 학위를 받는다.[101]

1910년대, 특히 「사찰령」(1911) 반포 이후에는 조선 승려들의 일본 유학이 사찰 단위에서 시작된다. 이와 관련해, 최초의 사찰 공비 불교유학생들은 북쪽의 대표적인 사찰이었던 보현사(普賢寺)가 경도화원(京都花園) 중학에 입학시킨 보현사의 학승 김법룡(金法竜)과 김승법(金承法) 2인이다.[102] 1914년 1월에는 용주사 법무원(法務員)이던 김정해(金晶海, 36세)가 조동종의 경성별원 포교사인 사전유전(寺田有全)의 소개로 일본조동종대학에 입학해 매월 용주사로부터 학비 지원을 받는다.[103] 1914년 8월에는 30본산회의소 주최로 일본조동종대학 유학생 이혼성

100 조아담, 2008, 「재일 조선불교유학생들의 활동」, 『불교학보』 48, 동국대학교 불교문화연구원, 207쪽; 고영섭, 위의 글, 295쪽.

101 김환수, 2012, 앞의 글, 14쪽.

102 고영섭, 2015, 앞의 글, 297-299쪽. 1911년 이후 1940년대 전반까지의 일본 유학생들은 대략 363명 내지 370여 명에 이른다. 1919년 3·1운동 이후 1920년대부터 1940년대까지도 일본 유학생의 수가 늘어난다(같은 글, 299-301쪽).

103 「宗教界: 竜珠寺法務員 留學」, 『매일신보』, 1914.1.27.

(李混惺)·김정해(金晶海)·이지광(李智光) 3인을 각황사로 초청해 오찬회를 개최하고, 당시 이회광은 유학생들이 학무에 노력해 장래 조선불교진흥의 책임을 두 어깨에 짊어지기를 희망한다는 메시지를 전하기도 한다.[104]

한편, 조선총독부는 승려 유학생들을 지원하기도 한다. 이와 관련해, 1918년에는 보현사 말사인 동림사(東林寺)의 승려 심룡안(沈竜眼, 16세)이 경도(京都)의 화원학원(花園學院)에서 우수한 성적을 거두어 조선총독부가 표창하고 금일봉을 학교 측을 통해 전달하기도 한다.[105] 이는 승려 유학생에 대한 정보를 조선총독부가 파악하고 있었다는 것을 시사한다.

한편, 승려 유학 외에도, 불교시찰단도 일본 불교를 접하는 통로로 활용되었다. 이와 관련해, 30본산주지는 1914년 1월의 총회에서 "내지불교시찰단"을 조직하기로 한 후, 사정에 따라 일본불교시찰단을 동년 가을에 조직하기로 한다. 그리고 1917년 8월에 약 1달 정도에 걸쳐 1차 불교시찰단이 출발한다.[106]

1920년대에는 일본 유학을 떠나는 조선 승려 수가 급격히 증가한다. 그리고 1920년대부터 재일 불교유학생 단체들도 만들어진다.[107] 이와

---

104 「仏教留學生」, 『매일신보』, 1914.8.28.

105 「表彰된 僧侶儒學生, 금년 십륙세의 수재, 보현사의 심룡안」, 『매일신보』, 1918.6.15.

106 「仏教視察団 延期」, 『매일신보』, 1914.6.10; 「仏教視察団, 発程을 臨ᄒᆞ야(1), 退耕 権相老」, 『매일신보』, 1917.8.31.

107 1920년대 단체로는 조선불교유학생학우회(學友会, 1920.4.11)와 재일조선불교청년회(1921.4.7), 1930년대 단체로는 조선불교청년회총동맹 동경동맹(1931.5.23), 조선불교동경유학생회(1936.9.20) 등이 있다. 그 외에 『금강저(金剛杵)』사에서 발기한 '원효대성찬앙회'(1926.12), 기관지 『무아(無我)』를 발간한 삼장역회(1928.5.14) 등이 있다(고영섭, 2015, 앞의 글, 296쪽).

관련해, 1920년에는 '조선불교유학생학우회'가 창립되어 1년 후 명칭 개정을 통해 해체된다. 1921년에는 '재일본조선불교청년회'가 결성되어 국내 불교청년운동과 연계해 순회강연을 통한 신지식의 보급과 계몽, 기관지인 『금강저』 발간, '원효대성찬앙회(元暁大聖讃仰会)'와 '삼장역회(三藏譯會)' 등을 통한 불교신앙 대중화 등의 활동을 전개한다.[108]

특히, 1925년부터는 조선불교단(朝鮮佛教団)[109]이 조선포교유학생을 모집해 일본 사찰에 파견하는 활동을 전개한다. 유학생 모집 조건을 보면, 갑종학생의 경우에 '내지불교전문학교에 파견해 졸업 후 약 1년간 지정한 일본 사찰에서 포교사로 필요한 실습이 가능한 자', 을종학생의 경우에 '일본 각종 본산에 파견하여 지정한 사찰에서 포교사로서 필요한 훈육을 받을 수 있는 이' 등이 포함된다. 유학생들은 포교유학생 제1회 졸업생이 배출된 1928년에 조선불교단 도쿄유학생회를 결성하기도 한다.[110]

---

108 조아담, 2008, 앞의 글, 207-214쪽.

109 조선불교단은 1920년에 일본인 사업자 고바야시 겐로쿠(小林源六)와 나카무라 겐타로(中村健太郎) 등을 주축으로 창립된 조선불교대회에서 시작해, '조선불교회'를 거쳐 1925년에 출범한 조직체로, 조선불교대회의 후신이자 1910년대의 불교진흥회를 연원으로 하면서 불교옹호회를 승계한 친일 성향의 불교단체로 알려져 있다(윤기엽, 2017, 「일제강점기 조선불교단의 연원과 사적 변천-조선불교단 임원진의 구성과 이력을 중심으로」, 『대동문화연구』 97, 성균관대학교 대동문화연구원, 293-322쪽).

110 제점숙, 2017, 「식민지 조선 재일불교유학생의 동향」, 『아태연구』 24-3, 경희대학교 국제지역연구원, 53쪽, 62-63쪽. 1925년 5월에 제1기 5명이 출발해 각각 고마자와(駒沢)대학(김응진), 릿쇼(立正)대학(김동진 · 이관수), 슈쿄(宗教)대학(김훈영), 도야마(富山)대학(장경모)에 배정받는다. 1926년 5월에는 제2기로 갑종학생 8명과 을종학생 1명(김홍주)이 선발되고 갑종학생들은 각각 진종본원사파(고순문 · 김대한), 진종오타니파(김효경 · 최거덕), 임제종(문창안), 묘심사파(유현준), 고의진언종(권영갑 · 이구성) 본산에 배속된다. 1927년 3월에는 제3기로 6명의 학생이 각각 슈치대학 전문부(최경상), 오타니대학 전문부(원대겸), 류코쿠대학 전문부(박승훈), 고마자와대학

관련 자료를 보면, 재단법인 조선불교단은 1925년 3월에 제1회 일본 유학생을 보내고, 1926년 3월에 제2회 일본 유학생을 인선해 6명을 파견한다.[111] 1927년 3월에도 20명의 지원자 가운데 공립고보(公立高普)를 졸업한 6명을 선발해 제3회 일본 유학생을 파견하고, 1929년 3월에도 제5회 일본 유학생 4명을 선발해 각각 2명씩을 경도(京都)와 동경(東京)으로 파견한다.[112]

조선불교단은 1929년 10월에 조선불교중앙교무원(朝鮮佛教中央教務院)과 경성불교각종연합회(京城佛教各宗聯合会)와 함께 공동으로 '조선불교대회'를 개최한다. 대회에는 31본산주지 외에 일본 불교 28개 종파의 관장(管長) 및 대표자 등 대규모 인원이 참여한다.[113] 그리고 대회는 조선

전문부(이동희), 하나조노대학 전문부(손항균), 아이쇼대학 전문부(류용손)에 배정받는다. 그리고 조선불교단의 재정 상태 등으로 포교유학생 파견은 4기의 5명(박승록·안종호·심두섭·임철재·이용운)과 5기의 4명(노도양·차동미·김평기·임봉소)을 마지막으로 1930년부터는 중단된다(같은 글, 54-61쪽). 한편, 제점숙은 조선불교단 기관지인 『조선불교』의 내용에 식민지 정책에 반하는 내용이 있다는 점에 착안해(같은 글, 47-51쪽) '친일-항일'의 이분법으로 재단할 수 없는 친일의 중층적 의미('일본이라는 나라에 대한 동경, 친밀감')가 있다고 지적하면서 조선불교단의 포교유학생도 '식민지와 제국의 경계인으로서의 입장'을 엿볼 수 있다고 지적한다(같은 글, 63-65쪽).

111 「仏教団から内地留學生派遣, 廿六日 朝出発」, 『朝鮮新聞』, 1926.3.26.

112 「朝鮮仏教団 内地留學生", 『朝鮮新聞』, 1927.4.3; 「朝鮮仏教団内地留學生」, 『朝鮮新聞』, 1929.3.19.

113 윤기엽, 2017, 앞의 글, 307-314쪽. 이 대회는 1927년부터 준비해 1928년에 개최 예정이었지만 조선총독부 통치 20주년 기념인 조선대박람회(朝鮮大博覧会, 1929.9.12~10.31)에 맞추어 개최된다. 다만, 조선불교단 기관지 역할을 한 『조선불교(朝鮮仏教)』(창간: 1924.5)가 1936년 6월호(통권 121)까지 현전하는 등으로 인해 1937년 이후 조선불교단의 동향을 파악하기가 어렵다고 한다. 1937년 12월에 중국 화북(華北) 지역의 산서(山西) 지방에 주둔한 일본군 장병을 위한 위문단을 파견하는 등의 활동을 했다고 한다(같은 글, 316-317쪽).

불교단 부단장의 경과보고 후 법상종 관장이 좌장을, 임제종 관장이 대회장을, 일본불교연합회 간사가 의장을, 조선 용주사 주지 강대련이 부의장을 맡아 재등실 총독과 문부대신 대리, 일독문화협회, 중국불교대표, 불교연합회 등이 참석한 가운데 진행된다. 당시 조선총독의 축사에 따르면, 이 대회의 초점은 "반도불교의 융성"을 통해 "사상의 선도와 내선동포의 융화"에 기여하는 것이었다.[114] 이 대회는 조선불교단의 유학생 파견이 조선총독부의 동화 정책 차원에서 진행되었음을 시사한다.

한편, 1920년대에도 1910년대처럼 일본불교시찰단이 조직된다. 이와 관련해, 1920년 5월에는 일본 불교포교사업의 발전과 상태를 알아보고자 9명의 승려가 일본시찰단을 조직한다.[115] 1924년 1월에는 조선불교대회에서 일본 불교의 상황을 시찰하기 위해 3명을 파견해 3주 일정으로 일본 사찰을 시찰한다. 동년 3월 말에는 조선불교대회에서 50일 동안 일본의 각 사찰을 시찰해 불교의 상황과 포교상황을 견학하고 정부의 각 대신과 각 종파의 관장을 방문해 조선불교대회의 사명과 취지와 사업 목적의 개요를 진술할 목적으로 불교 시찰을 하고 돌아온다. 그리고 10개년 기간 동안 매년 50명씩 불교생도를 선발해 일본불교대학에 유학하게 하여 포교사를 양성하기로 한다.[116]

또한 1928년 1월에 재단법인 조선불교중앙교무원에서 31본산 본말사의 주지와 대중 가운데 뜻있는 사람을 망라하여 시찰단을 조직하였다. 1917년의 시찰단과 다른 부분은 시찰단의 구성원이 31본산의 중심인물

---

114 「十一日부터 開催된 朝鮮仏教大会 総督府 大'홀'에서」, 『매일신보』, 1929.10.12.

115 「朝鮮僧侶의 仏教視察団, 아홉명이 일본으로 가서 포교방법 시찰, 두 명은 몬져」, 『매일신보』, 1920.5.16.

116 「仏教視察団」, 『매일신보』, 1924.1.30; 「仏教大会 視察団」, 『매일신보』, 1924.3.27.

보다는 실무진이 참여했다는 점이다.[117]

1930년대에는 승려 유학생들이 조선의 불교계와 연결해 조선 불교의 개혁에 목소리를 내기도 한다. 이와 관련해, 1931년 '조선불교청년회'가 '조선불교청년총동맹'으로 개명하고 각지의 불교청년회가 참가하는 과정에서 재일본조선불교청년회도 '동경동맹'으로 전환해 조선불교계의 종헌실행문제, 사법개정운동, 중앙불전 폐지 문제 등의 현안에 의사를 표시한다. 다만, 동경동맹은 총동맹 내분 등의 영향으로 1934년에 해체된다. 1932년경에는 불교유학생 김법린, 허영호, 장도환, 최범술 등이 1930년에 결성된 만당의 동경 지부를 조직한다. 이어, 1936년에는 '조선불교동경유학생회'가 결성된다.[118]

1930년대에도 일본불교시찰단이 운영된다. 다만, 1931년 우가키(宇垣一成, 재임 1931.6~1936.8) 총독 이래 경제공황에 의한 재정압박 등으로 1936년까지 일본시찰단의 파견이 감소한다. 그렇지만 미나미 지로(南次郞, 1936.8~1942.5) 총독 시기인 1937년 이후에는 전시동원체제에 따른 '국체'와 '내선일체'를 강조하면서 이른바 '성지(신궁)참배와 선진지 시찰'을 중심으로 일본시찰단의 파견이 다시 활발해진다. 불교 시찰의 대상도 1920년대까지의 일본 근대 문물과 일본 문화의 우수성을 보여주는 시설보다, 1930년대 심전개발운동이 불교를 통한 내선융화 혹은 내선일치를 지향하면서, 특히 중일전쟁 발발 이후 조선인의 전쟁 동원 담

---

117 김경집, 2006, 「일제하 불교시찰단 연구」, 『한국불교학』 44권, 한국불교학회, 290-292쪽.

118 조아담, 2008, 앞의 글, 214-217쪽. 그렇지만 1940년대에 들어서면서 일제의 침략전쟁에 동조하는 모습을 보이기도 하였다.

론을 유도하는 방편으로 성지(신궁)참배로 확대된다.[119]

이와 관련해, 1937년 4월 강원도에서는 주지, 포교사 또는 사찰직원 등 도내 승려 중에서 성적이 좋은 5~6명을 선발해 2~3주 동안 일본 불교 시찰을 하도록 하고 여비를 지원할 계획을 세운다. 그리고 1938년에는 주지, 포교사, 법무(法務) 또는 사찰직원 중에서 8명을 선발해 일본 불교 시찰을 예정하고 경기도 시학(視學) 김연찬(金演燦)이 인솔한다. 1939년에도 '조선 불교의 진흥을 도모'한다는 목적으로 승려 8명을 선발해 19일 동안 시찰을 진행하고 경비를 보조했다.[120]

이상의 내용을 보면, 조선 승려들의 일본 유학과 시찰은 대체로 1910년대부터 본격적으로 진행된다. 승려들의 일본 유학 생활은 주로 불교계 종립대학에서 이루어진다. 그 이유는 대체로 불교라는 친연성과 장학금 및 기숙사 혜택 등의 조건에서 찾을 수 있다. 이들이 주로 유학한 대학은 선종 계통인 조동종립대학, 임제종립대학과 천태종립대학, 정토종 계통, 일련종 계통 등의 학교이다. 구체적으로, 임제종 운동을 펼친 승려들과 관련된 임제종 묘심사파의 임제종대학(1911)·임제전문학교

---

119 조성운, 2007, 앞의 글, 146-147쪽, 166-168쪽. 조성운은 우가키 총독 재임 시기의 일본시찰단 파견 감소 현상의 원인으로 해당 시기 경제공황에 의한 재정압박을 지적한다(같은 글, 147쪽). 실제로, 제1차 세계대전 이후 1920년대에 '자유 경쟁과 자유 무역'에 따라 많은 업체가 등장하고 경쟁이 과열됨에 따른 주가 폭락, 대량 폐업과 실업자가 증가한다. 특히 1929년부터 1939년 무렵까지 세계적으로 경제 혼란('대공황')이 지속되고, 그 과정에서 시장 경제에 대한 국가의 개입 필요성이 대두된다. 그리고 1932년에 미국 대통령에 당선된 루스벨트가 국가 주도의 대규모 공사를 통한 일자리 제공, 농업과 산업 관리, 사회보장 제도 마련 등을 담은 뉴딜(New Deal) 정책을 추진해 대공황에서 점차 벗어나자, 정부의 경제 개입 정책이 세계적으로 확산된다.

120 「模範僧侶를 選抜 内地仏教界視察 視察員一名에 百八十圓補助 江原道에서 計劃中」, 『매일신보』, 1937.4.24; 「模範僧侶를 選抜 内地仏教視察」, 『매일신보』, 1938.6.12; 「江原僧侶八名 内地仏教視察」, 『매일신보』, 1939.5.7.

(1934), 원종 종무원의 고문이었던 다케다 한지(武田範之) 관련 조동종의 구택대학(駒沢大學, 1925), 신의진언종풍산파(新義真言宗豊山派)·정토종·천태종의 3파 연합인 대정대학(大正大學, 1926), 도성입성 해금과 관련된 사노 젠레이(佐野前励) 소속의 일련종 입정대학(立正大學), 1877년 부산에서 포교를 시작한 오쿠무라 엔신(奧村円心) 소속의 정토진종 오타니파[동본원사]가 세운 대곡대학(大谷大學), 정토진종 본원사파가 세운 용곡대학(竜谷大學), 정토종이 세운 종교대학(宗教大學) 등이다. 그 외에 일본대학(日本大學, 일반 사립대학)과 일본 근대 불교철학자 이노우에 엔료(井上円了, 1858~1919)가 세운 동양대학(東洋大學, 일반 사립대학), 국립 동경제대, 중앙대학, 조도전대학(早稲田大學) 등도 있다.[121]

그리고 승려 유학생들의 졸업 후 진로는 국내 불교단체와 연계해 종래 주지세력과 갈등을 무릅쓰고 개혁 활동에 동참하는 것, 생계를 위해 불교학과 관련이 없는 학문으로 전공을 변경하는 것, 중앙교무원 간부를 맡거나 주지로 취임하는 것, 강원이나 혜화전문·중앙불교전문학교 등에서 강의와 연구를 하는 것 등으로 구분된다. 이 가운데 중앙교무원 간

121 고영섭, 2015, 앞의 글, 303-311쪽. 임제종 묘심사파가 1872년에 묘심사에 설치한 반야림(般若林)은 1900년 이후 화원학림(1903), 화원학원(1907), 임제종대학(1911), 임제전문학교(1934), 화원대학(花園大學, 1949)으로 이어진다. 그에 비해 조동종이 1882년에 설치한 조동종대학림(曹洞宗大學林)은 조동종대학(1905)을 거쳐, 구택대학(駒沢大學, 1925)으로 이어진다. 한편, 신의진언종풍산파(新義真言宗豊山派)·정토종·천태종은 3파 연합으로 1926년에 대정대학(大正大學)을 설립하고 1943년에 진언종 지산파(智山派)의 智山專門學校까지 합병한다(같은 글, 305-308쪽). 한편, 유학생이 취직 문제를 고민해 해당 사찰이 지정한 학교가 아니라 임의로 학교와 학과를 변경해 동경고등사범, 동경물리학교, 동경의학전문학교, 일본체조학교, 암창철도학교 등으로 옮긴 경우가 적지 않았고, 일본 외에 중국과 유럽 유학생들도 있었다(같은 글, 309-310쪽).

부나 주지가 된 유학생들은 일제의 정책에 동조하거나 타협하는 자세를 보이기도 한다. 또한 유학승의 대부분은 귀국 후 환속하거나 결혼을 해 논란의 중심에 서기도 한다.[122]

또한 재일 유학승들은 일본의 '종파불교'로 인해 자파의 소의경전과 의례만을 습득해 종학(宗學)에 머무르는 경향을 보인다. 그리고 이들이 귀국 후에 보여준 태도에 대해 '속인과 취처, 주지축출 운동, 불교에 대한 무지'라는 비판을 받기도 한다. 이러한 비판은 1920년대에도 나타난다. 이들은 조선총독부가 대처승의 본사 주지가 가능하도록 사법을 개정하자 다수가 조선총독부의 시책에 협조하게 된다. 일부는 종학을 넘어서고자 중앙불교전문학교에 다시 입학하기도 한다.[123]

한편, 일본 불교 시찰의 경우에는 1910년 한일병합 이후에 본산 차원과 불교단체, 그리고 지역사회 등의 차원에서 실행되었다. 조선총독부는 일본 불교와 일본 사회를 경험해 스스로 식민지 국민이 된 것을 인정하도록 하려는 의도를 가지고 비용과 안내 등을 지속적으로 지원하였다. 시찰단원들은 시찰의 소감을 당시 잡지에 게재하거나 소속 사찰에 돌아가 소감을 강연하는 방식으로 일본의 우수성을 선전하였다. 게다가 전시체제하에서 심전개발(心田開発)에 대한 강연과 함께 일본 불교 시찰에 대한 소감을 함께 전해 식민지 체제 구축에 활용되었다. 이러한 맥락에서 조선총독부의 의도는 일본 불교 시찰이 지속해서 시행되면서 어느 정도 성공을 거두었다는 평가를 받고 있다.[124]

---

122 조아담, 2008, 앞의 글 217-218쪽.

123 고영섭, 2015, 앞의 글, 311-333쪽.

124 김경집, 2006, 앞의 글, 283-312쪽(특히 309쪽 참조). 일본시찰단은 시찰 이후 귀국하면 시찰기를 당국에 제출하고 강연회나 간담회를 통해 자신의 경험을 일반 민중

불교시찰단에 대해서는 동화정책의 수행과정에서 불교를 통해 조선 민중을 동화시키려던 수단이었다는 점, 1920년대까지 일본시찰을 통한 조선 불교의 발전이라는 명분이 있었지만 1930년대 중반 이후 내선일치를 통한 조선인의 전쟁 동원에 대한 협조로 이어졌다는 점 등이 지적되고 있다. 다만, 이러한 불교시찰단의 파견을 반발하는 기류도 조선 불교 안에서 형성되었다는 점도 지적되고 있다.[125]

2. 조선 기독교의 관리와 합병

1) 일본 기독교의 유입과 선교 관리

일본에서 기독교는 1850년대에 외국인 거주지에서만 종교활동의 자유를 보장받았고, 1870년대에 금교령 철폐와 함께 선교에 대한 묵인이 이루어진다.[126] 그로부터 약 30년 후인 1900년대부터 조선에 진출하기 시작한다. 구체적으로, 러일전쟁(1904.2~1905.9) 시기인 1904년 2월에 장로교 전통인 일본기독교회가 부산에서, 5월에 감리교 전통의 일본메소지스트교회가 경성에서, 그리고 6월에 회중교회 전통의 일본조합기독교회가 경성에서 전도를 시작하였다. 이외에도 성결교회 계통의 일본홀리네스교회(日本ホーリネス教会), 일본구세군 등의 전도 활동이 이루어

에게 전달해야 하는 의무가 있었고, 불교시찰단의 경우도 마찬가지였다고 한다(조성운, 2007, 앞의 글, 153쪽).

125 조성운, 2007, 위의 글, 177쪽.

126 도히 아키오, 2012, 김수진 역, 『일본 기독교사』, 기독교문사, 16-17쪽.

〈표 11〉 각 기독교(개신교) 인가(1907)

각 교종파 포교관리자			단독 포교자		
교종파 명칭	주거지	인가연월일	교종파 명칭	주거지	인가연월일
감리표	경성	명치40.3.2	야소교	수원	명치40.2.18
			일본조합기독교	경성	명치40.2.28

졌다.[127]

이러한 개신교 교파들에 대해 통감부는 1906년 11월에 「종교 선포에 관한 규칙」을 시행해 관리한다. 조선에 진출한 일본 개신교 교파들은 「종교 선포에 관한 규칙」에 따라 인가 신청을 하게 된다. 예를 들어, 통감부는 1907년에 감리교(メソデストエビスコバル教会)와 단독 포교자 2인을 인가한다. 이와 관련된 내용은 〈표 11〉과 같다.[128]

1915년 8월에는 종래의 「종교 선포에 관한 규칙」을 폐지하고 「포교규칙(布教規則)」을 제정한다.[129] 조선에 진출한 일본 기독교에 대한 새로운 관리 법규가 마련된 것이다. 조선총독부도 「포교규칙」이 동년 10월 1일 자로 시행되면서 「포교규칙」에 따른 포교계(布教届), 포교원(布教願), 포교자명부(布教者名簿), 포교관리자설치계(布教管理者設置届), 포교소설치원(布教所設置願), 신도수계양식(信徒数届様式) 등을 고시한다.[130]

---

127 이원중, 2018, 「일제 말기의 기독교 합동 운동: 일본기독교조선장로교단을 중심으로」, 『한국기독교신학논총』 110, 223-224쪽.

128 統監府 総務部 編, 1907.7, 앞의 책, pp. 59-60. 감리교(メソデストエビスコバル)는 미이교회(美以教会)라고도 하며, メソデスト는 Methodist, エビスコバル는 Episcopal(주교/감독교회)의 일본어 번역이다. 당시 감리교(美以) 교회관리자는 기하라 호카시치(木原外七)이다(박광수·편용우·이부용·장혜진·최세경, 2016, 앞의 책, 58쪽).

129 「布教規則」(朝鮮總督府 府令 第83号, 大正4.8.16, 施行 大正4.10.1), 『官報』, 1915.8.20.

130 「布教規則ニ依ル布教届' 布教願' 布教者名簿' 布教管理者設置届' 布教所設置願' 信徒

〈표 12〉 일본 기독교계 시기별 포교소 거점 설치 추이와 지역별 집중도

	일본조합교회	일본기독교회	일본메소지스트	합계
포교 개시 시기	1904	1904	1904	
~1915	32	13	11	**56**
1916~1920	24	1	2	**27**
1921~1925	11	3	2	**16**
1926~1930	2	1	1	**4**
1931~1935	1	0	2	**3**
1936~1940	1	1	1	**3**
1941~1945	일본기독교단 3			
합계	**71**	**19**	**19**	**112**
지역별 거점 수 (개수)	전라도(18) / 충청도(13) / 경성(12) / 평안도(11)	전라도(6) / 경성(5) / 경상도(4) / 평안도(2)	함경도(7) / 황해도(3) / 경기도(2) · 충청도(2) · 평안도(2)	

※ 일본기독교단: 1939년의 '종교단체법'으로 교파들이 통합된 명칭(조선에 3개 포교 거점 설립).

전반적으로 러일전쟁 시기부터 1945년 패전까지 일본 개신교 교파들은 계속해서 조선에 진출한다. 그 가운데 활동 규모가 큰 교파는 일본조합교회, 일본기독교회, 일본메소지스트였는데, 이들은 조선에 총 112개의 선교 거점을 두었다. 선교 거점은 일본조합교회가 71개소(64%)로 가장 많았고 일본기독교회와 일본메소지스트가 각각 19개소로 그 뒤를 이었다. 지역별로는 일본조합교회가 전라도·충청도·경성, 일본기독교회가 전라도·경성·경상도, 일본메소지스트가 충청도·경기도에 집중된 경향을 보였다. 1945년 패전까지 일본 기독교의 포교소 거점 설치 추이와 지역별 집중도의 내용은 〈표 12〉와 같다.[131]

数届様式」(朝鮮總督府 告示 第253号, 大正4.10.1), 『官報』, 1915.10.30.

131 김태훈, 2020, 앞의 글, 261-266쪽. 표는 262쪽 '일본 기독교계 시기별 포교소 거점

〈표 13〉 1930~1939년 일본 기독교의 조선인 신도 추이

<table>
<tr><th>연도</th><th>1930</th><th>1931</th><th>1932</th><th>1933</th><th>1934</th><th>1935</th><th>1936</th><th>1937</th><th>1938</th><th>1939</th></tr>
<tr><td>일본기독교회</td><td>19</td><td>95</td><td>125</td><td>21</td><td>162</td><td>16</td><td>180</td><td>16</td><td>42</td><td>533</td></tr>
<tr><td>일본메소지스트교회</td><td>154</td><td>24</td><td>18</td><td>44</td><td>45</td><td>808</td><td>6</td><td>11</td><td>73</td><td>120</td></tr>
<tr><td>일본조합기독교회</td><td>5</td><td>15</td><td>6</td><td>12</td><td>8</td><td>15</td><td>36</td><td>1</td><td>11</td><td>262</td></tr>
<tr><td>기요메교회</td><td rowspan="2">1,146</td><td rowspan="2">642</td><td rowspan="2">1,146</td><td rowspan="2">961</td><td rowspan="2">652</td><td rowspan="2">2,055</td><td rowspan="2">1,953</td><td>0</td><td>5</td><td>6</td></tr>
<tr><td>일본성결교</td><td>2</td><td>4</td><td>2</td></tr>
<tr><td>기독동신회</td><td>66</td><td>145</td><td>151</td><td>365</td><td>415</td><td>71</td><td>159</td><td>82</td><td>76</td><td>63</td></tr>
<tr><td>조선인
신도 총수</td><td>1,390</td><td>921</td><td>1,446</td><td>1,403</td><td>1,282</td><td>2,965</td><td>2,334</td><td>112</td><td>211
(원929)</td><td>986</td></tr>
</table>

〈표 14〉 1930~1939년 일본 기독교의 포교자 수 추이

<table>
<tr><th>연도</th><th>1930</th><th>1931</th><th>1932</th><th>1933</th><th>1934</th><th>1935</th><th>1936</th><th>1937</th><th>1938</th><th>1939</th></tr>
<tr><td>일본기독교회</td><td>12</td><td>13</td><td>15</td><td>15</td><td>17</td><td>18</td><td>19</td><td>21</td><td>22</td><td>25</td></tr>
<tr><td>일본메소지스트교회</td><td>16</td><td>18</td><td>20</td><td>21</td><td>21</td><td>21</td><td>27</td><td>30</td><td>32</td><td>30</td></tr>
<tr><td>일본조합기독교회</td><td>34</td><td>34</td><td>34</td><td>36</td><td>37</td><td>36</td><td>39</td><td>38</td><td>38</td><td>39</td></tr>
<tr><td>기요메교회</td><td rowspan="2">4</td><td rowspan="2">4</td><td rowspan="2">6</td><td rowspan="2">7</td><td rowspan="2">7</td><td rowspan="2">8</td><td rowspan="2">8</td><td>2</td><td>2</td><td>3</td></tr>
<tr><td>일본성결교</td><td>4</td><td>4</td><td>3</td></tr>
<tr><td>기독동신회</td><td>3</td><td>3</td><td>3</td><td>3</td><td>2</td><td>3</td><td>3</td><td>3</td><td>3</td><td>3</td></tr>
<tr><td>일본 기독교
포교자 총수</td><td>69</td><td>72</td><td>78</td><td>82</td><td>84</td><td>68</td><td>77
(원96)</td><td>98</td><td>101</td><td>103</td></tr>
</table>

위의 표를 보면, 일본 기독교계의 조선 포교 거점 수는 대체로 1920년대 중반 이후 증가 추세를 보이지 않지만, 이러한 수치는 자료에 따라 다르다.[132] 그렇지만 중요한 부분은 이들이 조선 기독교계와 교류를 시도하면서, 조선인을 신자로 확보했다는 점이다. 이와 관련해, 1930년

설치 추이'와 263쪽의 '일본 기독교계 지역별 분포'를 혼합해 재구성한 것이다.

132 예를 들어, 1926년 자료에 따르면, 일본메소지스트의 포교소 수는 총 17개소로 나타난다(日本基督教聯盟 編, 1926, 『基督教年鑑』(昭和2年), 東京: 日本基督教聯盟年鑑部, p. 441).

〈표 15〉 1930~1939년 천주교 포교소, 포교자, 일본인 신도 수 추이

연도	1930	1931	1932	1933	1934	1935	1936	1937	1938	1939
포교소 총수	288	301	316	327	344	382	418	452	468	484
포교자 총수	131	151	162	184	187	198	217	222	237	257
신도 수(일본인)	921	1,091	1,069	1,041	957	2,027	1,840	1,158	1,078	1,177
신도 수(조선인)	58,511			중략						113,562
신도 수(외국인)	58	63	58	92	65	101	60	65	64	78

대 상황을 보면, 일본 기독교의 포교자 수는 대체로 증가 추세를 보이지만, 조선인 신도 수는 1935년과 1936년에 급증했다가 1937년 이후 감소세를 보인다. 1930년대 일본 기독교가 확보한 조선인 신도 수와 포교자 수의 추이는 〈표 13〉과 같다.[133]

천주교는 개신교와 비교해, 포교 거점과 일본인 신자 수가 적지 않은 편이었다. 예를 들어, 1925년 말의 조사 자료를 보면 성당(포교소)이 250개로, 조선예수교장로회, 미국 감리회, 미국 남감리회 다음으로 많았고, 일본인 신자 수는 전체 신자 수 91,053명 가운데 조선인 89,798명과 외국인 136명을 제외한 1,119명으로, 조선에 있던 일본기독교회와 일본조합기독교회 다음으로 많았다. 일본인 신자 수 규모는 1916년부터 1922년까지 평균 약 800명 정도였다가 1922년에 900명 선을 넘고, 1924년부터 1,000명 선을 넘는다.[134] 이어, 1930년대에도 포교소 수, 포교자 수, 신도 수 모두 점차 증가 추세를 보인다. 1930년대의 천주교 포교소, 포교자, 일본인 신도 수 추이는 〈표 15〉와 같다.[135]

133 朝鮮總督府學務局社会教育課, 1940, 앞의 책, pp. 75-77. 일본 기독교의 포교자 수 추이는 'pp. 69-70' 참조.

134 日本基督教聯盟 編, 1926, 앞의 책, pp. 441-447.

135 朝鮮總督府學務局社会教育課, 1940, 앞의 책, p. 62, p. 69, p. 75.

다른 조선총독부 통계자료에서 재조선 기독교의 현황 추이를 보면, 천주교는 1910년대부터 1930년대까지 시설이나 포교자나 신도 수에서 꾸준히 증가하다가 1940년대에 다소 약세를 보인다. 개신교 교파들은 장로교, 감리교, 동양선교회, 성공회, 제7일안식일야소재림교 순으로 1930년대까지 꾸준히 증가하다가 1940년대에 다소 약세를 보인다. 그 외에 구세군(구세단)의 교세가 증가세를 보이고, 1920년대부터 조선기독교회[136]의 교세도 증가세를 보인다. 일본 개신교파는 1910년대까지 일본조합교회가 강세를 보이다가, 1920년대 이후 일본메소지스트교회와 일본기독교회가 강세를 보인다. 그 외에 1930년대부터는 가미노교회(神の教会)의 교세가 일본조합교회를 넘어선다. 자세한 내용은 〈표 16〉과 같다.[137]

이상의 내용을 보면, 일본의 기독교, 특히 개신교 교파들이 러일전쟁(1904.2~1905.9) 시기 이후에 대체로 조선에 진출하고, 러일전쟁의 결과

---

136 『한국민족문화대백과사전』, 조선기독교회 항목. 이에 따르면, 조선기독교회는 민족의 주체성과 토착신앙화를 표방하면서 자치를 선언하고 기성교회에서 분립한 교회의 총칭으로, 세 개의 계통이 있었다. 첫 번째는 1918년 봉산(鳳山) 신원교회(新院教会)의 김장호를 중심으로 장로교 선교사의 보수적 신학을 비판하고 조선적 신학을 내세워 독립한 경우이다. 두 번째는 1929년 김장호의 조선기독교회와 병합한 김종태계(金鐘台系)의 조선기독교회이다. 세 번째는 1935년 2월에 길림(吉林)에서 감리교 선교사 현성원(玄聖元)이 변성옥(邊成玉)·한동규(韓東圭) 등과 설립해 감리교에서 분립한 조선기독교회이다. 이 세 교회는 설립 계보가 무관했지만, 상호 관련성으로 김종태·김장호계가 합동한 후 만주의 조선기독교회와도 교인의 상호 이명(移名) 및 신학생 교환 합의 등 연계를 맺었다. 변성옥·현성원의 조선기독교회는 이용도계(李竜道系)의 조선예수교회와 1936년 합동을 추진했다가 무산되었다.

137 朝鮮總督府 編, 1920, 앞의 책, pp. 493-498; 朝鮮總督府 編, 1930, 앞의 책, pp. 688-693; 朝鮮總督府 編, 1940, 앞의 책, pp. 253-300; 朝鮮總督府 編, 1944, 앞의 책, pp. 197-243. 조사 시점은 매년 12월 말이다.

〈표 16〉 기독교 현황 추이

(1910년 이후, *시설=교회당 · 포교소 · 강의소/*포교=종교포교자)

	1919		1928			1938			1942		
	*시설	*포교	*시설	*포교	信徒	*시설	*포교	신도	*시설	*포교	신도
천주공교	224	64	270	140	56,641	468	237	122,181	500	272	85,826
천주공교 성분도회 (聖芬道會)	1	8	0	0	0	0	0	0	0	0	0
러시아(露國) 정교회	6	5	6	5	630	6	5	111	6	5	48
조선야소교 장로회	1,899	1,332	2,345	1,443	156,990	3,118	3,053	280,081	3,245	3,053	223,772
기독교조선 감리교단	0	0	0	0	0	833	451	54,286	868	258	39,716
남감리교회	244	153	350	252	11,061	0	0	0	0	0	0
북감리교회	564	583	526	627	31,477	0	0	0	0	0	0
성공회	71	84	69	87	6,280	132	155	7,713	129	102	6,834
제7일안식일 야소재림교	44	49	97	49	4,011	182	67	8,468	189	76	4,089
동양선교회	16	40	58	101	3,003	166	212	12,052	200	200	8,827
동양선교회 성결(ホリネス) 교회	0	0	3	3	943	0	0	0	0	0	0
구세단	97	68	101	83	3,752	134	173	6,379	109	115	3,823
기독교회 조선선교회	0	0	0	0	0	9	11	445	15	14	245
기독교 오순절교회	0	0	0	0	0	6	11	192	4	4	80
기독교회	0	0	0	0	0	2	3	290	6	6	148
일본기독교단	0	0	0	0	0	0	0	0	58	67	3,336
일본기독교회	10	14	12	12	1,625	13	22	1,724	0	0	0
일본메소지스트교회	11	10	15	13	1,961	17	32	1,868	0	0	0
일본조합 기독교회	59	80	8	31	926	9	38	758	0	0	0
기요메교회	0	0	0	0	0	3	2	91	0	0	0
일본 성(聖)교회	0	0	0	0	0	5	4	65	0	0	0
기독동신회	0	0	1	2	11	2	3	83	2	3	161
조선기독교회	0	0	22	2	2,765	29	7	1,922	24	10	3,499

조선회중 기독교회	0	0	28	22	4,173	26	25	713	26	26	273
신의(神の) 교회	0	0	0	0	0	13	13	1,250	14	14	882
기독의(基督の)교회	0	0	0	0	0	12	5	170	13	5	32
조선야소교회	0	0	0	0	0	0	0	0	8	5	0
예수(イエス) 교회	0	0	0	0	0	0	0	0	8	7	173
기독교조선 복음교회	0	0	0	0	0	0	0	0	19	7	211
성주교단	0	0	0	0	0	0	0	0	19	19	64
일본일치기독교회	0	0	0	0	0	0	0	0	1	1	75
나자렛(ナザレン) 교회	0	0	0	0	0	0	0	0	3	3	186
야소교순복음교회	0	0	0	0	0	0	0	0	1	0	110
동아기독교회	0	0	0	0	0	0	0	0	30	32	429
계	**3,176**	**2,400**	**3,888**	**2,828**	**283,362**	**5,159**	**4,459**	**498,216**	**5,395**	**5,395**	**381,559**

※ 감리교단: 1928년에 북감리교회가 '미감리교회'로 표기. 1938년에 '기독교조선감리교회'로 표기.
※ 1938년까지 구세단은 '구세군'으로 표기.

로 설치된 통감부의 관리를 받게 된다. 통감부는 1906년 11월 「종교 선포에 관한 규칙」에 따라 일본 기독교의 조선 선교 상황을 관리하기 시작한다. 이러한 상황은 일본 개신교 교파들이 1906년 11월 이후부터 통감부의 인가 없이 조선 선교가 불가능해진 상황에 직면한 것으로, 일본 불교 종파들과 마찬가지로 통감부의 정책에 협조해야 할 위치에 있었다는 것을 의미한다. 이러한 관리의 근거는 1915년의 「포교규칙」으로 전환되어 1945년 패전까지 이어진다. 그리고 일본 개신교 교파 중에서 일본조합교회, 일본메소지스트교회, 일본기독교회 등은 1940년대에 '일본기독교단'으로 병합되었지만, 일제강점기 내내 조선에서 활동한다.

2) 조선 기독교의 관리와 합병

(1) 조선 개신교계의 합병

일본 개신교 교파인 일본기독교회, 일본메소지스트교회, 일본조합기독교회가 부산과 경성에서 조선 선교를 시작하던 1904년을 전후로 조선 개신교계 상황을 보면, 당시 조선인 목사들이 거의 없어 개신교 교파들을 이끌던 주체는 사실상 외국인 선교사들이었다. 이와 관련해, 조선인 목사의 배출 시점과 조직 구성을 보면 다음과 같다.

감리교를 살펴보면, 1885년 4월 아펜젤러(Henry G. Appenzeller) 부부의 내한으로 선교를 개시한 미감리회(북감리회)는 1901년에 김창식(金昌植)과 김기범(金箕範)에게 목사안수를 주었다. 이어, 1905년에 조선선교연회(Korea Mission Conference)를 조직하고, 1907년에 남감리회가 연합으로 협성신학당을 설립한 후 1908년에 조선연회(Korea Conference)를 조직해 중국연회와 독립시켰다. 그에 비해 남감리회에서는 1911년에 최초로 김흥순, 정춘수, 주한명에게 목사안수를 주었고, 1914년에 조선선교연회를, 1918년에 조선연회를 조직하였다.[138]

장로교에서는 1893년 1월 미국북장로교선교회, 오스트레일리아선

---

138 기독교대한감리회(https://kmc.or.kr/about-kmc/history-of-kmc)는 자체 역사를 '미감리회선교 시대(1884~), 자치 시대(1930~), 자립 시대(1945~)'로 구분한다. 감리교 외국인 선교사와 감리교 인물에 대해서는 감리교회 역사자료 검색서비스(https://his.kmc.or.kr/foreign-missionaries) 참조. 한편, 미감리회(북감리회)에서는 아펜젤러(Henry G. Appenzeller) 부부가 1885년 4월에 내한한 후, 1887년 10월에 '벧엘예배당(정동제일교회 모체)'을 설립하고 10년 후인 1897년에 엡윗 청년회를 창설한다. 남감리회에서는 중국에 있던 헨드릭스(E. R. Hendrix) 감독과 리드(C. F. Reid) 선교사가 1895년 10월에 내한한 후 1896년 8월 리드 부부가 경성에서 선교활동을 시작하고, 1897년 5월 고양읍에 첫 남감리교회를 설립한다.

교회, 캐나다선교회 등 4개 장로교선교회가 '장로교선교회협의회'를 조직해 선교구역 분할과 단일장로교회 설립에 합의했다. 이후 1907년 9월에 평양신학교 졸업생 7명에게 목사안수를 주고 선교사 모펫(Moffett, Samuel A)을 초대 회장으로 '하나뿐인 노회'를 의미하는 독로회(独老会)를 조직하였다. 그 후 각 도에 노회를 조직하면서, 한일병합 이후인 1912년 9월에 언더우드와 블레어(Blair, W. N.)를 각각 회장과 회계로 하는 '조선예수교장로총회'를 조직하였다.

그 외에 성결교에서는 일본의 동양선교회(東洋宣教会) 성서학원을 졸업한 김상준(金相濬)·정빈(鄭彬)이 경성에 조선야소교 동양선교회 복음전도관(福音伝道館)을 세운 1907년부터 전도 활동을 시작하였다. 이어, 1910년 11월에 영국인 토마스(John Thomas) 목사가 제1대 조선 감독으로 파송되고, 1911년 3월에 성서학원(서울신학대학교 전신)이 개설된 후 1914년 4월에 이명직(李明植), 이명헌(李明憲), 강태은, 김상순(金相橓), 이장하 등 조선인 5명에게 최초로 목사안수를 주었다.[139] 구세군의 경우에는 영국 선교사 로버트 허가드(Robert Hoggard) 사관 일행이 일본을 거쳐 경성에 도착한 1908년부터 조선 선교를 시작했고, 1910년에 구세군사관학교를 설립해 조선인 사관을 양성하기 시작하였다.[140]

이처럼 미감리회(북감리회)가 1901년에, 남감리회가 1911년에, 장로교가 1907년에 조선인 목사를 배출하기 시작했다는 점을 고려하면, 일

---

139 정상운, 『성결교회와 역사연구』 I, 이레서원, 1997, 176-185쪽. 정상운은 '동양선교회 복음전도관 시대: 자생적 개척기(1907~1921), 조선야소교 동양선교회 성결교회 시대: 교단 조직과 해외 선교, 일제 수난기(1921~1945)'로 구분한다(같은 책, 176-193쪽).

140 『한국민족문화대백과사전』, 구세군대한본영(救世軍大韓本營) 항목.

본 개신교 교파들은, 북감리교를 제외하면, 당시까지 조선인 목사가 없던 시기에 조선에 진출한다. 그리고 장로교가 1907년에 독노회를, 북감리회가 1908년에 조선연회를, 남감리회가 1918년에 조선연회를 조직했다는 것은 개신교 교파들을 이끌던 주체가 선교사들이었음을 의미한다.

조선의 개신교 교파들을 이끌던 외국인 선교사들은 특히 러일전쟁 이후부터 조선보다 일본 중심의 국제적 관계의 영향을 받았고, 그 속에서 정교분리 담론의 영향으로 정치 영역의 변화보다 선교활동에 집중했다. 개신교 교파들을 이끌던 주체가 사실상 외국인 선교사들이었다는 점을 고려하면, 이러한 경향이 개신교계 전반에 영향을 미쳤을 것임을 유추할 수 있다.

1910년에 조선총독부가 설치된 이후 기독교 관련 정책 수행의 방식은 크게 세 가지로 구분할 수 있다. 첫 번째는 외국 선교사들에 대한 우호적인 관계를 형성해 선교사들이 정치적 영역에 대해 방관하도록 만드는 방식이다. 외국 선교사들도 자국과 일본의 국제적 관계 속에서 조선총독부와 우호적인 관계를 유지하기 위해 노력하였다. 이러한 관계 속에서 외국 선교사들은 1910년 8월 한일병합조약에 대해 반대하기보다 대체로 침묵 또는 묵인한다. 또한 한일병합 이후에도 1912년 3월에 사내총독이 각국 영사와 선교사를 함께 관저로 초청해 각부 장관 등과 만찬회를 개최한 행위,[141] 장로교 대표자 5명이 동년 8월에 조선총독부의 정무총감을 방문해 명치 천황의 사망에 대한 애도를 전달한 행위[142] 등은

---

141 「総督의 宣教師 招待」, 『매일신보』, 1912.3.13.

142 「長老派의 敬吊」, 『매일신보』, 1912.8.4.

조선총독부와 외국 선교사들이 상호 우호적인 관계를 맺기 위해 노력했다는 점을 보여준다.

조선총독부와 외국 선교사들의 상호 우호적인 관계를 위한 노력은 1920년대에도 이어진다. 그렇지만 1930년대에 들어 1931년의 만주사변과 1937년의 중일전쟁 등 전시체제 속에서 선교사들 일부는 신사참배와 관련된 신앙상의 문제로 조선총독부와 갈등을 빚기도 한다. 그리고 1940년대에 일본과 자국의 관계에 따라 적국(敵國)으로 분류된 국가의 선교사들은 대다수 본국으로 귀환하게 된다.

두 번째와 세 번째 방식은 각각 일본 기독교의 보호 관리 및 확산과 조선 기독교의 친일화이다.[143] 이러한 방식들은 기본적으로 일본의 대조선 정책을 관통하는 '동화정책'의 맥락에 있다. 여기서 동화는 일본인과 조선인의 대등한 동화가 아니라 조선인을 일본인으로 변화시키는 동화이자 일본을 상위에 둔 동화, 즉 우열에 입각한 동화를 의미한다.

두 번째 방식에서 핵심적인 역할을 한 일본 개신교는 주로 일본조합교회, 일본기독교회, 일본메소지스트교회 등이었다. 이러한 일본 개신교 교파들도 조선총독부와 밀접한 연관성을 유지했다. 이 관계는 조선총독

143 박혜미, 2013, 「1910년대 일본조합교회 조선전도본부의 활동과 식민주의」, 『한국민족운동사연구』 74, 79-80쪽. 신궁봉경회(神宮奉敬会)를 통해 신도신앙에 단군신앙을 부속시키려는 사례와 경학원을 통해 유교를 장악하거나 사찰령과 사법을 통해 조선 불교를 장악하는 사례가 전자와 후자의 방식과 관련된다. 「今番 事機를 因ᄒᆞ야 神宮奉敬会를 解散흠」, 『황성신문』, 1907.5.31에 따르면, 신궁봉경회(神宮奉敬会) 회장은 다카하시(高橋久司)였고, 해산일은 1907년(명치40) 5월 28일이다. 한편, 해산 직후 1907년 6월에는 다카하시가 도우즈(到津公凞)와 홍재칠(洪在七, 이윤용(李允用), 이범규(李範圭), 윤이병(尹履炳) 등과 함께 한일 양국의 국조 숭경(國祖崇敬), 양국민의 정신적 화목, 교육·자선·식산(殖産) 발달을 목적으로 동우회(同友会)를 창립한다(『한국민족문화대백과사전』, 동우회 항목).

이 1912년에 일본조합교회의 목사인 미야가와 츠네테루(宮川経輝)와 마키노토라지(牧野虎次) 관저로 초청해 오찬회를 가졌다는 점, 동년 7월에 학무국장이 일본기독교회의 목사인 우에무라 마사히사(植村正久)를 관저에 초청해 강연을 들었다는 점[144] 등 여러 상황에서 유추할 수 있다.

특히 일본조합교회는 1910년 10월에 제26차 정기총회에서 조선전도본부의 설치를 결정해 조선에서 본격적으로 선교를 진행하고, 특히 조선인을 자유교회에 가입시켜 조선에서 신자들을 확보하였다. 그리고 1919년 3·1운동에 대해 「시국운동선언」(1919.4.14)을 발표해 조선전도부가 관리하는 교회와 교인들이 이 운동에 동요하지 말고 평소대로 신앙에 매진해야 한다고 촉구하는 등의 모습을 보였다. 그렇지만 조선전도부에 대한 일본조합교회 내부의 비판과 조선총독부의 기부 단절 등을 배경으로 1921년 7월에 조선전도본부는 일본조합교회 소속 조선 교회를 조선인에게 넘길 것을 결정하였고, 소속 조선 교회들은 동년 9월에 조선회중기독교회로 독립하였다. 이어, 동년 10월 일본조합교회의 제37회 총회가 조선전도부 소속 교회를 '조선회중교회'로 변경·독립하는 것을 승인해 조선전도본부는 폐지되었다.[145]

조선총독부도 1922년 3월 30일부로 일본조합기독교회 소속 23개

144 「総督의 牧師 招待」, 『매일신보』, 1912.6.19; 「植村목사의 강연회」, 『매일신보』, 1912.7.3. 6월 기사는 사내총독이 宮川経輝, 牧野虎次郎 목사와 丹羽渡瀬 외 수 명을 관서로 초청해 정무총감과 내무부장관 등이 오찬했다는 내용, 7월 기사는 関屋 학무국장이 植村正久 목사를 관저에 초청해 강연을 들었다는 내용이다.

145 「朝鮮会衆基督教会의 創立에 対하야, 柳一宣氏談」, 『조선일보』, 1921.9.2, 2면; 「日本組合教会의 組織変更, 渡瀬常吉氏談」, 『조선일보』, 1921.9.3, 2면; 도히 아키오, 2012, 앞의 책, 289-290쪽.

교회의 소속 교파를 조선회중기독교회로 변경하는 인가를 하고,[146] 1923년 5월에는 조선회중기독교회의 재단법인 설립을 인가하였다.[147] 조선회중기독교회는 1930년까지 신자 수의 확대 추세를 보이다가 1931년부터 감소 추세에 들어섰지만,[148] 지속적으로 활동을 유지하였다. 다만, 조선회중기독교회의 독립 이후에 일본조합교회는 철수한 것이 아니라 조선에 남아 주로 일본인을 대상으로 선교활동을 전개하였다.[149]

일본기독교회(日本基督教会)는 1890년 12월 종래의 일본기독일치교회를 개칭한 단체이자 일본 개신교계의 최대 교파로 미국 북장로교회와 남장로교회, 네덜란드 개혁교회와 독일 개혁교회 등 4개의 선교회와 관계된 단체였다. 교회 정치 체제로는 '소회(小会)-중회(中会)-대회(大会)'의 대의제를 갖추었다. 일본기독교회는 대만(1906), 만주(1912)에 이어 1915년에 '조선 중회(中会)'를 창설하였다.[150]

일본메소지스트교회(일본감리교회)는 러일전쟁 후 1907년 5월과 6월에 미국 북감리교회, 캐나다 감리교회, 미국 남리교회가 각각 구성한 일

146 「社寺·宗教: 所属宗教派変更届」, 『조선총독부관보』 제2970호, 1922.7.7.

147 「商業及法人登記: 朝鮮会衆基督教会財団法人」, 『조선총독부관보』 제3271호, 1923.7.6.

148 「昭和 9年 3月 治安情況: 附表, 宗教教勢調査表」(경성지방법원 검사국 문서)에서 조선회중기독교회의 조선인 신자와 일본조합기독교회의 일본인 신자 수(1928~1932년)를 보면, 각각 1928년 395명 대 648명, 1929년 450명 대 300명, 1930년 402명 대 364명, 1931년 290명 대 419명, 1932년 243명 대 451명, 1933년(소화8) 218명 대 485명이다(http://db.history.go.kr/id/had_186_0410).

149 「組合基督教会 創立 七十週年 記念大会」, 『매일신보』, 1939.6.3.

150 도히 아키오, 2012, 앞의 책, 218쪽. 일본기독일치교회는 장로교 계통의 웨스트민스터 신조에 기반을 둔 단체로, 1890년 12월 제6차 대회에서 일본기독교회로 개칭한다(같은 책, 135-139쪽). 일본기독교회는 개신교 교파에서 최대 규모를 유지하다가 1941년 6월 33개 교파 합동으로 성립한 일본기독교단의 제1부로 편입된다.

본 연회가 합동 총회를 개최해 설립한 단체였다. 교회 정치 체제로는 '총회-연회-부회(部会)-사계회(四季会)-교회회의'의 감독제를 갖추었다. 일본메소지스트교회는 1911년에 조선부를 설립하였다. 그리고 동·서 두 연회에 1919년 시점에서 각각 10개 부회(지방)와 8개 부회를 두었는데 그 가운데 하나가 조선부였다.[151]

이처럼 일본조합교회는 1910년의 조선전도본부, 일본기독교회는 1915년의 조선 중회, 일본메소지스트교회는 1919년의 조선부를 통해 각각 조선에서 선교활동을 지속하였다. 이들의 활동은 1941년 6월의 일본기독교단으로 합병되기까지 이어졌다.[152] 그리고 일본 개신교계 교파들이 이미 1912년 2월에 '일본기독교회동맹'을 결성하고, 1923년 11월에 '일본기독교연맹'으로 개편해 교파 간 협조적인 활동을 지속했다는 점을 고려하면,[153] 조선 선교활동에 대해서는 일본 개신교 교파들 사이에서 공유되었을 것으로 보인다.

일본 개신교계는 자국 정부, 즉 일본 정부의 방침에 역행하지 않으려는 태도를 보였다. 이와 관련해, 1930년대에는 개신교계 대표 기관의 성격을 가졌던 일본기독교연맹이 만주사변(1931.6)과 만주국(1932.1) 등 일본 정부의 식민지화 정책에 침묵하였고, 신사참배가 국민의 애국심과 충성을 위한 교육상 조치라는 정부의 입장을 수용해 1936년 11월에 교

151 도히 아키오, 2012, 위의 책, 146-152쪽, 222쪽.

152 「愛の手を広く 強く拡げん, 日本基督教会朝鮮中会総会」,『朝鮮新聞』, 1926.4.18.

153 도히 아키오, 2012, 앞의 책, 226-228쪽. 도히 아키오는 이에 대해 당시 불온한 정세를 염려한 기요우라(清浦) 내각이 1924년 2월에 신도·불교·기독교 대표자들을 초청해 국민정신 진흥과 사상 선도에 관한 간담회를 가졌고, 지방 관공서의 협력이 이 상황을 구체화한 것이며, 일본 기독교 대세가 1930년대를 앞두고 어떤 방향을 가고 있는가를 보여주는 것이라고 설명한다(같은 책, 228쪽).

육칙어의 취지 실천과 신사참배를 촉구하였다. 뿐만 아니라 중일전쟁에 대해 국민정신총동원과 황군위문사업에 참가하면서 세계 기독교에 일본 정부의 정당성을 설명하였다. 그리고 연맹의 회원 교파들이 1941년 6월에 「종교단체법」(제정 1939.3, 시행 1940.4)에 근거해 결성한 일본기독교단도 1941년에 발발한 태평양전쟁에 대해 일본 정부의 정당성을 옹호하였다.[154]

주목할 부분은, 이미 1920년대 초에 일본조합교회에서 조선회중기독교회가 분리되었을 때 양측이 상호 협력 관계임을 천명한 바 있지만, 1930년대에 조선 개신교계와 일본 개신교계의 합동 움직임이 나타나기 시작했고, 1937년 중일전쟁 이후 전시체제 속에서 가속화되었다는 점이다. 이러한 합동 움직임의 핵심은 조선 기독교계의 독자성을 희석시키는 데에 있었다.

구체적으로, 1938년에는 조선기독청년연합회(YMCA, 회장 윤치호)가 내선일체의 차원에서 6월에 제네바의 세계기독청년연맹을 탈퇴하고 일본기독청년동맹에 가입하기로 결정하였다. 이후 가입 수속을 완료해 동년 8월에 총회를 개최하고 합동교섭에 관한 안을 통과시키고, 명칭을 '일본기독교청년동맹 조선연합회'로 개칭하였다.[155] 조선여자기독청

154 도히 아키오, 2012, 위의 책, 317-322쪽. 일본성서신앙동맹은 순수 복음을 내세운 교파들이 1933년 1월에 결성해 일본기독교연맹과 별도로 종교·사회 문제들에 관해 협력한 연합체이다(같은 책, 315쪽).

155 「朝鮮基青六千会員이 内鮮一体의 旗下에 '세계긔청'에서 탈퇴코 '일본긔청'에, 七日에 委員会 열고 決定」, 『매일신보』, 1938.6.7; 「朝鮮基青 새 看板 '日本基青同盟 朝鮮聯合会'로」, 『매일신보』, 1938.8.21; 「朝鮮基青聯合会의 幹部一同을 改選, 十四日 委員会 開催」, 『매일신보』, 1938.10.7. 6월 기사에 따르면 이 합동의 전제로 전조선 면려청년회(勉励青年会)를 해산한 것이라고 한다.

년연합회(YWCA)도 제네바의 세계여자기독교청년연합회를 탈퇴하는 동시에 동경여자기독청년동맹에 가입하고자 동년 7월에 일본 측과 협의해 가입 수속을 밟고, 명칭을 '일본기독교여자청년회 조선연합회'로 개칭하였다.[156]

또한 조선 개신교계는 1938년에 조선기독교연합공의회(公議会)[157]가 자진 해산하고 '내선일체'를 표방한 조선기독교연합회를 조직하였다. 구체적으로, 1938년 5월에 조선총독부 관계자들이 참여한 가운데 일본과 조선의 개신교계 목사들과 신자들이 조선기독교연합회 발회식을 갖고, 동년 7월 7일에 중일전쟁기념일에 맞추어 총독의 축사와 함께 결성식

---

156 「東京女子基青 監事 両氏 入城」, 『매일신보』, 1938.7.13; 「東京同盟幹部마저 加入手続을 協議, 朝鮮女子基青委員会 開催」, 『매일신보』, 1938.7.16; 「鍾路署献金 一束」, 『매일신보』, 1942.5.23. 1938년 7월 기사들은 조선여자기독청년연합회가 동경여자기독청년동맹 가입을 결정한 후 동경여자기독청년동맹 관계자 2명이 김활란과 합동 협의를 위해 도착했고, 협의해 명칭을 바꿨다는 내용이다. 1942년 5월 기사에 '여자기독청년회 일본동맹조선연합회'라는 명칭도 보인다.

157 『한국민족문화대백과사전』, 조선예수교연합공의회 항목에 따르면, '조선기독교연합공의회'는 1931년에 개편된 연합체로, 한국기독교교회협의회(KNCC)의 모체이며, 전신은 1924년 9월에 창설된 조선예수교연합공의회(초대 회장: 차재명)이고, 후신은 '조선기독교연합회'였다. 이 연합체는 1919년 3·1운동 이후 1905년 장로회 4개 선교부, 감리회 2개 선교부 선교사 중심의 한국복음주의선교회연합공의회와 1918년 2월 조선인이 참여한 조선예수교장감연합협의회의 통합을 추진해 1924년 9월에 새문안교회에서 창설되었다. 목적은 교회 간 협동을 통한 ①복음 선전, ②사회도덕 향상, ③기독교 문화 보급 등이었다. 초기 회원은 조선 측의 조선예수교연합장로회(장로교), 조선미감리회·조선남감리회(감리교), 외국선교부 측의 미국북장로회·미국남장로회·오스트레일리아장로회·캐나다연합교회(장로교), 미감리회·남감리회(감리교), 기독교기관인 대영성서공회·조선기독교청년회 등 11개 대표로 조직되었다. 이 단체는 1931년에 '조선기독교연합공의회'로 개편해 조선여자기독교청년회(YWCA), 조선예수교서회, 조선주일학교연합회, 재일본캐나다장로선교회, 조선기독교여자절제회 등으로 회원을 확대했다. 그러다가 1938년에 단체를 해산했고, 이후 조선기독교연합회가 결성되었다.

을 개최하였다. 당시 조선기독교연합회는 "일본 정신의 선양과 내선일체와 종교보국"을 표방하며 전국을 30구로 구분해 30개의 지회를 두어 활동 기반을 마련하였다.[158] 조선기독교연합회 결성 이후, 각 지역에서 일본 개신교계와 조선 개신교계가 각 지회를 결성하고 위문품 제공 등 조선총독부의 방침에 적극적으로 협력하는 모습을 보였다.

조선기독교연합회는 1939년 7월 제2회 총회에서 조선인·일본인 신자 200여 명이 참석한 가운데 만주기독교회에 인사를 보낼 것, 황군위문, 일본기독교연맹과 협력할 대표인원 선거 등을 결정하고, 정신총동원연맹기념식에 참석하였다.[159] 특히 조선기독교연합회와 일본기독교연맹의 협력 시도는 합동 시도였고, 이 문제는 일본기독교연맹의 1939년 10월 제9회 총회에서 다루어졌다. 그렇지만 일본기독교연맹은 당분간 완전 합동이 곤란하므로 현 상태를 유지하되 여러 문제에 대해 양측이 협의한다는 결정을 내린 바 있다.[160]

이어, 1940년 9월에 '외국인의 지배와 재정적 보조 폐지'와 '신동아 건설에 따른 종교보국'이라는 조선총독부의 방침에 따라 조직체계에 변화를 시도하였다. 그 핵심은 종래에 교회 단위의 참가에서 교파의 참가를 포함하는 것이었다. 이미 장로교는 1940년 총회에서 장로교 전체가

---

158 「內鮮教徒의 心的 握手, 日本的基督教 確立, 全京城 內鮮牧師 信徒 二千余名 集合 基督教聯合会 結成式 盛大」, 『매일신보』, 1938.5.9; 「內鮮教徒가 一体되어 宗教報國運動 邁進, 南総督 臨席下 聖戦記念日을 期하야 朝鮮基督教聯合会 結成, 各地에 支会 設置, 委員과 評議員 選定」, 『매일신보』, 1938.7.8. 조선기독교연합회는 당시 "40만 십자가 군병들아! 다 같이 일어나 총후보국의 보조를 맞추자!"라는 슬로건을 내세운다.

159 「二百余 內鮮教徒 参集, 基督聯合会総会, 劈頭에 皇軍慰問等을 決意」, 『매일신보』, 1939.7.8.

160 도히 아키오, 2012, 앞의 책, 304-305쪽.

연합회 참가를 결정하였고, 구세군, 성결교, 감리교 측도 참가할 의향을 가지고 있었다. 조선기독교연합회의 혁신 목표는 "순수 일본주의에 의한 기독교로 나아가 통일된 교리를 세우고 한 가지 교회로서 조직과 체계"를 세운다는 것이었다.[161] 이들은 1942년 2월에 '황국의 무운장구'를 비는 기도회를 열고 싱가포르 함락에 대해 축하 감사회를 여는 등 활동을 지속하였다.[162]

주목할 부분은 중일전쟁 이후 전시체제하에서 1940년대 전후 조선 개신교계의 교파 합동 및 일본 개신교계와의 합동 움직임은 일본 내 개신교계의 합동 움직임과 연동되어 있었고, 조선총독부의 방향이기도 했다는 점이다. 전자와 관련해서는 두 가지 상황을 지적할 수 있다. 하나는 1939년 3월에 제정된 「종교단체법」(시행 1940.4)이 일본 기독교계에 지형 변화를 발생시켰다는 점이다. 그리고 결과적으로 1941년에 「종교단체법」상 종교단체로 인가된 교단은 각각 5월과 11월에 인가된 일본천주공교(日本天主公教)와 일본기독교단(日本基督教团) 두 개뿐이었다.[163] 로마 가톨릭을 유지하면서, 개신교계 교파들을 통폐합해 초교파적 연합교회 성격을 지닌 하나의 단체로 전환시킨 것이다.[164]

---

161 「基督教界의 劃期的 新体制, 内鮮各教派 総網羅, 大同団結 機運 濃厚, 朝鮮基督教聯合会 機構 革新」, 『매일신보』, 1940.9.12.

162 「内鮮 各派가 合同, 基督教聯合 祈祷会」, 『매일신보』, 1942.2.10.

163 「宗教団体法ニ依リ日本天主公教教団設立」(文部省 告示 第633号, 昭和16.5.7), 「日本天主公教教団統理者就任」(文部省 告示 第634号, 昭和16.5.7), 『官報』. 1941年 5月 7日; 「宗教団体法ニ依リ法人タル教団設立」(文部省 告示 第839号, 昭和16.11.26), 「宗教団体法ニ依リ日本基督教団教団統理者就任」(文部省 告示 第840号, 昭和16.11.26), 『官報』, 1941年 11月 26日.

164 文化庁, 2013, 앞의 책, pp. 19-23. 1940년 개신교 교파 가운데 일본기독교단에 참가하지 않은 사례는 일본성공회(日本聖公会) 일부와 제칠일안식일예수재림교회(セブ

이 가운데 일본기독교단의 출현은 조선 개신교계에 일종의 동경의 대상이기도 했다. 이와 관련해, 1941년 6월 당시 일본 기독교 출판사업 시찰을 명분으로 일본을 방문한 양주삼(梁柱三, 전 감리교회 총리사)은 일본기독교단의 창립총회에 대해 "세계기독교사상(史上)에 미증유(未曾有)의 획기적 일대변혁으로서 이 광휘(光輝) 있는 기독교의 신체제의 수립은 바야흐로 세계 기독계에 공헌하는바가 클 것"이라고 소개하였다. 그리고 조선 기독교의 장래에 대해 일본 기독교와 조선 기독교가 장차 한 교단이 되리라는 것이 일반적 관측이지만 아직 양측에 구체적인 안이 없다는 점, 그렇지만 양측이 "기독교를 통한 내선 결합"을 요구하고 있어, 이를 위해 우선 조선 기독교도 일본기독교단처럼 교단합동운동, 즉 "영미(英米) 등 외국 의존을 청산(清算)하는 금일(今日)에 있어서 자주적인 가장 활발한 신발족(新発足)이 있을 것"을 기대하였다.[165]

다른 하나는 1940년대에 일본의 외국 선교사 추방 조치가 이루어졌다는 점이다. 1939년 9월 독일 폭격기들이 폴란드 수도 바르샤바를 급습하면서 제2차 세계대전(1939~1945)이 일어나자 선교사 추방 조치가 이루어졌다. 1940년 9월 27일에 '독·이·일 삼국동맹'이 체결되어

ンスデー・アドベンチスト, Seventh-day Adventist)와 개별 교회 일부이다. 일본성공회는 1887년 2월에 교단을 결성한 후 활동하다가 제2차 세계대전 당시에 교단 조직을 해체했다. 이어, 1945년 12월에 그 기구를 부활해 현재에 이른다(위의 책, pp. 20-21). 패전 이후, 천주교(ローマ・カトリックの日本天主公教教団)는 가톨릭중앙협의회, 정교회는 일본하리스토스정교회교단을 이루고 있고, 개신교에는 일본기독교단이 그대로 있으며 여기서 탈퇴해 다시 개별 교파를 유지하는 경우도 있었다.

165 양주삼, 1941.9, 「内地基督教界의 動向(内地를 視察하고 돌아와서)」, 『삼천리』 제13권 제9호, 106-110쪽(http://db.history.go.kr/id/ma_016_0860_0170). 당시 일본 시찰에 참여한 인물은 조선기독교서회 총무 양주삼(梁柱三, 전 감리교회 총리사), 정인과(鄭仁果), 백락준(白楽濬), 오문환(呉文煥)이다.

영국·프랑스 등과 대치 구도가 형성되고,[166] 일본이 미국에 전의(戰意)를 표명하자 미국 국무부가 1940년 10월에 미국 총영사를 통해 선교사들에게 조선 철수 명령을 통보해 동년 11월에 미국인 219명이 인천항의 해군함정 마리포사(Mariposa)호를 타고 철수하였다. 이어, 캐나다장로회, 호주장로회 등 외국 선교사들도 1941년 3월 말까지 조선에서 철수하게 되었고, 남아 있던 선교사들은 태평양전쟁이 발발하면서 '포로' 취급을 받아 일본인 포로와 교환 대상이 되었다.[167]

1941년 7월에는 「외국인 관계 취인취체규칙」이 시행되면서 외국 선교사에 대한 통제는 점점 심해졌다. 이 법규에 따라 조선총독이 지정한 외국(지정국)의 국민과 법인은 부동산을 포함한 재산의 취득이나 처분, 채무 거래 등에 대해 '조선총독의 허가'를 받아야 했다. 당시 조선총독이 지정한 외국은 미국과 캐나다 등 5개 국가였다.[168]

게다가 일본 정부는 1941년 12월 하와이 진주만 공습과 함께, 「적

166 徳富猪一郎, 1941, 『皇國日本の大道』, 明治書院, p. 231. 이 자료에 따르면, '일독이 삼국동맹(日独伊三國同盟)'은 '세계 신질서의 수립을 위해 일본은 동아(東亜)에서, 독일과 이탈리아는 구주(欧州)에서 지도자(指導者) 지위임을 서로 인식함'이라는 의미를 지닌다고 한다(위의 책, pp. 232-233).

167 한국기독교역사연구소, 1997, 『한국 기독교의 역사』 Ⅱ, 기독교문사, 282-283쪽; Wi Jo Kang, 서정민 역, 2005, 『한국 기독교사와 정치』, 한국기독교역사연구소, 113쪽; 조선혜, 1996, 「1941년 '만국부인기도회사건' 연구」, 『한국기독교와 역사』 5, 141-142쪽, 145-148쪽. 조선혜는 미일 관계의 악화에 따른 미국의 훈령으로 1940년 11월 16일 마리포사호가 219명의 미국인을 태우고 갔을 때 선교사들이 개인적 차원에서 철수 여부를 선택했지만, '1941년 3월의 만국부인기도회 사건' 이후 선교자들은 강압적으로 한국으로 떠날 수밖에 없었다는 점을 지적하고 있다(같은 글, 148쪽).

168 「外國人関係取引取締規則」(朝鮮總督府令 第218号, 昭和16.7.28), 「外國人関係取引取締規則第一条第一項ノ規定ニ依ル外國ヲ指定ス」(朝鮮總督府 告示 第1133号, 昭和16.7.28), 『朝鮮總督府官報』 4353号, 1941.7.28.

산관리법(敵産管理法)」과 동법 「시행령」과 「시행규칙」을 공포·시행하고 1941년 12월 22일 자로 제11조를 제외한 나머지를 조선·대만·사할린(樺太)에 시행하였다. 그리고 「적산관리법」과 동 시행령에 따라 1941년 12월 24일 자로 미국(米國: 필리핀 연방과 영토 전체 포함)과 영국(인도와 해외 영토 포함)을, 1942년 1월 16일 자로 네덜란드(和蘭國: 蘭領印度)를 적국(敵國)적으로 공포하였다.[169] 다만, 프랑스는 1940년 6월 독일군의 파리 입성과 함께 독일 점령지구와 비시정부의 관할구역으로 유지되다가 1944년 6월 연합군의 노르망디 상륙 직후인 동년 8월에 해방되기까지 일본의 적국 범위에서 제외되었다.

조선총독부는 「적산관리법」에 따라 1941년 12월 29일 자로 미국과 영국을 적국(敵國)으로 고시하고, 1942년 1월 23일 자에 네덜란드(和蘭國)를 추가 고시하였다.[170] 그리고 종교단체 공익법인에 대한 재산조사를 진행해 1942년 5월 22일에 총 16개 법인(미국계 12개, 영국계 4개)에 「적산관리법」을 적용해 관리인을 지정하였다.[171]

---

169 「敵産管理法」(法律 第99号, 昭和16.12.22), 「敵産管理法ヲ朝鮮˙台湾及樺太ニ施行スル件」(勅令 第1178号), 「敵産管理法施行令」(勅令 第1179号), 「敵産管理法施行規則」(大蔵省 省令 第76号), 『官報』 1941年 12月 23日; 「敵産管理法及同施行令ノ敵國」(大蔵省 告示 第585号), 『官報』, 1941年 12月 24日; 「敵産管理法及敵産管理法施行令ノ敵國指定」(大蔵省 告示 第12号), 『官報』, 1942年 1月 16日.

170 「敵産管理法及敵産管理法施行令ノ敵國」(告示 第286号), 『조선총독부관보』, 1941년 12월 29일; 「敵産管理法及敵産管理法施行令ノ敵國中改正」(告示 第99号), 『조선총독부관보』, 1942년 1월 23일.

171 「米英系宗教法人에 敵産管理令 適用을 決定」, 『매일신보』, 1942년 5월 24일. 이 기사에 따르면, 16개 적산 관리 대상 공익법인의 범위를 보면, 미국계의 경우에는 미감리교회조선선교부유지재단, 남감리교회조선부인선교부유지재단, 북국(北國)야소교 북장로파조선선교회유지재단, 경성외국인학교유지재단, 피어선기념성경학원유지재단, 조선기독교청년회 국제위원간사유지재단, 야소교동양선교회유지재단, 재일본프레

제2차 세계대전(1939~1945) 상황에서 일본과 대치한 국가들은 적국(敵國)으로 분류되었고, 대다수의 외국 선교사들은 적국의 국민으로서 추방되었다. 조선총독부로서도 황민화 정책을 실현하는 과정에서 걸림돌이 없어진 셈이었다. 이러한 상황을 교파 합동의 차원에서 보면, 선교사의 철수 조치는 개신교계가 선교사들의 반대 없이 교파 합동을 추진하게 되었음을 의미한다.

일본 개신교계의 합동 움직임은 조선 개신교 교파들에게도 재현되었다. 그뿐 아니라 일본 개신교계도 조선 개신교계에 '내선일체와 기독교의 황민화'를 주장하였다. 이와 관련해, 이미 1938년 9월 조선장로교의 제27회 총회에 일본기독교대회의 특사로 파견된 아키츠키(秋月致)·미야타(宮田熊治)와 조선기독교연합회 대표 니와(丹羽清太朗) 목사 등이 참석해 '전도보국과 내선일체'를 강조한 바 있다.[172] 그리고 1940년 9월에는 일본기독교연맹 회장(阿部米宗)이 경성에 수일간 머물러 조선기독교연합회, 일본메소지스트 경성교회의 전도집회, 이화여자전문학교와 연희전문학교 등과 접촉하면서 조선 기독교인들에게 '기독교의 황민화'를 주장한 바 있다.[173]

무엇보다 조선 개신교 교파들의 합동 움직임의 배후에는 교파 합동에 대한 조선총독부의 압력이 있었다. 당시 조선총독부의 논리는 전

쓰비테리안선교사사단(社团), 재일본 콩그게-손넬 선교사사단, 화국(和國)야소교 남장로파조선선교회유지재단, 재조선야소교장로파선교회신학교유지재단이다. 영국계의 경우에는 대영(大英)성서공회조선지부유지재단, 조선기독교서회, 호주빅토리아장로파조선선교회유지재단, 조선야소교 가내타(加奈陀)연합교회유지재단이다.

172 「内地教役者마저 内鮮一体를 強調, 長老教総会 第五日」, 『매일신보』, 1938.9.15.

173 「内鮮教会 緊密提携, 皇民化에 一路 邁進, 日本基督教聯盟 会長 阿部米宗氏 入城談」, 『매일신보』, 1940.9.25.

시체제하에서 '국가 없이 종교도 없다.'는 것과 '일본적 기독교 정신'이었다.[174] 이와 관련해, 1944년 9월에는 정무총감 엔도 류사쿠(遠藤 柳作)가 천주교와 개신교 각 파 대표자를 초청해 교파 합동을 요구하였다. 그리고 1945년 6월에 다시 장로교·감리교·구세군 지도자 55명을 초대해 기독교계를 통합해 '일본기독교 조선교단'을 만들도록 통합위원회를 구성하게 하였더, 동년 7월에는 통합위원회가 선임한 각파 대표들을 소집해 총회를 열어 교단 규칙을 통과시키고, 장로교의 김관식을 통리자로, 감리교의 김응태를 부통리로 지명하고 각 지역 교구장 등 임직원을 선임해 8월 1일부터 시무하게 하였다.[175]

결과적으로, 조선 개신교 교파들은 1945년 7월에 하나의 '일본기독교 조선교단'으로 전환되었다. 1940년대 일본 개신교와 연결된 조선 개신교의 상황을 일제의 종교 정책에 대한 순응과 '변질'로 보는 관점[176]과 '합동 운동'으로 보는 관점[177]이 대비되지만, 이러한 움직임을 교파별로 살펴보면 다음과 같다.

장로교는 1940년 9월 제29회 총회에서 중앙상치위원회를 설치한 후 11월에 조선총독부에 협력할 내용 및 일본 기독교와 제휴해 "신동아 건설에 즉응하는 일본적 기독교의 확립에 매진"한다는 내용을 담은 '조선예수교장로회 혁신요강'을 발표하였다. 그리고 1941년에는 8월에 '일

174 「國家업시 宗教도 업다, 決戰基督教로 蹶起, 総監 各派 代表와 会談, 合同의 速成 期待」, 『매일신보』, 1944.10.8.

175 김승태, 2006b, 「일제 말기 한국기독교계의 변질·개편과 부일협력」, 『한국기독교와 역사』 24, 34-35쪽.

176 김승태, 2006b, 위의 글, 5-65쪽.

177 이원중, 2018, 앞의 글, 221-247쪽.

본적 기독교 건설, 구미(欧美) 의존 구태 잔영(旧態残影)의 공제(控除)' 등이 담긴 「전시체제실천성명서(戦時体制実践声明書)를 발표해 '일본적 기독교 건설을 공식적으로 천명하고 그 실천'에 돌입했다. 이어, 1942년 10월 제31회 총회에서 총회장이 '기독교의 일본화'를 내세웠고, 1943년 5월 '일본기독교 조선장로교단'(통리 채필근)을 설립하였다.[178]

다만, 1940년 이후 장로교의 '일본적 기독교화'는 조선총독부의 요구에 따른 것이기도 했다. 이와 관련해, 조선총독부는 1940년 4월부터 「치안유지법」 등을 적용해 일본적 기독교화에 반발하는 움직임을 차단하였다. 조선총독부는 1940년 4월 이래, 평북, 평남, 경남 각 도에서 조사에 착수해 용의자를 검거했고, 1940년 9월 20일경에도 각 도에 일제 검거를 단행해 193명을 검거하고 「치안유지법」 등을 적용해 취조하였다.[179]

1943년 5월 일본기독교 조선장로교단 결성 이후, 조선장로교단은 조선총독부의 방침을 충실하게 이행하는 모습을 보였다. 예를 들어, 1943년 8월의 징병제실시감사결의 앙양운동주간에는 전국 3,000여 교회에 통첩해 징병제실시감사 필승기원예배를 드리도록 하였다. 예배는 국민의례, 기도, 징병제실시 감사, 필승신념 앙양결의의 강화, 황국신민서사 제창, 만세봉창 등으로 구성되었다. 또한 예배 후에 신자들이 국방헌금을 모아 각 교회에, 각 교회가 교구장에게, 교구장이 교단 본부에 내도록 하였다. 아울러, 일본기독교 조선장로교단은 경성교구연맹과 함께

178 김승태, 2006b, 앞의 글, 16-32쪽; 서정민, 2002, 「일제 말 '일본기독교조선교단' 형성과정」, 『한국기독교와 역사』 16, 한국기독교역사연구소, 82쪽.

179 朝鮮總督府 警務局 保安課, 1940.9, 「朝鮮耶蘇教徒の不穏事件検挙」, 『高等外事月報』 14, 21쪽(『高等外事月報 2』. 高麗書林, 1990).

승동교회당에서 사가와(佐川) 통리를 초빙해 징병제실시 감사 앙양대강연회를 개최하였다.[180]

1943년 5월 당시 일본기독교 조선장로교단은 종래 노회제가 아닌 '교구제'로 갖추어 6월에 공식 신고·등록절차를 마쳤지만, 동년 7월에 평북노회가 반발해 노회를 유지하기로 결정하면서 장로교는 '조선예수교장로회 평북노회'와 '일본기독교 조선장로교단'으로 분열되었다. 그렇지만 결과적으로 평북노회는 약 1년 뒤인 1944년 8월에 교단에 복귀하였다.[181] 이후, 1945년 7월 19일에 다른 교파와 통폐합되어 '일본기독교 조선교단'이 되었다.

감리교의 경우는 미감리회와 남감리회가 교회 합동 차원에서 1926년 5월에 재단법인을 설립하고, 1930년 12월에 '기독교조선감리회' 총회(총리사 양주삼)로 합동한 바 있다.[182] 그리고 감리교는 1933년 2월에 경성교화단체연합회, 1935년 10월에 조선교화단체연합회에 참여하는 등[183] 친일 단체에 가입해 조선총독부의 방침에 부응하는 모습을

180 「必勝祈願의礼拝」, 『매일신보』, 1943.8.6.

181 김승태, 2006b, 앞의 글, 31-34쪽. 김승태는 당시 분열의 원인이 부일협력 문제가 아니었고, 분열 후에 양측 모두 일제의 환심을 사고자 적극적인 부일협력 활동을 했다는 점을 지적한다(같은 글, 33-34쪽).

182 기독교대한감리회(https://kmc.or.kr/about-kmc/history-of-kmc). 감리교는 1924년 미감리회와 남감리회가 교회 합동을 추진해 1925년 '남북 감리교연합기성위원회'를 조직하고 1926년 5월에 재단법인 설립 허가를 받아 활동하다가 1930년 11월에 남북 감리회 대표 22명으로 합동전권위원회를 구성해 12월에 '기독교조선감리회' 총회(총리사 양주삼)를 창립했다. 1930년부터 1945년까지를 '자치시대'로 규정한다. 이후, 2대 양주삼 총리사(1934~), 3대 김종우 감독(1938~), 4대 정춘수 감독(1939~) 등이 조선감리회를 이끌었다.

183 中央教化団体聯合会 編, 1935, 『中央及道府県·朝鮮·台湾教化聯合団体要覧』 昭和10年, 財団法人 中央教化団体聯合会, pp. 259-261, pp. 265-266. 경성교화단체연합회는 1933년

보였다.

감리교는 중일전쟁 이전부터 신사비종교론의 견해를 보였지만, 1938년 10월에는 제3회 총회에서 일본메소지스트교회와 합동 안을 상정하고 1939년 10월 일본메소지스트교회 총회에서 선출될 위원들과 합동을 논의하기로 결정하였다. 당시 1930년대 일본 개신교계와의 합동 움직임을 관통한 논리는 '내선일체의 정신'이었고, 그 외에 외국 의존주의의 탈피, 종교보국 등이었다.[184] 다만, 기독교조선감리회와 일본메소디스트의 합동은 조선총독부 측의 거부로 무산되었다.[185]

1938년 10월 이후의 합동 추진 과정을 보면, 조선감리교회는 이사회에서 '신체제에 호응'해 서양기독교에서 탈피해 내선일체 정신을 철저히 인식하고 기독교의 일가주의(一家主義)와 희생주의(犠牲主義)에 입각

(소화8) 2월 25일에 '국체의 정화(國体の精華)를 발양해 국민정신을 함양할 목적'으로 조직되어 경성부청(京城府庁) 내에 사무소를 둔다. 종교와 관련된 임직원을 보면, 상임이사에 경성기독교청년회총주사, 이사에 조선유교회가 포함되어 있다. 그리고 가맹단체에 정토종부인회, 본문법화종 본능사, 조계사, 진언종 제호파(醍醐派), 용산 정토종 부인회, 묘각사 경성교회소, 경성불교 자제회(慈済会), 경성기독청년회, 천주공교조선경성교구, 천주교회고아원, 기독교조선감리회(양주삼), 구세군조선본부, 조선불교사, 조선유교회총부(안순환), 경성기독교연합회, 조선불교청년회(윤갑병), 본눈불입교회 등이 포함되어 있다. 한편, 조선교화단체연합회(회장 정무총감)는 조선에서 교화사업의 진흥과 보급을 도모할 목적으로 1935년(소화10) 10월 3일에 창립되었고, 사무소를 조선총독부 학무국 사회과 내에 두고, 도별 교화단체연합회를 둔다. 회장은 조선총독부 정무총감, 부회장은 학무국장과 경성부 교화단체연합회 부회장이다. 종교 관련 임직원을 보면, 이사에 중앙기독교청년회(윤치호)와 경성기독교청년회 등의 관계자, 상무에 경학원, 조선신궁, 불교교무원, 박문사, 조계사 등의 관계자, 평의원(각 도 교화단체연합회 회장)에 경성신사, 묘심사, 감리교회(양주삼), 천리교, 동본원사, 서본원사, 일본기독교, 명륜학원 등의 관계자가 포함되어 있다.

184 「総会에서 議案 上程, 日本監理会와 合同, 東京에는 監理教会도 設置하기로, 느저도 明年十月에는 断行」, 『매일신보』, 1938.10.6.

185 김승태, 2006b, 앞의 글, 35-38쪽.

해 충군 애국 정신을 고조시켰으며, 국체에 어긋나는 이기주의나 자유주의 등을 배격했다. 또한 학교·병원·기타 사회사업은 물론 신도의 사생활을 혁신하고, 종교 보국을 위해 교학 쇄신 차원에서 각 관계 학교의 교육과목을 고쳐 국체명징·군사교련에 한층 힘쓰고, 신도의 지원병 참가를 유도한다는 결정을 내렸다. 이에 따라 신학교도 이사회를 열어 임시 휴학을 결정하였다. 이어, 일본메소디스트교회와 합동을 통한 '신동아건설 참가'를 결정하고 일본 측의 아베 요시무네(阿部義宗)와 합동을 논의하였다. 그 결과, 양측이 각기 7명의 준비위원을 두고 합동방법을 강구해, 동년 10월 17일에 개최되는 일본메소지스트교회 총회 때 선언하기로 약속한 바 있다.[186]

이어, 1940년 10월에는 조선감리교회의 개혁안에 "조선감리회가 일본감리회와의 합동을 실현하고, 재정적 독립을 기(期)하고, 외국인이 교회나 그 기관의 지도 및 위치에 서거나 대표하지 못하도록 한다"는 내용을 담은 바 있다. 이에 대해서는 당시 개신교계 교파의 '일본화 과정을 명확하게 대표'한다는 평가를 받은 바 있다.[187]

조선감리교회는 1941년 3월에 명칭을 '기독교조선감리교단'으로 개칭하였다. 그 과정을 보면, 1941년 미국인의 일제 귀국 조치로 선교사들이 귀국하면서 감리교선교회는 남은 선교유지재단위원들과 양주삼·김

---

186 「外國人의 羈絆을 離脫. 日本的基督教 創建, 監理教·日本메소지스트教 合同」, 「忠君愛國熱을 強調-學校. 病院各機関에 新体制」, 『매일신보』, 1940.10.3. 조선감리교회가 일본의 신체제에 맞추어 일본메소지스트교회와 합동을 결의하는 동시에 외국인과 일체의 관계를 끊고 독립을 선언해 '동양의 기독교' 건설에 매진하기로 되었다는 내용이다. 한편, 신학교는 1941년 6월에 다시 문을 열고 일본어로 복음연구를 교수하는 방식을 채택한다(위의 글, 43-44쪽).

187 서정민, 2002, 앞의 글, 80-82쪽.

활란 등이 동년 2월에 감리교선교유지재단이사회를 개최해 재단처리 문제를 다루었다. 당시 이사회는 남은 선교사들이 3월 20일까지 본국 귀국 지령을 받았다고 밝히고, 재단 소속 관리 일체를 조선인 이사들에게 일임하고 이사장(양주삼)과 서기겸 회계(김활란)를 선출하였다.[188] 이어, 양주삼 등은 1941년 3월에 임시특별총회를 열어 명칭을 '기독교조선감리교단'으로 개칭하고 감독과 연회를 교단통리자와 교구제로 개편하였다. 개편의 명분은 '구미의존주의 타파와 일본적 기독교로 혁신 단행', 그리고 이를 관통하는 내선일체의 구현이었다.[189]

교단 명칭 변화에 따라 1941년 4월에는 국민총력 기독교조선감리회연맹도 명칭을 '국민총력 조선감리교단연맹'으로 바꾸었다.[190] 이어, 교단연맹은 1941년 10월에 이사회를 열고 "전시하 황국신민으로써 종교보국에 충성을 다짐"하는 내용의 5개 항을 결의하고, 통리자(정춘수, 창씨: 禾谷春洙)는 12월에 각 교회 주관자에게 아침예배 후 '영미응징승전기원'을 하고 애국헌금을 본부로 송금하라는 공문을 시달하였다.[191]

1942년 12월 기독교조선감리교단은 제2회 정기총회에서 황군에 대한 감사 결의, 신임 통리자 선임(卞鴻圭), 예산안 심사, 규칙심사, 교파 합동 동의 결의, 특별강연 등을 진행하였다. 특히 중요 사안인 교파 합동에 대해 "외래 교파를 일소하고 기독정신에 따라 조선기독교 각 파를 합동

188 「監理教宣教財団 管理一切을 朝鮮人理事에 一任, 宣教師는 来月 全部 帰國」, 『매일신보』, 1941.2.27. 한편 영국 선교사들의 경우에는 그 이전에 귀국 조치가 이루어졌다(「聖公会서도 새出発, 宣教師들은 帰國, 内鮮人教人들 一致団結」, 『매일신보』, 1940.12.12).

189 「基督教監理教団 女宣教会 発展的 解消」, 『매일신보』, 1941.5.16.

190 김승태, 2006b, 앞의 글, 42-43쪽.

191 김승태, 2006b, 위의 글, 44-45쪽.

하여 단일교단으로 조직할 것, 교파 합동 위원 8명을 선정하고 이 위원들이 각 교파와 교섭해 통리자 합동안 성립을 중앙본부의 역원과 협의해 임시총회를 개최할 것"을 결의하였다.[192]

기독교조선감리교단은, 1943년 4월 특별총회에서 장로교경성노회와 연합을 결정하고 '조선혁신교단'(통리자 전필순)을 조직했다가 장로교 경성노회원 일부와 감리교단 내부의 반대로 무산된 바 있지만, 동년 10월에 명칭을 '일본기독교 조선감리교단'(통리자 정춘수)으로 개칭해 일본기독교단에 편입되었다. 이후 일본기독교 조선감리교단은 애국기 헌납자금 송부, 임시특별지원병 채용제 홍보, 전시보국회 결성, 비행기 헌납 결의, 황도문화관 설치 등을 추진하였다.[193] 이어, 1945년 7월 19일에는 다른 교파들과 통폐합된 일본기독교 조선교단으로 통합되었다.[194]

구세군의 경우에는[195] 중일전쟁 이후 1938년 7월의 '국민정신총동

---

192 「朝鮮監理教団 第二回定期総会」, 『매일신보』, 1942.10.1; 「基督教各派合同, 監理教総会에서 可決」, 『매일신보』, 1942.12.10.

193 김승태, 2006b, 앞의 글, 47-49쪽.

194 김승태, 2006b, 위의 글, 49쪽; 「基督教大同団結, 十九日 合同教団 創立」, 『매일신보』, 1945.7.14; 「基督教의 再出発」, 『매일신보』. 1945.7.21.

195 『한국민족문화대백과사전』, 구세군대한본영(救世軍大韓本営) 항목. 구세군은 창립 당시부터 '탁상회의'보다 '신속한 선교와 효과적인 봉사를 위해 감독제 형태의 군대식 교회조직'을 갖추어, 하나님의 군대(God's Army)라고 불린다. 인적 구성은 대장(大将, 구세군 최고 지도자, 초대 대장: 윌리암 부스), 사관(士官, 성직자), 병사(兵士, 평신도)로 구성된다. 구체적으로, 군복에 빨간 견장을 부착하는 사관은 구세군사관학교(신학대학) 졸업 후 안수를 받으면 임관하고, 그 후 부위(副尉, 임관 후 5년까지), 정위(正尉), 참령(参領, 20년째)으로 진급하며, 그 후는 연한과 관계없이 구세군 대장(大将)의 권한으로 부정령(副正領), 정령(正領), 부장(副将)으로 임명된다. 그에 비해 군복에 파란 견장을 부착하는 평신도는 병사(兵士, 세례교인), 부교(副校, 집사격), 정교(正校, 장로격)로 구분된다. 조직은 영문(営門, 개별 교회), 지방본영(地方本営, 노회격), 본영(本営, 총회격)으로 구성된다. 교리는 초대 기독교의 신조로부터 웨슬리안에 뿌리를 두고 있다.

원에 대한 특별기도회' 개최와 황군위문금 헌납 등 조선총독부의 방침에 부합하는 활동들을 전개한 바 있지만, 1940년에 영국이 일본의 적국이 되면서 영국 구세군 본영과 관계 단절이 추진되었다. 게다가 1940년 7월 31일 도쿄에서 일본 구세군 사령관과 서기 등의 검거 사건이 일어나자 조선총독부도 영국 본영에 대한 의존관계를 청산하고 교파의 군사적 색채를 없애도록 압력을 가하였다. 결국 1940년 10월에 구세군 조선 본영은 대표자를 영국인에서 조선인 사관 황종률(桧原正義)로 바꾸었다.[196]

이어, 1940년 11월에는 새로운 대표자 황종률(桧原正義)과 일본인 사관 사카모토(坂本雷次)가 '황기 2,600년 봉축기념일'에 맞추어 '신체제에 의한 새로운 출발'을 의미하는 7개 항목의 성명을 발표하였다. 주요 내용은 조선구세군을 '조선구세단'으로 개칭해(제1조) 일본구세단[197]과 긴밀한 제휴 협력을 맺고(제2조), 영국 구세군의 지휘·감독과 보조금을 받지 않고(제3조, 제4조) 군대식 호칭과 계급을 사용하지 않으며(제5조), '순일본적' 지도이념과 기구를 확립하고 기타 혁신적 실천 요강의 세목을 별도로 징하고(제6조), 종래의 구세군 군령(軍令)과 군율(軍律) 중에 혁신에 저촉되는 점을 속히 고친다(제7조)는 것이었다.[198] 이어, 1940년 12월

---

196 김승태, 2006b, 앞의 글, 55-58쪽.

197 일본 구세군은 1936년에 마포(麻布) 소대장인 교본(橋本) 대위가 동지를 규합해 상신서를 본아(本衙)와 산실(山室) 고문에게 제출해 '조직을 소대상 본위로 고칠 것' 외 3개 조를 제출하고, 이를 각하하면 일본의 구세군으로 독립해 외국 사령관의 기반을 떠나겠다는 견해를 밝힌 바 있다(「救世軍에도 革新運動擡頭 東京에서 첫 烽火」, 『매일신보』, 1936.4.6).

198 「朝鮮救世軍 새 出発-外人 羈絆을 離脫, 名称도 改革」, 『매일신보』, 1940.11.10.

에 대표자를 일본인 사관 사카모토(坂本雷次)로 결정하였다.[199]

1940년의 조선구세단 성립은 조선총독부의 방침에 대한 적극적인 협력을 시사했다. 예를 들어, 자선남비 활동도 '기원절 위안회'를 열어 대상자들에게 일본의 역사와 기원절의 뜻을 알려주는 등의 방향으로 전환되었다.[200] 또한 징병제 실시를 단독 또는 교파 연합으로 홍보하는 행사를 한다. 그러다가 구세군도 1945년 7월에 출범한 '일본기독교 조선교단'으로 통합되었다.[201]

위의 내용을 보면, 조선 개신교계의 주요 교파들은 1945년 7월부로 '일본기독교 조선교단'으로 단일화되었다. 1945년 7월에 성립된 '일본기독교 조선교단'의 결성 움직임은 1942년 1월부터 시작되었다. 이와 관련해, 1942년 12월 장로교와 감리교 대표자가 제1차 합동협의회를 개최하고, 1943년 1월 12일에 장로교·감리교·구세단·성결교와 일본기독교조선교구회·동양선교회·신의교회(神の教会)·기독교회 조선선교회·기독교회 기독교오순절교회·기독의교회(基督の教会)·조선회중교회·조선복음교회·동아기독교회·기독교성주공교(聖主公教)·예수교중앙선도원(宣禅院) 등 각파 대표의 방청 아래 합동위원회를 개최하였다.[202]

이어, 1943년 1월 26일과 27일에는 장로교·감리교·성결교·일본기독교단조선교구회·구세단 등 모두 5개 교파의 대표 40명이 신문내

---

199 「朝鮮救世団 初代団長決る」, 『釜山日報』, 1940.12.15.

200 「救世団 慈善냄비 오는 二十日부터 거리에 出動」, 『매일신보』, 1941.12.4; 「浄財一仟四百圓!, 救世団 慈善남비 収入을 細民에 施恵」, 『매일신보』, 1942.2.11.

201 김승태, 2006b, 앞의 글, 58쪽.

202 「基督教(新教) 各派의 合同 具体的인 段階에, 昨日, 歴史的인 合同準備委員会」, 『매일신보』, 1943.1.27.

교회(新門内教会, 현 새문안교회)에서 '조선기독교합동준비위원회'를 개최하였다. 총위원회장은 장로교 목사 김응순(金応珣, 창씨 新森一雄)으로, 당시 이들은 조선신궁 참배 후 황군장병 감사전보 발송과 육해군 국방헌금 제공 등을 결정하고, 각 교파를 통일하되 당분간 2부제를 취해 조선 개신교 교파들을 제1부, 일본기독교단 조선교구회(朝鮮教区会)를 제2부로 하며, 일본기독교단에 준해 장차 설립될 조선기독교단의 기구와 제도를 마련하기로 한 후 '일본적 기독교'를 수립한다는 성명서를 발표하였다.[203]

1943년 2월에 제1차 합동준비위원회가 기구·재정·신조·교직별 분과회 등 일본기독교단의 규칙에 따라 합동의 대강을 결정하고 그 세부안을 작성해 3월의 제2차 합동준비위원회에 제출하고, 제3차 합동준비위원회를 거쳐 4월 15일까지 합동기독교의 창립총회를 개최하기로 계획하였다. 그런데 감리교단 측이 미리 세부안을 검토해 12개 조의 혁신안을 제출하고 합동준비위원회가 이 가운데 5개 조항을 수정하지만, 감리교 측 대표 스모가와(李河東旭, 이동욱) 외 8명이 수정안을 받을 수 없다고 선언하고 퇴장하면서 문제가 발생하였다. 합동준비위원회는 17일에 특별위원 10명을 선출해 교섭을 벌였지만, 감리교단 측이 강경한 태도

203 「七月에 新教団 創立, 朝鮮基督教合同準備総委員会 開幕」, 『매일신보』, 1943.1.28; 「合同의 大網을 決定, 朝鮮基督教合同準備委員会 第二日, 声名書」, 『매일신보』, 1943.1.28. 성명서는 1943년(소화 18) 1월 27일에 '조선야소교장로회, 기독교조선감리교회, 조선성결교회, 조선구세단, 일본기독교단 조선교구회 합동위원 일동'의 이름으로 발표되었다. 주요 내용은 "빛나는 昭和維新의 大業이 大東亜地域에 拡大되고 있는 이때… 기독교 제파(諸派)는 종래 파별적(派別的) 대립의 형체(型体)를 버리고 구미적(欧米的) 색채의 일체를 불식(払拭)하고 새로운 일본적 기독교(日本的 基督教)를 수립"해 일본에 봉사한다는 것이었다.

를 유지하면서 교파 합동은 일단 실패하였다.[204] 그렇지만 혁신교단이 실패하고, 1943년 5월에 '일본기독교 조선장로교단', 동년 8월에 '일본기독교 조선감리교단'이 조직되는 등 각 파들은 개별 교단 차원에서 일본화의 수순을 밟았다.[205]

한편, 1945년 봄에 오사카 한인교회 전인선(全仁善)[206] 목사가 조선총독부 정무총감 엔도의 초청을 받아 수개월 동안 조선교회 상황을 조사하면서 1943년의 교파 합동 실패에 주목해 '일본교단' 선례에 따른 '조선연합교회' 설립 필요성을 주장하였다. 이에 따라 정무총감은 1945년 6월 25일 조선총독부 관계자들과 장로교·감리교·구세군·가톨릭·성공회·일본교회 지도자 회합에서 조선교단의 결성을 제안했고, 각 교파 대표들이 수용하면서 당일 저녁부터 정무총감의 주재 아래 연합 준비위

---

204 「基督教 各派의 合同-暗礁에 걸려 進行 不能-監理教側은 合同教团 脱退宣言」, 『매일신보』, 1943.3.21. 12개 조 혁신안에는 경전, 황민연성, 혁신기독교 수립, 예배당 양식 개조, 총후봉사, 포교, 지역정리, 교사 수련(教師 修練), 교단본부 조직, 중앙연성도장 설치, 도별 교구(教区) 설치, 기구 개조 등이 담겼다. 가장 큰 쟁점은 혁신교단은 신약성서를 기초로 하여 교의를 선포하고 구약성서에 나타난 유대사상을 일체 없애기 위하여 구약성서의 새로운 해석교본을 제정하여 이것으로 신도를 가르친다(혁신안 제2조)는 것이다. 이에 대해 합동준비위원회가 "반드시 신약성서만을 토대로 할 것이 아니라 널리 성서를 가르치되 구약성서에 나타난 유대 사상은 일체 배격을 한다"고 수정하면서 논란이 되었다(「論争의 中心이 된 旧約聖書의 理解」, 『매일신보』, 1943.3.21).

205 서정민, 2002, 앞의 글, 83-85쪽. 감리교 측은 수정안에 "유대 사상을 일체 없애기 위해 구약성서의 새로운 해석교본을 제정"한다는 내용이 들어가자 반발해 합동준비위원회에서 탈퇴하고, 혁신안 중심의 교파 합동을 추진하기 위해 장로교 경기노회 부노회장(전필순)을 통리로 영입해 혁신교단을 조직한다. 그렇지만 경기노회는 전필순 목사를 탄핵하고 장로교 총회로 복귀했으며, 감리교 측은 내부 갈등이 발생해 스스로 혁신교단을 해체한다(같은 글, 84-85쪽).

206 반민족행위와 관련해 1949년 2월 목사 전인선(당시 42세)은 목사 정인과의 증인 심문으로 소환되어 즉석에서 구속된 바 있다(「牧師全仁善 特委서 逮捕」, 『연합신문』, 1949.3.30).

원회(20명: 장로교 9명, 감리교 7명, 구세군 2명, 학무국 측 2명)를 구성하였다. 이어, 다음 날부터 교회 규칙을 제정하면서 총회 일자를 확정하고 대의원(장로교 27명, 감리교 21명, 구세단 6명, 참여 희망 군소교단 각 1명)을 확정하였다. 그리고 7월 19, 20일에 장로교·감리교·구세단과 5개 교단이 참여해 창립총회를 개최하고 임원과 규칙과 공식 명칭(일본기독교 조선교단)을 결정하고, 장로교·감리교·구세단 대표자들의 직위 사임과 교파 해체를 선언하였다. 이 조선교단은 본부를 피어선기념성서학원에 설치하고, 향후 지역별 교구장과 임원단을 동년 8월 1일부로 임명하고, 8월 31일까지 각 교파 본부 재정을, 12월 31일까지 각 교파의 모든 재산을 양도받는 계획을 수립하였다.[207]

이와 관련된 당시 기사를 보면, 1945년 6월 25일 조선총독부 교무과가 알선해 정무총감 이하 조선총독부 관계관들과 장로, 감리, 구세 각 교단의 통리(統理) 외 간부, 일본기독교단, 천주공교, 성공회 등 각 교파의 교역자 간부 등 55명이 조선총독부 제1회의실에서 기독교 교역자 간부 간담회를 개최하였다. 그리고 교파 간 협력일치와 종교보국 차원에서 '기독교 신파(新派)의 합동'을 결의하고 합동준비위원회를 구성하였다.

207 서정민, 2002, 앞의 글, 86-92쪽. 서정민은 일본기독교 조선교단에 대해 관제성(官製性)과 성립과정의 졸속 및 짧은 존속기간을 특징으로 지적한다(같은 글, 92-94쪽). 한편, 해방 이후 북한 지역의 장로교는 평안도 지역 노회부터 노회를 재건하고, 감리교는 평양에 모여 '서부연회'를 재조직한다. 이 상황에서 '조선교단'(통리 김관식)은 1945년 10월에 서울에서 총회를 개최해 교단 명칭을 '조선기독교회'로 바꾼다. 그리고 여전히 '한국교회 일치'를 명분으로 전체 125명의 대의원 가운데 총회 참석자 41명에서 선출된 9인 실행위원회가 남한기독교회(Conference of the Christian Churches in South Korea)를 구상해, 동년 11월 27, 28일 서울에서 '남부대회(General Assembly of South Korea)'를 개최한다. 남부대회는 1946년 4월 30일에 마지막 회의를 하지만, 공식적으로 해체를 선언하지 않은 채 사라진다(같은 글, 95-98쪽).

당시 조선장로교단·조선감리교단·조선구제단의 3파 합동은 조선장로교단 통리 신모리(新森一雄, 김응순)의 제안, 조선감리교단 통리 노기야(禾谷春洙, 정춘수)와 조선구세단(救世団) 통래 사카모토(坂本雷次)의 찬성, 다른 교단 대표자들의 동의를 거쳐 만장일치로 결정되었다. 이에 대해 학무국장과 경무국장은 새 교단 설립에 대한 절대적 후원과 적극적 협력을 약속하고, 조선장로교단 부통리 히라야스(平康米洲, 전필순)가 일동을 대표해 인사로 마무리하였다.[208] 실제로 1945년 7월 19일 장로교, 감리교, 구세단 대표자들과 조선총독부 관계자들이 감리교 정동 제일예배당에 모여 '조선기독교 합동교단 창립총회'와 통리취임식을 갖고,[209] 해방 전까지 1달여 동안 '일본기독교 조선교단'으로 존재하게 된다.

이상에서 지적한 1940년 11월 조선구세군에서 '조선구세단'의 전환, 1943년 5월 '일본기독교 조선장로교단'의 등장, 1943년 8월 '일본기독교 조선감리교단'의 등장에 이어, 이들이 1945년 7월 '일본기독교 조선

208 「基督教의 大同団結 教派를 超越, 宗教報國에 総立準備」, 『매일신보』, 1945.6.24; 「決戦에 基督教総立 多年間懸案이던 新派의 合同実現」, 『매일신보』, 1945.6.27. 당시 간담회에서 정무총감의 훈시 내용은 종래의 전시종교보국회가 교파를 초월해 활동하고 있다는 점, "기독교의 연원 유래가 적국인 미국 및 영국과 관련되어 있어" 오해를 살 수 있다는 점, "황국에 있는 모든 종교는 그 연원 유래의 여하를 불문하고 숭고한 황국의 길로 순화"해야 한다는 점, 대동아전쟁은 미영의 비인도적인 동양 착취의 야망을 물리치고 동아인의 동아를 건설하려는 성전이기 때문에 반드시 승리하기 위해 더 결속해 전심전력을 기울여야 한다는 점, 그리고 "반도기독교의 필승태세를 확립하고 과감한 교화활동에 정진하기"를 바란다는 점 등이었다(「必勝態勢를 確立, 果敢한 教化活動 期待, 政務総監 訓示」, 『매일신보』. 1945.6.27). 한편, 새 교단 설립을 위한 창립총회 개최는 7월 중에 예정된다(「새 基督教団 創設 合同으로 七月 中에 実現」, 『매일신보』, 1945.6.28).

209 「基督教 大同団結, 十九日 合同教団 創立」, 『매일신보』, 1945.7.14; 「[社説]基督教의 再出発」, 『매일신보』, 1945.7.21.

교단'으로 단일화되었다는 것은 결과적으로 주요 교파들이 '일본적 기독교화'를 지향했다는 것을 시사한다. 따라서 이러한 현상이 개신교계의 친일 또는 부일이었다는 비판을 벗어나기 어렵다. 다만, 이러한 현상들을 조선총독부의 관리 차원과 연관 지어 보면, 조선총독부가 종교를 통한 내선일체의 구현을 지향하면서도 조선 개신교계를 일본 개신교계의 지휘를 받는 하위의 존재로 상정했다는 점을 지적할 수 있다.

(2) 천주교계의 교구장 재편

천주교는 개신교계와 달리 별도의 교파 없이 하나의 종교단체였기 때문에 교파 합동 현상은 없었다. 또한, 1937년부터 교구장에 한국인 신부들이 임명되기 시작했다는 점에서 조선 천주교의 주도권은 대체로 프랑스 선교사들이 주도권을 가지고 있었다. 다만, 1942년이 되면 대구교구와 광주교구의 교구장에 일본인 주교가 임명되어, 종래보다 조선총독부의 방침이 천주교에 직접적으로 반영되는 상황이었다. 당시 일본인 주교의 교구장 임명 배경으로는 당시 조선총독부가 일본인 주교들을 교구장에 앉히려고 했던 것이 지적되고 있다.[210]

조선 천주교와 조선총독부의 관계는 프랑스와 일본 정부의 관계에서 유추할 수 있다. 우선, 조선 천주교가 정교분리 담론에 입각한 종교의 자유에 충실한 모습은 당시 국제 관계 속에서 설명할 수 있다. 이와 관련

---

210 한국교회사연구소 편, 2014, 『한국천주교회사 5』, 분도출판사, 157-158쪽; 『한국민족문화대백과사전』, 천주교교구 항목. 교구 분할의 경우, 1928년 7월 연길지목구(延吉知牧区)와 의란지목구(衣蘭知牧区)의 분할, 1940년 1월 12일에 함흥교구와 덕원면속구(德源免属区)로 분리하는 것 등도 지적할 수 있다. 광복 당시 한국교회에는 9개 교구에 한국인 주교 2명, 외국인 주교 5명이 있었다.

해, 프랑스가 1905년 을사늑약과 일본의 한국 강제병합을 방관하고,[211] 1907년 한국과 만주에서 일본의 특권을 인정했듯이 프랑스 국민인 선교사들의 태도도 모국의 외교 정책에 입각해 있었다.[212] 오히려 경성교구장 뮈텔 주교와 대구교구장 드망즈 주교는 일본의 한국 강점이 당연하다는 인식을 보였다.[213] 이러한 인식은 1919년 3·1운동 이후 심화되어, 일본 정부와 교황청의 협약, 전시 동원체제에 대한 천주교회의 참여, 신사참배를 인정하는 현상으로 연결되었다.[214]

다음으로, 1919년 3·1운동 이후 9월에 일본 정부는 로마교황청에 '야마모토 대좌(山本 大佐)'를 보내 상호 협약을 체결하였다. 협약의 주요 내용은 상호 간 문제가 발생할 때 동경에 있는 교황청 대표자가 이 문제를 처리하고, 이를 위해 교황청이 대표자를 임명해 동경에 주재하게 하며, 임명 이전에 교황청 대표자를 요구할 일이 생기면 동경대주교 혹은 가장 가까운 '필니빈(필리핀-필자)' 임시 대표자를 보내 그 일을 맡게 할 것 등이었다.[215] 이러한 1919년 9월 협약은 일본 정부가 직접 천주교 관

---

211 마르크 오랑주, 2010, 「1910년 일본의 조선 병합에 대한 프랑스의 태도」, 『동북아역사논총』 29, 100-124쪽. 윤선자는 천주교 선교사들은 친러 배일 성향을 가지고 있었지만, 1907년 '불일협약 체결, 고종 퇴위와 군대해산 등'의 상황에서 일제를 한반도의 실질적 통치자로 인정하면서 1907년을 기점으로 변화했다고 지적한다(윤선자, 2001, 「일제의 한국강점과 천주교회의 대응」, 『한국사연구』 114, 147-149쪽).

212 한국교회사연구소 편, 2014, 앞의 책, 20쪽. 이와 관련해, 이 책에서는 "뮈텔 주교와 선교사들이 자주적인 독립 국가이건 식민 통치 체제이건 관계없이 분명히 질서의 편이었다"는 점도 지적하고 있다(같은 책, 73쪽).

213 윤선자, 2001, 앞의 글, 142쪽.

214 박문수, 1993, 「일제하 천주교단의 친일활동」, 『역사비평』 23, 138-148쪽.

215 「교황텽과 일본의 협약」, 『경향잡지』 13-11(통권 434호), 1919.11, 507-508쪽. 야마모토 신지로우(山本 信次郎, 1877~1942.2)는 해군이자 가톨릭신자이다(디지털 경향잡지: http://zine.cbck.or.kr/newzine/view/ageview.asp).

련 외교채널을 갖게 되었다는 것을 의미한다. 게다가 교황청이 일본의 조선 지배를 인정하면서 선교활동의 자유를 지향했다는 점을 고려하면, 이는 조선 천주교 관련 외교채널도 갖게 되었다는 의미이기도 하다.[216] 조선 천주교와 관련된 문제도 일본에 파견된 교황청 대표를 통해 해소할 수 있었던 것이다.

다음으로, 조선 천주교는 1920년대 이후 재단법인 설립을 통해 조선총독부와 큰 마찰 없이 우호적인 관계를 유지하였다. 이와 관련해, 조선 천주교는 1920년 5월 8일 재단법인 경성구(京城区) 천주교회유지재단을 설립하였다. 이어, 1923년 봄 이후 개인 명의로 등록된 교구 재산을 포함해 모든 교구 재산을 등록할 수 있는 법인 자격이 허용됨에 따라 경성대목구는 1924년 4월 8일에 종래의 법인 인가를 취소하고 새롭게 재단법인 설립을 신청해 동년 11월 10일에 등기를 마쳤다. 이어, 다른 교구들도 재단법인을 추진해 1924년 10월에 재단법인 평양구 천주교회유지재단과 재단법인 원산구 천주교회유지재단을 설립했다. 그 외에 대구대목구는 1937년 12월에 재단법인 대구구 천주교회유지재단 설립을 신청해 1938년 6월에 허가를 받고, 1938년 5월과 6월에 각각 재단법인 광주구 천주교회유지재단과 재단법인 전주구 천주교회유지재단이 설립되었다.[217]

---

216 박문수, 1993, 앞의 글, 145쪽. 한편, 1919년 이후 주일(駐日) 교황사절을 보면, 초대는 이탈리아 출신의 푸마소니 비온디 주교(Fumasoni-Biondi, 재임 1919~1921), 제2대는 이탈리아 출신의 마리오 자르디니 주교(Mario Giardini, 재임 1922~1931), 제3대는 미국 출신 에드워드 무니 주교(John Edward Mooney, 재임 1931~1933), 제4대는 파올로 마렐라 대주교(Paolo Marella, 재임 1933~1948)이다.

217 한국교회사연구소 편, 2014, 앞의 책, 31-34쪽.

천주교회는 1930년대에도 신사참배를 용인하고, 중일전쟁 이후 「국가총동원법」에 따른 국민정신총동원 운동에 협조하는 모습을 보였다. 그럼에도 1940년대에는 제2차 세계대전이 1941년 12월의 태평양전쟁으로 확대되면서 외국 선교사들이 스파이 혐의로 추방되거나 제약을 받는 등 다른 상황에 직면하게 되었다.

1940년대 외국 선교사들의 추방과 관련해, 1942년 6월에는 평양대목구의 메리놀회 선교사 전원이 미국으로 추방되었다. 그리고 광주지목구와 춘천지목구의 골롬반회 선교사들 가운데 미국과 오스트레일리아 국적의 선교사들도 본국으로 추방되었다. 게다가 파리 외방전교회 선교사들도 외부 출입 제한을 받고 성당에서 미사만 집전할 수 있었고, 베네딕도회도 태평양전쟁 발발 후부터 종전이 될 때까지 여행 제한을 받는 등 파리 외방전교회와 유사한 상황에 놓이게 되었다.[218] 특히 1944년 8월에 일본과 외교 관계를 유지하던 프랑스의 친독 비시(Vichy) 정부가 해체되면서 일본 영토 내 프랑스 국적 선교사들은 적성국인(敵性國人)으로 간주되어 주거 제한이 적용되었다. 또한, 1945년 3월에는 성 유스티노 신학교 건물이 일본군에 징발되면서 신학교에 거주하던 파리 외방전교회 선교사들은 성 요셉 본당(현 남산 본당)에서 연금생활을 하게 되었다.[219]

이러한 과정에서 1942년에는 일부 교구장들이 일본인으로 임명되는 상황이 발생하였다. 이러한 상황은 일본 천주교회의 상황과 연동되어 있었다. 일본 천주교는 파리 외방전교회를 시작으로 도미니코회 등 여러

218 한국교회사연구소 편, 2014, 위의 책, 360-361쪽.

219 한국교회사연구소 편, 2014, 위의 책, 158쪽.

선교회가 교구를 담당하다가, 교황청의 현지화 정책에 따라 1927년 7월 하야사카 큐노스케(早坂久之助) 신부가 나가사키(長崎) 교구의 교구장이 되면서 점차 일본인 교구장으로 교체되었다. 그렇지만 전시체제로 인해 서양인 교구장들의 통치권 유지가 어려워지자, 1940년 9월 일본 주교회의에서는 서양인 교구장들의 사임서 제출이 결정되고, 그 결과 1941년 말에 교구장 전원이 서양 선교사에서 일본인 성직자로 교체되어 일본 천주교회 16개 교구의 통치권을 일본인 성직자들이 갖게 되었다.[220]

1941년 말 일본 천주교의 변화는 조선 천주교의 상황에도 일부 적용되었다. 결과적으로, 경성대목구에서는 노기남(盧基南) 주교가 제10대 교구장(1942~1967)을 맡았지만,[221] 대구대목구에서는 하야사카 구베에(早坂久 兵衛) 이레네오 주교가 제3대 교구장(1942~1946)을 맡게 되었다. 아일랜드의 성골롬반 외방전교회가 맡던 광주지목구에서는 와키다 아사고로(脇田 浅五郎) 몬시뇰이 제2대 교구장(1942~1945)을 맡게 되었다.[222]

조선 천주교의 일부 교구장을 일본인이 맡았다는 것은 교황청의 현지화 정책에 비추었을 때 교황청이 조선을 일본의 영토로 인정했다는 것을 시사한다. 아울러, 조선 천주교가 조선총독부의 방침에 적극적으로 협력할 조건을 갖추었음을 시사한다.

---

220 한국교회사연구소 편, 2014, 위의 책, 348쪽.

221 조선인 주교는 1941년 당시 일본 천주교의 교구장이 모두 일본인으로 교체된 상황에서 경성대목구장 라리보 주교의 대처로 가능했다고 한다(한국교회사연구소 편, 2014, 위의 책, 347-356쪽).

222 한국교회사연구소 편, 2014, 위의 책, 65-243쪽; 천주교대구대교구(https://www.daegu-archdiocese.or.kr); 천주교광주대교구(http://www.gjcatholic.or.kr); 천주교전주교구(http://www.jcatholic.or.kr).

3. 천도교의 분화와 일제 협력

1) 일제의 천도교 분열 도모

3·1운동 이후 일제는 무단통치에서 문화통치로 전환하면서 언론·집회·결사의 자유를 제한적으로 허용하였다. 이는 민족운동 세력을 식민 지배체제로 흡수하기 위한 민족분열책이었다. 특히 기독교와 함께 3·1운동의 중심적 역할을 담당하였던 천도교는 우선적인 분열의 대상이었다. 3·1운동의 계획과 실행 등에 핵심적 지도세력이었던 천도교에 대해서는 매우 철저하게 분열시켜 친일화하는 공작을 전개하였다. 이미 강점 이전 천도교계 인물들을 회유 포섭하여 일진회를 통한 친일공작으로 효과를 보았던 일제는 3·1운동 직후 이들을 다시 모아 친일 사이비 종교단체를 만들고 민족이간분열정책을 통한 친일화 공작을 전개하였다.[223]

천도교는 3·1운동으로 중앙뿐만 아니라 지방에서도 적지 않은 피해를 보았다. 일제 당국은 천도교의 재산을 압수하였으며, 교구와 전교실을 폐쇄하였다. 지방의 경우 지역 주민과 천도교인의 갈등을 확산시킴으로써 일반사회로부터 천도교를 분리시키고자 하였다.

조선총독부 기관지 『매일신보』는 천도교인과 지역 주민의 갈등을 여러 차례 보도한 바 있다. 그 사례를 보면 다음과 같다.

평안북도 구성군 디방에서는 향샤에 텬도교의 선동으로 쇼요 참가하

223 황묘희, 2010, 「동학이단교파 제우교의 성립과 친일활동」, 『동학학보』 20, 동학학회, 302쪽.

야 인명 살상하엿슬 뿐안이라 시장과 농상업 상에도 다대한 손해를 입엇슴으로써 텬도교도에 대한 반감이 생기여 텬도교를 절멸하고 교도를 쥭이자고 떠드는 자까지 하얏고 평일의 교제도 피하는 자가 만타하며 시장상인 등도 자의단을 죠직하야 텬도교도나 소요 관계쟈의 왕래를 막어 힘써 경계하는 중이라더라.[224]

평북 벽동군(平北 碧潼郡) 지방에서는 소요가 일어나서 시장거리에 영향이 불소하야 텬도교도에 대한 믜운 생각이 날로 더하야 텬도교도는 사회의 대죄인인 즉 토지와 갓흔 것도 그 쟈들에는 쇼작치 못하게 하고 또 소와 말 갓흔 것도 빌녀주지 안으며 또 교도중 소요에 참가하야 귀중한 생명을 일어바리는 것은 텬벌이라 하고 자연히 교제를 피하는 모양인대 이갓흔 사위의 압박을 못견대여 건너편 지나 디방으로 도망하야 가는 쟈가 만흐며 교도의 유력한 쟈도 일절 텬도교와 관계를 끈켓다 하고 일반 문서와 밋 례비에 쓰는 기구를 태여 바리고 일반의 신용을 회복하랴고 매우 야단인 모양이라더라.[225]

소요 사건이 발한 이래 텬도교는 일반 됴선인의 원망의 중심이 되야 교를 배반하난 자가 비상히 만흐며 대구 텬도교 교구장 황쥬일(黃宙一)이난 이러한 죵교를 밋는 것은 리익이 업다고 깨닷고 이번에 교구장을 내여 노코 탈교를 하얏스며 기타 교인도 불과 팔명 밧게 아니

224 『每日申報』, 1919.4.24.

225 『每日申報』, 1919.5.3.

되며 전 교회가 절멸이 된 상태이더라.[226]

함경남도 디방에서난 소요가 일어난 이후에 텬도교도에 대하야 미워하는 마음이 생기여서 텬도교도는 사회의 큰 죄인이라 하며 요사이 모든 물가가 등귀함은 전혀 각지에 소요가 일어난 까닭으로 운반에 종사하난 자가 업서서 그러함이오 또 됴선인의 려행 취제령이 생기여서 더욱 더욱 불편하게 되얏슴은 전혀 텬도교의 망동이 이러한 까닭이라고 하야 종래의 종래에 교도들에게 대부하얏던 우마를 빼아스며 소쟉하는 토디를 빼앗고 일반이 사갈과 가치 미워하며 절교를 하야 참혹한 디경에 빠졋는대 함경남도 댱진(長津) 디방의 교도난 지금에는 뉘우쳐서 텬도교 유력자와 협의를 하고 이번에 오쇼를 이르킨 것은 필경 우리 텬도교도의 무지한데서 이러한 결과로 일반 사회의 배쳑을 밧음이라. 이것을 생각할진대 우리의 교쥬 손병희를 한울과 가치 그릇 밋엇슴은 붓그러운 일이라. 이제 손병희가 옥중에 갓치엿슬뿐아니라 손병희 한 사람으로 말매암아 됴선 전도에 몃천명의 죄인을 내엿스니 그 사교로 말하면 조곰도 밋을 가치가 업슨 즉 우리는 단연코 퇴교를 하야 각기 생업에 힘을 쏘쟈고 의론이 일결하야 댱진교구장 모는 교도 일조을 대표하야 동 교구 소유 현금 일백칠십륙원과 논 삼천삼평을 군내 면사무소에 긔부를 하겟다고 신청을 하고 격식대로 수속을 한 후 댱진교구를 철폐함에 이르럿다는 소문이 잇고 또 평안북도 뎡주군 해산면(定州郡 海山面)에서난 텬도교도 이십삼명이 향자에 헌병주재소에 출두하야 이번과 갓흔 무모한 소요를 이르킨 텬도

---

226 「每日申報」, 1919.5.22.

교의 교도가 되얏슴은 후회 막급이며 이후로는 동교에서 탈퇴를 하고 진실한 농민이 되야 가업에 종사하겟다고 말하얏다더라.[227]

위의 기사는 3·1운동을 적극적으로 전개한 천도교인이 지역 주민으로부터 비난을 적지 않게 받았음을 말해준다. 평북 구성군 기사에서는 천도교인이 주도한 만세시위로 인해 시장이 폐쇄되어 농상업상 피해가 크자 천도교인에 대한 반감이 생겨났으며 심지어는 천도교인을 죽이자고 하는 지역 분위기를 전하고 있다. 벽동군에서는 천도교인이 사회의 대죄인이므로 토지와 소·말 등을 빌려주지 말 것과 천도교인이 만세시위 중 목숨을 잃은 것은 천벌이라고 하여 갈등을 부추기고 있다. 대구교구장 홍주일은 천도교를 탈퇴하였으며 대구에서는 천도교가 절멸된 상태라고 호도하기도 하였다. 이외에도 함남 지역에서는 천도교의 만세시위를 '망동'이라고 하는 한편 손병희가 천도교인을 죄인으로 만들었다고 하였으며, 천도교인들이 만세시위를 한 것에 대해 '후회막급'이라고 하였다. 이러한 『매일신보』의 기사는 지역 주민과 천도교의 분열을 도모하는 데 활용하고자 한 것이다.

일제는 천도교를 분열시키기 위해 시천교, 청림교, 제우교, 삼성무극교 등 동학 계열을 지원하거나 창립을 유도하였다.[228] 그뿐 아니라 친일종교단체를 적극 육성하였다. 이를 위해 일찍이 동학을 분열시켜 시천교를 설립하는 데 크게 기여한 우치다 요헤이(内田良平)를 이용하였다. 우치다는 3·1운동 이후 이용구의 아들 이현규(李顕奎)와 윤정식(尹定植)을

227 「매일신보」, 1919.6.1.

228 김정인, 2009, 『천도교 근대민족운동 연구』, 한울아카데미, 122쪽.

중심으로 하여 옛 일진회원들을 매수 및 회유하였다. 내용인즉 일진회를 정치결사 혹은 종교단체로서 총독부가 허가하여 주도록 하는 대신, 조선의 완전동화를 위한 친일매국의 괴뢰단체로 활동할 것을 서로 약속한 것이었다. 또한 우치다는 무단통치를 비판한 후 조선의 '근본적 통치의 혁신'을 도모하기 위한 몇 가지 대책을 제시하였는데, 그중 하나가 "시천교를 보호해서 천도교에 대립시키고, 기타 삼성무극교(三聖無極教), 청림교(青林教) 등 동학에서 나온 종교단체 중에서 친일파 세력의 증대를 이룰 것"[229]이었다. 이에 따라 조선총독부는 동학 세력을 이용하여 천도교를 분열시켰던 것이다.

시천교는 일제 강점 이전인 1906년 천도교에서 출교한 이용구를 중심으로 설립되었다. 동학농민혁명 이후 동학의 최고지도자 손병희는 일본에 망명생활을 하던 1904년 근대문명을 수용하는 갑진개화운동을 전개하기 위해 진보회를 조직하였다. 국내에서 동학 조직을 이끌던 이용구는 진보회를 일진회와 합동하여 친일활동을 전개하였다. 이용구는 "조선독립의 보호 및 그 영토의 유지는 일본 황제의 조서에 분명하므로 우리들은 신의로써 우방과 교류하고 그 지도와 보호에 따라 국가의 독립, 안녕을 유지해야 한다"[230]고 하였다. 이에 대해 동학을 천도교로 전환한 손병희는 이용구와 그를 추종하는 60여 명을 출교하였고, 이용구는 별립하여 시천교를 설립하였다. 시천교는 일진회를 통해 '한일합방'을 적극 표명하였으며, 일제 강점 이후에는 식민 당국으로부터 보호와 지원을 받았다. 1937년대 중일전쟁이 발발하자 7월 19일부터 49일간 황군기도식

229 内田良平, 「朝鮮時局管見」, 『朝鮮統治』.

230 최길성·장상언 역, 1991, 『조선의 유사종교』, 계명대학교출판부, 151쪽.

을 거행하면서 적극적인 친일활동을 전개하였다.[231] 1938년 9월에는 "시국에 순응하여 유사종교단체로서의 침체된 형세를 일축하고 좀 더 활발한 행동을 전개하자"는 슬로건으로 기존의 시천교를 대동일진회로 전환하기로 하고 대동일진회설립준비위원회를 조직하였다. 이어, 이해 11월 28일 내선일체와 황도현양을 표방하고 대동일진회로 개칭하였다.[232]

청림교는 1920년 김상설과 이정옥이 수운 최제우의 제자 청림의 부활을 내걸고 포교를 시작하였다. 국내뿐만 아니라 만주에까지 교세를 확장하였는데,[233] 특히 만주에서는 일제 식민 지배에 적극적으로 협력한 바 있다.[234] 국내에서도 1924년 3월 25일 일제 협력단체인 각파유지연맹을 결성하는 데 참여하였다.[235] 각파유지연맹은 김명준의 국민협회 등 11개 단체가 모여 "독립사상과 사회주의를 공격하며 총독부를 원조하여 그의 시정을 돕자"는 선언서와 '관민일치 시정개선, 대동단결 사상선도, 노자협조 생활안정' 등 강령을 채택하였다.[236] 이로 인해 청림교가 참가한 각파유지연맹은 일반사회로부터 배척을 받았다.[237]

---

231 『동아일보』, 1937.7.27.

232 『동아일보』, 1938.11.30. 일부 시천교인들은 대동일진회에 반대하여 시천교중앙종무원을 설립하여 반대동일진회 활동을 이어갔다(「昭和十五年前半期朝鮮思想運動概況」, 『日帝下社会運動史資料叢書』 3, 763-764쪽).

233 최길성·장상언 역, 1991, 『조선의 유사종교』, 계명대학교출판부, 167쪽.

234 윤정란, 2002, 「일제시대 청림교의 활동과 성격」, 『일제강점기의 민족운동과 종교』, 국학자료원 참조.

235 각파유지연맹에 대해서는 지승준, 2012, 「1924~25년 '各派有志聯盟'의 정치적 성격」, 『사학연구』 105, 한국사학회를 참조할 것.

236 『동아일보』, 1924.4.11.

237 『동아일보』는 1924년 3월 30일 자 사설에서 각파유지연맹에 대해 비판한 바 있으며, 조선노동총동맹은 "소위 각파유지연맹은 박멸하기를 기한다"라고 결의한 바

제우교는 3·1운동 직후 만주 지역으로 친일세력을 육성하고 확대하려는 일제의 계획에 따라 조직된 동학-천도교의 이단교파로, 동학의 창시자인 최제우의 이름을 교명으로 사용하였다. 제우교의 초대 교령은 일진회원이자 천도교도였다가 축출당한 김유영이 맡았으며, 김택현, 이인수, 최정규 등 일진회 출신들이 대거 참여해, 제우교는 일진회와 관련이 깊은 친일종교 단체이다.

일제 당국은 3·1운동 직후 시천교의 신도이면서 친일세력인 손은석 등 일진회원들을 동원하여 3·1민족운동에 주도적 역할을 하였던 천도교를 탄압, 분열시키는 한편 이를 이용해 만주지역에 한인친일단체를 조직하기 위해 제우교를 창립하게 했다. 일제는 만주 지역 독립군의 항일독립운동이 국내의 식민통치에 있어 지대한 영향을 미칠 것을 우려하여 중단하였던 만주 지역의 친일화 공작이 새삼 절실하였던 것이다. 따라서 제우교는 창립 이후 만주지역 한인들의 친일화를 위해 집중적으로 포교활동을 전개하였다. 또한 제우교는 국내에서 포교도 전개하였으나 3·1운동 이후 국내의 포교에 어려움이 있자 1920년 용화교로 개명하였고, 1923년 윤경중이 교주가 된 이후에는 다시 대화교로 개칭하였다.[238]

삼성무극교는 동학의 '유불선합일'이라는 점을 이용하여 "유(儒)의 인의(仁義)와 불(佛)의 자비(慈悲)와 선(仙)의 현묘(玄妙)를 강구하여 삼교(三敎)의 계한(界限)을 타파(打破)하고 동인(同仁)의 일시적 범위(一視的 範圍)에 귀(歸)"하기 위해 1920년 3월 이근호, 조희문, 서상순, 이하영 등이 발기하여 설립하였다. 종교단체에서는 유교, 불교, 기독교, 대도교, 경천

있다(『동아일보』, 1924.4.22).

238 坪江汕二, 1993, 『朝鮮民族獨立運動秘史』, 고려서림, 75-76쪽.

교, 중심교, 태을교, 인도교, 천인교 대표 등이 참여하였다.[239]

이처럼 일제는 3·1운동 이후 친일세력을 양성하기 위해 당시 최대의 종단이라고 할 수 있는 천도교를 분열시키는 데 상당한 노력을 기울였다. 기존 종교의 유사종교단체를 조직하게 한 뒤 종교활동을 가장하여 일제 식민통치를 선전하고 회유하는 등 적극적인 친일활동을 하도록 하였다. 이에 당시 교세가 컸던 천도교의 세를 이용하기 위하여 합병 이전 천도교로부터 축출당하여 친일조직 일진회에서 친일활동을 하였던 친일인물을 동원하여 제우교, 청림교, 삼성무극교 등 사이비 이단세력을 형성하고 국내외 친일공작에 나서게 하였다.

2) 천도교의 신구 분화

천도교의 분화는 3·1운동 민족대표 손병희가 붙잡힌 이후 교단의 세력 분화와 맞물려 전개되었다. 1920년대 초 문화운동과 사회주의가 보급되면서 천도교 내부에서도 이를 적극적으로 수용하는 세력이 있었다. 해월 최시형의 후손인 최동희, 오지영 등은 '미신적·종교식 타파, 대중해방 노력, 계급적 차별제 타파와 평등생활 도모' 등의 공약을 내걸

---

239 『매일신보』, 1920.3.28; 4.3. 취지서에는 발기인으로 李根澔, 趙羲聞, 徐起淳, 李相元, 李賀鍾, 李鴻來, 李鍾承, 李奎承, 李夏榮, 申鴻求, 徐虎錫, 李鍾晩, 鄭虎林, 元亨常, 鄭學武, 金完洙, 유교 대표로 金商直, 金世培, 李章薰, 朴永鎭, 尹榮淳, 朴喜明, 曹圭承, 불교 대표로 劉在瓚, 崔斗煥, 金永悳, 李錫圭, 全忠國, 安濟珉, 姜在應, 기독교 대표로 張秉奎, 대도교 대표로 金世長, 경천교 대표로 金鏞應, 金昌德, 吳水春, 朴魯東, 중심교 대표로 趙貞昱, 金純元, 兪載轍, 태을교 대표로 李公三, 金性珍, 인도교 대표로 申旭熙, 趙憬載, 천인교 대표로 金導柄 이름을 올렸다.

고 혁신운동을 전개하였다.[240] 3·1운동 직후 혁신운동을 전개한 세력은 1922년 12월 천도교연합회를 조직하고 교문을 별립하였다.[241]

1925년 후반기부터 전개된 2차 분규는 오영창 등의 지도체제에 대한 이견에서 비롯되었다. 천도교단은 연합회의 분립으로 무엇보다도 우선 내부 조직정비를 단행하였다. 이에 따라 1923년 4월 개최된 임시종법사회에서 교무규정을 개정하면서 중앙총부의 직제를 대폭 개편하였다. 즉 '중앙총부'를 '중앙종리원'으로, 지방의 교구 및 전교실을 부군종리원 또는 면종리원으로 변경하는 한편 중앙종리원의 직제도 5과에서 포덕과, 서무과, 경리과의 3과로 축소하고, 종리사총회를 두어 교단의 일체 중요한 사항을 결의하도록 하였다.[242] 이어 교세를 확장하기 위해 1925년 1월 종리사총회를 개최하고 포덕제를 신설하였다. 즉 전국을 지역별로 3백 호를 단위로 1포를 정하고 교인들의 정신조직을 한층 강화하는 한편 임직원을 개선하였다.[243] 이후 안정되어 가던 천도교에서는 1925년 6월 오영창 등이 교주 문제를 제기하면서 분규가 재발하였다. 오영창 등 교주제 부활을 지지하는 교인동지회와 무교주제의 현 체제를 지지하는 종리원 사이의 분규였다. 이는 1925년 4월 종리사총회에서 개정된 의절이 문제가 되었다. 개정된 의절에는 교단에서 교조로 추대받고 있는 수운 최제우의 득도일을 '천일', 해월 최시형의 승통일을 '지일',

240 오지영, 1997, 『동학사』, 대광문화사, 238쪽.

241 「天道教의 内訌에 関한 件(1922.3.16)」, 『日帝下社会運動史資料叢書』 4, 高麗書林, 1992, 53쪽.

242 「교회의 일체 명칭 개정」, 『천도교회월보』 152호, 1923.5, 23쪽; 「임시종법사회회록」, 『천도교회월보』 152호, 38-41쪽.

243 「천도교 신계획」, 『동아일보』, 1925.1.18.

의암 손병희의 승통일을 '인일'로 정하고, 당시 대도주에서 사임한 춘암 박인호에 대해서는 기념일을 정하지 않고 '선생'으로 추대하기로 하였다.[244] 평소 교주제 부활을 주장하던 오영창은 이와 같은 결정에 반대했다. 양측의 주장은 다음과 같다.

> 교인동지회의 윤호균: 4년 전 손의암(필자 주; 손병희) 선생이 환원한 후 대도주 박인호 씨를 선생으로 모시던 터인데, 지금의 중앙종리원 간부들은 그 선생을 모르고 우리 교도들의 믿는 바를 모두 무시하는 터이라. 박인호를 대도주로 모시자는 것인데, 듣지 아니하니 고지에 버스러지는 일이라. 그네들은 우리의 요구를 들어주든지 하라는 것입니다.

> 중앙종리원 김병준: 4년 전에 손의암 선생이 환원하신 후 대도주 박인호 씨가 스스로 사임하셨고, 다시는 교주제를 쓰지 말고 종리사제로 하자고 13도 종리원 대표 2백여 명이 그 당시에 결의한 것인데, 그 결의가 있을 때에는 반대를 하던 몇 사람의 교도가 지금 이와 같은 소동을 일으키는 것인데, 그들로 말하면 그때의 불평을 갖고 그랬든지 어찌했던지 그 후로는 우리 교회 오관 중 한 가지인 3개월 이상 성미를 불립하면 교원자격을 잃는다는 조문이 있음도 불구하고 오관도 도무지 지키지 않던 사람들인데, 지금 와서 선생을 안 모시겠는 법이 어디 있느냐 하고 딴전을 부치어 일반교도의 뜻을 무시

---

244 「경고」, 『천도교회월보』 178호, 1925.7, 23쪽 및 「천도교의절」, 『천도교회월보』 178호, 25쪽.

한 것입니다.[245]

오영창은 교주제 부활을, 종리원은 현 체제 유지를 각각 주장하고 있다. 이에 따라 오영창 지지 세력은 구파, 중앙종리원 지지 세력은 신파로 불렀다. 이처럼 분규가 발생하자 박인호가 양측을 조정하여 분규가 해결되는 듯하였으나,[246] 오영창 측의 교인대회 개최를 계기로 분규는 점차 격화되었다.

구파 측은 1925년 8월 14일 지일 기념을 기해 상경한 지방 교인 중 1백여 명을 모아 이날 오후 2시 천도교기념관에서 교인대회를 개최하고 중앙종리원의 서류를 검열하고 재정 운영에 대해 불평하며, 제4세 교주로 있던 박인호를 추대하는 등 현 중앙종리원의 폐지를 주장하였다. 또한, 포덕비 지출에 대해서도 문제를 제기하였다. 이에 대해 중앙종리원 측은 종리사총회를 개최하고 이두성 등 3인을 파견 조정하려고 하였으나 오히려 폭행을 당하였다.[247] 이로써 천도교단은 사실상 오영창 측의 구파와 중앙종리원측의 신파로 양분되었다. 구파는 8월 16일에도 교인대회를 개최하고 중앙종리원의 문서 및 경리장부를 검토하고 포덕비 지출에 대한 문제를 들어 광고를 발표하였다.[248] 광고의 내용은 다음과 같다.

本 教会中央宗理院에 視務하는 宗法師 崔麟과 宗理師 李仁淑 崔碩連

245 「천도교 신구 충돌」, 『동아일보』, 192.6.24.

246 「천도교 분규 해결」, 『동아일보』, 1925.6.27.

247 「천도교 분규 해결」, 『동아일보』 1925.8.17, 「천도교분규문제」; 「天道教又波瀾」, 『조선일보』, 1925.8.17.

248 京城鐘路警察署長, 「天道教教人大会ニ関スル件」, 1915.8.17.

> 등이 재임 이래 막중한 誠金을 自意擅行하되 所為 布德費라 憑藉하고 消耗한 것과 기타 貸付条라 記載한 것과 文簿에 記入치 아니한 債金을 아직 調査한 것만으로 万余円을 欠縮하였으며, 布德課 主任 鄭広朝는 帯任한 지 불과 6개월이나 右人 등의 共謀되어 宗規를 改定하여 先生을 凌視한 事実이 有하니, 右人輩가 一은 師門亂道요, 二는 社会公賊이기 公憤을 不勝하여 為先 個個 逐出하고 玆에 広告하나이다.[249]

즉 구파 측은 중앙종리원의 핵심적인 최린, 이인숙, 최석련을 '사문난도'이며 '사회공적'이기 때문에 출교해야 한다고 강력하게 주장하였다. 중앙종리원 측에서는 종리사총회를 개최하고 교인대회 측의 인사를 '종리사총회에 출석권을 줄 것이냐'를 두고 논의를 거듭하다가 출석권을 줄 수 없다고 결론을 내렸다. 그리고 종법사 최린과 종리사 정광조, 이인숙, 최석련 등 13명은 총사직을 밝히고 박인호에게 수습의 모든 권한을 위임하고자 하였다. 박인호는 "3년간 교회에 대한 일은 전부 관계를 아니하였고 늙은 몸으로 도저히 어떻다고 말하기 싫으니 종리사들이 잘 알아 하라" 하여 일단 거절하였다.[250]

이처럼 분규가 격화되자 엄정중립을 취하고 있던 천도교청년당은 1차 분규와는 달리 적극적으로 대응하였다. 우선 청년당은 8월 14일 분규보고회 개최에 이어 16일 40여 명이 참석한 긴급대회에서 "오영창 일

249 이외에도 "本教会中央宗理院 宗法師 崔麟과 主任宗理師 鄭広朝 李仁淑 崔碩連 등이 재임 이래로 宗規를 개정하여 背師亂道할 뿐 外라. 公金을 濫用한 事実이 有함으로 右人 등을 逐出하고 자에 광고함"이라는 광고도 있었다.

250 「중앙종리원 임원 총사직」, 『동아일보』, 1925.8.18.

파가 금번 교인대회를 열어 공연히 교내의 평화를 교란하며 일변 공천한 중앙간부를 후욕 구타하는 등 횡포한 행동과 시대착오의 교주제 복구의 완명한 계획"을 하고 있다고 성토하고 이를 반대하였다.[251] 이어 8월 17일 다시 대회를 개최하고 중앙종리원 제도를 전 교인에게 충분히 알리기 위해 방정환 등은 '복구운동방지단'을 조직하는 한편 "폭력 방지, 시국광정, 교인 전체의 의사를 기초로 한 현 제도를 적극적으로 옹호할 것"을 결의하였다.[252] 그뿐 아니라 당원 6백여 명을 동원하여 이를 전국적으로 유세키로 하였다. 이처럼 천도교청년당이 분규에 휩싸이자 박인호는 8월 17일 신파인 중앙종리원 종리사총회와 구파인 교인대회에 각각 참석하여 양측을 타이르고, 합동을 추진하였다. 특히 박인호는 이 과정에서 "교주제도를 다시 쓰자는 것은 시대를 모르는 소리니 복구운동이라는 것은 말도 안 되는 소리"라 하여 자신을 교주로 추대하고자 하는 교인대회의 주장을 반대하였다.[253]

이와 같은 천도교의 분규는 사회적으로도 파장을 불렀는데, 당시 『조선일보』는 다음과 같이 천도교단의 우려와 천도교청년당의 활동에 관심을 보이고 있다.

> (전략) 그러나 60년래 波蘭이 重疊한 特殊한 역사를 가진 천도교인 것을 생각할 때에 또 현하에도 純朝鮮人의 智와 力과 財로써 구성 존립

---

251 「청년당이 분기 성토」, 『조선일보』, 1925.8.17.

252 「복구운동 방지단」, 『동아일보』, 1925.8.18; 경성종로경찰서장, 「天道教教人大会ニ関スル件」(1915.8.17).

253 「양편에 설유 박인호씨가 임석하여」, 『동아일보』, 1925.8.18; 「박인호씨 출동 중재」, 『조선일보』, 1925.8.18.

또는 유지되는 사회적 유일한 一団体인 것을 생각할 때에 吾人은 그들이 냉정한 시대적 의식에 눈 뜨고 공정한 사회적 양심에 돌아보아 ○○한 党派戦을 일삼음이 없이 신속히 해결의 사광을 보이게 하기를 絶嘱한다. 青年党의 奮起는 과연 幾何의 効果를 늘어 낼 것인가?[254]

이 글에서 천도교는 사회적으로 위상과 역할을 크게 평가하고 있으므로 분규가 신속히 해결되기를 주문하였으며, 그 해결방안의 하나로 천도교청년당의 활동에 대해서도 주목하였다.

그러나 천도교의 분규는 점차 확대되었다. 8월 16일 종리사총회에서 교인대회 측 대표 40명의 출석권 인정 유무로 논란을 거듭하다가 결국 출석권을 인정하지 않기로 하였다. 이에 17일에는 박인호를 추종하는 최준모 등 경기, 충정, 호남 지역 출신의 종리사들이 교인대회 측과 중앙종리원 측의 중재를 도모할 목적으로 통일기성회를 조직하였다. 통일기성회는 우선 교인대회 측의 출석권을 인정하여 통일적으로 중앙종리원 임원선거를 주장하였다.[255] 그리고 교회 통합을 위해 네 가지 사항을 결의하였다.

1. 우리는 各自의 主義를 超越하여 教会의 現状을 統一하기로 目的함.
1. 統一의 実現은 언제든지 議会에 在함으로 우리는 圓満한 議会를 実現하기로 努力함.
1. 本会는 大神師의 同帰一体의 心法에 違反하는 者는 教会分裂을 企

---

254 「천도교 분규」, 『조선일보』, 1925.8.18.

255 「중립측 통일기성회」, 『동아일보』, 1925.8.19.

図하는 派로 認定함.

1. 分裂을 企図하는 派는 그 裏面을 摘発하여 一般輿論에 付함.[256]

이로써 천도교는 오영창의 교인대회파, 최린의 중앙종리원파, 이종린의 통일기성회파로 세력을 형성하였다. 교인대회파는 오영창을 중심으로 한 교주제 부활을, 중앙종리원파는 최린 등 현 체제의 유지를, 그리고 통일기성회파는 박인호를 추종하는 세력으로 재편되었다. 이를 지역적으로 보면 교인대회파는 황해도, 중앙종리원파는 평안도와 함경도, 경상도, 통일기성회파는 경기도, 충청도, 전라도 지역이 중심이었다.

이러한 가운데 18일 종리사총회에서는 전날 수리되었던 중앙종리원 임원 총사직에 대해 일단 보류하였다. 그리고 오봉빈에게 총회 소집권을 맡겼지만, 그는 종리사의 의견을 수렴한다고 하면서 무기휴회를 선언하였다.[257] 그러나 교인대회 측은 오래 머무를 수가 없다고 하여 교회봉쇄위원 백용진 등 10여 명을 중앙종리원으로 보내 열쇠를 탈취·보관하면서 자신들의 주장만 되풀이하였다.[258]

이어 19일 청년당은 열빈루에서 중앙종리원 측의 권동진, 최린, 나용환, 통일기성회 측의 박준승, 평안도의 유력인사 나인협, 교인대회 측의 오영창, 중립을 지키는 임예환 등 양측의 분규 당사자뿐만 아니라 원로까지 초빙하여 조정책을 마련하였다. 이 모임에서 참석자들은 "현 제

---

256 「삼도 교인의 통일에 대한 결의」, 『조선일보』, 1925.8.21; 「기호측 종리사 새 기치로 통일운동」, 『동아일보』, 1925.8.21.

257 「종리사총회 휴회」, 『동아일보』, 1925.8.20; 「종리사총회는 무기연기」, 『조선일보』, 1925.8.21.

258 「소위 교인대회 끝까지 주장을 고집」, 『동아일보』, 1925.8.21.

도를 옹호하며 박인호 씨에게 전권을 바치는 것보다 숙제인 선생의 예우를 하기로 하는 것"을 합의하였다.[259] 또한 오영창도 "이제부터 과거의 잘못된 일을 버리고 앞으로는 서로 손을 잡고 교회를 위하여 일하겠다"[260]고 하여 원만한 타협점을 찾는 듯하였다. 통일기성회 측도 교인대회 측과 중앙종리원 측이 주장하는 바를 조정하는 한편 8월 21일 교인대회 측, 중앙종리원 측, 통일기성회 측의 각 대표 5명씩 총 15명이 모여 타협간담회를 갖고 의견교환을 하였다. 이어 통일기성회 측이 제시한 타협조건, 즉 중앙종리원 측의 출석권 양보와 교인대회 측의 원만한 회의 참여에 대해 다음 날인 22일 모이기로 하였다.[261] 그런데 이날 교인대회 측은 중앙종리원 간부들이 총사직한 상태이므로 신임 간부를 선임하기보다는 우선 임시간부 7명을 선정하여 학교 운영 등 방만한 교회사업을 축소키로 하였다. 이들은 박인호를 교주로 하고 승통기념일을 의절에 넣을 것, 오영창의 공로를 위하여 중요한 직책을 줄 것 등을 주창하였다.[262]

한편 통일기성회는 교단 통합을 보다 원활하게 진행하기 위해 위원장 이종린, 상무위원 김경함, 신태순, 김영륜, 정용근, 김재계, 이시우, 고문 권동진, 한현태, 박준승, 이병춘 등으로 조직체를 확대하였다. 그리고 위원장 이종린은 양측의 주의 주장이 완전히 극단이지만 교단 통합을 위해 최선을 다할 것을 밝혔다.[263] 통일기성회 측의 요청으로 8월 22일

259 「천도교 해결 서광」, 『조선일보』, 1925.8.21.

260 「청년당의 분기와 통일의 서광」, 『동아일보』, 1925.8.21.

261 「분규중의 천도교 각측 대표 간담회」, 『조선일보』, 1925.8.22.

262 「천도교회 파란 후보 오영창씨 우대문제 각군 대표들이 주창」, 『조선일보』, 1925.8.22.

263 「무조건 해결 기필코 통일」, 『동아일보』, 1925.8.23.

개최한 각 대표 15인의 모임에서 원만한 합의점을 찾지 못하고 결렬되었다. 이에 교인대회 측은 이날 종리원 측을 믿을 수 없다고 보고 추후 일을 처리하기 위해 상무위원 2명과 보조위원 17명을 선임하고 교인대회를 해산하였다.[264]

이처럼 중앙에서 교단의 분규가 발생하자 그 영향은 지방까지 파급되었다. 우선 안주 지역 교인들은 교주제 부활을 주장하는 오영창 측에 대해 "어리석은 교도를 더욱 미혹케 한다"고 분개하는 한편 평안도 지역 10만 교인 대표 3백 명의 연명으로 전국 종리원에 경고문을 발송하였다. 또한 일반 교인들에게도 미혹에 빠지지 말고 새 주의, 새 주장으로 새 사람이 될 것을 주장하였다.[265] 진남포종리원도 종리사 고주성을 파견하여 분규의 상황을 파악토록 하였다. 진남포종리원은 8월 18일 교인대회를 개최하고 고주성의 보고를 받고 현 종리원 체제를 옹호할 것을 결의하기도 하였다.[266]

이후 교인대회의 해산으로 소강상태에 들어간 교단의 분규는 통일기성회 측과 중앙종리원 측의 지원을 받은 천도교청년당과의 분쟁으로 재분화되었다. 앞서 언급하였듯이 천도교청년당은 분규를 수습하기 위해 교인대회 측과 중앙종리원 측의 합동을 도모하였으나 뜻을 이루지 못한

264 「교인대회는 해산」, 『조선일보』, 1925.8.23.

265 「천도교 분규여파 평안 총교도 분기」, 『동아일보』, 1925.8.9.

266 「남포 천도교인 혁신파에 찬동」, 『조선일보』, 1925.8.23. 진남포종리원의 교인대회 결의사항은 다음과 같다. 一, 京城에 開催된 天道教人大会는 그 内容이 卑劣한 野心家 呉栄昌의 部下 畿個人의 凶計이므로 吾人은 絶対로 否認함. 一, 時代錯誤의 教主制를 主唱하고 黯然히 利己的 空中樓閣을 夢想하여 愚昧한 教友를 愚弄하는 呉栄昌及 一派를 徹底히 埋葬할 事. 一, 公正한 宗理師制를 賛同하여 時局의 匡正과 教務의 進興을 促成할 事.

바 있었다. 이로 인해 천도교청년당은 분규의 소용돌이에 휩쓸리게 되었다. 청년당원 50여 명은 교인대회 해산 이후 8월 하순 "오영창 일파의 현 제도를 배척하고 한 사람의 독천하를 몽상하는 반역자를 배척하고 동지가 결속하여 더욱 교회의 광명을 새롭게 하자"는 내용을 담은 「천도교 청년에게 격하노라」라는 격서를 지방 당원에게 발송하는[267] 한편 아래와 같은 '3대조(大条)'를 결의하였다.

> 一. 天道教는 一個人의 専有物이 아니요, 信者 全体의 것임을 確言하노라.
>
> 一. 우리의 精神的 信仰은 三世神聖의 創明한 人乃天真理에 限함은 二言이 다시 없노라.
>
> 一. 教会 運営機関은 教人 全体 意思를 基礎로 한 現下 議会制를 그대로 是認하노라.[268]

3대조에 의하면 청년당은 현 체제를 적극적으로 옹호하였다. 이에 중앙종리원은 8월 21일 지방 종리사 64명의 결의로 총사직하였던 중앙종리사에게 다시 사무집행을 위임한다는 내용의 성명서와 함께 강령도 발표하였다.

---

267 「천도교 분규와 청년당측의 격문」, 『동아일보』, 1925.8.29. 격문에 서명한 청년당원은 다음과 같다. 조기간, 김기전, 박달성, 이돈화, 박사직, 이두성, 차상찬, 허익한, 민영순, 홍광호, 계연집, 최단봉, 강우, 김병준, 최안국, 방정환, 홍일창, 최두선, 송기중, 이성삼, 윤현우, 김창현, 이태운, 김이국, 김공선, 박홍섭, 홍종현, 이초옥, 정윤석, 백응규, 설인기, 장진수, 오봉빈, 박태우, 김덕린, 한선익, 박준기, 전준성, 최병호, 조처항, 김세환, 양원섭, 백낙순, 박군실, 이을, 신원균, 김홍식, 황룡연, 황경주 외 재경청년 1동.

268 「천도교청년 飛檄」, 『조선일보』, 1925.8.29.

一. 教人 全体의 意思에 基本한 現制度를 絶対 擁護할 事

一. 此 主義를 貫徹하기 為하여 各自 責任을 지고 巡廻宣伝하여 一致団結에 努力할 事

一. 自体의 地盤을 充実히 하기 為하여 年月誠에 対한 義務를 더욱 恪勤히 履行할 事[269]

이와는 별도로 통일기성회 측도 끝까지 교단 분규를 해결하고 통일을 목적으로 49명의 발기[270]로 재차 천도교통일기성회를 조직하였다.[271] 이와 동시에 3개 항의 내용을 담은 공함을 각 지방 종리원에 발송하였다.

一. 本会員의 誠米는 今月度부터 圓満한 宗理師総会가 열리기까지 本会에서 保管할 事

---

269 「중앙종리사도 성명서를 발표」, 『동아일보』, 1925.8.29. 당시 성명서에 연명한 인물은 다음과 같다. 임예환, 고주성, 윤승각, 윤기호, 김진팔, 민영순, 박태우, 장진수, 박준기, 한선익, 박기섭, 이현희, 채규송, 강신교, 이수일, 이초옥, 이성삼, 최사민, 김명서, 김이선, 김공선, 장승관, 문철모, 유개선, 한운혁, 홍종현, 김창연, 김태련, 홍만규, 양원섭, 장대길, 백응규, 정유석, 김안실, 홍기조, 이군오, 최안국, 나인협, 유경운, 김선호, 오봉빈, 원용건, 장운국, 김덕린, 차상찬, 전준성, 설린, 김창현, 주희락, 임근태, 서달제, 백낙순, 조기간, 홍광호, 허익환, 김기전, 박군실, 이재현, 박달성, 박사직, 이유정, 이정화, 정응봉, 조봉호.

270 천도교통일기성회 발기인 명단은 다음과 같다. 박준승, 이병춘, 구창근, 윤민, 김의태, 이종린, 이용준, 김용배, 최준모, 임성춘, 정용근, 박영창, 이시우, 한순회, 송년섭, 홍종각, 김종오, 김재계, 이종화, 신학균, 김유경, 신태순, 유희준, 박기신, 김윤환, 이경택, 강세희, 손재기, 유태홍, 윤원세, 김경함, 한현태, 김영륜, 오상준, 오용실, 이세헌, 권동진, 정상렬, 오일철, 김인하, 김명배.

271 「통일기성회의 공함」, 『동아일보』, 1925.9.5.

一. 各 宗理院에서 本会의 趣旨에 賛同하시는 여러분은 会員 名簿를 作成하여 本会에 送致케 할 事

一. 本会員은 両側의 兄弟를 黜함에 반드시 満腔의 誠意를 披瀝하여 過去의 孰是孰非를 辨別치 말고 오직 将来의 平和를 高慮할 事[272]

통일기성회의 공함에 의하면 자신들의 세력을 확장하고자 하는 의도가 엿보였다. 성미를 중앙종리원 대신 보관하고, 찬동 세력 확보 등으로 통일기성회의 경제력과 조직력을 확보하고자 하였다. 이를 배경으로 통일기성회는 후일 오영창의 교인대회 측과 합동하여 구파를 형성하였다. 박인호를 교주로 추대하고자 하는 교인대회 측과 박인호를 추종하는 통일기성회 측은 박인호를 중심으로 하는 조직 체제를 추구하였다. 다만 교인대회 측은 박인호에 이어 오영창을 교주로, 통일기성회 측은 박인호의 교주체제만을 주장하는 점에서만 차이를 보이고 있을 뿐이다. 이에 따라 그해 10월 28일 통일기성회 측은 다음의 세 가지를 결의하였다.

1. 교인대회 측에는 종전 주장하여 오던 의절 문제를 포기하라.
2. 전 간부 측에는 종전 중앙종리원의 일체 책임을 포기하고 또 같은 사람끼리 서로 결합하여 신기원을 잡아 나아가자는 63인의 성명서를 취소하라.
3. 쌍방이 다 응하면 그 즉시로 임시 위원을 공동선거하여 닫힌 문을 열고 원만한 회의가 열리기까지 사무를 집행할 것이오. 한편만 응하고 한편이 불응하는 때에는 우선 응하는 그 측과 합동하고 만일

272 「천도교 통일기성」, 『조선일보』, 1925.9.5.

두 편이 다 불응하면 단독적 행동을 취하여 나아가자.[273]

이를 계기로 교인대회 측과 중앙종리원 측은 교섭을 하였고, 그 결과 교인대회 측은 승통기념일 문제로 박인호가 거절했음에도 통일기성회 측과 합동을 하고 천도교중앙위원회를 조직하였다. 그리고 그 임원으로 통일기성회 측의 이종린, 오상준, 최준모, 정용근, 김재계를, 교인대회 측의 김승주, 이용길, 이희유, 신달수, 이기열을 각각 추천하였다.[274] 이로써 세 세력으로 분화되었던 천도교단은 중앙종리원 측과 중앙위원회 측 두 파로 나뉘게 되었다.

교인대회 측과 통일기성회 합동으로 중앙위원회가 구성되고 천도교단 합동의 서광이 보이자 박인호는 3파의 완전한 합동을 재촉하는 윤고문을 발표하였다.[275] 이에 따라 중앙위원회 측은 12월 22일 임시위원회를 개최하고 중앙종리원 측과 교섭할 대표위원으로 이기초, 나찬규, 김재계, 이기열, 신명희 등 5명을 선정하였다. 이어 중앙종리원 측의 김안실, 이군오, 신용구, 박사직, 임근태 등 5명의 교섭대표와 합동 논의를 시작하였다.[276]

그러나 '정신교화' 등을 주장하는 중앙위원회 측과 '기관교화' 등을

---

273 「천도교 합동 서광」, 『조선일보』, 1925.11.5.

274 「통일되는 천도교 두 파는 이미 원만히 합동」, 『동아일보』, 1925.11.5. 그리고 고문으로 권동진, 박준승, 이병규, 이명선, 길학성, 한현태, 김명준 등이 추대되었다.

275 「박인호씨가 윤고 반포」, 『조선일보』, 1925.11.17. 윤고문의 내용은 다음과 같다. "이러한 큰 도에 적은 일에 힘쓰고 믿음으로 통일하고 규모일치하라는 신성의 가르침을 뒤져 동귀일체의 이상을 실현하지 않으면 아니 된다."(「박인호씨 윤고」, 『동아일보』, 1925.11.18).

276 「천도교 양파 교일교섭의 개시」, 『조선일보』, 1925.12.23.

주장하는 중앙종리원 측의 의견으로 합일점을 마련하지 못하고 양측의 교섭회의는 결렬되었다.[277] 양측이 주장하는 내용은 다음과 같다.

◇ 중앙종리원 측

一. 教化는 機関教化로 할 事

一. 兩側의 会合 形式은 前 宗理師会로 할 事

一. 中央幹部는 当分間 仍任할 事

◇ 중앙위원회 측

一. 教化는 精神教化로 할 事

一. 兩側의 会合은 代表会로 할 事

一. 中央幹部는 代表会에서 改選할 事[278]

이처럼 합동교섭회의가 결렬되자 중앙위원회는 12월 23일 총회를 개최해 여섯 가지 방침을 결정하고 별도로 분립하였다.

一. 従前 宗理師制는 委員制로 할 事

一. 議会制는 原住職 合議制로 할 事

一. 中央幹部 組織은 合同될 때까지 留案할 事

一. 中央委員은 来 4月까지 因任할 事

277 「'기관', '정신' 두 문제로 의견이 不一한 천도교」, 『조선일보』, 1925.12.23.

278 「천도교 합동 파열」, 『동아일보』, 1925.12.26; 「천도교 양파의 통일교섭 遂破裂」, 『조선일보』, 1925.12.26.

一. 教会 特殊 勳労가 有한 人은 褒彰할 事

一. 経費 予算은 当分間 収入대로 支出할 事[279]

이처럼 중앙위원회 측과 중앙종리원 측이 원만한 합의를 이끌지 못함에 따라 오영창의 교인대회파는 자신의 조직기반인 황해도 사리원에 '천도교육임소'를 설립해 교문을 달리하였다. 이어 중앙종리원도 아래의 일곱 가지 사항을 결의하고 더 이상의 합동을 포기하고 별도로 교단을 운영하였다.

一. 議会制는 拡張하되 其 名称은 法会라 함(宗理師, 宗法師, 布徳師 包含)

二. 宗法師 増選(林禮煥, 羅仁協, 洪基兆, 洪基億, 李岐琓, 李貞漸, 金案実, 李鍾秀, 金良根, 洪聖運, 金鎮八)

三. 予算決定은 明年 4月 定期総会로 함

四. 閉鎖된 各 課門은 即速 開放 視務케 하되 其 一切의 事項은 中央幹部에게 一任할 事

五. 幹部는 仍任하되 但 総旧派에 加担한 者는 除外함

六. 宗理師의 任期는 3年으로 할 事

七. 布徳制에 関하여는 百戸 以上 3百 未満의 未成布를 予備布로 하되 既成布와 如히 認定할 事[280]

279 「중앙위원 총회」, 『동아일보』, 1925.12.26; 「중앙위원회는 방침을 결정하였다」, 『조선일보』, 1925.12.26.

280 「중앙위원 총회」, 『동아일보』, 1925.12.26; 「중앙위원회는 방침을 결정하였다」, 『조선일보』, 1925.12.26.

이로써 천도교는 사실상 양분되어 중앙종리원과 중앙위원회로 각각 운영되었다. 이후 중앙위원회가 1926년 1월 천도교중앙종리원으로 명칭을 변경함에 따라 천도교중앙종리원은 신구 양파가 같은 명칭을 사용하였다. 이어 구파 중앙종리원은 천도교중앙교회로 명칭을 변경하였다.

3) 전시체제기와 천도교의 일제 협력

천도교중앙종리원에서는 1937년 7월 중일전쟁이 일어나자 곧바로 교인들에게 중일전쟁에 대한 전폭적 지지를 표명한 '도발(道発) 호외 제1호'를 7월 14일 발송하였다. "목하의 시국이 여하(如何)히 중대함을 정당히 인식할 일, 제국의 동양에서의 지위가 어떠한 것을 이해하여 그 사명과 천직을 각오할 일, 유언비어에 현혹되지 말고 국민의 본분을 엄수하여 자중안업(自重安業)할 일"[281] 등을 지시한 이 호외 이후 천도교중앙종리원은 조직적으로 일제에 협력하였다.

7월 19일에는 '도발 호외 제2호'를 통해 천도교인과 일반인들에게 시국인식에 대한 구체적 내용과 행동을 제시하였으며, 시국인식을 철저하게 하기 위하여 "시국의 중대성을 인식하자"는 제목의 선전지 2만 매를 인쇄하여 7월 24일 전국적으로 배포하였다.

一. 우리는 '挙教一致 総動員'으로 시국에 임하자!

一. 출정 군인에게 대하여 위문 또는 환송을 성의로 할 것.

一. 시국에 관한 행동방식은 각 그 당국에 문의하여 철저히 실행할 것.

---

281 「道發號外(第一)」, 『新人間』 115, 1937.8, 40-41쪽.

一. 別紙文字는 院内 原住職 제씨에게 一一頒給하여 일반 道人에게 시국인식을 철저히 보급함은 물론이고 教外 일반 인사에게도 널리 선전할 것.

시국의 정당성을 인식하자
北支事変은 부분적 일시적이라 오해해서는 안 된다. 제국의 東洋保障的 정의를 오해함으로부터 발생한 지나인의 역사적 배일행동에서 나온 것이다. 이 점이 이번 사변의 중대성을 가진 것이며 또한 비상시국을 야기시킨 중대 원인이다.
… 조선은 지리상으로 동양의 중요 지대이며 또한 제국의 동양 보장적 지위에 대한 요충이다. 그러므로 우리 조선인은 금번 사변에 대하여 시국의 중대성을 철저히 인식하여야 하고 나아가 제국의 동양에 대한 지도적 지위와 支那의 현실성을 잘 이해하여 동양영원의 복지를 창조하는 한 분자로서의 책임을 가져야 한다. 그러함이 조선인의 행복이요 또한 동양의 행복이다.[282]

같은 날 천도교중앙종리원에서는 중앙교단 내 '시국에 관한 일체의 사무와 활동'을 취급하는 시국대처부를 설치했다.[283] 이후 시국대처부를 주축으로 한 천도교 신파의 친일 활동은 총력동원이 가능한 전국적인 교단조직을 십분 활용할 수 있었으므로 전국을 포괄하면서도 신속하게 진행되었다.

---

282 「道発号外(第二)」, 『新人間』 115, 1937.8, 41-43쪽; 「軍事後援에 対한 中央活動 一覧」, 『新人間』 115, 1937.8.

283 「軍事後援에 対한 中央活動一覧」, 『新人間』 115, 1937.8.

천도교중앙종리원에서는 일반인들에게 시국인식의 중대성을 인식시키고 시국인식을 갱신할 목적으로 7월 26일 불교 기독교 유교 등 각 종교단체와 연합하여 시국강연회를 주최하였으며, 8월 7~13일에는 '무운장구, 국위선양, 동양평화 확보를 기원하기 위하여' 전 교회에서 7일간 특별기도회를 개최하였다.[284]

8월 14일에는 최린이 전국 중요 교역자 120여 명을 소집하여 시국강좌를 하고, 조선신궁에 모여 국위선양 무운장구 기원제를 봉행하였다.[285] 9월 3일에는 교단 중앙간부들이 조선신궁에서 민간유지들이 주최한 '국위선양 무운장구 축원제'에 참석하였다.[286] 또한 교단 간부는 물론 청년당·내성단 등을 총동원하여 출정병사 환송대를 조직하고 매일 경성역에서 출정병사를 환송하도록 하였으며,[287] 조선군사후원연맹에 7월 26일 가입 신청을 하여 8월 13일 정식가맹이 허가되었다.[288]

일제는 중일전쟁 이후 전선이 더욱 확대되면서 1938년 5월부터 조선에서도 국가총동원법을 시행하였다. 이 법의 목적은 "국방 목적의 달성을 위하여 국가의 전력(全力)을 가장 유효하게 발휘할 수 있도록 인적·물적 자원을 통제 운용하는 것"이었다. 조선에서 전시체제로의 전환은 황국신민화·내선일체의 기치 아래 인적·물적으로 조선을 총동원하는 이

---

284 「軍事後援에 対한 中央活動一覽」, 『新人間』 115, 1937.8.

285 「中央彙報」, 『新人間』 116, 1937.9, 46쪽; 「軍事後援에 対한 中央活動一覽(続)」, 『新人間』 117, 1937.11, 50쪽.

286 「軍事後援에 對한 中央活動一覽(續)」, 『新人間』 117, 1937.11, 50쪽.

287 「中央彙報」, 『新人間』 115, 1937.8, 40-43쪽.

288 「軍事後援에 對한 中央活動一覽」, 『新人間』 115, 1937.8; 「軍事後援에 對한 中央活動一覽(續)」, 『新人間』 117, 1937.11, 50쪽.

른바 병참기지정책의 실시로 나타났다. 조선인들을 직접적으로 전시체제에 동원하기 위한 제반 조치들이 취해진 것이다. 그중 하나가 국민생활 통제의 모체로 1938년 7월에 결성된 국민정신총동원조선연맹이다. 한편 천도교중앙교회도 이른바 1938년 멸왜기도운동 이후 전향 성명을 발표한 후 일제 협력에 합류하였다.

관제 친일기구의 일부가 된 천도교연맹은 "동아 신질서를 확립하고 팔굉일우의 조국정신을 세계에 앙양함은 제국 부동의 국시이다. 아등은 자에 일치단결 국민정신을 총동원하여 내선일체 전 능력을 발휘하여 국책의 수행에 협력하여 성전 구극의 목적을 관철하기를 기함"할 것을 선언하였다.[289] 이러한 목표를 실천하기 위해 천도교 조직을 그대로 활용해 서울에 연맹 본부, 지방에 종리원연맹과 전교실연맹을 두었다. 중앙교단과 지방종리원 간부들을 그대로 활용하여 천도교의 전국적인 조직망에 기초한 친일·전쟁 협력을 의도한 것이었다.

천도교단의 관제친일기구화와 더불어 분열되었던 천도교 신파와 구파는 1940년 들어 본격적인 합동교섭을 진행하였다. 2월 3일 천도교본부(신파) 측 이돈화가 천도교중앙교회(구파) 측 이종린에게 합동에 대한 의사를 표시한 이후 회담을 거듭해 합동을 결의하였다. 4월 4일 개최된 합동대회에서 상주선도사에 정광조, 최준모, 이돈화, 이종린, 교령에 이종린, 부교령에 최안국, 감사원장에 손재기, 감사에 백중빈, 정환석이 선

289 "國民精神総動員天道教聯盟 趣意書: 現下 時局의 情勢에 鑑하여 國民精神総動員運動을 一層 徹底 強化시키어 尊厳한 國体에 則하여 益益 尽忠報國의 精神을 昂揚하고 此를 我等日常生活의 実践에 具体化 恒常化하여써 所期의 目的을 貫徹함은 此 実로 全國民의 意志인 同時에 義務이다. 我等은 玆에 國民精神総動員天道教聯盟을 結成하고 全教会에 限하여 同一한 指導精神 下에 運動을 統制強化하여 真正한 内鮮一体에 順応하고 銃後의 守護를 鞏固히 하여써 時艱…의 克服을 期함. 소화14년 6월 11일."

출되었으며, 합동대회가 끝난 후에는 조선신궁에서 합동봉고제를 거행하였다.[290]

신구파 합동에 대해 최린은 "순리응시(順理応時)의 도의(道義)에 화합한 바"라고 하였다. 그리고 합동 이후 천도교의 나아갈 길에 대해 "1. 보국정신(報國精神)을 강화하고 흥아성업(興亜聖業)을 협익(協翼)하여 내선일체의 완수를 촉진할 것, 2. 수심(修心)·후생(厚生)의 덕업(德業)을 재건하여 대도흥진(大道興振)의 본(本)을 입(立)할 것, 3. 도덕의 이론화를 배각(排却)하고 궁행실천(躬行実践)을 면려할 것"을 피력하였다.[291] 그리고 합동대회에서는 다음과 같이 3대 강령을 발표하였다.

1. 我等은 八紘一宇의 신념으로써 東亜新秩序 建設의 聖業을 翼賛함
2. 我等은 信仰統一 規模一致下에서 霊肉双全의 生活確立을 期함
3. 我等은 教化에 主力하여 布德天下의 理想実現을 期함[292]

이와 함께 천도교단에서는 '교발 제2호'를 통해 이를 더욱 분명히 하였다. "동아 신질서 건설, 도의적(道義的) 신세계 창조, 팔굉일우(八紘一宇)의 사상 등은 우리 신국(神國) 일본의 정신으로서 이 정신은 세계 어떤 인류의 이성에도 적합한 보편 타당적 이상인 것은 말할 것도 없거니와 우리는 위로 이 정신을 봉대(奉戴)하고 안으로 신앙통일, 규모일치를 견고히 하여 영육쌍전(靈肉双全)의 생활을 도(図)하며 나아가 교화를 주

290 『조선일보』, 1940.4.5; 金秉濟, 「合同経過概略」, 『新人間』 145(1940.5), 9-10쪽; 「総部彙報-天道教合同大会会録」, 『新人間』 145, 1940.5, 40-41쪽.

291 長老 崔麟, 「合同에 대한 所感과 今後의 要望」, 『新人間』 145, 1940.5, 7쪽.

292 「総部彙報-声明書」, 『新人間』 145, 1940.5, 41쪽.

(主)로 하여 포덕천하(布德天下)의 기초를 확립함으로써 교회의 이상으로 삼고자 하나이다"[293]라고 하였다. 이로써 그동안 일제에 대한 견해를 놓고 분열하였던 천도교 신·구파가 하나의 친일세력으로 통합된 것이다.

국민총력천도교연맹으로 개편된 이후 천도교 세력의 전쟁협력, 친일활동은 더욱 박차가 가해졌다. 특히 노골적 친일의 기조 아래 천도교연맹이 친일활동에서 무엇보다도 집중한 부분은 전쟁물자, 기금의 헌납 등이었다. 1940년 12월 24일 개최된 천도교연맹 전선 이사장대회에서는 1941년 1월부터 6월까지 교인 전체의 근로 배가와 잉여노동 활용으로 소득을 올려 1941년 7월 7일 '지나사변 기념일'에 국방금으로 헌납할 것을 결의했다.[294] 실제로 6개월 동안 200여 개의 각 군 교구연맹으로부터 수합한 국방헌금은 총 5,287원 45전에 달했다.[295]

이처럼 천도교는 중일전쟁 이후 단연 두각을 나타내는 친일단체로 활약하였다. 그렇다면 민족운동의 일각을 차지했고, 나름의 독자적 정치활동을 추진했던 천도교가 이렇게 노골적으로 친일활동에 앞장서게 된 까닭은 무엇인가? 그것은 당시 상황에 따른 어쩔 수 없는 순응의 자세를 넘어 현실과 세계인식 자체가 변하는 가운데 천도교 사상과 내면적으로 결합시켰기 때문이다.[296]

293 「総部彙報-教発 第二号」, 『新人間』 145, 1940.5, 38-39쪽.

294 「人日紀念時諸行事」, 『新人間』 152, 1941.1, 17쪽; 「國力天聯発 第四号-全体理事長会 経過의 件」, 『新人間』 154, 1941.3.

295 「赤誠! 六個月間 勤勞倍加의 所得 一金 五千餘圓國防獻金」, 『新人間』 157, 1941.7.

296 정용서, 2011.9, 「일제 말 천도교 세력의 친일 활동과 논리」, 『한국근현대사연구』 58, 한국근현대사학회, 125쪽.

4. 유교의 분화와 일제 협력

유교 역시 3·1운동 이후 일제의 종교계 친일세력의 양성에 따라 분화되었다. 이에 따라 총독부는 '문화'를 통해 유교의 변화를 유도하였다. 경응의숙 대학장인 가마다 에이키치(鎌田栄吉)가 일본에서 "시세(時勢)의 변천(変遷)에 반(伴)할 만한 신덕교 작흥의 필요"에 대해 강연을 한 바 있는데 이것이 재조일본인뿐만 아니라 조선인에게도 적절함을 강조하고 있다. 즉 "시대의 변천, 정체의 추이에 따라 근래 익익 세계의 민본적 풍조가 정상한 세력을 가지고 습래함으로 도저히 종래의 도덕을 보전할 수가 없는 금일의 상태에서 신사회에 적합한 신덕교를 작흥치 않으면 안 된다"고 하면서 '유교의 쇄신'을 역설하고 있다.[297]

이 글은 비록 일본에서 한 강연이었지만 굳이 조선인에게 적절하다고 강조한 것은 유교가 식민지 조선 사회의 정치, 사회, 문화 이데올로기를 지배하고 있고 나아가 윤리 도덕의 기초를 이루고 있으므로, 일본에서 유교의 역할을 식민지 조선에 이입시키기 위함이었다.

이와 같은 분위기에서 유림계에서도 기존 유교의 틀에서 벗어나 문화운동 차원에서 신도덕을 강조하는 한편 이를 추진하기 위한 단체를 조직하고 있다. 이에 따라 유림계에서는 대동사문회와 같이 전국 조직을 갖춘 단체와 유도진흥회와 같이 도 단위 조직을 갖춘 단체가 결성되기에 이른다.

297 「新徳教作興의 必要」, 『매일신보』, 1919.7.27.

1) 대동문화사와 대동사문회

유림계에서 가장 먼저 단체의 성격을 가지고 조직된 것은 대동문화사와 동인구락부이다. 대동문화사는 "만근(輓近) 덕교일이(德教一弛)와 풍교(風教)의 퇴패(頹敗)를 개연(慨然)하여 차(此)를 만회(挽回)를 도(図)"하려는 취지와 "덕성의 함양, 윤리의 존중, 애경상문(愛敬相問), 지식교환(知識交換)과 법률범위 내에서 동포의 권리를 신장하고 행복을 증진함"을 목적으로 하여 김교철, 홍금섭 등이 발기하였다.[298] 이와는 다른 견해를 지닌 유림계는 동인구락부를 조직하였다. 즉 동인구락부는 '시세의 악화를 개탄'하는 유생들이 "근세 시대의 악풍조에 남염(濫染)되어 동포사상의 악화 및 퇴폐함은 감히 신(新)을 취(取)한 결과인즉 아 동포 교화의 근본은 필히 유교에 거치 아니함이 불가하다"라는 취지로 조직되었다.[299] 이 두 단체는 서로 다른 입장을 표명하고 있지만, 근본적으로는 유교를 중심으로 하고 있다.

대동문화사는 1919년 11월 16일 정동 경성구락부지부에서 발기회를 갖고 임시사장으로 홍긍섭, 임시사무처리 및 규칙제정위원으로 박치훈, 유병찬, 김교철, 고규명, 남정환, 조병상, 황만교 등을 선임하는 한편 경성통신사장 오가키 다케오(大垣丈夫)의 「권리」라는 주제로 강연을 듣기도 하였다. 이날 표명한 대동문화사의 취지문과 규약은 다음과 같다.[300]

---

298 「大東文化社 発起」, 『매일신보』, 1919.11.12. 발기인으로는 김교철, 홍긍섭 외에도 高奎明, 金東爀, 金學奎, 南廷桓, 南弼熙, 劉秉璨, 金能寿, 朴治勳, 朴奎秉, 徐丙哲, 禹重明, 全奎東, 權重弼 등이 참여하고 있다.

299 「同寅俱樂部 組織」, 『매일신보』, 1919.11.12.

300 「大東文會 発起会」, 『매일신보』, 1919.11.18.

趣旨文

人道를 正行함은 德性을 涵養하는데 在하고 生活을 完全케 함은 物質을 供給함에 在하도다. 然이나 井學이면 不得이라. 故로 聖賢의 経伝을 先授하며 學士科學을 後読하여 文質이 彬彬한 後에 國民養成에 体制를 得成할지라. 此에 古今東西의 不易할 道언마는 輓近 德教가 一弛하여 風俗이 頽敗하고 倫理가 斁傷하기에 幾至한지라. 凡我 同志는 此를 慨然하여 一弛한 德教를 恢復하여 頽敗한 風俗을 挽回하며 倫理를 尊重하고 新旧學識을 懋圖併行하여 使我 同胞로 天賦한 德性과 權利를 支持하며 人為의 生活과 社交를 完美케 하기 爲하여 玆에 一社를 発起하노니 唯我同志僉彦은 一乃心力하여 期図奏效하심을 切望함.

規約

제1조 名称은 大東文化社라 함.

제2조 本社는 德性을 涵養하며 倫理를 尊重하고 親睦을 図하며 勤倹을 行하고 哀慶을 問하며 患難을 救하고 知識을 交換하며 事業을 振興하고 法律範囲 内에서 同胞의 權利를 伸張하고 幸福을 增進하기로 目的함.

제3조 位置는 本社를 朝鮮 京城에 支社를 主要한 各方面에 置함.

제4조 本社員은 年齢 満20세 以上의 品行端正하고 志氣健實한 者로써 組織함.

제5조 本社는 事業発展을 偽하여 研究한 事項을 随時公布하여 輿論의 賛同을 求함.

제6조 本社의 維持費用은 社員의 寄附로 함.

이처럼 유림계에서 새로운 단체를 조직하기에 이르자 총독부 기관지 매일신보는 조선 유교를 혁신할 것을 제의하는 논지를 표명하기도 하였다. "금일 유림계의 사상변동을 관하건대, 혹은 태극교 혹은 문화사 혹은 구락부 혹은 연구회 혹은 사문회 혹은 진흥회 혹은 무극경천교 혹은 제화교 혹은 통천교 혹은 공의소이라. 각 방면으로 단체를 조직하여 시의를 도"하려고 한다면서,[301] 이를 위해서는 '호고적(好古的) 사상의 혁신과 시의(時宜)에 적절한 신종교'로 탈바꿈하는 것이 필요하다고 제시하고 있다.[302]

그러나 대동문화사는 실제적으로는 활동한 사례가 없는 것으로 보아 조직체로서의 틀을 다지지는 못하였던 것으로 보인다. 대동문화사의 주요 인물 중 홍긍섭은 독립협회 총대위원,[303] 일진회 평의원, 총무원, 부회장을 역임한 바 있고,[304] 송병준, 이용구, 최정규 등과 일본과의 합방선언서를 제출하기도 하였다.[305] 조병상의 당시 활동에 대해서는 잘 알려지지 않고 있으나 1920년대 이후 친일단체인 동민회 상무이사를 비롯하여 중추원 참의, 임전대책협의회, 조선임전보국단, 국민정신총동원조선연맹, 국민총력조선연맹 등에서 주요 간부로 활동했다. 박치훈은 태극학회 회원, 대한자강회 연설위원으로, 유병찬은 기호흥학회 평의원으로 각각 활동한 경험이 있다. 대동문화사 참여 인물 중에는 이미 친일적 성격이었던 인물이 적지 않았던 것으로 보인다.

대동문화사에 이어 조직된 유림계 단체는 대동사문회였다. 1919년

301 「朝鮮儒教의 革新할 것을 提議함(一)」, 『매일신보』, 1919.11.27; 1919.11.28.

302 「朝鮮儒教의 革新할 것을 提議함(二)」, 『매일신보』, 1919.11.28.

303 『독립신문』, 1898.3.29, 3면.

304 이인섭, 『원한국일진회역사』 권1, 14쪽; 권2, 114쪽; 권3, 45쪽.

305 황현, 『매천야록』 제6권, 융희 3년 기유조.

12월 20일경 "시국에 감(鑑)하여 유생이 단결하여 경학을 성(盛)"히 하고자 정만조, 홍긍섭, 심종순 등 26명이 발기인[306]으로 참여해, 각지 유생에게 취지문을 인쇄하는 등 새로운 단체를 준비하였다.[307] 이어 1920년 1월 4일 발기인회를 갖고 1월 25일 발회식을 개최하기로 하는 한편, 발기문을 마련하고[308] 업무분장으로 경학 강의를 담당하는 경의부(経義部), 정무 연구를 담당하는 치사부(治事部), 종교 천명을 담당하는 교리부(教理部), 탁행숭포(卓行崇褒)를 담당하는 경현부(景賢部), 회계변리를 담당하는 서무부(庶務部), 도서 모집을 담당하는 도서부(図書部), 회보 편찬을 담당하는 편찬부(編纂部) 등을 설치하기로 하고 오가키(大垣丈夫)를 고문으로 추대하였다.[309]

1월 25일 발회식에는 시바타(柴田) 학무국장 등 전국 유림 대표 2백여 명이 참석하여 홍긍섭의 개회, 정만조의 식사, 최영년의 취지 설명, 시바타 학무과장의 축사, 어윤적의 답사로 진행되었다.[310] 그리고 30명의 간사와 정만조, 홍긍섭, 최영년, 어윤적, 송지헌, 이범철, 박노학, 김정기 등을 상무이사로 선임하였다.[311] 이들 가운데 정만조, 어윤적, 송지헌 등은 중추원 부찬의 또는 참의, 경학원 강사나 부제학 등으로 활동하고 있다. 이들이 활동하였던 중추원은 조선총독부의 어용기관으로, 경학원

---

306 발기인으로 참여한 인물은 다음과 같다. 정만조, 홍긍섭, 심종순, 이순하, 최영년, 서상춘, 한만용, 이기, 유병철, 어윤적, 송지헌, 현채, 박로학, 이범철, 홍희, 한창리, 김정기, 김기현, 목용찬, 강남회, 이한구, 하세윤, 유재성, 이명재, 김현규. 박상정 등 26명이 참여하고 있다.

307 『매일신보』, 1919.12.21.

308 『매일신보』, 1920.1.13.

309 「大東斯文会 各部」, 『매일신보』, 1920.1.7.

310 「大東斯文会 発会式」, 『매일신보』, 1920.1.22, 1920.1.27.

311 「斯文会 幹部 選挙」, 『매일신보』, 1920.1.29.

은 유림을 장악하기 위해 성균관을 개편한 어용유림단체였다. 이러한 점에서 본다면 대동사문회는 일제 지배정책에 협력한 인사들이 총독부의 후원 아래 결성된 관변종교단체의 성격을 지닌다.

본부 조직을 마친 대동사문회는 회세(會勢)를 확보하기 위해 전국의 회원을 전부 경성으로 초청해, 총독부를 비롯하여 창경원 등을 견학하기로 하였는데, 1천여 명이 참여하였다.[312] 이러한 분위기 속에서 대동사문회는 경성 낙원동 248번지에 본부를 두고 각지에 지회를 조직하였으며, 각 군 지회에는 전사(典事)를 선임하여 지회 업무를 담당하게 하였다.[313]

2) 서울과 경북의 유림계 유도진흥회

서울을 중심으로 어윤적, 이범철 등 구한국 관료를 중심으로 하는 유림들이 대동사문회를 조직하게 되자 김영한, 민철훈 등 일부 경성 유림들과 영남지역 유림 88명은 1920년 1월 16일 경성구락부에서 발기총회를 열어 유도진흥회를 조직하고[314] 그 취지서를 발표하였다.[315] 그리고 "유도의 진흥을 도모하고 퇴폐하는 도의의 긴장을 기하여 세도의 진운에 공헌"하는 것이 목적임을 밝히고 있다.[316]

창립 초기 회장으로는 김영한이 선임되었다.[317] 창립 직후, 유도진흥

---

312 「地方儒林来城」, 『매일신보』, 1920.5.31.

313 『大東斯文会会報』 창간호, 1920.4, 74, 75면.

314 「朝鮮儒道振興会 経過状況 報告書」, 『斎藤実文書-民族運動』 1, 고려서림, 1990, 164쪽.

315 「儒道振興会 趣旨書」, 『매일신보』, 1920.1.29.

316 『高等警察関係年表』, 조선총독부 경무국, 1930, 16면.

317 이명화, 「朝鮮總督府의 儒教政策(1910~1920年代)」, 『한국독립운동사연구』 7, 독립기념관 한국독립운동사연구소, 1993, 116쪽.

회는 오츠카(大塚) 내무국장에게 기백 원 후원받았지만 여전한 재정의 어려움, 각 지방 도, 부, 군 명사(名士)의 참여 부재로 인한 세력 확장의 곤란, 같은 성격을 가진 대동사문회와의 경쟁 등 세 가지 어려움을 호소하면서 총독을 총재로, 정무총감을 부총재로, 각 국장을 고문으로 추대하고자 하였다.[318] 이듬해 1921년 4월 25일 개최한 제2회 총회에서 '유사제(有司制)'를 '총무제(総務制)'로 개정하고 임원진도 회장 박제빈, 부회장 윤희구, 장의장 정진홍, 총무 윤필구, 이사 정봉시, 김영한, 권순구, 서광전, 최강, 김진한, 정인욱, 홍우숭으로 개선하였다.[319] 그리고 윤필구를 발행인으로 하여 기관지 『유도』를 발행하였다.[320] 그해 10월 임시총회를 개최하고 회장에 박기양 남작, 부회장 정봉시, 총무 정진홍, 장의장 윤필구, 서무부장 권순구, 강습부장 이범규, 편집부장 이저규, 상무이사 정인욱 등으로 임원을 개선하고 한글판 기관지 『명륜』을 간행하기로 하였다.[321]

유도진흥회 창립 당시 참여하였던 인물 중 박제빈은 중추원 참의, 경학원 부제학을, 정진홍은 중추원 부찬의 및 참의, 정봉시는 경학원 강사 및 부제학, 권순구는 경학원 강사 등으로 활동했다. 이는 앞서 본 대동사문회와 같은 성격의 관변종교단체임을 알 수 있다. 1910년대 유교는 경학원을 통해 통제하고자 하였다면, 1920년대에는 유림을 여러 개의 어용단체로 분리하고자 한 분열정책의 일환으로 추정된다.

한편 서울에서 창립된 유도진흥회는 창립 이후 지방조직으로 지회와

---

318 「朝鮮儒道振興会 経過状況 報告書」, 162-163쪽, 168-169쪽.

319 「儒道振興会 総会」, 『동아일보』, 1921.4.27.

320 「儒道新聞 許可」, 『매일신보』, 1921.2.9.

321 「儒道振興 総会」, 『매일신보』, 1921.10.10.

분회를 조직에 착수하였다. 유도진흥회의 조직은 경성에 본부, 도 단위에 지회, 군 단위에 분회를 두는 3단계의 구조로 전국 조직망을 구축하였다. 도 단위의 지회로는 경북지회와 경남지회를 각각 조직하였다. 도(道) 단위의 지부는 중앙과는 유기적으로 관계를 맺고 있었지만 1927년 8월 중앙과 분리하여 경북유도진흥회로 명의를 변경하고 독립적인 단체로 활동하였다. 즉, "동양도덕의 진수인 유도를 진흥함으로써 세도인심을 바르게 하고 사회기강을 유지하여 국가민인의 진보를 부익"하기 위하여 1920년 3월 도내 유림 등이 모여 경성에 있는 유도진흥회의 경북지회를 설립하였으며, 1927년 8월 본부 총회에 의하여 경성 본부로부터 분리하고 경북유도진흥회라 개칭하였다.[322]

경북유도진흥회는 1920년 1월 28일 창립 신청을 받고 다음 날 인가하였으나 창립총회는 3월 14일이 되어서야 가졌다. 이날 창립총회는 후지가와(藤川) 경북도지사와 사토(佐藤), 오바(大庭), 신조(新庄) 등 3부장, 오바시(大橋) 헌병대장과 경북 도내 각 군에서 류시만 등 유림 1백여 명이 참석하였으며, 지부장 이만린, 부지부장에 박승동, 총무에 장상철과 류시일 등을 선임하고 각 군의 장의를 선정하였다.[323] 경북지회는 같은 해 11월 19일 제2회 총회를 개최하고 지부장에 칠곡군수 이계환을 선정하였다.[324] 이후 이중철,[325] 이중구[326]가 각각 지회장으로 활동하였다. 특

322 경상북도, 『경상북도사회사업요람』, 1930, 68쪽.

323 「儒道振興会」, 『매일신보』, 1921.4.1.

324 「儒道振興会 総会」, 『매일신보』, 1920.11.27.

325 「慶北儒道振興 総会」, 『매일신보』, 1922.11.11.

326 「慶北 儒道総会」, 『매일신보』, 1923.6.21. 이날 개선된 임원진은 다음과 같다. 회장 회장 이중구, 부회장 서경순, 이종로, 이사 서명오, 이의종, 김병필, 이덕구, 이근영, 김충일, 남필우, 김창식, 박기돈, 이종민.

히 1921년 11월 제4회 총회에서는 회세의 확장을 위해 도지사와 각 부장을 고문으로, 참여관과 서무과장을 장의로, 지방 학무와 권업과장은 특별찬성원으로 할 것 등 17개 항을 결의하기도 하였는데, 그 주요 내용은 다음과 같다.[327]

1. 도지사 및 도 각 부장은 지부 고문으로, 참여관 및 서무과장은 장의로, 지방 학무 권업의 과장은 특별찬성원으로 할 사
2. 각 군수 경찰서장 보통학교장은 분회 고문으로, 각 면장 및 주재소 수석은 분회찬성원으로 할 사
3. 문묘직원은 분회이사로 선정하여 군내교화사업에 종사케 할 사
4. 회원모집에 대하여 관내 주민은 구계급 여하를 불구하고 회원 됨을 득함.
5. 회비는 년 20전
6. 재산계급에 한하여 입회금 1원 이상 기부금 5원 이상 징수
9. 유림 내지 시찰단을 매년 조직, 여비 부담
11. 개량서당 및 학술강습회 설립
13. 유의유식 청년 구제
15. 강연 강습회 개최 미풍양속 유지
16. 강연강습회 시 세계 대세와 동양평화 설유, 청년사상을 선도하고 국민적 신념을 왕성케 할 사

한편 경북유도진흥회는 본부에 회장 1인, 부회장 2인, 총무 2인, 이

327 「慶北儒道 総会」, 『매일신보』, 1921.11.26.

사 20인, 장의 약간인을 두었고, 도내 27개 지역에 지회(달성, 칠곡, 영일, 영덕, 의성의 5개 군에는 2개소, 대구부 및 경주군은 없고 기타 군도(群島)에는 각 1개소)를 설치하였으며, 회원 총수 4만 6천여 명에 달하였다.

경북유도진흥회 회칙은 다음과 같다.

제1조 본회는 경북유도진흥회라 한다.

제2조 본회는 본 도내에 거주하는 유도를 존숭하는 자 및 본회의 취지에 찬동하는 자로서 조직한다.

제3조 본회는 유도를 진흥하고 퇴미(頹靡)한 유풍(儒風)을 만회하여 동양도덕(東洋道德)의 진원(真源)을 발휘하여 민심의 안정을 도모(図謀)하여 세도(世道)의 진운(進運)에 바탕으로 함을 목적으로 한다.

제4조 전 조의 목적을 달성하기 위해 좌기의 사항을 한다.

1. 문학을 장려하고 예의를 존중할 사
2. 학교 또는 강습소 등을 두어 시대에 적응하는 교육을 할 사
3. 효자 절부 기타 모범이 되는 행적을 포상할 사
4. 근검역행의 미풍을 작흥하여 생활안정을 기할 사
5. 회원 중에 과실상규, 환난상휼, 경조상문을 할 사
6. 농상공업을 장려하여 무직자에 授産방법을 강구할 사
7. 강연회 및 강습회 또는 인쇄물 등으로서 시세를 각성할 사

제5조 본회는 대구에 설치하고 각 군에 분회를 둔다.

제6조 본회는 좌기 임원을 둔다.

회장 1인

부회장 2인

총무 2인

장의 약간인

이사 20인

서기 및 회계 1인

제7조 회장은 회무를 총리한다.

부회장은 회장을 보좌하고 회장 유고할 시 이를 대리한다.

총무는 회장의 명령에 의해 일반회무를 집행한다. 단 회장 또는 부회장이 사고할 시 이를 대리한다.

이사는 회장의 명을 받아 중용한 의결을 한다. 단 이사 중 상무이사를 둘 수 있다.

장의는 장의회의 회무를 심의한다.

서기 및 회계는 회장의 명을 받아 본회 일반회계 및 서무에 종사한다.

제8조 본회는 매년 1회의 정기총회를 개최한다.

제9조 본회에 고문을 둘 수 있으며, 본도 내외를 아는 지위명망한 자를 촉탁한다.

제10조 회계연도는 매년 4월 1일부터 다음 해 3월 31일까지로 한다.

진흥회의 운영은 향교재산의 보조 및 특지자 기부금 등으로 유지되었는데, 1929년 세출예산액은 1만 8원 정도였다. 그리고 사업으로는 시찰단 파견, 학술강습회, 강연회, 경로식, 효자 절부 독행자 표창, 근검장려, 공동경작을 장려하였으며, 정기교화간행물로 1927년에 기관지 『영남시보』를 창간하였다.[328] 이 『영남시보』는 '시정주지, 민풍작흥, 산업

328 「유도진흥회 총회」, 『동아일보』, 1927.8.14.

개선, 시상선도 기타 일반사회 교화'를 목적으로 창간되어 한글로 매회 1만 2천 부, 월 3회 발행하여 도내 각 부락에 무상으로 배포하였다. 지방농촌에서는 신문 잡지 등 구독자가 극히 희박해 황당무계한 유언비어 등 박식한 농민의 사상을 동요하는 것이 많은 상황에서 조선의 실정에 비치는 최고의 유효한 사회교화시설이기도 하였다.[329]

경북유도진흥회 지회는 도내 26개 군과 울릉도의 유도창명사 등 모두 27개 지회가 설립되었다. 이들 지회 설립을 좀 더 구체적으로 살펴보면, 1920년에 14개 지회, 1921년에 8개 지회, 1922년에 2개 지회, 1923년에 1개 지회, 1924년에 1개 지회, 1926년에 1개 지회가 각각 설립되었다.

3) 지방 유림계의 단체

이처럼 중앙의 유림계는 대동사문회와 유도진흥회를 조직하여 전국적인 단체를 만들었지만, 지방의 유림들은 지역에 따라 단체를 조직하였다. 강원도의 유림들은 유도천명회(儒道闡明会)를, 전남 유림들은 유도창명회(儒道彰明会)를 각각 조직하였다. 그런데 이들 조직은 도(道)의 적극적인 후원이 적지 않았다.

강원도는 3·1운동 이후 "시국의 영향은 지방 민간에 한 가지 변화가 생겼기 때문에 인심이 악화된 경향이 있으므로 당국에서는 이것을 잘 인도하는 동시에 시정방침을 선전하기 위하여 각 군 지방의 민중적 특수지위가 있는 유생을 한 단체로 조직하고 본부를 춘천에, 지부를 각 군

329 경상북도, 1930, 『경상북도사회사업요람』, 68쪽.

에 설치하고 유교를 선전"하고자 하였다.[330] 3·1운동 이후 흩어진 민심을 수습하기 위해 유교를 이용하고자 하였다. 이는 강원도가 다른 지역에 비해 기독교와 천도교가 뿌리내리지 못하고 여전히 유교가 사회 여론을 주도하고 있었기 때문이었다. 이에 따라 "일반유림을 지도하며 유도를 진흥"케 하기 위하여 도가 주관이 되어 유도천명회를 조직하기로 하였다.[331] 당시 강원도 전, 현직 참여관 김상연과 이학규가 유도천명회를 설립하기 위해 영동과 영서 지역을 각각 순회하면서 유림들을 회유하고 정지작업을 하였다.[332] 이러한 관계로 유도천명회의 경우 본부보다 지부가 먼저 설립되기도 하였다.

강원도의 후원과 참여관의 적극적인 활동으로 우선 영서지역 유림들은 1921년 7월 27일부터 2일간[333] 도의 김상연 참여관, 오츠카(大塚常三郎) 및 심(沈) 양 도속, 와타나베(渡邊) 춘천군수, 오고에(小越) 및 황(黃) 양 군속, 이 참여관, 지방유림대표 엄정환, 정홍기(이상 인제), 정종진, 윤종훈(이상 양구), 이희룡, 윤병선(이상 화천), 남궁벽, 남궁필(이상 홍천), 강석규, 김민식(이상 춘천) 등이 설립협의회를 가졌다.[334] 이어 8월 1일과

---

330 「儒生団을 組織」, 『매일신보』, 1920.11.29.

331 「儒道闡明会 開設」, 『매일신보』, 1921.7.8.

332 「江原儒道闡明会」, 『매일신보』, 1921.7.26, 「江原道儒会 完成」, 『매일신보』, 1921.8.19.

333 『매일신보』에는 7월 25일과 26일 양일간으로 보도하고 있다(1921.7.25). 그러나 실제적으로는 7월 27일과 28일 양일간 개최하였다.

334 「江原道 儒道 振興」, 『매일신보』, 1921.8.2.

2일에는 원주[335]와 철원[336]에서, 8일에는 강릉[337]에서 각각 설립협의회를 개최하였다. 이날 각 지역에서 설립협의회를 마친 도와 유림계는 유교를 지도할 단체로 유도천명회를 설립하기로 하는 한편 일본시찰단을 조직하기로 하였다.[338]

전남의 유도창명회 역시 강원 유도천명회와 마찬가지로 관의 적극적인 지원으로 설립되었다. 유도창명회는 1921년 9월 11일 중추원 참의 박봉주와 전 광주청년회장 최종섭의 발기로 광주 명륜당에서 창립총회를 개최하였다. 그러나 노문규의 취지에 대한 설명이 막 끝나려는 순간 "소위 유도창명회로서 양복입은 신청년과 계급이 다른 구(舊) 인물이 동렬케 됨을 분개한다"라는 한 유생의 강경한 반대로 해산함에 따라 연기할 수밖에 없었다.[339] 당시 이 사건은 신문화를 수용한 청년들의 참여에 반감을 품은 보수적 유림들의 반발로 보인다. 이로 인해 유도창명회 설립은 부득이 연기할 수밖에 없었다.

보수유림들의 반발이 어느 정도 진정되자 호남 유생들은 1922년

335 「儒道彰明会 発会」, 『매일신보』, 1921.8.18. 원주에서 가진 설립협의회에는 이학규 도참여관과 大塚 道属, 횡성의 柳晥 安承哲, 평창의 李建楫, 영월의 丁奎文 池昌永, 정선의 李禹永 全竜珪, 원주의 閔熹植 沈元沢 曺秉沢 兪華濬 金奎弼 등이 참여하였다.

336 철원 설립협의회에는 김상연 도참여관과 심 道属, 철원의 安道煥 朴琪陽 崔昇, 평강의 金東河 権炳河, 김화의 韓来鍾 沈能憲, 금성의 李鍾林 盧一愚, 안협의 尹致安, 이천의 李達栄, 회양의 劉錫祚 朴来勳 등이 참여하였다.

337 강릉 설립협의회는 이학규 도참여관과 大塚 道属, 李 강릉군수 외 군 직원 2명, 강릉의 朴起東 崔命台, 양양의 崔永宅 李준在, 통천의 尹炳善 崔南九, 간성의 黄炳星 高濟南, 고성의 李秉文 鄭寅鎔, 삼척의 鄭昌和 洪淳大, 울진의 林潤夏 南穆永 등이 참여하였다.

338 『会報』 창간호, 강원도 유도천명회, 1922.9.

339 「유도창명회 총회연기」, 『동아일보』, 1921.9.17.

3월에 이르러 '동양도덕의 진원을 발휘'할 목적으로 도참여관 석진형[340]과 중추원 참의 박봉주 등이 다시 호남의 유력한 유림을 규합하였다.[341] 이어 각지 향교와 유생의 찬동을 얻어 도 당국의 적극적 후원 아래 각지 유림 대표 4, 5명 또는 10여 명씩 소집하여 3월 26일 도청에서 "시세의 진운을 수하고 유도의 본지를 창명"하기 위해 유도창명회를 설립하였다.[342] 이날 회의에서 회장에는 해남 출신의 유생 이재량, 부회장에 광주 송정 출신의 박봉주와 장성 출신의 김주환을 각각 선출하였다.[343]

유도창명회는 "도덕존숭과 윤리강명, 향약존시, 교육보급, 문화향상, 시무간예" 등을 설립 목적으로 하는[344] 6장 33조으로 된 장정과 10조의 시행세칙을 마련하였다.[345] 시행세칙은 다음과 같다.

> 제1조 本細則은 原章程의 意義를 釈名하고 且 其不足을 補하는 者로 함
>
> 제2조 章程 제5조의 義捐金이라 함은 斯道의 有志人士로 自進하여 義捐하는 金額을 謂함이요, 其他의 収入이라 함은 此 義捐 以外 収入을 謂함
>
> 제3조 本会 入会志願書는 別紙 제1호 式様에 依함을 要함

340 유도창명회를 설립하는 데 일익을 담당하였던 석진형은 이후 충청남도지사, 전라남도지사로 승진할 정도로 일제의 지배정책에 충실하였다. 『朝鮮總督府官報』, 1924.12.8; 1926.8.20.

341 「전남 유도창명회」, 『매일신보』, 1922.3.15.

342 「유도창명회 발회」, 『매일신보』, 1922.3.31.

343 「全南儒道彰明会の創立」, 『朝鮮』 86, 1922.5, 196쪽.

344 「湖南儒道彰明会感」, 『매일신보』, 1922.4.11.

345 『彰明』 창간호, 전남유도창명회, 1923.7, 58-61쪽; 『朝鮮』 68, 朝鮮總督府, 1922.5, 196-198쪽.

제4조 章程 제8조 会員名簿라 함은 별지 제2호 式様에 依하여 製作함이라 可함

一. 支会名簿는 本会名簿에 準함

제5조 章程 제19조 제1호의 事項은 左와 如함

一. 経義를 討論할 事

一. 倫理를 講明할 事

一. 公徳을 培養할 事

제2호의 事項은 左와 如함

一. 徳業을 相勧할 事

一. 禮俗을 相交할 事

一. 過失을 常規할 事

一. 患難을 相恤할 事

제6조 章程 제21조 제1호의 事項은 左와 如함

一. 斯道教育機関의 設立을 図하는 事

二. 学齢児童의 就学을 勧誘하는 事

三. 國語의 甚能을 養成하는 事

四. 講演会 및 研究会를 開設하는 事

五. 新刊書籍 新聞 雑誌 등을 紹介하여 時聞을 博케 하는 事

六. 其他 教育普及에 必要한 事

제2호의 事項은 左와 如함

一. 風俗을 矯正하는 事

二. 当世文明을 解了케 하는 事

三. 雑誌를 刊行하고 経典을 簡易히 発行하는 事

제7조 章程 제20조의 事項은 左와 如함

一. 法令周知를 図하는 事

二. 官公署 및 学校間의 連絡을 図하는 事

三. 勤倹貯蓄을 奬励하는 事

四. 実践躬行을 奬励하는 事五. 殖産奬励에 関한 事

제8조 章程 제22조의 会計에 関하여는 별지 3로 式様에 依하여 金銭出納簿를 使用함을 要함

제9조 各支会에 在하여는 別로 規則을 定치 아니함

一. 各支会에서 特別한 事情에 因하여 별로 規則을 制定할 必要가 有한 時는 此를 起案하여 本会의 承諾을 得함을 要함

一. 支会에서 必要로 認하는 境遇에는 該支会 設立区域 内에 限하여 評議員을 置하고 且 評議員会를 組織함을 得함

一. 支会에 관한 事項으로 未備한 点이 有할 時는 本会章程에 準하여 行함을 得함. 但 此 境遇에 在하여서는 本会에 報告함을 得함

제10조 章程 제27조의 定期総会는 孔子誕辰日 陰8월 27일로 定함

장정에 의하면 “시세의 진운에 따라 유도의 본지를 창명하는 것”을 목적으로 하고, 그 실천방안으로 도덕존숭과 윤리강명, 향약준수, 교육보급, 문화향상, 시무간예를 들고 있는데, 이는 시의에 따라 관의 시정에 적극 협조하는 것을 의미한다. 이러한 사실은 유도창명회가 기관지로 발행하고 있는 『창명』에서 잘 나타나고 있다. 1923년 6월 창간된 『창명』은 「도정일반」, 「중요법령개정요지」, 「시찰록」 등을 게재하여 관의 행정, 시정과 관련하여 개정된 중요한 법령의 요지와 해설, 일본시찰 소감을 소개하고 있다. 이는 유림들로 하여금 관의 시정에 적극 협조 또는 협력을 유도하기 위한 것이다.

이어 10월 17일 개최된 총회에는 각 군 유림대표 및 석진형 도참여관, 오스카 학무과장, 구라시나(倉品) 광주군수, 총독부의 나리타(成田), 호소가와(細川) 촉탁 등이 참석하여 고문 7명을 추대했다.[346] 첫째 유림의 사정을 표명할 사, 둘째 잡지를 발행할 사, 셋째 각군의 문묘제향은 경학원 예를 준하여 주향으로 할 사, 넷째 회관을 건축하기로 결정하고 이에 대한 설계방침은 본회 간부에 일임할 사 등을 결의하였다.[347]

또 이날 사직단을 유림에게 대부하여 애림 사상을 고취케 할 것을 가결하기도 하였다. 그리고 박봉주를 파견해 도 내무부장에게 회관 건축에 대해 진정케 하는[348] 한편 각 지회로부터 4,650원을 모금하였다.[349]

또한 1923년 일본에서 관동대지진으로 피해가 잇따르자 '천황폐하, 황후폐하, 섭정궁(摂政宮) 폐하, 이왕세자 및 동비(同妃)의 안녕'을 기원하였으며, 의연금을 모금한 바 있다.[350]

1925년 10월 22일 제5회 정기총회에서는 본회 회관을 도서관 및 일반공회당으로 사용할 것, 육영사업에 진력하기로 할 것, 회명을 육영회(育英会)로 개칭할 것을 위원회에 일임할 것 등을 결의하고 보선위원 양희규, 임석재, 고언주, 지선택, 오희근 등을 선출하였다.[351] 한편 유도창명회는 광주에 본부를 두고 창립 3개월 이내에 지부를 구성한다는 창립총회 결의에 따라 이른 시일 안에 관내 각 지역에 지회를 조직하였다.

---

346 「全南 儒道彰明 総会」, 『매일신보』, 1922.10.22.

347 「全南 儒道彰明会」, 『매일신보』, 1922.11.12.

348 『창명』 2호, 전남유도창명회, 1923.11, 75-76쪽.

349 『창명』 3호, 전남유도창명회, 1924.4, 140-141쪽.

350 『창명』 2호, 전남유도창명회, 1923.11, 75-76쪽.

351 「유도창명회 총회」, 『동아일보』, 1922.10.27; 『창명』, 5, 전남유도창명회, 1925.1, 81쪽.

중앙과 지방의 유림계에서 단체를 조직하게 되자, 여기에 편입되지 못하거나 기존의 단체에서 이탈된 유림들이 이합집산하면서 새로운 유림 단체로 유교대동회, 인도공의소, 유림건약소, 모성회 등을 조직하였다.

앞서 대동사문회에 참여하였던 최영년과 홍긍섭은 유병철, 홍진유, 이호성, 이광욱, 고응원 등 30여 명과 함께 탑동 승방에 풍국회(楓菊会)를 개최하였다. 이들은 회의과정에서 유교대동회(儒教大同会)를 발기하기로 뜻을 같이한 후 11월 6일에 두 번째 모임을 하고 발기총회를 15일로 정하는 한편 규칙제정위원에 이명상, 장혁, 창립위원으로 서상호, 김영칠, 남기○ 등을 선정하고 발기문을 발표하였다.[352] 창립 후 유교대동회는 9월 12일 홍긍섭과 박치훈, 신현우 등이 '생명의 관계', '상식적 인론', '유교의 신시대'라는 제목으로 강연회를 하고자 하였으나 연기하였다.[353] 유교대동회는 지방조직을 제대로 갖추지 못하고 중앙조직으로만 명맥을 유지하였다.

1920년 동아일보가 "「가명인류상(假明人頭上)의 일봉(一棒)」과 유교의 진수"[354]라는 사설을 통해 유림을 비난하자 태극교인의 일부가 동아일보에 대응하기 위해 경성부 삼청동에 인도공의소(人道公議所)라는 단체를 임시로 설립하였다. 그리고 동아일보사에 통지문을 보내 동아일보의 유림 모욕에 항의하고 유교의 정당성을 밝힌 바 있다.[355] 인도공의소는 1920년 7월 25일(음) 전국 유림 대표 480여 명이 참석해 성균관에서

---

352 「儒教大同会 發起」, 『매일신보』, 1920.11.18.

353 「유교대동회 강연」, 『매일신보』, 1921.9.11, 「유교대동회 강연 연기」, 『매일신보』, 1921.9.12.

354 『동아일보』, 1920년 5월17일부터 5월20일까지 4회 연재되었다.

355 「인도공의소와 태극교 유생」, 『매일신보』, 1920.5.25.

창립총회를 개최한 바 있고, 1921년 3월 두 번째 총회를 열고 유교확장을 논의하기도 했으나 구체적인 활동은 확인하기가 어렵다.[356]

모성회(慕聖会)는 1925년 9월 6일 유림 대표 20여 명이 조직한 단체로 조선유림총본부와 밀접한 관련이 있는 것으로 보인다. 이 모성회는 향교재산권을 유림 측에 돌려달라는 진정서를 총독에게 보내는 한편, 향교재산으로 학관 등 교육기관의 운영과 도서잡지를 발행하고자 하였다.[357] 그러나 이 진정서는 받아들여지지 않음에 따라 모성회의 활동은 자연 지지부진하였고 종로경찰서로부터 회원모집을 금지당하는 등 탄압을 받기도 하였다.[358] 그리고 유림건약소(儒林建約所)는 1921년 정병원 등이 여씨향약을 모방하여 "도덕을 상(尚)하고 기강을 정(正)히 하여 세도인심(世道人心)을 만회(挽回)함"을 목적으로 설립하였다.[359] 유림건약소는 향약의 보급을 중점사업으로 규정하고 있지만 가장 핵심적인 활동은 지방관청에 귀속된 향교재산을 돌려받기 위한 운동이었다.

조선총독부는 3·1운동 이후 유림의 재산을 통제하기 위해 「향교재산 관리규칙」을 제정하였다. 이 규칙에 따르면 향교재산의 처분은 가능하지만 처분 시에는 총독부의 인가를 받도록 하고 있다. 그리고 향교재산의 수입을 문묘비용 및 교화비용으로 사용할 수 있도록 하여 교육이나 교화를 위한 사업에 사용할 때는 향교재산을 무료로 사용할 수 있도록 하였다. 이러한 「향교재산 관리규칙」은 제대로 시행되지 않아 유림들

356 「인도공의소 총회」, 『동아일보』, 1921.3.24.

357 「교육비에 쓰겠다고 총독부에 우 진정」, 『조선일보』, 1926.12.9.

358 「공맹을 표방하는 모성회에 철퇴」, 『조선일보』, 1926.5.19.

359 「유림건약소 설립」, 『조선일보』, 1921.6.17.

로부터 적지 않은 불만을 야기하였다. 이에 대해 총독부는 향교재산에서 생기는 수입으로 문묘 향사 비용과 향교 직원 급여를 지급할 수 있도록 향교재산의 처분에 장의의 의견을 고려하는 등 향교재산의 지방관청 귀속에 불만을 가진 유림을 회유하기 유림들의 건의를 일부 수용하였다. 그런데 이러한 수용 내용은 지방관청에서는 잘 지켜지지 않았다. 이에 따라 유림건약회는 앞서 언급한 모성회와 마찬가지로 향교재산을 유림에서 자율적으로 활용할 수 있도록 건의하였던 것이다.

특히 유림건약소 대표 정병원은 "원래가 향교재산이란 우리 부조(父祖)의 정성으로 된 것인데, 오늘날 당국자가 꽉 붙잡고 앉아서 일본 시찰(日本視察)하는 비용에나 쓰고 그렇지 않으면 활동사진이나 데려다가 돌리는 등 그래도 이것이 교화사업(教化事業)이라 합니다. (중략) 그리고 이 향교재산에 대하여는 대정 9년 부령 제91호와 대정 11년 지령 제17조로 유림에게 내어준다고 하였음에 불구하고 약조를 시행치 않소. 이번에는 기어코 성공하고 말 터이요"라고 하여 강력하게 총독부의 시행을 요구하고 있다. 그리고 이러한 뜻을 관철시키기 위해 결의문을 총독부에 제출하였다.[360] 이에 대해 총독부는 유림건약소의 결의문을 지방으로 발송하는 것이 법규 위반이라 하여 이미 발송한 공문을 회수하도록 조치하였고, 유림건약소는 여전히 반발하였다.[361]

또한 1922년 들어 일부 유림계에서는 1월 10일 금융친목회에서 김영수 등의 발기로 유교연합회 창립총회를 개최하고 임원을 선출하기도

360 「향교재산문제로」, 『조선일보』, 1925.5.9. 결의문 내용은 다음과 같다. "鄕校財産은 我等 儒生이 管理함이 当然한 데 現行의 制度가 然치 아니함으로 現行의 鄕校財産管理規則의 改正을 当局에 出願할 事."

361 「유림건약소 공함은 법규위반이 아니라고 건약소 편말」, 『조선일보』, 1925.5.23.

하였다.[362] 이 유교연합회는 금연동맹을 조직하는가 하면 조선물산장려회가 결성되자 이를 지지하기도 하였다.[363] 유교연합회는 김천지회를 두었는데, 5월 13일 창립총회를 갖고 지회장 조병태, 총무 정영기, 서무사장 조성환, 경리사장 정교용, 지육사상 정관기, 사정사장 조진영, 사포사장 조준영을 각각 선임하였다.[364]

그해 11월에도 유림단총부(儒林團總部)가 조직되어 훈정동에 사무소를 두었으며,[365] 이듬해 4월부터 13도 유림의 풍화를 진흥코자 대대적으로 경의를 시강하기로 하고 민형식, 김영환, 윤충하, 유래형, 원대규, 이상영, 서상춘, 송병근, 이병달, 전제만 등을 강사로 선임하기도 하였다.[366] 이외에도 1922년 12월 22일 유교총부(儒教総部)를 설립하고자 하였으나 신구 유림의 갈등으로 유회되었다. 유교총부에는 경현수, 이상천, 이기만 등이 관여하였다.[367]

이러한 군소 유림단체는 지방에서도 설립되었다. 평남지역의 유림들은 1921년 도내 각 군 유림회(儒林会)를 연합 통일하여 연합총회로 변경하고 회원 1,600여 명을 확보하였으나 실제적으로 활동이 거의 없었다. 이에 평양부와 대동군의 유림 2백여 명이 기로정에 모여 "유교천명, 후진교육, 폐풍교습, 복리증진"이라는 취지로 평양에서 대동유림회(大同儒林会)를 창립하였다. 대동유림회는 기존의 평남 유림회원을 동 회로 편입키

---

362 「유림대회 창립총회」, 『매일신보』, 1922.1.12. 이날 창립총회에는 人道公議所, 儒林建約所, 太極教 대표 등 50여 명이 참석하였다.

363 「유림계 신소식」, 『조선일보』, 1923.12.19.

364 「유림연합회 지회」, 『매일신보』, 1922.5.17.

365 「유림단총부 사무소」, 『매일신보』, 1922.11.15.

366 「유림총부 経義試講」, 『매일신보』 1923.4.14.

367 「유교총부의 창립총회」, 『조선일보』, 1922.12.24.

로 계획을 수립하는 한편 사무소를 향교에 두고 회장에 전의룡, 부회장에 홍재운, 총무에 최재학, 사정부장에 황석룡, 교육부장에 김영달, 편집부장에 황영환, 재무부장에 김능원, 서기에 강봉호를 각각 선출하였다.[368] 평남 지역에는 평양대동유림회 외에도 유림연합회가 설립되었다. 유림연합회의 설립에 대해서는 자세히 알 수 없으나 1924년 12월에 총회를 개최한 것으로 보아 늦어도 그해 설립되었다. 평남 유림연합회의 활동으로는 향교재산 반환운동과 선행자 표창, 대성학원 운영 등이 있다.[369]

충북 지역에서도 도를 중심으로 지역 유림들을 규합하여 명륜회(明倫会)를 설립하였다. 충북도는 군수회의를 즈음하여 박 지사로부터 "관내 각 군에 명륜회를 조직하여 동양도덕의 원천이 되는 유교를 부흥하고 일면으로는 향당의 후진을 선도하여 공존공영의 실(実)을 거(挙)케 할" 취지 훈시에 따라 먼저 각 군 내 유림 중 유력자가 준비위원회를 개최해 충분히 협의하게 하고, 가급적 지방청년 유림 간에 신망이 있는 자를 역원으로 선정하여 명륜회를 조직하였다.[370] 이에 따라 충청지역의 명륜회는 청주, 충주,[371] 단양,[372] 제천,[373] 음성[374] 등지에서 지회 성격으로 각각

368 「平壌大同儒林会」, 『매일신보』, 1922.3.5.

369 「향교재산 문제로 평남유림연합회를 개최해」, 『시대일보』, 1924.12.23.

370 「충북명륜회 창립」, 『매일신보』, 1923.9.4.

371 「충주명륜구락부」, 『조선일보』 1927.5.13. 충주명륜구락부는 명륜회의 다른 명칭으로 보인다. 무산아동을 위한 학술강습소를 운영하였으며 운영비용 모금을 위해 소인극을 공연한 바 있다.

372 「단양에 명륜회」, 『조선일보』, 1923.10.7, 단양명륜회는 지방의 교화진흥 도모를 목적으로 1923년 9월 28일 조직되었다.

373 「제천명륜회의 성황」, 『조선일보』, 1923.10.10. 제천명륜회는 1923년 10월 5일 관의 적극적인 후언으로 조직되었다. 이 밖에도 제천명륜회는 청풍지부를 설치하는가 하면 효자 절부 모범청년에게 표창식을 하기도 하였다(「제천유림회」, 『매일신보』, 1927.10.28).

374 「음성명륜회 순회강연」, 『조선일보』, 1928.10.21. 음성명륜회의 설립에 대해서는 정

조직되었다. 충북 도청의 적극적인 후원으로 1925년 2월 22일 8백 명의 유림으로 조직된 청주명륜회는 문묘수리, 시정강연 등의 활동을 전개하였으나 유명무실하였다. 이에 유림들은 1927년 3월 '유학강명, 후진교도, 사회폐풍교정, 공중복리증진'을 목적으로 신규약을 마련하였다.[375]

이 밖에도 지역에 따라 '유교의 진흥과 시세에 순응'이라는 명분으로 유림단체가 설립되었다. 평창의 유도유신회(儒道維新会),[376] 경남의 유도협성회(儒道協成会),[377] 홍성의 유교부식회(儒教扶植会),[378] 영흥의 청금계(青襟契),[379] 상주·평원·덕천·북청 등지의 유림회(儒林会),[380] 평남 순천·양덕·성천 등지의 유림계(儒林契),[381] 강원도 영동 지역의 관동명덕회(関

확하게 확인되고 있지는 않지만 1928년 10월 1일부터 군내 각 촌락에서 회장 박승호, 부회장 조동환, 송달용 등이 '윤리와 도덕의 정신을 발휘하라'는 제목으로 순회강연을 개최한 바 있다.

375 「새로 개선된 청주명륜회」, 『매일신보』, 1927.3.31.

376 「평창군의 유림 유도유신회 창립」, 『매일신보』, 1930.4.6. 유도유신회는 이재춘의 발기로 유림록 발간, 문묘수리, 보습고등학교 설립 등을 목적으로 창립되었다. 회장은 지구현, 부회장은 김태동, 유희두, 간사는 이재춘, 윤경엽 등이며 평의원 8인과 유사 10여 인을 두었다.

377 「경남 유도협성회」, 『매일신보』, 1924.11.28. 경남지역 유림들은 마산에서 유림대회를 열고 유도협성회를 창립하였다.

378 「홍성군 유교부식회 선전강연회」, 『조선일보』, 1928.4.14. 유교부식회는 홍성지역 유림을 중심으로 조직되었으며, 공주군에 鶏北支部를 두었다. 회장은 이상달.

379 「영흥 유림 청금계를 조직」, 『조선일보』, 1924.9.22. 청금계는 함남 영흥지역 유림 金永運, 尹秉憲, 金源極, 李錫竜, 黄潤明, 白鳳煥 등의 발기로 관내 유림단체인 時任契, 郷契, 経學会 등을 연합하여 1923년 9월에 조직되었다.

380 「상주 유림회 개최」, 『조선일보』, 1923.12.3. 유림회는 상주군 외에도 평원군, 덕천군, 북청군 등지에서도 조직되었다.

381 「순천 유림 분기」, 『조선일보』, 1922.12.6; 「양덕 유림총회」, 『조선일보』, 1926.1.29. 유림계는 평남 순천군과 양덕군, 성천군 등지에서 유림들을 중심으로 조직되었다. 양덕 유림계는 유림회로 명칭을 변경하였다.

東明徳会),[382] 정주의 유림동덕회(儒林同徳会)[383] 등이 조직되어 소규모로 활동하였다. 그 외에도 필요에 따라 각 지역에서는 유림대회(儒林大会)를 개최하여 독자적인 활동을 전개하기도 하였다.[384]

이들 단체 중 유도협성회는 경남 지역 유림들이 중심이 되어 결성하였으나 활동을 파악하는 데는 자료상 한계가 없지 않다. 다만 설립 이듬해인 1925년 3월 향교재산으로 중학 과정의 교육기관을 설립하기 위해 노력하고 있다. 유림협성회의 박민철 등은 총독부와 여러 차례 교섭하고 중학교 설립 인가를 받아낸 후 재단법인 수속을 위해 주력하였다.[385] 유교부식회는 1920년 후반에 충남 홍성 지역을 중심으로 설립된 유림단체로 홍성에 본부를 두었으며, 인근 지역에 지회를 설치하였다. 유교부식회의 활동은 지역적 한계로 주목을 받지 못하였으나 1929년 3월 개최된 제3회 정기대회에서는 회장으로 이상달을 선출하고 조직의 유지방침, 서적출판위원회 설치, 교화사업 진행, 규약수정 등을 협의한 바 있으며,[386] 이듬해 회원이 1만 명 정도로 회원이 크게 확대되자 기관지로 『인도(人道)』

---

382 「평강문묘의 장거」, 『조선일보』, 1937.7.3.

383 「정주 유림동덕회」, 『매일신보』, 1925.3.29. 주요 인물은 회장 姜敬燦, 서기 方奎燦, 盧徳治 등이 있다.

384 「달성유림대회서 고령자에게 표창한다고」, 『조선일보』, 1927.10.9. 유림대회는 지역 유림들이 필요에 따라 부정기적으로 개최하여 고령자 표창 등 긴요한 사항을 처리하였다. 유림대회를 개최한 바 있는 지역은 음성군, 장흥군, 정평군, 양산군 등이 있다.

385 「경남 유림이 중학 계획」, 『조선일보』, 1925.3.11. 당시 중학교 설립 재단 임원으로 활동한 주요 인물은 상무이사 박기영(창원), 김승동(창녕), 이곤영(양산), 안희택(의령), 윤병호(남해), 재무이사 박민철(밀양), 서상호(통영), 규칙 및 재단법인 수속위원 최순(동래), 문영빈(하동), 김효석(합천) 등이 있다.

386 「홍성유교부식회 제3회 정기대회」, 『조선일보』, 1929.3.26.

를 발행하고자 하였으나 뜻대로 되지는 않았던 것으로 보인다.[387]

그 외에도 1930년대 들어 회세 확장을 위해 강연과 한문강회를 개최하고자 하였으나 총독부의 통제가 심해지면서 금지당하기도 하였다.[388] 공주군 반포면에 설립된 계북지회(鷄北支会)는 1928년 4월 연기군 남면 대평리 청년회관에서 김은동의 '유교의 본지', 황일성의 '윤리는 인생의 정로', 전용혹의 '폐습의 개혁', 최명용의 '유교부식은 시대의 급무' 등의 주제로 선전강연회를 개최한 바 있으며,[389] 1929년 3월 정기대회에서 임호철과 안기한을 대표 회원으로 선출하는 등[390] 가장 활발하게 활동하였다.

이상에서 살펴본 것처럼 1920년대 조직된 지방의 유림단체는 광역단위의 도 중심의 연합체와 각 지방 특성에 따라 다양한 유림단체가 설립되어 활동하였으나 실제로 그 활동을 본다면 유교를 진흥시킨다는 명분으로 관의 지나친 간섭과 통제, 그리고 백일장, 효자 절부, 모범청년 표창 등이 대부분이었다. 이러한 관계로 유림단체의 활동은 일반 민중에게 관의 시정홍보를 대행하는 관변단체로 인식되었으며, 사실상 유명무실할 정도로 빈약한 모습을 보인다.

4) 전시체제기 조선유교회, 조선유도연합회의 일제 협력

앞서 살펴본 바와 같이 1920년대는 유교의 분화 시대였다면 1930년

387 「인도지 발행」, 『조선일보』, 1930.8.26.

388 「유교강연금지」, 『조선일보』, 1930.11.6.

389 「홍성군 유교부식회 선전강연회」, 『조선일보』, 1928.4.14.

390 「유교부식 계북정기대회 대표위원 선정」, 『조선일보』, 1929.3.12.

대 들어 유림단체는 일제당국의 지도로 점차 하나로 통합되었다. 대표적인 단체가 조선유교회(朝鮮儒教会)와 조선유도연합회(朝鮮儒道聯合会)였다.

사회교화기관의 하나로 조직된 조선유교회는 "유교의 진리를 천명하여 문화의 향상을 기도하는 것"을 목적으로 하고 있으나 실제적으로는 일제 식민정책에 순응하기 위해 조직되었다. 즉 조선유교회는 친일인사 양성을 위해 덕육기관의 설치, 잡지와 서적의 간행, 도서관 설립, 일반사회의 풍화교정, 재래유림의 폐습개혁, 대중 본위로 하는 실생활의 향상 발전을 도모하였다.[391] 안교환의 후원으로[392] 1932년 9월 25일 창립된[393] 조선유교회는 강원도, 황해도, 경기도 등 일부 지역에 지교부를 설립해 지방유림을 규합하고자 하였다. 조선유교회 지교부 설립과 참여인물은 〈표 17〉과 같다.

〈표 17〉에 따르면 조선유교회 지부는 경기와 함남에서 1곳, 강원과 평북에서 2곳, 경남과 황해 3곳 등 12개 지역에서 지교부가 각각 설립되었다. 이들 지교부의 부장들은 향교 또는 문묘 장의(박승익, 장두인, 장기원, 전승제 등), 향교 훈장(박봉진), 대동사문회원(장두인, 최달빈), 면장(이규한, 전승제), 성균관 박사(신응균), 전직 관료(박승익, 이규한) 등 지역의 유지들이었다. 비록 조선유교회의 시교 수는 적었지만 해당 지역에서는 적지 않은 영향력을 미쳤을 것으로 보인다. 한편 조선유교회는 일본의 유교단체인 도쿄사문회(東京斯文会)와 교류를 하기도 하였는데, 1935년 4월 28일 일본 도쿄사문회

391 친일인명사전편찬위원회, 2004, 『친일협력단체사전-국내중앙편』, 민족문제연구소, 572쪽.

392 「朝鮮儒教会 財団法人認可申請」, 『동아일보』, 1939.10.29.

393 「朝鮮儒教会創立」, 『동아일보』, 1932.9.6.

〈표 17〉 조선유교회 지교부 설립 현황[394]

지역	지교부명	설립일	임원					
			지교부장	강사	선교원	전제원	경리원	서기
경기	실촌지교부(광주)	1934.4.13	신응균(申應均)	송수현(宋秀顯)	심용규(沈容圭)	이용우(李容祐)	최인기(崔仁基)	김동수(金東洙)
강원	춘천지교부	1933.10.3	박승익(朴承翼)	성필호(成必浩)	이민수(李敏修)	박승면(朴承冕)	김영석(金泳錫)	이승수(李承洙)
	철원지교부	1933.11.3	신현하(申鉉夏)	안구호(安龜鎬)	안관호(安寬鎬)	윤태병(尹泰炳)	안교집(安教緝)	윤형중(尹衡重)
경남	양산지교부	1933.11.10	이규한(李圭漢)	박천수(朴天銹)	유인술(柳寅述)	나진규(羅鎭奎)	이수헌(李寿憲)	
	화정지교부(의령)	1934.2.17	심시택(沈時澤)	심상석(沈相碩)	김기호(金沂鎬)	정규환(鄭奎煥)	심상호(沈相浩)	한보동(韓寶東)
	호연정지부(합천)	1934.5.3	이인섭(李寅燮)	강상필(姜相弼)	유백연(柳栢年)	정재룡(鄭載龍)	강상춘(姜相春)	조병기(曺秉琦)
황해	연안지교부	1933.11.17	장두인(張斗寅)	송춘식(宋春植)	박기양(朴箕陽)	김석만(金錫萬)	장계태(張繼泰)	이교신(李教信)
	호남지교부(연백)	1933.12.31	장기원(張基源)	장천영(張天永)	장대식(張大植)	장두준(張斗濬)	장태옥(張泰玉)	최정옥(崔貞玉)
	사천사지교부(송화)	1933.12.8	조용승(趙鏞昇)	조용흡(趙鏞翕)	김창호(金昶鎬)	김덕신(金德信)	이유직(李裕稙)	박종률(朴宗律)
평북	강계지교부	1934.2.24	전승제(田承濟)	계지영(桂芝泳)	한영기(韓榮琦)	이재형(李宰炯)	김태욱(金泰郁)	임인흡(林麟洽)
	삭주지교부	1934.6.23	박봉진(朴鳳璡)	김석규(金錫奎)	안국태(安國泰)	이성찬(李成瓚)	김치영(金致瀅)	김찬영(金燦永)
함남	안변지교부	1935.4.10	최달빈(崔達斌)	문덕진(文德進)	오성현(吳成鉉)	최시환(崔時煥)	김원섭(金元燮)	전송후(全松垕)

에서 개최한 유도대회에 경북유림대표로 이상호, 평안도 유림대표로 황석룡, 황해도 유림대표로 공재철이 각각 참석하기도 하였다.[395]

1937년 중일전쟁 이후 총독부는 유림에 대한 적극적인 간섭과 통제

394 『日月時報』 창간호, 조선유교회, 1935, 30-32쪽.

395 위의 책, 76-83쪽; 『친일협력단체사전』, 577쪽.

를 목적으로 조선유도연합회를 창립하고자 하였다. 이러한 분위기는 이미 평양에서 나타나고 있는데, 1935년 11월 1일 문묘낙성식을 계기로 전선유림대회를 개최하였다.[396] 이 대회에서 유림단체를 중심으로 하는 사회교화와 자력갱생의 시설 및 실행방법을 강구하고 상호연락을 위한 전국 조직을 만들기 위해 군에는 유림회, 도에는 유림연합회, 경성에는 유림총연합회를 설치하기로 하였다.[397] 그 결과 1937년 10월 16일에 이르러 전국의 유림을 통리할 수 있는 조선유도연합회가 총독부의 적극적인 후원으로 결성되었다.

『동아일보』에서는 당시 조선유도연합회의 창립소식을 다음과 같이 전하고 있다.

> 전조선 13만 명의 유림을 뭉쳐 한 단체로 결성시켜 유도의 진흥과 황도정신의 진작을 위하여 기보와 같이 16일 오전 9시 20분에 경학원 주최 유림대회는 경성 부민관에서 전조선 각지 대표 3백여 명의 참집으로 윤덕영 자작의 개회사로 회를 열었다. 황거요배 황대신궁요배가 있고 南 총독은 유도의 진흥과 그 시국상 긴장의 정신을 고조하고 塩原 학무과장의 훈화, 대제학의 훈시가 있은 다음에 황국신민서사를 제창하고 경학원을 중심으로 전조선 유림의 연락 통일 있는 단체를 조직하여 황도정신에 기한 유도진흥을 도함 등 세 조목의 선언[398]을 결의하고 들어가서 유도진흥에 대한 시설안을 결의하였다.

---

396 「평양문묘낙성 유림회도 개최」, 『동아일보』, 1935.11.3.

397 『친일협력단체사전』, 615쪽.

398 이날 결의안 중 나머지 두 가지는 다음과 같다. "국민정신총동원의 주지에 따라 널리 충효도의의 신념을 함양하여 황국신민으로써 단결을 공고히 할 것, 동아신질서 건

규칙의 통과가 있고 각 도에 대표 한 명씩을 선정하였는데, 이로 하여 전조선의 유림은 조선유도연합회를 조직하고 다시 각도에는 도연합회가 있고 府郡島에는 각지 지부를 두어서 긴밀한 조직계통을 세우기로 되었고 경비는 향교재산 기타로 이를 지탱해 가는데, 특히 이채가 있는 것은 회원은 성년 이상의 제국신민으로서, 본회의 취지에 찬동하는 자로 한다고 하여 유림이라는 것을 조건으로 하지 아니한 점이다. 이 전조선대회를 마치고는 각도에 도연합회가 결성되고 각군 지부가 결성된다.[399]

이날 대회에서 미나미(南) 총독은 고사를 통해 "유림이 극(克)이 아국체(我 國体)의 만방무비(万邦無比)한 소이를 인식하고 황국신민인 자각을 심후히 하여 사도(斯道)의 실천에 의하여 사국하에 진충보국의 적성을 효하면 성히 유도의 본의를 현양하고 대회 소기의 목적에 적합한 것"라고 하면서 "총후국민정신의 총동원에 밑거름"이 되어주기를 당부하기도 하였다.[400]

이에 따라 유도연합회는 도연합회와 지부를 결성하는 데 역주하였다. 또한 총독부에서도 정무총감 명의로 유도진흥을 위해 각 도지사는 이른 시일 안에 도연합회를 결성하도록 통첩을 보냈다.[401] 이어 총독부는 임시도지사회의를 개최하고 "각 도에서는 도 단위로 유도연합회를

설의 국시에 따라 동양문화의 신수를 천명함으로써 日満支 영구평화를 위해 정신적 연결을 이룰 것을 기한다."

399 「조선유도의 총본영 … 유도연합회를 조직」, 『동아일보』, 1939.10.17.

400 「유도의 취지천명 왕고의 도의를 활용」, 『조선일보』, 1939.10.17.

401 「유도각도연합회 적극 지도하라 정무총감 훈령」, 『조선일보』, 1939.10.31.

빨리 결성하여 중앙과 지방이 호응하여 유도정신을 부흥하기를 힘쓰라"고 주의시키기도 하였다.[402] 이처럼 총독부의 강압과 지시에 따라 11월 16일 전남유도연합회를 필두로 하여 각 도 유도연합회가 결성되었다. 각 도 유도연합회 결성 상황을 정리하면 〈표 18〉과 같다. 〈표 18〉에서 보는 바와 같이 유도연합 도연합회는 총독부의 거듭된 재촉과 도(道)의 적극적인 후원, 유림의 호응에 힘입어 경성에서 유도연합회가 창립된 지 불과 3개월 만에 황해도를 제외한 전 지역에서 도연합회가 결성되었다. 평남도연합회와 충북도연합회는 기존의 조직이었던 평남유교진흥회와 명륜회를 해체하고 유림연합회에 참여했다.

유림연합회 창립행사에서는 궁성요배나 황국신민서사 낭독, 신사참배 등으로 진행될 정도로 이미 일제의 식민 지배 체제에 충실하게 순응하고 있었다. 이는 여타 지역의 도연합회도 마찬가지였을 것으로 보인다. 특히 평남도유림연합회는 회원들의 집에 있던 동기(銅器) 9천여 점을 적성(赤誠)으로 헌납하기도 하였다.[403] 또한 전국적으로 도연합회를 조직함에 따라 정무총감이었던 오노(大野)를 총재에 추대하여 총독부의 직접적 통제 또는 지도를 받는 사회교화기관으로 전환되었다. 또한 도연합회는 "황도정신에 입각하여 유도의 진흥을 꾀할 것, 국민정신총동원의 주지에 따라 황국신민으로써의 단결을 공고히 할 것, 동아신질서 건설의 국시에 따라 일만지(日滿支) 영구평화를 위해 정신적 연결을 이룰 것"을 내용으로 하는 결의문 또는 선언을 통해 친일의 길을 노골적으로 걷게 되었다.

---

402 「도단위의 유도연합회 금후 결성촉진을 지시」, 『조선일보』, 1929.11.2.

403 「평남유림의 적성」, 『매일신보』, 1939.11.26.

〈표 18〉 각 도 유도연합회 결성 현황

도연합회명	결성일시	결성 장소	결성 상황	비고
전남유도 연합회	1939. 11.16	도 회의실	신패(新貝) 지사와 유림 대표 3백여 명 참석, 신패 지사의 고사(告辭), 김대우 내무부장의 훈시, 회장으로 신패 지사 선정	『조선일보』, 1939.11.20 『동아일보』, 1939.11.14 『동아일보』, 1939.11.18
경기유도 연합회	1939. 11.19	도 회의실	시오바루(塩原) 총독부 학무국장, 甘蔗 지사, 유림 6백여 명 참석, 궁성요배, 국가봉창, 유림결성 취의서 낭독, 회칙결의, 역원발표에 이어 감자 지사의 식사와 선언서 낭독, 남(南) 총독의 고사, 윤덕영 대제학의 축사, 황국신민서사 제창, 성수만세삼창 순으로 진행, 회장에 감사 지사, 부회장에 이창근(李昌根) 참여관 한상룡(韓相竜) 도회부의장 취임	『조선일보』, 1939.11.20 『동아일보』, 1939.11.19
함남유도 연합회	1939. 11.22	함흥 공회당	○川 지사, 윤덕영 자작, 유림 7백여 명 참석, 함흥신사와 문묘를 참배, 식후 강연회 개최	『매일신보』, 1939.11.23
함북유도 연합회	1939. 12.20	도청 회의실	이원보(李源甫) 사회교육과장, 유림 등 2백여 명 참석	『조선일보』, 1939.12.1 『매일신보』, 1939.12.23
경북유도 연합회	1939. 11.29	대구 공회당	윤덕영 조선유도연합회장, 경학원 간부 등 3백여 명 참석, 上竜 도지사의 사회로 진행, 결의문 채택, 회장 상룡기, 부회장 구자경(具滋璟) 이상전(李尚鎮)	『조선일보』, 1939.12.1 『동아일보』, 1939.12.2
충남유도 연합회	1939. 12.1	대전 신사	윤덕영 자작, 하야미(速水) 성대총장, 이(李) 총독부사회교육과장, 최린(崔麟) 매일신보사장 등 350명 참석, 선언문 채택, 식후 강연회, 종이연극, 활동사진전 개최	『조선일보』, 1939.12.3 『동아일보』, 1939.12.3
강원유도 연합회	1939. 12.11	도청 회의실	각 군에서 문묘직원 및 기타 관계자 5명~10명 참석	『조선일보』, 1939.12.4
평북유도 연합회	1939. 12.11	도청 회의실	이원보, 윤덕영, 각 군 대표 4백여 명 참석, 회장 서평(西平) 지사, 부회장 崔참여관	『동아일보』, 1939.12.14

전북유도 연합회	1939. 12.3	도청 회의실	이기찬, 윤덕영, 최린, 안인식(安寅植) 경학원강사, 孫 전북지사, 鄭 참여관, 姜東犧 중추원참의, 荻 지방법원장, 이토(伊藤) 검사장, 카게야마(景山) 전매국장, 姜完善 도회부의장, 鄭錫謨 경학원강사 등 6백여 명 참석, 선언문 채택, 식후 안인식과 최린의 강연	『조선일보』, 1939.12.6
평남유도 연합회	1939. 12.14	평양 공회당	이기찬, 윤덕영 등 3백여 명 참석, 이기찬의 사회로 회칙제정, 精動加盟, 田德竜 전 평남유교진흥회장에 표창패 전달, 선언문 채택, 식후 강연회 및 신사참배, 회장 센타로(石田千太郎), 부회장 김병태(金秉泰) 田徳竜, 구문 野村調太郎 朴相駿 和住徳太郎 平田明治	『조선일보』, 1939.12.16 『동아일보』, 1939.12.13 『동아일보』, 1939.12.16
경남유도 연합회	1940. 1.14	제1심상 소학교 강당	山沢 지사 등 유림 1천여 명 집결, 궁성요배, 국가합창, 산택 회장의 결의문 낭독, 南 총독 고사, 윤덕영 훈화, 황국신민만세삼창	『동아일보』, 1940.1.16
황해유도 연합회	1940. 3.4	욱정 소학교 강당	윤덕영, 도 내 유지, 각 관공서 간부, 유림 등 2백여 명 참석, 해주 신사참배	『조선일보』, 1940.3.6 『동아일보』, 1940.3.4

제3장
일제의 종교 탄압

1. 불교의 탄압

1)「사법」 제정과 일본식 의례

조선총독부는 1911년「사찰령시행규칙」 제2조에서 지정된 30개 사찰은 30본산(本山; 本寺)으로서「사찰령」 제3조를 근거로「본말사법(本末寺法)」을 제정해 조선총독의 인가를 받게 한다. 조선총독부가 최초로 인가한「본말사법」은 1912년 7월「해인사본말사법(海印寺本末寺法)」이고,[1] 이를 시작으로 다른 본사들의「본말사법」에 대한 인가가 이루어진다.

「사찰령」과「사찰령시행규칙」이 7~8조의 짧은 내용으로 불교 교단을 통할하기 위한 총칙을 나열했다면,「사찰령」으로 강제된「본말사법」은 조선 승려들을 통제하는 구체적인 규정이었다는 의미를 지닌다. 그렇지만 이「본말사법」은 조선 승려들이 합의해 자율적으로 제정된 것이 아니라, 조선총독부 종무과의 주임이었던 와타나베가 일본 불교의 사법을 참고하여 만든 것이었다고 한다.[2]

「해인사본말사법」을 보면, "선교양종 법찰대본사 해인사본말사법(禪教両宗 法刹大本寺 海印寺本末寺法)"이라는 표현처럼 본사명 앞에 선교양종이라는 표현을 붙인다. 전체 구성은 총 13장이고 100조이다. 13장은 '1장 총칙, 2장 사격, 3장 주지, 4장 직사(職司), 5장 회계, 6장 재산, 7장 법식(法式), 8장 승규(僧規), 9장 포교, 10장 포상, 11장 징계, 12장 섭중

---

1 「寺法認可」(인가 7.2),『朝鮮總督府官報』556호, 1912.7.4.

2 정영식, 2010,「한일 근대불교의 사원조직에 대한 연구-寺法을 중심으로」,『불교학연구』27, 불교학연구회, 295-296쪽.

(摂衆), 13장 잡칙' 등으로 구성되었다.

해인사(李晦光) 이후, 다른 「본말사법」도 1913년 4월 말까지 거의 인가를 받는다. 1912년 9월에 용주사(姜大蓮)·전등사(金之淳)·김룡사(金慧翁)·법흥사(李順永)·유점사(金錦潭)·건봉사(趙世杲)·석왕사(金崙河)·법주사(徐震河)·건봉사(李振声)·보석사(朴徹虛)·통도사(金九河), 10월에 마곡사(張普明)·동화사(金南坡)·은해사(朴晦応)·봉은사(羅晴湖)·범어사(呉惺月)·월정사(金慧溟), 12월에 대흥사(白翠雲)·구엽사(貝葉寺, 姜九峰)·성불사(成仏寺, 申湖山)·보현사(普賢寺, 裴影海)·귀주사(帰州寺, 鄭煥朝)·기림사(祇林寺, 金万湖)의 「본말사법」이 인가된다. 그리고 1913년 1월에 영명사(崔香雲)·고운사(李万愚), 2월에 송광사(李雪月)·백양사(金幼応), 4월에 봉선사(洪月初) 등의 「본말사법」이 인가된다.[3]

이 「본말사법」들도 「해인사본말사법」을 모본으로 작성되어 총 13장의 전체 구성이나 내용 범위에서 크게 벗어나지 않는다. 구체적으로, 「용주사본말사법」을 통해 「본말사법」의 구성과 주요 내용을 살펴보면 〈표 1〉과 같다.[4]

---

3 「社寺, 宗教-寺法認可」, 『조선총독부관보』 제556호, 1912.7.4; 『조선총독부관보』 제31호, 1912.9.4; 『조선총독부관보』 제38호, 1912.9.12; 『조선총독부관보』 제52호, 1912.10.2; 『조선총독부관보』 제54호, 1912.10.4; 『조선총독부관보』 제57호, 1912.10.8; 『조선총독부관보』 제66호, 1912.10.19; 『조선총독부관보』 제73호, 1912.10.28; 『조선총독부관보』 제122호, 1912.12.25; 『조선총독부관보』 제123호, 1912.12.26; 『조선총독부관보』 제125호, 1912.12.28; 『조선총독부관보』 제129호, 1913.1.8; 『조선총독부관보』 제132호, 1913.1.11; 『조선총독부관보』 제160호, 1913.2.14; 『조선총독부관보』 제222호, 1913.4.30. 대부분의 본말사법은 『조선제사본말사법(朝鮮諸寺本末寺法)』(제1~4권, 국립중앙도서관 소장)에 실려 있다.

4 강대련, 『용주사본말사법』, 용주사, 대정원년 10월 30일.

〈표 1〉「본말사법」의 구성(용주사의 경우)

장	주요 내용
1장 총칙(總則)(1조~)	사법 적용 범위와 해당 사찰(용주사) 소개
2장 사격(寺格)(7조~)	-사격을 본사(本寺)와 말사(末寺)의 2종으로 구분 -말사는 ① 수반지(首班地)(3개: 칠장사. 청룡사. 보광사)와 ② 방등지(方等地)(51개 사찰)의 2종으로 구분하되, 사반등급(寺班等級)에 구애 없이 그 창립유서(創立由緖). 전등상속(傳燈相續)의 관계에 기초해 ① 직말사(直末寺) ② 손말사(孫末寺)로 구분해 계통을 정함. -본사의 보호감독 및 연서(連書) 권한 및 본사의 지휘명령에 대한 말사의 복종
3장 주지(住持)(16조~)	-본사주지 자격(① 만 40세 이상, ② 비주계(比丘戒)를 구족(具足)하고 보살계(菩薩戒)를 수지(受持), ③ 법랍(法臘) 10하(夏) 이상, ④ 수학 대교과 졸업 이상) -말사주지 자격(① 만 25세 이상, ② 비구계를 구족하고 보살계를 수지, ③법랍 5하 이상, ④ 수학고 사교과 졸업 이상; 단 현재는 사집과(四集科) 졸업자로 가능)
4장 직사(職司)(제25조~)	-직원 (감무(監務) 1인, 감사(監事) 1인, 법무(法務) 1인, 서기(書記), 부속원) 설치와 해당 임무 규정
5장 회계(會計)(제32조~)	-회계연도를 1월 1일부터 12월 31일까지로 하고, 수입 지출 관련 처리를 절차화
6장 재산(財産)(제37조~)	-재산을 동산과 부동산으로 구분해 대장을 만들어 관리
7장 법식(法式)(제41조~)	-본사의 법식을 항례(恒例)법식과 수시(隨時)법식으로 구분 -항례법식은 축리법식(祝釐法式), 보은(報恩)법식, 보본(報本)법식, 존조(尊祖)법식, 안거(安居)법식 등으로 구분
8장 승규(僧規)(제46조~)	-승니의 분한(分限), 행해(行解), 법계(法階), 의제(衣制)를 규정
9장 포교(布敎)(제68조~)	-포교의 목적과 방법을 규정
10장 포상(褒賞)(제75조~)	-포상을 신청제로 규정
11장 징계(懲戒)(제77조~)	-체탈도첩(遞奪度牒), 수탈법계(收奪法階), 강급(降給)법계, 정지설교(停止說敎), 정지탁발(停止托鉢), 근신(謹愼), 견책(譴責) 등을 규정
12장 섭중(攝衆)(제90조~)	-신자를 단도(檀徒)와 신도(信徒)로 구분
13장 잡칙(雜則)(제94조~)	-법류(法類)에 대한 규정

구체적으로, 「용주사본말사법」을 보면, 용주사는 「사찰령」 제3조에 따라 「용주사본말사법」을 정해서 1912년(대정 1) 9월 2일 자에 조선총독의 인가를 받고 이를 별책 형태로 만든다. 별책은 '조선선교양종본산 경기도 수원군 안녕면 용주사 주지 강대련' 명의로 되어 있다.

「용주사본말사법」은 전체 13장, 100개 조문으로 구성되어 있다. 제1장 총칙 부분에는 이 「본말사법」이 용주사와 말사에 적용된다는 것을 명시한 후(제1조), 용주사를 소개하고 있다.

제2장 사격 부분에서는 용주사를 본사로 하고, 말사를 수반지(首班地, 3개)[5]와 방등지(方等地, 51개)의 2종으로 구분한다(제9조~제11조). 동시에 말사의 계통은 사반등급(寺班等級)에 구애되지 않고 그 창립유서(創立由緒)·전등상속(伝灯相続)의 관계에 기초해 본사에 직속인 직말사(直末寺)와 직말사에 직속인 손말사(孫末寺)로 구분한다(제12조). 해인사의 말사 구분 방식과 대조해보면,[6] 말사의 구분 방식에는 본사마다 다소의 차이를 보인다.

제3장 주지 부분에서 본사 주지는 그 자격(제16조)을 갖춘 후보자에 대해 공선(公選)하되 용주사에 승적이 있는 비구승과 수반사 사찰 주지를 선거인으로 한다(제20조). 그에 비해 말사 주지는 그 자격(제17조)을 갖춘 후보자에 대해 종래 관례에 따라 사자상승(師資相承), 법류상속(法類

---

5 말사 가운데 수반지(首班地) 말사는 대개 결제 안거(結制 安居) 설비를 갖추어 일정 규모와 역사를 가진 사찰을 말한다.

6 『조선불교월보』 제7호, 조선불교월보사, 1911.8, 38-61쪽. 「해인사본말사법」의 경우, 말사는 산내말사(山内末寺)와 산외말사(山外末寺)의 2종으로 구분한다(제9조). 또한 말사는 창립 유서(由緒, 까닭과 내력)와 법계보맥(法系譜脉)에 의해 ① 직말사(直末寺, 본사 직속), ② 손말사(孫末寺, 직말사 직속), ③ 증손말사(曾孫末寺, 손말사 직속)의 3종으로 구분한다(제12조). 한편, 말사 체제는 보통 3단계('수반지-방등지-산내말사')인데, 때에 따라 본산과 거의 대등한 사격을 지닌 사찰인 별격지(別格地, 혹은 首席寺)가 있는 경우에는 '별격지-수반지-방등지-산내말사'의 4단계가 된다. 별격지로는 선암사의 화엄사(華厳寺), 유점사의 신계사(神渓寺)·장안사(長安寺)·표훈사(表訓寺), 김룡사의 대승사(大乗寺), 수석사(首席寺)로는 패엽사 소속 신광사(神光寺)가 있었는데, 이 존재들은 사찰령의 체제의 불완전함과 사법을 제정하며 고민한 조선불교계의 또 다른 타협의 산물이었다고 한다(한동민, 2006, 앞의 글, 80-82쪽).

相續), 초대계석(招待繼席)으로 정해 본사 승인을 받아 인가 신청을 한다(제22조).

제4장 직사(職司) 부분에서는 직원(監務 1인, 監事 1인, 法務 1인, 書記, 부속원)을 두도록 하고 해당 임무를 규정한다. 이 가운데 이른바 삼직(三職)인 감무(監務) · 감사(監事; 東班長) · 법무(法務l 西班長)는 산내 비구승의 호선(互選)한 후보자를 주지가 임명하고, 서기와 부속원은 산내 비구승 중에서 주지가 임명하게 한다(제30조).

제5장 회계(会計) 부분에서는 매년 1월 1일부터 12월 31일까지 수입 지출을 장부에 기재하되(제32조), 일계(日計)는 서기가 인인(認印, 도장)하고 월계(月計)와 연말 합계는 주지가 검인(検印)하게 한다(제33조). 지출에 대해서는 영수증을 붙이도록 한다(제34조). 그리고 수입 지출의 증서 장부를 보관해 관서(官署)에서 점검(点検)을 멱(覓)할 때 열람할 수 있도록 제공하게 한다(제36조).

제6장 재산(財産) 부분에서는 사찰재산을 동산과 부동산으로 구분해 대장을 만들어 관리하게 하고(제37조), 삼보호지(三宝護持)의 목적 이외에 사용하지 않게 한다(제39조). 그리고 말사가 사찰재산 처분을 「사찰령」에 따라 총독에게 신청할 때 본사를 경유하게 한다(제38조).

제7장 법식(法式) 부분에서는 본사에서 거행하는 법식을 항례(恒例)법식과 수시(随時)법식의 2종으로 구분하고(제41조), 항례법식을 '축리(祝釐)법식, 보은(報恩)법식, 보본(報本)법식, 존조(尊祖)법식, 안거(安居)법식'의 5종과 기타로 구분한다(제42조). 수시법식은 신도의 의뢰, 기타 필요한 시기에 행하게 한다(제43조). 그리고 항례식과 수시식의 법식작법(法式作法)을 종래대로 하되 '화청(和請) · 고무(鼓舞) · 작법무(作法舞)' 등을 일체 폐파(廃罷)하게 한다(제44조). 말사에서는 본사의 법식을 기준으로 하여, 사찰

의 개산(開山) 이하 전등상속(伝灯相続) 또는 불종소융(佛種紹隆)에 공덕이 있는 조사(祖師)의 기일(忌日)에 법요(法要, 법회)를 하되 그 법식작법과 화엄규식(華厳規式) 등에 대해 본사의 규정을 준용하게 한다(제45조).

법식은 본사별로 다른 부분이 있다. 예를 들어 「해인사본말사법」을 살펴보면, 용주사와 달리, 보은(報恩)법식일에 효명천황제(孝明天皇祭, 1.30)가 포함되어 있고, 명치천황제(明治天皇祭, 7.30)가 빠져 있다. 그리고 존조(尊祖)법식은 ① 개산조기(開山祖忌, 음3.19/음9.9), ② 달마대사기(達磨大師忌, 음10.15), ③ 태고조사기(太古祖師忌, 음12.24), ④ 역대조사(歷代祖師忌, 춘분일/추분일), ⑤ 사법사기(嗣法師忌, 음12.24)로 구성되어 있다(제41조). 이 가운데 존조 법식의 차이는 본사의 전통에 따른 차이이다. 그

〈표 2〉「용주사본말사법」 제42조에 따른 본사의 법식의 종류

법식	세부 법식	세부 법식의 내용
항례(恒例)법식	축리(祝釐)법식	① 사방배(四方拜, 1.1) / ② 기원절(紀元節, 2.11) ③ 천장절(天長節, 11.3) / ④ 신상제(新嘗祭, 11.23)
	보은(報恩)법식	① 원시제(元始祭, 1.3) / ② 춘계황령제(春季皇靈祭, 춘분일) ③ 신무천황제(神武天皇祭, 4.3) / ④ 명치천황제(明治天皇祭, 7.30) ⑤ 추계황령제(秋季皇靈祭, 추분일) / ⑥ 신상제(神嘗祭, 10.13)
	보본(報本)법식	① 불열반회(佛涅槃會, 음2.15) / ② 불탄생회(佛誕生會, 음4.8) ③ 불성도회(佛成道會, 음12.8)
	존조(尊祖)법식	① 개산고조(開山高祖 廉居禪師忌) / ② 본사소융(本寺紹隆 惠居國師忌) ③ 일파문조(一派門祖 淸虛禪師忌) / ④ 본사중흥(本寺中興 寶鏡禪師忌) ※ 이상의 4가지 법식은 매년 2회 춘추일 추분일 진행 ⑤ 역대조기(歷代祖忌)
	안거(安居)법식	① 결제회식(結制會式, 여름 4.15 / 겨울 10.15) ② 해제회식(解制會式, 여름 7.14 / 겨울 1.14)
	기타	'문성왕과 정종왕(正宗王)의 공덕을 감사하고자 매년 춘추일(春秋日)과 추분일(秋分日)에 본사(本寺) 대웅전에서 특별히 보은회(報恩會) 집행'
수시(隨時)법식		수시법식은 신도의 의뢰, 기타의 필요로 인정할 시기에 행함(제43조).

에 비해 보은법식은 「해인사본말사법」이 명치 천황(재위 1867~1912)이 사망한 1912년 7월 30일 이전에 인가를 받았고, 「용주사본말사법」이 명치 천황의 사망 직후인 1912년 9월에 인가를 받았기 때문에 나타나는 차이이다.[7]

제8장 승규(僧規) 부분에서는 크게 승니의 분한(分限, 법규상 지위 구분의 한계), 행해(行解), 법계(法階), 의제(衣制)를 규정한다. 제1관 분한에 따르면, 승니의 지위는 10세 이상자로 사승(師僧)을 정해 입사(入寺)하여 득도식(得度式)을 하고 본사로부터 도첩(度牒)을 받아야 가능하고(제46조~제47조), 승니의 적(籍)은 원칙상 득도식을 행한 사찰에 있지만 절차를 거치면 전적(転籍)이 가능하게 하고(제49조), 환속 시에 도첩을 반납하게 한다(제50조). 제2관 행해에 따르면, 승려가 행(戒律·禅定)과 해(智慧)라는 계정혜 삼학(戒定慧 三學)을 구족해야 한다(제51조). 이는 수계(受戒)·안거(安居)·보통과·전문과 교육에 관한 규정이다. 그에 따르면, 득도할 때 5계를, 그 후 하안거 시에 10계를, 그 후 20세 이상에만 사분율에 의한 비구계를 구족하되, "대처식육(帯妻食肉)하는 자"에게는 비구계를 줄 수 없게 하고, 비구계를 구족해야 범망경에 의한 보살계를 받게 한다(제52조). 이어, 비구계를 구족하면 선당(禅堂)에서 안거를 해 법랍(法臘)을 받을 수 있게 한다(제53조). 그리고 혜업(慧業)을 사찰 내부 또는 보통학교의 보통과(普通科), 본사 또는 전문학료(學寮, 기숙사) 설비를 갖춘 말사에서 받는 전문과(專門科)로 구분한다(제54조). 전문학과는 사미과(沙弥科, 2개년)·사집과(四集科, 2개년)·사교과(四教科, 4개년)·대교과(大教科, 3개년)로 구성된다(제56조). 제3관 법계(法階)에 따르면, 선종(禅宗)은 '대선

7 「海印寺本末寺法」, 『조선불교월보』 제7호, 조선불교월보사, 1912.8, 38-48쪽.

(大禪)-중덕(中德)-선사(禪師)-대선사(大禪師)', 교종(教宗)은 '대선(大禪)-중덕(中德)-대덕(大德)-대교사(大教師)'의 등급이다(제59조). 사미(沙弥)까지 포함하면 각각 5등급이다. 제4관 의제(衣制)에 따르면, 의관은 법계에 따라 달라지지만, 본사(용주사) 주지는 법계에 관계없이 최상급의 의관을 입는다(제66조).

제9장 포교 부분에서는 포교 목적을 "종자(宗旨)를 거양(挙揚)ᄒᆞ야 중생(衆生)을 선도(善導)ᄒᆞ야 사은(四恩)에 보(報)ᄒᆞᆯ 신념(信念)을 수양(修養)ᄒᆞᆷ"으로 하고(제68조), 이 목적을 달성하기 위해 "천황폐하(天皇陛下) 성수만세(聖寿万歲)의 존패(尊牌)를 본존(本尊) 전(前)에 봉안(奉安)ᄒᆞ고 매일(每日) 축찬(祝讃)을 근(勤)히 ᄒᆞᆷ"을 규정한다(제69조). 포교 방법은 매월 1회의 사내 설교(寺内説教)와 주별 1회의 사외설교(寺外説教)를 원칙으로 하되 신도의 의뢰가 있으면 설교를 할 수 있게 한다(제70조~제71조). 포교사는 중덕(中德) 이상의 법계로 하되 본사(용주사) 주지가 임명하고 해임할 수 있게 한다(제72조~제73조).

제10장 포상(褒賞) 부분에서는 승려가 정해진 7가지와 관련된 선행이 있을 때 본사 3직(三職: 監務.監事.法務)이 평정(評定)해서 주지 인허(認許)를 받아 포상하게 한다(제75조). 단, 승려가 선행자의 행정(行状)과 사적(事跡)의 핵심을 기재해 본사(용주사) 감무(監務)에게 서면으로 신고하게 한다(제76조).

제11장 징계(懲戒) 부분에서는 승니의 비행(非行)에 대해 7가지 계목(戒目: 逓奪度牒, 収奪法階, 降給法階, 停止説教, 停止托鉢, 謹慎, 譴責)을 규정하고(제77조), 각각에 대해 설명한다. 징계에서 가장 강력한 부분은 체탈도첩(逓奪度牒)인데 그 사유에 "본사주지를 모욕하고 승풍을 문란하게 한 자, 종파를 만들려고 한 자, 정치에 관한 담론을 하거나 정치 결사에 가

〈표 3〉「용주사본말사법」 제11장에 따른 징계의 종류와 내용

종류(제77조)	징계(78조)	징계 사유(제79조~제85조)
체탈도첩 (遞奪度牒, 제79조)	비구·비구니의 신분 자격을 박탈하여 본사 말사 밖으로 축출함	① 불조(佛祖)에 대하여 불경한 행위를 한 자 ② 본사 주지를 모욕하고 승풍(僧風)을 문란하게 한 자 ③ 종의(宗義)에 벗어난 이설(異說)을 주장하고 본사 주지의 교유(敎誘)에 따르지 않는 자 ④ 종파(宗派)를 옮기면서 무리[徒黨]를 만드는 자 ⑤ 정치 관련 이야기를 하거나 정치결사에 가입하여 승려의 본분을 실추한 자 ⑥ 사찰령과 기타 법령에 의하여 금고(禁錮) 이상의 형 또는 100원 이상의 벌금형에 처한 자 ⑦ 수탈법계(收奪法階) 처분을 받고도 그 잘못을 고치지 않은 자
수탈법계 (收奪法階, 제80조)	법계를 박탈하여 포교를 금지함	① 은사(恩師), 법사(法師), 계사(戒師) 등에 대해 불손한 행위를 하여 승려의 풍기(風紀)를 깨뜨린 자 ② 부정한 행위를 하여 본사·말사에 손해를 끼친 자 ③ 허가 없이 사찰령이 정한 목적 외에 사찰의 가람을 사용하거나 사용하게 한 자 ④ 강급법계 처분을 받고도 잘못을 뉘우치지 않은 자
강급법계 (降給法階, 제81조)	현재 법계보다 1급 또는 2급을 낮춤	① 사유재산을 삼보 호지(護持)의 목적 외에 소비한 자 ② 사찰을 쇠폐(衰廢)하게 할 우려가 있는 행위를 한 자 ③ 사찰 소유 토지·삼림·건물 등 중요 재산이 압수될 채무계약을 한 자. 단, 이 행위 상태가 심각한 자에게는 체탈도첩 처분이 가능함 ④ 정지설교 처분을 받고도 언행을 뉘치지지 않는 자
정지설교 (停止說敎, 제82조)	1년 이상 2년 이하 설교 행위를 정지함	① 수행이 미숙하여 종의(宗義)에 어긋난 설교를 한 자 ② 설교할 때 야비하고 외설스러운 말을 하여 승려의 위신을 상하게 한 자 ③ 염치없이 승려의 체면을 더럽히는 행위를 한 자 ④ 승려 사이에 분란을 일으켜 화합하는 승풍을 상하게 한 자
정지탁발 (停止托鉢, 제83조)	1개년 간 탁발[行乞]을 정지함	① 품행이 불량하여 탁발[行化受財]의 덕을 상하게 한 자 ② 사법조규를 따르지 아니하여 본말 간 사무를 방해한 자 ③ 본사나 말사의 주지 혹은 사무담임자에게 허위 진술한 자 ④ 본사·말사의 사무에 대하여 이유 없이 비방한 자 ⑤ 본사 주지의 명령에 이유 없이 불응한 자 ⑥ 권한이 없는 일을 하여 손해가 절에 미치게 한 자

근신 (謹愼, 제84조)	6개월 이상 1개년 이하 사찰 내에 근신하여 뉘우치게 함	① 본사·말사의 직원으로 뇌물[賄賂]을 받아 편파적인 조치를 한 자 ② 직명, 법계, 법랍 등을 사칭한 자 ③ 기지(基址)·가람을 정담집회(政談集會) 등에 대여한 자 ④ 처자를 사찰 내에 거주시키거나 여인을 사찰에 숙박하게 한 자 ⑤ 사법에 어긋나는 법의(法衣)를 입은 자 ⑥ 불도 수행 관례[行持作法]를 위반하여 승려의 위신을 더럽힌 자
견책 (譴責, 제85조)	문서로 주의를 줌	① 실수로 화재를 일으켜 당우(堂宇) 등이 소실되게 한 자. 단, 중과실인 경우는 이 제한을 받지 않음 ② 실수로 규칙을 어긴 자

입해 승려의 본분을 실추시킨 자"가 포함되어 있다(제79조). 근신의 사유에 사찰과 그 부지를 정치 관련 집회(政談集会)에 대여하는 것도 포함되어 있다(제84조). 그리고 이러한 징계처분에 관한 세칙을 본사 주지가 정하도록 한다.

제12장 섭중(摂衆) 부분에서는 사찰의 외호원(外護員)를 단도(檀徒)와 신도(信徒)로 구분한다. 단도는 "신심이 견고해 재시(財施)하는 것"과 "일가(一家)의 장제추복(葬祭追福)을 위탁(委託)하는 것"이라는 두 개의 조건을 갖춘 경우이고(제90조), 신도는 "신심이 견고해 재시(財施)하는 것"의 조건만 충족한 경우이다(제91조). 단도와 신도에 대해서는 명부를 작성해 보관하도록 한다(제92조).

제13장 잡칙(雑則) 부분에서는 단도(檀徒)의 장제(葬祭) 관련 조항(제94조~제95조) 외에, "동일한 종지와 종파 계통의 사승(寺僧) 관계인 법류(法類), 그리고 탁발(托鉢)"을 규정한다. 법류의 내용은 직계능화법류(直系能化法類), 방계능화법류(傍系能化法類), 동반법류(同班法類), 직계소화법류(直系所化法類), 방계소화법류(傍系所化法類)로, 직계능화법류가 "자기의 사승(師僧)부터 세어(筭) 위로 4세(上四世)까지"를 의미한다는 식의 설명

이다(제96조). 탁발에 대해서는 면허증패(免許証牌)를 받아 휴대해야 하고, 연령 20세 이상이어야 하고, 오전 8시부터 정오 12시까지만 할 수 있다는 등의 내용을 규정한다(제97조). 그리고 마지막 조항에 "본 사법은 조선총독의 인가를 거치지 않으면 변경할 수 없다"는 내용을 담는다(제100조).

이상의 내용을 보면, 「본말사법」에서 주목할 부분은 세 가지 정도이다. 첫째, 본사와 말사의 관계를 강력한 상하관계로 배치하고 본사 주지에게 강력한 권한을 부여하는 부분이다. 이 부분은 사격, 주지의 사찰 직원 임명권, 회계 관리권, 말사의 사찰재산 처분 시 본사를 경유하게 한 조치, 징계권 등에서 확인할 수 있다. 특히 징계 부분에서는 본사 주지의 권한을 강력하게 만든다. 예를 들어, 본사 주지를 모욕한 승려에게는 체탈도첩(逓奪度牒)이 가해진다. 또한 본사 주지가 각 징계처분에 관한 세칙을 정하게 한다. 결과적으로 조선총독부가 본사 주지만을 통제하면 말사까지 통제가 이루어지는 구조를 만든 셈이다.

둘째, 승려들에게 정치에 관여하지 못하게 하는 부분이다. 이 부분은 징계 부분에서 분명히 드러난다. "정치(政治)에 관(関)ᄒᆞᄂᆞᆫ 담론(談論)을 ᄒᆞ거나 우(又)ᄂᆞᆫ 정사(政社)에 가입(加入)ᄒᆞ야 승려(僧侶)의 본분(本分)을 실추(失墜)ᄒᆞᆫ 자(者)"에게는 체탈도첩(逓奪度牒)이 가해진다. 그리고 "기지·가람(基址·伽藍)을 정담집회(政談集会) 등(等)에 대여(貸与)"하기만 해도 6개월 이상 1개년 이하 사찰 안에서 근신(謹責)하는 조치가 취해진다. 이러한 내용은 「해인사본말사법」 제80조와 제85조에서도 동일하다. 이는 승려들에게 한일병합의 상황에서도 정치적 발언을 하거나 정치 결사체에 가입하거나 연루되지 말고 종교 영역 안에서만 활동해야 한다는 인식을 만들어낸다.

셋째, 조선 불교의 일본화를 지향하는 부분이다. 이 부분은 특히 법식(法式)의 내용과 포교의 목적에서 확인할 수 있다. 용주사의 법식 가운데 축리(祝釐)법식을 구성한 '① 사방배(四方拜, 1.1), ② 기원절(紀元節, 2.11), ③ 천장절(天長節, 11.3), ④ 신상제(新嘗祭, 11.23)', 그리고 보은(報恩)법식을 구성한 '① 원시제(元始祭, 1.3), ② 춘계황령제(春季皇霊祭, 춘분일), ③ 신무천황제(神武天皇祭, 4.3), ④ 명치천황제(明治天皇祭, 7.30), ⑤ 추계황령제(秋季皇霊祭, 추분일), ⑥ 신상제(神嘗祭, 10.13)'는 조선이 아니라 일본과 관련된 의례이다. 이러한 축리법식과 보은법식의 내용은 효명천황제가 명치천황제로 바뀌었다는 차이가 있지만 이미 「해인사본말사법」 제41조에서도 확인할 수 있다.

이 의례들은 조선 불교계가 정기적으로 일본의 존재를 상기하도록 만든다. 예를 들어, 사방배(四方拜, しほうはい)는 신년에 일본에서 풍작을 기원하는 것을, 기원절(紀元節)은 초대 진무[神武] 천황의 즉위를, 천장절(天長節)은 쇼와[昭和] 천황의 탄생을, 신상제(新嘗祭, にいなめさい)는 그 해에 수확한 햇곡식 등을 천신지기(天神地祇, 천진신(天津神)과 국진신(國津神))에게 바치는 천황의 존재를 상기하게 만든다.

게다가 포교 부분을 보면, 조선 불교는 포교 목적을 달성하기 위해 각 사찰에 "천황폐하 성수만세(天皇陛下 聖寿万歳)의 존패(尊牌)를 본존(本尊) 앞에 봉안하고 매일 축찬(祝讃)을 해야 한다". 이러한 내용은 이미 「해인사본말사법」 제70조에서도 확인할 수 있다.[8]

「해인사본말사법」과 「용주사본말사법」의 법식과 포교 관련 내용은 다른 「본말사법」에서도 확인할 수 있다. 예를 들어, 1912년 9월 2일에

---

8 「海印寺本末寺法」, 『조선불교월보』 제7호, 조선불교월보사, 1912.8, 38-48쪽.

인가된 「전등사본말사법」, 동년 10월 15일에 인가된 「마곡사본말사법」, 동년 10월 15일에 인가된 「봉은사본말사법」 등 다른 본산의 「본말사법」도 항례법식일 가운데 존조(尊祖)법식일의 내용을 제외하면 법식일의 내용이 같고, 각 본산의 포교 목적과 천황의 성수만세를 기리는 패를 본존 앞에 봉안한다는 내용도 같다.[9]

전반적으로, 조선총독부는 「사찰령」을 통해 조선총독부와 각 본사의 관계, 그리고 「본말사법」을 통해 각 본사와 말사의 관계를 상하관계로 만들고, 승려들에게 정치에 관여하지 못하게 하면서 매일 천황 관련 패(牌) 앞에 축찬(祝讚)을 하게 하고, 정기적으로 항례법식을 통해 조선 불교의 일본화를 지향하도록 한다. 이를 위해 본사 주지에게 강력한 권한을 부여한다.

흥미롭게도 일본 불교 종파의 사법을 보면, 조선 불교계에 적용한 「본말사법」의 내용과 상당히 다르다. 예를 들어, 진종 오타니파의 경우, 1900년 자료에는 법식(法式)에 득도식(得度式), 귀경식(帰敬式), 법요식(法要式: 勤行, 葬儀, 年月忌)만 기재되어 있고,[10] 1910년 자료의 법요식(法要式) 부분(제30조)에 '구산천황어기일(亀山天皇御忌日, 가메야마천황)'이 8종류의 연중정회일(年中定会日)에 포함되었을 뿐이다. 또한 '국가 이익'이나 '국가 안전', '제신제불(諸神諸佛)' 등의 표현이 있지만 천황의 성수만세를 기원하는 패를 본존 앞에 봉안하라는 내용은 보이지 않는다. 포교

---

9 「전등사본말사법」 제42조(14-15쪽)와 제68~69조(24-25쪽); 「마곡사본말사법」 제45조(20-22쪽)와 제72~73조(24-25쪽); 「봉은사본말사법」 제41조(17-19쪽)와 제67~68조(29쪽). 이 자료들은 『朝鮮諸寺本末寺法』 제1권, 1912에 실려 있다.

10 大谷派本願寺文書科 編, 1900, 『真宗大谷派宗門時言』, 京都: 大谷派本願寺, pp. 421-429.

의 목적도 '불교 진리의 천양(闡揚)'에 국한되어 있다.[11] 1912년의 일련종 '사법(寺法)'이나, 1914년의 신의진언종 풍산파(新義真言宗 豊山派) '종헌'에도 신도(神道)나 천황과 관련된 표현이 보이지 않는다.[12]

그렇지만 불교 내부 차원의 이러한 비판을 넘어, 조선총독부가 조선 불교의 본말사 시스템을 구축한 조치, 조선의 각 「본말사법」에 일본 불교 종파의 사법에도 없던 축리(祝釐)법식과 보은(報恩)법식을 포함한 조치, 각 사찰의 본존 앞에 천황의 장수를 기원하는 패(牌)를 봉안하도록 한 조치, 정치적 관여를 금지시킨 조치 등은 단순히 '사찰 재산의 통제'를 위한 것이거나 조선 불교를 일본 불교처럼 만드는 것이 아니라 그 이상의 조치였다. 즉 조선 불교의 일본 불교화를 넘어 '조선인(불교인)의 일본인화'라 표현될 수 있는 '황민화'를 지향한 조치였다. 조선 불교계가 불교 안에서 이루어지는 조선인의 일본인화라는 지향에 대해 강하게 저항할 수 없도록, 특히 정치적으로 저항하지 못하도록 만든 것이었다.

이러한 「본말사법」에 대해서는 일본의 사법을 참고하면서도, 내용상 의회를 설치하지 않아 본사 주지의 권력 독점을 초래하였다는, 그리고 조선 불교를 통할하는 기관을 두지 않아 조선 불교의 자율성을 저해하

---

11 大谷派本願寺文書科 著, 1910, 『大谷派達令類纂』, 京都市: 本願寺(大谷派), pp. 1-45, p. 300. 오타니파의 본존은 아미타여래이다. 오타니파의 경우, 본말사 제도에서 말사는 '① 별원(別院)-② 별격(別格)별원-③ 별원/별격별원 지원(支院)-④ 일반말사(一般末寺)-⑤ 부속사(附属寺)-⑥ 말사 지방(支坊)'의 6종류로 구분되며(제39조), 이 가운데 별원과 별격별원은 '본산별원(本山別院)', 지원은 '어떤 별원지원[何別院支院]'이라고 한다(제40조).

12 伊豆宥法 編, 1912, 『日蓮宗法規提要』, 東京: 日宗新報社, pp. 3-5; 『豊山派宗憲宗規』, 東京: 加持世界社, 1914, pp. 1-7. 일련종은 법화경을 토대로 하는, 신의진언종 풍산파는 대일여래를 본존으로 하는 불교 종파이다.

였다는 불교 내적 차원의 지적이 가능하다.[13] 「사찰령」에 대해 '사찰 재산의 완전한 보호' 등으로 긍정적으로 서술한 바 있는 일본 불교학자 가마타 시게오(鎌田茂雄)도 「본말사법」에 포함된 법요식 부분에 대해서는 다음과 같이 비판한 바 있다.

> 31본산이 제정한 사찰법 중에서 법요식에 있어서 일본의 紀元節.天長節 등을 축리법식일로 정하고, 神武天皇祭.神嘗祭 등을 法恩法式日로 정하고, 천황의 성수만세의 尊碑를 본존 앞에 봉안하도록 한 것은 한국 불교가 허용할 수 없는 폭력이었다. 신라·고려·조선으로 이어진 1천5백여 년간 불교국가로서 전통을 갖고 있는 한국 불교에 대한 모욕과 멸시가 매우 심했던 정책이라 하겠다.[14]

「본말사법」은 제정 이후 여러 차례의 개정을 거친다. 개별 본사 입장에서 누락된 말사의 편입을 신청할 때도 있었고, 조선 불교계 차원에서 요구해 사법을 개정한 때도 있었다. 그리고 조선총독부가 1928년에 본사별 평의원회 구성과 관련해 개정을 요구한 적도 있었다.[15]

조선 불교계 차원에서 사법 개정을 요구한 사례는 1926년에 "대처식육(帶妻食肉)하는 자"에게 비구계를 줄 수 없게 한다는 조항 및 그와 관련된 본말사 주지 자격 내용을 개정한 경우이다. 당시 사법 개정은 각 사찰과 조선총독부가 그 필요성에 대해 같은 입장을 가진 상황에서 조선불

13 정영식, 2010, 앞의 글, 283-322쪽.

14 가마타 시게오, 1994, 신현숙 옮김, 『한국불교사』, 민족사, 223-224쪽.

15 한동민, 2006, 앞의 글, 90-96쪽.

교중앙교무원 평의회가 결의해 조선총독부 학무국에 사법개정안을 제출하고 학무국이 「본말사법」 개정을 촉구하면서 이루어진다.[16]

당시 사법 개정의 당위성으로는 승려에게도 "육식대처(肉食妻帶)의 자유"를 허락해 생활의 결함을 보충하게 해야 한다는 논리, 1,500년을 내려온 인습제도(因襲制度)의 개혁이며 민족보존(民族保存) 문제와 사회정책에 필요하다는 논리가 등장한다. 이에 대해 당시 학무국장(學務局長)도 승려의 육식대처를 법률상 인정한 것은 파계(破戒)를 권장하는 것이 아니라 시세(時勢)에 순응하게 한 것뿐이라는 입장과 함께 제일 큰 문제로 육식대처라는 제한을 철폐하지 않으면 주지(住持)가 될 자격을 가진 승려가 없다는 점을 지적한다. 또한 조선불교중앙교무원(教務院) 이사(理事)인 이혼성(李混性)도 "사법에 역승(役僧) 임명 자격"에 "비구계·보살계 구족한 자"라는 조건을 철폐한 것은 시세의 순응이자 불교의 사회화(社会化)이며, 인생의 본능상 당연한 귀결이라는 태도를 보인다.[17]

또한 1921년 2월에 화엄사 신임주지 타살 사건처럼 조선총독부의 본산 지정에 대한 반발 움직임도 있었다. 이 사건은 화엄사가 선암사의 말사가 된 것을 반발하는 가운데 화엄사 주지로 임명된 무등산 약사암 주지 김학산(金鶴傘)이 1921년 2월에 화엄사에 입산하려고 하자 화엄사 승려들이 선암사가 선택한 주지는 받지 않는다고 거부하면서 구타해 김학산을 절명시킨 것으로,[18] 조선총독부의 본산 지정에 대한 불만이 있

16 「破戒僧의 住持運動, 학무국에 진정」, 『매일신보』, 1926.3.27; 「肉食娶妻問題, 朝鮮寺法改正의 結果」, 『시대일보』, 1926.6.18.

17 「内的生活의 解放으로 朝鮮寺法改正決定」, 『매일신보』, 1926.5.21.

18 「僧侶 卄余名이 符同ᄒᆞ야 華厳寺住持 打殺, 말ᄉᆞ주지로셔 본산주지가 되여 오는 것을 분해서」, 『매일신보』, 1921.2.17.

었다는 것을 보여준다.

그렇지만 이러한 불만의 표출뿐만 아니라 여러 차례 사법을 개정했음에도 천황, 일본과 관련된 법식이나 정치적 참여 관련 내용에 대한 사법의 개정은 이루어지지 않았다. 결과적으로 조선 불교계는 「본말사법」을 통해 '조선인(불교인)의 일본인화'라는 지향에 속해 있을 수밖에 없었다.

2) 단일한 중앙기관 설치 억압

1911년 6월에 「사찰령」이 제정되었지만, 1910년대에는 조선 불교계에서 「사찰령」에 대한 적극적·조직적인 반대운동이 제기되지 않았다. 이에 대해서는 당시 불교계 지도자들이 「사찰령」의 문제점을 인식하지 못한 측면, 「사찰령」을 불교 발전을 위해 적극적으로 활용한 측면이 상존한다고 지적되고 있다. 또한 「사찰령」에 따라 1911년 11월부터 1913년 4월에 걸쳐 임명된 30본산주지들의 선정 방법에 대해 "유래(由来)의 관례(慣例)에 위배(違背)하지 않는지의 여부와 당선자가 적임이라고 인정하는지 여부를 조사해 그에 관한 의견을 붙이게 한 과정"[19]도 조선 불교계가 큰 저항 없이 사찰령을 수용할 수 있었던 요인이었다고 한다. 이러한 지적에는 「사찰령」으로 인해 주지들을 모두 친일적 승려 위주로 재편한 것도 아니고, 일제의 의도를 반영한 주지의 교체라고 할지라도

19 「寺刹令施行方法」, 『매일신보』, 1911.9.10. 이 기사는 사찰령 시행에 관한 사무처리 방법에 대해 정무총감(山県)이 각도 장관에게 보낸 통첩(通牒)이다. 이에 따르면, 「사찰령시행규칙」 제2조 2항, 즉 말사 주지에 대해서도 본사에 준하는 조사를 하도록 한다.

대체로 각 사찰 소속 승려가 주지가 되었다는 논리가 담겨 있다.[20]

조선총독부는 「사찰령」 시행에 따른 후속 조치를 취하기 위해 본산주지들의 모임을 주도해 활용한다. 그에 따라 1912년 5월에 11본산 주지들이 공식적인 첫 모임을 갖고, 동년 6월에 24본산(17개 본사 주지, 7개 본사 주지대리)이 모여 각본산주지회의를 정식으로 개최해 종래의 원종종무원 명칭을 '조선선교양종 각본산주지회의원(일명 30본산주지회의소)'으로 바꾸고 「주지회의원규칙(住持会議院規則)」을 정한다. 이어 30본산주지회의원은 매년 총회를 갖고 조선총독부와 교감하게 된다. 특히 1915년 1월의 제4회 회의에서는 불교중앙학림(佛教中央學林)의 설치와 월보 간행 등의 상황을 결정하고 25개 조의 '조선 사찰 각본사 연합제규'를 조선총독부에 제출해 인가를 신청하고 연합사무소를 1914년에 신축한 각황소에 설치한다. 이 연합제규는 동년 2월에 인가를 받는다. 다만 1912년 30본산주지회의원과 그에 이은 1915년 30본산연합사무소는 일종의 조합조직(組合組織)으로 각 본산의 연락기관이었을 뿐 전 조선 불교의 활동을 통제하는 통일기관은 아니었다.[21]

1915년의 삼십본신연합사무소는 1922년까지 지속적으로 운영된다. 그렇지만 여전히 각 본산의 연합사무만 관장하였을 뿐 전국 사찰과 승려를 통제하는 권한을 갖지 못한다. 이에 따라 중앙통제기관의 필요성

---

20 한동민, 2006, 앞의 글, 67-71쪽.

21 한동민, 2006, 위의 글, 153-173쪽. 조선사찰각본사연합제규는 같은 글, 166-167쪽 참조. 1912년 6월에 서광전(徐光前)이 불교를 극히 신앙해 금번 각 지방에서 올라온 삼십본산주지(三十本山住持) 일동과 간친하기 위해 재작일 오후에 성대한 다과회를 갖고, 일장 연설을 했다는 내용(「여러 중의 간친회」, 『매일신보』, 1912.6.25)을 보면, '30본산주지'라는 표현이 보인다.

이 대두되어 1921년부터 삼십본산연합사무소를 종무원(宗務院)으로 변경하는 운동이 추진되어 1922년 5월 삼십본산주지회의에서 연합제규도 폐지된다.

1919년 3·1운동 이후, 조선총독으로 부임한 사이토 마코토(斎藤実, 재임 3대: 1919.8~1927.12, 5대: 1929.8~1931.6)는 일본 정부의 방침에 따라 문화정치를 표방한다. 그리고 불교에 대해서는 중앙집권화 차원에서 「사찰령」을 개정해 경성에 30본산을 통할하는 총본산을 세워 친일주의자를 관장으로 두고, 총본산 옹호 기관으로 불교진흥촉진단체를 만들어 거사 중 친일주의자를 회장으로 삼아, '일반 인민의 교화, 죄인의 감화, 자선사업, 기타' 사업을 하며, 총본산·각본산·불교단체에 상담역으로 일본인을 두는 정책을 계획한다. 이러한 방향에 따라 1920년 조선불교대회에 이어, 1925년 조선불교단이 조직되어 매년 조선 불교의 주지급 승려 및 유력인사 5명 내외를 불교시찰단으로 파견한다.[22]

1910년대와 달리, 1919년 3·1운동 이후인 1920년대에는 선학원(禪學院) 창건 등의 움직임도 있었지만,[23] 「사찰령」에 대한 반발과 저항이 조직적으로 전개된다. 사찰령을 비판한 기록은 상해 임시정부가 일본의 조선 통치에 대한 부당성을 국제연맹에 알리고자 만든 『조일관계사료집(朝日関係史料集)』에 등장한다. 그 요지는 네 가지이다. 첫째, 「사찰령」

22 조성운, 2007, 앞의 글, 136쪽.

23 1920년에 선(禅)의 확산을 목표로 선학원(禅學院) 창건이 논의되고 범어사의 재정적 지원에 힘입어 1921년 11월 30일에 준공된다. 1923년 기사에서 선학원 승려가 총무원의 주의를 찬성해 교무원 문패를 부셨다는 내용을 보면, 선학원과 총무원의 입장이 유사했던 것으로 보인다(「教務院도 門牌 破棄, 션학원 승려가 독기로써 끼트렷다」, 『매일신보』, 1923.2.28).

은 사찰의 신축을 인정하지 않아 불교계를 고사(枯死)시킨다는 것이다. 둘째, 사찰 재산을 관유화해 자유로운 재산권의 행사를 제한한다는 것이다. 셋째, 30본사를 정해 조선 승려가 단결력을 발휘할 수 없게 만든다는 것이다. 넷째, 사찰 주지 선출방식인 종래의 산중공의제(山中公議制)를 무시하고 일본식 선출방법을 강행해 반발을 사고 있다는 것이다. 이러한 요지는 「사찰령」과 「사찰령시행규칙」이 폐지되지 않으면 불교계의 불만은 종식되지 않을 것이라는 결론으로 이어진다.[24]

「사찰령」에 대한 조직적인 반발과 저항의 시작은 1920년 12월의 조선불교혁신회(朝鮮佛教革新会) 결의안이고, 이 움직임은 1921년 12월의 조선불교유신회(朝鮮佛教維新会) 창립으로 이어진다. 구체적으로 살펴보면, 조선불교혁신회(朝鮮佛教革新会)는 1920년 12월에 각황사에서 개최될 본산주지회에 8가지 결의안을 제출한다. 그 내용은 ① 만사를 공론으로 결정할 것, ② 30본산연합사무소 제규를 수정할 것, ③ 조선 사찰의 재정을 통일할 것, ④ 교육주의·제도를 혁신할 것, ⑤ 포교방법을 개신할 것, ⑥ 의식(義式-필자: 儀式)을 개신할 것, ⑦ 경성불교원(佛教院)을 건설할 것, ⑧ 인쇄국을 설치할 것 등이다. 이러한 결의안은 「사찰령」이 제정된 지 10년에 이르렀으나 포교된 형적이 볼 것이 없고 포교 또는 교육에 적당한 인물이 없어 우선 기초를 세워야 한다는 맥락에서 마련된 것이었다.[25]

이어, 1920년 6월에는 한용운(韓龍雲)이 중심이 되어 중앙학림(中

---

24 「일제의 사찰령 시행(김순석, 한국국학진흥원 수석연구원)」, 『법보신문』, 2006.9.25.

25 「住持의 반성을 促ᄒᆞ는 朝鮮仏教革新会, 유신회에서 여덜가지를 결의ᄒᆞ야 본산쥬지회에 뎨츌」, 『매일신보』, 1920.12.21.

央學林)의 학승(學僧)들을 모아 조선불교청년회를 조직한다.[26] 그리고 1921년 12월에는 조선불교청년회의 '별동대'로 알려진 조선불교유신회(朝鮮佛教維新会)가 창립된다. 이 불교유신회는 석왕사(釈王寺) 포교소에서 동경에 재류하는 승려를 포함해 20일에 발기인총회를 열어 임시 임원을 선거하고 '① 조선 불교 현행규칙의 변경, ② 불교통일기관의 건설, ③ 사유재산(寺有財産)의 정리, ④ 흥학포교(興學布教) 기관의 확장'을 4대 강령으로 하여 종래 불교를 대대적으로 개혁할 것을 결정한다. 또한 불교유신회를 통해 조선 불교를 전부 통일하고 현재의 연합제도를 개혁해 의회제도(議会制度)를 만들어 일본 불교와 같이 종무원(宗務院)을 설치하기로 하고, 21일에 각황사 포교소에서 창립총회를 열고 회칙을 통과시킨다. 이와 관련해, 기사에서는 일본 조동종이 2개의 본산을 두어 15,000여 말사의 사무를 관할하는 일본 불교의 상황과 비교해 조선 불교에 본산이 너무 많아 오히려 의사일치가 이루어지지 않아 교무 처리가 완전히 실행되지 못하는 경우가 많으므로 이번 유신회와 같이 통일제를 사용하는 것이 최대 급무이고, 결국 본산의 수요까지 축소하면 좋겠다는 승려의 인식을 소개하고 있다.[27]

한편, 1922년 1월에는 30본산주지회의가 개최되었으나 불교청년회와 불교유신회의 활동으로 10본사주지와 유신회원들로 구성된 '조선불

---

26 『한국민족문화대백과사전』, 조선불교청년회 항목. 조선불교청년회는 1921년 3월에 제2회 정기총회를 개최한 바 있다(「仏教青年 総会」, 『매일신보』, 1921.3.9). 한편, 중앙학림불교청년회도 있다(「仏青年総会 연기」, 『매일신보』, 1920.9.6).

27 「僧侶七千余名을 통일ᄒᆞ고 수효만흔 본산수를 주리고 서로 일치진행케, 仏教維新会 創立総会」, 『매일신보』, 1921.12.22. 「韓竜雲大師入寂」, 『매일신보』, 1944.7.1에 따르면, 조선불교유신회는 조선불교사와 함께 한용운이 창립한 것으로 서술되어 있다.

교도총회'로 다시 개최되어 조선 불교계의 통일기관으로 각황사에 총무원을 두기로 한다. 그렇지만 다른 16개 본사주지들이 총무원의 출범에 반대하면서 30본산연합제규의 유지를 지지하다가 동년 5월에 각황사에서 주지총회를 열어 30본산연합제규의 폐지와 총무원의 폐지, 그리고 총무원 측의 반대에도 불교계 중앙기관으로 '조선불교중앙교무원'의 설립 등을 결정하고 10월에 재단법인 설립을 결의해 재단법인 조선불교중앙교무원 설립 허가 신청서를 제출하고, 12월에 조선총독부의 허가를 받는다. 다만, 경남 3본산(통도사·범어사·석왕사)은 이에 반대해 참여하지 않는다.[28]

1922년 1월의 총무원 설치 이후, 조선불교유신회는 동년 4월에 조선총독부에 불교 혁신을 위한 건백서를 제출한다. 그 배경은 30본산이 30개 파로 갈라져 본사와 말사의 알력이 심하고 사찰의 통일이 없으며, 승려의 협동이 이루어지지 않고, 각 사찰 주지 등의 전제적(專制的) 수단으로 각종 폐해가 생기고 있어, 각 사찰의 대표 인물을 망라해 불교유신회를 조직하고 혁신 방침을 만들었다는 것이다. 건백서의 핵심은 현행 30본산제도를 특히 변혁해 다시 일반 교회통규(教会通規)에 맡겨 전체 조선의 사찰을 직할(直轄)하는 일체의 실권을 쥐고 자립자치(自立自治)할 조선 불교의 통일기관을 조직하라는 것이다.[29]

조선불교유신회는 건백서가 받아들여지지 않자 계속해서 조선총독부와 교섭에 나서는 모습을 보인다. 이와 관련해, 1923년 1월에 각황사에 있는 총무원 사무실에서 제2회 정기총회를 개최한다. 비록 한용운을

28 한동민, 2006, 앞의 글, 173-186쪽.

29 「仏教革新建白, 僧侶 2,300余名 連署」, 『매일신보』, 1922.4.29.

교섭위원에 포함하는 문제로 논쟁이 벌어진 바 있지만, '종교분립 건' 등에 대해 다시 교섭위원을 뽑아 두 번째 교섭해보기로 하고, 유석규(劉碩規) 외 6명의 위원을 선출한 바 있다.[30]

다만, 1920년대 초반에 조선 불교계가 조선불교청년회와 조선불교유신회를 중심으로 「사찰령」 개정 움직임과 불교계 통일기관의 설립 움직임을 보였지만 이 움직임이 통일된 움직임은 아니었다. 이와 관련해, 1922년 5월 31일에 불교협성회(佛教協成会)가 조선불교유신회에 대응해 주지회의의 사업을 돕는다는 목적으로 불교대회회관에서 조직되기도 한다.[31]

또한, 조선불교혁신회나 조선불교유신회가 요구한 30본산의 축소나 통일기관의 설립 등이 최종적으로 「사찰령」의 개정이나 철폐로 귀결된다고 하더라도 그 주장이 정교분리(政教分離)에 입각해 있다는 점은 지적될 필요가 있다. 정교분리가 사실상 「사찰령」에 의한 「본말사법」에 담긴 논리였다는 점을 고려하면, 정교분리를 토대로 「사찰령」의 개정이나 철폐를 주장한 것은 조선총독부의 정교분리론과 크게 다르지 않은 주장이었기 때문이다. 다만, 불교통일기관의 설립에 대해서는 조선총독부가 통제 범위에 있는지 여부를 판단하기 쉽지 않았을 것으로 보인다.

1924년에는 재단법인 교무원 설립에 불참한 경남3본산(통도사·범어사·석왕사)도 조선총독부의 종용으로 총무원의 해체를 결정하고 재단법

30 「維新総会의 분규, 교섭위원을 거절한 한용운씨로 말머서」, 『매일신보』, 1923.1.8.

31 「仏教協成会가 또 생겨 대항코저」, 『매일신보』, 1922.6.1. 한편, 1922년 5월 30본산 주지총회에서는 보은사 주지와 월정사 주지 사이에 공금 사용에 대한 논쟁이 벌어지고 월정사 주지는 주지총회나 재단법인에 참가하지 않겠다고 선언한다(「仏教総務院도 廃止, 주지회의는 원만히 맛쳤다」, 『매일신보』, 1922.6.1).

인 교무원에 흡수·통합된다. 이로써 조선불교계는 조합조직 형태의 연합사무소에서 「민법」을 바탕으로 한 법인이 된다.[32] 다만, 재단법인 교무원은 전 조선 불교계에 대한 자발적인 통일기관이 아니라 조선총독부의 요구로 만들어졌다는 한계를 갖는다.

1924년 총무원이 재단법인 교무원으로 흡수·통합된 이후 다른 움직임도 있었지만,[33] 조선총독부는 1927년 후반에 「사찰령」 개정 논의를 공식화한다. 개정의 필요성으로는 '1911년의 「사찰령」이 시간이 흘러 금일(今日)에 부적합하다는 점, 재산 처분과 기타에 관한 취체가 매우 엄격해 주지의 자유재량 여지가 협소하다는 점' 등이 지적된다. 이에 대해 학무국 종교과(宗教課)에서는 「사찰령」 개정을 위한 조사를 진행하는 동시에 「신사사원규칙」과 「포교규칙」의 개정 필요성에 대해서도 조사를 진행한다.[34]

이 과정을 거쳐, 조선총독부는 1929년 6월에 「사찰령」을 개정한다. 이러한 개정은 종래의 조사 결과와 함께, 1928년 3월경에 '불교계 통일 운동'을 목표로 조선불교청년회가 재기하고, 이어 1929년 1월에 각황사에서 조선불교선교양종 승려대회(朝鮮佛教禪教両宗 僧侶大会)를 개최해 종

---

32 한동민, 2006, 앞의 글, 186-190쪽; 「광명이 再照한 불교교무원, 통도, 범어 두 절이 재단법인에 참가해」, 『매일신보』, 1924.3.8.

33 예를 들어, 1926년 4월 안국동 선학원주(禅學院主) 곽법경(郭法鏡)과 일본인 마사키(正木一郎)의 주장으로 '조선불교혁신회'가 창립되어 종교적으로 일선융화운동을 추진하고, 마시키는 그 실적을 관철하고자 명치 천황과 이태왕(李太王)의 어존령을 봉사(奉祀)하는 사찰 건축 건의서를 내각에 제출한다. 그렇지만 일본 정부가 그 취지에 찬성하지만 정치적 의미를 띤 것은 종교적 행위가 아니라고 하여 그 건의서를 각하하자, 마사키는 운동을 계속할 다른 방법을 강구한다.

34 「寺刹令 改正?」, 『동아일보』, 1927.10.14, 1면.

명(佛禪兩宗), 본존(석가모니), 종조(태고국사) 등을 담은 종헌이 제정되고, 매년 3월의 종회 개최 등이 결정되는 등의 여러 움직임과 연관된다.[35] 당시 1929년 1월의 승려대회는 조선총독부의 감시 대상이 되었지만,[36] 『동아일보』가 1929년의 중대 사건에 포함했을 정도로[37] '불교계 통일운동'이라는 의의를 갖는다.[38]

1929년 6월의 개정 「사찰령」을 1911년 9월 시행 당시와 비교해보면 제5조와 제6조에서 차이를 보인다. 핵심은 사찰 재산의 양도, 담보 제공, 기타 처분, 사찰의 부채에 대해 '총독의 허가'가 필요하며, 허가를 받지 않았다면 '무효'라는 내용이다(제5조). 그리고 사찰 재산을 처분할 때

---

35 「宗憲 二読会도 無難히 通過, 교정선뎡문데도 원안대로 朝鮮仏教大会의 第二日」, 『동아일보』, 1929.1.5. 2면.

36 「朝鮮仏教 禅教両宗 제1회 宗会ノ件」, 『京鍾警高秘』 제3980호, 1929.1.7. 이 문서의 발신자는 경성 종로경찰서장, 수신자는 경무국장, 경기도 경찰부장, 경성지방법원 검사정, 관계 각 경찰서장이다(http://db.history.go.kr/id/had_139_0070). 이 문서에는 '대회 경과 후 사실무근 기재 전말 기록'이라는 부분이 있는데, 그 안에 '사찰령 개정, 종헌 제정' 부분이 포함되어 있다.

37 「己巳 一年間 重大事件 日誌」, 『동아일보』, 1930.1.2. 3면.

38 김광식, 1995, 「조선불교선교양종 승려대회의 개최와 성격」, 『한국 근현대사 연구』 3, 한국근현대사학회, 209-210쪽. 김광식은 이 대회가 불교계의 종헌 제정과 중앙교무원의 헌장(憲章) 및 승니 법규(僧尼 法規)의 제정을 목적으로 한 것이며(같은 글, 215쪽), 일제의 사찰정책과 당시 불교계 현실을 극복하려는 의식의 소산이라고 본다(같은 글, 208-209쪽). 승려대회에 있는 사찰령 극복의 미진성, 대회에 참가한 일부 승려들의 중도 탈락과 불교계 성원의 미흡, 일제의 사찰정책에 대한 대회 주도자들의 안일성(安逸性) 등의 한계성이 대회 종료 이후 종헌과 각종 법규의 실행에서 부정적 요인으로 작용했지만, 이 대회가 일제하 불교계가 불교의 자주적 확립과 전반적 통일을 기하려는 목적을 가진 것으로 '불교계 통일운동의 극치'라고 본다(같은 글, 254-255쪽). 다만, 1929년 1월의 승려대회가 조선 불교계가 조선불교단을 주축으로 조선불교중앙교무원과 경성불교각종연합회가 공동 개최한 조선불교대회를 경계해 서둘러 개최했다는 것에 대해서는 추론할 수 있지만, 입증 자료가 없다는 지적을 받고 있다(윤기엽, 2017, 앞의 글, 314-316쪽).

도 '총독의 허가'를 받지 않으면 해당 사찰의 주지가 취득할 수 없다는 내용이다(제6조). 제5조와 관련해서는, 종래의 사찰 부채에 대해 제5조의 허가를 받은 것으로 보고, 금액·용도·방법·이율 및 상환 방법을 구비해 「개정 사찰령」 시행일부터 3월 내에 총독에게 신고하도록 한다(부칙). 양자의 주요 내용을 대조하면 〈표 4〉와 같다.[39]

1929년 6월의 「개정 사찰령」에서는 종래의 '허가제'를 그대로 유지하면서, 오히려 사찰의 재산뿐 아니라 '양도·담보·부채(負債)'에 대해서도 '허가제'로 규정해 총독 허가의 범위를 확대한다. 이는 조선 불교에 대한 조선총독의 관리를 강화한 조치이다. 이와 관련해, 조선총독부는 각 사찰의 예산이 명확하지 못하고 주지의 자의적인 경비 지출로 채무가 생겨나 심한 경우에 사찰이 폐지되는 일도 있었지만, 1929년 6월의 「개정 사찰령」 이후, 학무과에서 예산안을 받고 조정해 주지 개인 때문에 사찰의 존폐 문제가 일어나지 않을 것으로 전망한다.[40] 그렇지만 조선 불교의 사찰 재정 문제는 계속 이어진다.

1930년대에 조선불교계는 여러 활동을 전개한다. 1930년 3월의 제2회 조선불교선교양종종회(禅教両宗宗会)에서 동년 가을 하와이의 범태평양불교도대회에 조선 불교 대표를 보내는 안을 결의해 "조선 불교도가 국제적 회합에 활약하는 제일보"라는 평가를 받기도 한다.[41] 또한 조선총독부는 조선 불교계에 교육사업이나 사회사업을 유도한다. 이와 관

39 「寺刹令中改正」(制令 第9号, 昭和4.6.10), 『官報』, 1929.6.26; 「寺刹令施行規則中改正」(朝鮮總督府 府令 第52号, 昭和4.6.10), 『官報』, 1929.7.25.

40 「寺刹内部를 整理, 社会事業 奬励, 경기 관내 각 사찰에 대하여, 京畿道 學務課 計劃」, 『동아일보』, 1931.1.25, 2면.

41 「國際的 活躍의 第一步로 太平洋仏教会 出席」, 『동아일보』, 1930.3.27, 2면.

〈표 4〉 1911년 「사찰령」과 1929년 개정판 비교

조	주요 내용 (시행 1911.9.1. 제령 제7호, 제정 1911.6.3)	주요 내용 (시행 1929.7.1. 제령 제9호, 개정 1929.6.10)	비고
1	사찰을 병합·이전 또는 폐지, 그 터 또는 명칭의 변경에는 조선총독의 허가 필요		동일
2	사찰의 터 및 가람을 전법·포교·법요 집행 및 승니 거주의 목적 이외에 사용하려면 지방장관의 허가 필요		동일
3	사찰의 본말관계·승규·법식 기타 필요한 사법(寺法)은 각 본사(本寺)에서 정하여 조선총독의 인가를 받아야 함.		동일
4	① 사찰에는 주지를 두어야 함. ② 주지는 사찰에 속하는 일체 재산을 관리하고 사무 및 법요집행의 책임을 지며 사찰을 대표함.		동일
5	사찰에 속하는 토지·삼림·건물·불상·석물·고문서·고서화 기타 귀중품의 처분에는 조선총독의 허가 필요.	① 사찰 재산은 조선총독의 허가를 받지 아니하면 양도 또는 담보로 제공하거나 기타 처분을 할 수 없다. 사찰이 부채를 지는 것에 대하여도 같다. ② 전항의 허가를 받지 아니하고 사찰의 재산을 양도 또는 담보로 제공하거나 기타 처분을 하거나 부채를 진 때에는 이를 무효로 한다. ③ 사찰의 재산이라 함은 사찰에 속하는 부동산 기타 조선총독이 정하는 재산을 말한다.	
6	전조의 규정을 위반한 자는 2년 이하 징역 또는 500원 이하 벌금에 처함	사찰 재산을 처분하는 경우에 그 사찰의 주지는 이를 취득할 수 없다. 다만, 특별한 사정에 의하여 조선총독의 허가를 받은 때에는 그러하지 아니하다.	
7	이 영에 규정하는 것 외에 사찰에 관하여 필요한 사항은 조선총독이 정함.		동일
부칙	이 영의 시행기일은 조선총독이 정한다.	제1조 '좌동'. 제2조 ① 이 영 시행 당시 존재하는 사찰의 부채는 제5조의 허가를 받은 것으로 본다. ② 전항의 부채는 금액·용도·방법·이율 및 상환 방법을 구비하여 이 영 시행일부터 3월 내에 조선총독에게 신고하여야 한다.	

련해, 1931년 1월에는 조선 불교가 재단으로 보아 다른 종교단체와 비교해 재산이 풍부하지만 "전통적 수구사상에 파묻혀 참말로 해탈치 못한 까닭"에 사회사업을 하지 않는다고 보고, 경기도 학무과에서 관내 각

사찰 내부를 정리해 사회사업을 추진한다는 계획을 밝히기도 한다.[42] 종회는 1931년 3월에 제3회 종회가 개최되는 등[43] 계속해서 개최된다.

그렇지만 개정 「사찰령」이 시행되었음에도, 1934년 3월에 조선총독부는 조선 불교가 부채가 많아 일부 사찰이 재정적 파멸에 직면하고, 그 영향을 받은 '재단법인 교무원'도 재정적 불안을 느낄 정도로 경제적으로 일대 위기에 빠져 있는 상태라고 진단한다. 그리고 이러한 사찰 재정 문제를 해소한다는 명분으로 학무국 사회과(社会課)에서 정리방침을 마련해 각 사찰의 감독자인 도지사에게 통첩할 준비를 한다.[44]

특히 1935년 5월의 31본산주지회의는 총본산 설립, '조선불교선교양종종무원'이라는 새로운 대표기관의 구성, 각황사 교당 개축 등이 결의한다.[45] 각황사 교당 개축에 대해서는 '조선 불교와 선교(禅教) 양종(両宗)의 주최'로 승려와 신도 수십인이 협의해 각 사찰이 저축한 승니(僧尼)의 의무금 3만 6천 원과 기타 유지와 신도의 자원금을 모아 '순조선사원

42 「寺刹内部를 整理, 社会事業 奬励, 경긔 관내 각 사찰에 대하여, 京畿道 學務課 計劃」, 『동아일보』, 1931.1.25, 2면. 이 기사에 따르면, 경기도 관내의 사찰 수가 181개, 승려 수가 1,210명, 1년 예산이 151,366원(1930년)인데, 경성에 사무소를 둔 '조선불교교무원'에서 경영하는 '불교전문학교'와 '보성고등보통학교'와 '대자(大慈)유치원', '문화학원(文化學院)' 등 몇 개 기관이 있을 뿐이고, 일반사회를 위해 교육사업이나 자선사업을 경영하는 곳은 경기도에 한 곳도 없다.

43 「朝鮮仏教両宗 第三回 宗会 開催」, 『동아일보』, 1931.3.26, 2면.

44 「財政難中의 各寺刹, 負債가 百万余圓, 教仏鮮朝한 面直에 機危, 総督府에서 整理方針을 草案中, 不日 各 道知事에게 通牒」, 『동아일보』, 1934.3.6, 2면. 당시 조선총독부는 전 조선 각 사찰의 부채를 100만 원으로 파악한다. 부채의 내용은 1) 1929년의 「개정 사찰령」 이전에 진 빚으로 당국의 승인을 받은 채무 7만 원, 2) 현재 중앙 조직인 '재단법인 교무원'에 출자 미불(出資 未払)한 채무 20만 원, 3) 각 사찰이 조선총독부의 승인 없이 비밀리에 고리(高利)로 쓰고 있는 은채(隠債) 10만 원 등이다.

45 한동민, 2006, 앞의 글, 204쪽.

식 대포교소 건물'을 건축하기로 한다. 건축위원장에는 30본산주지 송종헌(宋宗憲)이 선출된다.[46] 또한 1935년 5월과 1936년 5월에 각각 '조선불교선교양종 중앙교무원과 조선불교선교양종 중앙종무원'으로 표기가 다르지만 조선불교중앙교무원 등과 '불탄 기념 준비위원회'를 구성했다는 기사가 보인다.[47]

1935년 8월에는 재단법인 교무원에서 31본산주지회의를 개최해 대표기관, 심전개발기념사업, 순회강연, 농촌포교, 포교사강습회 조직, 사설사암의 정리, 사찰종풍숙정(寺刹宗風粛正), 탁발승 등에 관한 건을 협의한다. 이 가운데 대표기관 설립에 대해서는 종래에 종무원과 교무원의 경쟁으로 폐지된 30본산연합사무소의 연합제규를 부활하자는 의견과 새롭게 조선 불교의 통제기관인 조선불교총본산을 설립하자는 주장이 대립하다가 '조선불교선교양종종무원'을 두기로 가결하고, '조선불교선교양종종제(宗制) 21개 조와 회칙 34개 조를 제정·통과시켜 총독부 인가를 얻은 후에 시행하기로 한다. 그리고 심전개발기념사업으로 각황교당을 재건축하기로 하고 용주사 주지 강대련을 위원장으로 하여 각 사

46 「千余名을 収容할 大布教堂을 建築, 朝鮮仏教界의 聯合活動으로 京城에 新築키로 決議」, 『조선일보』, 1935.5.29, 2면.

47 「仏誕記念 準備委員会」, 『동아일보』, 1935.5.3, 2면; 「仏誕祝賀 準備協議会」, 『동아일보』, 1936.5.21, 2면. 1935년 기사는 '조선불교중앙교무원, 조선불교선교양종중앙교무원, 조선불교청년동맹, 각황사, 명성학교(明星學校)의 유지들'이 '불탄기념 준비위원회(회장 박한영)'를 구성한다는 내용이다. 조선불교중앙교무원, 조선불교선교양종중앙종무원(朝鮮仏教禅教両宗中央宗務院), 조선불교청년총동맹(朝鮮仏教青年総同盟), 중앙불교전문학교 학생회(中央仏教専門學校學生会), 명성학교, 각황사 외 여러 단체가 수송정의 '조선불교청년총동맹회관'에서 '불탄축하 준비협의회(회장 박한영)'로 모여 제반 준비 사항을 협의하고 산회했다는 내용이다.

찰에서 건축위원을 추천하기로 한다.[48]

이러한 여러 활동은 우가키 가즈시게(宇垣一成, 재임 6대: 1931.6~1936.8) 총독이 이미 일본에서 진행된 바 있는 심전개발운동(心田開発運動)을 '착하고 순응적인 조선인 만들기'를 지향하는 방향으로 조선에서 시작한 것과 무관하지 않다.[49] 우가키 총독은 경신숭조(敬神崇祖)의 고양과 신사(神社)의 건설과 참배의 장려, 승려의 소질 개선과 불교의 가두진출과 사원재산의 정리, 유도의 부흥과 명륜학원(明倫學院) 및 문묘(文廟)의 활동 등에 우선 착안하고, '내선융화(内鮮融和)'를 의미하는 정신생활의 안정과 물질생활의 안정에 불교를 적극적으로 이용한다. 이와 관련해 1934년 3월에 조선불교중앙교무원 평의원들을 총독 관저에 초대해 '반도 민중의 정신작흥(精神作興), 즉 심전(心田)이 젖을 수 있도록 당국의 의도에 맞춰 조선 불교를 부흥시켜 정신계 진전'을 요구하고, 1936년 「사원규칙」을 제정한 바 있다.[50]

조선 불교계는 미나미 지로(南次郎, 재임: 1936.8~1942.5) 시기인 1937년 2월의 31본사 주지회의에서 조선불교진흥책으로 조선 불교계를 통제할 수 있는 중앙집권기관 설치를 결의한다. 그 핵심은 중앙에 총

---

48 「心田開発에響応, 朝鮮仏教最高機関 仏, 禅両宗宗務院, 京城엔 雄壮한 大法堂 建築, 三十本山이 一斉 旧起하야 決議한 内容, 法灯復明의 一大曙光」, 『매일신보』, 1935.9.3.

49 山田猪太郎, 1913, 『報徳及結社の栞』, 掛川町(静岡県): 大日本報徳學友会, pp. 163-172(心田開発事業). 이 자료에 따르면, 심전개발론은 조선에서 처음 진행한 것이 아니라 이미 일본에서 1910년대에 일종의 사업으로 진행된 것으로, '천성적인 인의예지신을 배양하는 것(天授の仁義礼智信を培養し善種を収穫して)이 국가를 위한 것'이라는 논리를 지니고 있다(위의 책, p. 164).

50 조성운, 2007, 앞의 글, 145-148쪽.

본산을 설치해 최고 지도자로 종정(宗正)을 두고 그 아래에 종무총장(宗務総長)을 두고, 다시 그 아래 각 부(部)를 두어 전 조선 불교의 행정을 맡게 하고, 입법기관으로 종회(宗会)를 두어 각 본산에서 대의원을 선출하게 한다는 내용이다.[51]

이어, 1937년 7월의 중일전쟁 발발에도 불구하고, 불교계는 총본사 대웅전으로서 각황사 재건축을 계속 추진하여, 1938년 10월에 '중앙포교당 대웅전의 준공식'을 거행하고, 당시 31본산주지는 중일전쟁과 장고봉(張鼓峰) 사건의 전몰장병위령법회를 진행한다.[52]

조선 불교계의 총본산 설치 준비가 1938년을 거쳐 1939년까지 이어지는데, 그 배경에는 조선총독부의 심전개발 정책이 보인다. 그렇지만 흥미롭게도 총본산은 「사찰령」에 총본산 관련 규정이 없어 개정 시까지 추진할 수 없는 상황이 된다.[53] 1937년 2월의 총본산 건설안 가결은 그 시작인 태고사 본당의 신축이 중일전쟁기인 1937~1938년에 본격화된다는 점에서 전시 행정체제하의 총독부와 긴밀하고 지속적인 협조 관계를 유지할 수밖에 없었다.[54]

1940년대가 되면, 조선총독부는 '황국신민화운동'의 전면적 전개에

---

51 「七千僧侶를 統制, 三十一本山에 '中央集権制'」, 『조선일보』, 1938.10.23, 2면.

52 「仏教総本山에서 戦歿将兵慰霊 新築大雄殿서 挙行」, 『매일신보』, 1938.10.26. 장고봉사건은 일명 장고산사건으로, 1938년 7월과 8월 사이에 소련과 만주의 동부 국경에서 일어난 소련과 일본 양군 간에 충돌이 일어나 일본군이 패배한 사건이다.

53 「山中에서 街頭로! 仏教卅一本山을 統合, 中央集権制 樹立, 宗会를 組織, 俗界 心田을 開発」, 『조선일보』, 1939.2.2, 2면. 이 기사에 따르면 설치될 총본산의 사찰명은, 종래 31본산 연합포교당으로 사용된 각황사가 사적(寺籍)에 없어, 북한산에 있는 태고사(太古寺)의 명칭이 내정된다.

54 김성연, 2018, 『일제하 불교 종단의 형성과정 연구: 중앙기구의 조직구성과 재정운영을 중심으로』, 동국대학교 박사논문, 131쪽.

서 조선 불교를 일원적으로 통제·지도할 중심 기관이 없다는 점을 가장 큰 문제로 인식한다. 중앙의 두 기관, 즉 중앙교무원이 전선 불교 관계 연락과 혜화 전문 경영을 맡고, 중앙선리참구원이 선(禪)을 하는 사람과의 연락·연구기관으로 존재하지만, 두 기관이 전선 각 사찰과 관계를 맺고 있다고 본다.[55]

이에 조선총독부는 1941년 4월 「사찰령시행규칙」을 개정하여[56] 태고사(太古寺)를 조선불교총본산으로 인가하고, 「총본산태고사사법」을 인가해 선(禪)과 교(教)를 일원적으로 통제하기 위한 31본산의 총본산이자 전선불교의 중앙지도기관으로 삼게 만든다. 그리고 여전히 존재하는 중앙의 두 기관을 통제하고자 1942년 3월에 중앙교무원을 조계학원으로 개칭해 총본산태고사의 통제 아래 있게 하고, 혜화전문학교의 임원진도 태고사의 간부를 겸임하게 하여 실질적 통제를 완성한다. 그리고 나머지 중앙선리참구원에 대해 해체를 시도한다. 그리고 '내선불교의 제휴'를 위해 장차 태고사의 지위를 확립시킨 다음에 일본불교연합회와 손을 잡게 하고, '내선불교의 제휴기관인 조선불교협회'의 강력한 지도로 심전개발운동을 전개하기 위해 '내선인 승려들'을 1942년 9월부터 2개월간 36개소에 파견해 순회강연을 하기로 한다.[57]

---

55 「仏教서도 内鮮一体로 宗教報國에 新機軸, 皇民化의 心田開発運動에 驀進」, 『매일신보』, 1942.8.6.

56 「朝鮮總督府 府令 第125号/寺刹令施行規則中改正」(昭和16.4.23), 『官報』, 1941.7.29. 제2조 제1항 중 '경기도 광주군 봉은사'를 '경기도 경성부 태고사, 경기도 광주군 봉은사'로 바꾼다.

57 「朝鮮仏教의 総本寺 寺刹令一部改正, 太古寺로 認可」, 『매일신보』, 1941.4.23; 「仏教新体制, 太古寺を総本山に溌剌として新発足」, 『부산일보』, 1941.4.24; 「宗正에 方漢岩老師, 今日, 太古寺의 臨時中央宗会서 決定」, 『매일신보』, 1941.6.6; 「仏教서

그렇지만 1941년 총본산 태고사의 성립은 조선불교계에 대한 조선총독부의 일원적 관리와 정책에 협조하게 되었다는 것을 의미한다. 실제로 태고사는 1941년 이후 1945년 4월의 해군기(海軍機) 헌납자 명단에 이름을 올리기까지[58] 조선총독부의 정책에 협조하게 된다.

이상의 내용을 간추리면, 조선총독부는 「사찰령」에 따라 조선 불교에 대한 일본 불교 종파의 개입을 차단하고, 30본산 중심으로 본말사 제도를 운영하면서 조선 불교에 대해 직접적인 관리와 통제를 시도한다. 이러한 관리와 통제 정책은 '사찰 재산'에만 국한되지 않고, 조선 불교를 통해 조선인(불교인)을 이상적인 일본인으로 만드는 데까지 나아간다. 이 부분은 사법을 통해 각 사찰의 불교 의례에 신도(神道) 관련 의례를 추가했다는 점에서 확인할 수 있다.

「사찰령」으로 인해 조선 불교계에는 지역별 본산연합 활동, 본산별 자기 인식과 사지(寺誌) 편찬, 본산별 교육활동, 본산별 포교활동 등의 현상, 그리고 그로 인한 폐해와 갈등 현상이 발생한다.[59] 특히 「사찰령」에 대해서는 "총독부 당국의 선전처럼 조선 불교의 발전이라는 측면이 아

도 内鮮一体로 宗教報國에 新機軸, 皇民化의 心田開発運動에 驀進」, 『매일신보』, 1942.8.6. 1942년 기사에 따르면, 조선의 종교통제 문제는 불교의 일원적 통제로부터 시작해 기독교 등에도 미치게 하여, 종교단체의 황국신민화운동을 전개하게 될 것이라고 한다.

58 「每新号等 三十一機 六日, 府民舘서 命名式 盛大 挙行-京畿道内에서 献納한 海軍機」, 『매일신보』, 1945.4.8.

59 한동민, 2006, 앞의 글, 199-201쪽, 205-230쪽. 「사찰령」에 기초한 본산제도의 폐해와 갈등으로 '총독부 통제의 강화, 재단출자의 부담과 경제적 압박, 본산주지 문제의 고질화, 전통불교의 쇠퇴' 등을 지적한다(같은 글, 231-277쪽). 또한 30본산제도의 가장 큰 폐해로 '본산 이기주의, 본산별 경쟁으로 인한 중앙종무기관의 파행적 운영, 본산주지의 전횡, 본산주지의 부정부패 등'을 지적한다(같은 글, 282쪽).

니라 독립운동 자금과 사찰재산을 통한 또 다른 변화와 발전을 막는 현상유지책의 일환으로 사찰령이 작동되었음을 확인할 수 있었다"는 평가를 받고 있다.[60]

1919년 3·1운동 이후, 1920년대에 「사찰령」의 철폐 또는 개정 운동이 진행된다. 그 논리는 정교분리론이었고, 핵심 내용은 자율적인 중앙통제기관의 설치였다. 이 과정에서 총무원과 교무원의 대립을 거쳐 1924년에 재단법인 조선불교중앙교무원으로 통합되고, 1929년 1월에 조선불교선교양종종헌과 종회가 마련되었으며, 1929년 6월에 「사찰령」이 일부 개정되었다. 이어, 1935년 5월에 총본산 설립이 추진되었다. 이러한 움직임은 1941년 4월에 「사찰령시행규칙」이 태고사(太古寺)를 포함하는 것으로 개정되면서 조선불교총본산 인가로 이어진다.

이러한 흐름에서 두 가지를 지적할 수 있다. 하나는, 조선 불교계가 1929년 1월의 조선불교선교양종종회 이후, 1935년의 총본산 설립 추진을 거쳐 1941년까지 중앙기관을 갖지 못했다는 것이다. 사실상 불교계의 중앙기관은 「사찰령」에서 중앙기관의 존재를 인정하지 않는 한 불가능한 것이었다. 사실상 「사찰령」에 따른 본산제는 각 본산들을 개별화하므로 상호 동의에 의한 연합 형태를 벗어날 수 없었기 때문이다.

「사찰령」과 단일화된 중앙기관 설립의 연관성을 인식한 승려들은 1920년대부터 통일기관 수립을 위해 「사찰령」 개정을 주장했다. 급기야 1928년 말에 중앙기관과 종헌 제정을 준비해 1929년 1월에 각황사에서 승려대회를 개최하고, 종헌 등을 마련하고, 교정 7인과 중앙교무원의 간부들을 선출한다. 그렇지만 승려대회의 결과는 1931년 이후 종헌 실

60 한동민, 위의 글, 2006, 283쪽.

행에 대한 반대 움직임이 가시화되어 무산되기 시작했는데, 그렇지 않더라도 「사찰령」에 따른 본산체제가 지속되는 한 각 본산은 '통일이 아닌 연합 수준'에 머물 수밖에 없었다.[61]

다른 하나는, 불교계가 조합 형태의 31본산주지 모임을 유지하다가 1941년에 총본산을 갖게 된 것은 조선총독부의 정책적 판단 때문이었다는 것이다. 조선총독부가 1930년대까지 31본산을 각각 분산 관리하는 정책을 시행하다가 1940년대의 전시체제에서 단일화된 통제가 필요해 총본산을 유도하고 인가했기 때문이다. 그렇지만 기본적으로 31본산의 분산 관리 정책이나 단일화된 중앙기관을 인가한 정책 모두 조선총독부가 추구한 '조선인의 이상적 일본인화'라는 방향 속에서 이루어졌다.

2. 기독교의 탄압

1) 학교 통제와 종교교육의 자유 억압

천주교와 개신교의 여러 교파가 1880년대 중반부터 조선에서 의료와 자선사업, 교육사업, 전도활동 등에 매진하였다. 이 가운데 특히 학교교육에 집중하였다. 이와 관련해, 1905년(명치38)까지 외국인이 설립한 학교가 약 60개였는데,[62] 여기에 미국 북장로회의 숭실학교(1897), 명신

61 한국사데이터베이스(http://db.history.go.kr/id/nh_051_0050_0030_0030_0020).

62 統監府, 1910, 『第3次 統監府統計年報(明治41年)』, 東京: 東京製本合資会社, pp. 161-166. 「외국인 설립 학교(한국인 교육) 교원, 생도, 경비(명치41, 1908)」 참조.

학교(1898), 숭의여학교(1903), 신명여학교(1903), 미국 남장로회의 신흥학교(1900), 멜볼딘여학교(1901), 기전여학교(1902), 영명학교(1902), 영흥학교(1903), 정명여학교(1902), 캐나다 장로회의 영생여학교(1903), 호주 장로회의 일신여학교(1892), 미국 남감리회의 영화여학교(1892), 광성학교(1894), 정의여학교(1899), 삼일학교(1903), 루씨여학교(1903, Lucy Cuninggim), 호수돈여학교(1904), 양정여학교(1904), 영명여학교(1905), 천주교의 박문학교(1901) 등 기독교계 종립학교들이 적지 않았다.[63]

그리고 천주교와 개신교계 학교 수가 더 늘어, 1908년에는 외국인 설립 학교 수가 98개교, 교원 수가 315명, 학생 수가 5,388명에 달하였다. 지역별로는 부산 3개, 군산(공주 포함) 2개, 목포 1개, 경성(개성 포함) 5개, 인천 7개, 평양 48개, 진남포 8개, 원산 9개, 성진 3개, 대구 3개, 신의주(선천 포함) 9개로, 평양, 원산, 신의주, 진남포, 원산, 인천 순이며, 특히 평양에 집중되었는데,[64] 기독교계 학교가 적지 않았다.

조선총독부는 「사립학교규칙」을 근거로 학교 교육에 대한 통제를 시도하였다. 「사립학교규칙」은 '조선인 교육을 하는 사립학교'를 대상으로 「제1차 조선교육령」 시기인 1911년 10월에 공포되었다. 그렇지만 조선총독부는 1915년 3월에 이 법규를 개정해 "사립학교의 교육 과정에 대해 보통·고등보통·여자고등보통·실업·전문학교 규칙에 규정된 이외의 교과과정을 추가할 수 없다"는 조항을 추가해[65] "사립학교의 관·공립

63 統監府, 1910, 위의 책, p. 163; 이만열, 1989, 『한국기독교문화운동사』, 대한기독교출판사, 184-198쪽.

64 統監府, 1910, 위의 책, pp. 161-166.

65 「私立學校規則」(朝鮮總督府令 第114号, 明治44.10.20), 『朝鮮總督府官報』 789号, 1911.10.20, 제6조(학칙의 내용); 「私立學校規則中改正」(朝鮮總督府令 第24号, 大正

보통학교화" 정책을 추진하였다.[66] 이로 인해 기독교계 사립학교의 교육과정에서 '성경' 과목이 제외될 수밖에 없었다.[67] 사립학교는 보통.고등보통·여자고등보통·실업·전문학교 규칙에 규정된 이외의 교과과정을 추가할 수 없었기 때문이다.

1915년 3월의 개정 「사립학교규칙」에서 학교에서 종교상 교육과 종교의식을 할 수 없도록 한 조치는 종교의 선전이 교회의 관할이라면 교육은 정부의 관할이라는 논리가 담긴 교육과 종교의 분리 원칙에 따른 것이었다. 즉 정부 행정의 고유 영역에 속한 교육에 종교가 관여할 수 없다는 것이었다. 이와 관련해, 조선총독부는 이미 종교교육을 시행했던 사립학교에 대해 10년간의 유예기간을 주고 신설 사립학교에 대해 즉각 금지한 자는 명령을 내렸다. 선교사연합공의회는 이 조치를 교육과 종교의 자유를 부정하는 행위로 간주해 반박하는 결의문을 채택했고, 다시 이에 대해 조선총독부는 종교의 자유를 부정하는 것이 아니라 국가의 교육적 조치일 뿐이라고 반박하였다. 선교사 측과 조선총독부 측은 교육, 종교, 통일과 분리를 전제하고 지속해서 논박을 전개하였다.[68]

1915년 3월의 개정 「사립학교규칙」은 관공립학교처럼 상급학교 진

4.3.24), 『朝鮮總督府官報』 789号, 1915.3.24. 1915년 3월에 추가된 조항은 '제6조의2'이며, "보통·고등보통·여자고등보통·실업·전문학교가 아니면서 보통·실업·전문교육이 목적인 사립학교의 교육 과정은 각각 보통·고등보통·여자고등보통·실업·전문학교 규칙에 준해서 정해야 하고, 이 규칙들에 규정된 이외의 교과과정을 추가할 수 없다(加フルコトヲ得ス)"는 내용이다.

66 고병철, 2012, 『한국 중등학교의 종교교과교육론』, 박문사, 112쪽.

67 Wi Jo Kang, 서정민 역, 2005, 『한국 기독교사와 정치』, 한국기독교역사연구소, 85쪽.

68 이진구, 2005, 앞의 글, 218-220쪽.

학 자격이라는 동등한 권리를 갖는 사립학교와 그렇지 않은 잡종학교나 각종학교를 구분하는 조치였다. 이 조치에 대해 기독교계 학교들은 종교교육과 종교의식을 포기하고 보통학교·고등보통학교로 승격해 관공립학교와 동일한 대우를 받을 것인지, 아니면 학생 모습의 어려움을 견디면서 승격을 포기하고 일종의 '무인가학교'로 남을 것인지를 선택해야 했다. 이 조치에 대한 관점에서 감리교와 장로교 선교부는 선교원칙에 따른 세속교육의 고려 여부와 종교의 자유에 관한 관심 정도에 따라 차이를 보였다. 감리교는 학교에서 성서교육과 예배의식을 직접 하지 못한다고 해도 간접적인 선교 효과를 위해 학교를 존립해야 한다는 입장을 가지고 보통학교·고등보통학교로 등록했고, 장로교는 기독교 교육이라는 학교 설립 목적을 상실하면 학교 존립 의의가 없다는 뜻을 고수하면서 조선총독부와 계속 협상해 지정학교라는 새로운 형식으로 등록해 종교교육의 자유를 확보하려고 하였다.[69]

그렇지만 1919년 3·1운동 이후 '문화통치'의 분위기 속에서 장감(長監)선교단체연합회는 종교교육의 자유를 건백서에 담아 조선총독부에 건의하였다. 일본제국 헌법이 종교적 자유를 보장하듯이 기독교 사립학교에서 성서교육과 종교의식을 교과목으로 허가해달라는 것이었다. 이에 대해 조선총독부는 어느 정도 건의안을 수용해 학교 등급에 따라 다른 기준을 적용하는 것으로 결정하고, 1920년 3월에 「사립학교규칙」을 개정해 "사립학교의 교육 과정에 보통·고등보통·여자고등보통·실업·전문학교규칙에 규정된 이외의 교과과정을 추가할 수 없다"는 조항(제

69 이진구, 2005, 위의 글, 222-226쪽.

6조의2)을 삭제하였다.[70]

당시 「사립학교규칙」 개정에 대한 조선총독부의 입장은 당초의 「사립학교규칙」이 각종학교(各種學校)를 인정하지 않는 제도로 보통학교·고등보통학교 내지 전문학교 등을 설치할 때 '관공립규칙'을 준용하도록 했지만, 1920년 3월의 개정은 특별히 각종학교를 인가하고 그 학과목에 관한 규정을 정하지 않아 각종학교가 종교를 교과과정에 추가할 수 있게 했을 뿐 통상의 학교에서 종교 과목을 인정하지 않는 주의(主義)를 변경한 것이 아니라는 것이었다.[71] 즉 '관공립학교 규칙'을 준용하는 일반 학교와 그렇지 않은 각종학교를 구분하면서 당시 종교계에 선택하도록 한 것이었다.

1920년 3월의 개정 「사립학교규칙」 시행 이후 기독교계 사립학교들은 '각종학교 형태를 띠는 한' 종교 과목을 교육 과정에 포함할 수 있게 되었다. 그렇다고 기독교계의 각종학교가 활성화된 것은 아니었다. 그리고 1920년대부터 1930년대 초까지 기독교계 각종학교 수는 점차 감소하였다. 이와 관련된 흐름은 〈표 5〉와 같다.[72]

한편, 1930년대는 전시 상황이 지속되면서 정책적으로 신사참배를 강요하였다. 신사참배는, 1925년경 충남 강경보통학교 학생들의 신사참배 거부 사건[73]이나 조선신궁의 참배 문제처럼 1920년대에도 일부 학교

---

70 이진구, 2005, 위의 글, 220-222쪽; 「私立學校規則改正」(朝鮮總督府令 第21号, 大正9.3.1), 『朝鮮總督府官報』 2263号, 1920.3.1.

71 「私學校規 개정 요지, 柴田學務局長談」, 『매일신보』, 1920.3.5.

72 朝鮮總督府, 1929(소화4.1.20), 『昭和2年 朝鮮總督府統計要覽』, 京城: 大海堂, p. 198; 朝鮮總督府, 1936(소화11.3.31), 『昭和9年 朝鮮總督府統計要覽』, 京城: 近沢商店印刷部, p. 205.

73 「強制 参拝問題 (上), 逆理에 徹底한 教育当局者」, 『동아일보』, 1925.3.18, 1면; 「江景

〈표 5〉 각종학교: 사립(종교)

연도	학교	학급	교원	생도
대정11.末(1922)	276	1082	1,100	32,934
대정12.末(1923)	270	1188	1,188	28,306
대정13.末(1924)	264	1119	1,238	30,405
대정14.末(1925)	245	913	842	24,846
소화01.末(1926)	231	788	955	22,172
소화02.末(1927)	223	786	1,031	19,973
소화03.末(1928)	216	747	899	19,592
소화04.末(1929)	214	739	964	21,512
소화05.末(1930)	211	714	925	22,027
소화06.末(1931)	200	726	858	22,839
소화07.末(1932)	194	690	903	23,421

에서 강제된 바 있었지만, 1930년대에는 적용 범위가 정책적으로 확대되고 강제 형태를 띠었다. 이에 대해 기독교계는 신앙상의 이유로 신사참배를 반대했지만 1936년 5월에 천주교를 시작으로, 동년 6월에 감리교, 1938년 9월에 장로교가 신사참배를 공식적으로 수용하였다.[74]

이 과정에서 기독교계 학교는 신사참배를 거부해 폐교 움직임을 보이기도 하였다. 이와 관련해, 1936년 12월에는 개신교계가 경영하던 청주 청남학교가 신사참배에 불응한 교장의 사면으로 보조금을 받지 못하게 되자 경영난에 빠져 폐교 위기에 처하였다. 이에 청주읍회 의원이던 최동선이 인수의사와 함께 종래의 '성경과목'을 빼서 개신교계와 분립해

普校生徒 神社参拝를 拒絶, 예수 믿는다고 신사참배 거절, 절대로 참배는 안 한다고 휴도」, 『동아일보』, 1925.5.29, 6면.

74 한국기독교역사연구소, 1997, 앞의 책, 289-301쪽.

'순전한 국민교육기관'의 기능을 갖게 할 의사를 밝힌 바 있다.[75]

1937년 중일전쟁 이후에는 '황국신민화의 완성'을 위한 정책들로 조선교육의 지표 설정, 의무교육, 일본어 보급, 황국신민의 서사, 일본인과 조선인의 통혼(通婚) 등이 추진되었다.[76] 예를 들어, 1937년 10월에는 '황국신민의 조성'이라는 교육방침을 실현하기 위해 '황국신민'임을 맹세하는 「황국신민서사(皇國臣民ノ誓詞)」를 만들어 배포해 학교나 각종 단체의 집회에서 '황국신민체조'와 함께 읽게 하였다.[77] 이 조치들은 신사참배 문제와 함께 특히 기독교계의 학교 교육에 장애로 작용하였다.

특히 북장로교는 1938년 6월의 선교사총회에서 신사참배 거부와 교육 총인퇴(総引退)를 결의하였다.[78] 그렇지만 조선총독부도 1938년 9월 개최 예정이던 조선기독교의 각파 선교사들의 제27회 연합공의회 개최를 허가하지 않는 방식으로 대응하였다. 게다가 선교사 대표들이 공의회 개최를 위해 조선총독부 외무부(外務部)를 방문했을 때 소관 서대문서 고등계는 신사참배 문제에 대해 토의하지 않겠다는 서명까지 요구했고,

---

75 「存廃 岐路에 섯든 清州 清南學校 曙光, 年経常費 一千五百圓 負担, 道議 崔東善氏 引受, 基督教関係떠나 聖経科目빼고 國民教育精神 発揮" 新経営者 崔東善氏談」, 『매일신보』, 1936.12.4. 청남학교는 현 청남초등학교로, 1908년 이후 미북장로교 선교사 밀러(Frederick Scheiblin Miller, 閔老雅)가 경영하던 학교이다(http://school.cbe.go.kr/chnam-e, 학교 연혁).

76 朝鮮總督府情報課 編, 1942, 『前進する朝鮮』, 京城: 朝鮮總督府情報課, pp. 35-39.

77 「誓詞를 作成 配布, 各學校, 各団体에서 隋時 朗唱, 今 四日부터 一斉 施行」, 「臣民의 信念 高調, 塩原 學務局長 談」, 『동아일보』, 1937.10.5, 2면. 이 자료에 따르면, 당시 학무국장은 '남총독의 교육체제의 근본사상은 황국신민의 조성(造成)'으로 보았다. 이것은 '황국 신민으로서의 신념, 내선일체와 동포 단결, 근로 단련, 국가로서의 세계에 대한 적극적인 고조(高調)'를 의미한다.

78 「教育総引退의 影響」, 『매일신보』, 1938.6.28.

선교사 대표들은 공의회를 중지하겠다고 답변하였다.[79]

이상에서 기독교계 사립학교의 종교교육과 종교의식에 대해 1915년 3월의 개정 「사립학교규칙」에서 취해진 강제 금지 조치와 1920년 3월의 개정 「사립학교규칙」에서 취해진 완화된 조치는 조선총독부가 특정 방향으로 종교교육의 자유를 해석하도록 강제하고 통제했다는 것을 보여준다. 동시에 종교의 자유, 특히 종교교육의 자유가 고정된 것이 아니라 정책적 조치들에 따라 달라질 수 있다는 점도 보여준다.

2) 신사참배의 강요와 신앙의 자유 억압

조선총독부는 1912년부터 조선신사(朝鮮神社) 건립을 추진하고, 1919년 7월에 일본 내각의 승인을 얻어 1920년 5월의 지진제(地鎮祭, 기공식)로 공사를 시작하고, 1925년 6월에 조선신궁(朝鮮神宮)으로 개칭해 동년 10월에 진좌제(鎮座祭, 준공식)로 완공하였다. 이는 조선의 신사들이 조선신궁을 정점으로 하는 체제를 갖게 되었다는 점과 함께 강제적인 신사참배의 출발을 알리는 신호였다.

신사참배 문제는 다른 종교보다 특히 유일신을 믿는 기독교에 신앙상의 장애로 다가왔다. 그렇지만 일본 기독교계는 일본 정부의 황민화 정책에 호응해 대체로 신사비종교론(神社非宗教論)의 입장에서 신사참배

---

79 「朝鮮基督教各派 聯合公議会 中止, 宣教師七十名 上京」, 『동아일보』, 1938.9.18, 2면. 당시 모이려고 했던 기독교 각파는 남북장로교, 남북감리교, 호주장로교, 캐나다장로교, 천주교, 안식교 등이며, 중요 의안은 선교 문제의 재검토와 농촌문제 등 10여 건이라고 한다.

를 하도록 신자들을 설득하였다.[80] 그리고 일본 정부와 조선총독부의 내선일체론 입장에서 재일 조선기독교회뿐만 아니라 조선 개신교계에도 신사비종교론을 내세웠다.

이와 관련해, 조선에서는 친일개신교단체인 경성기독교연합회가 1925년 7월 조선총독부에 신사와 종교의 구별에 대한 명확한 견해를 요구해 신사 비종교(非宗教)론에 따른 참배 강요를 이끌어내기도 했다. 또한 1936년 9월에는 경성일본기독교회(京城日本基督教会) 목사 아키즈키(秋月致, 1878~1963)[81]가 조선총독부의 신사비종교론과 신교의 자유론에 대해 환영의 입장을 보였고, 1938년 6월에 일본기독교회(現, 日本キリスト教会)대회 의장 도미타 미츠루(富田満, 1883~1961.1)가 조선장로교의 초청으로 개최된 평양 간담회에서 '신사비종교론'을 주장해 주기철(朱基徹, 1897~1944) 등의 강한 반론에 직면하기도 하였다.[82]

조선에서 신사참배는 1931년 9월의 만주사변 이후 1932년부터 본격적으로 강제성을 띠기 시작하였다. 조선총독부도 1932년까지는 조선통치에 방해되지 않는 한, 즉 기독교가 민족문제나 정치문제에 개입하지 않고 개인적 신앙에 몰두하는 한 정교분리 차원에서 선교에 크게 간섭하지 않는 소극적 경계 기조를 유지하였다. 그렇지만 1932년 이후부터는 기독교에 대해 종교보국, 국민총동원, 전쟁협력 등으로 조선 통치에 적극적으로 협조하도록 강제하였고, '일본적 기독교화'를 위해 일본

80 도히 아키오, 2012, 앞의 책, 300-304쪽.

81 日本キリスト教団 福岡渡辺通教会(https://watanabedori-ch.org/history, 教会の歴史).

82 도히 아키오, 2012, 앞의 책, 300-301쪽.

적 편제를 갖추도록 강제하였다.[83]

신사참배와 관련해 주목할 부분은 조선에서 신사참배가 1930년대 이후 국기게양이나 궁성요배 등과 함께 강제되었지만, 기독교인들이 유독 신사참배에 대해 반발하였다는 점이다. 그 이유는, 다른 부분과 달리, 신사종교론의 입장에서 신사참배가 신앙상의 장애로 인식되었기 때문이다. 대표적인 사례로는 1935년 11월 평양 숭실전문학교장(G. S. McCune, 1873~1941), 숭의여학교장(V. L. Snook, 1866~1960)이 신사참배를 거부해 그 이듬해 1월에 교장직에서 해임된 것을 들 수 있다.

그렇지만 대체로 1930년대에 들어서면서 천주교와 감리교가 신사참배를 허용했고, 장로교는 1937년 7월 중일전쟁 이후 1938년에 신사참배를 공식 허용하였다. 신사참배 허용의 공통된 논리는 신사비종교론이었다. 비록 강제적인 상황이었다고 하더라도 신사비종교론을 공식적으로 채택하는 순간, 이들에게 신사참배는 신앙의 장애가 아니라 국민적 의례였고, 이것은 결국 조선총독부의 방침에 대한 교단 차원의 협력으로 이어졌다. 이 과정을 구체적으로 살펴보면 다음과 같다.

우선, 조선 천주교는 1932년 판 『천주교요리(天主教要理)』에서 신사참배를 이단이 아니라 국민적 행위로 인정하였다. 신사참배에 대해서는 1932년 이래 일본 천주교에서도 논란이 이어졌지만, 1936년 5월 교황청이 주일(駐日) 로마교황사절단에게 신사참배가 애국심의 표현이라는

83 서정민, 2002, 앞의 글, 74-75쪽. 서정민에 따르면, 일제강점 초·중기에 대해 일반사의 관점으로는 중일전쟁(1931) 발발을 기준으로 그 이전 시기를 지칭하지만, 교회사의 입장에서는 '신사참배 강요의 본격화(1932)'를 기준으로 삼을 수 있다고 한다(같은 글, 74쪽).

맥락의 통첩을 보내면서 공식적으로 허용되었다.[84]

구체적으로, 조선 천주교는 '천황 사진에 대한 요배는 허용하지만 신사참배 자체는 금지'한다는 의견이었지만, 1932년에 일본 천주교의 태도 변화를 계기로 신사참배를 용인하는 방향을 취하였다.[85] 이는 1932년에 『천주교교리』 제2판에서 신사참배가 국가 예식으로 용인될 수 있다고 명시한 것으로 나타났다. 미국 메리놀회 선교사들처럼 신사참배를 반대하거나 원산 대목구의 베네딕도회 선교사들처럼 유보하는 태도도 있었지만, 1933년 3월의 교구장 연례회의에서 종래의 입장을 재확인하고 교황청 지침이 올 때까지 교회의 신사참배 원칙을 공표하지 않기도 결정하였다. 그리고 1935년 5월 주일 교황사절 마렐라(P. Marella, 재임 1933~1948) 대주교의 요청으로, 교황청 포교성성(布教堂省)이 1936년 5월에 신도 예식이 종교적 표징이 아니라 애국심을 표명하는 국민적 행위라는 교령을 공포하자 조선 천주교도 이 입장을 공식적으로 천명하였다.[86]

---

84 田口芳五郎 編, 1937.1, 『カトリック教と日本カトリック教徒: マニラ万國聖体大会日本派遣参加団を送るに際して』, 東京: 日本カトリック新聞社, pp. 26-28.

85 한국교회사연구소 편, 2014, 『한국천주교회사 5』, 분도출판사, 332-334쪽. 이와 관련해, 조선 천주교의 입장에 따라 1924년 강경공립보통학교의 천주교 신자 학생 20여 명이 신사참배를 거부해 퇴학을 당하기도 한다(같은 책, 333-334쪽). 한편, 일본에서는 1932년 6월경 히로시마 대목구장 로스(J. P. F. Ross, 1875~1969) 주교가 교회법에 따라 신사 참여가 가능하다는 글을 작성하고, 9월에 동경 대교구장 샹봉(J. A. Chambon, 1875~1948) 대주교가 문부성 장관에게 신사참배의 성격을 묻는 서한을 보낸다. 이어, 신사참배가 교육상의 이유로 인한 것이고 경계가 애국심과 충성심을 나타내는 것이라는 답변을 받은 후, 1933년 1월 주일 교황사절 무니(재임 1931~1933) 대주교가 신사참배에 대한 일본 정부의 설명을 인정하는 공식 지침을 발표한다(같은 책, 337-339쪽).

86 한국교회사연구소 편, 2014, 위의 책, 339-344쪽; 박문수, 1993, 앞의 글, 148쪽. 한

로마 교황청의 입장 발표 이후, 조선 천주교에서 신사참배는 더 문제시되지 않았다. 그리고 조선 천주교는 중일전쟁 이후 각종 모임에서 신사참배에 동참하였다. 물론 이러한 동참은 결국 조선총독부의 방침에 협조하는 태도로 나타났다.[87]

다음으로, 감리교는 1936년 4월에 양주삼 총리사가 신사참배는 종교가 아니라는 요지의 통첩을 「감리회보」에 게재하였다. 이는 장로교보다 먼저 신사참배를 허용한 조치였다. 이어, 1938년 9월에 성명을 발표해 신사참배가 국가 의식으로 교리에 위반되지 않는다는 방침을 재확인하였다.[88] 또한 1938년 10월의 제3회 총회에서 일본 메소디스트교회와 연합을 제안해 조선신궁을 참배하였고, 동년 12월에 신임 총리사(김종우)와 전임 총리사(양주삼)가 장로교 총회장(홍택기)와 부회장(김길창), 성결교 총회장(이명직)과 함께 일본의 신궁들을 참배하였다.[89]

감리교는 1936년 4월 이후, 조선 천주교와 마찬가지로, 신사참배를 문제시하지 않았다. 이는 친일적 기독교화의 모습으로 나타났다. 이 모습은 1939년 이후 조선감리회가 일본 메소디스트교회와 합동을 추진하

편, 교황청은 1932년 만주국이 국민의 단결을 위해 공자 의례를 의무화해 천주교 신자들이 신앙의 위기를 겪을 때 만주국 정부가 공자 의례는 국가적·사회적 예식일 뿐이라고 답변한 것을 인정해, 1935년 5월에 공자 의례를 허용하고, 1939년 12월 「중국 의례에 관한 훈령」을 공포해 조상 제사도 허용한다. 허용 논리는 교회의 신앙 도리가 불변의 진리이지만, 시대 변화에 따라 조상 제사에 대한 현대인의 정신이 변했으므로 용납한다는 것이다(같은 글, 344-346쪽). 이는 시대가 변해 사람들이 이제는 신앙상의 이유로 조상 제사를 하지 않게 되었다는 논리이다.

87 박문수, 1993, 앞의 글, 146-147쪽.

88 한국기독교역사연구소, 1997, 앞의 책, 299-300쪽.

89 김승태, 2006b, 앞의 글, 35-38쪽.

는 것에서 확인할 수 있다.[90] 또한 감리교가 1940년 10월 총리원 이사회에서 내선일체의 원리 실현, 총후 국민의 의무 이행, 신체제 순응, 일본정신의 함양, 일본 메소디스트교회와의 합동, 일본적 복음 천명, 애국반 운영과 지원병 참가 권유 등의 내용을 담아 발표한 '혁신안'에서도 확인할 수 있다.[91]

구세군은 중일전쟁 직후에 신사참배에 대해 신사비종교론의 견해를 갖고 있었다. 이와 관련해, 1937년 11월의 경성지방법원 검사국 문서를 보면, 구세군 대구 대대장(大隊長)은 신사참배가 종교를 초월한 국가적 의식이자 국민의 의무라고 밝힌 바 있다.[92] 그리고 1938년 12월에는 영동(永同) 구세군영이 포교30주년기념식을 개최한 후 기념식에 참가한 경성본영의 사관과 함께 '국체 관념을 명증'하기 위해 영동신사에 참배하였다.[93]

장로교를 살펴보면, 1915년 9월 제4회 총회에서 신사참배를 공식 거론한 후 1932년 9월 제21회 총회부터 1935년 제24차 총회까지 신사참배 문제가 거론되었지만, 공식적인 신사참배결의는 중일전쟁 이후 1938년 2월 평북노회에서 이루어졌다. 그 후 1938년 9월 제27회 총회 전까지 전국 23개 노회 중 17개 노회가 신사참배를 결의하였고, 비록 내부 반발이 있었지만, 1938년 9월 제27회 총회에서 신사참배를 가결하

---

90 「両便의 意思合致-日本 메소디스트会와 朝鮮監理会 合流問題 今日 総会에서 最後決定」, 『매일신보』, 1939.10.19.

91 한국기독교역사연구소, 1997, 앞의 책, 3304쪽.

92 「宗教団体의 動静」, 『治安状況(昭和12年)』 第26報～第43報, 1937.11.19(http://db.history.go.kr/id/had_187_1450).

93 「永同救世軍 神社에 参拝」, 『매일신보』, 1938.12.9.

였다.[94]

구체적으로, 1938년 2월의 제53회 평북노회(노회장 김일선)는 "신사참배가 종교가 아니라 국가 의식"임을 시인하였다. 이어, 동년 3월에 제34회 평양노회(노회장 박응률), 4월에 순천노회의 결의 등 1938년 2월부터 8월 사이에 23개 노회 가운데 17개 노회가 신사참배를 결의하였다. 그리고 동년 9월 제27회 장로교총회(총회장 홍택기)는 선교사들의 반대에도 불구하고 신사참배를 결의하였다.[95]

이러한 신사참배의 공식 결의는 '일본적 기독교로의 공식 전환'이나 '일본기독교 조선교단의 제일보'라는 평가를 받듯이,[96] 조선총독부의 방침에 대한 교단 차원의 협력을 의미했다. 이와 관련해, 장로교는 1938년 9월 제27회 총회에서 신사참배를 가결한 후, '국책 수행에 협력'한다는 명분으로 1939년 제28회 총회에서 '국민정신총동원 조선예수교장로회 연맹'을 결성하였고, 이후 각 노회에서 노회지맹을, 교회별로 애국반을 결성하였다. 또한 1940년 11월에 총회중앙상치위원회(총간사 鄭仁果)가 '장로회 지도요강'을 발표해 신사참배·궁성요배·황국신민서사제창 등을 규정하고, 교리와 의식에서 민족주의적 색채를 배제하면서 일본적 기독교로 할 것 등을 표면화하였다.[97]

---

94 한국기독교역사연구소, 1997, 앞의 책, 293-295쪽, 299-301쪽.

95 김승태, 2006b, 앞의 글, 12-15쪽.

96 서정민, 2002, 앞의 글, 79-80쪽. 1938년 9월 27개 노회(국내 23, 만주 4) 소속 대표인 목사와 장로, 그리고 선교사 등 총 206명이 모인 제27차 조선예수교장로회 총회의 공식 신사참배 결의가 '교회 변질'의 가장 큰 파급적 사건의 기점이라는 견해도 있다.

97 한국기독교역사연구소, 1997, 앞의 책, 303-304쪽; 김승태, 2006b, 앞의 글, 15-16쪽. 이 책에 따르면, 이 현상은 교회가 '본질까지 변질'되어 일본의 정책에 충실히

장로교가 1938년 9월 제27회 총회에서 신사참배를 결의하고 1939년 9월 제28회 총회의 결의에 따라 국민정신총동원연맹에 가맹한 것에 대해 조선총독부는 "총후봉공(銃後奉公)과 종교보국의 열매이며, 외국인 선교사의 기반(羈絆)을 벗어나 일본화의 길(日本化の一途)을 걷는 것"으로 평가하였다. 게다가 조선총독부의 지도를 거부하는 비혁신분자(非革新分子)의 불온(不穩)운동을 탄압·제거하지 않으면 "기독교도의 지도통제"라는 목적을 이룰 수 없다고 판단해, 1940년 4월부터 전국적으로 조사에 착수해 용의자를 검거했고, 특히 동년 9월 20일경에 고등법원검사장과 본부 법무국장이 치안유지법과 기타 관계법령에 따라 각 도에 일제 검거를 단행해 당일 중에 193명을 검거하였다.[98] 여기서 "기독교도의 지도통제"의 핵심은 "조선 기독교의 구미 의존관계를 끊고, 일본적 기독교로 순화 갱생"하는 데에 있었다.[99]

물론 신사참배 문제에 대해 이견도 있었고, 선교회나 선교사들의 태도가 같았던 것도 아니다. 북장로교 선교부는 대체로 신사참배를 거부하는 입장이었고, 비록 언더우드는 교육을 계속하기 위해 신사참배에 응해야 한다는 의견이었지만, 1938년 5월 교육 은퇴를 결정했다. 그리고 남장로교 선교부는 신사참배에 불응해 1937년 2월에 학교 폐쇄라는 강경론을 내세웠다. 호주장로교 선교부도 1936년 3월에 신사참배 거부 방침을 채택하다가, 1939년 1월 학교 폐쇄 조처를 한 바 있다. 그렇지만 감

따르는 일종의 교화기관으로 전락하고 있었음을 의미한다고 한다(같은 책, 304쪽).

98 朝鮮總督府 警務局 保安課, 1940.9, 앞의 책, 21쪽(『高等外事月報』 2, 高麗書林, 1990).

99 朝鮮總督府 高等法院 檢事局 思想部, 1940.12, 「朝鮮に於ける基督教の革新運動」, 『思想彙報』 25, pp. 81-101, 공훈전자사료관(http://e-gonghun.mpva.go.kr/openViewer.do).

리교계와 캐나다선교부 소속 선교사들은 신사참배를 국가 의식으로 받아들여 별다른 마찰 없이 학교 운영을 지속하였다.[100] 신사참배 문제에 대해 선교회나 선교사들도 신사종교론과 신사비종교론 가운데 어느 쪽을 지지하느냐에 따라 다른 태도를 보였다.

그렇지만 사실상 1940년대가 되면 모든 기독교계가 신사참배를 허용하게 된다. 이는 1940년 10월 고등법원검사장 훈시에서 확인할 수 있듯이, 조선총독부가 대정익찬운동체제를 의미하는 신체제(新体制)를 수립하기 위한 사상 방면과 경제 방면의 통제를 강화하면서[101] 기독교계도 이 방침에 역행하지 않았기 때문이다.

다만, 조선의 기독교 상황과 달리, 만주 지역에서는 1940년대에도 신사참배에 반대하는 교회들이 있었다. 이와 관련해, 장로교 하얼빈교회에 소속된 미국 선교사 헌트(Bruce F. Hun, 韓富善 목사), 미국 의사 배의남(裴義南)의 아내 배의태(裴義泰 목사), 전도사 김윤섭(金允燮)과 부인 전도사 김신복(金信福, 별명 金永呂) 등이 1940년 3월에 하얼빈경찰청에서 검거돼 취조당한 바 있다. 혐의는 당시 「잠행사묘 및 포교자 취제규칙(暫行寺廟及布教者取締規則)」 또는 봉천(奉天) 장로회의 신사참배 문제에 반대해, 진영 봉배(御真影の奉拝)와 신사참배가 우상숭배라고 퍼트렸다는 것이었다.[102]

---

100 한국기독교역사연구소, 1997, 앞의 책, 295-299쪽.

101 朝鮮總督府 高等法院 検事局 思想部, 1940.12, 앞의 책, pp. 1-3.

102 朝鮮總督府 高等法院 検事局 思想部, 「在満鮮人の神社不参拝を目的とする宗教団体に関する件」, 『思想彙報』 24, 1940.9, pp. 108-111; 「暫行寺廟及布教者取締規則」(民生部令 第93号, 康徳5年9月24日), 國務院法制処 編, 1943, 『満洲國法令輯覧』 第2巻, 新京: 満洲行政學会, pp. 1-6(第三章 寺廟).

이상에서 살펴본 것처럼, 조선총독부의 신사참배 강요는 조선신궁의 완공 이후에 시작되었고, 1930년대에 본격화되었다. 그에 대해 기독교계는 1930년대부터 천주교를 시작으로, 감리교, 구세군, 장로교 등으로 신사참배의 공식 허용을 결정하였다. 그리고 1940년대에는 모든 기독교계가 공식적으로 신사참배에 참여하였다.

이러한 개신교계의 결정은 신사종교론의 차원에서 신사참배가 신앙상 불가능하다는 종래의 결정을 번복한 것이었다. 종래 입장의 번복 과정을 보면, 천주교는 로마 교황청의 입장을 번복의 계기로 삼았고, 개신교계는 조선총독부의 강요와 일본 개신교계의 논리 등을 계기로 삼았다. 그럼에도 신사참배는 참배할 자유뿐만 아니라 참배하지 않을 자유까지 포함하는 신앙의 자유를 침해한 것이라고 할 수 있다.

3) 교파 해산과 신앙 및 결사의 자유 억압

일본 정부는 개신교계에 대해 크게 두 가지 정책을 시행한다. 하나는, 개별 교파성을 없애고 각 교파를 통합하는 정책이다. 다른 하나는, '천황중심주의'에 배치된다고 판단되는 재림교리 등을 가진 교파들을 해체하는 정책이다. 이 두 가지 정책은 일본 정부의 단일화된 기독교 관리와 그에 대한 기독교계의 순응이라는 차원에서 상호 연결되어 있다.

이러한 교파 통합과 교파 해산 정책은 1940년대의 전시상황에서 표면화되었다. 그 배경 가운데 하나는 「종교단체법」(제정 1939.3, 시행 1940.4)이었다. 이 법률을 근거로 일본 정부가 개신교 교파들의 합동을 요구했는데, 이러한 합동 요구가 각 교파의 해산을 전제로 하는 것이었기 때문이다. 다른 하나는 고노에 후미마로(近衛文麿) 내각

(1940.7~1941.10)이 거국일치 국민조직 결성과 각 정당을 해산해 대정익찬회(大政翼賛会)로 흡수한 정치적인 상황이었다. 일본 개신교 교파들도 이러한 움직임에 순응해 각 교파를 해산하면서 일본기독교단의 결성에 참여했다.[103]

이러한 두 가지 정책 가운데 '천황 중심주의'에 배치된다고 판단되는 교파의 관계자를 검거하거나 교단을 해체하는 작업의 근거는 주로 1923년의 「치안유지를 위한 벌칙에 관한 건」을 계승한 1925년의 「치안유지법(治安維持法)」이었다. 이 법률은 특히 1941년 3월의 개정을 거쳐 5월부터 그 범위가 확대되고 처벌 수위가 강해졌다. 이와 관련해, 1941년 3월의 개정 「치안유지법」은 종래의 '국체의 변혁과 사유재산제의 부정에 대한 처벌'을 확대·강화하고, '신궁(神宮)이나 황실의 존엄에 대한 모독'까지 범위를 확대해 처벌 대상으로 삼고, 예방구금(豫防拘禁)까지 포함시켰다.[104]

---

103 도히 아키오, 2012, 앞의 책, 324-326쪽.

104 「治安維持ノ為ニスル罰則ニ関スル件」(勅令 第403号, 大正12.9.7), 『官報』, 1923年 9月 7日; 「治安維持法」(法律 第46号, 大正14.4.21), 『官報』, 1925年 4月 22日; 「治安維持法改正」(法律 第54号, 昭和16.3.8), 『官報』, 1941年 3月 10日; 「治安維持法改正法律施行期日」(勅令 第553号, 昭和16.5.13), 『官報』, 1941年 5月 14日. 「치안유지법」 제1조에 따르면, 국체의 변혁 또는 사유재산제도의 부인을 목적으로 결사를 조직하거나 사정을 알면서 가입하는 자는 10년 이하의 징역 또는 금고에 처한다. 그에 비해 1941년 5월 15일부터 시행된 「개정 치안유지법」 제1조에 따르면, 국체의 변혁을 목적으로 결사를 조직하는 자 또는 결사의 역원(役員)과 기타 지도자 임무에 종사하는 자는 사형 또는 무기 혹은 7년 이상의 징역에 처하고, 사정을 알면서 결사에 가입하는 자 또는 결사의 목적에 따르는 행위를 하는 자는 3년 이상의 유기징역에 처한다. 제7조에 따르면, 국체를 부정하거나, 신궁 또는 황실의 존엄을 모독하는 사항을 유포할 목적으로 결사를 조직하는 자 또는 결사의 역원과 기타 지도자 임무에 종사하는 자는 무기 또는 4년 이상의 징역에 처하고, 사정을 알고 결사에 가입하는 자 또는 결사의 목적에 따른 행위를 하는 자는 1년 이상의 유기징역에 처한다. 제10조에 따르

구체적으로, 일본 정부는 1940년 전후로 「치안유지법」을 적용해 등대사(燈臺社: 여호와의 증인), 예수 그리스도 신약교회, 플리머드형제파, 미농(美濃)선교회, 일본 자유기독교회, 안식교회, 성결교파의 세 교회 등의 순복음을 주창한 작은 규모의 교파들, 그리고 성공회와 무교회주의 신도들을 검거해 처벌하였다.[105] 특히 교파 관계자 검거나 교단 해체 작업과 관련해, 1940년 7월의 구세군 간부 검거 사건, 1942년 6월 일본 성결교회 계통 3개 파의 검거 사건, 1943년 1월 성공회 미인가로 인한 자체 해산 사건 등이 발생했는데, 이 사건들은 일본 개신교계에 일본 정부가 원하는 형태의 교파 합동을 하도록 촉진했다.

우선, 구세군 간부 검거 사건을 살펴보면, 「종교단체법」 시행 직후인 1940년 7월에 헌병대는 구세군 간부를 스파이 용의자로 검거해 조사하였고, 문부성은 영국 런던 본부에서 탈퇴하고 군대식 호칭 등을 사용할 수 없도록 행정조치를 내린 바 있다. 이 사건은 당시 일본 기독교연맹의 지도자나 신자들에게 외국 선교회와 관계를 끊지 않으면 같은 상황이 자기 교파에도 발생할 것을 우려하게 했다. 그리고 일본 기독교연맹 소속 교파들은 1940년 8월에 회합해 선교회와 관계를 즉시 끊고 전 교파가 합동해 고난 상황을 돌파하자는 의견을 교환하였다. 이처럼 구세군 사건으로 인한 충격은 일본 개신교계에 교파 합동의 원인으로 작용하였다.[106]

다음으로, 일본 성결교회는 「종교단체법」에 따라 일본기독교단에 속

면 사유재산제도를 부인할 목적으로 결사를 조직하는 자 또는 사정을 알면서 결사에 가입하는 자 혹은 결사의 목적에 따른 행위를 하는 자는 10년 이하의 징역 또는 금고에 처한다. 또한 제39조부터 제65조까지는 예방구금(予防拘禁)에 대한 내용이다.

105 도히 아키오, 2012, 앞의 책, 372쪽.

106 도히 아키오, 2012, 위의 책, 325쪽.

해 있었지만, 1942년 6월에 일본기독교단 제6부였던 옛 성교회(聖教会) 41명과 제9부 옛 기요메교회(きよめ教会: 장로파) 44명, 동양선교회 기요메교회(정통파) 11명이 검거되고, 1943년 2월부터 4월 사이에 15명이 추가로 검거되었다. 당시 검거 혐의는 '스파이 행위, 신사참배 거부행위, 유대인 원조, 그리스도의 재림 교리' 등이었고, 최종적으로 재림 교리가 개정 「치안유지법」의 국체부정 사상에 해당한다는 것이었다. 이에 따라 내무성은 1943년 4월에 세 교회에 대해 결사 금지처분을 내리고, 동시에 문부성은 지방장관에게 해당 교회의 결사인가 취소와 처분령을 내렸다.[107]

1942년 6월 일본성결교회 계통 3개 파 검거 사건으로 인한 충격은 일본기독교단의 부제 해산으로 이어졌다. 이와 관련해, 일본 개신교계는 교파 합동 과정에서 개별 교파성을 유지하려는 움직임 때문에 생기는 갈등을 막고자 부제(部制)를 택해 11개의 부를 두고 이 내용을 담은 교단규칙을 마련하였다. 그리고 이 교단규칙을 1941년 3월에 문부성에 제출한 후 동년 6월에 34개 교파가 합류해 일본기독교단 창립총회를 개최하였다. 그렇지만 문부성은 개별 교파성을 없앤 통합을 요구하였고, 이 과정에서 1942년 6월 성결교 계통의 교파들이 '재림 교리'를 혐의로 검거되면서 일본기독교단은 1942년 11월 제2회 총회에서 부제를 해산하였다.[108]

---

107 도히 아키오, 2012, 위의 책, 375-379쪽.

108 도히 아키오, 2012, 위의 책, 326-327쪽. 이 자료에 따르면, 당시 일본기독교단 소속 제7부와 제8부에 속한 교회에서도 재림 교리를 주창한 사람들이 있었다는 점을 들어, 성결교계의 검거가 정부 방침에 따르지 않는 기독교계 조직을 파괴할 수 있다는 당국의 경고라고 본다(같은 책, 376쪽).

다음으로, 일본 성공회는 「종교단체법」에도 독자적인 교단 설립을 추진해 1940년 10월의 교파 합동선언에 참가하지 않았다. 성공회 측은 가톨릭과 개신교의 합동을 희망하기 때문에 개신교 교파들만의 합동에 참여하지 않는다는 뜻을 밝히고, 동년 12월에 교단규칙을 확정해 1941년 4월에 교단 설립인가 신청을 하였다. 그렇지만 문부성은 「종교단체법」에 의한 교회 인가 신청 최종기한이 1942년 3월 말까지였음에도, 일본기독교단에 가입할 것을 요구하면서 성공회의 독자적 교단 설립 인가 청원을 반려하였다. 그리고 성공회 측이 주교제 등 성공회 고유 신앙 양태를 고수하기로 하면서 일본기독교단에 가입하지 않자 1943년 1월에 1942년 3월 말부로 성공회의 해산을 통보하였다.[109]

주목할 부분은 「종교단체법」(제정 1939.3, 시행 1940.4)이 조선에 적용된 것은 아니지만, 1940년 7월의 구세군 간부 검거 사건과 그로 인해 가해진 변화, 1942년 6월 일본 성결교회 계통 3개 파의 검거 사건, 1943년 4월의 결사 인가 취소 처분, 1943년 1월 성공회 미인가로 인한 자체 해산 사건 등은 일본 개신교계에 영향을 주었을 뿐만 아니라 1940년대 조선에서 반복되었다는 점이다. 대표적인 사례가 1943년 12월 제칠일 안식일 예수 재림교회와 성결교의 해산 성명서 발표,[110] 그

---

109 도히 아키오, 2012, 위의 책, 328-329쪽. 특히 1942년 6월 일본 성결교회 일제 검거 사건이 촉진제가 되면서 성공회 내부가 합동 지지파와 합동 반대파, 합동하면서도 성공회의 고유성을 지키자는 중간파로 분열되고 1941년 12월에 합동 지지파가 영미에 의존해 적국에게 군사상 이익을 준다는 명분으로 그 반대파를 도쿄재판소에 고소하기도 한다(같은 책, 329-331쪽).

110 한국기독교역사연구소, 1997, 앞의 책, 306-308쪽. 안식교 해산 성명서(명의: 조선 제7일 안식일 야소재림교 연합회, 제7일 안식일 야소재림교 조선합회 유지재단 평의원과 이사)는 '같은 책, 306-307쪽'을, '조선야소교 동양선교회 성결교회(일본기독교 조선 성결교단)' 명의의 성결교 해산 성명서는 '같은 책, 307-308쪽'과 '「國民的 自覚으

리고 1942년 6월 동아기독교 검거 사건과 1944년 5월의 교단 해체령 등이었다.

이러한 사건들은 1940년대에 발생했다는 공통점을 가지고 있다. 1940년대는 제2차 세계대전(1939~1945) 속에서 1940년 9월의 '독·이·일 삼국동맹' 체결과 일본과 영국·프랑스 등의 대치, 주로 1940년 10월부터 1941년 3월 말까지 진행된 외국 선교사들의 송환, 특히 1941년 12월 일본의 미국 하와이 진주만 기습으로 시작된 태평양전쟁(1941~1945) 등으로 일본이 완전한 전시체제로 전환한 상황이었다.

1940년대 전시 상황에서 조선총독부는 특정 종교만이 아니라 모든 종교를 일본화할 것을 요구하였다. 예를 들어, 1942년 2월 경성부에 있는 일본·조선 불교 각 파와 기독교 각 파가 조선신궁에 모여 '신불기(神佛基) 연합전승기원제'와 '기원대회'를 거행해 선전포고에 관한 조서를 봉독하고 국난 돌파의 선언을 결의하고, 수상과 육해군에 감사전보를 발송하였다.[111] 또한 1944년 12월에는 조선총독과 군사령관 대리와 조선 군보도부장과 경무국장 등이 참여한 가운데 불교·기독교·신도의 대표자들이 '조선전시종교보국회(朝鮮戦時宗教報國会)' 발회식을 개최했다. 참석자들은 '지난날을 뼈아프게 반성하면서 종교보국의 특별공격대로 정신봉공할 것을 맹세'하고, 전선장병에 대한 감사전보의 발송 결의와 함께 황국신민서사 제창, 일본 군가 '우미유카바(海行かば)' 합창, 천황폐하

로-聖潔教会 解散声明書를 発表」, 『매일신보』, 1944.1.5'를 참조.

111 「神, 仏, 基 三教合同-國難突破의 祈願祭-宗派를 超越한 内鮮教徒들 愛國熱」, 『매일신보』, 1942.1.25. 이 기사에 따르면 신앙이 다른 종교단체들이 연합하는 것은 조선에서 처음이라고 한다.

만세 봉창 등을 진행하였다.[112]

그렇지만 당시의 국제 관계 속에서 일본이 적국으로 분류한 국가들과 관련된 기독교, 특히 유일신 신앙과 함께 예수 재림에 대한 신앙을 강조하는 교파들에 대해서는 최종적으로 종교의 일본화보다는 교단의 해산을 종용하였다. 이러한 정책은 일본 정부가 취한 선례에 따른 것이었다. 재림교, 성결교, 동아기독교의 사례를 구체적으로 살펴보면 다음과 같다.

우선, 재림교의 경우, 조선인 성직자들은 미국 선교사들의 귀국 조치로 1941년 2월 이후 교회의 책임을 맡게 되었고, 조선총독부의 방침대로 신사참배, 황국 국민의 서사, 궁성요배, 창씨개명 등을 진행하였다. 그리고 조선총독부의 정책에 호응해 교단 개편 등을 준비하였다. 그렇지만 조선총독부는 동년 4월에 교회 기관지 『교회지남(教会指南)』과 선교잡지 『시조(時兆)』를 폐간하고, 충청남도 지방회 개최 중에 목사와 신도 8명을 보안법 위반으로 체포하였다. 이어, 1943년 2월에 보안법 혐의로 조선연합회 신구(新旧) 지도층 6인을 구속하고 12월에 해산성명서에 서명 날인하게 하였다.[113]

---

112 「宗教報國会 새 発足-教統을 超越, 各派大同団結 実現」, 『매일신보』, 1944.12.9. 조선전시종교보국회의 임원진을 보면, 총재는 정무총감, 회장은 학무국장. 고문은 경무국장, 조선군참모장, 조선헌병대사령관, 조선연맹사무국총장(韓相龍), 참여(参与)는 조선신궁 궁사, 조선불교협회 이사장(林茂樹), 경성일보사장, 매일신보사장, 성대교수, 조선기독교연맹회장(丹羽清次郎), 연맹총무부장, 연맹실천부장, 이사는 총독부교무과장, 총독부보안과장, 천리교포교관리자, 조동종관리자, 임제종관리자, 조선불교총본사주지(山川重遠, 방한암), 일본기독교단(宇留賀政実, 우루가 마사미), 천주공교(岡本鉄治, 노기남), 조선장로교단(佐川弼近, 채필근), 조선감리교단(禾谷春洙, 정춘수), 성공회(工藤義雄, 쿠도 요시오), 구세단(坂本雷次, 사카모토), 평의원은 각 교종파 포교관리자 41명이다.

113 오만규, 1997, 『재림교회사 – 제칠일 안식일 예수 재림교회』, 시조사, 303-305쪽.

구체적으로, 1943년 2월 제칠일안식교연합회는 '조선기독교합동안과 종교의 일본화'의 차원에서 '전선교도대표평의원회'를 열고 신체제안을 협의해 명칭을 '제칠안식일 야소교재림교연합회'로 개칭하고, 최고 간부를 총리로 고치고 제1대 총리에 히라오카(平岡信吉), 부총리에 마츠무라(松村儀吉)를 선출하였다. 그리고 미영 관계에서 이탈해 유지재단을 확립하기로 하였다. 교단이 경영하던 동명학교(東明學校)에서도 교리에 의한 종래의 토요일 휴업을 다른 일반학교와 같이 일요일 휴업으로 바꾸고, 찬미가와 성서 강의를 폐지하는 모습을 보였다. 당시 노부가와(信川) 교장이 제2 황민연성에 힘쓰면서 학교 측과 교회 간부 측이 절충해 2월 2일부터 일반 초등학교와 같은 교육을 하기로 하고, 안식교연합회는 안식교 계통의 다른 학교에도 학제개혁안을 통지하였다.[114]

재림교는 1943년 2월의 '제칠안식일 야소교재림교연합회' 개칭 이후에도 그 이전처럼 국방헌금을 마련해 동년 5월의 해군기념일에 전달하는 등 조선총독부에 협조적인 모습을 보였다.[115] 그렇지만 동년 12월에 교단은 해산 성명서를 발표하였다.

해산 성명서의 명의는 '조선제칠일 안식일 야소재림교연합회(朝鮮第

교단 관계자들이 해산 성명서에 서명날인한 날을 1943년 12월 27일, 교단 해산일을 1943년 12월 28일 자로 명시하고 있다. 그에 비해 관련 신문기사(『매일신보』, 1944.1.7)에 실린 성명서를 보면 해산일은 12월 26일이다. '제칠일 안식일 예수 재림교회'의 약칭으로 외부에서는 '안식교 또는 안식일교회'로 부르지만, 교단 내부에서는 '재림교회'라고 부른다(http://adventist.kr).

114 「安息教 新発足-基督教革新에 呼応」, 『매일신보』, 1943.2.3. 기사에 따르면, 동명학교는 1921년(대정10)에 안식교의 선전 목적으로 창립된 초등기관인데 당시 350여 명의 아동이 재학하였다.

115 「安息教会서 巨鐘을 献納」, 『매일신보』, 1942.4.8; 「國防献金 二万圓, 安息教再臨教会에서」, 『매일신보』, 1943.5.28.

七日 安息日耶蘇再臨教聯合会) 및 제칠일안식일 야소재림교 조선합회유지재단 평의원 및 이사(第七日安息日耶蘇再臨教 朝鮮合会 維持財団 評議員及理事)'였다. 내용은 "미국 선교사의 손에 의해 창립되어 40여 년간 그 지도를 받고 동시에 재정적 기초도 미국 선교사에 의존해 부지불식간에 구미영적(欧美英的) 사상에 오염되어 동양 고유의 미풍양속이 파괴되었다는 부분, 교리에 국가의 존재를 경시하고 자유주의의 미명하에 국가의 존엄을 모독하는 것 같은 염려가 있다는 부분, 이러한 교리가 개인을 알고 국가를 몰라 천리공도(天理公道)에 반하며 국체의 본의에 반하는 것을 깨우쳐 국체본의에 순응하려고 노력했지만 성서 자체를 배제하지 않으면 무익하다는 것을 인정한다는 부분, 영미적 사상에서 벗어나 황민으로서 소행하고자 스스로 3년 전부터 노력한 귀결로 조선제칠일안식일야소재림교연합회와 그 재원인 제칠일안식일야소재림교조선연합회유지재단을 자발적으로 해산한다는 부분" 등이다. 성명서의 끝부분은 "아등(我等)은 교단인(教団人)으로서의 지위(地位)를 탈각(脱却)하야 일개(一個)의 자연인(自然人)으로 도라가 천황폐하(天皇陛下)의 적자(赤子)로서 국가(國家)에 진력(尽力)하는 것은 물론(勿論) 황국신민(皇國臣民)으로서 대동아전시하(大同亜戦時下) 시국적 요청(時局的 要請)에 순응(順応)하야 일의정신(一意挺身)함으로서 국은(國恩)에 보(報)할 것을 맹서(盟誓)한다"는 고백으로 채워져 있다.[116]

1943년 12월의 재림교 해산에 대해 경기도 경찰부장은 재림교가 최근까지 미국 안식교 대총회로부터 지령과 보조금을 받아 미영인 선교사

116 「尽忠奉公 굳은 決意-解散한 安息教聯合会서 声明書 発表」, 『매일신보』, 1944.1.7; 김승태 편역, 1996, 『일제강점기 종교 정책사 자료집, 기독교 편, 1910~1945』, 한국기독교역사연구소, 382-383쪽.

들의 의도가 명료하게 반영되는 색채를 가지고 있었다고 인식하였다. 그리고 안식교 교단 간부들이 미영적 복음 선포의 폐해를 깨우쳐 "참다운 황국신민화"를 맹세하고 "자발적으로 전면적 해산"을 한 것으로 설명하였다. 그리고 안식교의 교역자뿐만 아니라 신도들도 과거의 미영 의존 관념에서 벗어나 결전(決戰)하에서 "참다운 대일본제국의 황민으로서 재출발"하기를 기대하였다.[117]

1943년 12월 26일의 해산 성명서와 조선총독부 측의 인식을 보면, 재림교 해산의 맥락은 크게 '미영적 사상의 완전한 말살'과 '일본 국체에 반하는 교리의 제거'였다고 할 수 있다. 무엇보다 해산 성명서에서 '성서 자체를 배제'해야 일본 국체에 순응할 수 있다는 부분은 기독교의 교리가 일본 국체와 상충된다는 점을 시사한다.

성결교는 '조선야소교 동양선교회 복음전도관'에서 출발해, 1921년 9월 '조선야소교 동양선교회 성결교회'로 전환하고, 1924년 유지재단 설립을 거쳐, 1929년에 교역자회를 연회(年会, 초대 회장 Harry F. Woods)로 전환해 교단 형태를 갖추었다. 1932년 제4차 연회에서 자치 선언을 한 후, 1933년 4월에 연회를 해체하고 제1회 총회(총회장 이명직)를 창립했지만, 동양선교회가 경제적 보조를 끊고 총회에 대한 이사 선출권의 이양을 거절하면서 독립은 실패로 끝나게 된다.[118] 1936년에는 동양선교회와 자립·자치 문제로 마찰을 빚던 10여 개 교회 목사들이 독립해 '하

117 「安息教 自進解散, 岡警察部長談」, 『매일신보』, 1943.12.31.

118 정상운, 1997, 앞의 책, 176-187쪽; 『한국민족문화대백과사전』, 이명직(李明稙) 항목. 정상운은 성결교의 역사적 흐름을 동양선교회 복음전도관 시대: 자생적 개척기(1907~1921), 조선야소교 동양선교회 성결교회 시대: 교단 조직과 해외 선교, 일제 수난기(1921~1945)로 구분한다.

나님의 교회'를 만드는 분열이 발생하기도 하였다.[119]

성결교는 중일전쟁 이후 조선총독부의 방침에 적극적으로 협력하였다. 이와 관련해, 1939년 9월 제2회 연회에서 결의해 10월에 국민정신총동원성결교회연맹을 결성하였다. 또한 1940년 7월에는 각 지방구역에 지부장을 두고, 각 교회에 애국반을 조직하였다. 동년 10월의 임시연회는 국민정신총동원조선연맹이 국민총력조선연맹으로 개편됨에 따라 국민총력성결교회연맹(이사장 이명직)으로 개명하고 이사진을 개편하였다. 또한 1940년 11월에는 성결교 소속 남녀 외국선교사들이 완전히 철수하면서 외국 선교사와 관계를 단절하고, 동시에 경기도지사 등이 참여한 가운데 학무국 인가를 받은 경성신학교(인가 1940.5.31) 개교식을 거행하면서 "국가주의와 황국신민의 본의 함양에 노력"하겠다고 밝혔다.[120]

이처럼 성결교는 다른 교파들과 마찬가지로 조선총독부의 입장에 따라 교파 합동과 신학교 합동에 적극적으로 참여하였다. 또한 1943년 5월 5일에는 명칭을 '일본기독교 조선성결교단'(통리 이명직)으로 개칭해 교구제를 도입하였다. 그렇지만 일본에서 1942년 6월에 일본기독교단 내 성결교계 세 교파 관계자들이 검거되고 1943년 4월에 설립인가 취소와 결사금지 처분을 받았듯이, 1943년 6월 이후 9월까지 경성지방법원 검사국, 대구지방검사국, 광주지방법원 검사국 등이 미영적 색채와 재림 신앙 등을 명분으로 통리 이명직과 여러 간부를 검거한 후, 9월에 성결

119 이들은 해방 이후 성결교 출신의 정남수 목사를 중심으로 미국 나사렛교회와 한국선교를 협의해, 1948년 10월에 대한기독교나사렛성결회를 조직한다.

120 김승태, 2006b, 앞의 글, 49-52쪽. 1939년 10월에 구성된 국민정신총동원성결교회연맹의 이사장은 박현명, 이사는 이명직·최석모·이건·강송수·강시영·한정원이고, 평의원은 전국 각 지방구역 순회목사가 맡는다.

교회의 예배와 집회를 금지하고, 12월 29일에 '해산 성명서'를 발표하게 하였다.[121]

1943년 12월 29일의 성결교 해산 성명서 발표는 '조선야소교 동양선교회 성결교회(일본기독교 조선성결교단)' 명의로 이루어졌다. 해산 성명서의 내용은 '36년간 미국인 선교사의 지도를 받고 재정적 기초로 미국에 의존해 부지불식간에 미영(米英) 사상의 포로[虜]가 되어 지금도 그 잔재를 말살하기 어려운 것에 유감이라는 부분, 신생(新生)·성결·신유(神癒)·재림의 복음 가운데 예수의 지상 재림과 세계 통치라는 교리가 국체 본의에 적합하지 않고 여호와[에호바] 이외에 신이 없다는 사상을 선포해 국민 사상을 혼미(昏迷)에 빠뜨린 죄를 통감한다는 부분, 성서가 유대 사상에 토대를 두므로 국체 본의에 반하는 치명적 결함이 있어 성서로부터 이탈하지 못하면 완전한 국민적 종교로 성립하지 못할 것이라는 결론을 냈다는 부분, 교단(教団)의 자발적 해체의 요망에 따라 조선예수교동양선교회 성결교회(개명: 일본기독교 조선성결교단)를 자발적으로 해체하게 되었다는 부분, 오랜 세월 동안 불온(不穩)한 포교를 해온 책임을 통감하고 결전(決戰)하 황국신민 지격을 실추하지 않을 것이라는 부분'으로 구성되었다.[122]

1943년 12월 29일의 성결교 해산에 대해 『매일신보』는 만주사변과 특히 '대동아전쟁' 이래 미영적 색채의 종교들이 일본적 교의로 재출발하는 노력을 해왔지만, 아직도 종래의 색채를 없애지 못해 국체본의에

---

121 김승태, 2006b, 위의 글, 52-54쪽.

122 「國民的 自覚으로-聖潔教会 解散声明書를 発表」, 『매일신보』, 1944.1.5; 김승태 편역, 1996, 앞의 책, 384-385쪽.

적합하지 않은 종교들이 국민적 자각 아래 자발적인 해산을 꾀하였다고 설명하였다. 그리고 그 사례로 조선제칠일안식일 야소재림교회 해체에 이어, '조선야소교동양선교회 성결교회'도 신도들의 총의를 받아 해체를 선언해 "미영적 색채를 완전히 말살하고 그릇된 교리를 청산해 황도본연(皇道本然)의 자태로 황민화에 노력"하게 되었다고 지적하였다.[123]

다만, 성결교단의 개별 교회 해산은, 황해도에 있는 성결교 해주교회가 해산 성명서 이후 해산 준비를 마치고 1944년 1월 10일 해산식을 하고 난 후 해산 기념으로 약 38원을 걷어 국방헌금을 냈다는 기사를 보면, 점차 이루어졌던 것으로 보인다. 이와 관련해, 1944년 8월 19일에 경성부 내 죽첨정(竹添町)의 '일본기독교 조선성결교단'에서 1만 원을 국방헌금으로 경성해군 무관부에 헌납했다는 기사가 보인다.[124]

성결교의 해산 맥락은, 재림교의 경우와 마찬가지로, 크게 '미영적 색채의 말살'과 '일본 국체에 반하는 교리의 제거'였다. 해산 성명서에서 '성서 자체를 배제'해야 일본 국체에 순응할 수 있다는 부분도 두 교파의 해산 성명서에서 같이 확인할 수 있는 부분이다. 다만 '자발적 해체' 부분에 대해서는 이견이 있을 수 있다.[125] 성결교 측에서는 교리가 일본국체에 맞지 않는다는 이유로 조선총독부에게 해산을 당했고, 교역자와 신

123 「國民的 自覚으로- 聖潔教会 解散声明書를 発表」, 『매일신보』, 1944.1.5.

124 「一万圓 献金」, 『매일신보』, 1944.8.19.

125 김승태는 성결교의 해산이 일제의 박해에 의한 교회의 수난사건이지만, 그 절차가 강제적이었더라도 자발적 해산 형식을 취했고, 성결교의 이사장 이하 간부들이 잔무처리위원으로 남아 교회의 재산을 일제에 모두 '헌납'했다는 점에서 일종의 부일협력 행위로 해석할 수 있다고 지적한다(김승태, 2006b, 앞의 글, 54-55쪽). 그에 비해 1945년 11월의 부활총회 개최 공지를 내면서 성결교는 일본이 조선기독교회를 박해(迫害)해 경성아현교회 등 전선 지방 교회까지 문을 열지 못했다고 명시하였다(「聖潔教会 復活総会와 京城神學校 開校」, 『민중일보』, 1945.10.17).

자 300여 명이 검거되어 1년 가까이 고생을 당했다고 밝힌 바 있다.[126]

동아기독교(東亜基督教)는 캐나다 선교사 펜윅(Fenwick, M. C.) 등이 1906년 충청남도 강경에서 대한기독교회(大韓基督教会)로 시작해, 1921년에 '동아기독교회', 1933년에 동아기독대(東亜基督隊)를 거쳐, 1940년에 동아기독교로 바꾼 침례교파이다.[127] 다른 교파들에 비해 동아기독교가 조선총독부의 방침에 특별히 협조적이었던 자료들은 거의 보이지 않는다. 그 이유는 교세가 크지 않았던 탓도 있었지만, 함경북도 경흥군 경흥면의 '동아기독대' 통장(統長) 박성홍이 시국좌담회 개회 시의 황거요배(皇居遥拝)에 대해 "기독교도는 기독(基督) 외에 절대 요배하지 않는다고 성서에 기록되어 있다"고 항변한 사례처럼 신앙상의 이유도 있었다.[128]

그렇지만 동아기독대 통장 박성홍도, 1937년 11월에 관할서에 출두해 "좌담회 등을 통해 황군이 우리 때문에 싸우고 있다는 것을 알았다"고 하면서 제국신민이기 때문에 안심하고 기도를 계속하게 된 것을 깨달아 예하 신자 일동으로부터 국방헌금을 갹출했다.[129] 1937년 7월의 중

---

126 「朝鮮聖潔教会 재건 실현」, 『자유신문』, 1945.11.14. 이 자료는 조선성결교회의 해산 시점을 '1943년 5월'로 표시하고 있다.

127 『한국민족문화대백과사전』, 동아기독교(東亜基督教) 항목. '기독교한국침례교회의 전신'으로 알려진 동아기독교의 특징은 감목(監牧)이 임원과 직분을 임명·파송하고 개교회 자치권을 허용하지 않는 권위적 교단 체제이다. 교단 조직은 총부(総府, 총회)-구역(区域, 지방회)-당회(堂会, 개교회)로, 인적 조직은 임원인 감목(監牧)·목사·감로(監老, 장로), 평신도인 당원(堂員, 직종: 統長: 100夫長, 総長: 50夫長, 班長: 10夫長), 그 외 전도직(伝道職: 教師·総察·전도·예비전도)으로 구성된다. 교사는 목사후보자(일종의 전도사)에 해당한다. 교단 해체와 함께 교회 재산은 국방헌금으로 국가에 헌납, 귀속되었다.

128 「基督教関係者의 動静」, 『治安状況 (昭和12年)』, 第26報~第43報, 1937.11.5(http://db.history.go.kr/id/had_187_1160).

129 김승태 편역, 1996, 앞의 책, 253쪽.

일전쟁 이후 조선총독부의 방침에 협조적인 모습들이 나타났다. 그리고 1938년 7월에 함경북도 회령(会寧)에서 장로교, 성결교, 일본메소지스트교 등과 함께 시국(時局)에 따라 종파를 초월해 관민유지(官民有志)가 참석한 가운데 연합회 결성식에 참여하고, 동년 8월에 충남 예산에서 도청(道庁)의 고등과장과 각 관공서장 등이 참석한 가운데 감리교, 성공회, 성결교와 함께 기독교연합회 결성식에 참여하였다.[130]

또한 동아기독교는 1941년 11월 만주국 수도인 신경(新京, 현 창춘시)에서 치안부와 민생부 대신 대리가 출석한 가운데 장로교, 감리교, 성결교 등과 함께 합동 결성식을 갖고 총회장에 도산광웅(島山光雄)을 추대하였다. 그리고 이번 합동에 따라 재만기독교(在満基督教) 각 파는 경제적·정치적으로 조선 본부와 단절하고 만주국 독자의 기독교로 대정익찬(大政翼賛)에 매진하기로 결의하였다.[131] 이러한 조치는 일본 정부와 만주국의 방침에 따른 것이었다.

그렇지만 동아기독교는 1942년 6월 원산의 교단총부 수색 이후 검거되었다. 이와 관련해 1942년 6월 헌병대가 원산총부(총회)를 불시에 수색해 『복음찬미』 및 교단의 중요 서류를 압수하고, 천년왕국에 대한 설교와 동방요배 반대, 신사참배 거부를 이유로 이종근(감목)을 '치안유지법 위반죄'로 체포하였다. 이어, 6월 11일 전치규와 김영관 등 교단의 다른 지도자들을 구속하고 원산교회 집회를 금지했다. 그리고 9월에 전국적으로 동아기독교 교역자에 대한 검거를 시작하였다. 원산 사건으로

130 「各宗派를 超越하야 基督教大同団結 各地서 聯合会発会式」, 『매일신보』, 1938.7.6; 「礼山基督教 聯合会結成」, 『매일신보』, 1938.8.9.

131 「在満 基督教 五派, 二十八日 正式으로 合同 結成式」, 『매일신보』, 1941.11.29.

교단의 요인들이 대부분 구속되면서 교단은 마비 상태가 되었다.[132]

1944년 5월 10일 함흥재판소는 동아기독교에 대한 교단 해체령을 내렸다. 당시 교단 해체령의 요지는 "신사참배와 황궁요배를 거부하여 일본국과 천황을 모독했으며 교단의 교규 내용이 일본국의 국체명징에 위배되는 불온사상을 지닌 죄목에 대한 판결"이었다. 이후 전국의 교회 건물이 폐쇄되고 일체의 예배 행위가 금지되었고, 교회의 대지와 건물을 매각해 국방헌금에 납입시키는 조치 등이 이루어졌다.[133]

이상의 내용을 보면, 1943년 12월의 재림교와 성결교의 해산, 그리고 1944년 5월의 동아기독교회 해산은 제2차 세계대전을 배경으로 일본이 미국과 영국 등을 적국으로 규정한 상황, 그리고 종교(기독교)의 일본화라는 맥락에서 이루어졌다. 이 가운데 재림교와 성결교의 해산이 '자발적 해산' 형태를 띠었지만, 각 성명서의 내용이 유사하다는 점에서 두 교단의 해산은 조선총독부의 기획하에 이루어졌다고 할 수 있다.

사실상 이들 단체에 대해 조선총독부가 예수 재림신앙의 포기를 강요한 것은 신앙의 자유에 대한 억압이었다. 게다가 교단의 해산을 종용한 것은 결사의 자유에 대한 억압이었다. 사실상 장로교, 감리교, 구세군 등이 1945년 7월에 '일본기독교 조선교단'으로 통폐합된 것도 각 교파의 해산을 전제하기에, 신앙의 자유와 결사의 자유에 대한 억압은 전방

---

132 허긴, 1999, 『한국침례교회사』, 침례신학대학교출판부, 314-320쪽; 이경희, 2019, 「대한기독교회(한국침례교회)의 원산사건에 대한 재조명」, 『한국기독교신학논총』 112, 한국기독교학회, 76-79쪽.

133 허긴, 1999, 위의 책, 319-320쪽; 이경희, 2019, 위의 글, 82-83쪽. 이경희는 대한기독교회의 원산 사건이 일제의 종교 정책과 신사참배 강요에 대한 대한기독교회의 저항을 보여준 전형적인 사건으로 일제의 탄압에 끝까지 저항하면서 신사참배를 거부한 유일한 교단으로 자리매김한 사건이라고 평가한다(이경희, 같은 글, 83-87쪽).

위적으로 이루어졌다고 할 수 있다.

3. 일제의 민족종교 탄압과 교단의 대응

1) 민족종교에 대한 인식

일제강점기 조선총독부는 민족종교를 유사종교로 취급했다. 일제는 이미 통감부 시기부터 민족정신을 탄압하기 위해 정치적 탄압을 위한 기구 안에서 민족종교를 취급했다. 본문에서 다시 언급하겠지만 통감부 시기에는 종교를 통제하기 위한 제도는 없으나, 정치성이 적지 않은 천도교, 태을교 등의 민족종교와 무속을 단속했다.

이후 통감부는 단속을 강화하여 보안규칙(保安規則)을 비롯한 법적인 근거를 통해 제재할 근거를 마련해갔다. 특히 보안법을 통한 통제는 독립운동을 통제하던 방식을 그대로 적용한 것이었다. 이에 따라 옥외 설교를 비롯한 각종 집회를 경찰이 규제했다.

일제의 반일의식이나 운동을 탄압하던 포괄적 정책은 1910년 병합 이후 구체화되었다. 이에 따라 종교단체에 대한 탄압도 본격적으로 추진되었다. 1912년에 공포된 경찰범처벌규칙은 1908년 제정한 경찰범 처벌령을 강화한 것으로 일제가 한국을 강점하는 동안 한민족을 탄압하는데 가장 철저했던 법률인데, 이 가운데 민족종교를 규제할 수 있는 조항을 내용상으로 보유하고 있었다.

1919년 3·1운동 직후 조선총독부는 '정치에 관한 범죄처벌의 건'을 통해 민족종교 탄압의 틀을 명확히 했다. 보천교, 인천교 등이 성도운동을 비롯하여 국권회복운동을 전개하자 대부분이 이 제령 7호를 적용해 탄압했다.

이렇게 일제는 민족종교를 일관되게 부정적으로 인식하고 있었다. 조선총독부는 천도교, 시천교, 태을교, 단군교, 대종교 등 조선에서 자생한 종교를 부패한 사회의 부산물로 인식했다. 이러한 논리는 1930년대 이후까지 이어졌다. 조선에서 자생한 종교는 사회의 안녕질서 유지를 방해하고, 민족주의적 성격을 내포하고 있다고 기본적으로 보았다. 단, 개별 종교 세력에 따라서 차별적이었다.

2) 민족종교의 정책

일제강점기는 민족종교를 유사종교, 해방 이후에는 신흥종교, 신종교, 민족종교, 민중종교 등으로 사용하는데 이 책에서는 민족종교로 서술하고자 한다.[134] 일제는 이미 통감부 시기부터 민족정신 탄압의 일환으로 '한국의 안녕질서(安寧秩序)를 유지(維持)'하기 위해 필요한 경우 병력을 사용할 수 있는 권한을 통감(統監)에게 위임하였으며, 1907년 칙령(勅令) 제323호인 '한국주차헌병의 건'에서 일본 헌병의 임무가 '치안 유지(治安維持)'임을 명기하였다.[135] 즉 통감부 시기에는 종교를 통제하기 위

134 별도의 주가 없으면 주요 내용은 다음의 글을 주로 참조한다. 金洛必, 2000, 「민족종교 연구의 주요 쟁점」, 『韓國宗教史研究』 제8집, 한국종교사학회; 박환, 2000, 「민중종교의 현황과 활동」, 『일제하 경기도 지역 종교계의 민족문화운동』, 경기문화재단; 윤선자, 2000, 「일제의 종교 정책과 신종교」, 『한국근현대사연구』 13, 한국근현대사학회.

135 鈴木敬夫, 1989, 『법을 통한 조선식민지 지배에 관한 연구』, 고려대학교 민족문화연구소, 59-60쪽.

한 규제나 법령은 없었지만, 정치성이 적지 않은 천도교를 비롯하여 태을교 등 증산교계의 민족종교와 무속에 대해서는 처음부터 단속의 대상으로 취급하였다.[136] 즉 1907년 7월에 공포한 보안법(保安法)[137]으로 규제가 가능하였기 때문에 별도의 대책을 마련하지는 않았다.[138] 그 내용은 다음과 같다.

> 제1조 내부대신은 안녕질서를 유지하기 위해 필요한 경우에는 결사의 해산을 명할 수 있다.
> 제2조 경찰관은 안녕질서를 유지하기 위해 필요한 경우에는 집회 또는 다중의 운동 또는 群集의 제한, 禁止 또는 해산을 명할 수 있다.
> 제4조 경찰관은 도로 기타 공개석상에서 문서 도서의 게시 및 分布, 낭독 및 언어, 形容 기타의 행위를 하여 안녕질서를 교란시킬 우려가 있다고 인정될 때에는 이를 금지하도록 명할 수 있다.
> 제5조 내부대신은 정치에 관한 불온한 움직임을 할 우려가 있다고 인정되는 자에 대해 그 거처로부터 퇴거를 명함과 동시에 1년 이내의 기간을 특정하여 일정한 지역 내에 犯入하는 것을 금지시킬 수 있다.
> 제6조 전2조에 의해 명령을 위반한 자는 40 이상의 태형 또는 10월 이하의 禁獄에 처한다.
> 제7조 정치에 관한 불온한 언동 또는 남을 선동, 교사 또는 사용하거

136 朝鮮總督府, 『施政三十年史』, 853쪽.

137 鈴木敬夫, 1989, 앞의 책, 69쪽.

138 최석영, 1999, 『일제의 무속론과 식민지 권력』, 서경문화사, 87쪽.

나 타인의 행위에 간섭함으로써 치안을 방해하는 자는 50 이상의 태형, 10월 이하의 금옥 또는 2년 이하의 징역에 처한다.

이외에도 1906년에 제정한 保安規則(통감부령 제10호), 警察犯処罰令(통감부령 제44호) 등을 통해서도 민족의식을 고취한다든가 반일운동, 단체를 탄압할 수 있는 법적 근거를 마련하였다. 보안규칙(保安規則)의 주요 내용은 다음과 같다.

제1조 이사관은 일정한 住居 또는 生業을 갖지 아니하고 평상시 조잡하고 난폭한 언동을 일삼는 자에 대해 일정한 기간 내에 주거를 정하거나 또는 생업을 갖도록 명할 수 있다. 전항의 명령을 받은 자는 주거를 정하거나 또는 생업을 구했을 때에는 이를 이사관에게 신고하여야 한다.
제3조 명분 여하에 관계없이 금품을 모집하거나 또는 단체 가입을 권유하려고 할 때는 미리 그 목적과 방법을 적어 이사관의 인정을 받아야 한다.
제10조 정당한 이유 없이 제1조를 위반한 자는 3개월 이하의 重禁錮에 처하거나 50원 이하의 벌금에 처한다.[139]

특히 보안법은 첫째, 안녕질서를 위한 결사·집회·다수의 운동 또는 군중의 제한·금지·해산, 둘째, 안녕질서 유지를 위한 무기, 폭발물, 기타 위험한 물건 휴대 금지, 셋째, 공개된 장소에서 안녕질서를 해칠 우려

139 鈴木敬夫, 1989, 앞의 책, 63쪽.

가 있는 언동의 금지, 넷째, 정치에 관한 불온한 동작을 할 우려가 있는 이에 대한 거주 등의 제한, 다섯째, 정치에 관한 불온한 언동을 행하여 치안을 방해하는 이의 처분을 목적으로 하고 있다. 이 경우 보안법의 실질적 목적은 정치에 관한 반일적인 사상과 관련하여 모든 행위나 언동 등을 처벌할 수 있도록 규정하고 있다. 따라서 '일본의 패망과 한민족의 부흥'을 내포하고 있는 민족종교를 탄압하는 데는 매우 효율적이었다.

또한 한민족의 반일운동이나 의식 고취에 대한 치안법으로 입법된 재일동포 역시 민족종교의 활동을 제한하는 것이었다. 집회취체(集会取締)의 내용은 다음과 같다.

> 당분간 内政에 관한 集会 또는 屋外에서의 多衆集会를 禁止한다. 단 屋外에서의 説教 또는 학교 학생의 体育運動 등 集会로서 관할 경찰서의 허가를 받은 것은 이에서 제외한다. 본령을 위반하는 자는 拘留 또는 科料에 처한다. 본령은 発布日로부터 시행한다.[140]

이로 인해 종교 활동은 더욱 억압받게 된다. 이때부터 옥외 설교를 비롯한 각종 집회를 경찰이 규제했다. 종교인에 적용한 사례를 보면 다음과 같다. 이는 '보안법' 제7조를 위반한 경우이다.

> 징역 1년에 처한다.
> 〔理由〕피고는 승려의 신분으로서 排日思想을 품고 1907년 음열 7월경 露領浦塩에서 전부터 알고 있는 폭도의 수괴인 李範允의 부하가

140 『改訂 朝鮮制裁法規』, 朝鮮図書出版, 1939, 776쪽; 鈴木敬夫, 1989, 앞의 책, 86쪽 재인용.

된 者이다. 1910년 음력 7월경 清國 奉天省 安図県 白河西大岑 陽河에 거주하는 동지 車道善을 방문했다. 同人으로부터 조선독립을 기도하고 장래 기회〔注文〕피고인을 가 있으면 그 목적을 수행하려는 뜻이 있음을 듣고 同人으로부터 朝鮮內地의 상황을 정찰하여 보고할 것을 의뢰받아 이것을 승낙하고 다음해 1911년 음력 4월경부터 人蔘行商으로 가장하여 함경남도 갑산군, 삼수군 및 함경북도 길주군, 단천군 등 각지를 돌아다니며 경찰 및 군비의 배치와 상황 기타 조선인 일반의 의향 등을 정찰했다. 그리고 이를 車道善에게 보고하고 그 후도 계속 같은 해 12월 하순까지 前記 각군을 돌아다니며 정찰함으로써 치안을 방해한 者이다. 一法을 생각할 때 피고의 소행은 보안법 제7조에 해당함으로 同法이 정한 징역을 선택하고 그 刑期範囲 내에서 처단한다. 따라서 주문과 같이 판결한다.[141]

'경찰령 7호'는 통감부 시대 경찰이 종교 활동을 단속하던 수준을 넘어 무단통치 시기에 들어오면서 더 효과적으로 억압을 자행했다. 조선총독이 이러한 억압적인 규정을 잇달아 시행했는데, 이것은 한국의 종교를 효과적으로 통제하는 기저가 되었다.

실제로 일제의 반일의식이나 운동을 탄압하던 포괄적 정책은 1910년 병합 이후 구체화되었다. 이에 따라 종교단체에 대한 탄압도 본격적으로 추진되었다.

앞서 살펴보았듯이 1911년 『시정연보(施政年報)』에서 처음으로 치안 부분에서 종교취체항을 설정하여 더 구체적으로 종교를 통제할 방침을

141 鈴木敬夫, 1989, 앞의 책, 73쪽.

밝혔다. 이는 통감부 시기와는 달리 적극적으로 종교 정책의 필요성 인식을 시사한 것이다. 즉 기독교·불교 등에 대해서는 포교에 관한 법적 규정을 만들고, 정치 세력화할 수 있는 종교단체, 특히 천도교·태을교 등을 비롯한 민족종교를 정치단체 또는 비밀결사체로 보고 이를 규제하겠다는 의도가 있음을 밝히고 있다. 결국 일제는 자신이 공인하는 종교에 대해서는 포교규칙으로 통제하고, 그 이외의 종교, 즉 천도교·태을교 등 민족종교와 무속에 대해서는 통감부 시절에 마련한 보안법과 집회취체, 「경찰범처벌규칙」 등을 통해 여전히 규제하였다. 특히 1912년에 공포된 「경찰범처벌규칙」은 1908년 제정한 「경찰범처벌령」을 강화한 것으로, 일제가 한국을 강점하는 동안 한민족을 탄압하는 데 가장 철저했던 법률이었다. 이 「경찰범처벌규칙」 중 민족종교를 규제할 수 있는 조항을 살펴보면 다음과 같다.

· 일정한 주거 또는 생업 없이 이곳저곳 배회하는 자
· 이유 없이 면회를 강요하거나 強談, 脅迫行為를 하는 자
· 이익을 취할 목적으로 억지로 물품, 입장권을 강요하는 자
· 단체 가입을 강요하는 자
· 불온한 연설을 하거나 불온문서·도서·시가를 게시, 반포, 낭독하거나 큰 소리로 읊는 자
· 남을 유혹하는 유언비어 또는 허위보도를 하는 자
· 마구 길흉기도를 하고 저주를 하거나 부적 등을 주어 사람을 현혹시키는 행위를 한 자
· 병자에게 금압·기도·저주 또는 정신요법 등을 하거나 神符, 신수

등을 주어 의료를 방해하는 자[142]

이처럼 통감부 시기부터 종교통제정책을 시행하였음에도 종교인을 중심으로 1919년 3·1만세운동이 전국적으로 전개되자, 일제는 종교에 대한 탄압을 더욱 강화했다. 3·1운동 직후 총독부는 4월 15일 「정치에 관한 범죄처벌의 건」(이하 제령 7호라 칭함)을 제정하여 민족종교의 활동을 더욱 위축시켰다. 당시 3·1운동을 보안법에 적용한 일제는 이 보안법이 다 갖추어지지 않아(不備) 민족운동을 진압하는 데 적당하지 않으므로 제령 7호를 공포한 것이다.[143] 제령 7호는 '정치(政治)의 변혁(変革)'을 꾀할 목적으로 다수 공동으로 안녕질서를 방해하거나 방해하려는 것을 규제하기 위한 것이었다. 그 전문을 보면 다음과 같다.

제1조 政治의 変革을 目的으로 多数共同하여 安寧秩序를 妨害하거나 또는 妨害하려는 者는 10年 以下의 懲役 또는 禁錮에 処한다. 但 刑法 제2편 제2조의 規定(内乱罪의 項)에 該当하는 者는 本令에 적용하지 않는다. 前項의 行為를 하게 할 目的으로써 煽動한 者도 前項의 刑과 같다.

제2조 前条의 罪를 犯한 者가 発覚전에 自首하였을 때는 그 刑을 減軽 또는 免除한다.

제3조 本令은 帝國 밖에서 제1조의 罪를 犯한 帝國臣民에게도 이를

142 鈴木敬夫, 1989, 앞의 책, 86쪽.

143 鈴木敬夫, 1989, 위의 책, 186쪽.

適用한다.[144]

이처럼 제령 7호가 규제를 목적으로 하는 '정치의 변혁을 목적으로 하는 다수 공동'은 독립운동단체나 일제가 규정한 유사종교 즉 민족종교 탄압을 목적으로 하고 있다. 즉 3·1운동 이후 보천교, 인천교 등에서 성도운동(聖都運動)을 비롯하여 국권회복운동을 전개하자 대부분이 이 제령 7호를 적용해 탄압한 것은 이를 증명하는 사례라 할 수 있다. 이 제령 7호는 치안유지법(治安維持法)이 공포되기 전까지 민족종교를 탄압하는 데 가장 유력한 것이었다. 성도운동은 김연국의 상제교가 계룡산 신도안에 본부를 두면서 사회적으로 크게 알려졌으며, 이후 차경석의 보천교 본부가 있던 전북 정읍군 입암면 대흥리, 이상룡의 수운교 본부가 있던 충남 대전군 탄동면 추목리 금병산, 전연운의 인천교 본부가 있던 함남 문천군 운림면 마간리, 그리고 충남 연기군 금남면 금천리 등이 성도운동과 관련이 있다.[145]

한편 일제가 민족종교를 어떻게 인식하였는가를 살펴볼 필요가 있다. 일제는 민족종교를 일관되게 부정적으로 인식하고 있다. 데라우치 총독은 "한국의 말기에 당하여 정강(政綱)의 이폐(弛廢), 사회의 불안, 그리고 시세변천의 부산물로 발생한 것은 종교유사단체이다. (중략) 그 설(設)한 바 대부분이 미신을 쫓아 아직 하나의 종교로서 인정을 얻은 지역에 달하는 것이 아니다. 지금 주된 것이 천도교, 사천교, 청림교, 보천교,

144 『改訂 朝鮮制裁法規』, 朝鮮図書出版, 1939, 919쪽; 鈴木敬夫, 1989, 앞의 책, 187쪽 재인용.

145 성도운동에 관해서는 다음을 참조하라. 村山智順, 1935, 『조선의 유사종교』, 國書刊行会, 872-875쪽.

태을교, 태극교, 대종교, 단군교, 대종교, 관성교 등이며, 어느 것이나 상당한 신자를 안고 있다"라고 하여,[146] 조선에서 자생한 종교를 부패된 사회의 부산물로 인식하고 있다.[147] 아직 종교로서 인정할 수 없는 미신의 상태이므로 단속해야 한다는 논리이다. 이러한 논리는 1930년대까지 그대로 이어지고 있다.

> 유사종교 단체의 횡행은 사회의 안녕질서를 문란케 하고, 인심을 광혹시키며 銃後治安의 확보에 지장을 生할 뿐 아니라 교의의 이면에 민족의식의 색채가 농후한 것이 많고, 그중에는 不敬罪 또는 流言蜚語罪도 띈 것이 많음으로, 이의 団束強化徹底는 刻下의 急務라 믿는 바입니다. 各位는 이들 教団의 행동에 한층 엄밀한 視察을 가하고, 裏面의 동향에 주의하여 治安에 妨害하는 것이 있으며 단호하게 厳重処罰의 方針으로 나가 半島思想사범의 防遏에 대하여 만의 하나 遺漏 없기를 기하고자 합니다.[148]

즉 조선에서 자생한 종교는 사회의 안녕질서 유지를 방해하고, 그 이면에는 민족주의적 성격을 내포하고 있으므로 철저한 단속을 해야 한다는 것이다. 이러한 기조는 조선을 병합 이래 '치안상 빈번하게 경계를 요하는 대상적 존재'[149]로 파악한 것의 연장선이라 할 수 있다.[150]

---

146 朝鮮總督府, 『施政三十年史』, 87-88쪽.

147 村山智順, 1935, 앞의 책, 879-882쪽.

148 「思想犯罪로 본 최근의 朝鮮在来의 類似宗教」, 『思想彙報』 22, 1940, 17-18쪽.

149 朝鮮總督府, 『施政三十年史』, 853쪽.

150 성주현, 2004, 「일제의 종교 정책과 종교규제법령」, 『민충환교수화갑기념논총』 17쪽.

3) 민족종교 탄압의 양상

이른바 민족종교는 1860년 발생한 동학을 그 출발점으로 삼을 수 있다. 사회적 혼돈을 치유하는 대안으로 새로운 종교운동이 발생하게 되는데, 그것이 바로 수운 최제우가 창시한 동학이었다.

동학농민혁명의 발생과 실패를 직접 목격한 증산 강일순은 민중을 동원한 투쟁방식에 문제가 있다고 보고 영성적(靈性的) 또는 신비주의적(神秘主義的) 종교운동을 전하게 된다. 또 다른 형태의 민족종교운동으로 나타난 것이 소태산 박중빈이 창교한 원불교이다. 제3의 자립경제운동을 통해 정신과 현실세계의 이상향을 조화시키는 합리적 입장을 취하게 된다.[151]

이에 앞서 홍암 나철은 국조단군을 모시는 대종교를 창시하였다. 민족종교들은 19세기 말에서 20세기에 들어 역사적 혼돈기에 현실 극복을 위한 다양한 대안을 제시하면서 정신적 구국 운동을 전개하였다. 모두 한민족 중심의 개벽(開闢)을 지니고 있었다는 공통점이 있다. 한국 민족종교의 개벽사상은 곧 신천지가 도래할 때 "한반도가 그 중심이 되고, 한민족이 그 주역을 맡는다"는 사상이다. 이는 독립운동으로 이어졌다.

일제는 1905년 체결한 을사조약의 규정에 따라 통감부를 설치했다. 이들이 침략의 기초를 튼튼하게 하려고 착수한 것이 종교와 교육의 문제를 해결하는 것이었다. 종교와 교육을 통해 민족의식을 고취하는 것을

---

151 윤이흠, 2003, 「제3편 일제강점기의 민족종교운동」, 『한국민족종교운동사』, 한국민족종교협의회, 166쪽. 이하의 내용은 별도의 주가 없으면 본서를 인용한다.

막아야 실질적인 식민 지배를 할 수 있기 때문이었다.[152]

1906년 통감부는 전술했듯이 「종교의 포교에 관한 규칙」을 제정, 공포하였다. 이에 따르면 종교라고 하는 것은 신도(神道), 불교, 기독교만을 지칭하는 것으로 처음부터 민족종교를 종교의 대상에서 제외하려는 움직임을 보였다. 통감부령 제45호 종교의 포교에 관한 규칙은 전체 7조로 되어 있다. "제1조 제국의 신도, 불교 기타 종교에 관한 교·종파로서 포교에 종사하고자 할 때는 해당 관장(官長) 또는 그에 준하는 자가 한국의 관리자를 선정하고 이력서를 첨부하며 다음 사항을 구비하여 통감의 인가를 받아야 한다" 그리고 1. 포교방법, 2. 포교자 감독 방법에 대해서도 주목하고 있다. "제2조 전수(前修)의 경우를 제외하고 제국 신민으로서 관할 이사관을 경유하여 통감의 인가를 받아야 한다" 또한 제3조에서는 종교의 용도로 설립하고자 할 때는 그 소재지 관할 이사관의 인가를 받아야 한다고 했다. 그뿐 아니라 1. 명칭 및 소재지, 2. 종교의 명칭, 3. 관리 및 유지방법에 대해 기재해야 했다. 제4조는 교·종파의 관리자 또는 관할 이사관을 경유하여 통감의 인가를 받아야 한다고 했다. 제5조에 따르면 각 조의 인가 사항을 변경하고자 할 때는 다시 인가를 받아야 한다. 그리고 제6조는 "교·종파의 관리자 또는 자격을 관할 이사관에게 굴출(屈出)해야 하며, 그 포교자의 이동이 있을 때도 역시 같다"고 적기하고 있다. 아울러 부칙, 제7조는 명치 39년 12월 1일부터 이를 시행한다고 되어 있다.

한편 1873년, 메이지 정부는 당시 일본 사회에 널리 퍼진 여러 가지 잡신신앙이나 기복행위를 금지한다고 공표하였다. 천리교(天理教), 금광

---

152 윤이흠, 2003, 위의 글, 167쪽.

교(金光教), 대본교(大本教)를 비롯한 일본의 많은 신종교는 접신신앙이나 치병행위 등을 하고 있었는데, 일본의 전통적 신도(神道), 불교, 기독교, 이렇게 3대 종교전통만 "종교로 공인(公認)"했다고 판단된다.

일본 정부는 1899년 7월의 「내무성령」(內務省令) 제41호를 통해 그들의 본국에서 신도(神道)의 13개 교파, 불교와 기독교를 공인종교로 활동할 수 있도록 하였을 뿐, 메이지유신(明治維新) 이후 창시된 신종교들을 가혹하게 탄압하였다. 일제는 1907년 7월 「보안법」을 공포하였다. 「종교의 포교에 관한 규칙」이 종교의 포교활동을 관리하는 것이라면 「보안법」은 자신들의 입맛대로 종교 활동을 통제하기 위한 수단이었다. 「보안법」에는 경찰의 판단에 따라 집회, 결사의 자유를 제한할 수 있는 내용이 들어 있기 때문이다.[153]

한편 민족종교의 활동을 방해하기 위해, 이용구와 송병준이 천도교에서 시천교를 분리하게 하여 천도교를 분열시키는 책략을 펴기도 하였다. 1910년 8월 일제는 우리나라를 강제로 병합한 뒤 총독부를 설치하고 헌병과 경찰을 앞세워 한반도를 통치하기 시작하였다. 합방되던 해 8월에 발령된 경찰령 제3호 「집회취체」를 통해 '집회나 군중들의 모임'을 금지해 종교 활동은 더욱 위축되었다.

1911년 조선총독부 부령 제73호로 일제가 발령한 「경학원 규정」으로 인해 유교가 지닌 종교적 기능도 사라지게 되었다. 「사찰령」과 「사찰령시행규칙」을 통해 전국의 사찰을 통폐합하여 조선총독이 마음대로 통제하도록 하였다. 1915년 8월 일제는 「포교규칙」을 제정·공포하여 그들의 종교 정책의 골격을 만들었다. 「포교규칙」은 한반도에서 처음으로

153 윤이흠, 2003, 위의 글, 170쪽.

공인종교와 유사종교를 구분하는 내용이 담겨 있다는 점에서 중요하다. 「포교규칙」 제1조에 따르면 종교란 신도, 불교, 기독교를 말하는 것으로, 그들이 본국에서 취한 종교 정책을 그대로 적용하는 것이다. 신도는 일본의 국가종교로서 천황제를 효과적으로 유지하기 위한 일본 정부의 정략적 종교였다. 불교는 일본에서 중심적인 종교로 그 역사가 깊었으며, 「사찰령」을 통해 이미 효과적으로 통제할 수 있다는 판단도 작용했다. 기독교는 일본의 주류 종교가 아니었지만, 서양 선교사들과 그들의 뒤에 있는 서양 세력, 그리고 일본 근대화의 모델이 된 서양 문화의 중심에 있던 종교였다. 따라서 일본은 식민지에서도 이 세 종교를 공인하지 않을 수 없었다. 한국에서 발생한 신종교들은 일본의 신종교들과 마찬가지로 종교로 공인되지 못함을 이야기한다.[154]

「포교규칙」 제15조는 "조선총독은 필요가 있는 경우에 재(在)하야는 종교유사(宗教類似)한 단체와 인(認)한 것에 본령을 준용할 수 있음"이라 하여 공인종교가 아닌 모든 종교는 유사종교로 분류해놓고 있다. 허가받지 않은 종교는 탄압을 받을 수도 있다는 이야기도 된다. 대종교는 같은 해(1915년) 12월 21일 이 규칙에 따라 신청서를 총독부에 제출하였지만, 대종교는 종교가 아니라는 이유로 신청을 기각당했다. 3·1운동을 겪고 나서 일제는 통치방식을 무단통치에서 이른바 문화통치로 변경했다.

일제는 각종 규제와 법령을 통해 효과적으로 공인종교를 관리하고 있었지만, 1920년대로 접어들면서 대부분의 민족종교 계열에서 보혁 세력들과 중앙과 지방의 세력들이 서로 갈등을 일으키며 내부분열과 교단의 분리가 이루어졌다. 민족운동에 대한 민족종교의 관심을 다른 곳, 다

---

154 윤이흠, 2003, 위의 글, 172쪽.

시 말해 문화운동으로 유도하려 하였다. 문화운동의 내용으로는 계몽운동, 수련, 서교, 생활 개선 운동 등이 있었다. 많은 민족주의자가 취한 민족독립운동의 방향은 민족성 개조, 실력 양성 및 준비, 자치주의를 앞세운 우파적 민족주의로 바뀌었다. 일제는 종교를 관리하는 기구를 이원화해서 총독부 학무국의 종무과에서는 공인종교를, 총독부 경무국에서는 비공인종교를 담당하도록 하였다.

> 종교행정에 관계잇는 총독부 모당국자의 말을 드른즉 "원래 종교는 총독부에서 종교로 인뎡하면 포교규측에 의지하야 종교를 선포케 하지마는 그러치 아니한 것은 종교행정에 표면으로 종교라 인뎡치 아니하는 고로 따라서 포교규측의 덕용도 밧지 안코 보통의 집회결사이니 맛찬가지로 보아서 경찰편의 손에만 맛겨버리고 종교과에서는 직접으로 상관치 아니하는데 텬도교에 대하야는 아직 불교이나 예수교와 가치 종교로 인뎡치 아니 하엿으나 조선에서 생긴 종교로는 력사도 잇고 신자도 만흔 고로 이를 불교이나 예수교와 갓치 인뎡할는지 아니할는지 이에 대하야는 총독부 당국에서 오랫동안 조사도 한바 세상에서는 여러 가지 풍설을 전하는 모양이나 총독부편에서는 아직 구테덕 그 방침을 강구하기에 이르지 못하얏스며 기타 종교의 명칭을 부친 단톄에 대하야는 아직 종교로 인뎡하기에 이른 것이 별로 업는고로 아직 그대로 경찰의 취톄에 맛겨두어 보통 집회이나 결사를 취톄하는 것과 가치 되고 종교과에서 직접으로 상관하지 아니한다" 하는데 사실이 이와 가트면 총독부의 종교에 대한 방침은 아직

별로히 변동이 업슬 듯하더라.[155]

일제는 민족종교의 통제를 경찰의 손에 맡겨서 지속해서 감시해온 것으로 보인다. 민족종교 교단들의 집회는 종교집회가 아니라 일반 정치집회 등으로 분류해, 1930년대는 민족성이 거의 말살되어 가는 시기였다. 민족종교 교단들의 활동이나 세력도 약화하여 지하로 숨어들거나 했다.[156] 종교단체의 성격을 사회교화단체의 성격으로 바꿔 국민정신을 진작시키는 쪽으로 유도하였다.

> 전북경찰부에서는 수일 전에 보천교(普天教)에 대한 대탄압을 시작하여 당국의 류사종교 취체 강화책이 드디어 발흥하여 큰「센세이션」일으키고 잇다. 그런데 경무국에서는 류사종교의 취체책에 대하야 다시 간부회를 열고 금후의 방침까지 결정하엿다는데 경무국에서는 학무국과 협력하야 공인(公認)종교의 통제를 강화하는 일방 류사종교의 취체에 대하야 보천교류의 사교(邪教)에 대하야는 일절 집회와 헌금(献金) 등을 언급하야 전부 해산식히어 소멸케 한다. 또 그 외의 류사종교에 대하야도 엄중히 감시하야 치안상 또는 민중을 긔만착취하는 등의 행위가 잇거든 단연한 처치를 할 터이라 한다. 그리하야 일즉 우원(宇垣)총독 금간판인 심전개발운동의 전면적 전개에 잇서서 종교의 통제와 부흥(復興)에 일대운동을 이르킬 터이라는 바 이것이 조선내의 사상방면은 물론 사회 각 방면에 미치는 바 영향과 조

155 『동아일보』, 1920.7.22.

156 윤이흠, 2003, 앞의 글, 175쪽.

선정신문화에 미치는 바 영향이 매우 클 것으로 주목되는 바이다.[157]

조선총독부에서 공인종교를 제외한 다른 종교를 어떻게 취급하고 있는지를 잘 보여주고 있다.

> 정치에 실의하고 생활에 군핍한 근대조선인의 미묘한 심리를 포착하야 비 뒤의 죽순가티 생겨난 종교류사단체는 일시 비상한 긔세로 발흥하야 민중의 다수가 그리로 귀의하야 보천교(普天教)가튼 단체는 황금의 왕국을 지상에 건설한 듯 하얏스며 계룡산(鷄竜山) 아레 신도안(新都内) 가튼 데는 혹세무민하는 음설에 미혹하야 집중한 농민들의 헐벗고 굶주린 참담한 상태가 폭로되어 잇지마는 세상은 그래도 어두어 아직도 무슨교 무슨교하는 혹세무민하는 단체가 五十五개소나 잇스며 그 신도라고 하는 사람이 十여만명에 달한다. 이 통계는 최근 총독부조사 「종교류사단체」에서 조선총독부포교규칙(布教規則)에 의하야 인가를 엇지 안 헛스되 일반사회에 움직이지 못할 세력을 가지고 잇는 몃몃 종교단체를 제하고 정체 알지 못할 집단만 골라서 만든 통계로 한 면에 불과하다.[158]

일제가 취한 정책은 '유사종교가 곧 사교'라는 논리에서 한 걸음도 나아가지 못하고 있다는 것을 알 수 있다. 일제가 줄기차게 취해온 민족종교들에 대한 통제와 탄압은 성공작이었다고 할 수 있다. 무라야마는

---

157 『조선일보』, 1936.6.14(석간).

158 「종교유사단 교도는 10만」, 『동아일보』, 1932.6.16.

한국 유사종교의 시초를 최제우의 동학으로 규정하고, 유사종교 대부분은 유불도(儒佛道) 3교를 종합하여 조선의 사회상을 반영한 것이라고 주장했다.[159]

경무국은 특히 국내외에 막강한 세력과 영향력을 가진 천도교(동학), 보천교(증산계), 대종교(단군계)를 주 감시 대상으로 삼았다. 일제가 민족종교를 탄압한 것은 법과 이론을 바탕으로 국가공권력을 동원하여 치밀하게 지속적으로 행한 것이었다. 3·1운동이 발생하자 문화정책으로 정책의 방향을 수정하였지만, 민족종교는 일제의 통제에 제대로 저항도 할 수 없는 정도까지 이르게 되었다.[160]

민족종교에 대한 탄압의 내용을 살펴보자. 1920년대에 이르러 일제는 천도교의 세력을 약화하기 위해 청림교와 제우교를 시급히 만들도록 하였다. 특히 제우교는 일진회 간부들을 동원하여 천도교의 세력을 분립시키고 만주에서는 친일단체 조직에 이용되었다. 일제는 외곽단체를 구성케 하여 기존 교단과 대립시키는 한편 내부분열도 획책하였다.

이를 위해 일제는 친일세력을 종교단체 내부로 들여보내 종교 교단에서 이념 대결을 하게 만들었다. 사이토 마코토는 조선총독으로 부임하면서 친일파 세력을 키워서 민족종교 교단에 침투시켜 조직력을 약화하는 정책을 취하였다. 사이토의 「조선민족운동에 대한 대책」(1920년) 구상(齋藤實文書 742호)을 통해 알 수 있는 종교 정책의 요지는 친일 인물을 양성하여 종교에 침투시켜 그 지위와 형편에 맞추어 각종 친일단체를 조직하게 하는 한편, 각 종교 교단의 수장 자리를 차지하도록 온갖 노력

159 村山智順, 최길성·장상언 공역, 1991, 『조선의 유사종교』, 계명대출판부, 15-6쪽 참조.

160 윤이흠, 2003, 앞의 글, 179쪽.

을 다한다는 것이다.[161]

교단에 친일 인물을 심어놓고, 일본인 유력자를 통해서 민족종교단체를 원격으로 조종하여, 그 종교 교단이 일제의 시책을 따르도록 하려는 것이 일제의 의도였다. 1920년대 들어 4파로 분열된 천도교의 사례가 대표적이었다. 천도교는 신파와 구파, 천도교연합회파, 육임파 등이 대립하다가, 이들이 서로 갈라져 천도교 세력이 약화하였다.[162]

그런가 하면 친일행위로 민족종교 교단을 멀어지게 하는, 이른바 민족종교를 한국인들로부터 고립시키는 정책을 펼쳤다. 한국인들은 친일행위에 배신감을 느껴서 그 종교단체에 등을 돌리게 된다. 대표적 사례가 보천교가 1920년대에 벌였던 시국대동단 활동이었다. 일제가 출범시킨 친일 조직 시국대동단은 일제가 내세운 내선일체, 일선융화, 대동화 공영과 유사한 논리로 전국적인 강연을 시행하고, 이에 필요한 자금은 교단에서 제공하였다. 당시 전개된 시국대동단의 강연은 일제의 침략을 비호하는 것이었으므로 일반 민중들의 거센 반대에 직면하였다. 일제는 시국대동단 강연을 성토하거나 보천교를 습격한 사람들에게 소요죄를 적용하여 재판을 진행하였다.[163]

한편 보천교의 친일 행위는 국민에게 보천교가 외면당하는 결정적 이유가 되었다. 일제는 기다렸다는 듯이 보천교의 재산을 몰수하였는데, 그 과정에서 민중들의 저항은 전혀 없었다. 즉, 국민에게 외면당했기 때문에 일제가 보천교에 어떤 처분을 내리더라도 사람들의 관심을 전혀

161 박경식, 1986, 『일본제국주의의 조선지배』, 청아, 209-210쪽 참조.

162 윤이흠, 2003, 앞의 글, 181쪽.

163 『동아일보』, 1925.9.4; 2025.9.21 참조.

끌지 못했다. 국내 언론도 이러한 일제의 논리에 같이 동조한 것으로 볼 때, 일제가 얼마나 치밀하게 이러한 공작을 해왔는지 미루어 짐작할 수 있다. 백백교(白白敎) 사건은 우리나라 사교의 대명사가 되어 전해진다. 황당한 간음과 무서운 살인자 집단이라는 죄목으로 백백교를 사교집단으로 처벌했다.

이에 민족종교들은 신비주의로 의례·집단화하거나 비밀 조직으로 만들어 비밀 집회를 하게 되고 조직도 지하로 숨어들었다. 신비 의례화된 종교의 대표적 사례가 증산 계열의 종교였다. 이들은 신비 의례화하거나 비밀리에 집회해서 조직의 실체를 일제에 노출하지 않는 등의 방법으로 교단을 유지해왔다. 따라서 사회적 영향력의 확보에 있어서 한계를 지닐 수밖에 없었다. 일제가 천도교와 같은 종교들을 민중교화와 사회개혁운동 단체로 유도해 종교로서의 특징이라고 할 수 있는 영성적 권위라든가 고유의 교리적 특성을 잃게 된다. 대종교의 경우 일본군의 무력 통제를 받으면서 국내 활동은 거의 사라지는 지경에 이르렀다.[164]

1935년부터 실제로 조선총독부가 유사단체로 지칭한 신종교들에 대한 통제와 탄압이 본격화되었다.[165] 이것은 주로 조선총독부 사회과와 일제 경찰을 통해 이루어졌는데 조선총독부 사회과에서는 이에 대한 단속 방침을 마련하기 위해 1935년 6월 10일부터 이틀 동안 '종교유사단체 취체회의'를 소집했다. 같은 시기 경기도에서도 도미나가 분이치 지사와 사에키 아키라 경찰부장 등 10여 명이 회합하여 관내 사찰 정화에 관한

---

164 윤이흠, 2003, 앞의 글, 184쪽.

165 김승태, 2007, 「조선총독부의 종교 정책과 신사」, 『한국기독교역사연구소식』 제79호, 70쪽.

대책회의를 했다. 당시 일본 내무성에서는 1935년 이래 '사교취체에 관한 건'에 따라 "국체명징"과 "사교일소"라는 명분으로 종교탄압을 통해 국민사상 통제를 강화하고자 하는 시책을 조선총독부와 마찬가지로, 아니 더 가혹하고 충실하게 집행했다.

아울러 1937년 2월 백백교 사건의 피해자 유곤룡(柳崑龍)의 신고로 탄로난 이 사건은 일제의 종교탄압에 대한 좋은 명분을 제공했다. 같은 해 5월 3일 열린 도경찰부장 회의에서 미나미 총독은 이른바 치안 확보가 조선 통치의 근저라고 하면서 소위 '유사종교의 지도 단속'에 대해 주의를 환기시켰다. 이에 따라 1938년 4월에도 보안법 위반 혐의로 충남 지역에서 정도교의 교주가 검거된 것을 비롯해, 같은 해 8월에는 성도교와 전북 지역의 황극교가 보안법과 치안유지법 위반 협의로 검거되어 기소되었다.[166]

그런가 하면 1939년에 제정되어 1940년 4월부터 발효된 종교단체법은 식민지였던 한국에서는 여러 추측과 논란에도 1945년 해방되기까지 공식적으로 발효되지는 않았던 것 같다.[167] 이미 1915년에 제정·공포된 「포교규칙」과 「치안유지법」, 「보안법」 등으로도 충분히 조선총독부가 종교단체를 통제하여 「종교단체법」이 의도한 효과를 이미 거두고 있어 별도의 법규가 필요치 않았기 때문이었다.

166 김승태, 2007, 위의 글, 70쪽.

167 김승태, 2007, 위의 글, 71쪽.

4) 민족종교 교단의 대응

(1) 천도교

천도교의 대응을 살펴보면 초기에는 민족독립을 위한 투쟁을 전개하였지만 나중에 문화운동이나 사회계몽운동 등으로 전환한 경우, 보천교와 같은 증산 계열의 종교처럼 일제의 탄압을 피해 순수 신비주의 운동을 취한 경우, 대종교처럼 지속해서 일제에 맞서 독립운동을 전개한 경우, 그리고 원불교처럼 경제적 자립을 통해 민족의 자주를 추구한 경우 등 4개 유형으로 볼 수 있다.[168]

1860년 경주사람 수운(水雲) 최제우는 경주의 용담정에서 하늘의 음성을 듣는 종교 체험을 하고 동학이라는 새로운 종교를 창도하였다. 최제우, 최시형, 손병희로 이어지는 동학의 큰 흐름을 살펴보면, 1905년 손병희는 동학을 천도교로(일명 대고천하) 새롭게 교단을 정비하고, 이용구를 비롯한 60여 명의 일진회원들을 제명했다. 한편 '시천교(侍天教)'의 새로운 동학교단을 형성하고, 제세교(濟世教)라는 새로운 교단을 만들어 상제교(上帝教)로 개칭했다.

1910년 강제병합으로 일제의 식민 지배가 시작되면서 일제는 본격적으로 민족종교들을 탄압하기 시작하였다. 1911년 일제는 천도교 재정 조달의 주요 근원이었던 성미제(誠米制)를 폐지하도록 하였다. 성미제를 폐지하는 것은 교단 재정의 근본을 무너뜨리는 것으로 심각한 사안이었다. 천도교가 가장 심한 물리적 피해를 본 것은 3·1운동으로 인한 것이었다. 천도교는 3·1운동 당시 가장 핵심적이고도 주도적인 역할

168 윤이흠, 2003, 앞의 글, 185쪽.

을 하였다. 독립선언서에 서명한 33인 가운데 15명이 천도교인이었다. 3·1운동 당시 경기도 수원의 제암감리교회에서 22명이 일제에 집단 학살을 당했는데, 희생자 가운데 15명이 천도교인이었다. 또한 이 운동에 사용된 모든 경비가 천도교로부터 나왔다.[169]

한편 손병희가 죽자 천도교는 분열되어 신파의 오지영이 '천도교연합회'를 결성하고 오영창 주도의 '교회대합(教会大合)' 파와 분리되었다. 여기에 최린의 '중앙종리원'과 이종린의 '통일기성회'로 다시 분리되어 천도교는 4파로 갈라지게 되었다. 결국 신파, 구파, 연합파, 사리원파의 4파로 갈라졌다. 일제의 조정으로 청림교, 제우교, 삼성무극교 등의 동학계 신종교 교단이 만들어지면서 천도교의 교세는 더욱 약화하였다. 최린의 신파가 일본의 통치를 인정하면서 조선의 자치권을 주장하는 자치운동을 벌였다.

최린은 민족의 미래를 위해 새로운 문화 및 사회혁신운동을 벌여야 한다고 주장하기에 이르렀다. 젊은 교도들을 중심으로 새로운 운동 방향을 모색하게 되어 농민운동, 여성운동을 비롯한 문화운동, 계몽운동과 같은 혁신운동으로 전환하게 된다. 일제는 자치운동을 하는 천도교 신파까지도 탄압하였는데, 그 대표적 사건이 오심당(吾心党) 사건이었다. 천도교 구파에 대한 탄압사건으로는 1938년의 '멸왜기도(滅倭祈禱) 사건 등이 있었다.

일제강점기 천도교는 중앙과 지방 경찰로부터 집중 감시를 당했다. 첫째 위로는 제1대 조선총독인 데라우치 마사다케가 직접 손병희를 불러 일제의 시책에 맞게 천도교단을 운영하라고 협박했다. 그리고 아래로

169 윤이흠, 2003, 위의 글, 190쪽. 이하의 천도교 내용은 이 글을 인용한다.

는 일제 경찰이 천도교가 주최하는 행사에 대해 감시 활동을 했다. 둘째 일제는 1911년 일본인의 보호를 받던 시천교가 쇠퇴해가는 반면 천도교 세력은 날로 성장하는 것을 두려워하여 교세 확장에 중요한 역할을 하던 성미제를 폐지하려고 했다. 그리고 셋째 일제는 천도교 지도자들을 감시해 그들의 활동에 압력을 가하기 위해 수단을 강구했다. 넷째, 일제는 중앙에서 교단을 탄압하는 동시에 지방 경찰을 통해 지방 교구에 대한 무자비한 탄압을 계속했다.

(2) 대종교

대종교는 나철이 창교한 종교로, 국조 단군을 신앙 대상으로 하는 교단이다. 단군에 대한 신앙을 기반으로 나라를 구한다는 뜻을 세우고 1909년 단군교를 중광(重光)하였으며, 이듬해에 대종교(大倧敎)로 교단 명칭을 바꾸었다. 중광 이후 대종교가 단군상을 모시고, 개천절을 제정하고, 단기연호 등을 사용하자 일제는 대종교가 항일구국운동을 하는 비밀결사체라고 단정하여 가혹하게 탄압하였다. 대종교는 1914년 5월 본사를 만주로 이전했으나, 1914년 11월 일제의 압력으로 중국 정부가 대종교에 대해 해산령을 내렸다. 유사종교로 구분된 대종교는 각종 학교를 건립하였으며, 무장항일단체를 결성했다. 1919년 만주에서 대종교인 39인이 서명한 독립선언서를 발표하고, 중광단이라는 비밀결사체를 조직하여, 서일(徐一)이 단장에 선임되었다.[170]

1919년 서일은 임시정부와 연계하여 북로군정서의 총재가 되었다.

170 윤이흠, 2003, 위의 글, 205쪽. 이하 대종교 내용은 별도의 주가 없으면 이 글을 인용한다.

그는 대종교인을 중심으로 군대를 조직하고, 신도들의 성금으로 군비를 조달하였다. 1924년부터 유세복이 대종교의 3대 교주가 되었다. 1926년 만주에서 대종교에 대한 포교 금지령이 공포되었다.

그런데 1929년 포교금지령이 해제되었다. 1931년 만주사변이 일어나자 만주의 대종교 활동도 금지되었고, 1937년 중일전쟁으로 인해 대종교가 발을 붙일 곳은 어디에도 없었다. 1942년 임오교변이 일어나자 대종교는 극심한 타격을 받았다.[171]

1916년 나철은 서울을 떠나 황해도 구월산의 삼성사(三聖祠)에서 8월 15일 자결한다. 김교헌이 2대 교주가 되었다. 대종교의 작업은 앞에서 말한 무장독립운동의 정신적, 물질적 기반 역할을 했다. 3대 교주 윤세복은 관동군, 조선총독부, 하얼빈 총영사관 등과 연쇄적으로 접촉하여 대종교의 공인을 받았다.

1942년 임오교변 때 일제는 대종교가 "국조 단군을 신봉하는 항일 단체"라고 하여 교주 윤세복을 비롯한 20여 명의 대종교 간부를 투옥하고 온갖 고문과 고초를 겪게 하였다. 교주 윤세복은 무기형을 선고받고, 해방되기까지 대종교는 거의 고사 직전 상태에 놓였다. 다른 민족종교들의 신도들이 주로 하층민들로 구성된 것에 비해, 대종교의 주요 구성원이 전직 관료, 양반, 유학자, 항일지사 등 상류 지식층이 중심을 이루고 있다는 점은 대종교의 이념적 특성을 보여준다.

(3) 증산계

증산 강일순은 전라북도 고부에서 태어나 동학농민혁명의 현장을 따

---

171 윤이흠, 2003, 위의 글, 207쪽.

라다니며 실패하는 과정을 직접 목격하였다. 그는 혼란한 상태를 벗어나는 길은 오로지 신명(神明)의 힘에 의한 도술(道術)로서만 가능하다고 여겼다. 도술, 도통공부(道通工夫)를 하고 1901년 모악산의 대원사에서 수도하던 중 도를 깨우치게 되었다. 득도한 증산이 행한 종교운동은 천지공사(天地公事)라는 신비적인 영성운동(靈性運動)이었다. 사람들이 증산에게 몰려들자 당국에서는 증산과 그를 따르는 사람들을 주목하게 되었다.[172]

그런데 증산이 1909년 39세의 나이에 갑자기 사망하였다. 증산의 제자였던 차경석은 증산의 사후에, 자신의 이종이자 증산의 부인인 고판례와 함께 증산교를 포교하기 시작하였다. 그것은 고부인이 증산의 탄신기념치성을 드리고 난 후 신비체험을 하면서 시작되었다. 연대기적으로 그 내용을 정리해보면 다음과 같다.[173]

> 1914년 증산을 교조로, 고부인을 증산을 계승한 교주로 삼아 종교교단을 창립하였는데 차경석은 이 과정에서 주도적인 역할을 했다. 1914년 일본 경찰은 차경석이 대사상과 신통묘술로 신정부를 건설한다는 이유로 처음 조사를 시작했다.
>
> 1915년 또다시 조사를 받고 1917년 이후에는 도피생활에 들어갔다. 그럼에도 교단 조직은 지속적으로 성장하여 일본 경찰의 경계와 탄압을 받았고 오히려 정체가 드러나지 않아 조선 최고의 불온 단체로 지목되기도 했다.

---

172 윤이흠, 2003, 위의 글, 194쪽.

173 윤이흠, 2007, 위의 글, 100, 101, 195, 196, 198쪽.

> 1916년 24명의 핵심인물을 24방주로 임명하여 교무를 담당케 하여, 초기 교단의 조직을 갖추기 시작했다. 나라를 잃고 일제의 억압과 수탈에 시달리던 사람들은 새 시대의 도래를 열망했다. 그러나 민족의 희망인 자주독립이 사회적 저항운동으로는 실현이 불가능한 상황에서 신비주의 메시지는 큰 호응을 불러왔고, 민중들 사이에 전파되었다. 1919년 10월에는 60방주제로 확대 개편되었다.
>
> 1918년 고부인은 교단을 떠나 별도의 교단을 만들었다. 고부인이 없는 교단에서 차경석은 실질적인 교주가 되었다. 증산교의 핵심인 천지공사의 완성 즉 후천세계 조화정부(後天世界造化政府)라는 후천개벽을 이루는 것에 있었다. 조화정부란 곧 조선을 종주국으로 하여 정교(政教) 양면에서 세계통일이 되는 새로운 정부를 뜻했다. 과거 증산이 차경석의 집을 '포정소'라고 했다.
>
> 1921년 9월, 일본경찰이 삼엄한 경계망을 펴고 있는 가운데서도, 경남 함양군 덕유산 남쪽 황석산에서 천제(天祭)를 올렸다. 국호를 '시국(時國)', 교단명을 '보화교(普化教)'라고 선포, 세간에서는 그를 차천자(車天子)라고 부르게 되었다. 한민족을 중심으로 한 새 왕조가 세워지고, 차경석이 그 새 왕조의 천자가 될 것이며, 그렇게 되면 일제의 탄압을 받는 우리 민족이 구원될 것이라는 믿음을 갖게 하였다. 일제가 차경석을 회유하려던 정책은 실패로 돌아간다. 일제는 이상호(李祥昊)를 회유하여 보천교라는 교단명으로 공인을 신청하도록 했다.

1922년 서울 창신동에 큰 교당을 짓고 '보천교'라는 간판을 걸었는데, 이때부터 이 교단은 보천교로 알려지게 되었다. 위기의식을 느낀 차경석은 일제에 화해의 손을 내밀기 시작하였다. 시국대동단을 조직해 활동하고 일제에 막대한 성금을 바치고서야 차경석의 수배령이 해제되었다. 1928년 교인들에게 앞으로는 증산이 옥황상제임을 믿지 말고, 도리어 과거의 유학, 즉 공맹(孔孟)의 가르침을 다시 따르라고 하였다. 1936년에는 차경석이 사망했다.[174]

그런가 하면 유사종교 해체령이 내려지자 보천교는 교단본부를 해체하고 '현실을 반영한 신비주의운동'을 전개했다. 보천교는 일제의 끊임없는 회유와 협박에 굴복하였는데, 이로써 보천교는 민족정신을 고취하는 역할뿐만 아니라 보천교의 영성운동도 포기하게 되었다.[175]

한편 1917년 정월, 정산 조철제는 마침내 종교체험을 통해 득도했다. 조철제가 안면도를 근거지로 증산교를 포교하자, 신도들이 생겨나기 시작하였다. 1918년 10월에는 포교의 근거지를 정읍으로 이주하여 증산교도들을 찾아 증산의 행적을 연구했다. 한편, 이곳에서의 포교활동으로 전라도 지역에서도 수십 명의 신도가 입도하였다. 1921년 4월 조철제는 '무극도(無極道)'라는 이름으로 교단을 창립했다.

이후 그는 1923년부터 3년간에 걸쳐 무극도본부 태인도장을 건립하였다. 거대한 본부 건물을 짓고, 새로운 취지강령과 신조, 요체, 도규를 제정하여 공포하고, 포교를 하기 시작했다. 천자등극운동이 나타나게 된 것은 보천교 차경석의 천자등극설에 영향을 받은 것 같다.

1928년에 조철제는 청장년층 신도들을 규합하여 진업단(進業団)을 조직했다. 1935년 안면도 간척지는 일본인의 손에, 원산도 간척지는 보령군의 소유로 모두 무상으로 넘어가게 되었고, 일제는 1936년 「유사종

---

174 윤이흠, 2003, 위의 글, 199쪽.

175 윤이흠, 2003, 위의 글, 200쪽.

교 해체령」을 내렸다. 이로 인해 모든 민족종교가 해체되는 쓰라림을 겪게 되었다. 무극도의 본부 도장 건물도 다른 교단들의 부동산과 마찬가지로 모두 일제가 몰수하였다.

조철제가 이런 사업을 벌이게 된 것은 원불교가 벌인 사업의 영향도 있었을 것이다.

(4) 원불교 등 기타 교단

소태산 박중빈이 1916년 3월 대각(大覺)을 이룬 후 창교한 민족종교 교단이 원불교이다. 그는 1891년 3월 전남 영광에서 출생해, 26세 되던 해(1916년) 3월에 대각했다. 소태산은 "물질이 개벽되니 정신을 개벽하자"고 하며, 정신적인 도의 개벽에 힘을 기울여야 한다고 했다. 그는 교단의 유지를 위해 일제와의 직접적인 마찰을 피하는 방향으로 나아갔다.[176] 일제 치하의 원불교는 일제가 황국불교화를 요구하자, 교리 가운데 4요(四要)의 천지은(天地恩)을 황은(皇恩)으로, 사대 강령 가운데 무아봉공(無我奉公)을 진충보국(盡忠報國)으로 바꾸는 등 가능한 일제와의 마찰을 피하려 하였다. 저축조합운동, 간석지 개척운동, 교육사업이 그것이다.

소태산은 1916년 2월 십인일단(十人一団)의 첫 교단 조직을 구성하였다. 수고 없이 복을 구하려는 자세를 바꾸어 현실 속에서 땀 흘리고 노력하며 사실적인 실천을 통해 복을 구하는 방법으로 전환할 것을 촉구하였다. 자주적 경제생활을 기반으로 저축조합운동을 하는 방법으로 모든 교인이 술과 담배를 끊고 그로부터 절약되는 돈을 저축하고, 의복과 음식 등도 절약했다.

---

176 류병덕 · 김홍철, 1984, 「원불교」, 『한국종교사상』, 태학당, 327쪽.

천제(天祭)도 폐지하여 여기에 들어가던 비용을 조합에 저축했고, 농장을 정관평(貞觀坪)이라고 지어 관리·운영했다.[177] 저축운동과 간척사업을 진행할 수 있었던 것은 경제자립을 바탕으로 어려운 사회적·경제적 처지를 돌파해보려는 소망에서 비롯된 것이다. 1920년 불법(佛法)과 생활이 하나가 되는 살아있는 불교, 유불선이 함께 녹아 있는 불교가 되어야 함을 깨달았다.

그리고 '불법연구회'라는 이름으로 정식 교단이 문을 열었다. 일제의 종교 탄압은 소태산의 교단에도 영향을 미쳤지만, 간판이 '불법연구회'였기 때문에 불법을 연구하는 불교단체라는 이유로 그럭저럭 교단 운영을 할 수 있었다. 1943년 소태산은 『불교정전(佛教正典)』을 완성했다. 정산(鼎山, 宋奎, 1900~1962)이 종법사가 된 지 2년 만에 해방을 맞이했다. 해방되자 불법연구회를 '원불교'로 바꾸고 '교육, 자선, 교화'라는 3대 사업을 실천목표로 했다. 소태산은 신비주의자도 아니고, 그렇다고 지나치게 현실정치에 매달려서 적극적으로 대일 투쟁을 전개하지도 않았다.[178] 지나친 현실 참여나 지나친 신비주의 등 각각 극단에 치우치는 것을 경계했다.

대종교는 동학농민혁명 이후 항일 민족투쟁을 지속해서 전개한 대표적인 종교였다. 이러한 대종교는 일제의 식민 통치가 시작된 초기에 만주로 이전하여 대일 투쟁을 전개했다. 이에 대해 일제는 친일 조직을 이용하여 민족운동 역량을 약화하기도 했고, 중국인을 이용하여 만주 한인을 통제하기도 했다. 그리고 1920년 경신년 대토벌 같은 직접적인 탄압을 감행하기도 했다. 일제가 중국 세력을 외교적으로 이용하거나, 친일

---

177 『불법연구회 창건사』, 원불교출판사, 173, 30쪽.

178 윤이흠, 2003, 앞의 글, 213쪽.

전위단체를 이용하거나, 단기적인 파병을 통한 통제 정책을 펼치는 것과 같은 간접적인 통제 정책은 1930년대 일본의 대륙 침략이 본격화되면서 새로운 국면으로 전환되었다. 일제는 처음부터 대종교를 말살하려고 했던 것이다.

일제는 내정 간섭 초기부터 종교, 특히 민족종교에 대해 지속적인 탄압정책을 시행하였다. 일제가 민족종교들을 탄압한 것은 종교들 역시 일제의 정책에 순응하여야 한다는 단순한 논리가 아니라 민족종교 교단들을 유사종교로 몰아 궁극적으로는 해산시키기 위한 절차였다. 종교탄압은 법률과 규칙을 통해서도 이루어졌고, 한편으로는 조직적인 음해공작, 아니면 교단을 분열시키는 등의 갖가지 방법을 동원하였다.

일제의 민족종교 탄압정책은 한마디로 표현하기 어려울 정도로 가혹했다. 다양하면서도 체계적인 일제의 탄압정책을 천도교, 보천교, 그리고 대종교를 들어 살펴보기로 한다.[179]

첫째, 1904년 이용구와 송병준 등을 앞세워 진보회를 일진회와 통합시키는 사태가 벌어졌다. 결국 천도교 교주였던 손병희는 이들을 출교시키고 민족운동에 더욱 박차를 가했다. 1910년 강제병합 이후 일제는 천도교의 성미제를 폐지하려고 하였다. 자신들의 보호를 받던 시천교는 쇠퇴하고 있는데, 천도교는 계속해서 성장하고 있었으므로 그것을 차단하고자 했다.

둘째, 1910년대에는 강증산의 후계자를 자처하는 차경석이 보천교의 교세를 확대하고 천자등극운동을 일으켰다. 3~4년간 보천교의 교세는 폭발적으로 성장해, 차경석의 신비주의적 메시지를 따르는 민중이

179 윤이흠, 2003, 위의 글, 215, 216, 217쪽.

'새로운 왕조운동'에 참가했다. 1921년 10월 보천교 교단 간부의 집에서 엄청난 돈이 발견되는데, 이것이 독립군자금의 혐의가 있다는 것이 밝혀졌다. 이것은 당시 보천교에 입교한 사람들이 독립운동을 차경석에 대한 믿음과 결부시켰음을 보여준다.

3.1운동 이후 보천교 교세가 급증하였는데, 6백만에서 1백만까지 여러 가지 설이 있을 정도였다.[180] 이처럼 교세가 급증함에 따라 일제는 보천교에 대한 감시와 교인의 탄압도 가중하였다. 우선 보천교주 차경석을 '갑종요시찰인(甲種要視察人)'으로 편입하였고, 전국적으로 보천교인에 대한 탄압이 이어졌다. 특히 보천교를 '민중을 현혹하는 반사회적 종교'라는 이름으로 탄압하였다.[181]

이러한 일제의 탄압은 당시 언론에서도 동조하여 보천교를 혹세무민하는 사교 또는 미신으로 인식케 하였다. 『동아일보』는 「복마전을 찾아서-내우외환의 보천교 정체」라는 글을 8회에 걸쳐 게재하였다.[182] 이로 인해 일반사회에서는 보천교를 배척하는 이른바 '보천교박멸운동'이 전

---

180 강영한, 2017, 「일제의 보천교 탄압과 해체」, 『일제강점기 민족운동의 산실 보천교의 재발견』(보천교 학술대회 발표집), 상생문화연구소, 196쪽.

181 「보천교 본부를 압사, 회원 세 명과 불온문서를 압수」, 『매일신보』, 1923.9.26; 「상제 명령이라고 무고살인한 자, 미신에 취한 어리석은 보천교도 범인 네 명 전부 체포」, 『동아일보』, 1923.2.19; 「황당무계한 망설로 사기한 보천교도, 조선왕이 된다고 속이고서 미성년자에게 천원을 편취」, 『매일신보』, 1924.7.13; 「조선의 사교 보천교, 불경혐의 경계 중, 천자라 자칭하고 혹세무민하여 전북 경찰 조서 착수」, 『조선중앙일보』, 1935.6.11; 「경관 40여 명 출동 보천교 본부를 습격」, 『조선중앙일보』, 1936.6.11.

182 최용환, 「복마전을 찾아서-내우외환의 보천교 정체」, 『동아일보』, 1929.7.12~7.26. 이 글은 일본어판 『조선사상통신』에 1929년 8월 6일부터 8월 14일까지 중복 게재되었다.

개되기도 하였다.[183] 이와 같은 상황에서 보천교는 1925년 시국대동단에 참가하면서 친일 대열에 참여하였다.[184] 이후 보천교는 간부들의 탈퇴와 혁신운동, 내부의 금전을 둘러싼 일탈적 사회문제 등으로 위상이 크게 약화되었다.[185]

보천교는 1935년 6월 '유사종교단체 엄중 취체 방침'[186]에 따라 해산되었다. 우선 일제는 보천교 집회와 포교를 금지하였고[187] 이는 탈교로 이어졌으며,[188] 보천교는 사실상 궤멸 상태에 이르렀다.[189] 일제 당국은 경북 경산과 경남 고령에서 보천교를 해산하고 교약소(敎約所)를 매각하여 국방헌금, 신사 건립기금으로 충당하였다.[190] 1936년 6월 말경에 이르러 전북 정읍의 보천교 본부는 마침내 폐쇄되었고 각지의 보천교 교약소와 정리소(正理所)도 교인들의 탈교로 해산되었으며 남은 재산은 국방헌금으로 제공되었다.[191]

---

183 「전조선적으로 박멸, 민중과 단체가 단결하여 보천교 내막조사보고회 결의」, 『매일신보』, 1924.9.29; 「보천교 박멸 절규」, 『동아일보』, 1924.9.29; 「남북에서 훔치 박멸」, 『동아일보』, 1925.4.6; 「합천 가회면에서 보천교 박멸운동」, 『동아일보』, 1925.8.29; 「예심종결된 보천교박멸사건, 부산지방법원에서 공판 개정」, 『동아일보』, 1925.9.21.

184 「내선융화의 시국대동단, 각파와 보천교 악수」, 『매일신보』, 1925.1.10.

185 강영한, 2017, 앞의 글, 221쪽.

186 「총독부에선 유사종교단체를 엄중 취제」, 『동아일보』, 1935.6.7.

187 「각지의 보천교 탄압, 집회와 수금 등 금지」, 『조선중앙일보』, 1936.6.18; 「보천교의 포교 사리원에서도 금지」, 『조선중앙일보』, 1936.6.18.

188 「탈교를 서약한 양양 보천교도」, 『조선신문』, 1936.6.25.

189 「궤멸을 기대 보천교에 철저한 탄압」, 『부산일보』, 1936.6.26.

190 「신사 건립의 기금과 국방의금으로 헌공」, 『매일신보』, 1926.6.27; 「보천교를 해산하고 교약소를 매각」, 『부산일보』, 1936.6.27.

191 「최후의 막 닫는 보천교, 정읍 본거 수궤멸」, 『매일신보』, 1936.6.30.

셋째, 강제병합 초기 일제는 대종교가 불법 항일단체라 하여 대종교의 종교활동을 금지했다. 대종교는 만주로 이주하여 청산리대첩과 같은 전과를 올리기도 하였지만, 일제의 탄압으로 대종교의 독립운동은 사실상 임시정부가 대신하게 되었다. 시대적 대응은 민족종교를 제외하고는 다른 어떤 사회적 세력도 할 수 없는 것이었다. 모든 민족종교는 각각의 위치에서 시련의 시대를 지나왔다. 그 시련의 극복은 민족종교들이 후천개벽과 독립이라는 이념을 다양한 방법으로 표출하였기에 가능한 것이었다. 실제로 극도로 암울하였던 일제 말기에 이르면, 과거에는 독립운동에 열성적이었던 인사들도 친일 대열에 합류하는 경향이 있었다. 이처럼 한 치 앞이 내다보이지 않는 어려운 상황에서도 민족 독립정신을 대중의 가슴속에 살아 숨 쉬게 해주는 메시지가 바로 한국 민족종교의 후천개벽 사상이었다는 사실을 우리는 잊지 말아야 할 것이다. 일제로 인해 교단들이 여러 어려움에 부닥치자, 각 종교의 이념들이 왜곡되어 나타나 혼란을 겪었다. 이러한 모습은 해방 후 민족종교 교단들의 활동이 순탄치 못함을 예고했다.[192]

원불교만이 처음부터 다른 종교들과는 달리 현실과 보조를 맞추어 나갔기 때문에, 해방 후에도 어려움을 극복할 수 있었다. 민족종교 교단들이 지닌 당면과제는 민족이 지향하는 바에 대한 새로운 방향성을 확보하고, 새 시대에 부응하는 가치관을 정립하는 것이었다.

한국의 민족종교는 예외 없이 일제의 탄압을 받았다. 각 종교가 지닌 사상과 조직의 특성, 그리고 사회적 조건들이 서로 달랐기 때문에 일제는 각 종교에 대해 서로 다른 유형의 탄압정책을 썼다. 그럼에도 일제의

192 윤이흠, 2003, 위의 글, 220쪽.

탄압에는 흔들리지 않는 의도와 분명한 기준이 있었다. 그것은 '대일본제국'이 주도하여 '대동아공영권'을 형성한다는 명분을 지키는 것이며, 그 명분에 저해 요인이 되는 것은 어떤 대가를 치르고라도 제거하거나 기능을 마비시켜야 했다.

일제의 종교 정책은 제도화된 틀에 넣고자 했다. 이것은 민족종교에 대해서 더욱 심했다고 판단된다. 이 종교 정책은 일본 내의 정책을 그대로 원용하고 있었는데, 천황제 국가의 국체를 확립하기 위한 이념에 요구되는 개인의 인격적 수양과 개별적 문제 해결의 수단으로서만 기능하는 종교 인식이 그대로 이어진 것이라고 할 수 있다.

1920년대 일제는 친일파의 육성과 활용을 통하여 민족종교 교단을 약화하고 교단 내에 친일세력을 육성했다. 그리고 교단을 무력화해 민족종교의 근간을 흔들어버렸다.

1930년대 종교 교단의 세력이 약화하였고, 종교운동이 지하화하거나 일제의 시책에 따르는 활동이 주가 되어 갔다. 종교는 심전 개발로 활용되었고, 종교는 더는 자율적이지 않게 되었다.

이상과 같이 일제는 종교, 특히 민족종교에 대해 지속적인 탄압정책을 시행하였다. 특히 일제가 민족종교를 탄압한 것은 민족종교 교단들을 유사종교로 몰아 해산시키기 위한 절차였다. 이러한 일제의 종교탄압은 법률과 규칙을 통해서도 이루어졌고, 조직적인 음해공작이나, 아니면 교단을 분열시키는 등의 갖가지 방법을 동원하였다. 다양한 형태로 천도교, 보천교, 그리고 대종교 등에 대한 탄압이 전개되었다.

첫째, 교단의 재구성을 시도했다. 이용구와 송병준 등을 앞세워 진보회를 일진회와 통합시키는 사태가 벌어지기도 했다. 천도교 교주였던 손병희는 이들을 출교시키고 민족운동에 더욱 박차를 가했다.

둘째, 교세를 축소시키고 친일행위를 권장했다. 1910년대에는 강증산의 후계자를 자처하는 차경석이 보천교의 교세를 확대하기 시작하자 보천교의 교세 발전은 총독부 차원에서 방조 내지는 어느 정도 배려를 한 것으로 보이며, 이들 보천교의 친일 행위는 배신행위였다고 보인다.

셋째, 항일운동 세력으로 간주하여 민족종교를 탄압했다. 강제병합 초기 일제가 대종교를 불법 항일단체라 하여 대종교의 종교활동을 금지했던 일은 유명하다.

이상과 같이 일제강점기 한국의 민족종교는 예외 없이 일제의 탄압을 받았다. 각 종교가 지닌 사상과 조직의 특성, 사회적 조건 등이 달랐기 때문에 일제는 각 종교에 대해 다른 유형의 탄압정책을 자행했다. '동화주의'로써 '대일본제국'을 건설한다는 명분 아래, 일제의 민족종교 탄압은 '동화주의'적 지배에 저해요인이 되는 것이라면 어떤 대가를 치르고라도 제거하거나 기능을 마비시키고자 했던 것이다.

제4장
일본계 종교의 활동과 식민성

1. 일본 불교의 포교와 활동

1) 조동종의 조선 불교와 통합운동

1910년 한국을 강제병합한 일제는 헌병에 의한 무단정치를 실시하였다. 종전의 헌병경찰제도를 그대로 유지하고 군대 해산 이후 의병활동이나 애국 계몽활동을 막기 위해 사회 전반에 강압정책을 실시하였다. 조선의 종교단체 활동에 대한 강압도 예외가 아니었지만 일본 종교의 포교활동은 예외로 인정하였다. 더욱이 일제가 해외 식민지를 확보하고 해외포교(海外布教)를 적극적으로 권장함에 따라 자연스럽게 불교, 기독교, 신도 등 일본계 종교의 해외포교가 이루어졌다.[1] 이와 관련하여 아오야나기 난메이(青柳南冥)는 "식민정책의 선구자로서 종교가를 파견하여야 한다는 서구의 식민정책을 모방하여 일본도 조선 포교에 나서야 한다"고 강조하였다.[2] 이러한 일제의 포교방침에 따라 일본의 불교는 종파별로 조선의 포교활동에 적극적으로 나서게 되었다.

먼저 조동종은 1910년 8월 29일 일제가 조선을 강제로 합병하자 발 빠르게 이를 축하하는 칙서(勅書)를 발표하는 한편 각 승려를 모아 축하식을 열기도 하였다. 이 축하식에서는 "이왕가와 신부(新附) 민중의 경복 증진을 위한 기도"도 아울러 가졌다.[3] 그뿐 아니라 일본 불교에 대한 우호성을 증진하기 위해 종단에서 운영하는 조동종대학(曹洞宗大學)에 유

---

1 최석영, 1997, 『일제의 동화이데올로기의 창출』, 서경, 58, 71쪽.

2 青柳南冥, 1911, 『朝鮮宗教史』, 조선연구회, 152쪽(최석영, 1999, 앞의 책, 71쪽 재인용).

3 『매일신보』, 1910.9.9.

학을 알선하기도 하였다. 선진화된 일본 불교를 직접 체험하고 일본 불교의 우수성을 인식시켜 자연스럽게 일제에 동화될 수 있도록 하려는 조치이기도 하였다. 이에 따라 조동종은 강점 이후 최초로 금강산 유점사의 이혼성(李混惺), 수원 용주사의 김정해(金晶海), 강원도 건봉사의 이지광(李智光) 등을 파견하였다.[4] 이들의 유학에 대해 당시 조선 불교계를 대표하고 있던 이회광(李晦光)은 "장래 조선 불교의 진흥이 귀생의 양어깨에 부담함을 희망한다" 하여 조선 불교의 장래를 일본에 유학하는 이들에게 기대하고 있음을 보여준다.[5] 특히 김정해는 한국 승려들의 대처(帶妻)에 대해 일본 불교의 사례를 들어 옹호하는 한편 "일본식 불교를 적극적으로 수용할 것"을 주장하기도 하였다.[6] 이들은 1918년 여름에 귀국하였는데, 조선 불교계에서는 대대적인 환영회를 개최하였다. 이들은 총독부를 찾아가 내무부장을 비롯하여 관리들에게까지 인사하였다.[7]

조동종은 자신의 종파에 조선 불교를 통합시키고자 하였다. 조동종은 정토종(浄土宗)보다 조선 포교에는 늦었지만 다케다 한지(武田範之)[8]를

---

4 『매일신보』, 1914.8.20, 1914.8.26.

5 『매일신보』, 1914.8.31.

6 『매일신보』, 1914.7.16.

7 「휘보」, 『조선불교총보』 11호, 1918, 52-53쪽; 이경순, 1998, 「일제시대 불교유학생의 동향」, 『승가교육』 2, 대한불교조계종교육원, 256쪽 재인용.

8 武田範之는 筑前 久留米藩에서 中上의 상층에 해당하는 신분인 沢之高의 아들로 태어나 福岡의 武田家의 양자로 입적하였다. 1883년 조동종 顕聖寺에서 승려가 되었으며 長岡의 조동종 専門支校에서 공부하였다. 武田은 '오직 宗教와 植民만이 있다. 능히 皇國을 위하여 元勳을 세우자.'라고 결심하고 1892년 여수에서 어업에 종사하다가 실패한 후 부산에서 일인 낭인들과 함께 건달로 생활하였다. 1894년 동학농민혁명이 일어나자 玄洋社 낭인들과 天佑侠을 조직하고 전봉준과 연합하고자 하였으나 실패하였다. 그 후 侍天教의 고문과 一進会의 상담 역으로 활동한 바 있으며, 이용구, 송병준 등과 제휴해 한국 합병을 추진하였다. 1901년 조동종 현성사 31대

통해 조선 불교를 합병하고자 하였다. 다케다는 조선 불교 전체를 조동종과 통합하는 것만이 "신라(新羅)와 고려 시대(高麗時代)의 영광(榮光)을 빛나게 하는 것"이라 하여 한일 불교의 통합을 적극적으로 추진하였다.[9] 이 시기 조선 불교계에서도 이회광을 중심으로 원종 종무원(圓宗 宗務院)을 설립하고 조선 불교의 부흥을 위해 일본 불교와의 연합을 모색하던 중이었다.[10] 이러한 사정을 간파한 다케다는 이회광과 함께 그 연합 대상의 종파와 방법, 조건 등을 협의하였다. 그 결과 한국 불교와 같은 선종 계통인 조동종과 통합하려는 방법을 강구하게 되었다. 이어 이회광은 1910년 9월, 72개 사찰의 위임장을 받아 일본으로 건너가 조동종의 관장인 이시카와(石川素童)와 교섭하였다. 이리하여 다케다가 조선과 조동종의 통합을 추진한 덕분에 1910년 10월 6일 이회광과 조동종 종무대표 히로쯔(弘津說三)가 다음과 같은 7개항의 맹약(盟約)을 체결하였다.

1. 朝鮮全体의 圓宗 寺院 衆은 曹洞宗과 完全 且 永久히 聯合同盟하여 佛教를 拡張할 事.
2. 朝鮮 圓宗宗務院은 曹洞宗務院에 顧問을 依嘱할 事.
3. 曹洞宗務院은 朝鮮 圓宗宗務院의 設立認可를 得하여 斡旋의 勞를 取할 事.
4. 朝鮮 圓宗宗務院은 曹洞宗의 布教에 対하여 相当한 便利를 図할 事.

주지로 임명되었으며, 1904년 조동종이 조선 포교를 전개하자 한국 포교사로 임명되어 활동하였다(武田範之에 대해서는 최병헌, 「일제의 침략과 불교-일본조동종의 武田範之와 圓宗」, 『한국사연구』 114, 한국사연구회, 100-106쪽 참조).

9 武田範之, 1911, 『圓宗六諦論』; 최병헌, 2001, 앞의 글, 101쪽 재인용.

10 김광식, 1995, 「1910년대 불교계의 조동종 맹약과 임제종 운동」, 『한국민족운동사연구』 12, 한국민족운동사연구회, 106-107쪽.

5. 朝鮮 圓宗宗務院은 曹洞宗務院에서 布教師 若干 員을 招聘하여 各首寺에 配置하여 一般布教 及 青年僧侶의 教育을 嘱託하고 又는 曹洞宗務院이 必要로 因하여 布教師를 派遣하는 時는 朝鮮 圓宗宗務院은 曹洞宗務院의 指定하는 地의 修寺나 或 寺院에 宿舎하여 一般布教 及 青年僧侶의 教育에 従事케 할 事.
6. 本盟約은 双方의 意가 不合하면 廃止変更 或 改正을 為할 事.
7. 本盟約은 其管轄処의 承諾을 得하는 日로 效力을 発生함.

明治 43년 10월 6일

朝鮮圓宗代表者 李晦光, 曹洞宗宗務代表者 弘津説三[11]

이 맹약은 조선 불교가 조선총독부로부터 원종 종무원으로 인가받을 수 있도록 조동종이 적극적으로 알선하고, 그 대가로 조동종은 고문과 포교사를 파견하여 조선 사찰을 포교에 이용하려고 한 것이 주 내용이다.[12]

조선 불교 원종과 일본 불교 조동종을 통합하는 데 중심 역할을 하였던 다케다(武田)는 맹약이 체결되기에 앞서 원종 종무원 고문을 사임하였으며, 맹약이 체결된 다음 날인 10월 7일 일본 현성사에 돌아가 원종과 조동종의 맹약의 당위성과 구체적 실행방법을 담은 『원종육제론(圓宗六諦論)』을 저술하였다. 이 책은 "원종을 흥륭(興隆)시킴에는 여섯 가지의 중요한 원리가 있는바, 조선의 원종과 일본의 불교 특히 선종(禅宗)과의 연

11 『매일신보』, 1911.4.2; 이능화, 이병주 역, 2003, 『조선불교통사-근대편』, 혜안, 82-83쪽.

12 김광식, 1995, 앞의 글, 108쪽.

합에는 조동종이 가장 적합하다"는 내용을 담고 있다.[13] 이와 더불어 일본 불교 중 조동종, 임제종, 황벽종(黄蘗宗), 정토진종(浄土真宗) 등 4개 종파의 종지, 사찰과 승려의 수효, 파벌의 상황, 학교의 수효 등을 비교하면서 종지와 세력 면에서 조선의 원종이 의지할 수 있는 종파는 오직 조동종뿐이라고 주장한다. 이 책의 결론은 "일본의 조동종과 한국의 석실파(石室派)가 단합하여 신라와 고려 시대의 불교를 영광하자"는 것으로 끝을 맺고 있다. 그러나 이러한 다케다(武田)의 구상은 조선총독부에 받아들여지지 않아 실행되지는 못하였다. 이 구상은 비록 실현되지는 못하였지만 조선불교가 친일화하는 데 적지 않은 영향을 미친 것으로 보인다.

앞에서도 언급하였지만 조동종은 강점한 이후부터 포교에 적극적이었는데, 이 시기 포교 책임자는 고나카(甲中道圓)와 기타노(北野元峰)였다. 고나카는 강점을 전후하여 활동하였다. 교세의 확장을 위해 기타노는 강점 이듬해인 1911년에 파견되어[14] 1915년 10월 18일 다카다(高田穎哉)로 교체될 때까지 활동하였다.[15] 기타노는 1912년 6월 개성에서 70세의 나이에도 불구하고 정신강화회(精神講話会)를 개최할 정도로 적극적이었다.[16] 또한 그해 9월에는 개성에 임시포교소를 설치하고 노기(乃木) 대장의 추모법회와 피안법회(彼岸法会)를 개최했다.[17] 이들의 포교활동으로 조동종은 조선 각 지역에 31개소의 포교소를 새로 설치하였는데, 1910년대 현황을 살펴보면 〈표 1〉과 같다.

---

13 최병헌, 2001, 앞의 글, 113-114쪽.

14 『조선총독부관보』 제403호, 1911.12.29.

15 『조선총독부관보』 제964호, 1915.10.20.

16 『매일신보』, 1912.6.25.

17 『매일신보』, 1912.9.25.

〈표 1〉 1910년대 개설된 조동종 포교소 현황

포교소명	인가일	소재지	비고
공주	1912.5.27	충남 공주군 남부면 반죽리 9통 10호	『관보』 530호
평양	1912.6.24	평남 평양부 서기통 30	『관보』 568호
철원	1912.6.27	강원도 철원군 궁전리	『관보』 568호
원산	1912.7.2	함남 원산부 원산 본정 3정목 251번지	『관보』 568호
진해포	1912.7.29	평남 진해포	『관보』 11호
진주	1912.7.30	경남 진주 욱정	『관보』 22호
총천사	1912.9.21	경남 부산부 부산진	『관보』 458호
목포	1912.9.24	전남 목포 영사관통 2번지	『관보』 460호
개성	1912.11.15	경기도 개성군 대화정	『관보』 101호
충주	1912.11.1	충북 충주군 남변면 이부동 4통 7호	『관보』 129호
광주	1913.1.15	전남 광주군 광주읍 북문 내	『관보』 150호
고성	1913.12.3	경남 고성군 동읍 남내동	『관보』 424호
함흥	1913.12.16	함남 함흥군 주남면 신창리 3통 1호	『관보』 453호
경산	1914.12.11	경북 경산군 경산면 삼남동	『관보』 714호
상주	1915.3.29	경북 상주군 상주면 남정리	『관보』 800호
통영	1915.5.1	경남 통영군 통영 길야정 무번지	『관보』 829호
신안주	1915.6.8	평남 안주군 신안주면 원흥리	『관보』 859호
평택	1915.9.28	경기도 진위군 병남면 평택리	『관보』 954호
나남	1916.7.15	함북 경성군 오촌면 나남초뢰정 108	『관보』 1,203호
창녕	1916.9.20	경남 창녕군 읍내면 교하리	『관보』 1,245호
안악	1917.6.1	황해도 안악군 읍내면 소천리 9, 10	『관보』 1,449호
청도	1917.6.21	경북 청도군 대성면 고수동 639	『관보』 1,467호
대전	1917.6.27	충남 대전군 외남면 대사리	『관보』 1,471호
김천	1917.7.31	경북 김천군 김천면 남산정 31	『관보』 1,501호
담양	1917.10.18	전남 담양군 담양면 지침리 170	『관보』 1,564호
영등포	1917.11.24	경기도 시흥군 영등포면 426	『관보』 1,594호
철원	1918.5.7	강원도 철원군 철원면 관전리	『관보』 1,726호
청진	1918.9.21	함북 청진부 부도정 7	『관보』 1,842호
겸이포	1919.5.8	황해도 황주군 겸이포면 대정정 151	『관보』 2,023호
감포	1919.11.19	경북 경주군 양북면 감포리 43-3	『관보』 2,185호
신의주	1919.12.12	평북 신의주 진사정 4정목 1-5	『관보』 2,205호

2) 정토진종의 포교

정토진종(浄土真宗)은 오타니파(大谷派, 東本願寺)와 혼파(本派, 西本願寺)가 각각 조선에서 포교활동을 하였다. 오타니파는 1877년 10월 오쿠무라(奥村圓心)와 히라노(平野恵粋)가 부산에서 첫 포교를 하여 서울 남산에 본원사를 설립하였으며,[18] 혼파는 이보다 늦은 청일전쟁 직후인 1895년 8월 나카야마(中山唯然)가 부산에서 포교[19]를 시작하여 1905년 개교총감부를 용산으로 이전하였다.[20]

오타니파는 1877년 조선 포교 이래 1910년 8월 29일 일제가 조선을 강점하기 전까지 부산, 원산, 인천, 경성, 광주, 목포, 군산, 진남포, 평양, 신의주, 영산포, 조치원, 대전, 진주, 밀양, 안주, 청진, 성진, 수원, 청주, 구포, 포항, 용산, 삼랑진, 절영도, 함흥 등 26개의 포교소[21]를 개설할 정도로 조선 포교에 역점을 두었다. 그렇지만 오타니파는 일제가 조선을 병탄하게 되자 포교활동에 보다 적극적이었다.

강점 이후 처음으로 포교한 곳은 개성이었다. 개성에서는 1910년 10월경 곤쇼우(権正) 일행의 포교활동으로 다수의 입교자를 획득하였다.[22] 이듬해 1911년 2월에는 서산대사가 의발명장(衣鉢命藏)한 고찰

---

18 한석희, 1990, 『일제의 조선지배와 종교 정책』, 기독교문사, 28쪽; 한석희, 1988, 『日本の朝鮮支配と宗教政策』, 未来社, 27쪽.

19 源弘之, 「近代朝鮮仏教の一断面」, 『龍谷教學』 9, 龍谷教學会議, 95쪽에서는 1898년(明治 31)에 조선에 처음 포교한 것으로 밝히고 있다.

20 한석희, 1990, 앞의 책, 59, 61쪽.

21 『朝鮮開教五十年誌』, 大谷派本願寺 朝鮮開教監督部, 소화 2년(1927), 21-135쪽 참조.

22 『매일신보』, 1910.10.8.

인 해남 대둔사(大芚寺) 주지 박청봉(朴晴峰), 고월초(高月初)와 오타니파 출장원 후지나가(藤永璟什)의 교섭으로 대둔사를 오타니파에 귀속시켰다.[23] 그리고 그해 5월에는 평북 진남포 광량만(広梁湾)에 포교소를 설치하였으며,[24] 1912년 6월 30일 대구 달성학교(達成學校) 교사 1동과 부지를 총독부로부터 대부받아 수리하여 사원을 신축할 정도로 활발하게 포교활동을 전개하였다.[25]

특히 오타니파는 1917년 일본 오타니파의 최고책임자인 법주(法主) 오타니(大谷光演)가 조선을 순회(巡廻)하며 나흘 동안 머물면서 남산 본원사에서 설교회를 비롯하여 서대문 감옥 교화회, 조선 불교계 주요 인사와의 교리문답 등을 갖고 포교활동을 격려하였다.[26] 이러한 포교활동

---

23 『매일신보』, 1911.2.28.

24 『매일신보』, 1911.5.12.

25 『매일신보』, 1912.7.2.

26 『매일신보』, 1917.4.25. 당시 『매일신보』에 실렸던 기사 내용은 다음과 같다.
"일본불교계에 가장 다수한 신도를 가진 종파로 백만 신도의 흠앙 추모를 받는 동본원사의 法主 大谷光演 백작은 조선에 순석하기 위하여 금 25일 오전에 경성에 들어와서 4일간 유숙하며 남산 본원사에서 설교도 하며 서대문 감옥에서 교화노 할 뿐 아니라 조선 불교계에 있는 몇 사람도 만나보고 불교에 관한 문답이 있을 터인고로 남산 본원사에서는 요사이 법주를 맞이할 준비에 분주한 모양이라. 법주 대곡 백작은 명치 8년 2월 27일의 태생이니 금년 43세이라. 10세에 득도하고 명치 41년에 관장이 되었는데, 동본원사 제23세의 법주이라. 재작년 공진회에 오셨던 한원궁 전하와 동서이요 귀족의 지위로도 백작이어니와 신도의 법주를 공경하며 숭배하는 분수는 실로 우리의 생각 이상으로 사람이 아니라 부처같이 공경하여 그에 대한 위엄과 신망은 일본 전시에 실로 놀라운 바이니라. 원방의 신도는 법주의 얼굴 한 번 보는 것을 비상한 영광으로 알며 법주의 한 번 지휘하는 전국 신도의 두말없이 복종하는 바 되는 지위인 고로 이번에 조선에 순석하는 데 대하여 조선에 있는 내지인의 진종 신도들은 비상한 기쁨과 영광으로 환영을 하더라. 법주는 항상 진종 동본원사파의 대본산 되는 京都의 동본원사에 거주하는데, 본원사의 규모가 크며 제도가 굉장함은 한 번 보는 사람은 모두 놀라는 바이라. (하략)"

으로 오타니파는 1910년대에 새로 21개소의 포교소를 설치하였는데 그 현황은 〈표 2〉와 같다.

이외에 평남 용강에도 오타니파 포교소가 개교되었으나 언제 설치되었는지 확인할 수 없다. 그렇지만 1918년 3월 15일 포교 담당자였던 와타나베(渡邊深諦)가 미다라이(御手洗良知)로 교체되었던 것으로 보아 포교소가 설치되었던 것으로 확인된다.[27] 충남 부여에도 포교소가 설립되었던 것으로 보인다.[28] 부여포교소는 1918년 12월 26일 '본원사 부여포교소'를 '오타니파 본원사 부여포교소'로 명칭을 변경한 바 있다.

한편 혼파는 오타니파보다 조선 포교는 늦었지만 1910년 조선이 식민지로 전락하자 다른 종파보다도 가장 적극적으로 포교활동을 전개하였다. 1915년 12월 말 현재 혼파의 신도는 37,078명으로 오타니파나 여타 종파에 비하여 월등하게 신도 수가 증가하였음을 보여준다.[29]

1895년 조선에 첫 포교를 한 혼파는 일제가 조선을 합병하기 전까지 부산, 마산, 용산, 경성, 평양, 초량, 대구, 대전, 통영, 겸이포, 황주, 진남포, 인천, 김천, 성진, 거제도, 장승포, 광주, 영등포 등 19개의 포교소와 출장소를 설치한 바 있었다.[30]

---

27 『관보』 제1708호, 1918.4.19.

28 『관보』 제1922호, 1919.1.7.

29 『관보』 제1260호, 1916.10.13. 1915년 12월 말 현재 일본 불교 각 종파의 신도 수는 정토진종혼파 37,078명, 정토진종오타니파 24,687명, 진종산원파 406명, 정토종 11,077명, 진언종제호파 413명, 진언종각파연합 7,645명, 조동종 6,788명, 일련종 2,851명, 법화종 771명, 임제종 묘심파 1,136명, 진종불광사파 252명, 신의진언종 풍산파 770명으로 집계되었다.

30 源弘之, 앞의 글, 95-98쪽. 이 밖에도 정주(평북), 나남(함북), 원산(함남), 울산(경남), 장흥(전남), 신의주(평북), 의주(평북), 나주(전남), 사천(경남), 군산(전북) 등지에 포교소 또는 출장소가 설립된 것으로 나타나고 있다.

〈표 2〉 1910년대 설치된 정토진종 오타니파의 포교소 현황

포교소명	설치일	소재지	비고
공주포교소	1910.12	충남 공주군 공주읍 금정	『관보』 1082호/50년지 104쪽
대구포교소	1911.3	경북 대구부 대화정	『관보』 1055호/50년지 106쪽
광양만포교소	1911.5.1	평남 진남포 광양만	『관보』 207호/50년지 83쪽
삼천포포교소	1911.7.29	경남 사천군 문선면 삼천포	『관보』 290호
별원출창소	1911.9.9	경성부 중부 승동 32통 3호 이홍의(李鴻儀)의 집	『관보』 320호
춘천포교소	1912.2.12	강원도 춘천군 춘천면	『관보』 447호/50년지 103쪽
논산포교소	1912.3.14	충남 은진군 논산	『관보』 465호/50년지 109쪽
이리포교소	1912.5	전북 익산군 익산면 구이리 144	『관보』 1477호/50년지 10쪽
진해포교소	1912.12.11	경남 진해	『관보』 117호
영암포교소	1913.2	전남 영암군 영암읍 남문 내	50년지 110쪽
송정리포교소	1913.10	전남 광주군 송정면 송정리	『관보』 1123호/50년지 112쪽
정읍포교소	1914.12.5	전북 정읍군 정읍면 수성리 112	『관보』 727호
김제포교소	1915.7.31	전북 김제군 김제면 사진리	『관보』 916호
신의주포교소	1915.2.1	평북 신의주 상반정 7-53	『관보』 758호
제주포교소	1915.12.25	전남 제주도 제주면 삼도리	『관보』 1123호
남평출장소	1915.12.25	전남 나주군 남평면 장기리	『관보』 1033호
전주포교소	1915.12.23	전북 전주군 팔달정 25	『관보』 1039호
평강포교소	1913	강원도 평강군 평강면 서변리	50년지 113쪽
회령포교소	1918.3	함북 회령군 회령면 오동 31	『관보』 1798호

※참고: 『50년지』는 『朝鮮開道五十年誌』.

1910년 8월 일제의 조선 강점을 전후하여 혼파는 조선 포교의 활성화를 위해 청년 승려 8명[31]을 파견해, 전국을 순회하여 적지 않은 성과를 보았다. 이에 따라 혼파는 대성교회(大聖教会)와 경성에 있던 일본인 교

31 이때 참가한 승려는 豊原龍淵, 斯波秋渓, 月輪賢隆, 楠原輝雄, 竹中性達, 岡崎隆譲, 華學默震, 重藤円亮 등이었다.

회를 분리하여 대성교회를 경리원(經理院)으로 이전시켰다. 뿐만 아니라 회원 중 교사 자격이 있는 수십 명을 선발하여 일제의 조선 강점의 취지를 호도하기 위해 임시전도라는 이름으로 전국에 파견하기도 하였다.[32]

이 밖에도 혼파는 포교사업의 목적으로 교육기관을 설립하기도 하였다. 1912년 들어 포교의 목적으로 사립학교 설립을 총독부에 청원하고 승낙을 얻어 경성 신교통(新橋通)사동(篩洞)에 불교고등학원과 계성학교(啓成學校)를 1월 17일에 개교하였다. 불교고등학원은 중등교육기관으로 30명을, 계성학교는 초등교육기관으로 남학생 30명과 여학생 30명을 각각 모집하였다.[33]

이와 같은 포교활동으로 혼파의 교세는 3, 4년간 크세 신장되었다. 그뿐 아니라 1914년 12월 일본 서본원사 전 주지 오타니(大谷光瑞)가 조선을 순회한 바 있는데, 이때 강화회(講話会)에서 '종교연구에만 몰두하는 폐해를 지적하고 이에 지나치면 충량(忠良)한 신민이 될 수 없다.'고 언급하고 있다.[34] 이는 일본 불교의 조선 포교의 본질을 보여준다. 이와 같은 포교활동으로 혼파는 1910년대 32개소의 포교소와 출장소를 크게 증설하였는데 〈표 3〉과 같다.

이처럼 혼파의 경우 포교소가 심하게 증가하였지만, 1910년대에 벌교포포교소, 대성교회 분속사(分属社, 경기도 양주), 대성교회 이천분교회, 대성교회 여주분회, 대성교회 창의문분회(경기도 고양) 등이 유지 및 운영의 어려움으로 폐지되거나 인접한 포교소에 통합되기도 하였다.[35] 한편

---

32 源弘之, 앞의 글, 99쪽.

33 『매일신보』, 1912.1.14.

34 『매일신보』, 1914.12.5.

35 『관보』 제1029호, 1916.1.12; 『관보』 제1035호, 1916.1.19; 『관보』 1044호, 1916.1.29.

〈표 3〉 1910년대 이후 설치된 정토진종 혼파의 포교소 현황

포교소명	설치일	소재지	비고
진남포출장소	1911.8.18	평남 진남포부	『관보』 제305호
사리원출장소	1911.8.26	황해도 봉산군 사리원	『관보』 제308호
진해포교소	1912.2.7	경남 마산부 진해면	『관보』 제441호
강경포교소	1912.3.7	충남 은진군 강경	『관보』 제465호
여수포교소	1912.7.7	전남 여수군 여수	『관보』 제11호
목포출장소	1912.8.1	-	『관보』 제452호
진주출장소	1912.12.28	경남 진주군 진주읍	『관보』 제134호
해주포교소	1913.5.8	황해도 해주군 해주읍 동부 7, 2통 3호	『관보』 제238호
고관포교소	1913.5.17	경남 부산부 고관	『관보』 제246호
김제포교소	1913.7.29	전북 김제군 읍내	『관보』 제313호
방어진포교소	1913.8.23	경남 울산군 동면 방어진	『관보』 제331호
대전출장소	1913.11.28	충남 대전 본정 2정목	『관보』 제411호
벌교포포교소	1913.12.24	전남 보성군 고하면 벌교포	『관보』 제453호
선천출장소	1914.1.20	평북 선천군 읍내면 교남리	『관보』 제460호
순천포교소	1914.2.13	전남 순천군 소안면 남내리	『관보』 제479호
고성포교소	1914.2.18	경남 고성군 동읍면 남내동	『관보』 제479호
송정리포교소	1914.7.2	전남 광주군 송정면 송정리	『관보』 제585호
경주포교소	1914.11.19	경북 경주군 부내면 서부리	『관보』 제700호
영천포교소	1915.5.21	경북 영천군 영천면 문외동	『관보』 제850호
청진포교소	1915.6.10	함북 청진부 조일정 18	『관보』 제875호
대저포교소	1915.8.6	경남 김해군 대저면 출두리 89	『관보』 제911호
대성교회 종로분회	1915.9.1	경기도 경성부 종로 4정목 166	『관보』 제932호
경산포교소	1916.9.30	경남 경산군 경산면 중방동 331	『관보』 제1252호
충주포교소	1916.10.8	충주 충주군 읍내면 충주읍	『관보』 제1266호
절영도포교소	1917.2.27	경남 부산부 영선동 207	『관보』 제1371호
이리포교소	1917.6.19	전북 익산군 익산면 이리 행정 957	『관보』 제1464호
김해포교소	1917.9.10	경남 김해군 좌부면 부원동 71	『관보』 제1534호
본경사포교소	1917.9.12	경기도 경성부 원정 2-16	『관보』 제1536호
대성교회 계동분회	1917.10.3	경기도 경성부 계동 72	『관보』 제1552호
수원포교소	1918.3.18	경기도 수원군 수원면 산루리 425	『관보』 1685호
부여포교소	1918.3.18	충남 부여군 부여면 관북리	『관보』 1685호
금산포교소	1919.11.4	황해도 은율군 북부면	-

『매일신보』에 의하면 혼파 지방 포교소의 활동이 가끔 소개되고 있다. 해주포교소는 신도의 증가로 기존 포교소가 협소하여 2,500원을 들여 포교소를 크게 확장한 바 있으며,[36] 의주포교소는 불교부인회(佛教婦人会)를 조직하여 매월 월례회(月例会)를 꾸준히 개최하고 있다.[37]

3) 일련종과 정토종의 포교

일련종(日蓮宗)은 1881년 와타나베 니치렌(渡邊日蓮)이 부산에서 첫 포교를 시작했으며, 원산과 인천에 정묘사(頂妙寺)와 묘각사(妙覚寺)를 각각 설립하였다. 특히 일련종은 조선에서 교세의 확장을 위해 사노(佐野)를 통해 조선 승려들의 도성 출입금지를 해제해, 조선 불교계에 적지 않은 영향을 주기도 하였다.

일련종도 강점 이후 여타 일본 불교의 종파와 마찬가지로 조선 포교를 적극적으로 전개하였다. 우선 일련종은 일본인과 조선인 신도 중 여성을 중심으로 일한부인회(日韓婦人会)를 조직하였다. 강점 직후 조직된 이 부인회는 10월 16일 제1회 모임을 했는데, 조선 부인의 입회 권유에 진력하였을 뿐 아니라 앞으로는 재조일본인 부인과 조선인 부인의 연합으로 완전한 일련종부인회(日蓮宗婦人会) 조직을 기도하고 있다.[38]

1910년대 일련종이 새로 개설한 포교소와 출장소는 목포,[39] 진해,[40] 대

---

36 『매일신보』, 1914.6.13.

37 『매일신보』, 1916.5.2.

38 『매일신보』, 1910.10.13.

39 『관보』 제458호, 1912.10.9. 목포포교소는 9월 20일 전남 목포부 동해안 3정목 24번지에 설립되었다.

40 『관보』 제117호, 1912.12.19. 진해포교소는 12월 11일에 인가되었다.

전,[41] 영산포,[42] 연안,[43] 사리원,[44] 신의주,[45] 광주(光州),[46] 정주,[47] 마산,[48] 성진,[49] 나남,[50] 겸이포,[51] 출장(안국동),[52] 함흥,[53] 영등포,[54] 개성[55] 등 17개소에

---

41 『관보』 제157호, 1913.2.10. 대전포교소는 1월 28일 인가되었으며 충남 회덕군 대전 부도정에 설립되었다.

42 『관보』 제306호, 1913.8.7. 영산포포교소는 7월 18일에 인가되었다.

43 『관보』 제397호, 1913.11.25. 연안포교소는 11월 11일 인가되었으며 황해도 연안군 연안읍에 설치되었다.

44 『관보』 제534호, 1914.5.13. 사리원포교소는 5월 5일에 인가되었으며, 황해도 봉산군 사원면 사리원3리에 설립되었다. 한편 『관보』 1271호(1916.10.27)에 의하면 사리원포교소가 10월 24일 인가되어 봉산군 사원면 사리원 동로자 12에 설립되었다고 한다.

45 『관보』 제649호, 1914.9.30. 신의주포교소는 9월 8일 인가되었으며, 평북 신의주부 앵정2정목 21번호에 설립되었다.

46 『관보』 제872호, 1915.6.30. 광주포교소는 6월 1일 인가되었으며, 전남 광주군 광주면 동문통에 설립되었다.

47 『관보』 제938호, 1915.9.17. 정주포교소는 8월 28일 인가되었으며, 평북 정주군 읍부면 성외동에 설립되었다.

48 『관보』 제1180호, 1916.7.10. 마산포교소는 7월 5일 인가되었으며, 경남 마산부 통정 4정목 25-2-1번지에 설립되었다.

49 『관보』 제1336호, 1917.1.20. 성진포교소는 1월 17일 인가되었으며, 함북 성진군 하성면 성진봉동 73에 설립되었다.

50 『관보』 제1410호, 1917.4.19. 나남포교소는 4월 16일 인가되었으며, 함북 경성군 오촌면 나남초뢰정 134-1에 설립되었다.

51 『관보』 제1478호, 1917.7.7. 겸이포포교소는 7월 5일에 인가되었으며, 황해도 황주군 송림면 겸이포리 8, 7에 설립되었다.

52 『관보』 제1512호, 1917.8.17. 출장포교소는 8월 14일에 인가되었으며, 경기도 경성부 안국동 64에 설립되었다.

53 『관보』 제1559호, 1917.10.5. 함흥포교소는 10월 10일에 인가되었으며, 함남 함흥군 함흥면 동양리 258번지에 설립되었다.

54 『관보』 제1911호, 1918.12.20. 영등포포교소는 12월 17일에 인가되었으며, 경기도 시흥군 영등포면 영등포리 447에 설립되었다.

55 『관보』 제1955호, 1919.2.15. 개성포교소는 2월 12일에 인가되었으며, 경기도 개성군 송도면 대화정 223에 설립되었다.

이르렀다. 그러나 이들 중 진해포교소는 설립된 지 약 4년 6개월 후인 1916년 10월 18일 폐지되었다.[56]

한편 1897년 미스미타 모치카도(三隅田持門)가 부산에 첫 포교를 한 정토종은 이듬해 경성에 개교원을 설립하면서 포교의 기초를 마련하였다. 일제가 조선을 강점하자 정토종은 바로 조선 포교에 착수하였다. 1910년 9월 중순 합병을 기회로 일본의 대학강사 나카지마 칸슈(中島観秀)가 승정(僧正) 야마자키 토모히데(山崎共秀)와 타카야마 루우젠(高山龍善)에게 청하여 조선에 있는 개도사(開道師)와 합동으로 전국을 순회하였다. 9월 18일부터 순회를 시작해 부산을 비롯하여 마산, 대구, 개성, 진남포, 평양, 신막(新幕), 인천, 군산, 강계, 대전, 수원, 경성, 울산, 황주, 안주 등지에서 포교활동을 하였다.[57] 이때 순회 포교활동을 하였던 나카지마(中島)는 11월 7일 경성 황토현(黄土峴) 정토종교회에서 기념전도회를 개최하고 강연회를 갖기도 하였다.[58] 이 밖에도 정토종 평양포교소는 일본어 보급을 위해 국어학교를 개설한 바 있으며, 소년회를 유치원으로 확장해 운영했다.[59]

강점 이전까지 경성을 비롯하여 25개소에 교회소[60]를 설립하였던 정토종은 1910년대에는 목포 등 17개 지역에 교회소와 출장소를 개설

56 『관보』 제1412호, 1917.4.21.

57 『매일신보』, 1910.9.18.

58 『매일신보』, 1910.11.8.

59 『매일신보』, 1913.8.29.

60 정토종이 1897년 조선에 포교한 이후 1910년 합병 이전까지 교회소를 설립한 곳은 京城, 진남포, 전주, 鏡城(함북), 대동, 개성, 평양, 청주, 여수, 인천, 원산, 황주, 신의주, 대전, 대구, 부산, 울산, 수원, 군산, 마산, 진해, 용산, 서흥, 해주, 나남 등 25개 지역이다(『조선총독부관보』).

하였다. 교회소는 9개 지역으로 목포는 1911년 5월 3일 목포부 무안통 5정목 16번지,[61] 정토종교회소는 5월 13일 경성부 중부 황토현,[62] 방어진은 1912년 9월 11일,[63] 겸이포는 1915년 9월 29일 황주군 송림면 용복리 신흥동,[64] 웅기는 1917년 2월 26일 함남 경흥군 웅기면 웅기동,[65] 밀양은 6월 7일 밀양군 부내면 내일동 90,[66] 청진은 6월 22일 청진부 수정 18,[67] 영동은 10월 2일 영동군 영동면 계산리 174,[68] 조치원은 1919년 4월 19일 연기군 조치원면 조치원리 185[69]에 각각 개설되었다.

경성에 북부 순화동(후에 동부 숭삼동으로 이전), 서부 적선방(후에 동부 적선동으로 이전), 통의동, 안국동, 교북동 등에 5개의 출장포교소[70]를, 지방에는 논산군 두마면, 강화군 하도면[71] 등 2개의 출장포교소를 설립하였다. 또한 평남 진남포부 삼화사(三和寺)에는 설교소를 설립하였다.[72] 이와 같은 포교활동으로 교회소 등을 확장하였지만 진남포, 평양, 군산, 진

61 『관보』 제210호, 1911.5.15.

62 『관보』 제219호, 1911.5.25.

63 『관보』 제452호, 1912.10.2.

64 『관보』 제958호, 1915.10.13.

65 『관보』 제1371호, 1917.3.2.

66 『관보』 제1455호, 1917.6.11.

67 『관보』 제1469호, 1917.6.27.

68 『관보』 제1551호, 1917.10.5.

69 『관보』 제2009호, 1919.4.23.

70 『관보』 제261호, 1911.7.13; 『관보』 제313호, 1913.8.5; 『관보』 제700호, 1914.12.2; 『관보』 제152호, 1917.8.17; 『관보』 제1534호, 1917.9.3; 『매일신보』, 1911.7.7.

71 『관보』 제1842호, 1918.9.26; 『관보』 제1852호, 1918.10.9.

72 『관보』 제874호, 1915.7.2.

해 등지의 교회소는 폐지되기도 하였다. 특이한 점은 울릉도에도 교회소를 설립하였다는 점이다. 울릉도교회소는 일본 불교 중 유일하게 포교된 곳으로 남면 도동 139번지에 설치되었으며 모리시타(森下孝道)가 포교 책임자로 활동하였다.[73]

4) 임제종의 포교와 선당 건립

임제종은 일본 불교 중 가장 늦은 1907년경 경성에 포교소를 설치하면서 교세 확장에 주력하였다. 임제종은 일제가 조선을 강점하자 조선에서 교세를 확대하기 위해 전 가마쿠라(鎌倉) 원각사(圓覚寺) 관장 샤쿠슈우(釈宗)를 두 차례에 걸쳐 조선에 파견하였다.

1911년 10월 16일 조선을 처음 방문한 석종은 먼저 조선총독부 아카시(明石) 경무총장을 비롯하여 우에다(上田) 조선주둔군사령관, 경성일보사와 매일신보사를 차례로 방문하고 친분을 과시하였다. 그는 11월 초까지 조선에 머물면서 인천과 평양 등지로 순회 포교활동을 하였으며, 경찰관과 승려들에게 강연회를 개최하였다.[74] 특히 1911년 11월 2일 각황사에서 연 강연회는 조선인 승려 17명, 일본인 승려 6명, 청강생 80여 명이 참가하였다.[75] 샤쿠슈우(釈宗)의 두 번째 조선 포교활동은 1917년 9월 초로, 중국 봉천과 북경에 옛 불경을 구하러 가는 중간경유지로서 활동하는 것이었다.

73 『관보』 제1145호, 1916.5.30.

74 『매일신보』, 1911.10.17; 1911.10.19; 1911.10.22.

75 『매일신보』, 1911.11.5.

두 번째 포교활동에서 샤쿠슈우(釈宗)는 임제종 포교소가 있는 부산, 대구, 경성, 평양 등지를 순회하였다.[76] 특히 순회 도중 애국부인회와 용산철도구락부, 총독부구락부와 순회지역 유지들을 대상으로 강연회를 했다. 특히 9월 16일은 일본선계의 거장으로 알려진 시라카게(白隠)가 참석한 가운데 장사동 묘심사 경성별원에서 임제종의 종교의식인 '임제록(臨済録) 제창'을 하였다.[77] 당시 샤쿠슈우(釈宗)의 강연 내용은 『매일신보』에 소개될 정도로 중요하게 다루었다.[78]

임제종의 활동은 대체로 1915년부터 『매일신보』에 소개되고 있는데, 이는 조선 포교의 책임자로 내정된 고토 오미이와(後藤瑞巌)의 영향력이 컸던 것으로 보인다. 고토는 1914년 5월 14일 후루카와 다이코오(古川大航)의 후임으로 조선포교관리자로 선임되었다.[79] 이에 앞서 후루카와(古川)는 1911년 3월 3일 마루야마 후토미네(圓山太嶺)의 후임으로 활동하였다.[80] 임제종의 종교의식은 매 일요일 오전과 오후 두 차례씩 고토(後藤)의 집전으로 임제록 제창을 했다.[81] 또한 고토는 1915년 4월 일본 동경과 임제종의 본산 교토(京都) 화원(花園) 묘심사를 각각 시찰한 바 있는데, 이때 조선에 돌아오면서 가마쿠라(鎌倉) 시대부터 전래하여

---

76 『매일신보』, 1917.9.7.

77 『매일신보』, 1917.9.15.

78 샤쿠슈우의 강연 내용은 『매일신보』, 1917년 9월 22일~9월 30일까지 8회에 걸쳐 연재되었다.

79 『관보』 제537호, 1914.5.16.

80 『관보』 제152호, 1911.3.6.

81 『매일신보』, 1915.2.14; 1915.2.21; 1915.2.28.

온 영불인 지장보살을 가지고 와서 영불개안식을 갖기도 하였다.[82]

1910년대 임제종은 기존의 경성 외에 평양,[83] 부산,[84] 대구[85], 보령[86] 등 4곳에 각각 포교소를 개설하였다. 1910년대 임제종의 포교는 타 불교 종파보다 활발하지는 못하였지만 중요한 것은 '조선 불도의 부활을 도모한다.'는 명분으로 1915년 11월 수표정에 새로운 선당(禪堂) 건립을 계획했다는 것이다. 그 취지서에 의하면 "지금에 반도는 우리 황국에 신부(新附) 이래로 5성상을 황은에 흡점하여 만반의 시설이 점차 취서하고 백물이 혁관하고 또 금일 대전의 성의에 치할 능위는 자차로 유익증휘하여 반도의 진운을 역시 기대할지라"[87]고 하였다. 조선이 일본 천황

---

82 『매일신보』, 1915.5.23.

83 『관보』 제342호, 1911.10.16. 임제종 평양포교소는 1911년 10월 2일 평남 평양부 평양학정에 설립되었다.

84 『관보』 제554호, 1912.7.2. 부산포교소는 1912년 6월 11일 경남 부산부 부산보수정 1정목 153번지에 설립되었다.

85 『관보』 제601호, 1914.8.3.

86 『관보』 제1934호, 1919.1.21. 보령포교소는 1월 16일에 인가되었으며, 충남 보령군 대천면 대천리 189-6에 설립되었다.

87 『매일신보』, 1915.11.11. 이때의 취지문은 다음과 같다.
"夫大法의 流通은 人을 俟ᄒᆞ야 得할지라. 宗越가 如何히 幽遠ᄒᆞ다ᄒᆞ나 若其人을 不得하면 마침내 破器만 不如하며 특히 吾祖師門下에 然한지라. 是故로 吾門은 古来로 특히 選仏道場을 設하고 釈迦文仏의 聖制를 攀하야 一箇兩箇 真正한 種草를 打出하여 永久히 照世의 灯明을 作케 한지라. 按하건데 本半島國의 仏法은 其流를 我臨済宗에 汲하여 当年 教化의 普及隆昌은 実로 靈界의 權威이라. 然이나 李朝五百年間 排仏毀釈한 結果로 今에 至하여는 寺明이 頽敗하며 真風이 滅絶하여 祖庭의 荒寥其極에 達하니 可히 悼戚할 바이라. 然則 此를 如何히 하면 可하뇨. 惟夫 其人을 得함에 在할지라. 然이나 其人이 輩出이 亦自機関을 要하는지라. 今에 半島는 我皇國에 新附以来로 五星霜을 皇恩에 洽霑하여 万般의 施設이 漸次就緖하고 百物이 革観하고 且 今日 又 御大典의 盛儀에 値할 御陵威는 自此로 愈益増輝하여 半島의 進運을 亦期待할지라. 然而 斯間仏法을 엇지 弛廢에 一任함이 可하리오. 況且 一樹之蔭에 棲息하는 吾輩리요. 忍俊不禁과 撤力不德을 不顧하고 此 今辰에 当하여 玆

의 감응으로 점차 발전하고 있음을 강조하고 있다. 이어서 대전선당건립회(大典禪堂建立会)를 구성하고 건립기부금을 모집했다.[88] 건립회 회칙[89]에 의하면 기부금 모금액은 1만 원, 모금기간은 1915년 11월 10일부터 1918년 11월 9일까지 4년간으로 하고 있다. 이 선당은 모금기간을 마치기 전인 1918년 6월 9일 상량식을 가졌다.[90] 이 선당의 건립으로 임제종은 조선에서 중요한 포교기지를 마련하였다.

이상에서 살펴보았듯이 1910년대 일본 불교의 주요 종파 포교소의 설치는 조동종은 31개소, 오타니파는 21개소, 혼파는 32개소, 임제종은 4개소, 정토종은 17개소 등 105개소가 새로 설치되었다. 여기에 분석대상에서 제외한 진언종 제호파, 진언종 각파연합, 법화종, 진종 불공사파, 신의진언종 풍산파, 황벽종, 진종 산원파, 신의진언종 지산파 등을 포함한다면 훨씬 많은 수의 포교소가 설립되었을 것으로 보인다. 1910년대 일본불교의 포교현황은 〈표 4〉와 같다. 〈표 4〉에 의하면, 1910년대 하반기로 갈수록 일본인과 조선인의 신도가 증가하고 있음을 알 수 있다.

에 選仏道場 建立의 志를 発하엿으니 是는 敢히 名聞을 一世에 求함이 아니라 但 半島의 仏者로 点睛하여써 '皇風永扇 帝道遐昌 仏日増輝 法輪常転'을 願할 뿐이라. 願건네 有緑無緑은 篤志지 浄財를 喜捨하여 野衲의 微志를 成就케 하기를 至懇至祷ᄒᆞ노라."

88 『매일신보』, 1915.12.3.

89 회칙은 다음과 같다.
"제1조. 本会는 大典紀念禅堂建立으로 目的함, 제2조 本会는 本会의 趣旨를 賛成하는 有志로부터 寄贈하는 浄財로서 其費用에 充함, 제3조 本会의 浄財収受予定額은 金一万圓으로 함, 제4조 浄財収受期間은 大正 4年 11월 10일부터 同 7년 11월 9일까지로 함, 제5조 本会에 浄財를 寄贈코자 하는 有志는 拾銭 以上을 随意로 함. 但物件을 寄贈함도 無妨, 제6조 寄贈金은 予定額에 達할 時까지 此를 朝鮮銀行에 預置하고 委員이 이를 保管함, 제7조 事務를 処理하기 為하여 本会에 左記 委員을 置함. 一 庶務係 若干名, 会計係 若干名, 제8조 本会의 目的을 達成하기 為하여 本会 賛助員 顧問 若干名을 委嘱함, 제9조 本会는 大典紀念禅堂建立会라 称하고 경성 장사동 묘심사출장소 내에 置함."

90 『매일신보』, 1918.6.11.

〈표 4〉 1910년대 후반 일본 불교의 현황

연도	포교소 수	포교자 수	신도 수
1915	190	231	150,484
1916	209	282	184,913
1917	234	319	208,213
1918	259	355	213,966
1919	266	377	–
1920	281	396	297,836

그리고 1910년대 일본 불교 각 종파가 조선에 설치한 포교소의 현황을 지역별로 살펴보면 〈표 5〉와 같다.

〈표 5〉 1910년대 일본 불교 각 종파를 조선에 설치한 포교소 현황

지역	포교된 일본 불교	지역	포교된 일본 불교
진남포	오타니파, 혼파, 정토종, 조동종, 각파연합	목포	정토종, 혼파, 일련종, 조동종, 지산파, 오타니파
방어진	정토종, 혼파	안동	산원파
상주	산원파, 조동종	칠곡	산원파
경성	정토종, 제호파, 임제종, 혼파, 오타니파, 조동종, 법화종	평양	임제종, 조동종, 산원파, 정토종, 일련종, 혼파, 오타니파, 각파연합, 대객사파
동래	지산파, 오타니파, 각파연합	용산	정토종
사리원	혼파, 일련종	부산	오타니파, 임제종, 지산파, 조동종, 혼파, 법화종
황주	정토종, 혼파	마산	혼파, 일련종, 정토종, 풍산파
춘천	오타니파	금산	지산파
논산	오타니파, 고야파, 정토종, 각파연합	강경	오타니파, 혼파
공주	조동종, 정토종, 오타니파	사천	오타니파, 혼파
통영	지산파, 정토종, 조동종, 혼파	철원	조동종
원산	조동종, 혼파, 정토종, 오타니파	여수	혼파, 정토종, 지산파
진해포(평북)	조동종	진주	조동종, 혼파, 오타니파
대전	정토종, 제호파, 임제종, 혼파, 오타니파, 조동종, 법화종	진해	일련종, 고야파, 풍산파, 혼파, 조동종, 오타니파, 정토종, 각파연합
충주	조동종, 혼파	온양	고야파
광주	조동종, 혼파, 일련종, 지산파, 오타니파	개성	조동종, 정토종, 오타니파, 일련종, 각파연합
해주	혼파, 정토종	함흥	고야파, 조동종, 오타니파, 일련종

영산포	일련종, 조동종, 오타니파	김제	혼파, 오타니파
홍주	조동종	나남	혼파, 정토종, 각파연합, 일련종
예산	고야파	인천	일련종, 혼파, 정토종, 오타니파, 제호파
고성	조동종, 혼파	재령	고야파, 각파연합
벌교포	혼파, 불광사파	선천	혼파, 고야파, 각파연합
순천	혼파, 오타니파	대구	임제종, 조동종, 혼파, 지산파, 정토종, 각파연합
연안	일련종	하동	풍산파
신의주	일련종, 오타니파, 혼파, 각파연합, 조동종	경주	혼파, 조동종
정읍	오타니파	나주	지산파, 조동종, 일련종, 오타니파, 혼파
밀양	고야파, 지산파, 오타니파, 각파연합, 정토종	청진	혼파, 오타니파, 각파연합, 정토종, 조동종
안주	조동종, 오타니파	영천	혼파
김해	혼파, 정토종	군산	혼파, 정토종
정주	일련종, 혼파, 정토종	평택	조동종
겸이포	정토종, 일련종, 조동종	용천	조동종
김천	혼파, 지산파, 조동종	경성	혼파, 정토종, 조동종
전주	정토종, 혼파, 조동종, 오타니파	대동	정토종
이리	일련종, 각파연합, 혼파, 오타니파	서흥	정토종
청주	정토종, 오타니파	영등포	혼파, 각파연합, 조동종, 일련종
연안	일련종	조치원	오타니파, 각파연합, 정토종
수원	오타니파, 정토종, 각파연합, 일련종, 혼파	장흥	혼파
장승포	혼파	의주	혼파
포항	오타니파, 동곡사파, 지산파	북청	각파연합
영동	지산파, 정토종	칠곡	불광사파
경산	조동종, 혼파	송정리	오타니파, 혼파
용강(광량만)	오타니파	성진	오타니파, 일련종
울산	정토종, 각파연합	울릉도	정토종
원산	각파연합	옥구	각파연합
창녕	조동종	부여	조동종, 혼파
웅기	정토종	안악	조동종
청도	조동종	담양	조동종
강진	불광사파	회령	각파연합, 오타니파
통천	각파연합	강화	정토종
보령	임제종	평강	오타니파
영암	오타니파	은률	혼파

※범례: 혼파-정토진종 본원사파, 오타니파-정토진종 오타니파, 불광사파, 정토진종 불광사파, 각파연합-진언종 각파연합, 지산파-신의진언종 지산파, 풍산파-신의진언종 풍산파, 산원파-정토진종 산원파, 제호파-진언종 제호파, 고야파-진언종 고야파, 진언종 대각사파

※출처: 「朝鮮總督府官報」, 『매일신보』.

5) 일본 불교의 성격과 식민성

개항 이후 조선에 가장 먼저 진출한 일본종교는 일본 불교였다. 일제가 조선을 식민지화하는 데 불교를 앞세워 진출하려는 종교 정책은 개항 초기부터 기획 추진되었다.[91] 1877년 부산의 개항과 함께 일본 정부의 요청에 따라 정토진종 오타니파가 '호국과 호법의 일치'를 표방[92]하면서 포교를 시작하였고, 그 뒤를 이어 1881년 일련종이 포교를 하였다. 1894년 청일전쟁이 일어나자 일본 불교 각 종파는 앞을 다투어 일본군 종군승을 파견하여 군인을 위무하는 한편 조선인을 선무하는 활동을 전개하였다. 이에 따라 일본 불교의 조선 포교는 진출 초기부터 정치적·군사적 성격을 지니게 되었다.

이후 1904년 러일전쟁을 계기로 일본 불교의 조선 진출은 더욱 강화되었다. 그리하여 일찍이 조선에 진출하였던 오타니파 외에도 진언종, 조동종, 임제종 등 대부분 일본 불교가 조선에 진출해 포교활동을 시작하였다. 이에 따라 일본 불교는 경쟁적으로 조선 포교를 모색하는 가운데 종파별로 그 효과를 높이기 위하여 새롭게 사찰이나 포교소(布教所)

---

91 『朝鮮開教五十年誌』, 大谷派本願寺朝鮮開教監督部, 1928, 19쪽.

92 大谷派의 조선 포교의 근본적인 신념은 첫 조선 포교 책임자였던 奥村円心이 1898년 10월 오타니파 본산에 제출한 보고서에 잘 나타난다.
"國과 法(불교)은 가죽과 털 같으며, 일본과 한국은 입술과 이와 같아 이들 둘은 서로 기다려 완전하게 구비된다. 깊이 생각하건대, 동방의 형세는 다달이 점점 그릇되어, 이제야 한국의 상태를 말하기에 숨기지 않는다. 이번 가을에 우리 왕법의 본이 되는 忠君愛國의 가르침으로 그 나라 국민을 誘導啓発하는 것은 실로 우리 가르침의 본지로서 국가에 보답하고 법을 수호하는 소이인데, 하물며 우리나라의 문물풍교가 금일처럼 풍성하게 된 것이 옛날 그 나라의 유도계발에 의한 것임에 있어서리오."(한석희, 1990, 『일제의 종교침략사』, 기독교문사, 27쪽)

를 설립하는 것보다 기존의 조선 사찰을 장악하고 조선 승려를 포섭하는 것이 유리하다고 판단해, 조선 불교를 포섭하려는 적극적인 노력을 기울였다.

그뿐 아니라 조선 전 시기에 걸쳐 정치, 사회적 제약을 감수할 수밖에 없었던 조선 불교는 조선에 진출한 일본 불교의 정치적 영향력에 크게 감화되었으며, 이로 인하여 조선 불교의 중흥은 일본 불교를 통하여 가능하다는 인식을 하기도 하였다. 더욱이 1895년 일본 승려 사노 젠레이(佐野前励)의 요구로 조선 승려의 도성 출입금지가 해제되자, 조선 불교는 일본 불교를 보다 긍정적으로 인식하게 되었다.

또한 일제는 종교의 포교를 통해 친일화를 유도하였기도 하였다. 그 방법으로 교육사업과 의료 등을 포함한 사회복지사업을 활용했다. 이에 따라 일본 불교는 교육기관을 건립하거나 유학생을 일본으로 파견하였다. 이를 통해 일본 불교는 단순히 포교라는 목적 외에 일제의 침략 및 식민정책에 편승하여 친일세력의 양성 및 동화정책의 동조자로서 적극적으로 활동했다. 이러한 불교의 성격은 일제강점기 동안 그대로 이어졌다.

조선에 진출한 일본 불교의 특성을 살펴보면, 첫째, 종교를 통한 종교의 지배이다. 조동종은 앞서 살펴본 바와 같이 오랜 역사가 있는 한국 불교를 흡수 통합하여 일본 불교의 위상을 높이고자 하였다. 강점 직후 한국 불교 원종과 맺은 맹약은 비록 성공하지는 못하였지만, 실제적으로는 조선 불교를 일본 불교의 한 종파인 조동종에 예속시키는 결과를 가져왔다. 이러한 점은 일본이 한국을 강점한 것과 마찬가지로 종교를 통해 한국을 지배하고자 한 정책의 연장선이라고 할 수 있다. 임제종은 조선 불교는 조선 5백 년간 '배불훼석(排佛毀釈)'하여 지금에 이르렀으므로 선당을 건립하고 '황풍영선제도하창 불일증휘법륜상전(皇風永扇帝道遐昌 佛日增輝法輪常転)'이라 하여 조선 불교의 귀속을 도모하고자 하였다. 그리고 조선 불교의 부흥이라는 명목으로 각 종파의 선당을 건립했다. "조선의 불법이 임제종에 미쳤으므로 교화의 보급 융창은 실로 영계의 권위"라 하여 임제종의 발전이 조선 불교의 부흥이라고 한 것도 이러한 의미를 내포하고 있다.

둘째, 교육 또는 유학생 파견을 통한 친일화의 경도이다. 일본 불교의 교육활동은 단순한 교육으로만 그치는 것이 아니라 일본 불교의 교리를 통해 친일적인 사고를 배양하는 것이라 할 수 있다. 이에 따라 조선에 진출한 일본 불교는 교육기관을 설립해, 교리 외에도 일본어를 가르쳤다. 이는 일본 불교를 올바르게 이해시키기 위해서도 필요한 교육이라 할 수 있다. 앞서 보았듯이 혼파에서는 초등교육기관으로 계성학교, 중등교육기관으로 불교고등학원을 각각 설립하여 일본식 교육 또는 일본 불교의 호국정신과 호법정신을 이식해 친일화를 유도하였다.

이 밖에도 일본 불교의 각 종파는 전국을 순회하면서 강화회 또는 교화회를 통한 친일화도 적극적으로 시도했다. 즉 일제의 조선 강점을 "이왕가와 민중의 경복중진"이라 하여 불만을 무마하고자 했다. 또한 일본에 유학생을 파견하여 친일화를 유도하였기도 하였다. 당시 불교 유학생의 파견은 한국 불교의 진흥을 위한 인재 양성의 교육열에서 비롯되었지만, 한국인으로서의 자주성을 말살하고 일제의 지배에 순응하는 국민을 만들기 위한 하나의 방편이기도 하였다.[93] 유학생 파견은 조동종이 가

---

93 이경순, 1998, 「일제시대 불교유학생의 동향-일본유학생을 중심으로」, 『승가교육』 제2집, 대한불교조계종교육육원, 256쪽.

장 적극적이었는데, 용주사의 김정해가 조동종대학에 유학하면서 일본식 불교를 적극적으로 수용하자고 주장한 것도 이러한 맥락의 하나라고 할 수 있다. 1910년대 일본에 파견된 불교 유학생은 20여 명을 넘어섰으며, 3·1운동 이후 급격히 늘어났다.[94]

셋째, 일본 불교 승려와 식민통치기관의 접촉이다. 이는 일본 불교가 식민통치와 밀접한 관계가 있음을 보여준다. 조선 포교를 위해 조선에 건너온 일본 불교 승려들은 무엇보다 먼저 조선총독부, 경성일보사, 매일신보사, 조선군사령부 등 식민정책에 직접적인 영향을 미치는 기관들을 방문했으며, 이들 기관으로부터 식민 지배의 당위성을 전하도록 당부받았다. 일련종의 샤쿠슈우(釈宗)는 조선총독부의 아카시(明石) 경무총감과 우에다(上田) 조선군주둔사령관 등을 비롯하여 경성일보사와 매일신보사를 매번 방문했다. 이는 조선총독부의 식민정책을 적극적으로 협력하거나 종파 운영에 총독부의 후원을 받고 있음을 보여준다.

넷째, 일본군과 일본 왕가의 위무이다. 이는 일본 불교의 군사적 성격을 보여준다. 일본 불교는 군인위무사업으로 군인오락장, 군인휴게소, 영령안치소, 부대 위문 등을 포교사업의 하나로 활용했다.[95] 1910년대 일본 불교 중 혼파는 두 차례의 육군추조회,[96] 오타니파도 한 차례의 육해군병몰자 추모독경회[97]를 각각 개최해, 군인위무사업을 실행하고 있다. 또한 명치 일왕이 병중에 있거나 사망하였을 때 일본 불교 연합

94 이경순, 1998, 위의 글, 261쪽.

95 木場明志, 1995, 「近代における日本仏教のアジア伝道」, 『日本仏教②-アジアの中の日本仏教』, 日本仏教研究会, 219쪽.

96 『매일신보』, 1911.3.10; 1912.3.12.

97 『매일신보』, 1914.3.12.

으로 쾌유를 바라는 봉도회와 어추모법회 등을 개최하기도 한다.[98] 특히 오타니파 남산 본원사에서 개최하는 봉조회에는 조선인협회 신도 2백여 명이 참석할 정도였다.[99]

다섯째, 일본 불교의 연합 포교활동이다. 이들 각 종파는 원칙적으로는 개별적으로 포교활동을 전개하였지만, 때에 따라서는 연대를 통한 포교활동을 전개한 사례도 없지 않았다. 조선총독부가 1915년 시정 5주년 기념으로 조선물산공진회를 개최하자[100] 일본 불교계에서는 연합으로 포교활동을 하였다. 총독부의 기관지인 『매일신보』도 정신적 문명을 종교가, 물질적 문화는 공진회가 대표하므로 "공진회로써 물질의 문명을 유도하고 종교로써 정신문명을 유도하되 공진회 중에 종교가 유하고 종교지중에 공진회가 유하여 정신여물질이 합위일체"라 하여 공진회 현장에서 종교의 포교활동을 적극적으로 권유했다.[101] 또한 김정해는 일본 대정박람회의 사례를 들면서 공진회에 불교전도관을 설치하여 포교사업으로 활용하자고 제안했다. 그뿐 아니라 차원 높은 강연과 강좌, 신앙담을 활용하여 국민정신을 통일할 것도 주장하고 있다.[102] 1915년 9월 11일부터 경복궁에서 공진회가 개회하자 일본 불교계는 혼파 본원사,

98 『매일신보』, 1912.8.1, 1912.8.3, 1912.8.6. 日王家의 병중 쾌유를 기원하는 각종 법회나 행사, 明治 日王 사망에 대한 각종 종교단체의 추모회는 성주현, 2003, 「日帝의 同化政策과 宗敎界 動向」, 『식민지 조선과 『매일신보』-1910년대』, 수요역사연구회를 참조할 것.

99 『매일신보』, 1912.8.4.

100 조선물산공진회에 대해서는 박성진, 2003, 「일제 초기 조선물산공진회연구」, 『식민지 조선과 매일신보』, 수요역사연구회를 참조할 것.

101 『매일신보』, 1915.11.15.

102 『매일신보』, 1915.2.11.

남산 오타니파, 조동종 별원, 호국사, 임제사, 일한사, 개교원, 묘심사, 광운사 등 8종(宗) 9사(寺)가 참여하여 각종(各宗) 연합회를 구성하고 광화문 서쪽 전도관을 건립해 포교활동을 대대적으로 전개하였다. 또한 공진회 포교활동에는 일본 진종대학에서 15명의 교수를 파견할 정도로 중요하게 인식하였다.[103]

한편 앞서 본 〈표 5〉에 따르면, 1910년대 일본 불교 포교소가 설치된 지역은 두 가지 특징을 보인다.

첫째, 일본 불교가 포교소를 설치한 곳은 농촌보다는 도시 중심으로 이루어지고 있다. 이러한 모습은 개항 이래 이주한 일본인이 도시를 중심으로 생활 근거지를 마련하였기 때문이다. 1910년대 조선에 형성된 일본인의 주요 거주지는 부산, 원산, 경성, 인천, 목포, 진남포, 군산, 마산, 평양, 대구, 신의주 등인데, 이들 지역에는 대부분 4개 이상의 일본 불교 종파가 포교소를 설치했다. 이처럼 일본인 사회에 포교소가 집중적으로 설치된 것은 일차적으로 일본인을 대상으로 포교하였기 때문이기도 하지만, 이와 더불어 조선 사회에 일제 침략의 정당성을 보급하고 정신적 교화를 선도하는 데 일조를 담당하였다.[104]

둘째, 일본군 주둔지에 일본 불교 포교소가 집중되고 있다. 1910년대 일본군이 주둔한 지역으로 용산(경성)을 비롯하여 회령, 나남, 함흥, 평양, 대전, 대구, 마산, 진해 등의 지역 역시 다양한 종파가 포교소를 설치했다. 이들 지역은 일본인 사회뿐만 아니라 일본 불교가 조선에 포교

103 『매일신보』, 1915.7.16.

104 정혜경, 2003, 「『매일신보』에 비친 1910년대 在朝日本人」, 『식민지 조선과 『매일신보』-1910년대』, 수요역사연구회, 143쪽.

된 계기가 청일전쟁 또는 러일전쟁에 파견된 종군 승과 밀접하였듯이 군의 사기진작 및 위무와 관련지어 볼 수 있다.

2. 일본조합기독교의 포교활동과 식민성

1) 에비나 단조과 와타세 쓰네요시의 기독교 인식

일제강점기 식민지 조선에서 일본조합교회의 활동을 알아보려면 무엇보다도 핵심인물인 에비나 단조(海老名彈正)와 와타세 쓰네요시(渡瀨常吉)에 대해서 먼저 살펴보아야 한다.

에비나는 일본조합교회를 이끌어간 중심인물 중 하나로 그에 대한 평가는 다양하다. "재래의 일본 윤리와 기독교의 양립을 시도하고, 신도적(神道的) 기독교라고 부를 수 있는 일종의 윤리설"을 조직한 기독교인이었는가 하면, "철저한 사대주의와 시대 편승주의의 전술, 그리고 당당한 외모와 웅변이라는 무기를 가진 천성의 선동가", "철저한 국가주의자"라고 평가받고 있다. 에비나 스스로 "나는 순교자로서 죽기보다 애국자로서 살고 싶다"고 밝힌 것처럼 국가를 종교보다 상위에 둔 인물이다.[105]

막번체제 말기인 1856년 후쿠오카현(福岡県) 츠쿠고(筑後) 야나기카와번(柳川藩)에서 하급무사의 장남으로 태어난 에비나는 어려서부터 무사도와 유교적 가정교육을 받으며 성장했다. 훗날 기독교에 입교한 후에

105 渡瀨常吉, 1938, 『海老明弾正先生』, 龍昑社, 18쪽; 한상일, 2004, 『제국의 시선』, 새물결, 57-58쪽.

도 어려서 받은 교육은 그의 생활과 종교 속에 그대로 남아 있었다. 메이지유신(明治維新)으로 막부체제가 무너지자 무사로서 충성의 대상을 상실한 에비나는 "폐번과 성곽의 소실, 그리고 젊은 영주의 죽음은 나에게는 커다란 슬픔일 뿐 아니라 일종의 정신적 죽음"이라 할 정도로 삶의 목표를 잃었다.[106] 이러한 상황에서 에비나는 기독교를 통하여 자기 상실을 회복할 수 있었다.

에비나가 기독교에 입교하게 된 계기는 구마모토양학교(熊本洋學校)에서 신교육을 받으면서부터였다. 구마모토양학교는 요코이 쇼난(横井小楠)의 학풍을 이어 설립한 근대적 교육기관으로 철저하게 일본 정신 위에 서양의 과학을 배운다는 목적에서 설립되었다. 요코이(横井)의 화혼양재(和魂洋材) 사상이 지배하던 구마모토(熊本)의 지배층은 선교사를 통한 서구문명의 수용을 거부하였다. 이들은 선교사나 학자가 아닌 일본의 무사와 같은 정신을 가진 인물을 찾았는데, 그가 바로 '르로이 제인스'였다. '국가와 기독교에 대한 확실한 신념과 개성의 소유자'였던 제인스가 양학교에서 실시한 교육은 군대와도 같이 엄격하고 규칙적이었으며, 소수정예의 인재 양성을 지향하였다.[107]

그러나 학교 설립 당시 강조되었던 기독교 정신에 대한 배척이 점차 해체됨에 따라 제인스는 기독교 교육을 시행하였다. 당시 제인스는 기독교의 신학적 논리나 영혼 구제가 아닌 기독교 정신을 바탕으로 한 서구문명의 강점과 청교도적 생활태도를 중점으로 가르쳤다. 오직 교육과 종교를 통해서만 자아와 개체의 확립이 가능하고, 자아의 확립을 통해

106 渡瀨常吉, 1938, 앞의 책, 13쪽; 한상일, 2004, 위의 책, 59-60쪽.

107 한상일, 2004, 위의 책, 60-61쪽.

서 비로소 강한 국가가 성립할 수 있다는 것이다. 제인스의 이러한 철저한 국권주의적 교육은 횡정(横井)의 학풍과 접목되면서 훗날 일본 사회 각계에서 국권 확장을 위하여 활발하게 활동한 많은 인재를 양성하였다. 이 시기 '충성의 대상'을 잃고 방황하던 에비나는 제인스로부터 크게 감명받고 기독교를 쉽게 수용하였다. '기독교야말로 일본을 통합하고 나아가 일본의 국익을 극대화할 수 있는 가장 바람직한 길'이라는 믿음을 갖게 되었다.[108] 그는 기독교를 오직 부국강병을 이룰 수 있는 수단으로만 인식하였다. 이러한 인식하에서 에비나는 양학교 재학 시절 35명의 학생들과 기독교에 헌신할 것을 선언한 바 있다.[109]

양학교를 졸업한 에비나는 도지샤대학(同志社大學)에 입학하여 신학을 전공하면서, 방학이면 고향인 안나카(安中)에서 전도활동을 활발히 전개하였다. 대학을 졸업한 후 에비나는 목사 안수를 받고 안나카교회(安中教会)에서 목회 활동을 시작하였다. 이 시기 그는 막부 말기 개국통상과 식산흥업을 통한 구국강병을 주장한 요코이(横井)의 딸과 결혼하였는데, 이 결혼을 통하여 에비나는 요코이의 국권주의 사상의 법통을 이어갔다. 에비나는 정력적으로 목회활동을 하였으며 조합교회의 전도부인 일본기독교전도회사 사장과 고베교회(神戸教会)를 거쳐 혼고교회(本郷教会)를 재건하였다. 그 후 1929년부터 10년간 도지샤대학 총장을 역임

108 한상일, 2004, 위의 책, 63쪽.

109 土肥昭夫, 1965, 「海老明弾正-思想と行動」, 『同志社の思想家たち』, 同志社大學出版協会, 88쪽; 한상일, 2004, 앞의 책, 63쪽. 당시 선언에는 "황국에 흩어져 있는 많은 인민의 몽매함을 깨우치는 것과 이를 위해 보국의 뜻을 품은 자는 쇄국시대 이래 기독교에 대한 잘못된 인식을 바로잡고 나아가 나라와 인민을 구할 수 있다는 기독교의 공명정대성을 증명할 사명이 있다"는 내용을 담고 있다.

하고 1937년 죽을 때까지 혼고교회에서 명예목사로 활동하였다.[110]

에비나는 기독교인임에도 성서에 기록된 예수의 처녀잉태설, 여러 가지 기적들, 부활이나 삼위일체론과 같은 기독교의 핵심사상을 부정하였을 뿐만 아니라 대속주로서의 그리스도의 존재 자체를 수용하지 않았다.[111] 이에 비해 그는 기독교의 다양성을 주장하였는데, 기독교의 혼은 민족성을 파괴하는 것이 아니라 오히려 민족성을 원만히 발휘한다고 인식하였다. 나아가 그는 그리스도의 신을 인격신으로 규정하고 인간의 구제를 인격의 완성으로 인식하였기 때문에 일본적 기독교와 종래 일본의 신관과 인간관의 관계를 적극적으로 발전시켰다. 에비나는 그가 살아온 전통과 유교, 불교, 그리고 재래종교인 신도를 중요시했다. 그 결과 기독교와 동일한 신도의 일신교적 경향을 주장함으로써 일본 천황의 '우월성과 절대성'을 주장하였다. 신도의 일신교적 경향과 정통성, 그리고 황실의 신성을 인정하는 에비나의 기독교관은 삼위일체인 하나님을 통한 개인의 영혼 구제가 아니라, 일본이라는 국가의 발전과 번영에 목표를 두고 있다는 것은 당연한 귀결이었다.[112]

무사도와 유교, 그리고 신도적 배경을 가진 그는 일본의 전통적인 윤리, 충군애국과 기독교 윤리로서 사랑을 교묘하게 절충하여 기독교인으로서 충군애국을 합리화하고 강조하였다. 에비나는 박애라는 기독교의 본질적 가치와 일본의 정신적 전통인 충군애국을 일원적으로 파악하고, 나아가 박애의 실현은 국가가 이룰 수 있다고 보았다. 따라서 기독교의

---

110 한상일, 2004, 앞의 책, 66-68쪽.

111 土肥昭夫, 1965, 「海老名弾正の神學思想」, 『雄本ベント研究』, みすず書房, 290-361쪽; 한상일, 2004, 위의 책, 63쪽.

112 한상일, 2004, 위의 책, 70-76쪽.

박애는 곧 충군이고 애국이며, 이것의 구체적 실천은 국력 강화이고 이를 위해서는 전쟁도 정당화할 수 있다는 것이었다. 결국, 에비나는 기독교의 사명이 선량한 의지인 애국심을 고취하는 것이고, 애국심을 가짐으로써 비로소 국민의 정치적 정신이 각성된다고 주장하였다.[113]

이러한 인식에 따라 에비나는 일본 국력의 해외 침략과 아시아의 지배를 적극적으로 지지하였고 기독교가 여기에 동참할 것을 촉구하였다. 그는 청일전쟁과 러일전쟁을 '정의를 위한 전쟁', '신국 건설을 위한 성전'으로 인식하였고, 일본을 중심으로 한 동양민족의 대융합과 일본의 대륙 진출은 '지상에 신국을 건설하는 것'이라고 하였다.[114]

에비나는 대륙 진출의 관문인 조선에 대해서도 일찍부터 일본의 조선 침략을 강조했고 합병을 주장하였다. 그에 따르면 일본이 조선을 합병하는 것이 그리스도 사랑의 실천이고, 조선과 일본 두 국민이 하나로 융합하는 곳이 그리스도의 정신이었다. 그러므로 일본은 기독교적 사랑을 실천하기 위하여 조선 합병을 완성해야만 하고, 이를 위하여 일본 기독교는 적극적으로 조선 전도에 참여해야 한다고 주장하였다.[115] 1907년 헤이그 특사사건으로 조선 독립문제가 일본 국내외적 이슈로 부상하자, 에비나를 위시한 일본조합교회는 보다 직설적으로 조선합병을 주장하고 나섰다.

---

113 海老名弾正, 1915.2,「基督教徒の使命」,『六合雜誌』, 79-87쪽; 한상일, 2004, 위의 책, 76-81쪽.

114 渡瀬常吉, 1904.8,『戦争の美』,『신인』5-8, 17-22쪽; 한상일, 2004, 위의 책, 83쪽; 윤경로, 1989,「통감부시기 일제의 기독교정책과 '조선전도론'」,『민족문화』4, 106쪽.

115 松尾尊兊, 1968.7,「日本組合基督教の朝鮮伝道」,『思想』, 岩波書店, 951쪽.

> 한국이라는 것은 예로부터 우리나라에 여러 가지 문제를 안겨다준 성가신 나라이다. 한때 정한론이 비등하여 국내에서 많은 피를 흘렸고, 일청전쟁과 일러전쟁도 한국 때문에 일어난 것으로서 우리나라에게는 커다란 부담이 아닐 수 없다. 그 외에 작은 일들을 나열하자면 하나 둘이 아니다. 참으로 성가신 존재가 아닐 수 없다. 그러나 일본은 동양의 맹주인 이상, 어떠한 커다란 부담을 지더라도 스스로 믿고 있는 것을 관철하지 않으면 안 된다. 만일 일본이 없다면 동양의 천지는 암흑과 다름이 없을 것이다. 일본은 일본의 위치를 자각하고 있기 때문에, 그 위치에 상응하는 행동을 함에 있어서 우리는 어떠한 박해나 어려움이나 부담도 두려워할 필요가 없다. 일러전쟁 후 한국은 우리의 보호국이 되었으나 문제는 전혀 해결되지 않았다.[116]

에비나는 조선에서 해결되지 않은 여러 가지 문제를 근본적으로 해결하기 위해서는 조선 합병이 불가피하다고 하였다. 조선 합병은 다만 정부에게만 맡길 것이 아니라 일본조합교회가 전도라는 형식을 통해서 보다 적극적으로 참여해야 할 과제였다. 즉 일본조합교회가 조선 전도를 위해 다시 한 걸음 전진한다면 국가를 위하여 크게 경하할 합병을 성사시킬 수 있다는 것이었다. 그리고 조선 합병은 "일본기독교의 전도사상에서 하나의 아름다운 꽃으로 영원히 기록할 사건"이라고 평가하였다.[117]

1910년 일제가 조선을 강점하자 에비나는 "조선은 예속상태에서 해

116 海老名弾正, 1909.5, 「韓國に於ける基督教徒の伝道」, 『六合雜誌』, 291쪽; 한상일, 2004, 앞의 책, 85쪽.

117 松尾尊兊, 1968.7, 앞의 글, 291-295쪽.

방되어 훌륭한 국민이 되었고, 일본인 또한 섬나라 근성에서 벗어나 위대한 국민"이 되었다고 강조하고 일제강점을 환영하였다. 그리고 일본 기독교가 지향해야 할 조선인 전도의 기본 목표는 "조선인을 제국의 충량한 신민"으로 만드는 것이었다. 에비나는 "조선은 실로 일본의 시금석이다. 우리가 조선을 잘 동화시킨다면 일본인은 세계적으로 발전할 수 있다는 것이 명백하지만, 만일 이를 동화시키지 못하고 오히려 반항심을 증가시킨다면 일본의 앞날은 심히 어렵다"라고 강조하면서 일본의 동화사업에 기독교인의 적극적인 동참을 촉구하였다. 그러므로 조선에 기독교의 전파는 일본의 대륙정책을 실현하기 위한 하나의 수단이었고, 일본 기독교의 역할은 조선인을 일본의 충량한 신민으로 동화하는 식민지 교화정책을 담당하는 것이었다. 결국 그는 천황제 절대국가의 제국주의적 침략사상을 기독교라는 옷을 입혀 확산시켰던 것이다.

강점 이후 조선에서 활동한 대표적인 조합교회의 인물은 와타세 쓰네요시(渡瀨常吉)이다. 와타세는 에비나 문하의 한 사람으로서 1899년부터 1907년까지 8년간 일본 해외교육의 위탁을 받아 경성학당 학장으로 근무하면서 조선에서 일어교육 보급에 종사한 경력이 있다. 경성학당은 조선 정부와 마찰을 피하면서 일제 진출의 발판을 마련하는 한편 조선을 완전히 지배하기 위한 군비 증강의 시간을 번다는, 일본 정부의 침략정책의 전체적인 틀에서 설립되었다.[118] 당시 고베교회 담임목사로 있으면서 8년간 경성학당 책임자로 지낸 와타세의 경력은 이후의 그의 활동에 적지 않은 영향을 미쳤다. 일본으로 돌아온 와타세는 1908년 10월부터 일본조합교회의 최고기관인 상의원, 다음 해는 이사로 선정되었으

118 韓晳義·飯沼二郎, 1985, 『日本帝國主義下の朝鮮伝道』, 日本基督教教団出版部, 73쪽.

며, 기관지 『기독교세계』의 편집위원을 겸임하는 등 요직을 맡았다.[119] 1920년대 중반 일본으로 돌아온 와타세는 시즈오카(静岡)과 나고야(名古屋)에서 전도활동을 하였고, 만주사변이 발발하자 1934년 만주로 건너가 신경교회(新京教会)를 창설하였다. 1936년 도쿄로 돌아와 조합교회 목사를 은퇴하고, 1940년 흥아신학원(興亜神學院)을 설립하여 1942년에는 동아신학교(東亜神學校), 일본동부신학교(日本東部神學校)로 확장했다. 1944년 조선프로테스탄트 제교파 합동을 꾀하는 총독부를 돕겠다고 조선에 왔다가 그해 10월 뇌일혈로 죽었다.[120]

도지샤대학에서 신학을 전공한 와타세는 경성학당 책임자로서 조선에 있었던 경험을 통해 조선에서 기독교가 차지하는 역량에 관심이 있었으며, 이러한 인식에서 조선을 식민지화하려면 조선 기독교가 적지 않은 걸림돌이라고 보았다. 이에 따라 그는 '조선전도론'을 제기하면서 조선인에 대한 직접 전도의 필요성을 강조하였다.

> 이미 조선에서는 영국과 미국계 선교사가 전도하고 있다. 그 전도는 계속 성과를 내고 있다고 한다. 때문에 새삼스럽게 일본인이 조선에 전도할 필요가 없다고 하는 의견을 가진 이도 있을 것이다. 그러나 나는 그렇게 생각하지 않는다. 조선 전도는 반드시 일본인의 손으로 해야 한다. 만일 일본인이 전도하지 않으면 기독교계로 보아도 불행한 일이고, 조선과 일본 관계로 볼 때 더욱 큰 불행한 일이며, 동양에서 일본이 수행해야 할 천직(天職)으로 볼 때도 더없이 불행한 일이

---

119 松尾尊兊, 1968.7, 앞의 글, 951-952쪽.

120 한석희, 1990, 앞의 책, 119-120쪽.

라고 믿는다. (중략) 한 가지 더 일본인의 역할이 필요한 것은 영국이 나 미국계 전도사들만 조선에서 전도하고 일본인 전도자가 전혀 관계하지 않는다면 정치, 경제, 법률, 문학, 교육 등에 있어서 직접 일본의 기도감화를 받으면서 이것들과 밀접한 관계를 가지고 있는 종교만은 외국인에게서 받는 결과가 되고 만다. 그러면 분야 상호 간의 관계가 차단될 뿐만 아니라 일본에서는 매일 진보 발전하고 있는 종교사상과 일본인의 참된 신념에 접촉할 기회를 잃고 마는 것으로 진정 가엾기 짝이 없는 일이다. 이런 측면에서 볼 때에도 조선인에 대한 전도를 일본인에게 기대하는 이가 있는 것은 두말할 나위가 없는 것이다.[121]

즉 조선 전도는 조합교회가 수행해야 할 '천직'으로, 그렇지 않으면 동양 전체가 불행하게 된다는 것이다. 또한 그렇지 못하면 조선의 모든 분야에서 진보·발전할 수가 없으므로 정신적 감화를 위해서라도 조선 전도는 일본조합교회가 담당해야 한다는 당위성을 내포하고 있다. 이 밖에도 조선 전도론은 조선 식민지화는 비록 군인 또는 정치인의 몫이지만, 식민지 조선인의 마음과 정신의 위무는 종교인만이 할 수 있다고 하여 식민동화의 몫을 당연히 종교사, 즉 조합교회가 담당하여야 한다고 밝히고 있다.[122] 나아가 와타세는 조선 전도를 '일본제국의 대사업'이며,

121 渡瀬常吉, 1907.8, 「教界時論-朝鮮伝道論」, 『基督教世界』, 15쪽; 서정민, 1997, 「일제의 식민지정책에 앞장선 일본교회와 조선전도론」, 『한일연구』 10, 한일문제연구회, 23쪽.

122 渡瀬常吉, 1907.8, 위의 글. "한 나라를 요리하고 이것을 지배하고 그 질서를 유지하는 것은 본래 정치가나 군인의 임무이다. 그러나 그러한 정치적·군사적 성공을 더욱 효과 있게 하기 위해서는 (중략) 정치가나 군인이 할 수 없는 人心의 懷柔의 道, 温柔慰撫의 道가 필요한 것이다. 이는 오직 종교가만이 할 수 있다. 바로 이렇게 될 때 비로소 정치가도 군인도 함께 공훈을 보존하고 그 시설의 영원함을 거둘 것이다."

이는 '정치가와 군인의 암묵적 제휴'를 통해서 그 목적을 달성할 수 있다고 보았다. 이러한 면에서 그의 조선전도론은 전형적인 식민지 동화정책의 하나였다고 할 수 있다.[123]

와타세는 강점 이후 조합교회 조선전도부 책임자로 있으면서 제국의 시설과 연계하여 이른바 '일선일체(日鮮一体)'의 사명을 수행하는 것은 조합교회의 가장 커다란 사명이라는 것을 확실히 했다. 이러한 관점에서 일본조합교회의 조선 전도의 목적을 다음과 같이 밝히고 있다.

> 우리 조국과 함께 조선이 하나님의 보호 아래 영광을 향해 전진하고 행복을 누릴 것을 기도하는 것은 지당한 것이지만, 우리는 기독교도로서 한층 더 이를 자각하지 않으면 안 될 것이다. 우리는 사람을 다 같은 인류로 취급하지만 우리 스스로가 朝鮮教化의 대임을 담당한 것은 조선 同胞가 우리 帝國의 臣民으로서 天皇陛下의 一視同仁의 아래 살고 있다는 것을 잊을 수 없기 때문이다. (중략) 우리는 하나님의 성령과 보다 깨끗한 사랑으로써 日本과 朝鮮이 一体가 되도록 해야 하는 것이나. 우리의 伝道의 동기는 단지 그들의 영혼을 죄악에서 구하는 것만이 아니다.[124]

또한 와타세는 『조선교화의 급무』라는 소책자를 간행하는 등 적극적인 선전·강연 활동에 나섰다. 『조선교화의 급무』에서 그는 다시 한번

---

123 윤경로, 앞의 글, 109쪽.

124 渡瀬常吉, 1914.10, 「朝鮮教化の理想」, 『新人』 15-10, 32쪽; 한상일, 2004, 앞의 책, 114-115쪽.

조선 합병을 "국가를 걸고 싸운 대분투의 결과"이고 "일등국이 되는 명예의 보장"이라고 주장했다. 그리고 조선 민족을 설복하는 기초는 종교이며, 종교는 단지 신앙 보급뿐만 아니라 조선인의 "반항심"을 굴복시켜 "일본 국민 된 자각"을 갖게 할 임무도 갖는다고 하였다. 그 임무를 실행하고 있는 것이 일본조합교회의 조선 전도였다.[125]

결국 와타세의 기독교 인식 역시 일제의 조선 침략 행위를 종교라는 이름으로 정당화하고 '조선인의 일본화', 즉 동화를 최대의 목표로 삼고 있음을 보여준다. 이러한 점에서 조합교회는 동화를 목적으로 식민지 조선에서 포교하였다고 할 수 있다.

2) 1910년대 조합교회의 활동과 식민성

(1) 자유야소교운동와 조합교회

1910년 식민지 이후 조선총독부의 종교 정책은 종교마다 그 양상을 달리했지만, 기본적으로는 회유와 통제를 했다.[126] 하지만 일본종교에 대해서는 교세를 확장하는 데 직·간접적으로 지원이나 후원을 했다. 이는 총독부의 동화정책을 시행하는 데도 시기적으로 맞아떨어졌기 때문이다.

> 조합교회와 총독부는 긴밀한 관계이다. (중략) 하지만 총독부와의 관계는 조합교회가 총독부에서 받은 연 6천 원의 기밀비에서 가장 웅변적으로 시위되고 있다. 조합교회가 총독부를 통해 받은 돈은 사

125 渡瀨常吉, 『朝鮮教化의 急務』; 김승태, 2007, 앞의 책 참조.

126 이에 대해서는 성주현, 2004, 「일제의 종교 정책과 종교규제법령」, 『민충환교수화갑기념논총』을 참조할 것.

실상 이보다 많았다. 1912년부터 5연간 10만 원, 1917년부터 3년간 20만 원의 전도자금이 책정되었는데, 당시 조합교회 연간 예산이 1만여 원에 불과했던 것을 생각하면 이 금액의 크기에 놀랐다. 이런 금액 모금은 결국 財界에게 손을 벌리게 하였는데, 大偎重信 候爵, 寺内正毅 伯爵, 渋沢栄一 男爵 등의 계정에 의해 조선전도의 계획에 찬성하는 열성 있는 협조와 東京, 神戸, 大阪의 有志의 찬성을 얻어 충당할 수 있었다. 이 모금액을 寺内 총독이 조합교회에 전달하였다.[127]

이처럼 조합교회는 총독부의 적극적인 후원과 정략적 선교로 1910년대 교세가 급신장하였다.(〈표 6〉 참조)[128] 이러한 급신장에는 조선에서 미국계 선교사들의 독선적인 행태에 반기를 들고 전개하였던 반선교사운동, 즉 자유기독교운동과도 관련성이 있다. 자유기독교운동이 독립적인 교단을 지속해서 운영하지 못하고 결국 조합교회에 합류한 것도 하나의 원인이었다.[129]

1910년대 초기 자유기독교를 이끌던 인물들은 최봉환(崔鳳煥), 임기반(林基盤), 최중진(崔重珍), 강근명(姜根明), 김영조(金永祚), 한진석(韓晋錫), 이원긍(李源兢) 등이었다. 최봉환과 임기반은 강점 직후 삼남 지역을 중심으로 포교를 계획하였고,[130] 이를 위해 임기반은 평양에 있

127 渡瀬常吉, 1917, 『朝鮮教化成績報告書』, 8-13쪽; 栢木義円, 1931.5, 「組合教会時幣論」, 『上毛教月報』; 서정민, 2002, 『한일 기독교관계사 연구』, 대한기독교서회, 183쪽.

128 교세현황은 사료마다 다소의 차이가 있으나 여기서는 서민정, 2002, 앞의 책, 179~180쪽을 인용하였다.

129 서정민, 2002, 앞의 책, 180쪽.

130 『매일신보』, 1910.9.6.

〈표 6〉 1910년대 조합교회 교세 증가 현황

연도	교회 수	교인 수	세례자	목회자
1911	15	554	120	6
1912	35	1,758	246	10
1913	45	3,635	300	13
1914	50	4,591	340	20
1915	67	6,224	455	40
1916	132	11,283	1,894	70
1917	146	12,488	3,575	56
1918	149	13,631	874	59
1919	150	14,387	375	84
1920	143	14,951	784	80

던 교당을 정리하였다.[131] 이어 최봉환은 인제 지역의 교인과 경성 지역의 교인들을 연합할 목적으로 교회 재건을 도모하였다.[132] 태인을 중심으로 활동하던 최중진은 서북 지역의 자유기독교를 시찰하는가 하면,[133] 데라우치(寺內) 총독에게 자유기독교 포교활동을 자유롭게 할 수 있도록 해달라는 건백서를 제출하였다.[134] 이어 교세를 확장하기 위해 교회 취지서 1만여 매와 전도지 10만 매를 인쇄하여 관서 지역과 만주로 포교에 나서기도 하였다.[135] 이때 임기반도 동행하였으나 만주에서 돌아오지 않았으며, 강근명과 김영조는 평양에서 교당을 신축하였다.[136]

131 『매일신보』, 1910.9.16.

132 『매일신보』, 1910.9.20.

133 『매일신보』, 1910.9.16.

134 『매일신보』, 1910.10.14.

135 『매일신보』, 1910.11.1.

136 『매일신보』, 1910.9.20.

대동자유교를 설립한 최봉환과 조선기독교를 설립한 고희준(高羲駿)[137]은 서로 합동하였다가 다시 결별하였다. 최봉환은 순수한 기독교의 확장을, 고희준은 유불선과 합동하고자 하는 이질적인 목적 때문이었다.[138] 이처럼 개별적으로 소규모의 교단을 운영하던 자유기독교 지도자들은 와타세의 전도 전력에 말려들어 조합교회로 합류하였다. 에비나가 '조선전도론'에서 "우리가 일본 본토 전도에 있어 서양 선교사에게 모든 것을 다 맡길 수 없다고 생각한다면 그 똑같은 이유에서 새 영토(식민지 조선-필자 주)에 대한 전도에도 같은 생각이어야 한다. 특히 우리가 일본인 전도자를 필요로 하는 이유는 그 일이 조선과 일본 양국인의 융합에 있어 절대적인 필요성이 있기 때문이다"라고 밝히고 있듯이,[139] 서양 전교사의 전도를 경계하고 이를 교묘하게 이용하였다. 이에 따라 일본조합교회는 강계의 차학인(車鶴仁), 경성의 김인권(金寅權), 김린(金麟), 권규현(權奎鉉), 태인의 최중진을 회유하여 조합교회로 끌어들였다.[140]

---

137 高羲駿은 조합교회가 설립한 京城學堂에서 1900년 부교사로 활동하면서 『教育新報』를 발행하기도 했다(『제국신문』, 1900.10.23).

138 『매일신보』, 1911.5.24.

139 渡瀨常吉, 「時論-韓國合併과 伝道」, 『基督教世界』, 1919.9.8; 서민정, 2002, 앞의 글, 185~186쪽.

140 『한국독립운동사』 자료IV, "日本人 牧師들은 所謂 組合教会를 京城에 設立하고 長老会나 監理会의 教役者와 信者를 向하야 基督教는 同一하다난 名으로써 誘引하야 江界에 車鶴仁 京城에 金寅權 金麟 權奎鉉들과 全羅道에 崔重軫 等을 彼教会로 引導하엿스며 京城에서 青年会事件으로 分争이 生한 後에 新門内教会의 教友 五, 六十人을 朴炳哲이가 拐誘하야 城西 組合教会로 引導하며 또 全羅道와 平安道地方에셔도 如斯한 行為가 있스며 無識한 教人이 잇스면 誘引하다가 不聽従하면 威脅도 하니 이것이 엇지 伝道의 方針이리오 加之彼의 誘引한 教人을 또 聖経的으로 引導하미 可하으로 一次被誘한 教人이 其의 詐偽的 行為를 覚하고 回頭하라 하되 또한 無端히 已前教会에서 退함을 羞恥로 思하고 彼此教会에 都是 出席치 못하야 仍히 堕落한 者가 十의 七, 八人이니 是난 陰害的으로 長老,

결국 자유기독교운동은 처음에는 긍정적인 동기와 의도에서 서양 선교사로부터 한국 기독교의 독립을 시도하였지만, 독자적인 영역을 구축하지 못하고 조합교회의 정략적 전도로 인해 조합교회로 경도되었다. 당시 '서양 선교사'와 '일본 기독교', 그리고 '한국 기독교'라는 삼각구도에서 '반서양 선교사'는 '친일'이라는 역학 구도를 보여준다.

(2) 일본 시찰과 기독교 합동 추진

조선총독부는 식민정책을 원만하게 추진하기 위해 기독교를 적절히 활용하였다. 우선 강점 이듬해 1911년 6월 세키야(関屋) 학무과장은 메소디스트파 선교사회의에서 조선인 교육방침으로 "조선인이 일본제국 신민이 된 이상 가장 필요한 것이 국어의 학습"이라 하여 일본어 보급에 적극적으로 참여해줄 것을 당부하는가 하면, "일본제국의 일원으로 필요한 사상과 지식의 보급, 일본제국의 선량한 신민이 될 수 있도록 선교사 제군이 조선인 교화에 진력해줄 것"을 거듭 강조하고 있다.[141] 이는 비록 메소디스트파에 대한 것이지만 일본에서 진출한 기독교를 식민정책에 최대한 활용하고자 한 것으로 볼 수 있다. 105인 사건의 수사 책임자였던 구니토모 나오노리(國友尚謙)는 "조선인을 통제하는 방책은 첫째, 토벌, 둘째, 위압, 셋째, 위무"라고 밝힌 바 있는데, 그의 위무책 중 하나가 '일본 시찰'이었다. 불교 일본시찰단을 모방한 기독교 일본시찰단이었다.[142]

강점 이전부터 조선전도론을 내세웠던 일본조합교회는 강점을 계기

監理 兩教会를 撲滅하에 不過함이 分明하며."

141 『매일신보』, 1911.6.25.

142 한석희, 1990, 앞의 책, 82쪽.

로 1911년 10월 정기총회 신도대회의 결의에 따라 조선전도부실행위원회를 설치하고 이듬해 6월 와타세, 에비나, 나카다를 경성으로 파견하였다. 조선에 온 에비나는 우선 조선총독부를 방문하고, 7월 16일 한양교회(漢陽教会)를 설립하였다.[143] 이어 그는 총독부의 후원으로 기독교 내지시찰단을 조직하여 조선 기독교와 일본 기독교 간의 갈등을 해소하고자 하였다. 내지시찰단은 단장 에비나를 비롯하여 조선 각 교파 목사와 청년회 간부 30여 명으로 구성하였으며, 7월 30일 경성에서 출발하여 일본의 오사카, 나라(奈良), 도쿄, 닛코(日光), 고베, 교토 등지를 시찰하고 8월 12일 돌아왔다.[144] 일본조합교회의 일본 시찰은 이듬해 1914년에도 기독교의 발전과 교세 확장을 도모하기 위해 조직되었는데, 김윤오(金允五)와 김린 등 50여 명이 참가하였다.[145] 이 일본시찰단의 결과로 일선기독교의 통합이나 합동이 제기되기도 하였다.[146]

그 연장선에서 조선 기독교와 일본 기독교의 합병기도는 조선 측 중앙기독청년회와 일본 측 경성기독청년회를 중심으로 논의되었다. 1916년 중앙기독청년회에서 윤치호(尹致昊)가 총무로 선임됨에 따라 이전부터 논의되어오던 조선과 일본 기독교 합병문제를 이제는 시기가 무르익었다고 보고 '화친합동(和親合同)으로서의 급무(急務)'라 하여 새롭게

---

143 松尾尊恩, 1968.7, 앞의 글, 955-956쪽.

144 『매일신보』 1911.7.25; 1911.8.12. 당시 기독교 내지시찰단에 대해서는 성주현, 2003, 「日帝의 同化政策과 宗教界 動向」, 『식민지 조선과 매일신보』, 신서원, 193-196쪽 참조.

145 『매일신보』, 1914.6.9.

146 『매일신보』, 1913.1.30. 「기독교청년회」(사설) 당시 한일 기독교의 통합은 경성종로기독교청년회의 혁신운동의 목적으로 전개되었다. 또한 『매일신보』, 1913년 6월 1일 자 사설 「기독교의 합동」을 통해 조선과 일본 기독교의 합동을 모색하고자 했음을 알 수 있다(정혜경, 2003, 「『매일신보』에 비친 1910년대 在朝日本人」, 『식민지 조선과 매일신보』, 신서원, 145-146쪽 참조).

진행되었다. 이에 따라 조선 측에서는 윤치호, 이상재(李商在), 프락만을, 일본 측에서는 니와(丹羽清次郎), 마쓰모토(松本正寛), 와타나베(渡邊暢) 등을 각각 교섭위원으로 선정하여 양측 청년회의 합병을 시도하였다.[147]

기독교의 합동은 이보다 앞선 1913년 조선조합교회 제1회 대회에서 논의된 적이 있었다. 내선일체와 일선융화를 내세우는 조합교회는 제1회 조합교회대회를 성황리에 개최하고 대회의 성격을 '일선일체의 이상을 실현한 현상'이라고 의미를 부여하였다.[148] 이러한 점에서 조합교회는 조선과 일본 기독교의 합동을 제기하였다.

기독교의 합동은 설만 무성한 가운데 비록 성공하지는 못하였지만 적지 않은 친일 기독교인을 양성하였다.[149] 이 역시 조합교회가 조선 전도를 목표로 하는 동화를 위한 하나의 수단이었다고 할 수 있다.

(3) 설교회와 전도회 등 포교활동

1910년대 조합교회의 활동 중 가장 활발하게 전개된 것은 대규모의 설교회 또는 전도회였다. 1910년대 조합교회의 첫 설교회는 1911년 11월 12일 개최되었다. 이날 설교회는 일본인 조합교회인 남대문 상동(尚洞) 경성교회(京城教会)에서 조선인 조합교회인 한양교회의 주최로 열

---

147 『매일신보』, 1916.4.16.

148 渡瀨常吉, 1913, 『조선교화의 급무』, 警醒社書店; 김승태 편역, 앞의 책, 한국기독교사연구소, 60쪽.

149 조합교회에 입교하여 친일활동을 적극적으로 한 인물로는 유일선, 선우순, 나일봉, 홍병선 등이 있다. 이 중 유일선과 선우순은 국민협회를 설립 참정권운동을 전개한 민원순과 함께 상해임시정부에서 처단해야 할 '칠가살(七可殺)'의 두 번째인 '매국적(売國賊)'에 포함되었다(『독립신문』, 1920.2.5). 선우순과 나일봉은 평양 조합교회 성장의 핵심인물로 관서 지역의 대표 친일단체인 '대동동지회(大東同志会)'를 설립하였다.(한석희, 앞의 책, 89-90쪽)

렸는데, 와타세는 '기독교의 광명(光明)에 浴하는 인류(人類)의 장래(将来)'라는 연제로 열렸다.[150] 총독부 기관지 『매일신보』는 조합교회의 크고 작은 설교회 활동에 대해 여타 종교단체에 비하여 월등하게, 그리고 자세하게 소개하고 있다. 1910년대 경성에는 한양교회(漢陽教会), 한성교회(漢城教会), 경서교회(京西教会) 3개의 조합교회가 있었으며, 설교에는 에비나를 비롯하여 미야가와 츠네데루(宮川經揮), 마키노 도라지(牧野虎次), 고자키 이로미치(小崎弘道), 사와무라 시게오(澤村重雄), 하라다 다츠쿠(原田助), 니시오 고타로(西尾幸太郎), 다카키 사다에(高木貞衛), 고무라(由村), 가토 나오시(加藤直士), 마쓰모토 마사타로(松本雅太郎), 이구치(井口彌○男), 로무분지(路無文治) 등 일본인과 유일선, 홍병선, 이종소, 천인회, 강석우, 전성오(全省吾), 권규진 등 조선인이 참여하고 있다. 이 중 유일선은 경성학당에 입학하여 와타세와 사제관계를 맺은 관계로 조합교회에 입교해, 전도사로 활동하던 중 1913년 7월 '조선 인민의 종교사상을 발전할 목적으로 신학을 연구'하기 위해 도지샤대학에 입학하였다.[151] 홍병선도 1899년 경성학당에 입학할 때 와타세와 사제관계를 맺었다. 이를 계기로 1902년 조합교회에 입교하고 전도사로 활동하던

150 『매일신보』, 1911.11.12.

151 『매일신보』, 1913.7.26. 유일선은 귀국 후 사립학교 정리사(数理學校 '精理舍')'를 설립하고 휘문고등보통학교장, 숙명여학교 주임, 조합교회 조선전도부 부주임 등으로 활동하였다. 이후 유일선은 1920년대 심전개발운동(心田開発運動)이 전개되자 다시 고기가 물을 만났듯이 참가하여 총독부 등에 자주 출입하고 강사로써 동분서주하였다. 그러나 그는 1937년 4월 심장마비로 죽었다. 한편 와타세가 쓴(渡瀬常吉)은 유일선의 조문에 다음과 같은 내용이 있다. "1921년 그대가 두 어깨에 나의 짐을 맡고부터 나는 쓸모없이 되어 금일에 이르렀지만, 그대는 종횡으로 그 위대한 재주를 떨쳤다. (중략) 半島도 다시 각성하여 그대를 알 날이 올 것이다. 日本도 그대가 난 날을 기념하는 날이 올 것이다. 毀誉褒貶은 물론 그대가 이미 일소에 붙인 것이 사실이지만 다만 神만이 알아주실 것이다."(한석희, 1990, 앞의 책, 91, 118쪽)

중 1908년 일본에 유학해 도지샤대학에서 신학을 전공하였다. 1911년 귀국하여 와타세가 설립한 한양교회에서 목회활동을 하였다. 강석우는 경성 출신으로 1903년 경성학당을 졸업하고 권업모범장 목포출장소에서 근무하던 중 1911년 조합교회에 입교했으며, 전도사로 활동하던 중 역시 일본 도지샤대학에 유학해 신학을 전공하였다. 이후 귀국하여 한양교회에서 목회자로 활동하였다.[152]

유일선, 홍병선, 강석우는 모두 경성학당과 도지샤대학에서 공부하였다. 와타세가 경성학당 학당장으로 있으면서 이들과 사제관계를 맺었으며, 이를 계기로 조합교회에 입교한 후 와타세의 추천으로 도지샤대학에서 신학을 전공하여 선후배 관계까지 맺게 되었다. 도지샤대학은 일본조합교회와 밀접한 관계를 가지고 있다. 와타세는 조합교회와 도지샤대학은 '끊으려야 끊을 수 없는 관계'라고 하였다. 도지샤대학을 설립한 니이지마(新島)는 일본조합교회를 이끌던 핵심 인물이었기 때문이다.[153] 1910년대 경성 조합교회의 설교 활동을 정리하면 〈표 7〉 및 〈표 8〉과 같다.

조합교회의 포교활동은 매우 활발하였다. 『매일신보』에 따르면 우선 1913년 4월 일본기독교 영계(靈界)의 원로이며 일본조합교회장 고자키와 사와무라 등 양 목사가 경성을 비롯하여 평양, 진남포 등 평남 지역을 순회하면서 강연회를 겸한 전도대회를 했다.[154] 이어 그해 5월에는 다카하시(高橋卯三郎)가 만선(滿鮮) 순회전도의 일환으로 부산, 평양, 진남포, 의주 등지에서 '도덕을 근저(根底)하는 종교', '신앙의 삼생활', '인생과 종교', '유신논자와 소견적 정신치료(有神論者와 所見的 精神治療)' 등

152 『韓民族独立運動史資料集』 17, 국사편찬위원회, 1994, 8쪽.

153 渡瀨常吉, 『朝鮮教化의 急務』; 김승태, 2007, 앞의 책, 63-64쪽.

154 『매일신보』, 1913.4.13; 1913.4.15; 1913.4.20.

〈표 7〉 1910년대 조합교회 강연 또는 설교현황

일시	장소	강사	제목
1911.11.12	상동 경성교회	와타세	기독교의 광명에 浴하는 인류위 장래
1911.11.19	상동 경성교회	와타세	융흥의 도는 何処에 在하뇨
1911.11.26	상동 경성교회	와타세	신앙한 승리의 월계관
1911.12.10	상동 경성교회	유일선	此 世界는 絶対的 活世界라
1912.1.14	상동 경성교회	유일선	患難의 裏面
1912.2.4	상동 경성교회	유일선	神人合一의 根底
		홍병선	進化論上으로 見한 基督教
1912.2.11	상동 경성교회	와타세	実践躬行의 源泉
1912.2.25	상동 경성교회	와타세	天父의 恩恵와 人의 努力
1912.3.24	상동 경성교회	와타세	기독교와 실제생활
1912.3.31	상동 경성교회	와타세	悔改의 결심과 潜意識
1912.6.12~14	前 韓美興産会社	宮川経揮 牧野虎次	愛敵의 生活 / 靈性의 開拓, 天父의 恩寵 / 祈祷의 大情神, 希望의 生活 / 基督에 顕現한 神
1913.4.13~19	한양교회	小岐弘道	活基督
		와타세	天上의 幸福과 地上의 幸福
		沢村重雄	正義의 冠冕安心의 要訣
		沢村	新希望과 新生涯
		小岐	天父의 恩恵
		沢村	人生의 靈能
		小岐	信仰生活의 幸福
		沢村	帰人의 天職
		小岐	婦人의 美徳
1913.4.27	한양교회	와타세	精神界의 優越権
		유일선	最大感化
		홍병선	青年男女의 厄
1913.5.4	한양교회	와타세	虚心者福也 / 進歩乎 退歩乎
1913.5.11	한양교회	와타세	心情의 満足 / 生涯의 転機
1913.5.18	한양교회	와타세	柔和의 徳 / 聖○의 力
1913.5.25	한양교회	와타세	正義와 矜血
		유일선	신앙과 行為
1913.6.1	한양교회	와타세	人間 最高의 幸福 / 永遠의 真理
1913.6.4~8	한양교회	原田助	宗教의 要素 / 기독교의 중심 / 가정에 대하여
		西尾幸太郎	生活과 宗教 / 부인의 천직 / 同情의 源泉 / 勝利의 福音 / 基督信者의 価値
		高木貞衛	神의 恩寵과 感激의 情神 / 靈性

1913.6.22	한성교회	홍병선	真慰安
		와타세	天地의 良心
1913.6.29	한양교회	와타세	신앙과 생활
		유일선	崇高의 人格
	한성교회	홍병선	신앙/可憐한 古予言者
1913.7.6	한양교회	유일선	時代의 自覚
		由村	一人의 力
	한성교회	홍병선	우리의 길이 어디뇨
		이종소	十字架의 聖道
1013.7.27	한양교회	천인회	道徳의 一致
		와타세	実生活과 宗教
1913.8.10	한성교회	홍병선	活과 死/教会의 義務
1913.8.17	한양교회	천인회	平和의 福音
	한성교회	홍병선	社会人心의 傾向
		강석우	基督者의 努力
1913.8.24	한성교회	홍병선	禍와 福
		와타세	전도설교
	한양교회	와타세	良心의 光明
		강석우	基督者의 耳目
1913.9.7	한성교회	홍병선	人格論
		천인회	樂観的 生活
	한양교회	와타세	基督의 구원
		전성오	(未定)
1913.9.20~22	경성교회	加藤直士	근대사상과 기독교/基督者 生活의 栄光/基督에 在한 新婦人
1913.9.28	한성교회	홍병선	信者의 活動性
		천인회	신앙의 勝利
1913.10.5	한양교회	松本雅太郎	基督에게 来하라
		이병식	(미정)
1913.10.12	한성교회	천인회	生命의 義路
		이종소	誕生의 原則
1913.10.19	한성교회	이종소	唯一無二의 最大力
		천인회	(미정)
1913.10.26	한성교회	홍병선	耶蘇의 歎息/天父의 喜悦
1913.11.2	한성교회	松本雅太郎	神國의 発展
		전성오	処世上으로 視察한 愛의 真価

1913.7.13	한양교회	와타세	波涛中에 立한 예수
		유일선	人間最高의 義務
	한성교회	홍병선	義人의 悔改
		미상	進就의 本○神
1915.10.31	염정동예배당	井口弥○男	公義는 國을 興케하고 罪는 諸百姓의 羞恥가 된다
1915.12.5	성서교회	유일선	인생과 자연
1915.12.12	성서교회	권규진	日光의 実
1916.9.8	경성교회	路無文治	教의 力/基督教의 証者

〈표 8〉 1917년대 조합교회 설교자 현황

일자	교회명	설교자	일자	교회명	설교자
1916.12.17	성서교회	채규홍, 와타세	1917.4.8	광남교회	강재용, 南蒙元
1917.3.4	광남교회	유일선, 강재용		성서교회	박병철, 김영기
	성서교회	김정식, 유일선		한양교회	조윤용, 김명호,
	한양교회	권규진, 정조영		한성교회	김인권, 洪聖淳
	한성교회	김인권, 박경하	1917.4.15	광남교회	김정식, 申起栄
1917.3.10	광남교회	김정식, 유인상		성서교회	박병철, 김영기
	성서교회	박병철, 김정식		한양교회	유일선, 권규진
	한양교회	유일선, 와타세		한성교회	김인권, 이종구
	한성교회	와타세, 김인식	1917.5.13	광남교회	야마모토, 김정식
1917.3.18	광남교회	강재용, 와타세		성서교회	김영기, 야마모토
	성서교회	와타세, 김영기		한양교회	유일선, 와타세
	한양교회	야마모토, 김정식		한성교회	김인권, 이종구
	한성교회	김정식, 야마모토	1917.6.3	광남교회	김정식, 趙九鏞
1917.4.1	광남교회	조윤용, 강재용		성서교회	美澤尙三, 김영기
	성서교회	김정식, 박병철		한양교회	유일선, 南○元
	한양교회	권규진, 야마모토	1917.6.10	한성교회	유일선, 김인권
	한성교회	야마모토, 김인권		광남교회	야마모토, 강재용

의 내용으로 전도활동을 하였다.[155]

그러나 무엇보다도 조합교회의 포교활동 중 가장 핵심적인 것은 에

155 『매일신보』, 1913.5.27; 1913.5.28.

비나의 순회전도활동이다. 에비나는 1910년대에 모두 세 차례에 걸쳐 순회전도를 하였는데, 첫 번째는 1914년 24일부터 7월 12일까지, 두 번째는 1915년 5월 26일부터 6월 10일까지, 세 번째는 1917년 5월 25일부터 5월 30일까지였다. 순회전도 기간 중 몇 가지 흥미로운 것은 첫째, 첫 순회전도에서 에비나는 오타나베(渡邊) 고등법원장, 이상재, 이원긍(李元兢), 유일선, 기일(崎一) 목사 등과 함께 간화회(懇話会)를 갖고 포교사항에 대해 설명하기도 하였다는 점이다.[156] 두 번째, 순회전도에서는 야마가타(山県) 정무총감을 방문하고 교의를 전하는 한편 총독부의 시정을 청취하고 친일파 인사인 조중응을 만났다는 점이다. 특히 두 번째 순회전도에서는 식민지 조선에 대한 인식을 "실로 인생에 대한 유익한 언론이 많을 뿐만 아니라 세상 명로(明路)를 득(得)케 하는 감각을 인인(人人)에게 여(与)하기 족(足)함"이라고 밝히기도 하였다.[157]

이러한 에비나의 전도활동은 총독부 식민지정책을 전도라는 이름으로 호도하고 있음을 보여주고 있다. 에비나의 세 차례에 걸친 순회전도 활동을 정리하면 〈표 9〉와 같다.

이외에도 시정 5주년을 기념하여 개최한 공진회에서 종교관이 개설되자 조합교회도 일본 기독교, 미이교회 등과 연합하여 교토 조합교회의 기무라(木村清松)를 불러 대전도회를 가졌다.[158]

조합교회의 지방 순회강연은 주로 평양에서 전개되었다. 평양은 1910년대 경성, 부산, 인천에 이어 재조 일본인이 네 번째로 많은 도시

---

156 『매일신보』, 1914.7.5.

157 『매일신보』, 1915.5.30.

158 『매일신보』, 1915.7.16.

〈표 9〉 1910년대 에비나의 순회전활동

구분	일자	주요 활동	비고
1차	1914.6.25	일선조합교회 환영회	경성교회
	1914.6.27	서기통 조합교회에서 대설교회	평양
	1914.6.28	평남교육회 주최 강연회	평양 歌舞座
	1914.6.29	진남포 체류	
	1914.7.2	애국부인회 및 조선교육회 강연회	
	1914.7.3	연합유지 대환영회, 간화회	
	1914.7.4	내지 측 조합교회에서 수일간 전도포교	경성교회
	1914.7.8	선인 측 조합교회에서 전도설교	광남교회
	1914.7.11	내선 조합교회 측에서 위로연	명월관
	1914.7.10	내선 조합교회 측에서 대친목회	경회루
	1914.7.11	한양교회, 한성교회, 성서교회, 광남교회 합동 대설교회	광남교회
2차	1915.5.29~6.1	매일 오전 10시와 오후 8시 두 차례 설교	경성교회
	1915.5.27	윤치호 초청연, 일선 목사, 阿陪 매일신보 사장, 야마가타 서울프레스 사장 등 초청	안순환 별장
	1915.5.30	마포교당에서 설교, 실업가 최사영(崔思永) 초청 오찬, 오후 한양교회에서 대설교회	
	1915.5.28	야마가타 정무총참 초청 오찬회, 야마모토, 와타세 참석	경성호텔
	1915.5.30	조선인 측 귀족 및 목사 합동초대회	
	1915.6.3	야마모토, 와타세와 함께 매일신보사 내방	
	1915.6.7	조선인 유지 30여 명 에비나 초대 환영회, 기성구락부에서 '정신계 각성' 제목으로 강연, 안동현으로 출발	
3차	1917.5. 25~30	조합기독교대회에서 매일 세 차례 설교	

였다. 평양의 중요성에 대해 와타세는 다음과 같이 밝히고 있다.

> 조선에서는 평양이 기독교의 중심지이다. 특히 장로파의 근거지로 감리교회도 상당한 힘이 있다. 이곳에 우리 미미한 조합교회가 음연히 한 적국의 모습을 하고 있는 것은 쉬운 노력이 아니다. 이것은 高橋鷹蔵군은 말할 것도 없지만, 전 순회전도사 鮮宇篇, 전 기성교회 주

임전도사였던 羅一鳳 등의 노력의 결과라고 말하지 않을 수 없다.[159]

평양은 '조선 기독교의 성지'라고 불릴 정도로 기독교 교세가 강한 곳이다. 이러한 평양을 조합교회가 전도의 전략지로 선정한 것은 이곳을 장악함으로써 조선 기독교보다 일본 기독교의 우월성을 보여주기 위한 것으로 보인다. 이러한 관계로 평양에서는 조합교회뿐만 아니라 신도, 불교 등 일본종교 활동이 가장 활발한 움직임을 보여준다. 평양의 조합교회는 평양교회와 기성교회 두 개가 설립되었는데, 와타세는 이 중 기성교회를 1911년 7월 경성 한양교회에 이어 설립하였다.

이와 같은 평양에서 대규모 포교활동을 가진 것은 1913년 4월과 6월, 두 차례였다. 그해는 조선조합교회 대회가 처음으로 개최된 때이기도 하다. 이러한 점에서 본다면 평양 포교활동은 전략적 전도로 풀이할 수 있다. 4월 19일부터 4일간 개최된 제1회 집중전도회는 일본조합교회 회장 고자키와 동 교회 목사 사와무라, 그리고 와타세의 전도강연으로 전개되었다. 이들은 진남포로 옮겨 대강연회를 개최하였다.[160] 이어 6월 11일부터 3일 동안 열린 제2회 집중전도회는[161] 일본조합교회 간사 다카하시와 이사 니시오, 교육시찰 차 내려왔던 도지샤대학장 하라다 박사의 특별강연으로 진행되었다.[162] 당시 전도를 맡았던 니시오는 도지샤대학 출신으로, 교토 헤이안교회(平安教会) 목사로 10년간 활동하였으며, 다카하시는 오사카 출신 사업가로 조선전도단을 조직하여 경성, 인천 등

159 한석희, 1990, 앞의 책, 90쪽.

160 『매일신보』, 1913.15; 1913.4.20; 1913.6.14.

161 『매일신보』, 1913.6.8.

162 『매일신보』, 1913.5.31.

지에서 집중전도회를 가진 바 있었다. 그리고 특별강연을 한 하라다는 만주와 조선의 학사(學事)를 시찰하기 위해 평양에 머무르고 있었다. 제2회 집중전도회는 '가정신앙과 여성'에 관한 내용을 주로 다루고 있는데, 전도회 상황은 다음과 같다.

> 6월 11일 오후 8시 반부터 平壤瑞気通教会 강연, 高木/活動의 本源, 西尾/家教生活은 何者, 原田/人生의 危機, 12일 오후 2시부터는 부인회를 개최하고 부인에 관한 문제로 西尾 高木 양씨 강연, 同日 오후 8시 반부터 고목/경모할만한 인격, 서미/唯一한 善者, 원전/人格主義는 何者로 각각 강연, 13일 오후 8시 반부터 鮮人을 위하여 고목/勉励者得之, 서미/基督者의 自覚, 원전/福音의 福音이란 제목으로 강연[163]

당시 가정신앙과 여성을 중점적으로 다룬 것은 내선융화의 실천에 가정, 그리고 여성들의 역할이 중요하였기 때문이다. 그 연장선에서 1914년 2월에도 경성조합교회 야마모토(山本) 목사와 일본 후쿠오카(福岡)조합교회 나카무라(中村) 목사, 도쿄 부근에서 포교활동을 하였던 베트레가 평양에서 포교활동을 하였다.[164]

이 밖에도 개성에서 최중진(崔重珍)의 알선으로 와타세, 유일선 등이 내선동화 및 식산흥업을 내용으로 하는 전도회를 가졌으며,[165] 김린의 주도로 원산에 조합교회를 설립하였다.[166]

---

163 『매일신보』, 1913.6.14.

164 『매일신보』, 1914.2.17; 1914.2.22.

165 『매일신보』, 1917.3.11.

166 『매일신보』, 1917.3.13.

일본종교의 평양 활동 중 흥미로운 것은 조합교회 등 기독교와 불교, 신도가 관(管) 주도로 연합활동을 전개하였다는 점이다. 이들 종교단체는 교우회(教友会)라는 이름으로 혼다(本田) 평양부윤의 집에서 간담회를 개최해 포교활동의 어려움을 토로하고 그 방안을 마련하고자 하였다.[167] 특히 이들 종교단체는 평양부와 연합통속강연회를 개최하기도 하였다.[168] 이는 조합교회를 비롯하여 조선에 진출한 일본종교들은 총독부과 밀접한 관계를 맺고 있으며, 결국 식민정책에 다양한 방법으로 참여하고 있음을 알 수 있다.

조합교회는 다양한 교육활동을 통해서도 포교를 활발하게 전개하였다. 조합교회의 교육활동은 원초적으로 동화를 목적으로 하고 있었다. 조합교회의 대표적인 교육기관은 초기에는 경성학당(京城學堂)이었으나, 1910년대에는 한양신학회(漢陽神學会), 주일학교(主日學校), 일본어 교수(日本語教授) 등을 통해 교육활동을 하였다. 경성학당은 1896년 4월에 설립되어 주로 일본어를 교육하였는데,[169] 1906년 6월 관립 한성 제2일어학교로 변경되었다.[170] 한양신학회는 조합교회 조선전도주임 와타세가 설립한 한양교회 내에 두었으며, 기독교 신학과 이와 관련된 제 학과를 가르쳤다.[171] 일본어 교수는 조합교회 산하의 경성기독교청년회(京城基督教青年

167 『매일신보』, 1912.9.25; 1913.1.14.

168 『매일신보』, 1912.10.22. 당시 연합통속강연회에서는 修養과 威化力/金光教師 加藤愛治, 新時代 國民의 覚悟/조합교 목사 高橋鷹蔵, 國民의 自覚/監獄教 강사 津村清証, 至誠一貫/평양부윤 本田常吉, 질병과 정신수양/慈恵院長 左分利良, 故 乃木大将과 旅順의 開城/내무부장 篠田治策 등이 있었다.

169 상투생, 1924.6, 「京城의 二十年間 変遷」, 『開闢』 48호, 68쪽.

170 『官報』, 광무 10.6.21.

171 『매일신보』, 1912.12.5.

会)에서 운영하였는데, 매일 오전 9시부터 오후 3시까지,[172] 입학금과 월사금은 각각 50전, 그리고 교과목은 회화(会話), 문법(文法), 독본(読本)으로 교수하였다.[173] 주일학교는 1913년 11월 한양교회에서 개교하였는데, 1백여 명을 수용하였다.[174] 1910년대에는 경성학사(京城學舍) 또는 경성학당(京城學堂)이 설립·운영된 사례가 보인다. 이들 교육기관은 재조 일본인이 운영하였던 것으로 추정되지만, 조합교회와 전혀 무관하지는 않은 것으로 보인다. 경성학사는 일어교육기관으로 3학기로 운영되었다. 학기마다 약간의 차이는 있지만 독방(読方), 회화(会話), 강술(講述)을 기본으로 하고 산술, 지리, 역사, 법제, 경제 등을 추가하여 가르쳤다.[175]

조합교회는 필요에 따라 강습소를 운영하기도 하였다. 한양교회는 '기독교의 은파(恩波)를 각 방면 형제에게 보급하고 다른 한편으로는 실지상 처세술을 전수'하기 위해 강습소를 설립하여 일본어, 수확, 통기, 신학, 풍금 등의 과목을 개설하였는데 전문가가 이를 담당하도록 하고 있다.[176] 또한, 한양교회는 수양회(修養会)를 통해 일본어, 일본사요(日本史要), 세계사요(世界史要), 신약신학일반(新約神學一般) 등의 과목 개설 강습회를 하였다.[177] 경성교회에서도 일본조합교회 기관지 『기독교세계』 주간인 가토(加藤直士)를 초빙하여 '근대사상(近代思想)과 기독교', '기독자

172 수업시간은 일정하지 않았는데, 오전 9시부터 오후 3시, 오전 9시부터 11시, 오전 9시부터 12시까지 등으로 그때그때 달랐다.

173 『매일신보』, 1912.3.26; 1912.5.31; 1912.6.30; 1912.9.8.

174 『매일신보』, 1913.11.18.

175 『매일신보』, 1911.9.14.

176 『매일신보』, 1913.10.8.

177 『매일신보』, 1916.7.18.

생활의 영광(基督者 生活의 榮光)', '기독(基督)에 대한 신부인(新婦人)' 등을 주제로 하는 강연회를 가진 바 있었다.[178] 평양 기성교회에서도 성서강습회를 개설하고 신학, 로마서(羅馬書), 야소전, 교회사, 조합교회의 특색 등을 교과목으로 다카하시, 구리하라 목사와 도지샤대학에서 신학을 전공한 강석우가 각각 담당하였다. 그리고 교과목 외에 혼다 평양부윤, 오타니(大谷) 법원판사, 다나카(田中) 평양고등보통학교장, 와타베(渡部) 평양여자고등보통학교장, 이기찬(李崎燦) 등이 강연을 하기도 하였다.[179]

또한 조합교회에서는 일본어 야학강습회를 개최하기도 하였는데 대표적인 곳이 중화조합교회였다. 중화조합교회의 경우 전도사 이영식, 중화병원 의사 이준순, 교육가 이초혁, 우병조 등이 일본어 보급을 위해 조합교회에서 야학강습회를 개설하였다. 당시 강습생은 30여 명이었으며 중화군청, 중화경찰서, 보통학교, 금융조합에서 각각 후원하였다.[180]

그 밖에도 교세확장을 위해 각종 강연회를 개최하였다. 경성 한양교회는 매주 토요일 학술강연회를 개최하였으며,[181] 평남지역에서는 고자키가 기독교청년회에서 강연회를 가지기도 하였다.[182]

이처럼 전도활동과 순회강연활동으로 교세가 확장됨에 따라 조합교회 조선전도부는 기관지로 『기독교회월보』를 발행하였다. 이 월보는 국한문 혼용으로 도덕상 신성한 논문과 각 교회의 활동을 소개하고

178 『매일신보』, 1913.9.20.

179 『매일신보』, 1916.2.8.

180 『매일신보』, 1917.7.15; 1917.11.11; 1917.11.21.

181 『매일신보』, 1919.6.22; 1919.7.20.

182 『매일신보』, 1913.4.15.

있다.[183] 그뿐 아니라 교회 간의 효율적인 연락과 사업확장을 위해 일본조합교회 조선사업소를 광남교회 내에 신축하기로 하고 음악회를 개최하기도 하였다.[184]

1910년대 조합교회의 큰 활동 중 하나가 조선조합교회대회로, 1910년대는 1913년과 1917년에 걸쳐 두 차례 개최되었다. 제1차 대회는 1913년 8월 1일부터 5일간 경성 및 지방교회 대의원 43명을 비롯하여 250여 명이 참가한 가운데 진행되었다. 첫날인 1일에는 도쿄조합교회 츠나시마(綱島佳吉)와 히가키(桧垣直石) 경기도지사의 강연과 축사로 개회식을 했다. 와타세는 이날 개회식을 일본조합교회가 '일선일체(日鮮一体)의 이상을 실현한 현상'으로 평가할 정도로 중대한 의미를 두었다. 2일째인 2일은 와타세 등 목사의 강연회 외에 와타나베 고등법원장의 '전도자와 학식', 유게유지(弓削幸太郎) 총독부 학무과장의 '교육방침 및 그 실제', 이마무라(今村武志) 사무관의 '식산산업과 지방시설', 사이토(斎藤音作) 산림과장의 '산림경영', 후지타(藤田嗣章) 총독부 의원 원장의 '공사위생' 등의 특별강연이 이어졌다. 3일째인 3일에는 조선인과 일본인 합동으로 연합대예배를 가진 후 츠나시마(綱島)의 '기독교의 동포주의'라는 설교가 이어졌으며, 마지막 날인 5일에는 일선연합대친목회를 경회루에서 갖고 일선동화의 의지를 다졌다.[185] 이를 계기로 『매일신보』에서는 「기독교회 합동」이라는 사설을 통해 조선 측과 일본 측 기독교의

183 『매일신보』, 1915.1.16.

184 『매일신보』, 1916.7.18.

185 渡瀬常吉, 1913, 『朝鮮教化の急務』, 警醒社書店; 김승태 편역, 1996, 앞의 책, 59-60쪽; 『매일신보』, 1913.8.7.

합동설을 제기하기도 하였다.[186]

제2차 대회는 1917년 5월 24일부터 6월 2일까지 전국 137개 조합교회의 대표자와 일본조합교회 에비나, 요네자와(米沢尚三)가 참가한 가운데 광남교회에서 개최되었다.[187] 대회 첫날인 5월 24일 개회식에서는 와타세와 총독부 세키야 학부과장의 강연이 있고 난 뒤 조합교회 대표 와타세, 유일선, 김정식, 차학연, 최중진 등이 총독부를 방문하였다.[188] 2일째인 25일에는 전년도의 각 교회 활동보고에 이어 일반교역자회를 열고 참배, 성찬, 혼례, 장례식 등에 관한 내용과 직원선정방법 등 중요한 사항을 결정하였고, 3일째인 26일에는 오다 쇼고(小田省吾)의 강연과 일반회원의 시내관광으로 이어졌다.[189] 4일째인 27일에는 연합예배와 성찬식에 이어 에비나와 요네자와의 주도로 전도대회를 가졌는데, 이날 전도대회는 "혈설(血說)의 설교에 감화되어 일반청중이 여몽여각한 듯 환희 작약하였다"고 평가하였다.[190] 5일째인 28일에는 요네자와는 "사랑의 능력이 춘화와 여(如)하여 진리의 종(種)은 ○차 발생한다"는 주제로 영국 조합교회의 역사와 현재 교세가 크게 발전한 시찰담에 대해 강연하였으며,[191] 6일째인 29일에는 특별히 부인대회와 교역자회를 개최하였다. 에비나는 부인대회에서 "지구 동서를 막론하고 기독교 부인의 활발한 능력으로 현금 사회를 지배한 바인데, 조선 부인도 기독교주의하에 금일 여차히 활발한 참여를 축하"하는 내용으로, 요네자와는 교역자회

186 『매일신보』, 1913.8.2.

187 『매일신보』, 1917.5.23.

188 『매일신보』 1917.5.25.

189 『매일신보』, 1917.5.27.

190 『매일신보』, 1917.5.29.

191 『매일신보』, 1917.5.30.

에서 미국에 있는 조합교회의 근일 확장된 상황과 "일반신자의 언(言)과 행(行)이 초목의 화(花)와 실(実)과 여(如)한다"는 주제로 각각 강연을 가졌다.[192] 마지막 날인 30일에 요네자와는 '기독(基督)은 상제(上帝)의 영신(暎神)'이라는 제목으로, 에비나는 '일본조합교회의 역사'와 '인생의 노고를 정벌한 십자가상의 화평(暎神)된 정신'이라는 제목의 강연회를 끝으로 대회를 마쳤다.[193]

이처럼 조합교회에서 전력투구하여 두 차례의 대회를 개최한 것은 표면적으로는 조합교회 교세의 확장을 보여주기 위한 것이지만 그 본질에는 조합교회가 조선전도론에서 밝히고 있는 '조선인의 일본인화'를 현상적으로 실현했음을 대외적으로 알리기 위한 방책의 하나였다.

3. 일본 신도의 보급과 확장

1) 조선총독부의 신사정책

(1) 일본 신사의 보급

일제가 조선을 식민지화하면서 가장 고민했던 것은 종교였다. 종교는 그 민족의 역사와 밀접한 관계가 있어서 교육과 제도 등 식민정책으로 통제하기가 사실상 불가능하였기 때문이다. 그래서 일본의 종교를 통해 지배권을 강화하고자 하였다. 기독교는 조합교회를, 불교는 조동종

192 『매일신보』, 1917.5.31.

193 『매일신보』, 1917.6.2.

등 일본계 불교를 적극적으로 지원하였다. 이와는 별도로 일본의 고유신앙이라고 할 수 있는 신사를 보급하고자 하였다. 1930년대 전시체제기가 형성되면서 1면 1사의 신사 정책을 수립하여 이른바 '내선융화'를 통해 식민지 조선인을 일본인화하고자 하였다.

신사가 조선에 처음으로 건립된 것은 1678년 벤자이텐당(弁財天堂)[194]이다. 부산 초량의 왜관에 체류 중이던 일본인 상인들이 건립한 벤자이텐당은 재물신을 모시는 신사였다. 이를 계기로 용두산 기슭에 고토히라신사(金刀比羅神社), 이나리신사(稲荷神社), 다마타레신사(玉垂神社) 등이 건립되었다.[195] 이후 개항장을 중심으로 일본인 사회가 형성되면서 신사 건립도 늘어갔다.

일제 강점 이전 건립된 주요 신사는 고토히라궁, 이나리신사였다. 고토히라신을 모시는 고토히라궁은 부산, 인천, 원산, 군산, 청진, 목포 등에 건립되었으며, 이나리신사는 부산, 인천, 나남, 청진, 밀양, 겸이포 등에 건립되었다. 이외에 학문의 신인 스가와라 미치자네(菅原道真)를 모시는 덴만궁(天滿宮) 또는 스가와라신사(菅原神社)가 인천과 경성에 건립되었으며, 일부 지역에 스미요시신사(住吉神社)와 하지만궁(八幡神社), 에비스신사(恵比寿神社), 아타고신사(愛宕神社) 등이 세워졌다.[196] 이처럼 개항장 일본인 거류지와 내륙의 일본인 집거지에 건립된 신사는 초기에는

---

194 재산의 신 벤자이텐(弁財天)을 모시는 벤텐신사(弁天神社)이다. 「조선시대 대일외교 용어사전」.

195 田代和生, 2011, 『新·倭館: 鎖國時代の日本人町』, ゆまに書房, 69쪽; 이동훈, 2018, 「재조일본인 건립 신사(神社)에 관한 기초적 연구-'한국병합' 전후 변화 양상을 중심으로」, 『한일관계사연구』 62, 407-408쪽 재인용.

196 이동훈, 2018, 앞의 글, 413-414쪽.

출신 지역의 신을 모셨지만, 1905년 러일전쟁 이후에는 황조신인 아마테라스 오미카미(天照大御神)를 모시는 신사가 점차 늘어갔다. 일본에서 러일전쟁 승리 후 국가기관으로서 신사의 성격이 강해지면서 황조황종사상(皇祖皇宗思想), 즉 아마테라스와 역대 황조신을 섬기는 사상이 사회 전반으로 확산되었다. 이러한 경향이 조선의 일본인 거류지에도 일정하게 영향을 주었던 것이다.[197] 이에 따라 신사는 당시 한국에 거주하거나 활동하는 일본인 사회의 통합을 도모하는 장이기도 하였지만, 안녕의 기원과 정신적 위안을 주기도 하였다.

일제강점 이전 각 지역에 적지 않은 신사가 건립되었지만, 운영의 주체는 주로 재조 일본인 거류민단이었다. 그렇지만 일제강점 이후에는 조선총독부가 신사를 관장하였다. 강점 직후인 1911년 통계에 따르면, 31개의 신사 중 황조신을 제신으로 하는 신사는 절반 정도인 16개 정도였다. 이러한 상황에서 일제는 그동안 일본인 사회의 사적 기원 장소로서의 신사를 총독부가 관장하는 공적 신앙체제로 재편시켰다.

일제 강점으로 거류민단이 해체됨에 따라 신사의 운영 주체가 새로운 문제로 대두되었다. 이에 따라 총독부는 1915년 8월 「신사사원규칙」을 제정, 반포하였다.[198] 「신사사원규칙」의 제정 취지는 다음과 같다.

> 従来 居留民団 所在 其他 内地人 多数 集団한 地方에는 神社 又는 寺院을 設立한 者ㅣ 有하여 併合 以後 内地人 移住者의 増加함에 従하여 益益 其数는 増加하나 然이나 神社 又는 寺院에 対하여는 何等 依

197 이동훈, 2018, 앞의 글, 417쪽.

198 『매일신보』, 1915.8.17.

遵할 法規가 無함으로 創立者에 対하여도 不便을 感하는 事 多하겠고, 又 往往히 維持方法 等의 確立치 못함에 不拘하고 此를 創立하며 又는 神社 寺院으로 相当한 設備를 有치 아니한 者 等이 有하여 将来 弊害를 醸生할 憂가 無치 아니함으로 今回 神社寺院規則을 発布하여 此 濫設을 防止하는 同時에 神社寺院으로 相当한 体裁를 具備케 하여 且 維持의 方法을 確実케 하여써 尊厳을 失墮케 하는 者이 無함을 期함에 至하였고, 特히 神社는 我國体와 密接한 関係가 有하여 此 設立 維持에 対하여는 特히 慎重한 注意를 要함으로써 玆에 奉仕할 神職의 資格 任用 服務 等에 対하여도 追後 特別한 規定을 設하여 内地와 同様의 制度를 設함에 至할지라.[199]

즉 신사는 일본 국체와 밀접한 관계가 있으므로, 이를 관리하고 통제를 확실하게 하겠다는 의도가 반영되었다. 이러한 취지로 발포된 「신사사원규칙」에 따르면, 신사의 창립과 이동할 때 그 사유와 제신, 건립 평수, 유지 방법 등 총독의 허가를 받도록 하였고, 기존의 신사도 이 규칙을 적용하여 통제하고자 하였다.

『조선총독부관보』 제911호, 1915.8.16. 「신사사원규칙」의 전문은 다음과 같다.

제1조 신사를 창립할 때는 아래의 사항을 구체화하고, 창립지의 숭경자총대(崇敬者総代) 30명 이상이 연서하여 조선총독의 허가를 받아야 한다.

199 『매일신보』, 1915.8.20.

1. 창립의 사유(事由)

2. 신사의 칭호

3. 창립지명

4. 제신

5. 건물 몇 경내지의 평수, 도면 및 경내지 주위의 상황

6. 창립비 및 기타 지변(支辨)방법

7. 유지의 방법

8. 숭경자의 수

제2조 사원을 창립할 때는 아래의 사항을 구체화하여 창립지의 신도 30인 이상이 연서하고 소속 종파, 관장의 승인서를 첨부하여 조선총독부의 허가를 받아야 한다.

1. 창립의 사유

2. 사원의 칭호

3. 창립지명 및 소속종파의 명칭

4. 본존 및 소속종파의 명칭

5. 건물 몇 경내지의 평수, 도면 및 경내지 주위의 상황

6. 창립비 및 기타 지변(支辨)방법

7. 유지의 방법

8. 숭경자의 수

제3조 신사에는 신전(神殿) 및 배전(拜殿)을 구비해야 한다.

제4조 사원에는 본당 및 절의 부엌(庫裏)을 구비해야 한다.

제5조 신사 또는 사원 창립의 허가를 받은 자는 허가일로부터 2년 내에 신전, 배전 또는 본당, 절의 부엌(庫裏)을 건설해야 허가는 그 효력을 잃지 않는다. 단, 특별한 사유가 있을 때는 조선

총독부의 허가를 받아 그 기간을 연장할 수 있다. 건설을 준공한 때에는 조선총독부에 신청서를 제출해야 한다.

제6조 변재(変災)에 의해 신전, 배전 또는 본당, 절의 부엌(庫裏)을 망실(亡失)했을 때는 망실한 신전, 배전 또는 본당, 절의 부엌(庫裏)을 재건할 때 조선총독에게 신청서를 내야 한다. 신전, 배전 또는 본당, 절의 부엌(庫裏)을 망실한 날로부터 6년 내에 재건할 경우 창립허가는 그 효력을 잃지 않는다.

제7조 신사 또는 사원을 이전할 때는 아래의 사항을 구체화하여 조선총독의 허가를 구해야 한다.

1. 이전의 사유
2. 이전 지명
3. 건물 및 경내지의 평수, 도면 및 경내지 주위의 상황
4. 이전비 및 기타 지변(支辨)방법

제8조 제5조의 규정은 신사 또는 사원 이전의 경우에 그것을 준용(準用)한다.

제9조 신사 또는 사원을 폐지 또는 병합할 때는 그 사유 및 재산의 처분방법을 구체화하여 조선총독에게 허가를 받아야 한다.

제10조 아래에 나타난 경우에 있어서 조선총독의 허가를 받아야 한다.

1. 신사의 칭호를 변경하거나 또는 제신을 증감(增減)·변경할 때
2. 사원의 칭호를 변경하거나 또는 본존을 증감.변경할 때
3. 사원의 소속종파를 변경할 때
4. 신사 또는 사원의 유지방법을 변경할 때
5. 건물 또는 경내지의 평수를 증감할 때

전항(前項) 제5호에 있어서는 그 도면을 신청서에 첨부해야 한다.

제11조 사원에는 주직(住織)을 두고 사원에 관한 사무를 관리하게 한다.

제12조 신사에는 숭경자총대, 사원에는 신도총대(信徒総代)를 3명 이상 두고, 기타 주소, 이름(氏名)을 기타 신사, 사원, 주소지를 관리하는 도장관(道長官)에게 제출해야 하며, 그 외 이동이 있을 때 또한 동일하다.

제13조 신사 또는 사원은 기타 소유에 속하는 부동산 및 실물에 관하여 아래의 사항을 구체화하여 조선총독에게 신고해야 한다.

1. 토지에 있어서는 소재지, 지(地)번호, 지목(地目), 면적 및 경내지의 구별
2. 건물에 있어서는 소재지, 건평, 명칭, 구조의 종류 및 경내지에 있는 것과 경외지에 있는 것의 구분
3. 매물이 있을 때는 그 명칭, 원수(員数), 품질, 형 상, 길이(寸尺), 작자(作者) 및 전래(伝来)

제14조 신사 또는 사원은 재산대장(台帳)을 갖추고, 기타 소유에 속하는 부동산 및 매물에 관한 전조(前条) 각 호(号)의 사항을 등집(登輯)해야 한다.

제15조 아래에 사항에 해당하는 경우 조선총독의 허가를 받아야 한다.

1. 부동산 또는 매물을 매각, 양도, 교환 또는 저당 잡힐 때
2. 경내지의 입죽목(立竹木)을 벌채해야 할 때
3. 부채가 있을 때

제16조 경내지 및 기타 건물은 도장관의 허가를 받은 신사에 있어서

는 제전(祭典)의 집행, 사원에 있어서는 전법(伝法), 포교, 법요 집행 및 승려지주(止住)의 목적 이외에 능히 그것을 사용하고 또는 사용하게 할 수 있다.

제17조 제5조 제1항 단서(但書), 제7조, 제9조, 제10조 또는 제15조에 의하여 사원에서 신고하는 원서(願書)는 그 사고가 생긴 일로부터 2주 내에 그것을 제출해야 한다.

제18조 본령에 의한 신고는 그 사고가 생긴 날로부터 2주 내에 그것을 제출해야 한다.

제19조 본령 중 사원에 관한 규정은 내지(일본)에 있어서 불도(佛道) 각 종파에 속하는 것에 한하여 적용한다.

제20조 허가를 받지 않은 신사, 사원 또는 그것에 유사한 건조물을 설치한 자는 1년 이하의 금고(禁錮) 또는 2백 원 이하의 벌금에 처한다.

본령은 1915년(大正 4년) 10월 1일부터 실행한다."

「신사사원규칙」 제정 이전 설립된 신사는 60여 개였다.[200] 제정 이후

200 1912년 60개의 신사가 설립되었는데, 그 현황은 다음과 같다.
"太神宮(경성), 皇太神宮(인천), 管原神社(인천), 氏神社(경성), 太神宮(보은), 太神宮(청주), 太神宮(충주), 太神宮(공주), 招魂社(공주), 太神宮(은진), 金刀比羅神社(보령), 太神宮(조치원), 金刀比羅神社(군산), 大場村神社(익산), 松島神社(목포), 金刀比羅神社(목포), 稲荷神社(목포), 金刀比羅神社(거제), 岡山神社(용남, 현 통영), 馬山神社(마산), 恵美須神社(마산), 竜頭山神社(부산), 竜尾山神社(부산), 水産神社(부산), 蛭子神社(부산), 金刀比羅神社(밀양), 太神宮(밀양), 稲荷神社(밀양), 新幕神社(서흥), 汗浦神社(평산), 稲荷神社(황주), 南川神社(평산), 金刀比羅神宮(장연), 平壌神社(평양), 太神宮(진남포), 平安神社(신의주), 大神宮(의주), 竜岩神社(용천), 太神宮(선천), 金刀比羅神社(가산), 男山八幡宮(강계), 大神宮(춘천), 大神宮(철원), 金刀比羅神社(울진), 金刀比羅神社(원산), 元山神社(원산), 男山八幡神社(갑산), 男山八幡宮(삼수), 太神宮(경성 나남), 稲荷神社(경성 나남), 金刀比羅神社(경성 나남),

1929년까지 건립된 신사는 〈표 10〉과 같다.

〈표 10〉에 의하면, 「신사사원규칙」 이후 1929년까지 건립된 신사는 53개로 적지 않았음을 확인할 수 있다. 일본인 거류지가 형성된 주요 도시를 비롯하여 울릉도까지 건립될 정도로 신사가 확장되었던 것이다.

그뿐 아니라 신사(神社)보다 규모가 비교적 작은 신사(神祠)도 「신사사원규칙」 제정 이후 일본인 거류지를 중심으로 빠르게 확산되었다. 이를 정리하면 〈표 11〉과 같다.

〈표 11〉에 따르면 신사(神祠)는 전국적으로 139개나 건립되었으며, 가장 많은 신명신사는 아마테라스를 제신(祭神)으로 받들고 있다. 이들 신사(神社)와 신사(神祠)의 건립 청원자는 대부분 일본인이었지만, 태인신사(泰仁神社)와 천안신사(天安神社)처럼 조선인이 대표로 청원하는 사례도 없지 않았다. 신사(神祠)의 경우는 용인군 수여면, 함평군 함평면, 장흥군 장흥면, 경기도 이천군 읍내면, 평산군 보신면, 상주군 상주면, 희천군 희천면의 신명신사(神明神祠)는 조선인이 대표로 건립을 청원하였다. 일본 신을 신앙 대상으로 하는 신사 건립에 조선인이 참여하였다는 점을 미루어 볼 때 일제의 동화정책으로 신사를 활용하였음을 알 수 있다.

(2) 일본 신사와 식민성

1904년 러일전쟁에서 승리한 일제는 1905년 을사늑약을 체결하고 조선에 대한 침략을 보다 심화시켜 나갔다. 그 가운데 하나가 일본 신사의 보급이었다. 조선총독부가 1910년대 일반 종교계에 대해서는 억압과

稲荷神社(경성/함북), 八幡宮(경성 나남), 太神宮(경성 나남), 雄基神社(경흥), 稲荷神社(청진), 住吉神社(청진), 金刀比羅神社(청진), 太神宮(경흥), 金刀比羅神社(성진)"

〈표 10〉「신사사원규칙」 제정 이후 1929년까지 건립된 신사(神社) 현황[201]

번호	신사명	건립일	소재지	제신	출연자
1	수원신사	1915.12.16	경기도 수원군 수원면	天照大神	近藤虎之助 외 48명
2	개성신사	1916.2.2	경기도 개성군 송도면	天照大神	朴宇鉉 외 36명
3	서수신사	1916.8.30	전북 옥구군 서수면	天照大神, 豊受大神, 市杵島姬命	川崎藤太郎 외 41명
4	통영신사	1916.5.4	경남 통영군 통영면	天照大神	瀨間禎司 외 29명
5	평양신사	1916.5.4	평남 평양부 경상리	天照大神	宮川五郎三郎 외 46명
6	이리신사	1917.10.29	전북 익산군 익산면	天照大神	枝吉富士若 외 37명
7	대장신사	1917.10.29	전북 익산군 춘포면	天照大神	細川隆恒 외 35명
8	진해신사	1916.6.2	경남 창원군 진해면	天照大神, 豊受大神	松尾重信 외 49명
9	함흥신사	1916.8.21	함남 함흥군 함흥면	天照大神	寺本幸太郎 외 39명
10	밀양신사	1916.9.12	경남 밀양군 부내면	天照大神	松下定次郎 외 65명
11	전주신사	1916.9.27	전북 전주군 우림면	天照大神	岩崎虎太郎 외 32명
12	대구신사	1916.4.22	경북 대구부 달성정	天照大神	渋沢周蔵 외 41명
13	인천신사	1916.4.24	경기도 인천부 궁정	天照大神	久水三郎 외 41명
14	송도신사	1916.5.3	전남 목포부 송도정	天照大神	橋本豊太郎
15	경성신사	1916.5.22	경기도 경성부 왜성대정	天照大神	谷村頼尚 외 69명
16	용천신사	1916.7.18	평북 용천군 용암포	天照大神	三浦義深 외 34명
17	진남포신사	1916.9.19	평남 진남포부 용정정	天照大神	岩本真太郎 외 73명
18	군산신사	1916.12.19	전북 군산부 서빈정	天照大神	磯部謙哉 외 40명
19	원산신사	1916.12.26	함남 원산부 천정	天照大神	渡邊半蔵 외 31명
20	광주신사	1917.5.1	전남 광주군 광주면	天照大神	下坂重行 외 29명
21	진주신사	1917.5.14	경남 진주군 진주면	明治天皇	石井高暁 외 29명
22	청진신사	1917.5.14	함북 청진부 목하전정	天照大神, 明治天皇	伊東荒吉 외 19명
23	동산신사	1917.5.18	전남 장성군 장성면	明治天皇, 昭憲皇太后	井上宇忠 외 100명
24	대전신사	1917.6.11	충남 대전군 외남면	天照大神	磯部益太郎 외 42명
25	의주신사	1917.6.11	평북 의주군 의주면	天照大神	宮崎寿八 외 29명

201 〈표 10〉는 『조선총독부관보』를 참조하여 작성하였다.

26	성진신사	1917.6.8	함북 성진군 학성면	天照大神	高浜清吉 외 29명
27	평안신사	1917.5.7	평북 신의주부 앵정	天照大神	祝出布太郎 외 41명
28	강경신사	1917.6.12	충남 논산군 강경면	天照大神	坂上富蔵 외 33명
29	삼량진신사	1917.6.12	경남 밀양군 下東면	天照大神	亀田門次郎 외 32명
30	용두산신사	1917.7.10	경남 부산부 변천정	天照大神 외	印東衛助 외 64명
31	북청신사	1917.10.8	함남 북청군 노덕면	天照大神	坪倉二三 외 40명
32	수원신사	1917.12.16	경기도 수원군 수원면	天照大神	近藤虎之助 외 48명
33	춘천신사	1918.3.11	강원도 춘천군 춘천면	天照大神, 明治天皇	稲垣清三郎 외 103명
34	해주신사	1918.6.11	황해도 해주군 해주면	天照大神	鈴木平四郎 외 41명
35	금도비라신사	1918.6.18	전남 여수군 여수면	–	今木武一郎 외 84명
36	마산신사	1919.6.23	경남 마산부 앵정	天照大神	友田松二郎 외 32명
37	회령신사	1919.6.5	함북 회령군 회령면	天照大神, 明治天皇	渋谷義二郎 외 33명
38	조선신사	1919.7.18	경기도 경성부 남산	天照大神, 明治天皇	官弊神社로 仰出
39	태인신사	1920.1.24	전북 정읍군 태인면	天照大神	朴泳午 외 54명
40	나남신사	1921.9.26	함북 경성군 나남면	天照大神, 明治天皇	福島律次 외 35명
41	연기신사	1921.4.14	충남 연기군 조치원면	–	柴田又一郎 외 34명
42	청주신사	1922.6.20	충북 청주군 청주면	天照大神	古谷清彦 외 48명
43	포항신사	1923.3.5	경북 영일군 포항면	天照大神 외	中谷竹三郎 외 46명
44	겸이포신사	1923.8.16	황해도 황주군 겸이포면	天照大神	石橋正光 외 41명
45	김제신사	1924.9.3	전북 김제군 김제면	天照大神	橋本央 외 47명
46	조촌신사	1925.11.25	전북 전주군 조촌면	天照大神	徳弘國太郎 외 49명
47	공주신사	1926.11.6	충남 공주군 공주면	天照大神	中岡伝吉 외 53명
48	성환신사	1928.2.27	충남 천안군 성환면	天照大神	千錦峰吉 외 30명
49	강계신사	1928.2.27	평북 강계군 강계면	–	阿野珹若 외 48명
50	김천신사	1928.7.18	경북 김천군 김천면	天照大神, 豊受大神	住吉清吉 외 37명
51	천안신사	1928.10.12	충남 천안군 천안면	–	趙声九 외 44명
52	영산포신사	1928.7.10	전남 나주군 영산포면	–	黒住猪太郎 외 47명
53	울도신사	1929.7.19	경북 울릉도 남면	天照大神 외	片岡吉兵衛 외 51명

〈표 11〉「신사사원규칙」 제정 이후 1929년까지 건립된 신사(神祠) 현황[202]

번호	신사명	건립일	소재지	제신	출연자
1	신명신사(神明神祠)	1917.11.27	경기도 광주군 중대면	天照大神	近田密蔵 외 9명
2		1917.11.27	경기도 시흥군 영등포면	天照大神	佐渡秀光 외 10명
3		1917.8.2	강원도 삼척군 부내면	天照大神	遠藤千尋 외 12명
4		1917.8.2	충남 부여군 홍산면	天照大神	江戸喜之吉 외 18명
5		1917.8.2	경남 고성군 철성면	天照大神	高野権平 외 24명
6		1917.8.4	경남 청도군 화양면	天照大神	白石辰逸 외 22명
7		1917.8.24	평남 안주군 신안주면	天照大神	作田稔三 외 15명
8		1917.9.1	황해도 해주군 해주면	天照大神	井延太郎 외 17명
9		1917.12.10	경기도 부천군 계남면	天照大神	福田藤太郎 외 9명
10		1918.1.9	경북 달성군 해안면	天照大神	冲田勘太郎 외 9명
11		1918.1.17	충북 청주군 사주면	天照大神	三上外三郎 외 20명
12		1918.3.12	함북 경흥군 웅기면	天照大神	今木伝太郎 외 9명
13		1918.3.19	경기도 포천군 군내면	天照大神	管野初之助 외 17명
14		1918.4.30	경기도 파주군 임진면	天照大神	力式恵吉 외 9명
15		1918.4.30	충북 옥천군 옥천면	天照大神	虎岩曾平 외 11명
16		1918.5.28	경기도 용인군 수여면	天照大神	丁奎漢 외 29명
17		1918.5.28	충남 보령군 대천면	天照大神	島崎重吉 외 10명
18		1918.6.20	전북 익산군 오산면	天照大神	佐藤福太郎 외 25명
19		1918.7.1	충북 영동군 영동면	天照大神	岡村新市 외 62명
20		1918.7.10	충남 서천군 서천면	天照大神	酒井夏次 외 11명
21		1918.10.23	함남 북청군 신포면	天照大神	布谷國三郎 외 15명
22		1918.11.6	경남 동래군 동래면	天照大神	豊田福太郎 외 10명
23		1918.11.6	평북 자성군 자성읍	天照大神	草野良七 외 13명
24		1918.11.6	평남 대동군 추을미면	天照大神	水谷千万吉 외 19명
25		1918.12.7	평북 선천군 선천면	天照大神	岩佐友次郎 외 22명
26		1918.12.17	평북 자성군 여연면	天照大神	和気義矩 외 9명
27		1918.12.28	충남 논산군 논산면	天照大神	富村六郎 외 17명
28		1919.2.15	충남 대전군 북면	天照大神	古川喜一郎 외 9명
29		1919.2.15	충남 공주군 공주면	天照大神	川崎平太郎 외 18명
30		1919.5.13	충남 논산군 부역면	天照大神	永津市作 외 11명
31		1920.1.24	충남 연기군 남면	天照大神	飯田広助 외 14명
32		1920.4.14	황해도 황주군 황주면	天照大神	小林静外 외 24명
33		1920.8.25	함남 장진군 군내면	天照大神	松田辰五郎 외 14명

202 〈표 11〉은 『조선총독부관보』를 참조하여 작성하였다.

34		1921.6.8	전남 강진군 강진면	天照大神	楠原文達 외 9명
35		1921.11.25	경남 창원군 웅남면	天照大神	稲玉八十穂 외 16명
36		1921.12.24	강원도 강릉군 강릉면	天照大神	吉田由松 외 15명
37		1922.5.18	강원도 강릉군 신리면	天照大神	江上豊作 외 29명
38		1922.5.22	충북 청주군 부용면	天照大神	村越仲 외 12명
39		1922.7.14	경북 경산군 안심면	天照大神	石浦重太郎 외 14명
40		1922.5.29	경기도 진위군 병남면	天照大神	広池作米 외 19명
41		1922.11.27	전남 광주군 송정면	天照大神	宮脇丈八 외 13명
42		1923.2.10	경북 대성면 고수동	天照大神	平井光蔵 외 19명
43		1923.4.30	전남 장흥군 장흥면	天照大神	金子○외 12명
44		1923.5.9	전남 강진군 작천면	天照大神	平田豊吉 외 20명
45		1923.5.9	경북 경주군 경주면	天照大神	石川悦三郎 외 31명
46		1923.7.3	충북 영동군 황금면	天照大神	末永元治郎 외 26명
47		1925.1.30	충남 논산군 광석면	天照大神	田中源治 외 29명
48		1925.4.13	전북 순창군 순창면	天照大神	山本賢治 외 9명
49		1925.5.7	경북 경산군 하양면	天照大神	坂根哲 외 15명
50		1925.5.7	전남 함평군 함평면	天照大神	李玩範 외 9명
51		1925.5.27	황해도 봉산군 사리원면	天照大神	目義三郎 외 217명
52		1925.9.24	충북 진천면 진천면	天照大神	越智庄太郎 외 10명
53		1925.9.24	경기도 강화군 부내면	天照大神	吉井九郎 외 9명
54		1925.9.24	함남 영흥군 홍인면	天照大神	小室千代吉 외 23명
55		1927.1.31	전북 금산군 금산면	天照大神	坂本宗十郎 외 49명
56		1927.6.29	경북 경주군 강서면	天照大神	星島貞造 외 51명
57		1927.6.30	경기도 이천군 읍내면	天照大神	兪台濬 외 11명
58		1927.6.30	충북 천안군 천안면	天照大神	金谷吉郎 외 14명
59		1927.6.30	경남 울산군 동면	天照大神	吉本次郎 외 11명
60		1927.6.30	함북 경흥군 경흥면	天照大神	小方鶴吉 외 17명
61		1927.7.4	경북 경산군 압량면	天照大神	佐藤政一 외 9명
62		1927.7.4	경남 울산군 대현면	天照大神	福田安兵衛 외 11명
63		1927.8.20	황해도 평산군 보산면	天照大神	申元熙 외 22명
64		1927.8.24	경남 양산군 상서면	天照大神	山田角次郎 외 45명
65		1927.9.23	평북 삭주군 삭주면	天照大神	池田仙治 외 13명
66		1927.10.31	평북 후창군 후창면	天照大神	富田恒 외 15명
67		1927.11.21	경북 영일군 창주면	天照大神	萱野与四郎 외 15명
68		1927.12.27	전북 옥구군 미면	天照大神	四方栄治 외 14명
69		1927.12.27	전남 영광군 영광면	天照大神	久我元吉 외 23명
70		1928.2.23	전북 담양군 담양면	天照大神	池田悦郎 외 15명
71		1928.3.28	경북 문경군 문경면	天照大神	藤原久平 외 9명
72		1928.5.28	충남 서산군 서산면	天照大神	河崎嘉 외 14명

73		1928.6.15	강원도 고성군 신북면	天照大神	堀恒 외 20명
74		1928.6.15	강원도 고성군 고성면	天照大神	吉田藤一 외 27명
75		1928.6.29	경북 상주군 상주면	天照大神	朴挺漢 외 10명
76		1928.10.2	경북 영덕군 영덕면	天照大神	服部廉二 외 9명
77		1928.10.2	경남 사천군 사천면	天照大神	小田切厚 외 33명
78		1928.10.2	평북 구성군 구성면	天照大神	桂淳 외 14명
79		1928.10.3	강원도 인제군 인제면	天照大神	工藤竜雄 외 27명
80		1928.10.20	강원도 울진군 울진면	天照大神	松村嘉造 외 14명
81		1928.10.2	황해도 옹진군 마산면	天照大神	坂本長作 외 13명
82		1928.11.8	경북 청양군 청양면	天照大神	渡邊周平 외 10명
83		1928.11.8	경북 봉화군 내성면	天照大神	南助三郎 외 9명
84		1928.11.8	충남 부여군 은산면	天照大神	長谷部恒三 외 19명
85		1928.11.8	충북 보은군 보은면	天照大神	土肥知吉 외 12명
86		1928.11.9	충남 홍성군 광천면	天照大神	新井忠太郎 외 14명
87		1928.11.9	충북 음성군 음성면	天照大神	河合儀一 외 13명
88		1928.11.9	충북 단양군 단양면	天照大神	生島隆 외 9명
89		1928.11.9	경남 동래군 구포면	天照大神	平田幸治郎 외 27명
90		1928.11.9	경북 예천군 예천면	天照大神	光田孟輔 외 11명
91		1928.11.9	황해도 금천군 금천면	天照大神	松井栄治 외 31명
92		1928.11.24	충북 괴산군 괴산면	天照大神	林田久吉 외 11명
93		1928.11.24	황해도 재령군 재령면	天照大神	高島次郎 외 136명
94		1929.2.8	충남 서천군 시초면	天照大神	黄地清一 외 10명
95		1929.4.2	경남 남해군 남해면	天照大神	大宮勝 외 14명
96		1929.5.23	전남 영암군 영암면	天照大神	兵頭一雄 외 18명
97		1929.5.24	충남 논산군 연산면	天照大神	安井勝弘 외 14명
98		1929.5.25	경북 안동군 안동면	天照大神	元田武雄 외 20명
99		1929.5.25	평북 희천군 희천면	天照大神	羅昌燮 외 23명
100		1929.5.30	황해도 신천군 신천면	天照大神	大槻芳兵衛 외 15명
101		1929.7.1	경북 영주군 영주면	天照大神	岡田数太郎 외 10명
102		1929.7.16	경기도 여주군 주내면	天照大神	長島明白 외 19명
103		1929.11.1	경남 김해군 김해면	天照大神	重本行楸 외 9명
104		1929.11.1	함북 경원군 경원면	天照大神	秋山仲三 외 25명
105		1929.11.1	경기도 양주군 구리면	天照大神	田上庄太郎 외 12명
106		1929.11.1	경북 창원군 진동면	天照大神	佐藤佐賀美 외 17명
107		1929.11.6	경기도 부천군 부내면	天照大神	田中倉次郎 외 24명
108		1929.11.9	경남 밀양군 하남면	天照大神	田中格治 외 10명
109		1929.11.19	경남 하동군 하동면	天照大神	斎藤七郎 외 37명

통제정책을 적용했지만, 신사에 대해서는 일본과 마찬가지로 법령 정비를 통하여 관공립적인 성격을 부여하고, '천황제' 이데올로기를 주입하며 '동화정책'의 하나로 지원 및 장려하는 정책을 취하고 있었다.[203]

이러한 정책으로 일제는 식민지를 획득하거나 조차 · 위임통치 등 지배권력이 미치는 지역에는 예외 없이 관폐대사(官幣大社)를 설치하였다. 이를 중심으로 일본 거류민들은 신사를 신봉하도록 하고 현지인의 고유 신앙을 교화하는 이른바 '종교적 지배체제의 정비'를 도모하였다. 일제도 조선총독부 내무국 지방과가 중심이 되어 관립신사 건립 계획을 세우고 1912년부터 이에 대한 막대한 예산을 배정하였다. 일제는 식민지 조선의 관폐대사로 경성의 남산 중턱에 20만 평 부지의 조선신사를 건립하기로 하고, 제신은 일본 내무대신에게 조회하여 '아마테라스 오미카미(天照大神)'와 '메이지 천황(明治天皇)'으로 하였다.[204]

실제로 조선총독부는 1918년 12월 일본 내각 총리대신에게 '조선신사 창립에 관한 청의'를 하여 일본 각의의 결의를 거쳐서 1919년 7월 18일 자 내각고시 제12호로 조선신사 창립을 확정·공포하였다. 그리고 이듬해 5월에 공사에 들어가 1925년에 완공하였다. 이 신사의 건립 의도는 하세가와 조선총독이 일본 내각 총리대신에게 제출한 '조선신사 창립에 관한 청의'에 잘 드러나 있다.[205]

---

203 김승태, 2007, 「조선총독부의 종교정책과 신사(神社)」, 『한국기독교역사연구소 소식』 79, 54쪽.

204 김승태, 2007, 앞의 글, 63쪽. 이하 내용 가운데 별도의 주가 없으면 본고를 인용한다.

205 그 내용은 다음과 같다. "아직 조선 全土의 민중 일반이 존숭해야 할 神社가 없어 민심의 귀일을 도모하고 충군 애국의 念을 깊게 할 점에 있어 유감스러운 점이 없지 않다. 따라서 차제에 國風移植의 大本으로서 內鮮人이 함께 존숭할 神祇를 勸請하여

이렇게 일제는 메이지유신(明治維新) 초기에 강력히 실시하였던 '신도국교화정책'을 그들의 식민지 조선에도 적용하여 일반 민중에게 '천황제' 이데올로기와 신사 신앙을 강요하고, 일본 풍속을 이식하여 '동화'시키는 것을 식민지 통치상 가장 중요한 일로 생각했기 때문에 이를 위하여 조선신사를 건립하려 하였다. 조선총독부는 관공립 신사는 물론 민간 신사에 대해서도 1915년 8월 16일 조선총독부령 제82호로 '신사사원규칙'을 제정 발포하여, 모든 신사의 창립과 존폐는 총독의 허가를 받도록 하고, 기존의 신사들도 총독의 인가를 받도록 함으로써 신사에 관공립적인 성격을 부여하였다. 이어 1917년 3월 22일에는 조선총독부령 제21호로 '신사(神祠)에 관한 건'을 발포하여 신사(神社)로 공인받지 못한 소규모 집단의 소사(小社)라도 총독의 허가를 받도록 하고 그 관리를 규정하여 보호 육성하는 정책을 펴기 시작했다.

앞에서 언급한 바와 같이 일제는 침략으로 식민지를 획득한 곳에는 관폐대사(官幣大社)를 설치했다. 이를 중심으로 일본 거류민이 세운 신사를 두고 현지인 신앙을 교화한다면서 종교 지배를 강화했다. 1912년부터 막대한 예산을 배정하고 관립신사 건립을 추진했다.

신사는 경성의 남산 중턱에 20만 평 부지를 조성, 건립하고 제신은 천조 대신과 명치 천황을 했다. 1925년에는 완공되었다. '조선신사창립에 관한 청의'에서 보이듯이 일본의 풍속을 이식하여 조선의 민중을 동화시키는 것이 조선 통치에서 중요한 일이었기 때문에 조선신사를 건립했다.

조선총독부는 관공립 신사는 물론이고 민간 신사에 대해서도 1915년 8월 16일 조선총독부령 제82호로 「신사사원규칙」을 제정·발

반도주민으로 하여금 영구히 報本返始의 誠을 바치도록 하는 것은 조선 통치상 가장 긴요한 일이라 생각된다"(『京城府史』(下), 경성부, 1941, 636-637쪽)

포하고 모든 신사의 창립과 존폐는 총독의 허가를 받도록 했다. 그리고 1917년 3월 조선총독부령 제21호「신사에 관한 건」을 발포하여 신사로 공인받지 못한 소규모 집단의 소사라도 총독의 허가를 받도록 관리 규정을 두었다.

그런가 하면 동아일보는 일본 신도가 3종 신기를 숭배하는 것을 미신적 우상숭배라고 비판하는 사설을 연재했다가 조선총독부로부터 무기정간 처분을 받았다.[206] 이 사건은 1920년대 신도에 대한 조선총독부의 태도가 문화정치기에도 전혀 바뀌지 않고 있음을 상징적으로 보여준다.

1925년 10월 조선신궁의 진좌제를 앞두고 이를 공공 기관을 통해 대대적으로 홍보하며, 학무국장이 그해 "생도 아동의 신사참배에 관한 건"이라는 통첩을 내어 학생들의 동원과 참배를 유도하던 조선총독부는 기독교계 학교의 불참으로 심각한 도전을 받았다. 이에 조선총독부는 이를 강요하면 조선인의 반감만 더 사게 될 것이고, 신사를 통해 사상선도를 하는 것은 시대착오적이라는 내부 의견도 있어 적극적인 신사참배 강요 정책을 일시 후퇴했다.

일제는 1931년 9월 만주 침략을 도발하면서 그들의 식민지를 포함한 일본 전역에 정신교화운동과 종교통제를 더욱 강화했다. 그리고 조선총독부는 그 일환으로 기독교계 학교에까지 신사참배를 강요하면서 다시 적극적으로 신사정책과 종교 통제정책을 펴기 시작했다. 사이토 마고토 총독의 후임으로 1931년 6월 17일 제6대 조선총독으로 부임한 우가키 가즈시게는 일본에서 1924년부터 5년 동안이나 다섯 개 내각의 육군대신을 역임한 신흥군벌로서 소화군벌(昭和軍閥)의 시조라고 불리던 인

---

206 『동아일보』, 1920년 9월 1개월 기사.

물이었다. 그는 동화, 일본화 정책을 추진하고자 했고 이를 심전개발운동으로 구체화했다.[207]

1935년 초부터 심전개발을 정신교화운동으로 추진했고, 나아가 신사참배 강요, 일반 종교계에 대한 탄압, 신사 설립과 신사신앙을 적극적으로 장려했다. 이에 따라 각지에 신사 설립이 급격히 증가하고 신사를 중심으로 한 행사나 참배자 수도 해마다 급증했다. 조선총독부는 이러한 신사숭경(神社崇敬)을 제도적으로 뒷받침하기 위해 1936년 8월 1일 천황의 칙령으로 조선신사제도를 전면 개정 강화했다. 그래서 모든 신사(神社), 신사(神祠)가 사격(社格)에 따라 도부읍면으로부터 자금 지원을 받을 수 있도록 했다. 특히 1939년부터는 경성과 나남에 각각 호국신사를 건립하고 부여에 부여신궁 건립 계획을 확정하여 발표하고, 면 단위까지 신사를 건립하는 1면 1신사 정책을 추진하여 전국 각지에 신사의 건립을 장려했다.

일제강점기 조선총독부의 신사에 대한 정책은 일본에서 형성된 종교정책의 연장으로 가혹한 적용이라고 할 수 있다. 그 기조는 국가 신도 내지는 신사 신도를 정점으로 하여 그 하위에 교파신도, 불교, 기독교를 국가의 공인종교로 삼고 국가 시책에 충실히 따르도록 통제, 이용하면서 그 이외의 종교는 유사종교단체라고 하여 불법화하고 경찰력을 동원하여 통제, 탄압했던 것이다.

207 김승태, 2007, 앞의 글, 66쪽.

맺음말

일본의 종교 인식과 종교 관련 법규와 정책, 그리고 통감부와 조선총독부의 종교 관련 법규와 정책을 관통하는 부분은 '일본형 종교 개념의 확산과 정책적 목표 실현을 위한 활용'이었다. 이는 서양식 릴리전(religion) 개념과 범주가 일본에서 변용되어 천황제를 위해 활용되었고, 일본형 종교(宗教, しゅうきょう) 개념과 범주가 조선에 이식되어 조선인의 일본인화를 위해 활용되었다는 의미이다.

일본의 종교 관련 법규와 정책을 관통하는 골격은 신도의 내면화이다. 그리고 신도의 내면화는 1868년 이후 제정일치에 입각한 신사행정을 통해 추진되다가 1882년의 제교분리 이전인 1877년 사사국 내의 신사행정과 불교행정 담당 과(課)의 분리, 이어 1890년 6월 '기타 종교(기독교)'의 행정 대상화, 1900년 신사행정과 종무행정 담당 국(局)의 분리, 1913년 신사행정과 종무행정 담당 성(省)의 분리를 통해 추진되었다. 이는 신사행정에서 불교행정이 분리되고, 다시 신사행정과 종무행정이 분리되는 과정이기도 하다. 이러한 종교 관련 행정은 중앙-지방-경찰 조직의 3자 구도로 진행되었다.

구체적으로, 신도의 내면화라는 정책적 골격은 여러 차원에서 세분화될 수 있다. 주요 내용은 ① 1868년 이후 고대 신사신앙의 부활과 제정일치에 입각한 신도국교화정책, ② 1882년 제교분리에 입각한 신도(神道)의 신사신도(神社神道)와 교파신도 구분 정책, ③ 교파신도·불교·기독교를 종교(宗教)로 공인한 정책, ④ 종교 내 교파신도·불교와 기독교의 차별적 정책, ⑤ 종교와 종교 아닌 것의 구분 정책 등이다.

이러한 신도 내면화 과정에서는, 비록 고정된 것이 아닐지라도,[1] '신

---

1 조선에서 신도가 종교인지 아닌지의 논쟁이 있었다는 점을 고려하면, 일본 정부가

사신도 – 종교(교파신도·불교·기독교)-종교 아닌 것'의 차별적 위계가 설정되어, 천황 중심 제국주의 체제에 대한 순응이 강요되었다. 또한 릴리전(religion)의 개념과 범주가 일본형 종교 개념과 범주로 변용되는 과정에서 메이지유신 이전에 일본에 있었던 초월적 존재나 석가모니나 공자·주자의 가르침 등에 대한 여러 믿음 체계들은 종교 범주에 포함되는 것과 그렇지 않은 것으로 분류되었다. 그리고 신사신도 또는 국가신도는 종교가 아닌 국가의 제사로 만들어지고, 다른 종교 관련 단체들과 달리 교파신도·불교·기독교만 종교로 공인되었다.

이러한 '신사신도 – 종교(교파신도·불교·기독교)-종교 아닌 것'의 차별적 위계 설정과 종래의 여러 믿음 체계들에 대한 분류 또는 배제는 서양의 기독교 중심적인 릴리전 개념 자체가 일본의 상황을 반영한 종교 개념으로 변용되었기 때문에 가능했던 것으로 보인다. 또한 일본에서 종교 범주가 특정 종교만을 지칭하게 된 것은 종교 개념이 신도의 내면화를 포함해 천황 중심 제국주의라는 이데올로기 차원에서 형성되고 유포되었다는 것을 의미한다. 이러한 일본형 종교 개념과 범주는 결과적으로 국가가 종교를 조장(助長)하는 기반으로 이용되었다.

게다가 천황 중심 제국주의의 실현 차원에서 진행된 일본 정부의 종교 정책은 1905년에 설치된 통감부나 1910년에 설치된 조선총독부의 종교 정책과 종무행정을 통해 대한제국과 조선에 이식되었다. 이러한 종교 정책의 흐름은 통감부 시기의 관리 수준에서 시작해, '조선인의 일본인화'라는 지향 안에서 조선총독부 초기의 통제 수준, 1919년 3·1운동 이후 동질화 수준, 1937년 전후 사회 교화의 도구화 수준으로 변화하

설정한 위계가 고정된 것은 아니다(이진구, 2010, 앞의 글).

였다.

다만, 1915년의 「포교규칙」 제15조에 '종교유사의 단체(宗教類似の団体)'라는 표현이 삽입된 것은, 당시에 일본에서도 유사종교(類似宗教)라는 표현이 거의 없었다는 점을 고려하면, 조선총독부가 일본의 종교 범주 자체를 조선에 적용하기 어려웠다는 점과 함께 종교 범주의 변용 가능성을 시사한 것이었다. 일본의 종교 범주 자체를 조선에 그대로 적용하기에는 이미 조선에 천도교 등이 종교를 선포하고 무시할 수 없는 규모의 교세를 확보했던 상황이 있었기 때문이다.

구체적으로, 통감부와 조선총독부의 종교 정책은 일본 정부의 종교 경험을 반영한 것으로 제국주의의 실현 차원에서 추진되었다. 실제로 러일전쟁 이후 일본은 대한제국에 통감부를 설치하면서 대한제국에서 일본형 종교 개념을 퍼뜨리기 시작하였다. 이어, 일제강점으로 조선에 설치된 조선총독부는 일방적으로 정책적·제도적 차원에서 일본형 종교 개념과 범주를 조선의 상황에 강제 적용해 조선에서 종교인 것과 그렇지 않은 것을 분류하고, 그에 따라 각기 다른 방식의 통제를 시도하였다. 이 과정에서 재조선 일본종교, 조선의 불교와 기독교, 조선의 신종교와 무속, 조선의 유교에 대해 서로 다른 정책들이 진행되었다. 그렇지만 이러한 서로 다른 정책들은 일본 제국주의의 실현을 위한 조선인의 일본인화라는 방향과 목표를 공유하고 있었다.

이렇게 보면, 일제강점기는 통감부와 조선총독부가 종교 관련 법규를 통해 '일본 정부의 종교 처리 경험을 조선에 들여오는 과정'이자, 일본형 종교 개념과 범주를 일본 제국주의의 실현 기제로 활용하는 과정이었다. 당시 통감부 설치 이후 조선 사회에 유통되었던 종교 관련 법규들이 통감부나 조선총독부의 자의적 창작물이 아니라 일본의 종교 관련 법규들을 조선의 상황에 적용하기 위해 변용한 것이고, 법규들에 내재된 종교 개념과 범주도 일본의 종교 처리 경험이 담긴 일본형 종교 개념과 범주였기 때문이다.[2]

조선총독부의 종교 관련 법규와 정책은 종래의 무단통치방식에서 1919년 3·1운동을 계기로 문화통치방식으로 전환하는 과정에서 다소 완화된 변화를 보여준다. 그렇지만 이러한 변화도 일본 정부의 종교 처리 경험에서 형성된 일본형 종교 개념과 범주의 제도적 강요를 벗어나지 않는다. 또한 조선에 이식된 일본형 종교 개념과 범주를 활용한 여러 정책이 궁극적으로 일본의 제국주의 실현, 구체적으로 '조선의 일본화, 황국신민화'로 귀결된다는 부분도 변하지 않는다. 이러한 일본형 종교 개념과 범주는 일제강점기에 사회적으로 유통되어 식민성(coloniality)으로 연결되면서 성찰 대상으로 남게 된다.[3]

일제의 종교 정책은 동화정책의 연장선상에서 이루어지고 있다. 또

---

2 한편, 식민지 조선에서 처음 발아된 것으로 보이는 종교 관련 개념이 역으로 식민 본국인 일본으로 재도입되는 사례도 지적할 수 있다. 이른바 '유사종교(類似宗教)'라는 개념이다. 이와 관련해, 1920년대 중반에 '유사종교'(「平南의 各団体 耶蘇教数가 最多」, 『조선일보』, 1924.10.9, 3면), '종교유사단체'(「高峰은 重畳이나 気候가 温和」, 『동아일보』, 1927.3.29, 4면; 「普天教対水雲教 教徒争奪戦 猛烈」, 『조선일보』, 1927.6.3, 2면) 등의 표현이 보이지만, 조선총독부의 공식 자료에는 1930년대 중반(村山智順, 1935, 앞의 책)에 사용되었고, 이후 만주국과 일본에서 사용된다(満州弘報協会, 1936, 『満洲國の現住民族』, 新京: 満州弘報協会, p. 60; 浅野研真, 1936, 『新興類似宗教批判』, 武蔵野: 仏陀社).

3 식민지 상태를 경험하였을 때 식민성은 부정적 어감을 갖지만, 이 책에서는 '강제적으로 이식(移植)된 성격'을 의미한다. 한편, 조선에서 종교 개념과 범주는 이미 대한제국(1897.10.12.~1910.8.29) 이전인 1880년대에 서양의 릴리전 개념이 '종교'로 번역되어 세계 여러 나라의 종교를 통칭하는 의미로 사용된 바 있다. 그렇지만 이러한 서양의 릴리전 개념과 범주는 일본형 종교 개념과 범주에 밀려나게 된다. 조선에서 종교는 이제 인간의 다양한 신앙 체계를 통칭하는 개념과 그에 따른 범주가 아니라 특정 신앙 체계만을 가리키는 개념과 그에 따른 범주가 된 것이다.

한 이 종교 정책은 일본 내의 정책을 그대로 원용하고 있다. 한마디로 천황제 국가의 국체를 확립하기 위한 이념에 요구되는 개인의 인격적 수양과 개별적 문제해결의 수단으로서만 기능하는 종교를 육성하고자 한 것이라 할 수 있다. 이를 위해 포교규칙을 제정하였을 뿐만 아니라 종교별로도 적용 법령을 제정하고 있다. 불교의 경우 사찰령, 유교의 경우 경학원, 기독교의 경우 사립학교령 등을 통해 때로는 회유를, 때로는 탄압을 적절히 적용하면서 종교를 통제하였다.

1910년대 조선총독부의 무단통치 시대에는 공인종교가 조선총독의 예속하에 놓이고 비공인종교가 헌병경찰제도에 통제되는 상황이었다. 유교는 「경학원규칙」에 따라 종교가 아니라 학사로 취급되고, 불교는 사찰령에 따라 통제되었다. 천도교, 보천교, 대종교 등의 민족종교는 결사라고 하여 보안법에 따라 경찰의 억압을 받았다. 이후 문화통치 시기에 전개된 종교 정책은 민족종교에 대한 정책이라고 해도 과언이 아니다.

조선총독부는 문화운동을 허용하면서 민족운동의 방향을 문화운동으로 유도하려고 했다. 1920년대 일제는 첫째, 지속해서 벌여온 친일파의 육성과 활용을 통하여 민족종교 교단에서 일제의 사주를 받는 외곽단체를 만드는 방식으로 민족종교 교단을 약화시키거나, 둘째 각 계층의 친일파를 교단 내에 두는 방식으로 교단의 분열을 초래하여 민족종교를 약화시키거나, 셋째 민족종교가 일선일체와 대동아의식 등을 공유하게 하여 민족종교를 친일화한 뒤 민족 감정에 이반을 초래하게 하는 방식으로 교단을 약화시키거나, 넷째 사회규범의 일탈을 지목하여 사교화함으로써 사회적인 운신을 불가능하게 하는 방식으로 교단을 무력화시키는 등의 민족종교 정책을 진행했다.

1930년대에는 적지 않은 종교 교단의 세력이 약화되어 종교운동이

지하화되거나 일제의 시책에 따르는 활동이 전개되었다고 보인다. 종교는 심전 개발에 동조하도록 유도되었다. 1936년 이후에는 신사참배가 강조되었으며, 종교단체가 이를 거부하는 것은 공공의 안녕질서를 문란케 하는 일이 되었다. 그런 상황에서 더 이상 종교의 자율성은 표면으로 드러날 수 없었다.

일제의 종교 정책은 일본 내의 종교 정책에 기초하고 있다. 그러나 일본 정부는 명치유신 초기부터 유지되었던 종교 정책의 방향을 유지하면서도 좀 더 세밀한 수준에 적용될 수 있는 종교 관련 법령들을 지속적으로 만들었다. 일제의 종교 정책은 식민지 통치 과정에서 더 구체적으로 구현되었다. 조선총독부의 종교탄압은 단순한 일본의 정책을 수행하는 것이 아니라, 오히려 일본제국의 종교 정책을 정립하는 실험장이었다고 평가해도 과언은 아니다.

부록

1. 주요 자료

1) 포교규칙

포교규칙을 다음과 같이 정함.

제1조: 본령에서 종교라 칭함은 신도(神道), 불도(佛道) 및 기독교를 위(謂)함.

제2조: 종교선포에 종사코자 하는 자는 다음의 사항을 구비하여 포교자가 될 자격을 증명할 문서 및 이력서를 첨부하여 조선총독에게 신고해야 함. 단 포교관리자를 둔 교파, 종파 또는 조선 사찰에 속한 자에게는 제2호의 사실을 생략할 수 있다.

1. 종교 및 그 교파, 종파의 명칭
2. 교의의 요령
3. 포교의 방법

전항 각호에 든 사항을 변경할 때에는 10일 내로 조선총독에게 신고해야 한다.

제3조: 신도, 각 교파 또는 내지(內地)의 불교 각 종파에서 포교를 하고자 할 때는 그 교파 또는 종파의 관장은 포교관리자를 정하고 다음의 사항을 구비하여 조선총독의 인가를 받아야 한다.

1. 종교 및 그 교파, 종파의 명칭
2. 교규(教規) 또는 종제(宗制)
3. 포교의 방법
4. 포교관리자의 권한

5. 포교자 감독의 방법

6. 포교 관리사무소의 위치

7. 포교 관리자의 씨명 및 그 이력서

전항 각호의 사항을 변경코자 할 때는 조선총독의 인가를 받아야 한다.

제4조: 조선총독은 포교의 방법, 포교 관리자의 권한 및 포교자 감독의 방법 또는 포교 관리자를 부적당하다고 인정할 때에는 그 변경을 명령할 수도 있다.

제5조: 포교관리자는 조선에 거주하는 자이어야 한다. 포교관리자는 매년 12월 31일 현재에 의하여 소속 포교자 명부를 작성하여 익년 1월 31일까지 조선총독에게 신고해야 한다. 전항의 명부에는 포교자의 씨명 및 거주지를 기재해야 한다.

제6조: 총독이 필요하다고 인정할 때는 제3조 이외의 교파 또는 종파에 대하여 포교관리자를 두게 할 수도 있음. 전항에 의하여 포교관리자를 둘 때는 10일 내로 제3조 제1항 각호의 사실을 조선총독에게 신고해야 한다. 이를 변경할 때도 같다.

제7조: 전조의 포교관리자에 대하여는 제4조 및 제5조의 규정을 준행한다. 제3조 이외의 교파 또는 종파에서 그 규약 등에 의하여 포교관리자를 둘 때는 제4조, 제5조 및 전조 제2항의 규정을 준행한다.

제8조: 종교 선포에 종사하는 자, 씨명을 변경하며 거주지를 이전하며 또는 포교를 폐지할 때는 10일 내로 조선총독에게 신고해야 한다.

제9조: 종교의 용도로 쓰기 위하여 교회당, 설교소 또는 강의소의 유를 설립고자 하는 자는 다음의 사항을 구비하여 조선총독의 허가를 받아야 한다.

1. 설립하고자 하는 사유

2. 명칭 및 소재지

3. 부지의 면적 및 건물의 평수, 그 소유자의 씨명 및 도면

4. 종교 및 그 교파, 종파의 명칭

5. 포교 담임자의 자격 및 그 선정 방법

6. 설립비 및 그 지변(支辨) 방법

7. 관리 및 유지방법

전항 5호에 의하여 포교 담임자를 선정할 때는 설립자 또는 포교 관리자는 그 씨명 및 거주지를 구비하고 이력서를 첨부하여 10일 내로 조선총독에게 신고하여야 한다. 이를 변경할 때에도 같다.

제10조: 전조 제1항, 제2호 내지 제7호의 사항을 변경코자 할 때는 그 사유를 구비하여 조선총독에게 허가를 받아야 한다.

제11조: 종교의 용도에 쓰고자 하는 교회당, 설교소 또는 강의소의 류를 폐지할 때는 10일 내로 조선총독에게 신고하여야 한다.

제12조: 포교 관리자 및 조선 사찰의 본사주지는 각 그 소속 사원, 교회당, 설교소 또는 강의소별로 매년 12월 31일 현재에 의하여 그 신도 수 및 그 해에 신도의 증감수를 익년 1월 31일까지 조선총독에게 신고해야 한다. 전항의 신고는 포교관리자를 두지 않은 교파, 종파 및 조선의 사찰에 속하지 아니한 교회당, 설교소 또한 강의소에서는 각 그 포교 담임자로부터 신고해야 한다.

제13조: 포교관리자를 둔 교파, 종파에 속한 자 또는 조선의 사찰에 속한 자는 본령에 의하여 허가를 받으며, 또는 신고를 하고자 할 때는 포교관리자 또는 본사 주지의 부서(副署)를 첨부하여야 한다.

제14조: 제9조 제1항 또는 제10조에 위반한 자는 백 원 이하의 벌금 또

는 과료(科料)에 처한다.

제15조: 조선총독은 필요가 있는 경우에는 종교와 유사한 단체로 인정되는 것에 본령을 준용할 수도 있다. 전항에 의하여 본령을 준용할 단체는 이를 공고한다.

부칙

제16조: 본령은 대정 4년(1915) 10월 1일부터 이를 시행한다.

제17조: 명치 39년(1906) 통감부령 제45호는 이를 폐지한다.

제18조: 명치 39년(1906) 통감부령 제45호 제1조, 제2조 및 제3조에 의하여 인가를 받은 자는 본령 제2조에 신고를 하며, 또는 제3조의 인가 혹은 제9조의 허가를 받은 자로 간주한다. 단 본령 제2조에 해당하는 자에게는 같은 조 제1항 제2호, 제4호의 사항, 본령 제9조에 해당하는 자에게는 같은 조 제1항 제3호 제5호의 사항 및 포교 담임자의 씨명 및 이력을 구비하여 본령 시행일부터 3월 내로 조선총독에게 신고해야 한다.

제19조: 본령 시행에 제(際)하여 현재 종교선포에 종사하며 포교관리자를 두며 또는 종교의 용도에 쓰는 교회당, 설교소, 강의소의 유를 관리하는 자로서 전조에 해당치 아니하는 자는 본령 시행일부터 3월 내로 제2조 제3조 또는 제9조의 사항을 구비하여 조선총독에게 신고해야 한다. 전항에 의하여 제9조의 사항을 신고하는 자는 본령에 의하여 허가를 받은 자로 간주한다.

2) 사찰령

제1조 寺刹을 併合 移転 또는 廃止할 때는 朝鮮総督의 허가를 받아야 하고, 그 基址 또는 명칭을 변경할 때도 같음.

제2조 寺刹의 基址 및 伽藍은 地方長官의 許可를 얻지 않고는 伝法 布教 法要執行 및 僧尼止住의 목적 이외에 이를 사용치 못함.

제3조 寺刹의 本末関係 僧規 法式 기타 필요한 寺法은 各本寺에서 이를 制定하여 朝鮮総督의 허가를 받아야 함.

제4조 寺刹의 住持는 그 寺刹에 속하는 일제의 財産을 관리하고 寺務 法要執行 등의 책임을 지며 寺刹을 대표함.

제5조 寺刹에 속하는 財産은 土地 森林 佛像 建物 石物 文書 古書画 기타 貴重品은 朝鮮総督의 허가 없이는 처분하지 못함.

제6조 전조의 규정에 위반하는 자는 2년 이하의 징역 또는 5백 원 이하의 벌금에 처함

제7조 本令에 규정한 자 외에 寺刹에 관하여 필요한 사항은 조선총독이 이를 정함.

3) 서당규칙

제1조 書堂을 開設하려는 경우에는 다음의 事項을 구비하여 府尹, 郡守 또는 島司에게 屈出할 것.

1. 名称 및 위치
2. 學童의 定数
3. 教授用 書籍名

4. 유지방법

5. 開設者 및 교사의 성명 및 그의 이력

6. 한문 이외 특히 國語, 算術 등을 교수할 시는 그의 事項

7. 계절을 정하여 교수하려면 그 계절

前項 각호의 사항을 변경하려는 경우에는 부윤, 군수 또는 島司에게 굴출할 것.

단, 개설자, 교사의 변경 시는 이력서를 첨부할 것

제2조 서당을 폐지할 때는 개설자가 바로 그를 부윤, 군수 또는 도사에게 굴할 것.

제3조 서당의 명칭에는 학교에 유사한 문자를 사용할 수 없음. 서당은 명칭을 기표한 표찰을 보기 쉬운 장소에 게시할 것.

제4조 금고 이상의 형에 처해진 자 또는 性行不良한 자는 서당의 개설자 또는 교사가 될 수 없음.

제5조 다음의 경우에 있어서는 도장관은 성당의 폐쇄 또는 교사의 변경 기타 필요한 조치를 명할 수 있음.

1. 법령의 규정에 위반된 경우

2. 공안을 해치거나 또는 교육상 유해하다고 인정될 경우

제6조 서당은 특별한 규정이 있는 경우를 제하고는 부윤, 군수 또는 도사의 감독에 속함.

4) 보안법

제1조 내부대신은 안녕질서를 유지하기 위해 필요한 경우에는 결사의 해산을 명할 수 있다.

제2조 경찰관은 안녕질서를 유지하기 위해 필요한 경우에는 집회 또는 다중의 운동 또는 群集의 제한, 禁止 또는 해산을 명할 수 있다.

제4조 경찰관은 도로 기타 공개석상에서 문서 도서의 게시 및 分布, 낭독 및 언어, 形容 기타의 행위를 하여 안녕질서를 교란시킬 우려가 있다고 인정될 때에는 이를 금지하도록 명할 수 있다.

제5조 내부대신은 정치에 관한 불온한 움직임을 할 우려가 있다고 인정되는 자에 대해 그 거처로부터 퇴거를 명함과 동시에 1년 이내의 기간을 특정하여 일정한 지역 내에 犯入하는 것을 금지시킬 수 있다.

제6조 전2조에 의해 명령을 위반한 자는 40 이상의 태형 또는 10월 이하의 禁獄에 처한다.

제7조 정치에 관한 불온한 언동 또는 남을 선동, 교사 또는 사용하거나 타인의 행위에 간섭함으로써 치안을 방해하는 자는 50 이상의 태형, 10월 이하의 금옥 또는 2년 이하의 징역에 처한다.

5) 종교(宗教)의 선포(宣布)에 관(関)한 규칙(規則)

제1조 제국에 있어서의 神道 佛教 其他 宗教에 属하는 教宗派로서 布教에 従事하랴 할 時는 当該 官長 又는 此에 準할 者 韓國에 있어서의 管理者를 선정하여 이력서를 添하고 左의 사항을 具하고 統監의 認可를 受함이 可함.

1. 포교의 방법

2. 포교자의 감독방법

제2조 前条의 경우를 除한 外 제국신민으로서 종교의 선포에 종사하려 할 시는 종교의 名称 및 포교의 방법에 관한 사항을 具하고 이력

서를 添하여 所轄 이사관을 経하여 統監의 인가를 수함이 가함,

제3조 종교의 用에 供하기 위하여 寺院 堂宇 会堂 説教所 又는 講義所의 類를 설립하려 할 시는 교종파의 관리자 又는 前条의 포교자는 좌의 사항을 具하고 其 소재지 관할의 이사관의 인가를 수함이 가함.

1. 명칭 및 소재지
2. 종교의 명칭
3. 관리 및 유지방법

제4조 교종파의 관리자 또는 제2조의 포교자 기타 제국신민으로서 한국 사원의 관리의 위촉에 応하려 할 시는 필요한 서류를 첨하여 其 사원 소재지의 所轄 이사관을 경하여 통감의 인가를 수함이 가함.

제5조 前各条의 인가사항을 변경하려 할 시에는 更히 인가를 수함이 가함.

제6조 교종파의 관리자 또는 제2조의 포교자는 소속포교자의 氏名 및 자격을 所轄 이사관에 届出함이 가함. 其 포교자에 이동이 있었을 시 亦同함.

부칙

제7조 본칙은 明治 39년 12월 1일부터 此를 시행함.

제8조 본칙 시행의 際 현재로 포교에 종사하거나 또는 제3조 혹은 제4조의 규정에 해당하는 자는 본칙 시행 후 3개월 내 각 조의 인가사항을 届出함이 가함.

2. 연표

1) 일본 관련 연표

1858년 7월	미국과 수호통상조약(「日本國美利堅合衆國修好通商条約」) 체결
1867년 12월	왕정복고 대호령(王政復古の大号令)
1868년 1월	3직7과(3職7科)에 신기사무과(神祇事務科) 설치(신사행정)
1868년 2월	3직8국(3職8局)에 신기사무국(神祇事務局) 설치
1868년 3월	절지단사종문 금지(切支丹邪宗門 禁止) 고찰을 통한 기독교 금지령 유지, 불교 관련 신불분리령(神仏分離令; 神仏判然の令) 공포, 제정일치 방침 명문화
1868년 윤4월	나가사키(長崎) 포상촌(浦上村)의 기독교인 약 4천여 명 유배, 정체서(政体書)에 따라 태정관(太政官) 아래 8관제(八官制) 설치, 제정일치(祭政一致) 공포, 3직7관(3職7官)에 신기관(神祇官) 설치, 승려의 환속을 조장해 종래 신불습합(神仏習合)에 대한 단절 시도
1869년 3월	행정관(行政官)에 교도취조국(教導取調局) 설치
1869년 6월	태정관 중에 민부 · 대장 · 병부 · 형부 · 궁내 · 외무의 6성(六省) 설치
1869년 7월	2관6성(2官6省)의 민부성(民部省)에 사사괘(社寺掛) 설치(신사행정 담당), 신기관(神祇官)을 태정관의 상위에 위치, 선교사(宣教使) 직제 설치
1869년 윤10월	민부성(民部省)에 사사료(寺院寮) 설치(종교행정 담당)
1870년 1월	대교선포의 조(大教宣布の詔) 선포(제정일치 표명), 선교사심득서(宣教使心得書) 발간
1870년 3월	부번현(府藩県)에서 선교사 업무 수행자 선발
1870년 10월	관사(官社) 이하 신사의 위계와 제사 비용을 확정 및 신관(神官)직제 등 조사(신사제도 정비)
1871년 1월	사사령상지령(社寺領上知令)으로 사찰 영지(領地) 몰수
1871년 4월	종문인별장(宗門人別帳).사청제도(寺請制度) 폐지
1871년 5월	「관사이하정액과 신관직원규칙」 발포(신사의 등급화), 〈신궁 이하 신사의 세습신직을 폐지하고 정선해 보임하는 건(神宮以下神社の世襲神職を廃し精選補任の件)〉, 「관사이하정액과 신관직원규칙(官社以下定額及神官職員規則)」 공포
1871년 7월	대장성(大蔵省)에 호적료 사사과(戸籍寮 社寺課) 설치(신사+종교행정), 폐불훼석(廃仏毀釈) 단행
1871년 8월	신기성(神祇省) 설치(신사행정 담당)
1871년 9월	태정관과 3원제(三院制)로 관제 개정해 종래 신기관을 폐지하고 신기성(神祇省) 설치
1871년 10월	임제종 계통의 보화종(普化宗) 폐지

1872년 3월	교부성(教部省) 설치(신사+종교행정 담당), 신기성과 대장성의 호적료 사사과(社寺課) 폐지
1872년 4월	승려의 육식·대처·축발(肉食.妻帯.蓄髪)의 자유 허가, 불교 종파의 합병 추진, 신도·불교에 관장(管長)제도 도입, 신기성과 선교사제도를 대체한 교부성(教部省) 설치와 신관(神官)·승려로 구성된 교도직(教導職) 제도 마련
1872년 9월	수험종(修験宗)을 폐지(本山派와 当山派를 종래처럼 각각 천태종과 진언종으로 帰入)
1872년 11월	대교원(大教院, 1872.11~1875.5) 설치
1873년 1월	아즈사미코(梓巫)·이치고(市子)·빙기도(憑祈祷)·기추네 사게(狐下げ) 등 금지
1873년 2월	기독교금제(切支丹禁制)의 고찰(高札: 방) 폐지
1873년 3월	포상촌(浦上村) 그리스도교인들 석방
1873년 10월	진종의 대교원 탈퇴
1874년 2월	내무성 소속 동경경시청(東京警視庁)에서부터 근대경찰 행정
1874년 4월	『명육잡지(明六雑誌)』 발간(약 1년 6개월 동안)
1875년 2월	진종(真宗) 각파의 대교원 탈퇴
1875년 4월	태정관이 교부성에 신불합동포교의 폐지 의사 전달
1875년 5월	대교원 해산
1875년 11월	신교자유(信教自由) 방침 전달
1876년 1월	교부성직제와 사무장정 제정(교부성이 신불 각 종파 관련 사무 관리 및 신관과 교도직 총괄)
1876년 10월	신도의 구로즈미교(神道黒住派)와 신도의 슈세이파(神道修成派)의 별파(別派) 허가
1877년 1월	교부성 폐지 및 내무성에 2과(課: 神社·寺院)로 구성된 사사국(社寺局: 신사과·사원과) 신설
1877년 10월	경시국(警視局)에서 취한 교도직(教導職)의 기양의례[祈禳儀] 금지 조치
1878년 9월	내무성의 「사사취급개칙(社寺取扱概則)」 제정
1878년 11월	부현사 이하 사관·사장의 등급 폐지
1880년	4월 황태자(仁親王, 1812~1886)를 신도 총재로 추대
1881년 1월	경시청(警視庁) 부활, 제1국(局)에 종무행정 배정
1882년 1월	내무성의 신관교도직(神官教導職)의 겸임과 장의(葬儀) 관여 금지(祭教分離 조치 진행)
1882년 5월	신궁교(神宮教; 神道神宮派, 1899년 神宮奉斎会로 개조), 대사교(大社教), 부상교(扶桑教), 실행교(実行教), 신도대성교(神道大成教), 신습교(神習教) 등 6개 파 독립
1884년 8월	신불교도직(神仏教導職) 폐지
1884년 10월	신도사무국(神道事務局)의 신도본국(神道本局) 개칭(교파신도화)
1885년 12월	내각총리대신 중심의 내각제(内閣制) 시작(태정대신·좌우대신·참의·各省卿 직제 폐지)
1889년 12월	「대일본제국헌법」 제정(시행: 1890.11.29)

1890년 6월	내무성의 9국(局: 총무·県治·警保·토목·위생·지리·社寺·도서·회계) 체제 개편 및 사사국의 2과(課: 신사·사원) 업무의 단일화
1890년 10월	부현에 내무부를 설치해 '사사' 관련 사무를 배정
1890년 12월	종래의 일본기독일치교회를 일본기독교회(日本基督教会)로 개칭
1894년 10월	신도어악교(神道御嶽教) 소속 신리교회(神理教会)와 신도계파(神道禊派)의 분리 독립 허가
1899년 6월	「종교 선포에 관한 신고방법」(6개조, 내무성령 제41호) 공포(기독교 활동 공식 인정)
1899년 8월	「일반 교육으로 종교 외에 특립하게 하는 건」 공포(사립학교의 교육 과정 내 종교교육 및 종교적 의식 등 금지)
1899년 12월	제14회 제국의회에 총 53조의 '종교법안' 제출 및 부결
1900년 4월	「치안경찰법」의 공포, 내무성 사사국을 신사국(神社局)과 종교국(宗教局)으로 분리(신사행정과 종교행정의 분리)
1900년 8월	「종교 선포 또는 종교상 의식집행을 목적으로 하는 법인의 설립 등에 관한 규정」(4개조)
1901년 6월	내무성 종교국이 불교 관장(館長)들에게 해외 포교자 관리 통첩
1902년 1월	진언종풍산파(真言宗豊山派)이 「개교규칙(開教規則)」을 발포해 한국을 포교범위에 포함
1902년 2월	「관국폐사직제(官國弊社職制)」 공포
1905년 7월	『관보』에 '신불도 이외의 종교(神仏道以外ノ宗教)'에 속한 신도 수(1903년 2월 말일자) 발표 시작
1905년 12월	본원사파(本願寺派; 本派; 西本願寺)가 「개교지총감규정(開教地総監規定)」을 제정해 대한제국·청·사할린(樺太)에 총감부(総監部)를 두기로 결정
1906년 4월	「관국폐사의 경비에 관한 건」과 「부현사 이하 신사의 신찬폐백료 공진에 관한 건」 등 공포
1906년 5월	「청국과 한국에 대한 포교취체 건」 공포
1907년 7월	내부(内部) 지방국(地方局)이 지방재산의 상황, 부군(府郡) 합병, 사환미(社還米), 그리고 사원관리방법(寺院管理方法) 등에 대해 자문 회의 진행
1907년	천황이 정토진종 서본원사파 관장인 오타니 고즈이(大谷光瑞, 1876~1948.10)에게 칙어 하달
1910년 9월	일본 조동종이 한일병합에 대해 칙서를 발표하고 승려들을 모아 축하식을 진행
1912년 2월	일본 개신교계 교파들이 '일본기독교회동맹' 결성
1913년 6월	내무성 종교국 사무를 문부성(文部省) 종교국(宗教局)으로 이관
1913년 10월	문부성의 '신불도 이외의 종교'에 관한 '회당(会堂)·강의소(講義所)·신도(信徒)·선포자수' 발표
1915년 12월	신의진언종지산파(新義真言宗智山派)가 「포교규칙」에 따른 「혼파조선포교관리법」 제정
1919년 9월	일본 정부와 로마교황청이 협약 체결

1923년 11월	'일본기독교회동맹'을 '일본기독교연맹'으로 개편
1926년 6월	지방의 각 부현 조직(지사관방과 3部: 내무·학무·경찰)의 학무부(學務部)가 종무행정 담당
1927년 1월	제52회 제국의회에 총 103조의 '종교법안' 제출 및 부결
1927년 7월	하야사카 큐노스케(早坂久之助) 신부의 나가사키(長崎) 교구장 임명
1929년 2월	제56회 제국의회에 총 99조의 '종교단체법안' 제출 및 부결
1936년 11월	일본기독교연맹이 교육칙어의 취지 실천과 신사참배 촉구
1939년 1월	제74회 제국의회에서 총 37조의 종교단체법안 제출(2월 귀족원, 3월 중의원 통과)
1939년 4월	「종교단체법」 제정(시행 1940.4)
1940년 7월	도쿄에서 헌병대의 구세군 사령관과 서기 등 검거
1940년 9월	일본 주교회의에서 서양인 교구장들의 사임서 제출 결정
1940년 10월	일본 개신교 교파들의 교파 합동선언
1940년 11월	내무성에 신기원(神祇院)을 외국(外局)으로 독립 편성
1941년 4월	일본 성공회의 교단설립 인가신청
1941년 5월	일본천주공교(日本天主公教)를 「종교단체법」상 종교단체로 인가
1941년 6월	34개 교파의 일본기독교단 창립총회 개최
1941년 11월	일본기독교단(日本基督教団)을 「종교단체법」상 종교단체 인가
1942년 6월	일본성결교회 계통 3개파의 검거(일본기독교단 제6부였던 聖教会, 제9부 きよめ教会, 동양선교회 기요메교회)
1942년 11월	문부성 내 종교국을 교화국[宗教課]으로 재편. 일본기독교단 제2회 총회의 부제 해산
1943년 1월	일본기독교단 가입을 거부하는 성공회에 해산 통보(1942년 3월 말부)
1943년 4월	일본성결교회 계통 3개 파 교회에 대해 결사 금지, 해당 교회의 결사인가 취소와 처분
1943년 11월	문부성 내 교화국을 교학국(教學局, 종교과)으로 재편
1945년 8월	일본 패전

2) 조선 관련 연표

1876년 2월	조일수호조약(朝日修好条約) 체결
1877년	大谷派本願寺 최초 포교시설 설치(부산)
1877년	외무경(外務卿) 데라시마 무네노리(寺島宗則)가 내무경(内務卿) 오쿠보 도시미치(大久保利通)를 개입시켜 오타니파본원사(大谷派本願寺, 동본원사)에 조선 개교(開教) 권유
1877년	정토진종의 오타니파본원사(大谷派本願寺, 東本願寺)를 필두로 한국 포교 시작

1879년	이동인(李東仁)이 오타니파본원사의 알선으로 일본 방문
1880년	오타니파 본원사가 원산(명치13), 1884년 인천(명치17), 1890년 경성(명치23)에 별원(別院) 설치
1881년	日蓮宗 최초 포교시설 설치(부산)
1881년	일련종(日蓮宗)이 부산에 입정산묘각사(立正山妙覚寺) 설립
1884년 12월	갑신정변
1885년 4월	아펜젤러(Henry G. Appenzeller) 부부의 내한으로 미감리회(북감리회)가 선교 개시
1893년 1월	미국북장로교선교회, 오스트레일리아선교회, 캐나다선교회 등 4개 장로교선교회가 '장로교선교회협의회' 조직
1894년 6월	청일전쟁(1894.6~1895.4) 발발
1894년 8월	본원사파의 후지시마 료온(藤島了穏)이 궁내부대신 접견과 일본군대 위문
1894년 11월	본원사파의 오즈 테츠넨(大洲鉄然)과 가토 에쇼(加藤恵証)가 재조선 일본군대와 일본인 위문
1895년 3월	「내부관제」에 따라 대신관방이 사당(祠堂)과 사찰 사무 담당
1895년 4월	도성출입금령 해제 조치. 노가 호리(堀日温)와 시부다니(谷文英)와 함께 일련종 관장대리 자격인 포교사 사노 젠레이(佐野前励)가 승려 입성해금을 담은 건백서를 총리대신 김홍집 내각에 제출. 고종황제가 총리대신(김홍집)·내무대신(박영효)의 승려 입성금지(僧徒 入城 旧禁) 완화 건의 허가
1895년 8월	을미사변(乙未事変)과 단발령을 포함한 을미개혁에 대한 반발로 을미의병 등장
1895년	정토진종 혼파본원사(本派本願寺)가 부산에 출장소 설치
1896년 2월	아관파천 단행
1897년 2월	경운궁(현 덕수궁) 환궁 단행
1897년 10월	원구단에서 황제즉위식, 대한제국(1897.10~1910.8) 선포
1898년 12월	정토종이 경성에 포교사 파견
1899년 11월	정토종관장 대리 호리오 간무(堀尾貫務)가 고종황제에게 포교의사 전달
1900년 9월	정토종이 통역원을 두어 한인 포교를 개시
1901년 2월	고종황제 재가를 얻어 정토종교회에 황제와 황태자의 존패 안치
1901년 5월	정토종의 경성교회 조직
1901년 말	소흥사(紹興寺, 1902년 이후 元興寺)를 창건해 전국 사찰을 일원화해 관리하는 정책을 추진
1901년	미감리회(북감리회)에서 김창식(金昌植)과 김기범(金箕範)에게 목사안수
1902년 1월	원흥사(元興寺) 창건
1902년 4월	정토종이 한글판 『동양교보(東洋教報)』 발간, 궁내부 소속 사사관리서가 사찰 사무 담당(전국 사찰의 일원적 관리 추진), 「국내사찰현행세칙(國内寺刹現行細則)」 반포, 원흥사와 각 도 16개 수사찰(首寺刹)을 대법산(大法山)-중법산(中法山)의 체제로 연결
1904년 1월	사사관리서와 대법산-중법산제도 폐지

1904년 2월	러일전쟁(1904.2~1905.9), 「한일의정서」(1904.2. 6개조) 체결(시정 개선에 대한 일본 정부의 충고권), 사찰 사무의 내부(內部) 이관, 장로교 전통인 일본기독교회가 부산 전도 개시, 일본 조동종(曹洞宗)이 다케다 한시(武田範之, 1883~1911)를 한국포교사에 재임명
1904년 5월	감리교 전통의 일본메소지스트교회가 경성 전도 개시
1904년 6월	회중교회 전통의 일본조합기독교회가 경성 전도 개시
1904년 8월	「[제1차]한일협약」(1904.8. 3개조)로 고문 임명권 획득
1905년 9월	「포츠머드조약」
1905년 11월	「[제2차]한일협약」(1905.11.17. 5개조) 또는 '을사보호조약' 체결(외교권 박탈, '보호' 정치 시작), 통감부(1906.2~1910.8) 및 이사청 설치
1905년 12월	동학이 천도교로 재출발
1905년	미감리회(북감리회)에서 조선선교연회(Korea Mission Conference) 조직
1906년 2월	공문식(公文式) 공포로 통감부령(統監府令)과 이사청령(理事庁令)의 형태 결정, 일본 정토종과 관련된 불교연구회 조직
1906년 3월	재한 일본 불교 종파들이 남산 본원사 별원(本願寺 別院)에서 경성불교각종연합회(京城仏教各宗聯合会) 설립
1906년 4월	정토종연구회 명진학교(浄土宗研究会 明進學校) 광고, 「보안규칙(保安規則)」(통감부령 10호) 제정
1906년 5월	명진학교(明進學校) 설립
1906년 9월	정토진종 본원사파가 한국에 개교총감부 설치
1906년 11월	「종교 선포에 관한 규칙(宗教ノ宣布二関スル規則)」(통감부령 제45호, 시행 12월)
1906년 12월	이토 히로부미(伊藤博文) 고문 우치다 료헤이(内田良平)의 요청으로 다케다 한시(武田範之)의 재입국, 통감부가 일본종교의 조선 포교 인가 시작(禅臨済宗妙心寺派 단독포교자 인가)
1906년	진언종(真言宗)이 경성에 광운사(光雲寺) 설치
1906년	충청남도 강경에서 대한기독교회(大韓基督教会) 소직(1921년 동아기독교회, 1933년 동아기독대, 1940년 동아기독교로 개명)
1907년 1월	통감부의 조동종(曹洞宗) 단독포교자 인가
1907년 2월	통감부의 진종오타니파(真宗大谷派), 진종본원사파(真宗本願寺派), 정토종(浄土宗) 포교관리자 인가 및 단독 포교자 2인 인가(耶蘇教, 日本組合基督教)
1907년 3월	불교연구회에서 국채보상(國債報償) 출의(出義) 결의, 통감부의 조동종, 법상종, 신의진언종지산파(新義真言宗智山派), 일련종 포교관리자 인가 및 감리교(メソヂストエピスコパル教会) 포교관리자 인가
1907년 4월	명진학교 구성원과 불교연구회(都総務: 이보담)가 승려 교육을 위해 학부(學部) 청원, 통감부의 4부(部) 체제 개편(외무부 추가), 총무부에 지방과(地方課)를 신설해 종교 업무 담당
1907년 5월	통감부의 법화종, 진언종고야파(真言宗高野派) 포교관리자 인가 및 임제종묘심사파(臨済宗妙心寺派) 단독포교자 인가, 헤이그 세계평화회의 밀사 사건을 구실로 고종황제 강제 양위 추진

1907년 7월	「보안법(保安法)」(법률 2호) 제정, 「정미7조약([제3차]한일협약)」 체결(시정개선을 위한 '차관정치'; 궁내부·내부·학부·탁지부 차관과 内部 소속 경무국장 등에 일본인 임명), 고종의 강제 퇴위
1907년 9월	평양신학교 졸업생 7명의 목사안수. 독로회(独老会) 조직(초대 회장 Samuel A. Moffett)
1907년 10월	「정미7조약」 제5조에 의거해 「한일협정서」 체결. 통감부 지방부(地方部)에서 종교와 교육 업무 담당
1907년	미감리회(북감리회)와 남감리회가 연합으로 협성신학당 설립
1907년	일본 동양선교회(東洋宣教会) 성서학원 졸업생 김상준(金相濬)·정빈(鄭彬)이 경성에 조선야소교 동양선교회 복음전도관(福音伝道館) 설립
1907년	조동종(曹洞宗)이 경성에 일한사(日韓寺) 설치
1908년 3월	불교종무국(仏教宗務局) 조직, 「불교종무국취지서」 발표
1908년 8월	「사립학교령(私立學校令)」(칙령 62호), 「서당관리에 관한 건」(학부 훈령 3호) 공포
1908년 10월	「경찰범 처벌령」(통감부령 제44호) 공포
1908년	미감리회(북감리회)에서 조선연회(Korea Conference)를 조직해 중국연회와 독립
1909년 1월	대종교 중광 선포
1909년 10월	「한국에 있어서의 범죄즉결령(犯罪即決令)」(칙령 제240호) 제정
1909년 12월	원흥사에서 불교총합소(仏教総合所) 설치 논의
1909년	임제종(臨濟宗) 묘심사파(妙心寺派)가 포교감리소(監理소)로 경성 임제사(臨濟寺) 설치
1910년 4월	「향교재산 관리규정」(학부령 2호) 공포
1910년 5월	원종이 종무원 소속의 각황사 건축에 대한 인허를 내부에 청원. 「형법」 제408조에 근거해 원종종무원 인가신청 기각. 통감부가 조선인의 직업별 호수 조사(유교계 정보 파악)
1910년 7월	「향사이정(享祀釐正)에 관흔 건」(칙령 50호) 공포. 통감부 지방부(地方部)와 경무총감부 보안과(保安課) 행정경찰계에 각각 종교와 교육 업무 및 종교. 풍속의 단속 업무 배정
1910년 8월	「정치에 관한 집회 혹은 옥외다중집합(屋外多衆集合)의 금지」(내각 고시 98호)와 「정치에 관한 옥외다중집회(屋外多衆集会)를 금하는 건」(통감부 경무총감부령 3호) 공포
1910년 8월	불교총관회(仏教総管会)를 조직해 내부(内部)에 청원서 제출. 「한일합병조약」 체결
1910년 9월	경무총감부에 불교총관회 승인 청원서 제출. 헌병경찰제도 운영(헌병이 치안유지 경찰과 군사경찰 업무 담당, '헌병' 정치 또는 '武断' 정치)
1910년 10월	조선총독부가 '총독, 정무총감, 관방과 5부(部: 총무·내무·탁지·농상공·사법)' 체제로 업무 개시. 경무총감부 고등경찰과 기밀계(機密係)에서 종교 취체 업무, 보안과 행정경찰계(行政警察係)에서 폭도나 풍속 등의 취체 업무, 위생과 보건계에서 묘지·매화장(埋火葬) 업무 담당. 지방의 '내무부 학무계'에서 종교·향사 업무 담당. 「성균관관제 개정건」(칙령 76호) 공포. 각황사 주무(主務)인 이회광 등이 일본 조동종을 방문해 보호청원서 제출. 일본조합교회 제26차 정기총회에서 조선전도본부 설치 결정

1910년 11월	「성균관학칙」(학부대신 인가) 제정. 동양선교회에서 영국인 토마스(John Thomas) 목사가 제1대 조선 감독으로 파송. 평북 영변군 묘향산 보현사 포교사인 일본인 대천(大川)이 조선총독부에 조선 각 지방의 사원 관리 인허(認許)를 요청
1910년 12월	「범죄즉결례(犯罪即決例)」(제령 제10호) 공포
1910년	구세군사관학교를 설립해 조선인 사관 양성 시작
1911년 1월	「사직단제(社稷壇祭) 폐지 건」(총훈 2호). 한용운·박한영 등의 임제종운동 전개
1911년 2월	「厲祭壇城隍堂等祭祀ヲ廃シ社稷壇祭祀ハ依旧執行セシムル件」(内部 訓令 地電発 64호)
1911년 3월	동양선교회에서 성서학원(서울신학대학교 전신) 개설. 임제종 묘심사파(妙心寺派) 조선포교관리자 변경
1911년 6월	「경학원규정」(부령 제73호), 「사찰령」(제령 7호) 제정
1911년 7월	「사찰령시행규칙(寺刹令施行細則)」 제정(동년 9월 1일 자 시행)
1911년 8월	「조선교육령」(칙령 229호) 제정
1911년 9월	일본기독교회 포교관리자의 선임
1911년 10월	「문묘직원(直員)에 관한 건」(부령 제127호), 「사립학교규칙」(부령 114호) 공포
1911년	남감리회에서 김흥순·정춘수·주한명에게 목사안수
1912년 3월	「범죄즉결례 개정」(제령 12호), 「법인 설립과 감독에 관한 규정」(부령 제71호), 「조선민사령」(제령 7호), 「조선형사령」(제령 11호), 「조선태형령」(제령 제13호), 「경찰범처벌규칙」(부령 제40호) 제정
1912년 5월	11본산주지들의 공식 첫 모임 개최
1912년 6월	「묘지 화장장 매장과 화장 취체규칙(墓地火葬場埋葬及火葬取締規則)」(부령 제123호) 제정. 24본산의 각본산주지회의 개최 및 '조선선교양종 각본산주지회의원(일명 30본산주지회의소)'의 「주지회의원규칙(住持会議院規則)」 제정(제1회 '30본산주지회의' 개시)
1912년 7월	'해인사본말사법(海印寺本末寺法)' 인가. 학무국장이 일본기독교회의 목사인 우에무라 마사히사(植村正久)를 관저에 초청해 강연
1912년 9월	언더우드와 블레어(Blair, W. N.)를 각각 회장과 회계로 하는 '조선예수교장로총회' 조직. 용주사(姜大蓮)·전등사(金之淳)·김룡사(金慧翁)·법흥사(李順永)·유점사(金錦潭)·건봉사(趙世杲)·석왕사(金崙河)·법주사(徐震河)·건봉사(李振声)·보석사(朴徹虛)·통도사(金九河) 등의 본말사법(本末寺法) 인가
1912년 10월	마곡사(張普明)·동화사(金南坡)·은해사(朴晦応)·봉은사(羅晴湖)·범어사(呉惺月)·월정사(金慧溟) 등의 본말사법(本末寺法) 인가
1912년 11월	「墓地火葬場埋葬及火葬取締規則 施行細則」(경무총감부령 5호)
1912년 12월	대흥사(白翠雲)·구엽사(貝葉寺, 姜九峰)·성불사(成仏寺, 申湖山)·보현사(普賢寺, 裴影海)·귀주사(帰州寺, 鄭煥朝)·기림사(祇林寺, 金万湖) 등의 본말사법 인가
1912년	조선총독의 일본조합교회 목사 초청 오찬회 개최
1912년	조선신사(朝鮮神社) 건립 추진
1913년 1월	영명사(崔香雲)·고운사(李万愚) 등 본말사법 인가
1913년 2월	송광사(李雪月)·백양사(金幼応) 등 본말사법 인가

1913년 4월	봉선사(洪月初) 본말사법 인가
1913년 8월	「묘지화장장에 관한 취급규정(墓地, 火葬場管理ニ関スル取扱規程)」(경무총감부 훈령 甲 35호) 공포
1914년 1월	30본산주지총회에서 "내지불교시찰단" 조직 결정. 김정해(金晶海, 용주사 法務員)의 일본조동종대학 입학
1914년 4월	동양선교회의 최초 조선인 목사 안수(5명: 이명직·이명헌·강태온·김상준·이장하)
1914년	남감리회에서 조선선교연회 조직
1915년 1월	30본산주지회의소 제4회 회의에서 불교중앙학림(仏教中央學林)의 설치와 월보 간행 등의 상황을 결정하고 25개조의 '조선사찰 각본사 연합제규'의 인가 신청 및 연합사무소를 각황소에 설치
1915년 2월	'조선사찰 각본사 연합제규' 인가
1915년 3월	「사립학교규칙」 개정(부령 제24호)
1915년 5월	지방 조직의 제1·제2·제3부 개편(제1부 학무계에서 종교·향사 업무 담당)
1915년 7월	「축제일 당일 사립종교학교(私立宗教學教) 거식 예배(挙式禮拝)에 관한 건」(관통첩 제209호)
1915년 8월	「신사사원규칙(神社寺院規則)」(부령 82호), 「포교규칙(布教規則)」(부령 제83호) 공포
1915년 9월	장로교 제4회 총회에서 신사참배 공식 거론
1916년 1월	재조선 일본 불교 종파들이 「신사사원규칙」 제2조에 근거해 총독에게 사원창립 허가 신청(조선총독부가 『조선총독부관보』에 '사원창립허가' 게시)
1917년 3월	「신사(神祠)에 관한 건」(1917.3. 부령 제21호) 제정. 경무총감부의 고등경찰과에서 종교 취체 업무, 보안과에서 폭도나 풍속 등의 취체 업무, 위생과에서 묘지·매화장(埋火葬) 업무 담당
1917년 8월	1차 '내지불교시찰단' 출발
1918년 6월	조선총독부가 경도(京都)의 화원학원(花園學院) 유학생인 동림사(東林寺) 승려 심룡안(沈竜眼)에게 표창 및 금일봉 전달
1918년	남감리회에서 조선연회 조직
1919년 4월	「정치에 관한 범죄처벌 건(政治ニ関スル犯罪処罰ノ件)」(제령 제7호) 공포
1919년 4월	일본조합교회에서 3·1운동에 대해 「시국운동선언」(1919.4.14) 발표
1919년 7월	일본내각의 조선신사(朝鮮神社) 건립 승인
1919년 8월	조선총독부 조직을 총독관방과 6국(局: 내무·재무·식산·법무·학무·경무)으로 재편하고 신설한 학무국(學務局)의 종교과에 종무행정 배정. 지방 조직의 제1부 학무과(學務課)에서 종교·향사 업무 담당
1919년 9월	「묘지규칙」 개정으로 사설공동묘지제도 인정
1919년 12월	내무국 제1과에 향교재산 관리 업무 추가 배정
1920년 1월	지방의 제1부 地方係에서 향교재산 관리 업무 담당, 學務課에서 종교·향사 업무 담당, 제3부 위생과에서 묘지·매화장 업무 담당
1920년 3월	「사립학교규칙」 재개정
1920년 5월	일본 불교포교사업에 대한 발전과 상태를 알아보고자 9명의 승려가 일본시찰단 조직

1920년 5월	재단법인 경성구(京城区) 천주교회유지재단 설립. 지진제(地鎮祭, 기공식)로 조선신사 공사 시작
1920년 6월	「향교재산 관리규칙」(부령 제91호) 제정. 한용운(韓竜雲)과 중앙학림(中央學林) 학승(學僧)들이 조선불교청년회 조직
1920년 9월	「장의(掌議)에 관한 규정」(조선총독부 강원도령 16호) 제정
1920년 12월	조선불교혁신회(朝鮮仏教革新会) 결의안
1921년 2월	화엄사 신임주지 김학산(金鶴傘) 타살 사건
1921년 6월	지방 조직의 3부(部: 내무·재무·경찰) 체제 전환으로 내무부 학무과에 사사(社寺)·종교·향사 업무, 내무부 지방계에 향교재산 업무, 경찰부 위생과에 묘지·매화장 업무 배정
1921년 7월	일본조합교회 조선전도본부가 소속 조선 교회를 조선인에게 넘기기로 결정
1921년 9월	조선야소교 동양선교회 복음전도관을 '조선야소교 동양선교회 성결교회'로 전환. 일본조합교회 조선전도본부 소속 조선 교회들이 조선회중기독교회 결성
1921년 12월	조선불교청년회 '별동대'로 알려진 조선불교유신회(朝鮮仏教維新会) 창립
1922년 1월	30본산주지회의가 '조선불교도총회'로 개최(조선불교계 통일기관으로 각황사에 총무원을 두기로 결정)
1922년 3월	조선총독부가 일본조합기독교회 소속 23개 교회 소속 교파의 조선회중기독교회 변경 인가
1922년 4월	조선불교유신회가 조선총독부에 불교혁신 건백서 제출
1922년 5월	주지총회에서 30본산연합제규 폐지와 총무원 폐지, 불교계 중앙기관으로 '조선불교중앙교무원' 설립 등을 결정. 불교협성회(仏教協成会)가 조선불교유신회에 대응해 조직
1922년 10월	재단법인 조선불교중앙교무원 설립 허가 신청서 제출(1922년 12월 조선총독부 허가)
1923년 4월	「지방문묘직원(職員)에 관한 건」(부령 제68호) 공포
1923년 5월	조선회중기독교회의 재단법인 설립 인가
1923년 9월	「치안유지를 위한 벌칙에 관한 건(治安維持ノ為ニする罰則ニ関スル件)」(칙령 403호) 공포
1924년 10월	재단법인 평양구 천주교회유지재단과 재단법인 원산구 천주교회유지재단 설립
1924년 1월	조선불교대회에서 일본불교의 상황을 시찰하기 위해 3명을 파견해 3주 일정으로 일본 사찰 시찰
1924년 3월	경남3본산(통도사·범어사·석왕사) 중심의 조선불교총무원 해체 및 재단법인 조선불교중앙교무원에 흡수·통합
1924년 4월	경성대목구가 종래의 법인 인가를 취소하고 새롭게 재단법인 설립 신청
1924년 6월	성결교 유지재단 설립(재단법인 야소교동양선교회 유지재단)
1924년 11월	「사찰령시행규칙」 개정. 화엄사 본산 승격(31개 본사 체제로 재편)
1925년 1월	조선총독부가 신사 업무를 학무과에서 지방과로 이관(종무행정과 신사행정의 공식 분리). 지방 조직의 내무부 지방과에 향교재산과 신사 업무, 학무과에 사원·종교·향사 업무, 경찰부 위생과에 묘지·매화장 업무 배정

1925년 3월	재단법인 조선불교단(朝鮮仏教団)이 조선포교 유학생을 모집해 일본 사찰에 파견. 충남 강경보통학교 학생들의 신사참배 거부 사건 발생
1925년 4월	「치안유지법(治安維持法)」(법률 제46호) 제정
1925년 6월	조선신사를 조선신궁(朝鮮神宮)으로 개칭
1925년 7월	경성기독교연합회가 조선총독부에 신사와 종교의 구별에 대한 견해 요구
1925년 10월	진좌제(鎮座祭, 준공식)로 조선신궁 완공
1926년 5월	미감리회와 남감리회가 교회 합동 차원에서 재단법인 설립
1926년	조선 불교계가 '대처식육(帯妻食肉)하는 자'에게 비구계를 줄 수 없게 한다는 조항 및 관련 본말사 주지 자격에 대한 사법 개정 요구
1928년 1월	재단법인 조선불교중앙교무원에서 일본시찰단 조직
1928년 3월	불교계 통일운동 차원에서 조선불교청년회가 「사찰령」 개정 요구
1929년 1월	각황사에서 조선불교선교양종 승려대회(朝鮮仏教禅教兩宗 僧侶大会)를 개최해 종명(仏禅兩宗), 본존(석가모니), 종조(태고국사) 등을 담은 종헌 제정
1929년 2월	「明倫專門學院規程」(부령 13호)
1929년 2월	성결교의 교역자회를 연회(年会, 초대 회장 Harry F. Woods)로 전환
1929년 6월	「사찰령」 개정
1929년 10월	조선불교단과 조선불교중앙교무원과 경성불교각종연합회(京城仏教各宗聯合会) 공동으로 '조선불교대회' 개최
1930년 2월	「명륜학원 규정」(부령 제13호) 제정해 경학원에 명륜학원 설치
1930년 3월	제2회 조선불교선교양종종회에서 하와이의 범태평양불교도대회에 조선불교대표를 보내는 안을 결의
1930년 12월	미감리회와 남감리회가 기독교조선감리회 총회(총리사 양주삼)로 합동
1931년 1월	경기도 학무과에서 관내 각 사찰 내부를 정리해 사회사업 추진 계획
1931년 3월	조선불교청년회가 '조선불교청년총동맹'으로 개명
1932년 2월	총독관방과 6국(局: 내무·재무·식산·법무·학무·경무) 1부(部: 산림부) 체제 개편에 따라 학무국에서 종교과(宗教課)를 없애고 사회과(社会課)에 경학원·명륜학원, 향교재산 관리, 종교·향사, 사원 업무, 내무국 지방과에 신사 업무 배정
1932년 3월	성결교 제4차 연회에서 자치 선언
1932년 9월	조선 천주교가 『천주교요리(天主教要理)』 제2판(제1판: 1925년)에서 신사참배가 국가 예식으로 용인될 수 있다고 명시
1933년	2월 감리교에서 경성교화단체연합회 참여
1933년 4월	성결교에서 연회 해체 후 총회(총회장 이명직) 창립
1934년 11월	「의례준칙 제정에 관한 건(儀礼準則制定ニ関スル件)」(관통첩 제39호)
1935년 5월	31본산주지회의의 총본산 설립, 새로운 대표기관(조선불교선교양종종무원) 구성, 각황사 교당 개축 등 결의. 조선불교선교양종 중앙교무원의 불탄 기념 준비위원회 구성
1935년 8월	31본산주지회의에서 대표기관(조선불교선교양종종무원)과 심전개발기념사업 등 협의

1935년 10월	감리교에서 조선교화단체연합회 참여
1936년 1월	신사참배에 불응한 평양 숭실전문학교장(G. S. McCune), 숭의여학교장(V. L. Snook) 해임
1936년 3월	호주장로교 선교부가 신사참배 거부 방침 채택(1939년 1월 학교 폐쇄 조치)
1936년 4월	감리교 총리사(양주삼)가 신사참배는 종교가 아니라는 요지의 통첩 게재
1936년 5월	교황청 포교성성이 신도 예식이 애국심을 표명하는 국민적 행위라는 입장의 교령 공포
1936년 6월	감리교의 신사참배 공식 수용
1936년 8월	「신사규칙」(1936.8. 부령 제76호), 「사원규칙」(1936.8. 부령 제80호) 제정
1936년 9월	경성일본기독교회 목사 아키즈키(秋月致)가 조선총독부의 신사비종교론과 신교의 자유론을 환영
1936년 10월	학무국에 사회교육과를 설치해 종래 사회과의 종교 업무 배정
1936년 12월	동양선교회와 자립·자치문제로 마찰을 빚던 10여 개 교회 목사들이 독립해 '하나님의 교회' 조직. 신사참배에 불응한 개신교계 청주 청남학교 교장 사면
1937년 2월	31본사 주지회의에서 조선불교진흥책으로 중앙집권기관 설치 결의(총본산, 宗正, 宗会 설치 등). 남장로교 선교부가 신사참배에 불응해 학교 폐쇄 결정
1937년 4월	강원도에서 5~6명을 선발해 2~3주 동안 일본불교시찰단 조직
1937년 7월	중일전쟁 발발
1937년 10월	「황국신민서사(皇國臣民ノ誓詞)」 배포
1937년 11월	구세군 대구 대대장(大隊長)이 신사참배가 종교를 초월한 국가적 의식이자 국민의 의무라고 밝힘
1938년 2월	장로교 평북노회에서 신사참배 첫 공식 결의
1938년 5월	강원도 춘천에서 불교의 각 종파 승려가 진언종별원인 봉선사(鳳禅寺)에서 춘천불교원회 결성. 북장로교 선교부가 신사참배에 불응해 교육 인퇴 결정. 재단법인 광주구 천주교회유지재단 설립
1938년 6월	북장로교 선교사총회에서 신사참배 거부와 교육 총인퇴 결의. 일본기독교회대회 의장 도미타 미츠루(富田満)가 조선장로교 초청간담회에서 '신사비종교론'을 주장해 주기철(朱基徹) 등의 반론에 직면. 재단법인 전주구 천주교회유지재단 설립. 조선기독청년연합회(YMCA, 회장 윤치호)가 내선일체의 차원에서 제네바의 세계기독청년연맹을 탈퇴하고 일본기독청년동맹에 가입 결정. 재단법인 대구구 천주교회유지재단 설립 허가
1938년 7월	구세군의 '국민정신총동원에 대한 특별기도회' 개최와 황군위문금 헌납. 조선기독교연합공의회 해산 후 '내선일체'를 표방한 조선기독교연합회 조직. 조선여자기독청년연합회(YWCA)의 세계여자기독교청년연합회 탈퇴 및 동경여자기독청년동맹에 가입 후 '일본기독교여자청년회 조선연합회'로 개칭
1938년 8월	조선기독청년연합회(YMCA)를 '일본기독교청년동맹 조선연합회'로 개칭
1938년 9월	장로교 제27회 총회(총회장 홍택기)에서 신사참배 가결 및 일본기독교대회의 특사 아키즈키(秋月致)·미야타(宮田熊治)와 조선기독교연합회 대표 니와(丹羽清太朗) 목사 등이 '전도보국과 내선일체' 강조. 조선총독부의 조선기독교 각파 선교사들의 제27회 연합공의회 개최 불허

1938년 10월	불교계가 '중앙포교당 대웅전 준공식' 거행 및 전몰장병위령법회 진행. 감리교 제3회 총회에서 일본메소디스트교회 측과 합동방법을 강구해 일본메소지스트교회 총회에서 선언하기로 하고 조선신궁 참배
1938년 12월	감리교, 장로교, 성결교 대표자들이 일본 신궁 참배. 영동(永同)구세군영이 포교 30주년기념식 개최 후 기념식에 참가한 경성본영 사관과 함께 '국체 관념을 명증'하기 위해 영동신사에 참배
1939년 2월	「명륜전문학원 규정」(부령 제13호)
1939년 7월	조선기독교연합회 제2회 총회에서 조선인·일본인 신자 200여 명이 참석한 가운데 만주기독교회에 인사를 보낼 것, 황군위문, 일본기독교연맹과 협력할 대표인원 선거 등을 결정
1939년 8월	관폐대사 부여신궁 진좌지청불식(官幣大社 扶余神宮 鎮座地清祓式) 진행
1939년 9월	독일의 폴란드 수도 바르샤바 급습으로 제2차 세계대전(1939~ 1945) 발발. 장로교 제28회 총회에서 '국민정신총동원 조선예수교장로회연맹' 결성
1939년 10월	감리교에서 일본메소지스트교회 총회 측 위원들과 합동 논의를 결정(합동은 조선총독부 측 거부로 무산). 성결교 제2회 연회(9월)의 결의에 따라 국민정신총동원 성결교회연맹 결성. 조선유도연합회 결성
1940년 4월	일본적 기독교화에 반발 차단을 위해 평북·평남·경남 등에서 용의자를 검거해 「치안유지법」 등 적용
1940년 7월	각 성결교회에 애국반 조직
1940년 9월	'독·이·일 삼국동맹' 체결. 조선총독부가 '외국인의 지배와 재정적 보조 폐지'와 '신동아 건설에 따른 종교보국' 방침 추진(종래 교회 단위에서 교파 단위의 참가로 확대). 「치안유지법」 등을 적용해 각도에서 기독교인 193명 검거. 일본기독교연맹 회장(阿部米宗)이 조선기독교연합회·일본메소지스트 경성교회·이화여자전문학교·연희전문학교 등에서 '기독교의 황민화' 주장. 장로교 제29회 총회에서 중앙상치위원회 설치
1940년 10월	감리교가 총리원 이사회에서 신체제 순응과 일본메소디스트교회와 합동 등을 담은 '혁신안' 발표. 구세군 조선본영 대표자를 영국인에서 조선인 사관 황종률(桧原正義)로 교체. 국민정신총동원성결교회연맹의 국민총력성결교회연맹(이사장 이명직) 개칭. 미국 국무성이 총영사를 통해 선교사의 조선 철수 통보
1940년 11월	인천항에서 해군함정 마리포사(Mariposa)호로 미국인 219명 철수(캐나다장로회, 호주장로회 등 외국 선교사들도 1941년 3월 말까지 조선에서 철수). 구세군 대표자 황종률(桧原正義)과 일본인 사관 사카모토(坂本雷次)가 '신체제'에 따른 7개 항목 발표(조선구세군의 '조선구세단' 개칭, 일본구세단과 제휴 협력, 영국구세군의 지휘감독과 보조금 거부, 군대식 호칭과 계급 금지, '순일본적' 지도이념과 기구 확립, 혁신에 저촉되는 구세군 軍令과 軍律 개정). 성결교의 외국선교사 철수 및 경성신학교(인가 1940.5.31) 개교식 거행. 장로교 총회중앙상치위원회(총간사 鄭仁果)의 '장로회 지도요강'('조선예수교장로회 혁신요강') 발표(교리와 의식에서 민족주의적 색채의 배제와 일본적 기독교 추진)
1940년 12월	조선구세단 대표자를 일본인 사관 사카모토(坂本雷次)로 교체
1941년 2월	「조선사상범 예방 구금령」(제령 제8호) 제정. 감리교선교유지재단이사회에서 재단 소속 재산 관리를 조선인 이사들에게 일임(이사장 양주삼, 서기 겸 회계 김활란 선출)

1941년 3월	「치안유지법」(법률 54호)을 개정해 처벌 범위를 '국체 변혁과 사유재산제 부정' 외에 '신궁(神宮)이나 황실 존엄 모독'까지 확대하고 예방구금(予防拘禁)까지 포함. 조선감리교회의 '기독교조선감리교단' 개칭
1941년 4월	「사찰령시행규칙」 개정으로 태고사(太古寺)를 조선불교총본산으로 하는 「총본산태고사사법」 인가. 국민총력 기독교조선감리회연맹의 '국민총력 조선감리교단연맹' 개편. 재림교회 기관지 『교회지남(教会指南)』과 선교 잡지 『시조(時兆)』 폐간 및 충청남도 지방회의 목사와 신도 8명을 「보안법」 위반으로 체포. 「사찰령시행규칙」을 개정해 조선불교총본산 인가(총본산 太古寺 성립)
1941년 7월	「외국인 관계 취인취체규칙」(朝鮮總督府令 第218号, 昭和16.7.28) 시행
1941년 8월	장로교에서 '일본적 기독교 건설과 구미 의존 구태 잔영(旧態残影)의 공제(控除)' 등이 담긴 「전시체제실천성명서(戦時体制実践声明書」 발표
1941년 10월	국민총력 조선감리교단연맹 이사회에서 '전시하 황국신민으로써 종교보국에 충성을 다짐'하는 5개 항 결의
1941년 11월	조선총독부의 사정국(司政局, 내무국 대체)과 학무국 연성과(錬成課)가 각각 신사 업무와 경학·종교 업무 담당. 동아기독교가 신경(新京, 만주국 수도, 현 창춘시)에서 치안부와 민생부 대신 대리의 출석 아래 장로교·감리교·성결교 등과 합동(총회장 島山光雄 추대)
1941년 12월	일본의 하와이 진주만 공습(태평양전쟁). 「적산관리법(敵産管理法)」을 제정해 조선·대만·사할린(樺太)에 적용. 미국(米國: 필리핀연방과 영토전체 포함)과 영국(인도와 해외영토 포함)을 적국(敵國)으로 공포
1942년 1월	네덜란드(和蘭國: 蘭領印度)를 적국(敵國)으로 공포
1942년 2월	경성부 내에서 일본·조선불교 각 파와 기독교 각 파가 조선신궁에서 '신불기(神仏基) 연합전승기원제'와 '기원대회' 거행
1942년 3월	중앙교무원의 조계학원 개칭 및 혜화전문학교 임원진의 태고사 간부 겸임(총본산태고사의 통제 완성)
1942년 5월	총 16개 법인(미국계 12개, 영국계 4개)에 적산 관리인 지정
1942년 6월	평양대목구의 미국 메리놀회 선교사 전원 추방. 헌병대의 동아기독교 원산총부(총회) 불시 수색
1942년 9월	전국적으로 동아기독교 교역자에 대한 검거 시작
1942년 12월	기독교조선감리교단 제2회 정기총회에서 황군 감사 결의와 함께 교파 합동 결의. 장로교와 감리교 대표자의 제1차 합동협의회 개최
1942년	노기남(盧基南) 주교가 경성대목구 제10대 교구장, 하야사카 구베에(早坂久 兵衛) 이레네오 주교가 대구대목구 제3대 교구장, 와키다 아사고로(脇田 浅五郎) 몬시뇰이 광주지목구 제2대 교구장(1942~1945)으로 임명
1943년 1월	동양선교회·신의교회(神の教会)·기독교회 조선선교회·기독교회 기독교오순절교회·기독의교회(基督の教会)·조선회중교회·조선복음교회·동아기독교회·기독교성주공교(聖主公教)·예수교중앙선도원(宣禅院) 등 각파 대표의 방청 아래 장로교·감리교·성결교·일본기독교단조선교구회·구세단 등 5개 교파 대표 40명이 신문내교회(新門内教会, 현 새문안교회)에서 '조선기독교합동준비위원회' 개최해 '일본적 기독교' 수립 성명서 발표

1943년 2월	「보안법」 위반 혐의로 조선연합회 신구(新旧) 지도층 6인 구속. 5개 교파의 제1차 합동준비위원회가 일본기독교단의 규칙에 준해 합동 대강 결정(감리교단 측이 12개조 혁신안 수용 거부). 제칠일안식교연합회가 '제칠안식일 야소교재림교연합회'로 개칭(제1대 총리 平岡信吉, 부총리 松村儀吉 선출)
1943년 4월	기독교조선감리교단이 장로교경성노회와 연합 결정
1943년 5월	일본기독교 조선성결교단(통리 이명직) 조직. 일본기독교 조선장로교단(통리 채필근) 조직
1943년 6월	경성, 대구 광주 등에서 검사국이 미영적 색채와 재림신앙 등을 명분으로 성결교단 간부들 검거 1943년 7월 평북노회의 노회 유지 결정(장로교의 '조선예수교장로회 평북노회'와 '일본기독교 조선장로교단' 분열)
1943년 8월	일본기독교 조선감리교단 조직. 장로교가 전국 3,000여 교회에 통첩해 징병제실시감사필승기원예배 진행
1943년 9월	성결교회의 예배와 집회 금지
1943년 10월	기독교조선감리교단을 '일본기독교 조선감리교단'(통리자 정춘수)으로 개칭해 일본기독교단에 편입
1943년 12월	성결교 해산 성명서 발표. 제칠일 안식일 예수 재림교회의 해산 성명서 발표. 조선총독부 내 사정국 폐지로 총독관방이 신사 업무 담당
1944년 1월	성결교단 해산식
1944년 5월	함흥재판소에서 동아기독교 교단 해체령
1944년 8월	경성부 내 죽첨정(竹添町)의 '일본기독교 조선성결교단'에서 국방헌금 헌납. 장로교 평북노회가 교단에 복귀. 프랑스 친독 비시(Vichy)정부 해체로 일본 영토 내 프랑스 선교사들이 적성국인(敵性國人)으로 간주되어 주거 제한 적용
1944년 9월	정무총감 엔도 류사쿠(遠藤 柳作)가 천주교와 개신교 각파 대표자를 초청해 교파 합동 요구
1944년 12월	조선총독과 군사령관 대리와 조선군보도부장과 경무국장 등이 참여 아래 불교·기독교·신도의 대표자들이 '조선전시종교보국회(朝鮮戦時宗教報國会)' 발회식 개최
1945년 3월	일본군이 성 유스티노 신학교 징발(신학교 내 파리 외방전교회 선교사들은 성 요셉 본당에 연금)
1945년 4월	본산 태고사의 해군기(海軍機) 헌납자 명단 소속, 학무국 교무과(教務課)가 경학원·유림과 종교·향사 업무 담당
1945년 6월	정무총감이 장로교·감리교·구세군·가톨릭·성공회·일본교회 지도자 회합(기독교교역자 간부 간담회)에서 기독교계를 통합한 '일본기독교 조선교단' 결성 제안(각 교파 대표들이 수용)
1945년 7월	장로교·감리교·구세단과 5개 교단이 일본기 독교 조선교단 결성(통리자: 장로교의 김관식, 부통리: 감리교의 김응태, 장로교·감리교·구세단 대표자들의 직위 사임과 교파 해체 선언)

참고문헌

1. 자료

「警部令公文式」(統監府 府令 第36号, 明治17.8.11).

「警視庁官制」(勅令 第42号, 明治19.5.4).

「警視庁官制改正」(勅令 第149号, 大正2.6.13).

「警察ニ関スル規程中理事官ニ属シタル職務」(統監府令 第38号, 明治43.7.13).

「경찰범처벌령」(1908.10 통감부령 제44호).

「警察犯処罰令」(関東都督府令 第58号. 明治41.10.13).

「警察犯処罰令」(内務省令 第16号, 明治41.10.1).

「警察犯処罰令」(統監府令 第44号, 明治41.10.1).

「旧教導職身分取扱ノ儀」(太政官 達 第69号, 明治17.8.11).

「内國官憲의 管掌에 属하는 事項에 대한 統監의 職權에 관한 件」(제정 1906.6.26 법률 제57호).

「理事庁令公文式」(統監府 府令 第5号, 明治39.1.19).

「墓地, 火葬場, 埋葬及火葬取締規則」(朝鮮總督府 府令 第123号, 明治25.6.20).

「墓地, 火葬場, 埋葬及火葬取締規則中改正」(府令 第152号, 大正8.9.30 시행 大正8.10.15).

「犯罪即決例 施行手続」(훈령 제72호, 明治43.12.30).

「犯罪即決例」(제령 제10호, 明治43.12.15 시행 明治44.1.1).

「釜山理事庁 処務規程」(訓令 第2号), 『釜山理事庁 法規類集』, 釜山理事庁, 1909.

「修験宗廃止ノ事」(壬申 9月 15日 第273号 御布告).

「神道禊派ノ分離独立ヲ許可ス」(内務省 告示 第129号, 明治27.10.20).

「神道禊派管長認可)」(内務省 告示 第130号, 明治27.10.20).

「神道御嶽教所属神理教会ノ分離独立ヲ許可セリ」(内務省 告示 第127号, 明治27.10.20).

「神仏教導職廃止」(太政官 布達 第19号, 明治17.8.11).

「郵便法郵便為替法等施行ニ関シ逓信省令及告示ニ依ルノ件」(統監府令 第1号, 明治39.1.11).

「郵便電信電話官署現金受払規則等ヲ統監府通信官署ニ準用ノ件」(統監府令 第3号, 明治39.1.11).

「理事庁ニ於ケル警察事務」(統監府 訓令 第13号, 明治43.7.13).

「一般ノ教育ヲシテ宗教外ニ特立セシムルノ件」(文部省 訓令 第12号).

「在韓國外國人民ニ対スル警察事務協定」(統監府 告示 第30号, 明治42.4.10).

「정치에 관한 옥외 대중집회(多衆集会)를 금(禁)하는 건」(통감부 경무총감부령 제3호, 1910.8).

「第六拾七号及六拾八号ノ儀」(太政官 達 第70号, 明治17.8.11).

「朝鮮駐箚憲兵条例」(勅令 제343호, 明治43.9.10).

「朝鮮總督府警務総監部事務分掌規程」(統監府 訓令 第14号, 明治43.7.13).

「朝鮮總督府官制」(勅令 第354号, 明治43.9.29).

「朝鮮總督府事務分掌規程中改正」(朝鮮總督府 訓令 第54号, 大正8.12.29).

「朝鮮總督府事務分掌規程中改正」(訓令 第13号, 大正15.4.24).

「朝鮮總督府事務分掌規程中改正」(訓令 第1号, 大正14.1.10).

「朝鮮總督府事務分掌規程中改正」(訓令 第30号, 大正8.8.20).

「宗教ノ宣布又ハ宗教上ノ儀式執行ヲ目的トスル法人ノ設立等ニ関スル規程」(内務省令 第39号, 明治33.8.1).

「宗教ノ宣布二関スル規則」(통감부령 제45호, 제정 1906.11.17 시행 1906.12.1).

「宗教団体法' 同法施行令及同法施行規則施行ニ関シ取扱方ノ件」(訓令 文部省 第4号, 昭和

15.3.8).

「宗教団体法」(法律 第77号, 昭和14.4.7).

「宗教団体法ニ依リ日蓮宗等合併ニ因リ宗派設立」(文部省 告示 第449号, 昭和16.4.7).

「宗教団体法施行規則」(省令 文部省 第1号, 昭和15年1月10日).

「宗教団体法施行期日」(勅令 第855号, 昭和14.12.22).

「宗教団体法施行令」(勅令 第856号, 昭和14.12.22).

「宗教宣布ニ関スル届出方」(内務省 省令 第41号, 明治32.6.27 시행 明治32.8.4).

「地方官官制」(勅令 第54号, 明治19.7.12).

「地方官官制改正」(勅令 第147号, 大正15.6.3).

「地方官官制中追加」(勅令 第136号, 明治22.12.25).

「鉄道書記補通信手試験規則ヲ統監府通信官署ニ準用ノ件」(統監府令 第2号, 明治39.1.11).

「治安警察法」(法律 第36号, 明治33.3.9).

「統監府警務総監部分課規程」(統監府 訓令 第14号, 明治43.7.13).

「統監府令公文式」(統監府 府令 第4号, 明治39.1.19).

「統監府事務分掌規程」(統監府訓令 第10号, 明治40.4.27).

「韓國에 있어서의 内國官憲의 管掌事項을 統監의 職権에 属하게 하는 件」(칙령 제167호, 제정 1906.6.26).

「韓國에 있어서의 犯罪即決令」(칙령 제240호, 제정 1909.10.16 시행 1909.11.1).

「향사이정(享祀釐正)에 관한 건」(1908.7. 칙령 제50호).

『동아일보』.

『매일신보』.

『순종실록』.

『조선일보』.

『朝鮮新聞』.

2. 논저

1) 단행본

『改訂 朝鮮制裁法規』, 朝鮮図書出版, 1939.

『高等警察関係年表』, 조선총독부 경무국, 1930.

『日帝下社会運動史資料叢書』 4, 高麗書林, 1992.

『斎藤実文書-民族運動』 1, 고려서림, 1990.

Andrew White Young(伊熊氏), 何礼之 訳述, 1871(明治 辛未), 『米國律例: 一名 通法撮要』, 大阪: 敦賀屋為七等.

Jason Ānanda Josephson, 2012, *The Invention of Religion in Japan*, University of Chicago Press.

Johann Kaspar Bluntschli(ヨハン・カスパルト・ブルンチュリー), 1874, 加藤弘之 訳, 『國法汎論』 巻9上, 文部省.

John Stuart Mill(弥爾), 中村敬太郎 訳, 1872, 『自由之理』 第2冊上, 静岡: 木平謙一郎.

Philip Swift, 2013, *The Invention of Religion in Japan by Jason A. Josephson, Journal of the International Research Center for Japanese Studies 25*.

ウィルレム チャンブル, ロベルト チャンブル 編, 文部省 摘訳, 1885(明治17.10), 『百科全書』 下巻, 東京: 丸善商社.

江木衷 講述, 菊池武夫 編輯, 1893, 『日本刑法(各論之部)』, 東京: 東京法学校.

江木衷, 1888, 『刑法(本邦)(各論ノ部)』, 東京: 東京法学校.

警視庁, 1882(明15.11), 『警吏須知』, 東京: 警視庁.

______, 1889, 『警視提要. 明治19年』, 東京: 警視庁.

______, 1893, 『警視庁権限類抄』, 東京: 警視庁.

警視庁巡査教習所, 1891, 『警務要領: 教科用. 続編 明治24年刊行』, 東京: 警視庁巡査教習所.

高橋新吉, 前田献吉, 前田正名 編, 1869,『和訳英辞書』, American presbyterian mission press.

広島県神職管理所 編, 1914,『現行神社法令』, 広島: 広島県神職管理所.

國務院法制処 編, 1943,『満洲國法令輯覧』第2巻, 新京: 満洲行政学会.

宮家 準, 1999,『修験道儀礼の研究』, 春秋社.

宮地猛男, 1914,『神道精義: 敬神崇祖』, 東京: 永楽堂書店.

今村金治郎 編, 1890,『百科全書 各國宗教部』, 東京: 鴻盟社.

吉田治兵衛, 1841(天保12),『和蘭翻訳書目録』; 穂亭主人 編, 1852,『西洋学家訳述目録』(古典籍資料).

内閣法制局, 1903,『法規提要』明治20年編 下巻, 東京: 法制局.

内務省, 1878,『内務卿年報』第3回 附録4冊 略之, 東京: 内務省.

内務省警視局, 1879(明12.2),『警視類聚規則』, 東京: 警視局.

_______, 1885,『社寺法規』第2編, 東京; 内務省社寺局.

_______, 1891,『地理局例規』, 東京: 内務省地理局.

_______, 1910,『法規類抄』明治43年刊 上, 東京: 内務省総務局.

内務省総務局文書課, 1900,『(訂正増補) 法規類抄』下, 東京: 内務省総務局文書課.

大谷派本願寺 朝鮮開教監督部, 1927,『朝鮮開教五十年誌』.

大谷派本願寺文書科 著, 1910,『大谷派達令類纂』, 京都市: 本願寺(大谷派).

大谷派本願寺文書科 編, 1900,『真宗大谷派宗門時言』, 京都: 大谷派本願寺.

大野尭運 編, 1884,『官令新誌・官報全誌類別目録』第1篇 巻上, 東京: 報告堂.

大日本宗教家大会事務所 編, 1904,『宗教家大会彙報: 時局に対する宗教家の態度』, 東京: 金港堂.

大蔵省記録局 編, 1879,『官令沿革表』, 大蔵省記録局.

渡瀬常吉, 1913,『朝鮮教化の急務』, 警醒社書店.

______, 1917,『朝鮮教化成績報告書』.

______, 1938,『海老明弾正先生』, 龍吟社.

渡辺兵吉 編, 1900,『宗教法案雑纂』, 東京: 六合館.

島薗 進, 1998,「日本における'宗教'概念の形成 - 井上哲次郎のキリスト教批判をめぐって」,

『日本はキリスト教をどのように受容したか』日文研叢書 17.

稲垣豊之助, 1889,『大日本帝國憲法』, 東京: 東京新報社.

藤井甚太郎, 1922,『日本憲法制定史』, 東京: 國史講習会.

林正明 訳述, 1873,『万國政談』巻之2, 求知堂.

満州弘報協会, 1936,『満洲國の現住民族』, 新京: 満州弘報協会.

梅田義彦, 1971,『日本宗教法制史』第4巻 近代篇, 東京: 東宣出版.

______, 2009,『日本宗教制度史「近代篇」』, 東京: 日本図書センター.

明法寮 編, 1873,『憲法類編』第4, 京都: 村上勘兵衛[ほか.

______, 1873,『憲法類編』第二, 司法省明法寮.

明治教育社編輯部 編, 1916,『文検受験用國民道徳要領』, 東京: 大同館書店.

武田範之, 1911,『圓宗六諦論』.

文部省宗教局 編纂, 1942,『宗教関係法規集』, 内閣印刷局.

文化庁 編, 1978(昭和53年6月15日),『文化行政の歩み - 文化庁創設10周年にあたって』.

______, 2017(平成29),『宗教年鑑』平成28年版, 文化庁文化部宗務課.

文化庁文化部宗務課, 2014,『宗務時報』116, 文化庁.

翻訳局 訳, 1875,『蘭西法律書 憲法, 民法』上巻, 印書局.

______, 1875,『蘭西法律書 訴訟法, 商法, 治罪法, 刑法』下, 印書局.

翻訳局 訳述, 1875,『西洋開化史』, 東京: 印書局.

福羽美静, 1892,『國民の本義』, 東京: 博文館.

福沢諭吉 輯, 1868,『(増補) 西洋事情』1, 2, 3, 林芳兵衛等.

司法省]明法寮 編, 1873,『憲法類編』第十五, 京都: 司法省明法寮.

山崎又次郎, 1943,『新体制の基礎帝國憲法論』, 東京: 清水書店.

山本秀煌, 1922,『近世日本基督教史』, 東京: 洛陽堂.

山我哲雄·長田俊樹 編, 1998,『日本人はキリスト教をどのように受容したか: 國際日本文化研究センター共同研究報告』, 國際日本文化研究センター.

山田猪太郎, 1913,『報徳及結社の栞』, 掛川町(静岡県): 大日本報徳学友会.

山田沢馬 編, 1880,『官令類輯』第1号, 東京: 明報社.

西村隼太郎 編, 1877,『官員録』明治10年4月, 東京: 西村組出版局.

星野 靖二, 2012,『近代日本の宗教概念-宗教者の言葉と近代』, 有志舎.

細川広世 編, 1883(明治16),『日本帝國形勢総覧』, 東京.

小川陽治郎 編, 1879(明12.2),『官省分画官民必携』, 東京: 竹原鼎.

市岡正一, 1875,『日本事情』巻之1, 東京: 文昌堂.

神崎一作, 1934,『神道六十年史要』, 東京: 宣揚社.

愛知県 編, 1943,『愛知県統計書』昭和16年 第1編, 愛知県.

鈴木庫之助 編輯, 1936,『宗教法令抜萃』, 名古屋: 愛知県神道一致会.

呉文聡, 1904,『統計講話』, 大分県: 大分県知事官房.

外務省記録局, 1889,『締盟各國条約彙纂』第1編, 東京: 外務省記録局.

外史 編纂, 1874,『明治七年 太政官布告書 太政官達書』三, 北畠茂兵衛 ほか.

外史局 編纂, 1871,『明治四年 布告全書 五 明治辛未』, 山中市兵衛 ほか.

遠藤友四郎, 1931,『世界の救世主日本』, 東京: 錦旗会本部.

______, 1931,『天皇信仰: 超宗教國体論』, 東京: 先進社.

伊豆宥法 編, 1912, 日宗新報社,『日蓮宗法規提要』, 東京: 日宗新報社.

______, 1914,『豊山派宗憲宗規』, 東京: 加持世界.

長沼 美香子, 2017,『訳された近代-文部省『百科全書』の翻訳学, 東京: 法政大学出版局.

蔵田屋清右衛門, 1869,『英和対訳袖珍辞書』, 東京: 蔵田屋清右衛門.

田口芳五郎 編, 1937,『カトリック教と日本カトリック教徒: マニラ万國聖体大会日本派遣参加団を送るに際して』, 東京: 日本カトリック新聞社.

田代和生, 2011,『新·倭館: 鎖國時代の日本人町』, ゆまに書房.

前島栄三郎, 1897,『人世私見』, 水戸: 高木印刷所.

前田利成 編, 1877,『警察便法 甲』, 東京: 江島本舗.

井上道甫 編, 1875,『東京一覧』上, 東京: 須原屋茂兵衛,

朝鮮總督府 編, 1935,『朝鮮の犯罪と環境』朝鮮總督府 調査資料 第23輯, 朝鮮總督府 総督官房 総務課.

朝鮮總督府, 1912,『朝鮮總督府施政年報(明治43年)』, 京城: 朝鮮總督府.

______, 1929(소화4.1.20),『昭和2年 朝鮮總督府統計要覧』, 京城: 大海堂.

______, 1929,『朝鮮に於ける施設の一斑』, 朝鮮總督府.

______, 1936(소화11.3.31),『昭和9年 朝鮮總督府統計要覧』, 京城: 近沢商店印刷部.

______, 1940,『施政三十年史』.

朝鮮總督府情報課 編, 1942,『前進する朝鮮』, 京城: 朝鮮總督府情報課.

朝鮮總督府中枢院 編, 1938,『朝鮮旧慣制度調査事業概要』, 朝鮮總督府中枢院.

朝鮮總督府学務局社会教育課, 1940,『朝鮮に於ける宗教及享祀要覧: 昭和十四年十二月末調』, 京城: 朝鮮總督府学務局社会教育課.

宗教制度研究会 編, 1934,『宗教法案資料』, 東京: 宗教制度研究会.

佐藤範雄, 1927,『佐藤範雄先生金光教々学講演』, 岡山市: 中國民報社印刷部.

佐藤穎吉 編, 1881(明14.3),『東京独案内: 図入』.

佐村八郎, 1895,『明治聖勅集』, 東京: 六合館.

中山整爾, 1887,『日本宗教維持確論』, 東京: 九春堂.

中央法律学館 編, 1910,『社寺宗教法規全集』, 東京: 中央法律学館.

天野久之丞 編, 1891,『文武官民必携』大阪: 赤川孫兵衛.

浅野研真, 1936,『新興類似宗教批判』, 武蔵野: 仏陀社.

青柳南冥 著, 1911(明治44.4),『朝鮮宗教史』, 京城: 朝鮮研究会.

青木浩蔵 編, 1878,『訓解官令類聚』沿革附 第1号, 東京: 右文社.

村山智順, 1935,『朝鮮の類似宗教』, 朝鮮總督府.

村田保 訳, 1874,『英國刑律せき要』上 巻一 五十八条, 村上勘兵衛.

太政官修史館 編, 1883,『明治史要』巻112, 東京: 博聞社.

統監府 総務部 編, 1907.7,『韓國事情要覧』第2輯, 京城: 京城日報社.

統監府, 1910,『第3次 統監府統計年報(明治41年)』, 東京: 東京製本合資会社.

阪根正夫 編, 1883,『本邦現行法令掲要』上巻 甲, 東京: 江島万笈閣.

坂本清馬, 1935,『大日本皇國天皇憲法論』, 高知: 昭和神聖会高知支部.

下中弥三郎, 1941,『総力戦教育』, 昭和図書.

鶴藤幾太, 1943,『宗教日本』, 東京: 教育研究会.

韓晳曦, 1988,『日本の朝鮮支配と宗教政策』, 東京: 未来社.

韓晳羲·飯沼二郎, 1985,『日本帝國主義下の朝鮮伝道』, 日本基督教教団出版部.

幸徳秋水, 1911,『基督抹殺論』, 東京: 丙午出版社.

戸沢行夫, 1991,『明六社の人びと』, 築地書館.

荒木良仙 著, 1921(大正10),『仏教制度之研究』, 東京: 仏教制度之研究発行所.

後藤狂夫 編, 1906,『各國警察制度』, 東京: 警察協会.

黒田行元, 1874,『民法大意』下, 求知堂; 한편, 文部省, 1872,『國法汎論』巻之一～巻之四,

黒住教本庁 編, 1910(明治43.3),『黒住教教規教則説明 並宗教法令抄』, 岡山市: 黒住教本庁.

『불법연구회 창건사』, 원불교출판사, 1937.

Wi Jo Kang, 서정민 역, 2005,『한국 기독교사와 정치』, 한국기독교역사연구소.

가마타 시게오, 신현숙 역, 1994,『한국불교사』, 민족사.

강성화, 2006,『베버「프로테스탄티즘의 윤리와 자본주의 정신」(해제)』, 서울대학교 철학사상연구소.

경상북도, 1930, 『경상북도사회사업요람』.

고병철, 2019, 『일제하 종교 법규와 정책, 그리고 대응』, 박문사.

______, 2012, 『한국 중등학교의 종교교과교육론』, 박문사.

김승태 편역, 1996, 『일제강점기 종교정책사 자료집』 기독교편, 1910~1945, 한국기독교역사연구소.

김정인, 2009, 『천도교 근대민족운동 연구』, 한울아카데미.

김태수, 2000, 『분류의 이해』, 문헌정보처리연구회.

도히 아키오, 김수진 역, 2012, 『일본 기독교사』, 기독교문사.

鈴木敬夫, 1989, 『법을 통한 조선식민지 지배에 관한 연구』, 고려대학교 민족문화연구소.

류병덕 · 김홍철, 1984, 『한국종교사상』, 태학당.

박경식, 1986, 『일본제국주의의 조선지배』, 청아.

서정민, 2002, 『한일 기독교 관계사 연구』, 대한기독교서회.

성주현, 2013, 『식민지시기 종교와 민족운동』, 선인.

송병기 편, 1972, 『통감부법령자료집 (상)』, 대한민국국회도서관.

안유림, 2018, 『일본제국의 법과 조선기독교』, 경인문화사.

오만규, 1997, 『재림교회사 – 제칠일 안식일 예수 재림교회』, 시조사.

오지영, 1997, 『동학사』, 대광문화사.

윤이흠, 2007, 『일제의 한국 민족종교 말살책-그 정책의 실상과 자료』, 도서출판 모시는 사람들.

이능화, 이병주 역, 2003, 『조선불교통사-근대편』, 혜안.

이만열, 1989, 『한국기독교문화운동사』, 대한기독교출판사.

이소마에 준이치, 제점숙 역, 2016, 『근대 일본의 종교 담론과 계보』, 논형.

이인섭, 1911, 『원한국일진회역사』 1, 문명사.

정긍식, 1995, 『통감부법령 체계분석』, 한국법제연구원.

정상운, 1997, 『성결교회와 역사연구』 I, 이레서원.

村岡典嗣, 박규태 역, 1998, 『일본신도사』, 예문서원.

최길성 · 장상언 역, 1991, 『조선의 유사종교』, 계명대학교출판부.

최석영, 1997, 『일제의 동화이데올로기의 창출』, 서경.

______, 1999, 『일제의 무속론과 식민지 권력』, 서경문화사.

친일인명사전편찬위원회, 2004, 『친일협력단체사전』 국내중앙편, 민족문제연구소.

한국교회사연구소 편, 2014, 『한국천주교회사』 5, 분도출판사.

한국기독교역사연구소, 1997, 『한국 기독교의 역사』 II, 기독교문사.

한동민, 2006, 『'寺刹令' 体制下 本山制度 研究』, 중앙대학교 박사학위논문.

한상일, 2004, 『제국의 시선』, 새물결.

한석희, 1990, 『일제의 조선지배와 종교정책』, 기독교문사.

허긴, 1999, 『한국침례교회사』, 침례신학대학교출판부.

황현, 김종익 역, 1994, 『번역 오하기문』, 역사비평사,

국사편찬위원회, 1994, 『韓民族独立運動史資料集』 17.

2) 논문

朝鮮總督府 警務局 保安課, 1940, 「朝鮮耶蘇教徒の不穏事件検挙」, 『高等外事月報』 14.

朝鮮總督府 高等法院 検事局 思想部, 1940, 「在満鮮人の神社不参拝を目的とする宗教団体に関する件」, 『思想彙報』 24.

朝鮮總督府 高等法院 検事局 思想部, 1940, 「朝鮮に於ける基督教の革新運動」, 『思想彙報』 25.

朝鮮總督府 高等法院 検事局 思想部, 1940.12, 「増永高等法院検事長訓示(昭和十五年十月於 司法官会議)」, 『思想彙報』 25.

「基督教関係者의 動静, 治安状況(昭和12年)」 第26報～第43報, 1937.11.5.

「宗教団体의 動静, 治安状況(昭和12年)」第26報~第43報, 1937.11.10.

「海印寺本末寺法」,『조선불교월보』 제7호, 조선불교월보사, 1912.8.

木場明志, 1995,「近代における日本仏教のアジア伝道」,『日本仏教②-アジアの中の日本仏教』, 日本仏教研究会.

土肥昭夫, 1965,「海老明弾正-思想と行動」,『同志社の思想家たち』, 同志社大学出版協会.

______, 1965,「海老名弾正の神学思想」,『雄本ベント研究』, みすず書房.

海老名弾正, 1909.5,「韓國に於ける基督教徒の伝道」,『六合雑誌』.

______, 1915.2,「基督教徒の使命」,『六合雑誌』.

渡瀬常吉, 1904.8,「戦争の美」,『新人』 5-8.

______, 1907.8,「教界時論-朝鮮伝道論」,『基督教世界』.

松尾尊悳, 1968.7,「日本組合基督教の朝鮮伝道」,『思想』.

瀬常吉, 1914.10,「朝鮮教化の理想」,『新人』 15-10.

栢木義円, 1931.5,「組合教会時幣論」,『上毛教月報』.

강구원, 2014,「일제 식민치하의 종교정책이 한국교회에 미친 영향」,『고려신학저널』 29, 고려신학교 출판부.

강돈구·고병철, 2002,「대종교의 종교민족주의」,『고조선단군학』 6.

강효숙, 2015,「일제의 종교 탄압: 통감부 시기까지의 동학, 천도교를 중심으로」,『한국종교』 38, 원광대학교 종교문제연구소.

______, 2015,「통감부 시기까지의 동학, 천도교를 중심으로」,『한국종교』 38, 원광대학교 종교문제연구소.

고병철, 2020,「한국 법화계 교단의 성립과 대한불교천태종」,『불교문예연구』 15, 동방문화대학원대학교 불교문예연구소.

김광식, 1995,「1910년대 불교계의 조동종 맹약과 임제종 운동」,『한국민족운동사연구』

12, 한국민족운동사연구회.

______, 1995, 「조선불교선교양종 승려대회의 개최와 성격」, 『한국 근현대사 연구』 3, 한국근현대사학회.

______, 2006, 「사찰령의 불교계 수용과 대응」, 『한국선학』 15, 한국선학회.

김귀한, 2007, 「한말 일제초 일본 조동종의 조선포교활동과 불교계의 대응」, 부산대학교 대학원 석사학위논문.

김낙필, 2000, 「민족종교 연구의 주요 쟁점」, 『韓國宗教史研究』 제8집, 한국종교사학회.

김덕순, 2011, 「신사참배 문제가 한국교회에 미친 영향에 관한 연구: 경안노회 사례를 중심으로」, 칼빈대학교 박사학위논문,

김동환, 2015, 「일제의 종교정책과 대종교: 탄압과 쇠망의 연관성을 중심으로」, 『한국종교』 38, 원광대학교 종교문제연구소.

김보림, 2016, 「메이지(明治) 유신기 일본의 유학생 파견 연구」, 『전북사학』 49, 전북사학회.

김봉곤, 2016, 「일제의 종교정책과 유교: 전남의 유도창명회(儒道彰明会)와 관련하여」, 『한국종교』 40, 원광대학교 종교문제연구소.

김성연, 2018, 「일제하 불교 종단의 형성과정 연구: 중앙기구의 조직구성과 재정운영을 중심으로」, 동국대학교 박사학위논문.

김순석, 2002, 「조선총독부의 사찰령과 공포와 30본사 체제의 성립」, 『한국사상사학』 18, 한국사상사학회.

______, 2010, 「일제의 불교정책과 본사 주지의 권한 연구」, 『일본학』 31.

김승태, 2002, 「전시체제하 조선총독부의 종교정책과 기독교계의 부일 협력 활동, 1937~1945」, 『한국기독교역사연구 소식』 54, 한국기독교역사연구소.

______, 2006, 「일제 말기 한국기독교계의 변질 · 개편과 부일협력」, 『한국기독교와 역사』 24.

______, 2006, 「일제의 식민지 종교정책과 한국기독교계의 대응: 1931~1945」, 한국학중앙연구원 한국학대학원 박사학위논문.

______, 2007, 「조선총독부의 종교정책과 신사」, 『한국기독교역사연구소식』 제79호.

______, 2017, 「무단통치기 조선총독부의 종교정책과 한국종교계의 동향」, 『한국기독교

와 역사』 47, 한국기독교역사연구회.

김익한, 2001, 「1910년 전후 山縣, 伊藤系의 대한정책 기조와 종교정책」, 『한국사연구』 114.

김철수, 2014, 「1910~1925년 식민권력의 형성과 민족종교의 성쇠: 『보천교일반』(1926)을 중심으로」, 『종교연구』 74, 한국종교학회.

______, 2016, 「일제하 식민권력의 종교정책과 普天教의 운명」, 『선도문화』 20, 국학연구원.

김홍조, 1990, 「일제 전시체제하의 종교정책과 조선기독교의 대응」, 한신대학교 대학원 석사학위논문.

노치준, 1995, 「근대 한국의 종교와 민족주의의 문제: 외래 종교인 그리스도교를 중심으로」, 『인문과학연구』 1.

류미나, 2019, 「조선의 황도유학 전개과정과 일본제국주의의 확장」, 『한일관계사연구』 63, 한일관계사학회.

류성민, 1999, 「일제강점기의 한국 종교와 민족주의-일제의 식민지 종교 정책에 대한 한국 종교들의 대응을 중심으로」, 『한국종교』 24.

______, 2012, 「근대 이후 한국 사회변동과 개신교 학교의 '종교교육': 종교의 자유와 정교분리 문제를 중심으로」, 『원불교사상과 종교문화』 51.

류승주, 2008, 「일제의 불교정책과 친일불교의 양상」, 『불교학보』 48, 동국대학교 불교문화연구원.

문지현, 2009, 「전시체제기(1937~45) 일제의 신종교정책과 신종교단체 검거사건 연구」, 이화여자대학교 대학원 석사학위논문.

______, 2013, 「전시체제기 조선총독부의 신종교에 대한정책과 신종교단체」, 『한국근현대사연구』 67, 한국근현대사학회.

文慧珍, 2018, 「『朝鮮總督府の統計年譜』による朝鮮への新社神道の流入様想」, 『동방문화와 사상』 4, 동방문화대학원대학교 동양학연구소.

문혜진, 2018, 「식민지 조선으로의 신사신도(神社神道)의 유입에 관한 일고찰」, 『정신문화연구』 151, 한국학중앙연구원.

박광수·조성환, 2016,「근대 일본의 '종교' 개념과 종교의 도구화: 일제시대의 종교정책과 신종교지형을 중심으로」,『신종교연구』 34, 한국신종교학회.
박규태, 2012,「아네사키 마사하루와 종교학: 근대일본 지식인에게 있어 종교와 국가」,『동아시아문화연구』 54.
박문수, 1993,「일제하 천주교단의 친일활동」,『역사비평』 23.
박상혁, 2011,「일제의 종교정책과 대구대목구의 대응에 대한 고찰: 드망즈 주교를 중심으로」, 대구가톨릭대학교 대학원 석사학위논문.
박성진, 2003,「일제 초기 조선물산공진회연구」,『식민지 조선과 매일신보』, 수요역사연구회.
박승길, 1992,「일제 무단 통치 시대의 종교 정책과 그 영향」,『사회와 역사』 35, 한국사회사학회.
박용권, 2007,「1930년대 조선예수교장로회 연구: 국가주의에 대한 대응을 중심으로」, 장로회신학대학교 박사학위논문.
박일영, 2015,「일제 강점기의 종교정책과 샤머니즘」,『한국무속학』 31, 한국무속학회.
박태영, 2014,「구한말과 일제식민통치 시대의 북미 선교사들의 정교분리 연구」, 숭실대학교 박사학위논문.
박환, 2000,「민중종교의 현황과 활동」,『일제하 경기도 지역 종교계의 민족문화운동』, 경기문화재단.
방경희, 2019,「전시기 일본의 종교통제정책에 관한 연구:일본기독교단을 중심으로」, 숙명여자대학교 대학원 석사학위논문.
방광석, 2017,「메이지유신 시기의 서양체험과 입헌제 수용」,『역사와 담론』 84, 호서사학회.
서경수, 1982,「일제의 불교정책:사찰령을 중심으로」,『불교학보』 19, 동국대학교 불교문화연구원.
서정민, 1997,「일제의 식민지정책에 앞장선 일본교회와 조선전도론」,『한일연구』 10, 한일문제연구회.
______, 2002,「일제 말 '일본기독교조선교단' 형성과정」,『한국기독교와 역사』 16, 한국기독교역사연구소.

성주현, 2001,「1920년대 초 태을교인의 민족운동」,『한국민족운동사연구』 29.
______, 2003,「日帝의 同化政策과 宗教界 動向」,『식민지 조선과 매일신보』, 신서원.
______, 2004,「1910년대 일본불교의 조선포교활동」,『문명연지』 5-2, 한국문명학회.
______, 2005,「1910년대 식민지 조선의 일본조합교회 동향」,『한국독립운동사연구』 24, 독립기념관 한국독립운동사연구소.
______, 2013,「일제의 종교정책과 종교규제법령」,『식민지시기 종교와 민족운동』, 선인.
신순철, 1994,「일본의 식민지 종교정책과 불법연구회의 대응」,『원불교사상과 종교문화』 17·18, 원광대학교 원불교사상연구원.
안유림, 2008,「일제의 기독교 통제정책과 포교규칙」,『한국기독교와 역사』 29, 한국기독교역사연구소.
______, 2009,「조선총독부의 기독교 단체 법인화(法人化) 정책: 1920년대 선교회·교회 재단법인 설립을 중심으로」,『한국기독교와 역사』 31.
______, 2013,「일제하 기독교 통제법령과 조선기독교」, 이화여자대학교 대학원 박사학위논문.
양권순, 1995,「일제의 종교침략정책과 한국기독교의 대응」, 침례신학대학교 신학대학원 석사학위논문.
오경후, 2015,「일제 식민정책과 조선불교의 일본화에 대한 재검토」,『역사민속학』 49, 한국역사민속학회.
오홍환, 1997,「일제의 종교정책에 대한 한국교회의 대응연구: 일제말 선교사와 한국성결교회를 중심으로」, 서울신학대학교 신학대학원 석사학위논문.
원광호, 1986,「일제의 종교정책과 한국기독교」, 연세대학교 교육대학원 석사학위논문.
원영상, 2014,「근대일본과 조선총독부의 종교정책에 관한 연구」,『일본불교문화연구』 11, 한국일본불교문화학회.
유준기, 2001,「1910년대 전후 일제의 유림 친일화정책과 유림계의 대응」,『한국사연구』 114, 한국사연구회.
______, 2003,「1910년대 일제의 종교침략과 그 대응」,『건대사학』 10.

윤기엽, 2012, 「개화기(開化期) 일본불교의 포교 양상과 추이」, 『원불교사상과 종교문화』 54, 원광대학교 원불교사상연구원.

______, 2017, 「일제강점기 조선불교단의 연원과 사적 변천-조선불교단 임원진의 구성과 이력을 중심으로」, 『대동문화연구』 97, 성균관대학교 대동문화연구원.

윤선자, 1997, 「일본 군국주의 종교정책과 조선 천주교회의 신사참배」, 『한국사연구』 98.

______, 1997, 「조선총독부의 종교정책과 천주교회의 대응」, 국민대학교 대학원 박사학위논문.

______, 1998, 「1915년 포교규칙 공포 이후 종교기관 설립 현황」, 『한국기독교와 역사』 8, 한국기독교역사연구소.

______, 2000, 「일제의 종교정책과 신종교」, 『한국근현대상녀구』 13, 한국근현대사학회.

윤은순, 2009, 「1920~30년대 기독교 절제운동의 논리와 양상-금주금연운동을 중심으로」, 『한국민족운동사연구』 59.

윤이흠, 2003, 「제3편 일제강점기의 민족종교운동」, 『한국민족종교운동사』, 한국민족종교협의회.

윤정란, 2002, 「일제시대 청림교의 활동과 성격」, 『일제강점기의 민족운동과 종교』, 국학자료원.

이경순, 1998, 「일제시대 불교유학생의 동향」, 『승가교육』 2, 대한불교조계종교육원.

이경희, 2019, 「대한기독교회(한국침례교회)의 원산사건에 대한 재조명」, 『한국기독교신학논총』 112, 한국기독교학회.

이달순, 1994, 「(제3장) 일본의 한국통치(1910~1919)-독립외교자료의 진실성 해부」, 『한국정치외교사논총』 10-1.

이동훈, 2018, 「재조일본인 건립 신사(神社)에 관한 기초적 연구-'한국병합' 전후 변화 양상을 중심으로」, 『한일관계사연구』 62.

이명화, 1993, 「조선総督府의 儒教政策(1910~1920年代)」, 『한국독립운동사연구』 7, 독립기념관 한국독립운동사연구소.

이성전, 1994, 「선교사와 일제하 조선의 교육」, 『한국기독교와 역사』 3.

이용범, 2015, 「일제의 무속 규제정책과 무속의 변화: 『매일신보』와 『동아일보』 기사를 중심으로」, 『역사민속학』 49, 민속원.

이원범, 1997, 「근대일본의 천황제 국가와 종교정책」, 『일본어문학』 4, 일본어문학학회.

이진구, 1996, 「종교자유에 대한 한국 개신교의 이해에 관한 연구: 일제시대를 중심으로」, 서울대학교 박사학위논문.

______, 2005, 「일제의 종교/교육 정책과 종교자유의 문제-기독교학교를 중심으로」, 『종교연구』 38.

______, 2010, 「일제하 신사참배 논쟁과 기독교-신사비종교론과 신사종교론을 중심으로」, 『일본학』 31, 동국대학교 일본학연구소.

이태승, 2015, 「일본 메이지시대 신도와 불교의 갈등」, 『일본불교문화연구』 12.

이희복, 2000, 「日本 神道의 이해」, 『일본사상』 2, 한국일본사상사학회.

장병길, 1985, 「조선총독부의 종교정책」, 『정신문화연구』 25, 한국학중앙연구원.

장혜진, 2017, 「한국통감부시기의 '종교 선포에 관한 규칙'에 대한 일고찰」, 『원불교사상과 종교문화』 71, 원광대학교 원불교사상연구원.

정동하, 1988, 「일제식민지하에 있어서 한국불교: 사찰령을 중심으로」, 한국정신문화연구원 대학원 석사학위논문.

정시구, 2016, 「日本帝國の神道國教化と日帝強占期の韓國宗教統制政策」, 『한국행정사학지』 39, 한국행정사학회.

정영식, 2010, 「한일 근대불교의 사원조직에 대한 연구-寺法을 중심으로」, 『불교학연구』 27, 불교학연구회.

정용서, 2011, 「1930년대 천도교 세력의 정치운동론과 시중회 참여」, 『한국민족운동사연구』 68.

______, 2011, 「일제 말 천도교 세력의 친일활동과 논리」, 『한국근현대사연구』 58, 한국근현대사학회.

정혜경, 2003, 「『매일신보』에 비친 1910년대 在朝日本人」, 『식민지 조선과 『매일신보』-1910년대』, 수요역사연구회.

제점숙, 2018, 「1911년 조선총독부의 종교정책과 조선 내 종교계 동향: 조선총독부 『사사종교(社寺宗教)』 자료를 중심으로」, 『일본연구』 29, 고려대학교 글로벌일본연구원.

______, 2018, 「한국통감부기 조선내 일본 불교계의 동향: 『종교에 관한 잡건철』 사료를 중심으로」, 『원불교사상과 종교문화』 76, 원광대학교 원불교사상연구원.

조성운, 2007, 「일제하 불교시찰단의 파견과 그 성격」, 『한국선학』 18, 한국선학회.

지승준, 2012, 「1924~25년 '各派有志聯盟'의 정치적 성격」, 『사학연구』 105, 한국사학회.

최병헌, 2001, 「일제의 침략과 불교-일본조동종의 武田範之와 圓宗」, 『한국사연구』 114, 한국사연구회.

한동민, 2006, 「'사찰령' 체제하의 본산제도 연구」, 중앙대학교 대학원 박사학위논문.

______, 2009, 「대한제국기 일본 浄土宗의 침투와 불교계의 대응」, 『한국독립운동사연구』 34, 독립기념관 한국독립운동연구소

황묘희, 2010, 「동학 이단교파 제우교의 성립과 친일활동」, 『동학학보』 20.

3. 웹사이트

國立公文書館(http://www.archives.go.jp/ayumi/kobetsu/m01_1868_03.html).

國体論資料(https://kokutairon.wordpress.com).

文化庁(www.bunka.go.jp).

연구비 사이트(https://kaken.nii.ac.jp/ja/grant/KAKENHI-PROJECT-10410009).

위키(https://ja.wikipedia.org).

일본종교연맹(http://jaoro.or.jp/cooperate/kyo_ha).

한국민족문화대백과사전(encykorea.aks.ac.kr).

공훈전자사료관(http://e-gonghun.mpva.go.kr).

日本キリスト教団 福岡渡辺通教会(https://watanabedori-ch.org).

한국사데이터베이스(http://db.history.go.kr).

찾아보기

ㅈ

동북아역사재단 일제침탈사 연구총서 41

일제강점기 종교 정책

초판 1쇄 인쇄 2021년 12월 10일
초판 1쇄 발행 2021년 12월 31일

지은이 성주현 · 고병철
펴낸이 이영호
펴낸곳 동북아역사재단

등 록 제312-2004-050호(2004년 10월 18일)
주 소 서울시 서대문구 통일로 81 NH농협생명빌딩
전 화 02-2012-6065
팩 스 02-2012-6189
홈페이지 www.nahf.or.kr
제작·인쇄 (주) 몽작

ISBN 978-89-6187-726-8 94910
978-89-6187-669-8 (세트)